计算机专业系统能力系列教材

计算机组成与设计

（基于 ARM 架构）

Computer Organization and Design

(Based on ARM Architecture)

袁春风 陈微 编著

中国教育出版传媒集团
高等教育出版社·北京

内容简介

本书主要介绍计算机组成与系统结构涉及的相关概念、理论和技术内容，以指令集架构 ARMv8 为模型机，着重介绍涉及整数和浮点数运算、指令集体系结构（ISA）、中央处理器、存储器和 I/O 接口等方面的设计思路和具体结构。本书共分 8 章：第 1 章对计算机系统及其性能评价进行概述性介绍；第 2、3 章主要介绍数据的机器级表示、运算，以及运算部件的结构与设计；第 4、5 章介绍指令系统以及各种 CPU 设计技术；第 6 章主要介绍包含主存、高速缓存和虚拟存储器在内的存储器分层体系结构；第 7 章主要介绍总线互连以及输入输出系统；第 8 章主要介绍并行处理计算系统的基本硬件结构。

本书内容详尽，反映现实，概念清楚，通俗易懂，实例丰富，并提供大量典型习题以供读者练习。本书可以作为计算机专业本科或大专院校学生“计算机组成原理”和“计算机系统结构”相关课程的教材，也可以作为有关专业研究生或计算机技术人员的参考书。

图书在版编目（C I P）数据

计算机组成与设计：基于 ARM 架构 / 袁春风，陈微编著. --北京：高等教育出版社，2022. 8

ISBN 978-7-04-058453-0

Ⅰ. ①计… Ⅱ. ①袁… ②陈… Ⅲ. ①计算机体系结构-高等学校-教材 Ⅳ. ①TP303

中国版本图书馆 CIP 数据核字（2022）第 050053 号

Jisuanji Zucheng yu Sheji (Jiyu ARM Jiagou)

策划编辑 张海波　责任编辑 张海波　封面设计 杨伟露　版式设计 张 杰
责任绘图 于 博　责任校对 马鑫蕊　责任印制 刘思涵

出版发行 高等教育出版社
社 址 北京市西城区德外大街 4 号
邮政编码 100120
印 刷 三河市华润印刷有限公司
开 本 787mm × 1092mm 1/16
印 张 28
字 数 550 千字
购书热线 010-58581118
咨询电话 400-810-0598

网 址 http://www.hep.edu.cn
http://www.hep.com.cn
网上订购 http://www.hepmall.com.cn
http://www.hepmall.com
http://www.hepmall.cn
版 次 2022 年 8 月第 1 版
印 次 2022 年 8 月第 1 次印刷
定 价 55.00 元

物 料 号 58453-00

序

随着我国计算机产业的快速发展，崛起了一大批高水平的 IT 企业，计算机产业也已成为国家创新的龙头，为我国经济发展发挥了重要的支撑作用。但我国计算机产业仍存在缺乏核心技术、发展频受扼制的问题，这对计算机专业人才的能力提出了新要求。与此同时，我国高校在世界上的排名大幅度提升，我国高校的计算机专业和世界一流大学相关专业合作交流越来越紧密。高等学校尤其是计算机专业对人才培养的定位有了新的要求，迫切需要培养学生的系统能力，培养具备推动计算机学科发展能力的优秀人才。

计算机系统能力是指能自觉运用系统观，理解计算机系统的整体性、关联性、层次性、动态性和开放性，并用系统化方法，掌握计算机硬软件协同工作及相互作用的机制的能力。它包含三个方面的内涵。一是计算机基础系统能力，即学生可以运用数学和物理原理，设计和开发计算机运行系统，包括中央处理器、操作系统、编译系统和网络系统。二是计算机领域系统能力，即学会运用计算机基础系统能力，设计和开发计算领域的专门系统，如软件开发系统、数据库系统、嵌入式系统等。三是计算机应用系统能力，即可以运用计算机系统原理，设计和开发各种应用系统。

加强系统能力培养，有必要对计算机专业课程体系进行重塑。十几年来，教育部高等学校计算机类专业教学指导委员会不断推进计算机专业系统能力培养的研究和实施。国内部分高校通过系统能力培养的教学改革探索与实践，总结出了由顶层教学目标驱动的、以“课程群为中心”的课程体系建设模式，通过“计算机组成”“操作系统”“编译原理”“计算机网络”“计算机体系结构”“数据库系统”“软件工程”“并行计算”等课程群的融合，形成边界清晰且有序衔接的课程体系。在教学实验上，强调按工业标准、用工程方法设计与开发实验系统，逐步提高学生解决复杂工程问题的系统能力。

当前，国际、国内形势相对严峻，而新技术的冲击又对计算机人才培养提出了更高的要求。在教育部高等学校计算机类专业教学指导委员会的引导下，国内很多企业近几年也开始积极布局教育生态，投入资金、人力和物力，以产业前沿技术为依托，将最新的产业趋势、最新的产业技术和最新的产业实践与高校教育教学相融合，共同推进计算机专业学生核心竞争力的提升。

高水平的教材是一流专业教育质量的重要保证。相信这套“计算机专业系统能力系列教材”的出版将对我国高校计算机专业课程改革与建设起到积极的推动作用，对计算机专业实验实践教学起到很好的支撑作用，也能对计算机专业产教融合起到很好的示范作用。

武永卫
清华大学计算机科学与技术系教授
教育部高等学校计算机类专业教学指导委员会秘书长

序

到 2030 年，人类将迎来 YB（yottabyte，尧字节，$1\ YB=10^{24}\ B$）数据时代。相较于 2020 年，其通用算力增长 10 倍、人工智能算力增长 500 倍。数字世界和物理世界无缝融合，人与机器实现感知、情感的双向交互，计算将具备模拟、还原、增强物理世界的能力；人工智能"无所不及"，帮助人类获得超越自我的能力，成为科学家的显微镜与望远镜，让我们的认知从微小的夸克跨越到广袤的宇宙，千行万业从数字化走向智能化；计算能效将持续提升，走向低碳计算，帮助人类利用数字手段加速实现碳中和目标。

面向未来，计算将面临物理极限的挑战，需要从系统架构层面去创新，探索新的计算基础理论，这就对计算机组成原理、计算机系统、高性能计算 / 并行计算、汇编语言、编译原理、操作系统、数据库等计算机相关基础学科知识提出了全新的要求，主要呈现为如下几大趋势。

趋势 1：计算系统正在从以 CPU 为中心的架构走向对称计算架构

未来数据将在最合适的地方、以最合适的算力来实施计算，主算力从 CPU 变成 CPU+DPU+xPU 的多样性算力，通过总线互联成对称计算架构系统，具体体现为外设智能化、总线对等化、计算泛在化和算力多样化。随着计算系统架构的不断创新，计算机组成原理、计算机系统、操作系统等课程内容也将不断推陈出新。

趋势 2：高性能计算发展进入新的快车道

高性能计算通过对现实世界的建模，实现对从微观到宏观尺度科学与工程问题的仿真和计算，例如天体发现、气候预测、飞行器模拟、蛋白质结构分析等。借助 E 级计算机的发展，超大规模并行软件及 AI for Science 等技术的不断突破，催生了包括并行计算、编译原理、操作系统和计算机体系结构等一系列学科的发展，同时对计算机与相关领域知识的交叉学科研究提出了巨大需求。

趋势 3：端边云全场景驱动计算系统架构的创新

近年来，ARM 芯片性能不断增强，生态不断完善，在端边侧快速发展的同时，云与数据中心领域的应用也同步扩展。预计到 2030 年，ARM 芯片在 PC 市场的份额将从目前的 7% 增长至 80%，在数据中心领域的份额将从 4% 增长到 70%。ARM 将逐步统一云边端架构，而鲲鹏处理器正是 ARM 处理器中的佼佼者，目前已在国内多个行业得到广泛应用，鲲鹏计算生态也已经初步建立。掌握这些面向未来的芯片技术、编译原理和汇编语言最新知识将有利于了解面向未来的计算应用场景，并打下理论与实践的基础。

趋势 4：AI 从感知走向认知，从认知走向创造

从发展过程来看，AI 将从感知走向认知，从认知走向创造。感知智能让机器在视觉、听觉、触觉等方面执行确定任务的能力接近或超过人类。认知智能将赋予机器数据理解、知识表达、逻辑推理、自主学习等能力。未来 AI 将走向创造，生成式 AI 是主要技术方向，AI 将融入人类创意、设计及创作等活动中。AI 的蓬勃发展需要大算力 AI 芯片及开发框架作为基础支撑，昇腾处理器和昇思框架将沿着 AI 创新方向持续迭代演进，学习并掌握昇腾、昇思相关技术知识，未来才有可能深度参与 AI 产业大展宏图。

趋势 5：碳达峰、碳中和驱动计算走向绿色集约

全球主要国家都已明确提出了碳达峰、碳中和的愿景及目标，绿色低碳也将驱动计算走向绿色集约。集约化建设、提升算力利用率、降低单位算力能耗是计算绿色集约的主要途径，具体实现手段包括芯片工程、一体化数据中心及算力网络。绿色集约是一个系统工程，需要整合应用计算机学科各分支领域技术，进行系统创新、架构创新和软件创新。

面向未来计算技术和产业的发展趋势，高校基础课程也将体现新方向、新架构、新技术和新产业特色。教材是高校人才培养至关重要的资源，产教融合是高等教育主动应对新一轮科技革命和产业变革的战略举措。为了紧跟计算技术的发展趋势，也为了更好地全面满足高校人才培养的需要，在教育部高等学校计算机类专业教学指导委员会的指导下，华为技术有限公司与高等教育出版社及多位教学名师共同开展基于鲲鹏通用计算处理器、昇腾 AI 计算处理器、欧拉操作系统、高斯数据库、昇思 AI 框架五大计算根技术的“计算机专业系统能力系列教材”的建设，本系列教材以产教融合为特色，在专业课程基础上融合了产业界最前沿的技术领域知识，同时更加重视产教融合和实践创新，把产业界的真实命题开放给高校学生，通过真题真做的形式让学生掌握最新技术发展趋势，从而满足培养面向产业未来技术人才的需求。

相信这套教材一定能在高校实施计算机系统能力教学改革和课程体系建设中发挥重要作用。同时，我也对编委会成员、教材作者、出版社表示敬意和感谢！

衷心希望在教育界和产业界的共同努力下，培育一批掌握先进技术的师资队伍和创新人才，打造一批体现我国自主创新技术的综合性教学资源，助力人才强国、科技强国战略的实现。

汪　涛

华为技术有限公司常务董事

ICT 基础设施业务管理委员会主任

前　言

计算机组成（computer organization）是指计算机主要功能部件的组成结构、逻辑设计及功能部件间的相互连接关系。计算机系统结构（computer architecture）的经典定义是指程序设计者（主要指系统软件设计者）所看到的计算机系统的属性，即计算机的功能特性和概念性结构，也称指令集体系结构（instruction set architecture，ISA），简称“指令系统”或“指令集架构”。它位于软件和硬件之间的接口处，定义了系统程序员为了对计算机硬件进行编程而需要了解的所有内容，具体包括指令格式、指令所处理的数据类型及格式、寻址方式、可访问的地址空间、通用寄存器个数和位数、控制寄存器的定义、I/O 空间的编址方式、异常 / 中断处理机制、机器特权模式和状态的定义及切换、输入输出组织和 I/O 数据传送方式、存储保护方式等。

本书主要介绍计算机组成与系统结构涉及的相关概念、理论和技术内容，主要以华为鲲鹏 920 处理器所支持的指令集架构 ARMv8 为模型机，着重介绍涉及整数和浮点数运算、指令系统、中央处理器、存储器和 I/O 接口等方面的设计思路和具体结构。在计算机系统层次结构中，这些内容与上层的系统软件密切相关，而且所有软件的功能最终都通过指令在计算机硬件上的执行而实现，因而本书内容不仅涉及计算机硬件设计和指令系统设计，还涉及操作系统、编译程序和高级语言程序设计等相关软件内容，属于整个计算机系统中最基础的部分。

1. 本书的写作思路和内容组织

本书在总结和借鉴国内外著名高校使用的教材、教案、教学理念和教学方法的基础上，力图以“培养学生现代计算机系统设计能力”为目标，贯彻“从程序设计视角出发、强调软硬件关联与协同、以 CPU 设计为核心”的组织思路，以系统化观点全面地介绍计算机组成和系统结构的相关知识和技术。

为了体现以上思路和目标，本书在以下几个方面进行了重点考虑和内容组织。

（1）基于“高级语言程序→汇编语言程序→机器指令序列→控制信号”的路线展现程序从编程设计、编译转换，到最终在 CPU 上运行的整个过程。在此基础上，用计算机系统层次化的观点阐述计算机组成与系统结构课程在整个计算机系统中的位置、内容和作用，从而为清晰了解本课程的内容和作用，全面建立计算机软硬件系统的整体概念打下基础。

（2）将 ARM 指令集架构的内容贯穿于不同的章节中，使读者深刻理解指令集体系结构与计算机系统各个层次之间的密切关联。在第 2、3 章讲解有关数据的表示和运算时，将程序中的变量和表达式与 ARM 中的运算指令建立关联，同时将指令与机器级数据的表示和运算建立关联；第 4 章全面系统地介绍了 ARMv8 架构；第 5 章以 ARM 架构中具有代表性的 9 条指令为目标设计数据通路和控制器；第 6 章以 ARM 中的特权模式和存储保护机制来阐述操作系统和处理器硬件如何协调进行虚拟存储管理的设计理念和实现思路；第 7 章将使用 ARM 中的陷阱指令进行系统调用的过程穿插在 I/O 子系统中进行介绍；第 8 章介绍了基于 ARM 架构的、采用“乐高”互连方式的华为鲲鹏 920 处理器 SoC。

（3）将数据通路中指令的执行过程和异常、中断、存储访问、I/O 访问等重要概念和技术结合起来进行介绍，力求清晰说明 CPU 在执行指令过程中硬件与操作系统相互切换和协同工作的处理过程，使读者深刻理解软硬件系统之间的关系与协同工作过程。

（4）在讲述与程序设计有密切关系的体系结构内容（如数据表示、信息存储、操作数寻址、过程调用、程序访问局部性等）时，试图通过对硬件设计与程序设计关系的说明，使读者建立“从程序员视角理解计算机硬件系统设计，从硬件设计的视角理解程序设计与执行”的思想，力图在提高读者硬件设计能力的同时，增强其进行高效、系统化程序设计的能力。

（5）结合指令流水线技术介绍基于流水线的编译优化技术，使读者对编译技术与指令流水线实现技术之间的密切关系有一定的认识和理解。

2. 各章节主要内容

本书共 8 章，各章主要内容如下。

第 1 章（计算机系统概述）从一个简单的 C 语言表达式开始，通过一个最简单的冯·诺依曼模型机介绍计算机系统的基本工作原理，包括冯·诺依曼结构的特点、计算机硬件的基本组成、计算机软件设计和执行过程、计算机系统层次结构，以及系统性能评价方法。

第 2 章（数据的类型及机器级表示）主要介绍无符号整数和带符号整数的表示、IEEE 754 浮点数标准、西文字符和汉字的编码表示、数据的宽度单位、大端 / 小端存放顺序，以及对齐方式。

第 3 章（数据的运算及运算部件）主要介绍各类定点数、浮点数的运算方法和相应的运算部件，以及核心运算部件 ALU 的功能和设计实现。

第 4 章（指令系统及程序的机器级表示）主要介绍高级语言与低级语言的关系、指令格式、操作数类型、寻址方式、操作类型及操作码编码、异常 / 中断处理机制，在对典型 RISC 架构 MIPS 和典型 CISC 架构 IA-32 进行简要介绍的基础上，详细介绍了兼具简单指令集和复杂指令集特征的 ARMv8 架构，包括 ARMv8−A64 的基础整数指令集、过程调用约定、程序的转换链接与加载以及异常 / 中断机制等内容。

第 5 章（中央处理器设计）主要介绍 CPU 的基本功能和内部结构、指令执行过程、数据通路的基本组成和定时、单周期和多周期数据通路、硬连线路控制器和微程序控制器、指令流水线的基本原理、流水段寄存器的概念、流水线数据通路的设计、流水线的控制信号、结构冒险及其处理、数据冒险及其处理、控制冒险及其处理、分支预测原理、超标量和动态流水线的概念和技术。

第 6 章（存储器分层体系结构）主要介绍存储器分层结构的概念、半导体随机存取存储器、外部辅助存储器、存储器的数据校验、并行存储器结构、cache 的基本原理、cache 和主存间的映射关系及替换算法、虚拟存储器的基本概念、页表结构、缺页异常、TLB 的实现技术和存储保护。

第 7 章（系统互连及 I/O 子系统）主要介绍常用外设的工作原理、现代计算机内部互连结构、I/O 接口的结构、I/O 端口编址方式、程序查询 I/O 方式、中断 I/O 方式、DMA 方式、系统调用过程以及内核 I/O 软件概述等。

第 8 章（并行处理系统）主要介绍 UMA（对称）多处理器、CC−NUMA 多处理器、片级多处理器和多线程技术、共享存储器的同步控制、集群、网格、向量处理机、GPU 和 SIMD 技术。

本书第 1~3、6~8 章由袁春风编写，第 4、5 章由陈微和袁春风共同编写，全书由袁春风负责内容组织与统稿。

3. 关于本书使用的一些建议

本书可作为“计算机组成原理”“计算机组成与设计”等课程的教材，也可作为“计算机组成原理实验”课程和“计算机系统结构”课程的教学参考书。特别是对于不专门开设更高级的“计算机系统结构”课程的高校，使用本书作为“计算机组成与系统结构”课程的教材是比较合适的。

对于本书的使用，具体建议如下。

（1）课堂教学应以主干内容为主，力求完整给出知识框架体系，并着重讲清楚相关概念之间的联系。

（2）标注为 * 的内容是可以跳过而不影响阅读连贯性的部分，主要有以下三类：简单易懂的基础性内容、具体实现方面的细节内容和在技术层面上更加深入的内容。这些内容对深入理解课程的整体核心内容是非常有帮助的。因此，在课时允许的情况下，可以选择其中的一部分进行课堂讲解；在课时不允许的情况下，也可以安排学生进行课后阅读。

（3）书中每个重要的知识点和概念后面都有一些例子，可选择部分重要的、难懂的例子在课堂上讲解，大部分留给学生自学。

（4）习题中列出的概念术语基本涵盖了相应章节的主要概念，可以让学生对照检查是否全部清楚其含义；习题中列出的简答问题是相应章节重要的基本问题，可以通过对照检查来判断学生对相应章节内容的掌握程度；对于综合运用题，如果与程序设计相关，则可用编程方式来求解或验证，这样做对学生深刻理解课程内容有帮助。

（5）本书在 CPU 设计方面给出了比较具体的实现方案，相关内容可以作为基于 FPGA 和硬件描述语言进行 CPU 设计实验的参考资料。

4. 致谢

衷心感谢在本书的编写过程中给予我们热情鼓励和中肯建议的各位专家、同事和学生们，正是因为有他们的鞭策、鼓励和协助，我们才能顺利完成本书的编写。

本书在编写过程中得到了南京大学张福炎教授的悉心指导；同时得到了国防科技大学王志英教授、北京航空航天大学马殿富教授、西北工业大学周兴社教授、武汉大学何炎祥教授、北京大学陈向群教授等各位专家的悉心指导和热情鼓励；南京大学黄宜华教授从书稿的篇章结构到内容各方面都提出了许多宝贵的意见；书中有关 CPU 设计的最初图稿和内容组织思路由陈贵海教授提供；国防科技大学雷国庆副研究员、孙彩霞副研究员、隋兵才副研究员提供了有关指令系统的大量素材，并给予了很多意见与建议。在此对以上各位老师一并表示衷心的感谢。

特别感谢华为公司为本书的编撰和出版提供了大量的资料和技术支持，华为公司有关专家和工程技术人员对全书的整体结构和内容选择提出了宝贵意见。

本书是作者在南京大学从事“计算机组成与系统结构”“计算机系统基础”两门课程教学所积累的部分讲稿内容的基础上编写而成的，感谢南京大学各位同人和各届学生对讲稿内容和教学过程所提出的宝贵意见和改进建议，使本书的内容得以不断改进和完善。

5. 结束语

本书广泛参考了国内外相关的经典教材和教案，在内容上力求做到取材先进并反映技术发展现状；在内容的组织和描述上力求概念准确、语言通俗易懂、实例深入浅出，并尽量利用图示和实例来解释和说明问题。相信只要读者具有数字逻辑电路和程序设计的一些基本概念，就能较为全面地理解相关的基础理论、技术和知识体系；理解和掌握现代计算机的指令集体系结构；理解和掌握 ALU、乘法器、存储器、I/O 接口等各种基本部件以及流水线 CPU 的基本工作原理、结构和设计技术。但是，由于计算机组成与系统结构相关的基础理论和技术在不断发展，新的思想、概念、技术和方法不断涌现，加之作者水平有限，在编写中难免存在不当或疏漏之处，恳请广大读者对本书的不足之处给予指正，以便在后续版本中予以改进。

作者于南京

2022 年 1 月

目　　录

第 5 章 中央处理器设计 / 169

第 6 章　存储器分层体系结构　/ 259

第 1 章　计算机系统概述

本书主要介绍单处理器计算机系统的组成与系统结构涉及的相关内容。在计算机系统层次结构中，这些内容位于软件和硬件的结合处，不仅涉及计算机硬件设计和指令系统设计，还涉及与指令集体系结构密切相关的操作系统、编译程序、链接程序和高级程序设计语言等部分软件设计技术，是整个计算机系统中最核心的部分。本书的目标是，一方面为高级语言程序员展示高级语言源程序与机器级代码之间的对应关系，以及机器级代码在计算机硬件上的执行机制；另一方面也力图使读者全面、深入地掌握现代计算机的 CPU 设计技术。

本章概要介绍计算机系统的基本工作原理和基本组成、计算机系统层次结构、程序的开发与执行过程以及计算机性能评价等内容。

1.1　计算机系统基本工作原理

第 1 章教学课件

1.1.1　一个简单的 C 程序例子

学过高级编程语言及程序设计的读者，对高级语言程序中的赋值语句和关系表达式等应该比较熟悉。假定在一个 32 位系统中执行以下 C 语言表达式：

−2147483648 < 2147483647

若编译器按 ISO C90 标准规范进行处理，那么该表达式的结果为 false，但是，若在 ISO C99 标准规范下编译，其结果为 true。如果把上面的表达式转换为

−2147483647−1 < 2147483647

则在 C90 和 C99 标准下的结果都是 true。为什么会出现以上情况呢？

ISO C90 标准规定，将 2^{31}～$2^{32}-1$ 范围内的整数常量视为无符号整型（unsigned int）数；C99 标准规定，将 2^{31}～$2^{63}-1$ 范围内的整数常量视为带符号超长整型（long long int）数；对于 0～$2^{31}-1$ 范围内的整数常量，C90 和 C99 标准都规定为整型（int）数。因而，2147483648（2^{31}）在 C90 标准中被视为无符号整数，在 C99 标准中被视为带符号整数，而 1 和 2147483647（$2^{31}-1$）在 C90 标准和 C99 标准中则都是带符号整数。

编译器处理 C 语言表达式“−2147483648 < 2147483647”时，因运算符“−”比“<”优先

级高，会先处理“<”左边的部分，将“-2147483648”分为负号“-”和数字串“2147483648”两部分进行处理。首先，编译器将 2147483648 转换为二进制数 1000 0000 … 0000（31个 0），并根据 ISO C90 标准将其标识为无符号整数类型；然后，对负号“-”进行处理，将其转换为“取负”指令。对二进制数 1000 0000 … 0000 取负（各位取反，末位加 1）后结果不变。因而在处理条件表达式“-2147483648<2147483647”时，实际上是将 1000 0000 … 0000（31 个 0）和 0111 1111 … 1111（31 个 1）做减法进行比较。C 语言标准规定：若表达式中同时有无符号整型和整型操作数，应按无符号整型操作数运算，显然无符号整数 1000 0000 … 0000（31 个 0）大于 0111 1111 … 1111（31 个 1），即该关系表达式结果为 false。

对于“-2147483647-1<2147483647”，因为其中的常数 2147483647 和 1 都是带符号整数，所以比较时按带符号整数进行比较。对于“<”的左部，编译器将 2147483647 转换为二进制数 0111 1111 … 1111（31 个 1），然后对其取负，得到 1000 000 … 0001（中间 30 个 0），再将其减 1，得到 1000 000 … 0000（31 个 0），第一位是 1，显然是负数。而“>”的右部是 0111 1111 … 1111（31 个 1），第一位为 0，说明是正数。因为负数一定小于正数，因而比较结果是 true。

在 C99 标准下，常数 2147483648 和 2147483647 都是带符号整型数，因此按带符号整型数进行比较，结果为 true。

从上面这个例子可以看出，要理解程序执行的结果，必须掌握高级语言规范（如整数常量的类型定义、运算符的优先级以及表达式中数据类型的规定等），编译器如何对高级语言语句进行处理并转换为机器目标代码程序，计算机如何执行机器指令，在计算机中如何用 0 和 1 表示数据等概念和知识。本书的一个主要目标就是将这些内容串联起来，力图将计算机系统的基本工作原理介绍清楚。

1.1.2 冯·诺依曼结构计算机

世界上第一台实际使用的通用电子计算机是 1946 年在美国诞生的 ENIAC（electronic numerical integrator and computer）。ENIAC 的研制主要是为了解决美国军方复杂的弹道计算问题。它用十进制表示信息，通过设置开关和插拔电缆手动编程，每秒能进行 5 000 次加法运算或 50 次乘法运算。1944 年夏季的一天，冯·诺依曼（von Neumann）巧遇美国弹道实验室的军方负责人戈尔斯坦。于是，冯·诺依曼被戈尔斯坦介绍加入了 ENIAC 研制组。在研制 ENIAC 的同时，冯·诺依曼等人开始考虑研制另一台电子计算机 EDVAC（electronic discrete variable automatic computer）。1945 年，冯·诺依曼以“关于 EDVAC 的报告草案”为题，起草了一份长达 101 页的报告，发表了全新的存储程序（stored-program）通用电子计算机方案，宣告了现代计算机结构思想的诞生。

“存储程序”方式的基本思想是：必须将事先编好的程序和原始数据送入存储器后才能执行程序，一旦程序被启动执行，计算机能够在无须操作人员干预的情况下，自动完成逐条取出指令并执行的任务。

自现代电子计算机诞生以来，尽管硬件技术已经经历了电子管、晶体管、集成电路和超大规模集成电路 4 个发展阶段，计算机体系结构也取得了很大发展，但绝大部分通用计算机硬件基本组成仍然具有冯·诺依曼结构特征。冯·诺依曼结构的基本思想主要包括以下几个方面。

① 采用“存储程序”工作方式。

② 计算机由运算器、控制器、存储器、输入设备和输出设备 5 个基本部件组成。

③ 存储器不仅能存储数据，也能存储指令。从形式上说，数据和指令没有区别，但计算机应能区分它们。控制器应能自动执行指令。运算器应能进行算术运算，也能进行逻辑运算。操作人员可以通过输入输出设备使用计算机。

④ 计算机内部以二进制形式表示指令和数据；每条指令由操作码和地址码两部分组成，操作码指出操作类型，地址码指出操作数的地址；程序由一串指令组成。

根据冯·诺依曼结构的基本思想，可以给出一个模型计算机的硬件基本结构，如图 1.1 所示。

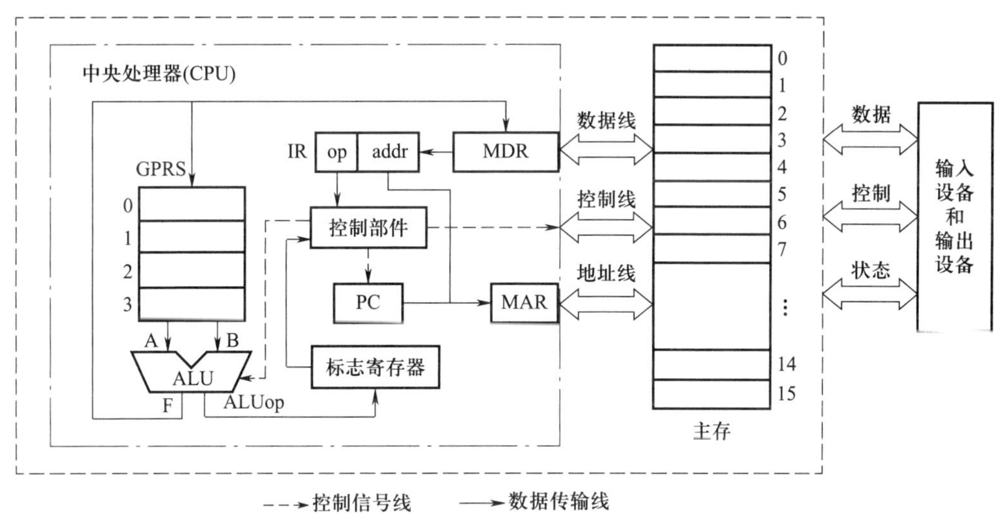

图 1.1　模型计算机的硬件基本结构

通常，把由控制部件、运算部件和各类寄存器互连组成的电路称为中央处理器（central processing unit，CPU），简称处理器；把用来存放指令和数据的存储部件称为主存储器

（main memory，MM），简称主存或内存。

1. 存储器

冯·诺依曼结构计算机采用“存储程序”的工作方式，在程序执行前，指令和数据都需要事先输入存储器。这里的存储器就是指图 1.1 中的主存。主存中的每个单元都需要编号，称为主存地址，如图 1.1 中的主存地址为 0，1，2，3，…，15。

CPU 为了从主存取指令和存取数据，需要通过传输介质与主存相连。通常把连接不同部件实现信息传输的介质称为总线，包含分别用于传输地址信息、数据信息和控制信息的地址总线、数据总线和控制总线。CPU 访问主存时，需要先将主存地址、读写命令分别送到地址总线、控制总线，然后通过数据总线发送或接收数据。CPU 送到地址线的主存地址应先存放在存储器地址寄存器（memory address register，MAR）中，要发送到数据线或从数据线取来的信息存放在存储器数据寄存器（memory data register，MDR）中。显然，MAR 的位数与地址线的位数相同，MDR 的位数与数据线的位数相同。

2. 运算器

在计算机中，最基本的运算器是用于进行算术和逻辑运算的部件，即图 1.1 中的算术逻辑部件（arithmetic and logic unit，ALU）。为了向 ALU 提供操作数，以及临时存放从主存取来的数据或运算结果，还需要若干通用寄存器，组成通用寄存器组（general purpose register set，GPRS）。CPU 需要从通用寄存器中取数据送到 ALU 进行运算，或把 ALU 中运算结果保存到通用寄存器中，因此，需要给每个通用寄存器编号。通用寄存器和主存都属于存储部件，计算机中的存储部件从 0 开始编号。如图 1.1 所示，通用寄存器的编号为 0、1、2、3。

此外，ALU 运算的结果会产生标志信息，例如，结果是否为 0（零标志 ZF）、是否为负数（符号标志 SF）等，这些标志信息需要记录在专门的标志寄存器中。

3. 控制器

计算机能够自动逐条取出指令并执行，因此需要有一个能够自动读取指令并对指令进行译码的部件，这就是图 1.1 中的控制部件（control unit，CU），也称控制器或控制单元。为了配合 CU 工作，还需要有指令寄存器（instruction register，IR）和程序计数器（program counter，PC）。IR 用于存放从主存取来的指令，PC 用于存放将要执行的下一条指令所在的主存地址。为了自动按序读取主存中的指令，在执行当前指令的过程中将自动计算出下一条指令的主存地址，并送到 PC 中保存。

4. 输入输出设备

输入输出设备也称 I/O 设备，用来和用户进行交互。早期，人们通过控制台按钮和开关等与计算机进行交互，后来又发明了卡片和纸带等穿孔机，将程序及数据通过穿孔卡片或纸带输入计算机。而现代计算机系统则提供了键盘、鼠标、显示器、手写笔、触摸屏等常用 I/O 设备，使得人们可以非常方便地与计算机进行交互。

1.1.3 程序和指令的执行过程

冯·诺依曼结构计算机的功能通过执行程序实现，程序的执行过程就是程序所包含指令的执行过程。

指令（instruction）和数据一样，都用 0 和 1 表示，用来指示 CPU 完成一个特定的原子操作。例如，取数指令（load）从主存单元中取出数据存放到通用寄存器中，存数指令（store）将通用寄存器的内容写入主存单元，加法指令（add）将两个通用寄存器内容相加后送入结果所在的通用寄存器，传送指令（mov）将一个通用寄存器的内容送到另一个通用寄存器等。

指令通常被划分为若干个字段，有操作码、地址码等字段。操作码字段指出指令的操作类型，如取数、存数、加、减、传送、跳转等；地址码字段指出指令所处理的操作数的地址，如寄存器编号、主存单元编号等。

下面通过一个简单的例子，说明在图 1.1 所示计算机中程序和指令的执行过程。

假定图 1.1 所示模型机的字长为 8 位；有 4 个通用寄存器 r0～r3，编号分别为 00（0）、01（1）、10（2）、11（3）；主存单元和 CPU 中的 ALU、通用寄存器、IR、MDR 的宽度都是 8 位，存放地址的 PC 和 MAR 的宽度都是 4 位；连接 CPU 和主存的总线中有 4 位地址线、8 位数据线和若干位控制线（包括读写命令线）。

主存单元有 16 个，主存地址占 4 位，编号分别为 0000（0）、0001（1）、0010（2）、0011（3）、0100（4）、0101（5）、0110（6）、0111（7）、1000（8）、1001（9）、1010（10）、1011（11）、1100（12）、1101（13）、1110（14）、1111（15）。

该模型机采用 8 位定长指令字，如图 1.2 所示，提供 R 型和 M 型两种指令格式。R 型指令的源操作数和结果都在通用寄存器（register）中；M 型指令包括从主存（memory）取数和向主存存数两类指令。

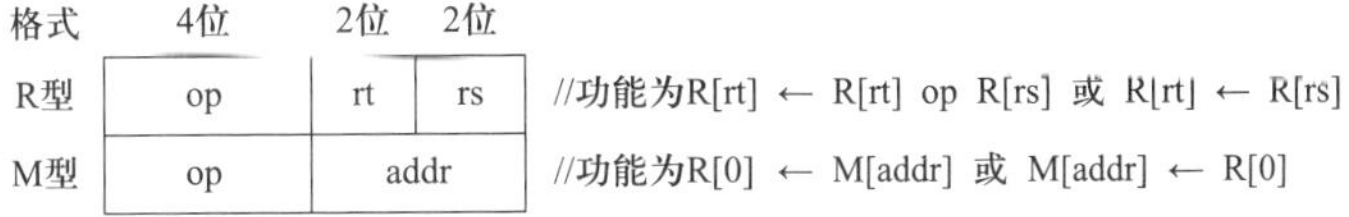

图 1.2 模型机指令字格式

在图 1.2 中，op 为操作码字段。当 R 型指令的 op 字段为 0001、0010 时，分别为寄存器间传送（mov）、加运算（add）指令；当 M 型指令的 op 字段为 1110 和 1111 时，分别为取数和存数指令；rs 和 rt 为通用寄存器编号；addr 为主存地址。R[r] 表示编号为 r 的通用寄存器中的内容，M[addr] 表示地址为 addr 的主存单元内容，“←”表示从右向左传送数据。

例如，指令 1110 0110 的功能为 R[0] ← M[0110]，表示将 6 号主存单元中的内容取到 0 号寄存器；指令 0010 0001 的功能为 R[0] ← R[0]+R[1]，表示将 0 号和 1 号寄存器内容相加的结果送入 0 号寄存器。

若在该模型机上实现 z=x+y 功能，则图 1.3 给出了相应程序在主存单元中的初始内容。

主存地址	主存单元内容	内容说明(I_i表示第i条指令)	指令的符号表示
0	1110 0110	I_1：R[0] ← M[6]；op=1110：取数操作	load r0, 6#
1	0001 0100	I_2：R[1] ← R[0]；op=0001：传送操作	mov r1, r0
2	1110 0101	I_3：R[0] ← M[5]；op=1110：取数操作	load r0, 5#
3	0010 0001	I_4：R[0] ← R[0] + R[1]；op=0010：加操作	add r0, r1
4	1111 0111	I_5：M[7] ← R[0]；op=1111：存数操作	store 7#, r0
5	0001 0000	操作数x，值为16	
6	0010 0001	操作数y，值为33	
7	0000 0000	结果z，初值为0	

图 1.3　实现 z=x+y 功能的程序在主存部分单元中的初始内容

对于图 1.3 中的程序，程序首地址（即指令 I_1 所在地址）为 0，因此，程序开始执行时，PC 的内容为 0000。根据程序执行流程，在该程序的运行过程中，指令的执行顺序为 $I_1 \rightarrow I_2 \rightarrow I_3 \rightarrow I_4 \rightarrow I_5$。

在图 1.1 的模型机中执行指令 I_1 的过程如下：指令 I_1 存放在第 0 单元，故取指令操作为 IR ← M[0000]，表示将主存 0 单元中的内容取出并存到指令寄存器 IR 中，当取指令阶段结束时，IR 中的内容为 1110 0110；然后，将高 4 位 1110（op 字段）送到控制部件进行指令译码，同时控制 PC 进行“+1”操作，PC 中的内容变为 0001；因为是取数指令，所以控制器产生“主存读”控制信号 Read，并控制在取数及执行阶段将 Read 信号送入总线中的控制线，将指令后 4 位的 0110（addr 字段）作为主存地址送入 MAR 并自动送入总线中的地址线，经过一段时间以后，主存将 0110（6#）单元中的 33（变量 y）送入总线中的数据线并自动存储在 MDR 中；最后由控制器控制将 MDR 的内容送入 0 号通用寄存器，因此，指令 I_1 的执行结果为 R[0]=33。其他指令的执行过程与此类似。

指令执行各阶段都包含若干个微操作，微操作需要相应的控制信号（control signal）进行控制。例如，“主存读”控制信号 Read 将控制从主存取出数据到 MDR。

这里的 Read 等微操作控制信号都是控制部件对指令中的 op 字段进行译码后送出的，图 1.1 中虚线所示的就是控制信号线。在每条指令的执行过程中，指令所包含的微操作具有先后顺序关系，需要定时信号进行定时。通常，CPU 中的所有微操作都由时钟信号进行定时，时钟信号的宽度为一个时钟周期。一条指令的执行时间包含一个或多个时钟周期。

1.2 程序的开发与运行

现代通用计算机都采用“存储程序”工作方式，需要计算机完成的任何任务都应先表示为一个程序。首先，应将应用问题（任务）转化为算法（algorithm）描述，使应用问题的求解变成流程化的清晰步骤，并确保步骤是有限的。任何一个问题都可能有多个求解算法，需要进行算法分析以确定哪种算法在时间和空间上能够得到优化。其次，将算法转换为用编程语言描述的程序，这个转换过程通常是手工实现的，也就是说，需要程序员进行程序设计。程序设计语言（programming language）与自然语言不同，它有严格的执行顺序，不存在二义性，能够唯一地确定计算机执行指令的顺序。

1.2.1 程序设计语言和翻译程序

根据抽象层次，程序设计语言可以分成低级语言和高级语言两类。

1. 低级编程语言

使用特定计算机规定的指令格式而形成的 0/1 序列称为机器语言。计算机能理解和执行的程序称为机器代码或机器语言程序，其中的每条指令都由 0 和 1 组成，称为机器指令。如图 1.3 所示，主存单元 0~4 中存放的 0/1 序列就是机器指令。

最初，人们采用机器语言编写程序。机器语言程序的可读性很差，也不易记忆，给程序员的编写和阅读带来极大的困难。因此，人们引入了一种机器语言的符号表示语言，通过将简短的英文符号与机器指令建立对应关系，以方便程序员编写和阅读机器语言程序。这种语言称为汇编语言（assembly language），机器指令对应的符号表示称为汇编指令。如图 1.3 所示，机器指令“1110 0110”对应的汇编指令为“load r0, 6#”。显然，使用汇编指令编写程序比使用机器指令编写程序要方便得多。但是，因为计算机无法理解和执行汇编指令，因而用汇编语言编写的汇编语言源程序必须先转换为机器语言程序，才能被计算机执行。

每条汇编指令表示的功能与对应的机器指令一样，汇编指令和机器指令都与特定的机器结构相关，因此汇编语言和机器语言都属于低级编程语言，它们统称为机器级语言。

2. 高级编程语言

使用机器级语言描述程序功能时，因为每条指令的功能非常简单，所以需要描述的细节很多，不仅程序设计的效率很低，而且同一个程序不能在不同的机器上运行。为此，程序员大多采用面向算法描述的高级程序设计语言编写程序，这样的语言简称为高级语言。高级语言与具体的机器结构无关，比机器级语言的可读性更好，描述能力更强，一条语句可以对应几条、几十条，甚至几百条指令。例如，对于图 1.3 所示的程序，若用机器级语言表示，需要 5 条指令；若用高级语言表示，则只需要一条语句“z = x + y”即可。

3. 翻译程序

不过，因为计算机无法直接理解和执行高级编程语言编写的程序，因而需要将高级语言程序转换成机器语言程序。这个转换过程由计算机自动完成，通常把实现这种转换的软件统称为“语言处理系统”。程序员借助语言处理系统来开发软件。任何一个语言处理系统中都包含一个翻译程序（translating program，也称翻译器，translator），它能把一种编程语言表示的程序转换为等价的另一种编程语言程序。被翻译的语言和程序分别称为源语言和源程序，翻译生成的语言和程序分别称为目标语言和目标程序。翻译程序有以下三类。

① 汇编程序（assembler）：也称汇编器，用来将汇编语言源程序翻译成机器语言目标程序。

② 解释程序（interpreter）：也称解释器，用来将源程序中的语句按其执行顺序逐条翻译成机器指令并立即执行。

③ 编译程序（compiler）：也称编译器，用来将高级语言源程序翻译成汇编语言或机器语言目标程序。

图 1.4 给出了不同层次语言之间的等价转换过程，实现的功能是交换两个相邻数组元素。

如图 1.4 所示，交换数组元素 v[k] 和 v[k+1] 的功能可以在高级语言源程序中直观地用 3 条赋值语句实现；在编译生成的汇编语言源程序中，可以用 4 条汇编指令实现该功能，其中，两条是取数指令 lw（load word），另两条是存数指令 sw（store word）；在汇编后生成的机器语言程序中，对应的机器指令是特定格式的二进制代码，例如，第一条 lw 指令对应的机器代码为“1000 1100 0100 1111 0000 0000 0000 0000”，这是一条 MIPS 架构指令系统中的指令，按对应指令格式可写成“100011 00010 01111 0000 0000 0000 0000”，其中，高 6 位“100011”为操作码，随后 5 位“00010”为通用寄存器编号 2，再后面 5 位“01111”为另一个通用寄存器编号 15，最后 16 位为立即数 0。CPU 能够通过逻辑电路直接执行这种

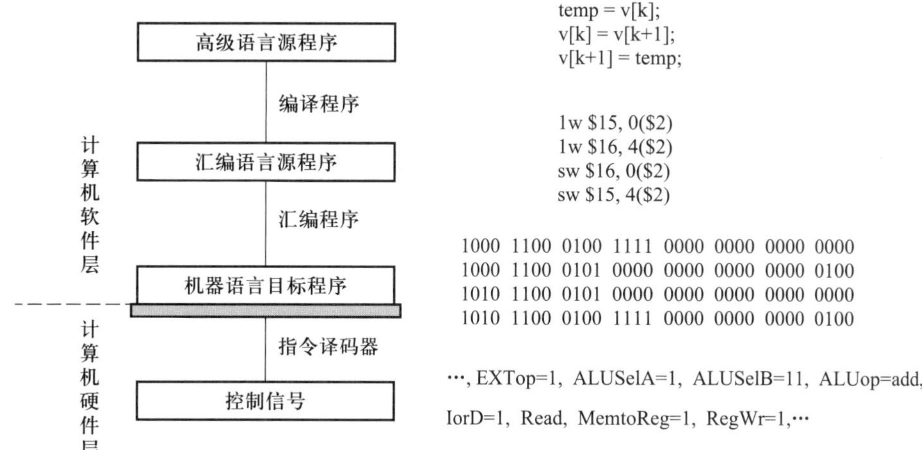

图 1.4　不同层次语言之间的等价转换

用二进制表示的机器指令。指令执行时，通过控制器对指令操作码进行译码，可以将其解释成控制信号来控制数据的流动和运算。例如，控制信号 ALUop = add 可以控制 ALU 进行加法操作，RegWr=1 可以控制将结果数据写入某个通用寄存器。

1.2.2　从源程序到可执行目标文件

程序的开发和运行涉及计算机系统的各个不同层面，因而计算机系统层次结构的思想体现在程序开发和运行的各个环节。下面以简单的 hello 程序为例，简要介绍程序的开发与执行过程，以便加深读者对计算机系统层次结构概念的认识。

以下是 hello.c 的 C 语言源程序代码。

```
#include <stdio.h>

int main()
{
    printf("hello, world\n");
}
```

为了让计算机执行上述应用程序，程序员应按照以下步骤进行处理。

① 通过程序编辑软件得到 hello.c 文件。hello.c 在计算机中以 ASCII 码字符方式存放。通常把用 ASCII 码字符或汉字字符表示的文件称为文本文件（text file）。源程序文件都是文本文件，是可显示和可读的。

② 对 hello.c 进行预处理、编译、汇编和链接，最终生成可执行目标文件。例如，在 UNIX 系统中，可用 GCC 编译驱动程序进行处理，命令如下：

```
unix> gcc -o hello hello.c
```

上述命令中，最前面的 unix> 为 shell 命令行解释器（也称命令解释程序）的命令行提示符，gcc 为 GCC 编译驱动程序名，-o 表示后面为输出文件名，hello.c 为要处理的源程序。从 hello.c 到可执行目标文件 hello 的转换过程如图 1.5 所示。

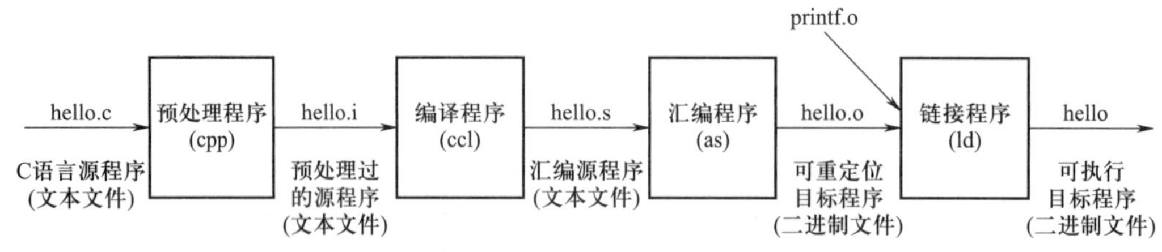

图 1.5 hello.c 源程序文件到可执行目标文件的转换过程

- 预处理阶段：预处理程序（cpp）对源程序中以字符 # 开头的命令进行处理，例如，将 #include 命令后面扩展名为 .h 的文件内容嵌入源程序文件。预处理程序的输出结果还是一个源程序文件，以 .i 为扩展名。
- 编译阶段：编译程序（ccl）对预处理后的源程序进行编译，生成一个汇编语言源程序文件，以 .s 为扩展名，例如，hello.s 是一个汇编语言源程序文件。汇编语言程序与具体的机器结构有关。
- 汇编阶段：汇编程序（as）对汇编语言源程序进行汇编，生成一个可重定位目标文件（relocatable object file），以 .o 为扩展名，例如，hello.o 是一个可重定位目标文件。它是一种二进制文件（binary file），因为其中的代码已经是机器指令，数据以及其他信息也都是用二进制表示的，所以它是不可读的。
- 链接阶段：链接程序（ld）将多个可重定位目标文件和标准函数库中的可重定位目标文件合并成为一个可执行目标文件（executable object file），简称可执行文件。本例中，链接器将 hello.o 和标准库函数 printf 所在的可重定位目标模块 printf.o 进行合并，生成可执行文件 hello。

③ 生成的可执行文件被保存在磁盘中，可以通过某种方式启动运行磁盘中的一个可执行文件。

1.2.3 可执行文件的启动和执行

对于一个存放在磁盘中的可执行文件，可以在操作系统提供的用户操作环境中，采用双击对应图标或在命令行中输入可执行文件名等多种方式来启动执行。在 UNIX 系统中，可以通过 shell 命令行解释器来执行一个可执行文件。例如，对于上述可执行文件 hello，通过 shell 命令行解释器启动执行的结果如下：

```
unix> ./hello
hello, world
unix>
```

shell 命令行解释器会显示提示符 unix>，告知用户它准备接收用户的输入，此时，用户可以在提示符后面输入需要执行的命令名，它可以是一个可执行文件在磁盘中的路径名，例如，上述“./hello”就是可执行文件 hello 的路径名，其中“./”表示当前目录。输入命令后，用户需要按 Enter 键表示确认。图 1.6 显示了 hello 程序在计算机中执行的整个过程。

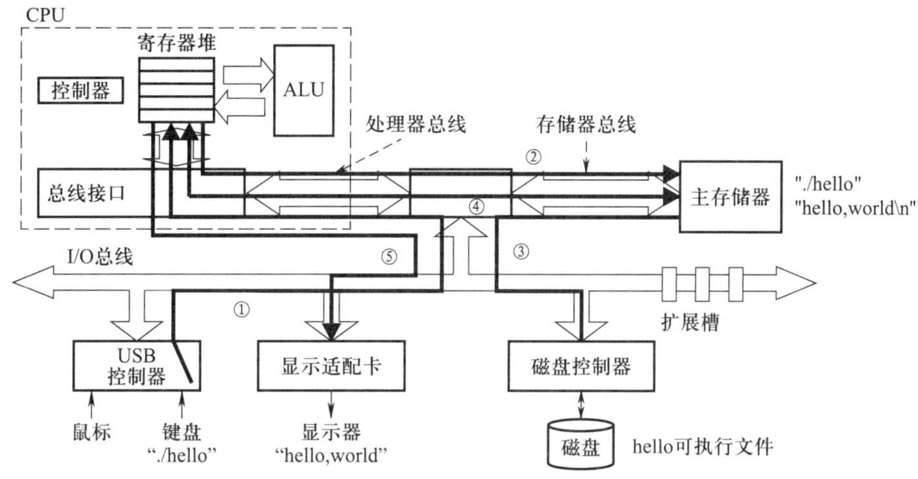

图 1.6　启动和执行 hello 程序的整个过程

如图 1.6 所示，shell 程序会将用户从键盘输入的每个字符逐一读入 CPU 寄存器（对应线①）中，然后再保存到主存储器中，在主存储器的缓冲区形成字符串 "./hello"（对应线②）。当接收到 Enter 按键时，shell 将调出操作系统内核中相应的服务例程，由内核将磁盘中的可执行文件 hello 加载到主存储器（对应线③）。内核加载完可执行文件中的代码及其所要处理的数据（这里是字符串 "hello, world\n"）后，将 hello 程序第一条指令的地址送到程序计数器（PC）中，CPU 永远都将 PC 的内容作为将要执行的指令的地址，因此，CPU 随后开始执行 hello 程序，它将加载到主存储器的字符串 "hello, world\n" 中的每一个字符从主存储器取到 CPU 的寄存器中（对应线④），然后将 CPU 寄存器中的字符送到显示器上显示出来（对应线⑤）。

从上述过程可以看出，一个用户程序被启动执行，必须依靠操作系统的支持，包括提供人机接口环境（如外壳程序）和内核服务例程。例如，shell 命令行解释器是操作系统外壳程序，它为用户提供了一个启动程序执行的环境，用来对用户从键盘输入的命令进行解释，并调出操作系统内核来加载所指定的用户程序，如 hello 程序。

此外，在上述过程中，涉及对键盘、磁盘和显示器等外部设备（也称外围设备，简称外设）的操作，这些底层硬件是不能由用户程序直接访问的，此时也需要依靠操作系统内核服务例程的支持。例如，用户程序需要调用内核的 read 系统调用服务例程读取磁盘文件，或调用内核的 write 系统调用服务例程把字符串“写”到显示器上等。

从图 1.6 可以看出，程序的执行过程就是数据在 CPU、主存储器和 I/O 模块之间流动的过程，所有数据的流动都是通过总线、I/O 桥接器等进行的。数据在总线上传输之前，需要先缓存在存储部件中，因此，除了主存储器本身是存储部件以外，在 CPU、I/O 桥接器、设备控制器中也有存放数据的缓冲存储部件，例如，CPU 中的通用寄存器、设备控制器中的数据缓冲寄存器等。

1.3 计算机系统的层次结构

传统计算机系统采用分层方式构建，即计算机系统是一个层次结构系统，通过向上层用户提供一个抽象的简洁接口而将较低层次的实现细节隐藏起来。计算机解决应用问题的过程就是不同抽象层间的转换过程。

1.3.1 计算机系统抽象层的转换

图 1.7 是计算机系统抽象层及其转换的示意图，描述了从最终用户希望计算机完成的应用（问题）到电子工程师使用器件完成基本电路设计的整个转换过程。

希望计算机完成或解决的任何一个应用（问题）最开始形成时都是用自然语言描述的，但是计算机硬件只能理解机器语言，要将一个自然语言描述的应用问题转换为机器语言程序，需要经过应用问题描述、算法抽象、高级语言程序设计、将高级语言源程序转换为特定机器语言目标程序等多个抽象层的转换。

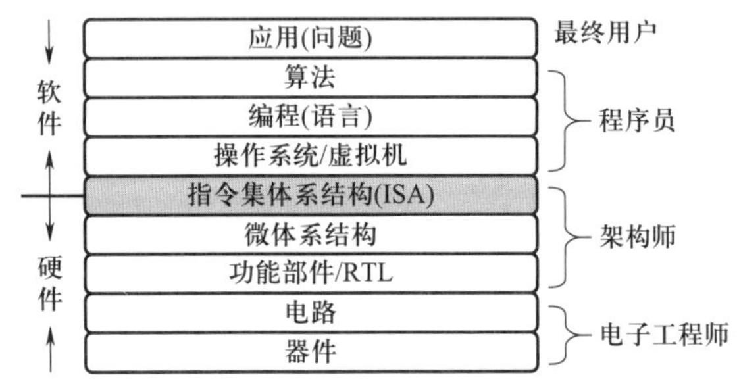

图 1.7 计算机系统抽象层及其转换

在进行高级语言程序设计时，需要有相应的应用程序开发支撑环境。例如，需要一个程序编辑器，以方便源程序的编写；需要一套翻译转换软件处理各类源程序，包括预处理程序、编译器、汇编器、链接器等；还需要一个可以执行各类程序的用户界面，如图形用户界面（graphical user interface，GUI）或命令行界面（command line interface，CLI），如 shell 程序。提供程序编辑器和各类翻译转换软件的工具包统称为语言处理系统，而具有人机交互功能的用户界面和底层系统调用服务例程则由操作系统提供。

当然，所有的语言处理系统都必须在操作系统提供的计算机环境中运行。操作系统是对计算机底层结构和计算机硬件的一种抽象，这种抽象构成了一台可以让程序员使用的虚拟机（virtual machine）。

从应用问题到机器语言程序的每次转换所涉及的概念都属于软件的范畴，而机器语言程序所运行的计算机硬件和软件之间需要一个“桥梁”，这个在软件和硬件之间的界面就是指令集体系结构（instruction set architecture，ISA），简称体系结构或系统结构（architecture），它是对软件和硬件之间接口的一个完整定义。

ISA 定义了一台计算机可以执行的所有指令的集合，每条指令规定了计算机执行什么操作，以及所处理的操作数存放的地址空间和操作数类型。机器语言程序就是一个 ISA 规定的指令的序列，因此，计算机硬件执行机器语言程序的过程就是执行一条一条指令的过程。ISA 是对指令系统的一种规定，实现 ISA 的具体逻辑结构称为计算机组织（computer organization）或微体系结构（microarchitecture），简称微架构。ISA 和微体系结构是两个不同层面的概念，微体系结构是软件不可感知的部分。例如，加法器采用串行进位还是并行进位方式实现，属于微体系结构层面的问题。相同的 ISA 可能具有不同的微体系结构。

微体系结构最终由逻辑电路（logic circuit）实现。当然，一个功能部件可以用不同的逻辑来实现，用不同的逻辑实现方式得到的性能和成本有差异。每个基本的逻辑电路都是按照特定的器件技术（device technology）实现的。

1.3.2 计算机系统的不同用户

按照计算机完成任务的不同，可以把使用计算机的用户分成以下 4 类：最终用户、系统管理员、应用程序员和系统程序员。

使用应用程序完成特定任务的计算机用户称为最终用户（end user）。大多数计算机使用者都属于最终用户。例如，使用炒股软件的股民、玩计算机游戏的玩家、进行会计电算化处理的财会人员等。

系统管理员（system administrator）是指利用操作系统、数据库管理系统等软件提供的功能对系统进行配置、管理和维护，以建立高效、合理的系统环境供计算机用户使用的操作人员。其职责主要包括安装、配置和维护系统的硬件和软件，建立和管理用户账户，升级软件，备份、恢复业务系统和数据等。

应用程序员（application programmer）是指使用高级编程语言编制应用软件的程序员；而系统程序员（system programmer）则是指设计和开发系统软件的程序员，如开发操作系统、编译器、数据库管理系统等系统软件的程序员。

很多情况下，同一个人可能既是最终用户，又是系统管理员，同时还是应用程序员或系统程序员。例如，对于一个计算机专业的学生来说，有时需要使用计算机玩游戏或网购物品，此时角色为最终用户；有时需要整理计算机磁盘中的碎片、升级系统或备份数据，此时角色是系统管理员；有时需要完成教师布置的一个应用程序的开发，此时角色是应用程序员；有时可能还需要完成老师布置的操作系统或编译程序等软件的开发，此时角色则是系统程序员。

应用程序员所看到的计算机系统除了计算机硬件、操作系统提供的应用程序接口（application program interface，API）、人机交互界面和实用程序外，还包括相应的语言处理系统。在语言处理系统中，除了翻译程序外，通常还包括编辑程序、链接程序、装入程序以及将这些程序和工具集成在一起所构成的集成开发环境（integrated development environment，IDE）等。

系统程序员开发操作系统、编译器和实用程序等系统软件时，需要编写对计算机底层硬件进行直接控制的代码。因此，系统程序员必须熟悉指令系统、机器结构和相关的机器功能特性，有时还要直接用汇编语言等低级语言编写程序代码。

在计算机技术中，一个存在的事物或概念从某个角度看似乎不存在，即感觉不到实际存在的事物或概念，则称它是透明的。通常，在一个计算机系统中，系统程序员所看到的底层机器级的概念性结构和功能特性对高级语言程序员（通常就是应用程序员）来说是透明的，即看不见或感觉不到。对应用程序员来说，他们直接用高级语言编程，不需要了解有关汇编语言的编程问题，也不用了解机器语言中规定的指令格式、寻址方式、数据类型和格式等指令系统方面的问题。

1.4 计算机系统性能评价

一个完整的计算机系统由硬件和软件构成，硬件性能的好坏对整个计算机系统的性能起着至关重要的作用。主频等硬件参数不能直接反映整个计算机系统的性能，因此需要在硬件上运行软件来获得较为客观的性能评测结果。在相同的硬件上运行不同类型的软件，或者同样的软件用不同的数据集进行测试，所测得的性能都可能不同。因此，必须有一套综合的测试和评价硬件性能的方法。

1.4.1 计算机性能的定义和测试

吞吐量（throughput）和响应时间（response time）是考量一个计算机系统性能的两个基本指标。吞吐量表示在单位时间内所完成的工作量，类似的概念是带宽（bandwidth），它表示单位时间内所传输的信息量。响应时间是指从作业提交开始到作业完成所用的时间，类似的概念是执行时间（execution time）和等待时间（latency，又称潜伏时间），它们都是用来表示完成一个任务所用时间的度量值。

如果不考虑应用背景而直接比较计算机性能，则大多用程序的执行时间来衡量。即从执行时间来考虑，完成同样工作量所需时间最短的计算机的性能最好。

操作系统在对处理器进行调度时，一段时间内往往会让多个程序（更准确地说是进程）轮流使用处理器，因此在某个用户程序的执行过程中，可能同时还有其他用户程序和操作系统程序在执行，所以，通常情况下，一个程序的执行时间除了程序包含的指令在 CPU 上执行所用的时间外，还包括磁盘访问时间、输入输出操作所需时间以及操作系统运行这个程序所用的额外时间等。即用户感觉到的某个程序的执行时间并不是其真正的执行时间。通常，把用户感觉到的执行时间分成以下两部分：用户 CPU 时间和其他时间。用户 CPU 时间指 CPU 用于执行程序包含的所有指令的时间，其他时间指操作系统程序的执行时间以及等待 I/O 操作完成的时间或 CPU 用于执行其他用户程序的时间。

对计算机系统的性能评价主要考虑的是 CPU 性能。系统性能和 CPU 性能并不等价，两者有一些区别。系统性能是指系统的响应时间，它与 CPU 性能相关，同时也与 CPU 以外的其他部分有关；而 CPU 性能是指用户 CPU 时间，它只包含 CPU 运行用户程序代码的时间。

在对 CPU 时间进行计算时，需要用到以下几个重要的概念和指标。

① 时钟周期：计算机执行一条指令的过程被分成若干个步骤来完成，每一步有相应的控制信号进行控制，这些控制信号何时发出、作用时间多长，都要有相应的定时信号进行同步。因此，计算机必须能够产生同步的时钟定时信号，也就是 CPU 的主脉冲信号，其宽度称为时钟周期（clock cycle，clock period，clock tick）。

② 时钟频率：CPU 的主频就是主脉冲信号的时钟频率（clock frequency），它是 CPU 时钟周期的倒数。

③ 平均指令周期数（cycles per instruction，CPI）：表示执行一条指令所需的时钟周期数。由于不同指令的功能不同，所需的时钟周期数也不同，因此，对于一条特定指令而言，其 CPI 指执行该条指令所需的时钟周期数，此时 CPI 是一个确定的值；对于一个程序或一台

机器来说，其 CPI 指该程序或该机器指令集中的所有指令所需的平均时钟周期数，此时 CPI 是一个平均值。

已知上述参数或指标，可以通过以下公式来计算用户程序的 CPU 执行时间，即用户 CPU 时间：

$$\text{用户 CPU 时间} = \text{程序总时钟周期数} / \text{时钟频率} = \text{程序总时钟周期数} \times \text{时钟周期}$$

上述公式中，程序总时钟周期数可由程序总指令条数和相应的 CPI 求得。

如果已知程序总指令条数和平均 CPI，则可用如下公式计算程序总时钟周期数：

$$\text{程序总时钟周期数} = \text{程序总指令条数} \times \text{CPI}$$

如果已知程序中共有 n 种不同类型的指令，第 i 种指令的条数和 CPI 分别为 C_i 和 CPI_i，则

$$\text{程序总时钟周期数} = \sum_{i=1}^{n} (CPI_i \times C_i)$$

程序的平均 CPI 也可由以下公式求得，其中，F_i 表示第 i 种指令在程序中所占的比例：

$$CPI = \sum_{i=1}^{n} (CPI_i \times F_i) = \text{程序总时钟周期数} / \text{程序总指令条数}$$

因此，若已知程序平均 CPI 和总指令条数，则可用下列公式计算用户 CPU 时间：

$$\text{用户 CPU 时间} = CPI \times \text{程序总指令条数} \times \text{时钟周期}$$

有了用户 CPU 时间，就可以评判计算机性能的好坏。计算机的性能可以看成是用户 CPU 时间的倒数，因此，两台计算机性能之比就是用户 CPU 时间之比的倒数。若计算机 M_1 和 M_2 的性能之比为 n，则说明“计算机 M_1 的速度是计算机 M_2 的速度的 n 倍”，也就是说，“在计算机 M_2 上执行程序的时间是在计算机 M_1 上执行程序的时间的 n 倍”。

用户 CPU 时间度量公式中的时钟周期、指令条数、CPI 三个因素是相互制约的。例如，更改指令集可以减少程序总指令条数，但是，同时可能引起 CPU 结构的调整，从而可能会增加时钟周期的宽度（即降低时钟频率）。对于解决同一个问题的不同程序，即使是在同一台计算机上，指令条数最少的程序也不一定执行得最快。

例 1.1 假设某个频繁使用的程序 P 在机器 M_1 上运行需要 10 s，M_1 的时钟频率为 2 GHz。设计人员想开发一台与 M_1 具有相同 ISA 的新机器 M_2。采用新技术可使 M_2 的时钟频率增加，但同时也会使 CPI 增加。假定程序 P 在 M_2 上的时钟周期数是在 M_1 上的 1.5 倍，则 M_2 的时钟频率至少应达到多少，才能使程序 P 在 M_2 上的运行时间缩短为 6 s？

解： 程序 P 在机器 M_1 上的时钟周期数为用户 CPU 时间 × 时钟频率 = 10 s × 2 GHz = 20 G。因此，程序 P 在机器 M_2 上的时钟周期数为 1.5 × 20 G = 30 G。要使程序 P 在 M_2 上的运行时间缩短到 6 s，则 M_2 的时钟频率至少应为程序总时钟周期数 / 用户 CPU 时间 = 30 G/6 s = 5 GHz。

由此可见，M_2 的时钟频率是 M_1 的 2.5 倍，但 M_2 的速度却只是 M_1 的 1.67 倍。

上述例子说明，时钟频率的提高可能会对 CPU 结构带来影响，但却使其他性能指标降低，因此，虽然时钟频率提高会加快 CPU 执行程序的速度，但不能保证执行速度有与时钟频率相同倍数的提高。

因为不同指令的功能不同，所以不同指令的执行时间也可能不同，因而，指令条数少并不代表执行时间短；同样地，时钟频率高也不说明执行速度快。在评价计算机性能时，仅考虑单个因素是不全面的，必须同时考虑三个因素。1.4.2 节介绍的性能指标 MIPS 曾被普遍使用，它就没有考虑这三个因素，所以用它来评价计算机性能，有时会得到不准确的结论。

1.4.2 用指令执行速度进行性能评估

最早用来衡量计算机性能的指标是每秒完成单个运算（如加法运算）指令的条数。当时大多数指令的执行时间是相同的，并且加法指令能反映乘、除等运算的性能，其他指令的执行时间大体与加法指令相当，因而加法指令的执行速度有一定的代表性。指令速度所用的计量单位为百万条指令每秒（million instructions per second，MIPS）。

早期还有一种类似于 MIPS 的性能估计方式，就是指令平均执行时间，也称等效指令速度法或吉布森混合法（Gibson mix）。随着计算机体系结构的发展，不同指令所需的执行时间差别越来越大，人们就根据等效指令速度法，通过统计各类指令在程序中所占比例进行折算。设某类指令 i 在程序中所占比例为 w_i，执行时间为 t_i，则等效指令的执行时间为 $T = w_1 \times t_1 + w_2 \times t_2 + \cdots + w_n \times t_n$（$n$ 为指令种类数）。若指令执行时间用时钟周期数来衡量，则上式计算的结果就是 CPI。对指令平均执行时间求倒数能够得到 MIPS 值。

选取一组指令组合，使得得到的平均 CPI 最小，由此得到的 MIPS 就是峰值 MIPS（peak MIPS）。有些计算机制造商经常将峰值 MIPS 直接当作 MIPS，而实际的性能要比标称的性能差。

相对 MIPS（relative MIPS）是根据某个公认的参考机型来定义的相应 MIPS 值，其值的含义是被测机型相对于参考机型 MIPS 的倍数。

MIPS 反映了机器执行定点指令的速度，但是，用 MIPS 对不同的机器进行性能比较有时是不准确或不客观的。由于不同机器的指令集不同，指令的功能也不同，在机器 M_1 上某一条指令的功能，在机器 M_2 上也许要用多条指令才能完成，因此，同样的指令条数所完成的功能可能完全不同；另外，不同机器的 CPI 和时钟周期也不同，因而同一条指令在不同机器上所用的时间也不同。

与定点指令运行速度 MIPS 相对应的是用来表示浮点操作速度的指标是 MFLOPS

（million floating-point operations per second，百万次浮点运算每秒）。它表示每秒所执行的浮点运算有多少百万（10^6）次，它是基于所完成的操作次数而不是指令数来衡量计算机性能的。类似的衡量浮点操作速度的指标还有 GFLOPS（10^9）、TFLOPS（10^{12}）、PFLOPS（10^{15}）和 EFLOPS（10^{18}）等。

1.4.3 用基准程序进行性能评估

基准程序（benchmark）是进行计算机性能评测的一种重要工具。基准程序是专门用来进行性能评价的一组程序，能够很好地反映机器在运行实际负载时的性能。可以通过在不同机器上运行相同的基准程序来比较基准程序在不同机器上的运行时间，从而评测其性能。基准程序是一个测试程序集，由一组程序组成。例如，SPEC 测试程序集是应用最广泛、最全面的性能评测基准程序集。1988 年，Sun Microsystems、MIPS、HP、APOLLO、DEC 五家公司联合提出了 SPEC 标准。它包括一组标准的测试程序、标准输入和测试报告。这些测试程序是一些实际的程序，包括系统调用、I/O 等。最初提出的基准程序集分成两类：整数测试程序集 SPECint 和浮点测试程序集 SPECfp。后来又分成了按不同性能进行测试的基准程序集，如 CPU 性能测试集（SPEC CPU2000）、Web 服务器性能测试集（SPECweb99）等。

如果基准测试程序集中不同的程序在两台机器上测试得出的结论不同，则如何给出最终的评价结论呢？例如，假定基准测试程序集包含程序 P_1 和 P_2，程序 P_1 在机器 M_1 和机器 M_2 上运行的时间分别是 10 s 和 2 s，程序 P_2 在机器 M_1 和机器 M_2 上运行的时间分别是 120 s 和 600 s，即，对于 P_1，M_2 的速度是 M_1 的 5 倍；而对于 P_2，M_1 的速度是 M_2 的 5 倍，那么，到底是 M_1 还是 M_2 更快呢？可以用所有程序的执行时间之和来比较，例如，P_1 和 P_2 在 M_1 上的执行时间总和为 130 s，而在 M_2 上的执行时间总和为 602 s，故 M_1 比 M_2 快。但通常不这样做，而是采用执行时间的算术平均值或几何平均值来综合评价机器的性能。如果考虑每个程序的使用频率而采用加权平均的方式，结果会更准确。

浮点运算实际上包含所有涉及小数的运算，在某类应用软件中常常出现，它比整数运算更费时间。如今大部分处理器中都有浮点运算器，因此每秒浮点运算次数所量测的实际上就是浮点运算器的执行速度。目前国际上最流行的、用于测试高性能计算机系统浮点性能的基准程序是 Linpack，它通过在高性能计算机上用高斯消元法求解 N 元一次稠密线性代数方程组来测试和评价高性能计算机的浮点性能。

1.5 本章小结

计算机在控制器的控制下，能完成数据处理、数据存储和数据传输三个基本功能，因而它由完成相应功能的控制器、运算器、存储器、输入和输出设备组成。在计算机内部，指令和数据都用二进制表示，两者形式上没有任何差别，都是0/1序列，它们都存储在存储器中，按地址访问。计算机采用“存储程序”方式进行工作。计算机系统采用逐层向上抽象的方式构成，通过向上层用户提供一个抽象的简洁接口而将较低层次的实现细节隐藏起来。位于底层系统软件和硬件之间的抽象层就是指令集体系结构（ISA）或简称体系结构。硬件和软件相辅相成，缺一不可，两者都可用来实现逻辑功能。

计算机完成一个任务的大致过程如下：用某种程序设计语言编制源程序；用语言处理程序将源程序翻译成机器语言目标程序；将目标程序中的指令和数据装入内存，从第一条指令开始执行，直到程序所含指令全部执行完。每条指令的执行过程包括取指令、指令译码、PC增量、取操作数、运算、送结果等操作。

计算机系统的基本性能指标包括响应时间、吞吐量。处理器的基本性能参数包括时钟周期（或主频）、CPI、MIPS、MFLOPS、GFLOPS、TFLOPS等。

习　题

1. 给出以下概念的解释说明。

中央处理器（CPU）	控制器（CU）	主存储器（MM）	总线
机器指令	高级程序设计语言	汇编语言	机器语言
机器级语言	源程序	目标程序	编译程序
解释程序	汇编程序	语言处理系统	设备控制器
最终用户	系统管理员	应用程序员	系统程序员
指令集体系结构ISA	微体系结构	透明	响应时间
吞吐量	用户CPU时间	系统性能	时钟周期
主频	CPI	基准程序	MIPS
峰值MIPS	相对MIPS	MFLOPS（GFLOPS、TFLOPS、PFLOPS）	

2. 简要回答下列问题。

（1）冯·诺依曼计算机由哪几部分组成？各部分的功能是什么？

（2）什么是“存储程序”工作方式？

（3）计算机系统的层次结构如何划分？计算机系统的用户可分为哪几类？每类用户工作在哪个层次？

（4）程序的 CPI 与哪些因素有关？

（5）为什么说性能指标 MIPS 不能很好地反映计算机的性能？

3. 假定你的朋友不太懂计算机，请用简单通俗的语言给你的朋友介绍计算机系统是如何工作的。

4. 你对计算机系统的哪些部分最熟悉，哪些部分最不熟悉？最想进一步了解细节的是哪些部分的内容？

5. 在图 1.1 所示模型机（采用如图 1.2 所示指令格式）的指令系统中，除了有 mov（op = 0000）、add（op = 0001）、load（op = 1110）和 store（op = 1111）指令外，R 型指令还有减法（sub，op = 0010）和乘法（mul，op = 0011）等指令，请仿照图 1.3 给出求解表达式“z =（x − y）*y”所对应的指令序列（包括机器代码和对应的汇编指令）以及主存中存放的内容。

6. 若有两个基准测试程序 P_1 和 P_2 在机器 M_1 和 M_2 上运行，假定 M_1 和 M_2 的价格分别是 5 000 元和 8 000 元，表 1.1 给出了 P_1 和 P_2 在 M_1 和 M_2 上执行所花费的时间和指令条数。

表 1.1　习题 6 表

程序	M_1		M_2	
	指令条数	执行时间	指令条数	执行时间
P_1	200×10^6	10 000 ms	150×10^6	5 000 ms
P_2	300×10^3	3 ms	420×10^3	6 ms

请回答下列问题。

（1）对于 P_1，哪台机器的速度快？快多少？对于 P_2 呢？

（2）在 M_1 上执行 P_1 和 P_2 的速度分别是多少 MIPS？在 M_2 上的执行速度又分别是多少 MIPS？从执行速度来看，对于 P_2，哪台机器的速度快？快多少？

（3）假定 M_1 和 M_2 的时钟频率分别是 800 MHz 和 1.2 GHz，则在 M_1 和 M_2 上执行 P_1 时的平均时钟周期数 CPI 各是多少？

（4）如果某个用户需要大量使用程序 P_1，并且该用户主要关心系统的响应时间而不是吞吐量，那么当该用户需要大批购进机器时，应该选择 M_1 还是 M_2？为什么？（提示：从性价比角度考虑。）

（5）如果另一个用户也需要大批购进机器，但该用户使用 P_1 和 P_2 一样多，主要关心的也是响应时间，那么应该选择 M_1 还是 M_2？为什么？

7. 若机器 M_1 和 M_2 具有相同的指令集，其时钟频率分别为 1 GHz 和 1.5 GHz。指令集中有 5 种不同类型的指令 A~E，表 1.2 给出了在 M_1 和 M_2 上每类指令的平均时钟周期数 CPI。

表 1.2　习题 7 表

机器	A 类指令 CPI	B 类指令 CPI	C 类指令 CPI	D 类指令 CPI	E 类指令 CPI
M_1	1	2	2	3	4
M_2	2	2	4	5	6

请回答下列问题。

（1）M_1 和 M_2 的峰值 MIPS 各是多少？

（2）假定在某程序 P 的指令序列中，5 类指令具有完全相同的指令条数，则程序 P 在 M_1 和 M_2 上运行时，哪台机器更快？快多少？在 M_1 和 M_2 上执行程序 P 时的平均时钟周期数 CPI 各是多少？

8. 假设针对同一套指令集用不同的方法设计了两种机器 M_1 和 M_2，机器 M_1 的时钟周期为 0.8 ns，机器 M_2 的时钟周期为 1.2 ns。某个程序 P 在机器 M_1 上运行时的 CPI 为 4，在 M_2 上的 CPI 为 2。对于程序 P 来说，哪台机器的执行速度更快？快多少？

9. 假设某机器 M 的时钟频率为 4 GHz，用户程序 P 在 M 上的指令条数为 8×10^9，其 CPI 为 1.25，则 P 在 M 上的执行时间是多少？若在机器 M 上从程序 P 开始启动到执行结束所需的时间是 4 s，则 P 占用的 CPU 时间的百分比是多少？

10. 假定某编译器对某段高级语言程序编译生成了两种不同的指令序列 S_1 和 S_2，在时钟频率为 500 MHz 的机器 M 上运行，目标指令序列中用到的指令类型有 A、B、C 和 D 这 4 类。4 类指令在 M 上的 CPI 和两个指令序列所用的各类指令条数如表 1.3 所示。

表 1.3　习题 10 表

指令指标	A	B	C	D
各指令的 CPI	1	2	3	4
S_1 的指令条数	5	2	2	1
S_2 的指令条数	1	1	1	5

请问：S_1 和 S_2 各有多少条指令？ CPI 各为多少？所含的时钟周期数各为多少？执行时间各为多少？

11. 假定机器 M 的时钟频率为 1.2 GHz，某程序 P 在机器 M 上的执行时间为 12 s。对 P 进行优化时，将其所有的乘 4 指令都换成了一条左移两位的指令，得到优化后的程序 P′。已知在 M 上乘法指令的 CPI 为 5，左移指令的 CPI 为 2，P 的执行时间是 P′ 执行时间的 1.2 倍，则 P 中有多少条乘法指令被替换成了左移指令？

12. 假定机器 M 的时钟频率为 2.5 GHz，在运行某程序 P 的过程中共执行了 500×10^6 条浮点数指令、$4\ 000 \times 10^6$ 条整数指令、$3\ 000 \times 10^6$ 条访存指令、$1\ 000 \times 10^6$ 条分支指令，这 4 种指令的 CPI 分别是 2、1、4、1。若要使程序 P 的执行时间减少一半，则浮点数指令的 CPI 应如何改进？若要使程序 P 的执行时间减少一半，则访存指令的 CPI 应如何改进？若浮点数指令和整数指令的 CPI 减少 20%，访存指令和分支指令的 CPI 减少 40%，则程序 P 的执行时间会减少多少？

第 2 章　数据的类型及机器级表示

在大部分高级语言程序中需要定义所处理数据的类型。例如，C 语言程序中有无符号整数类型（unsigned int）、带符号整数类型（int）、单精度浮点数类型（float）等。那么，在高级语言程序中定义的这些数据在计算机内部是如何表示和存储的呢？

本章重点讨论各种类型数据在计算机内部的机器级表示，主要内容包括 C 程序中的常量和变量的类型、二进制定点数的编码表示、无符号整数和带符号整数的表示、IEEE 754 浮点数表示标准、西文字符和汉字编码表示、数据的宽度和存储等。

第 2 章教学课件

2.1　C 语言程序中的变量和常量

数据是计算机处理的对象。从不同的处理角度来看，数据有不同的表现形态。从外部形式来看，计算机可处理数值、文字、图像、声音、视频以及各种模拟信息，它们被称为感觉媒体。从算法描述的角度来看，有图、表、树、队列、矩阵等结构类型的数据。从高级语言程序员的角度来看，有数组、结构、指针、实数、整数、布尔数、字符和字符串等类型的数据。不管以什么形态出现，在计算机内部，数据最终都由机器指令来处理。而从机器指令的角度来看，数据只有整数、浮点数和位串这几类简单的基本数据类型。

2.1.1　C 语言程序中的变量

在高级语言程序中，通常用一个变量表示一个变化的“值”。编译器根据变量的声明，确定变量的数据类型、长度和所分配的存储区域等。例如，C 语言支持整型、浮点类型和字符型三种数据类型。

C 语言中支持多种整数类型。无符号整数在 C 语言中对应 unsigned char、unsigned short、unsigned int（unsigned）、unsigned long 等类型，带符号整数在 C 语言中对应 char、short、int、long 等类型。

C 语言标准规定了每种数据类型的最小取值范围。例如，int 类型至少应为 16 位。通常，short 类型总是 16 位；int 类型在 16 位机器中为 16 位，在 32 位和 64 位机器中都为 32 位；long 类型在 32 位机器中为 32 位，在 64 位机器中为 64 位；long long 类型是在 ISO C99 中引入的，规定它必须是 64 位。

C 语言中有 float 和 double 两种不同的浮点数类型，分别对应 IEEE 754 单精度浮点数格式和双精度浮点数格式，相应的十进制有效数字分别为 7 位和 17 位左右。C 语言中与扩展双精度相对应的类型是 long double，但是 long double 的长度和格式随编译器和处理器类型的不同而有所不同。例如，Microsoft Visual C++ 6.0 版本以下的编译器都不支持该类型，因此，用其编译出来的目标代码中 long double 和 double 一样，都是 64 位双精度类型。

编译器在对高级语言程序进行处理时，会针对不同数据类型为变量分配不同长度的存储空间，并根据变量的数据类型选择不同的运算指令。

2.1.2 C 语言程序中的常量

C 语言程序中有三种类型的常量：字面量、#define 定义的常量符号和 const 定义的常量名。在以下给出的 C 语言程序段中，出现了三种形式的常量。

```
#include <stdio.h>
#define RADIUS 20.0
int main(){
  const double pi=3.14159;
  double circum=2*pi*RADIUS;
…
```

如果一个数值在程序的一次执行过程中不会改变，但是可能会随着场景的变化而变化，则通常使用 #define 来定义。例如，上述程序段中的常量符号 RADIUS。这种常量在每次变化后都需要重新编译、执行；如果一个数值在任何场景下都不会发生改变，如上述程序段中的圆周率 pi，则通常用前缀 const 进行说明。通常，用 #define 和 const 命名常量比直接用字面量好，因为这样可以通过常量的名字更好地理解程序的功能。

在上述程序段中，20.0、3.14159 和 2 都是具体的、字面上的量，称为字面量或字面值。编译器在进行程序转换时需要为每个字面量确定数据类型。编译器根据字面量的形式和转换后数值的范围确定其类型，例如，20.0 和 2.85E10 都属于浮点类型；0x12BF 是十六进制表示的整数类型；2 和 2147483648 是十进制表示的整数类型，"good!" 则是使用 ASCII 码表示的字符串。

对于浮点型字面量，编译器需要确定是 float、double 还是 long double 类型；对于整型字面量，需要确定是 int、unsigned int 还是 long long 等类型。无符号整型字面量常在数的后面加 u 或 U 来表示，例如，12345U、0x2B3Cu 等。

不同的字面量应解释成何种数据类型，这在编程语言规范中有相应的规定。例如，在 1.1.1 节给出的例子中提到，ISO C90 和 C99 对整型字面量的类型有不同的规定，如字面量 2147483648，在 C90 中是无符号整型，而在 C99 中是带符号整型。

这些不同形式的字面量在机器中都以二进制形式表示、存储、传输和处理，因而，编译器在进行程序转换时必须将其转换成相应的二进制表示形式。那么，各种不同类型的数据在机器中是如何表示并存储的呢？本章下面将重点介绍这些相关内容。

2.2 数制和编码

2.2.1 信息的二进制编码

计算机内部处理的所有数据都必须是“数字化编码”了的数据，也就是用二进制的 0 和 1 进行编码表示。这样做的原因有以下几点。

① 二进制只有两种基本状态，使用有两个稳态的物理器件就可以表示二进制数的每一位，而制造有两个稳态的物理器件要比制造有多个稳态的物理器件容易得多。例如，用高低两个电位，或用脉冲的有无，或脉冲的正负极性等都可以很方便、很可靠地表示 0 和 1。

② 二进制的编码、记数和运算规则都很简单，可用开关电路实现，简便易行。

③ 两个符号 1 和 0 正好与逻辑命题的两个值“真”和“假”相对应，为计算机中实现逻辑运算和程序中的逻辑判断提供了便利的条件，特别是能通过逻辑门电路方便地实现算术运算。

高级语言程序被转换为机器语言程序后，每条机器指令的操作数就只能是以下 4 种简单的基本数据类型：无符号定点整数、带符号定点整数、浮点数和非数值型数据（即位串）。

表示一个数值数据要确定三个要素：进位记数制、定 / 浮点表示和编码规则。对于任何一个给定的二进制 0/1 序列，在未确定它采用什么进位记数制、定点还是浮点表示以及编码规则之前，它所代表的数值数据的值都是无法确定的。

2.2.2 进位记数制

十进制数的每个数位可用十个不同的符号 0, 1, 2, …, 9 来表示，每个符号处在十进制数中的不同位置时，所代表的数值不一样。例如，2585.62 代表的值是：

$$(2585.62)_{10} = 2 \times 10^3 + 5 \times 10^2 + 8 \times 10^1 + 5 \times 10^0 + 6 \times 10^{-1} + 2 \times 10^{-2}$$

类似地，二进制数的基数是 2，只使用两个不同的数字符号 0 和 1 表示，运算时采用“逢二进一”的规则，第 i 位上的权是 2^i。例如，二进制数 $(100101.01)_2$ 代表的值是：

$$(100101.01)_2 = 1 \times 2^5 + 0 \times 2^4 + 0 \times 2^3 + 1 \times 2^2 + 0 \times 2^1 + 1 \times 2^0 + 0 \times 2^{-1} + 1 \times 2^{-2} = (37.25)_{10}$$

扩展到一般情况，在 R 进制数字系统中，应采用 R 个基本符号（0，1，2，…，$R-1$）

表示各位上的数字，采用“逢 R 进一”的运算规则，对于每一个数位 i，该位上的权为 R^i。R 被称为该数字系统的基。

在计算机系统中使用的常用进位记数制有下列几种。

二进制 $R=2$，基本符号为 0 和 1。

八进制 $R=8$，基本符号为 0, 1, 2, 3, 4, 5, 6, 7。

十六进制 $R=16$，基本符号为 0, 1, 2, 3, 4, 5, 6, 7, 8, 9, A, B, C, D, E, F。

十进制 $R=10$，基本符号为 0, 1, 2, 3, 4, 5, 6, 7, 8, 9。

表 2.1 列出了二、八、十、十六进制 4 种进位记数制中各基本数之间的对应关系。

表 2.1　4 种进位记数制数之间的对应关系

二进制数	八进制数	十进制数	十六进制数
0000	0	0	0
0001	1	1	1
0010	2	2	2
0011	3	3	3
0100	4	4	4
0101	5	5	5
0110	6	6	6
0111	7	7	7
1000	10	8	8
1001	11	9	9
1010	12	10	A
1011	13	11	B
1100	14	12	C
1101	15	13	D
1110	16	14	E
1111	17	15	F

从表 2.1 中可以看出，十六进制的前 10 个数字与十进制中的前 10 个数字相同，后 6 个基本符号 A, B, C, D, E, F 的值分别为十进制的 10, 11, 12, 13, 14, 15。在书写时可使用后缀字母标识该数的进位记数制，一般用 B（binary）表示二进制，用 O（octal）表示八进制，用 D（decimal）表示十进制（十进制数的后缀可以省略），用 H（hexadecimal）表示十六进制，有时也在一个十六进制数之前用 0x 作为前缀。例如，二进制数 10011B，十进制数 56D

或 56，十六进制数 308FH 或 0x308F 等。

计算机内部所有的信息都采用二进制编码表示。但在计算机外部，为了书写和阅读的方便，大都采用八、十或十六进制表示形式。因此，计算机在数据输入后或输出前都必须实现这些进位记数制数和二进制数之间的转换。以下介绍各进位记数制数据之间的转换方法。

1. *R* 进制数转换成十进制数

任何一个 *R* 进制数转换成十进制数时，只要“按权展开”即可。

例 2.1 将二进制数 $(10101.01)_2$ 转换成十进制数。

解：$(10101.01)_2 = (1\times 2^4 + 0\times 2^3 + 1\times 2^2 + 0\times 2^1 + 1\times 2^0 + 0\times 2^{-1} + 1\times 2^{-2})_{10} = (21.25)_{10}$。

例 2.2 将八进制数 $(307.6)_8$ 转换成十进制数。

解：$(307.6)_8 = (3\times 8^2 + 7\times 8^0 + 6\times 8^{-1})_{10} = (199.75)_{10}$。

例 2.3 将十六进制数 $(3A.C)_{16}$ 转换成十进制数。

解：$(3A.C)_{16} = (3\times 16^1 + 10\times 16^0 + 12\times 16^{-1})_{10} = (58.75)_{10}$。

2. 十进制数转换成 *R* 进制数

任何一个十进制数转换成 *R* 进制数时，要将整数和小数部分分别进行转换。

（1）整数部分的转换

整数部分的转换方法是“除基取余，上低下高”。也就是说，用要转换的十进制整数去除以基数 *R*，将得到的余数作为结果数据中各位的数字，直到上商为 0 为止。上面的余数（先得到的余数）作为右边低位上的数位，下面的余数作为左边高位上的数位。

例 2.4 将十进制整数 135 分别转换成八进制数和二进制数。

解：将 135 分别除以 8 和 2，将每次的余数按从低位到高位的顺序排列如下。

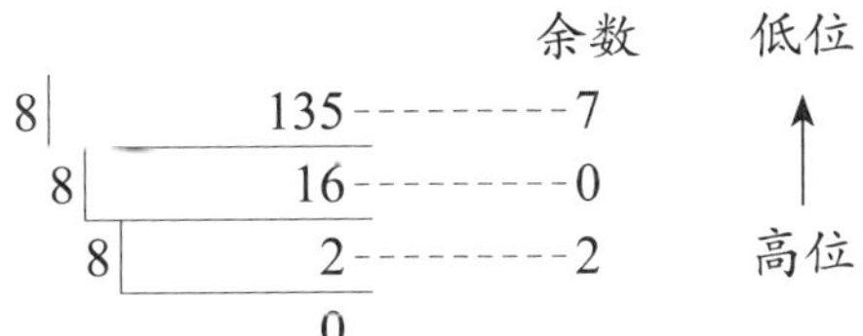

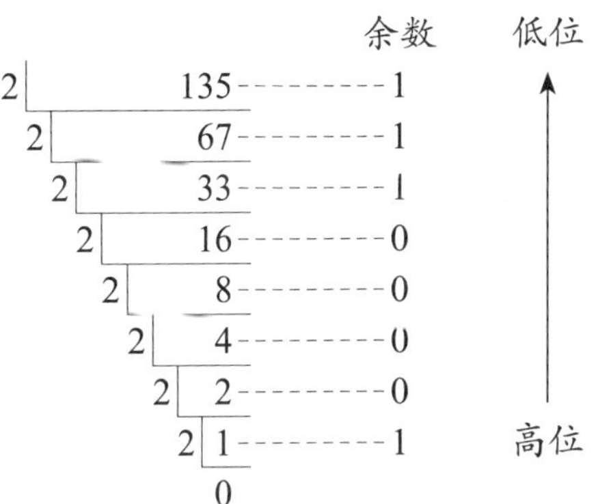

所以，$(135)_{10} = (207)_8 = (1000\ 0111)_2$。

(2) 小数部分的转换

小数部分的转换方法是“乘基取整，上高下低”。也就是说，用要转换的十进制小数去乘以基数 R，将得到的乘积的整数部分作为结果数据中各位的数字，小数部分继续与基数 R 相乘。以此类推，直到某一步乘积的小数部分为 0 或已得到希望的位数为止。最后，将上面的整数部分作为左边高位上的数位，下面的整数部分作为右边低位上的数位。

例 2.5 将十进制小数 0.6875 分别转换成二进制数和八进制数。

解：

$0.6875 \times 2 = 1.375$	整数部分 = 1	高位
$0.375 \times 2 = 0.75$	整数部分 = 0	↓
$0.75 \times 2 = 1.5$	整数部分 = 1	
$0.5 \times 2 = 1.0$	整数部分 = 1	低位

所以，$(0.6875)_{10} = (0.1011)_2$。

$0.6875 \times 8 = 5.5$	整数部分 = 5	高位
$0.5 \times 8 = 4.0$	整数部分 = 4	低位

所以，$(0.6875)_{10} = (0.54)_8$。

在转换过程中，可能乘积的小数部分总得不到 0，即转换得到希望的位数后还有余数，这种情况下得到的是近似值。

例 2.6 将十进制小数 0.63 转换成二进制数。

解：

$0.63 \times 2 = 1.26$	整数部分 = 1	高位
$0.26 \times 2 = 0.52$	整数部分 = 0	↓
$0.52 \times 2 = 1.04$	整数部分 = 1	
$0.04 \times 2 = 0.08$	整数部分 = 0	低位

所以，$(0.63)_{10} = (0.1010\cdots)_2$。

(3) 含整数、小数部分的数的转换

将整数部分和小数部分分别进行转换，得到转换后相应的整数和小数部分，然后再将这两部分组合起来得到一个完整的数。

例 2.7 将十进制数 135.6875 分别转换成二进制数和八进制数。

解：只要将例 2.4 和例 2.5 的结果合起来即可，即 $(135.6875)_{10} = (10000111.1011)_2 = (207.54)_8$。

3. 二、八、十六进制数的相互转换

(1) 八进制数转换成二进制数

八进制数转换成二进制数的方法很简单，只要把每一个八进制数字改写成等值的 3 位二进制数即可，且保持高低位的次序不变。八进制数字与二进制数的对应关系如下。

$(0)_8=000$　　$(1)_8=001$　　$(2)_8=010$　　$(3)_8=011$

$(4)_8=100$　　$(5)_8=101$　　$(6)_8=110$　　$(7)_8=111$

例 2.8　将$(13.724)_8$转换成二进制数。

解：$(13.724)_8=(001\ 011.111\ 010\ 100)_2=(1011.1110101)_2$。

（2）十六进制数转换成二进制数

十六进制数转换成二进制数的方法与八进制数转换成二进制数的方法类似，只要把每一个十六进制数字改写成等值的 4 位二进制数即可，且保持高低位的次序不变。十六进制数字与二进制数的对应关系如下。

$(0)_{16}=0000$　　$(1)_{16}=0001$　　$(2)_{16}=0010$　　$(3)_{16}=0011$

$(4)_{16}=0100$　　$(5)_{16}=0101$　　$(6)_{16}=0110$　　$(7)_{16}=0111$

$(8)_{16}=1000$　　$(9)_{16}=1001$　　$(A)_{16}=1010$　　$(B)_{16}=1011$

$(C)_{16}=1100$　　$(D)_{16}=1101$　　$(E)_{16}=1110$　　$(F)_{16}=1111$

例 2.9　将十六进制数$(2B.5E)_{16}$转换成二进制数。

解：$(2B.5E)_{16}=(0010\ 1011.0101\ 1110)_2=(101011.0101111)_2$。

（3）二进制数转换成八进制数

二进制数转换成八进制数时，整数部分从低位向高位方向每 3 位用一个等值的八进制数来替换，最后不足 3 位时在高位补 0 凑满 3 位；小数部分从高位向低位方向每 3 位用一个等值的八进制数来替换，最后不足 3 位时在低位补 0 凑满 3 位。例如：

$$(0.10101)_2=(000.101\ 010)_2=(0.52)_8$$

$$(10011.01)_2=(010\ 011.010)_2=(23.2)_8$$

（4）二进制数转换成十六进制数

二进制数转换成十六进制数时，整数部分从低位向高位方向每 4 位用一个等值的十六进制数来替换，最后不足 4 位时在高位补 0 凑满 4 位；小数部分从高位向低位方向每 4 位用一个等值的十六进制数来替换，最后不足 4 位时在低位补 0 凑满 4 位。例如：

$$(11001.11)_2=(0001\ 1001.1100)_2=(19.C)_{16}$$

从以上可以看出，二进制数与八进制数、二进制数与十六进制数之间有很简单、直观的对应关系。二进制数太长，书写、阅读均不方便；八进制数和十六进制数却像十进制数一样简练，易写、易记。虽然计算机中只使用二进制一种记数制。但为了在开发和调试程序、查看机器代码时便于书写和阅读，人们经常使用八进制或十六进制来等价地表示二进制，因此必须熟练掌握八进制数和十六进制数的表示及其与二进制数之间的转换。

2.2.3 定点与浮点表示

日常生活中所使用的数有整数和实数之分，整数的小数点固定在数的最右边，可以省略不写，而实数的小数点则不固定。计算机中只能表示 0 和 1 两个基本信息，而无法表示小数点，因此，要使得计算机能够处理日常使用的数值数据，必须要解决小数点的表示问题。通常，计算机中通过约定小数点的位置来实现小数点的表示。小数点位置约定在固定位置的数称为定点数，小数点位置约定为可浮动的数称为浮点数。

1. 定点表示

定点表示法用来对定点小数和定点整数进行表示。对于定点小数，其小数点总是固定在数的左边，一般用来表示浮点数的尾数部分。对于定点整数，其小数点总是固定在数的最右边，因此可用“定点整数”来表示整数或浮点数的阶（指数）。

2. 浮点表示

任意一个实数 X 可以表示成如下形式：

$$X=(-1)^{S}\times M\times R^{E}$$

其中，S 取值为 0 或 1，用来决定数 X 的符号；M 是一个二进制定点小数，称为数 X 的尾数（mantissa）；E 是一个二进制定点整数，称为数 X 的阶码或指数（exponent）；R 是基数（cardinal number），可以取值为 2、4、16 等。在基数 R 一定的情况下，尾数 M 的位数反映了数 X 的有效位数，它决定了数的表示精度，有效位数越多，表示精度就越高；阶 E 的位数决定数 X 的表示范围；阶 E 的值确定了小数点的位置。

2.2.4 定点数的编码表示

定 / 浮点表示解决了小数点的表示问题。但是，对于一个数值数据来说，还有一个正负号的表示问题。计算机中只能表示 0 和 1 两个基本信息，因此，正负号也用 0 和 1 来表示。一般规定 0 表示正号，1 表示负号。

数字化了的符号能否和数值部分一起参加运算呢？为了解决这个问题，就产生了把符号位和数值部分一起进行编码的各种方法。因为任意一个浮点数都可以用一个定点小数和一个定点整数来表示，所以只需要考虑定点数的编码表示。定点数的编码表示方法主要有 4 种：原码、补码、反码和移码。

通常将数值数据在计算机内部编码表示后的数称为机器数，而机器数真正的值（即现实世界中带有正负号的数）称为机器数的真值。例如，−10（−1010B）用 8 位补码表示为 1111 0110，说明机器数 1111 0110B（F6H 或 0xF6）的真值是 −10，或者说 −10 的机器数是 1111 0110B。根据定义可知，机器数一定是一个 0/1 序列，通常缩写成十六进制形式。

假设机器数 X 的真值 X_T 的二进制形式（即式中 $X'_i=0$ 或 1）如下：

$$X_T = \pm X'_{n-2} \cdots X'_1 X'_0 \quad \text{（当 } X \text{ 为定点整数时）}$$

$$X_T = \pm 0\,.\,X'_{n-2} \cdots X'_1 X'_0 \quad \text{（当 } X \text{ 为定点小数时）}$$

对 X_T 用 n 位二进制数编码后，机器数 X 表示为

$$X = X_{n-1}\,X_{n-2}\,\cdots\,X_1\,X_0$$

机器数 X 有 n 位，$X_i=0$ 或 1，其中，X_{n-1} 是数的符号，后 $n-1$ 位 $X_{n-2}\cdots X_1X_0$ 是数值部分。数值数据在计算机内部的编码问题，实际上就是机器数 X 的各位 X_i 的取值与真值 X_T 的关系问题。

在上述对机器数 X 及其真值 X_T 的假设条件下，下面介绍各种带符号定点数的编码表示。

1. 原码表示法

一个数的原码（sign magnitude）表示由符号位直接跟数值位构成，因此也称“符号 - 数值”表示法。在原码表示法中，正数和负数的编码表示仅符号位不同，数值部分完全相同。

原码编码规则如下：

① 当 X_T 为正数时，$X_{n-1}=0$，$X_i=X'_i$ （$0 \leqslant i \leqslant n-2$）；

② 当 X_T 为负数时，$X_{n-1}=1$，$X_i=X'_i$ （$0 \leqslant i \leqslant n-2$）。

原码 0 有两种表示形式：$[+0]_{原}=0\ 00\cdots0$

$[-0]_{原}=1\ 00\cdots0$

根据原码的定义可知，对于数 −10（−1010B），假定用 8 位原码表示，则 $n=8$，真值 $X_T=-0001010$，机器数 X 为 1000 1010B（8AH 或 0x8A）；对于数 −0.625（−0.101B），若用 8 位原码表示，则其机器数为 1101 0000B（D0H 或 0xD0）。

原码表示的优点是其与真值的对应关系直观、方便；缺点是 0 的表示不唯一，这给使用带来不便，并且以原码形式参与运算时符号和数值部分必须分开处理。

2. 补码表示法

补码表示可以实现加减运算的统一，即用加法来实现减法运算。在计算机中，用补码来表示带符号整数。补码表示法也称“模 2 补码”（two’s complement）表示法，由符号位后跟上真值的模 2^n 补码构成，因此在介绍补码概念之前，先介绍有关模运算的概念。

（1）模运算

在模运算系统中，若 A、B、M 满足下列关系：$A=B+K\times M$（K 为整数），则记为 $A\equiv B\ (\mathrm{mod}\ M)$。即 A、B 各除以 M 后的余数相同，故称 B 和 A 为模 M 同余。也就是说，在一个模运算系统中，一个数与它除以“模”后得到的余数是等价的。

钟表是一个典型的模运算系统，其模数为 12。假定钟表时针指向 10 点，要将它拨向 6 点，则有以下两种拨法：

① 逆时针拨 4 格：$10-4=6$，

② 顺时针拨 8 格：$10+8=18\equiv 6\ (\mathrm{mod}\ 12)$。

因此在模 12 系统中，$10-4\equiv 10+(12-4)\equiv 10+8\ (\mathrm{mod}\ 12)$，即 $-4\equiv 8\ (\mathrm{mod}\ 12)$，称 8 是 −4 对模 12 的补码。同样有 $-3\equiv 9\ (\mathrm{mod}\ 12)$，$-5\equiv 7\ (\mathrm{mod}\ 12)$ 等。

由上述例子和同余的概念可得出如下结论：对于某一确定的模，某数 A 减去小于模的另一数 B，可以用 A 加上 $-B$ 的补码来代替。这就是为什么补码可以借助加法运算来实现减法运算的道理。

例 2.10 假定在钟表上只能沿顺时针方向拨动时针，如何用顺拨的方式实现将 10 点倒拨 4 格？拨动后钟表上是几点？

解： 钟表是一个模运算系统，其模为 12。根据上述结论，可得

$$10-4\equiv 10+(12-4)\equiv 10+8\equiv 6\ (\mathrm{mod}\ 12)$$

因此，可从 10 点顺时针拨 8（−4 的补码）格来实现倒拨 4 格，拨完后是 6 点。

例 2.11 假定算盘只有 4 档，且只能做加法，则如何用该算盘计算 9 828−1 928 的结果？

解： 这个算盘是一个“4 位十进制数”模运算系统，其模为 10^4。根据上述结论，可得

$$9\,828-1\,928\equiv 9\,828+(10^4-1\,928)\equiv 9\,828+8\,072\equiv 7\,900\ (\mathrm{mod}\ 10^4)$$

因此，可用 9 828 加 8 072（−1 928 的补码）来实现 9 828 减 1 928 的功能。

显然，在只有 4 档的算盘上运算时，如果运算结果超过 4 位，则高位无法在算盘上表示，只能用低 4 位表示结果，留在算盘上的值相当于除以 10^4 后的余数。推广到计算机内部，n 位运算部件就相当于只有 n 档的二进制算盘，其模就是 2^n。

计算机中的存储、运算和传送部件都只有有限位，相当于有限档数的算盘，因此计算机中所表示的机器数的位数也只有有限位。两个 n 位二进制数在进行运算的过程中，可能会产生一个多于 n 位的结果。此时，计算机和算盘一样，也只能舍弃高位而保留低 n 位，这样做可能会产生以下两种结果。

① 剩下的低 n 位数不能正确表示运算结果，也就是说丢掉的高位是运算结果的一部分。例如，在两个同符号数相加时，当相加得到的和超出了 n 位数可表示的范围时会出现这种情况，称此时发生了溢出（overflow）现象。

② 剩下的低 n 位数能正确表示运算结果，即舍去的高位并不影响其运算结果。在两个同符号数相减或两个异符号数相加时，运算结果就是这种情况。舍去高位的操作相当于“将一个多于 n 位的数除以 2^n，保留其余数作为结果”的操作，也就是“模运算”操作。如例 2.11 中最后相加的结果为 17 900，但因为算盘只有 4 档，最高位的 1 自然会被丢弃，所

以得到正确的结果为 7 900。

（2）补码的定义

根据上述同余概念和数的互补关系，可引出补码的表示：正数的补码符号为 0，数值部分是它本身；负数的补码等于模与该负数绝对值之差。因此，数 X_T 的补码可用如下公式表示：

① 当 X_T 为正数时，$[X_T]_{补} = X_T = M + X_T \pmod M$；

② 当 X_T 为负数时，$[X_T]_{补} = M - |X_T| = M + X_T \pmod M$。

综合①和②，得到以下结论：对于任意一个数 X_T，$[X_T]_{补} = M + X_T \pmod M$。

对于具有一位符号位和 $n-1$ 位数值位的 n 位二进制整数补码来说，其补码定义如下：

$$[X_T]_{补} = 2^n + X_T \quad (-2^{n-1} \leqslant X_T < 2^{n-1},\ \bmod 2^n)$$

（3）特殊数据的补码表示

下面通过几个例子来说明特殊数据的补码表示。

例 2.12 分别求出补码位数为 n 和 $n+1$ 时 -2^{n-1} 的补码表示。

解：当补码的位数为 n 时，其模为 2^n，因此

$$[-2^{n-1}]_{补} = 2^n - 2^{n-1} = 2^{n-1} \pmod{2^n} = 1\ 0\cdots0 \quad (n-1 \text{ 个 } 0)$$

当补码的位数为 $n+1$ 位时，其模为 2^{n+1}，因此

$$[-2^{n-1}]_{补} = 2^{n+1} - 2^{n-1} = 2^n + 2^{n-1} \pmod{2^{n+1}} = 1\ 10\cdots0 \quad (n-1 \text{ 个 } 0)$$

从该例可以看出，同一个真值在不同位数的补码表示中对应的机器数不同。因此，在给定编码表示时，一定要明确编码的位数。在机器内部，编码的位数就是机器中运算部件的位数。

例 2.13 设补码的位数为 n，求 -1 的补码表示。

解：对于整数补码有 $[-1]_{补} = 2^n - 1 = 11\cdots1$（$n$ 个 1）。

对于 n 位补码表示来说，2^{n-1} 的补码为多少呢？根据补码定义，有

$$[2^{n-1}]_{补} = 2^n + 2^{n-1} \pmod{2^n} = 2^{n-1} = 1\ 0\cdots0 \quad (n-1 \text{ 个 } 0)$$

最高位为 1，说明对应的真值是负数，而这与实际情况不符，显然 n 位补码无法表示 2^{n-1}。由此可知，为什么在 n 位二进制整数补码定义中，真值的取值范围包含 -2^{n-1}，但不包含 2^{n-1}。

例 2.14 求 0 的补码表示。

解：根据补码的定义，有

$$[+0]_{补} = [-0]_{补} = 2^n \pm 0 = 1\ 00\cdots0 \pmod{2^n} = 0\ 0\cdots0 \quad (n \text{ 个 } 0)$$

从上述结果可知，补码 0 的表示是唯一的。这带来了以下两个方面的好处。

① 减少了 +0 和 −0 之间的转换。

② 少占用一个编码表示，使补码比原码能多表示一个最小负数。在 n 位原码表示的定

点数中，100…0 用来表示 −0，但在 n 位补码表示中，−0 和 +0 都用 00…0 表示。因此，正如例 2.12 所示，100…0 可用来表示最小负整数 -2^{n-1}。

（4）补码与真值之间的转换方法

原码与真值之间的对应关系简单，只要对符号进行转换即可，数值部分无须改变。但对于补码来说，正数和负数的转换方式不同。根据定义，求一个正数的补码时，只要将正号“+”转换为 0，数值部分无须改变；求一个负数的补码时，需要做减法运算，因而不太方便和直观。

例 2.15 设补码的位数为 8，求 110 1100 和 −110 1100 的补码表示。

解： 补码的位数为 8，说明补码数值部分有 7 位，根据补码定义可知

$$[110\ 1100]_{补} = 2^8 + 110\ 1100 = 1\ 0000\ 0000 + 110\ 1100\ (\mathrm{mod}\ 2^8) = 0110\ 1100$$

$$\begin{aligned}[-110\ 1100]_{补} &= 2^8 - 110\ 1100 = 1\ 0000\ 0000 - 110\ 1100 \\ &= 1000\ 0000 + 1000\ 0000 - 110\ 1100 \\ &= 1000\ 0000 + (111\ 1111 - 110\ 1100) + 1 \\ &= 1000\ 0000 + 001\ 0011 + 1\ (\mathrm{mod}\ 2^8) = 1001\ 0100\end{aligned}$$

本例中是两个绝对值相同、符号相反的数。其中，在负数的补码计算过程中，第一个 1000 0000 用于产生最后的符号 1，而第二个 1000 0000 拆为 111 1111 + 1，而（111 1111 − 110 1100）实际是将数值部分 110 1100 各位取反。模仿这个计算过程，不难从补码的定义推导出负数补码计算的一般步骤为：符号位为 1，数值部分“各位取反，末位加 1”。

因此，可以用以下简单方法求一个数的补码：对于正数，符号位取 0，其余同真值中相应各位；对于负数，符号位取 1，其余各位由数值部分“各位取反，末位加 1”得到。

例 2.16 假定补码位数为 8，用简便方法求 $X = -110\ 0011$ 的补码表示。

解： $[X]_{补} = 1\ 001\ 1100 + 0\ 000\ 0001 = 1\ 001\ 1101$。

对于由负数补码求真值的简便方法，可以通过以上由真值求负数补码的计算方法得到。可以直接想到的方法是，对补码数值部分先减 1 然后再取反。也就是说，通过计算 111 1111 −（001 1101 − 1）得到，该计算可以变为（111 1111 − 001 1101）+ 1，亦即进行“取反加 1”操作。

因此，由补码求真值的简便方法为：若符号位为 0，则真值的符号为正，数值部分不变；若符号位为 1，则真值的符号为负，数值部分的各位由补码“各位取反，末位加 1”所得。

例 2.17 已知 $[X_T]_{补} = 1\ 011\ 0100$，求真值 X_T。

解： $X_T = -(100\ 1011 + 1) = -100\ 1100$。

根据上述有关补码和真值的转换规则不难发现，通过补码 $[X_T]_{补}$ 求 $[-X_T]_{补}$ 的方法是：对 $[X_T]_{补}$“各位取反，末位加 1”。这里要注意最小负数取负后会发生溢出。

例 2.18 已知 $[X_T]_{补}=1\ 011\ 0100$，求 $[-X_T]_{补}$。

解： $[-X_T]_{补}=0\ 100\ 1011+0\ 000\ 0001=0\ 100\ 1100$。

例 2.19 已知 $[X_T]_{补}=1\ 000\ 0000$，求 $[-X_T]_{补}$。

解： $[-X_T]_{补}=0\ 111\ 1111+0\ 000\ 0001=1\ 000\ 0000$（结果溢出）。

在结果溢出时，有的编译器不会给出任何提示，因而可能会得到意想不到的结果。

（5）变形补码

为了便于判断运算结果是否溢出，某些计算机中采用了一种双符号位的补码表示方式，称为变形补码，也称为模 4 补码。在双符号位中，左符号是真正的符号位，右符号用来判别“溢出”。

假定变形补码的位数为 $n+1$（其中符号占 2 位，数值部分占 $n-1$ 位），则变形补码可表示如下：

$$[X_T]_{变补}=2^{n+1}+X_T \quad (-2^{n-1}\leqslant X_T<2^{n-1},\ \bmod 2^{n+1})$$

例 2.20 已知 $X_T=-1011$，分别求出变形补码取 6 位和 8 位时 $[X_T]_{变补}$的值。

解： $[X_T]_{变补}=2^6-1011=100\ 0000-00\ 1011=11\ 0101$。

$[X_T]_{变补}=2^8-1011=1\ 0000\ 0000-0000\ 1011=1111\ 0101$。

3. 反码表示法

负数的补码可采用“各位取反，末位加 1”的方法得到，如果仅各位取反而末位不加 1，那么就可得到负数的反码表示，因此负数反码的定义就是在相应的补码表示中末位再减 1。

反码表示存在以下几个方面的不足：0 的表示不唯一；表数范围比补码少一个最小负数；运算时必须考虑循环进位。因此，反码在计算机中很少使用，有时用作数码变换的中间表示形式或用于数据校验。

4. 移码表示法

浮点数实际上是用两个定点数来表示的，定点小数表示浮点数的尾数，定点整数表示浮点数的阶（即指数）。一般情况下，浮点数的阶用一种称为“移码”的编码方式表示。通常，将阶的编码表示称为阶码。

为什么要用移码表示阶呢？因为阶可以是正数，也可以是负数，当进行浮点数的加减运算时，必须先“对阶”（即比较两个数的阶的大小并使之相等）。为简化比较操作，使操作过程不涉及阶的符号，可以对每个阶都加上一个正的常数，称为偏置（bias）常数，将所有阶都转换为正整数，这样，在对浮点数的阶进行比较时，就是对两个正整数进行比较，因而可以直观地将两个数按位从左到右进行比对，从而简化对阶操作。

假设用来表示阶 E 的移码的位数为 n，则 $[E]_{移}=偏置常数+E$。通常，偏置常数取 2^{n-1} 或 $2^{n-1}-1$。

2.3 整数的表示

整数的小数点隐含在数的最右边，故无须表示小数点，因而也被称为定点数。计算机中的整数分为无符号整数（unsigned integer）和带符号整数（signed integer）两种。

2.3.1 无符号整数和带符号整数的表示

当一个编码的所有二进制位都用来表示数值而没有符号位时，该编码表示的就是无符号整数。此时，默认数的符号为正，所以无符号整数就是正整数或非负整数。

一般来说，在全部是正数且不出现负值结果的场合中使用无符号整数。例如，可用无符号整数进行地址运算，或用来表示指针、下标等。通常，把无符号整数简称为无符号数。

由于无符号整数省略了一位符号位，所以在位数相同的情况下，它能表示的最大数比带符号整数所能表示的大。例如，8 位无符号整数的形式为 0000 0000～1111 1111，对应的数的取值范围为 $0 \sim (2^8-1)$，即最大数为 255，而 8 位带符号整数的最大数是 127。

带符号整数也被称为有符号整数，它必须用一个二进制位表示符号。虽然前面介绍的原码、补码、反码和移码都可以用来表示带符号整数，但是补码表示法有其突出的优点，因而现代计算机中带符号整数都用补码表示。n 位带符号整数的表示范围为 $-2^{n-1} \sim (2^{n-1}-1)$。例如，8 位带符号整数的表示范围为 $-128 \sim +127$。

2.3.2 C 语言中的整数及其相互转换

C 语言允许无符号整数和带符号整数之间的转换，转换前后的机器数不变，只是对机器数的解释发生了变化。例如，对于以 1 开头的一个机器数，如果转换前是带符号整数类型，则其值为负整数，若将其转换为无符号整数类型，则它被解释为一个无符号数，因而其值变成了一个大于或等于 2^{n-1} 的大整数。也就是说，一个负整数转换后很可能变成一个值很大的正整数。由于上述原因，程序在某些情况下会产生意想不到的结果。例如，考虑以下 C 语言代码：

```
int x = -1;
unsigned u = 2147483648;
printf("x = %u = %d\n", x, x);
printf("u = %u = %d\n", u, u);
```

在上述 C 语言代码中，x 为带符号整数；u 为无符号整数，初值为 2 147 483 648（即

2^{31}）。函数 printf() 用来输出数值，指示符 %u、%d 分别表示以无符号整数和带符号整数的形式输出十进制数值。当在一个 32 位机器上运行上述代码时，它的输出结果如下：

```
x=4294967295=-1
u=2147483648=-2147483648
```

x 的输出结果说明如下：因为整数 −1 的补码表示为 11…1，所以当将其作为 32 位无符号数解释（格式符为 %u）时，其值为 $2^{32}-1=4\ 294\ 967\ 296-1=4\ 294\ 967\ 295$。

u 的输出结果说明如下：2^{31} 的无符号数表示为 100…0，当这个数被解释为 32 位带符号整数（格式符为 %d）时，其值为最小负数 $-2^{32-1}=-2^{31}=-2\ 147\ 483\ 648$。

2.4 浮点数的表示

计算机内部进行数据存储、运算和传送的部件位数有限，因而定点数所能表示的数值数据范围很小。对于 n 位带符号整数，其表示范围为 -2^{n-1}～$(2^{n-1}-1)$，运算结果很容易溢出。此外，用定点数也无法表示大量带有小数点的实数。因此，计算机中专门用浮点数来表示实数。

2.4.1 浮点数的表示范围

2.2.3 节中提到，任意一个浮点数可用两个定点数表示，定点小数表示浮点数的尾数，定点整数表示浮点数的阶。2.2.4 节中还提到，通常将阶的编码称为阶码，为便于对阶，阶码通常采用移码形式。

因为表示浮点数的两个定点数的位数是有限的，所以浮点数的表示范围也是有限的。以下例子说明了可表示的浮点数位于数轴上的位置。

例 2.21 将十进制数 65 798 转换为下述 32 位浮点数格式。

其中，第 0 位为符号 S；第 1~8 位为 8 位移码表示的阶码 E（偏置常数为 127）；第 9~31 位为尾数中的 23 位二进制原码小数部分；基数为 2，规格化尾数形式为 $\pm 1.bb\cdots b$，其中，小数点前的“1”不明显表示，为隐藏位，这样可用 23 个数位表示 24 位尾数。

解：因为 $(65\,798)_{10}=(1\ 0000\ 0001\ 0000\ 0110)_2=(1.000\ 0000\ 1000\ 0011)_2\times 2^{16}$，所以符号 $S=0$，阶码 $E=(127+16)_{10}=(143)_{10}=(1000\ 1111)_2$。

65 798 用上述浮点数格式表示如下：

0	1000 1111	000 0000 1000 0011 0000 0000

用十六进制表示为 4780 8300H。

例 2.21 中的规格化浮点数的表示范围如下：

正数最大值：$1.11\cdots1\times 2^{11\cdots1}=(2-2^{-23})\times 2^{128}$。

正数最小值：$1.00\cdots0\times 2^{00\cdots0}=1.0\times 2^{-127}=2^{-127}$。

因为原码是对称的，故该浮点数格式的表示范围是关于原点对称的，如图 2.1 所示。

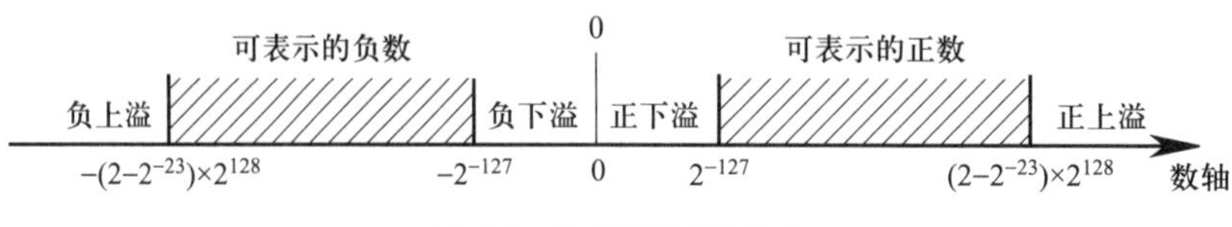

图 2.1　浮点数的表示范围

在图 2.1 中，数轴上有 4 个区间的数不能用浮点数表示。这些区间称为溢出区，接近 0 的区间为下溢区，向无穷大方向延伸的区间为上溢区。

根据浮点数的表示格式，只要尾数为 0，不管阶码是什么，其值都为 0，这样的数称为机器零。因此机器零的表示不唯一。通常，用阶码和尾数同时为 0 来唯一表示机器零，即当结果出现尾数为 0 时，不管阶码是什么，都将阶码取为 0。机器零有 +0 和 −0 之分。

2.4.2　浮点数的规格化

浮点数尾数的位数决定了浮点数的有效数位，有效数位越多，数据的精度越高。为了在浮点数运算过程中尽可能多地保留有效数字的位数，使有效数字尽量占满尾数数位，必须在运算过程中对浮点数进行“规格化”操作。对浮点数的尾数进行规格化，除了能得到尽量多的有效数位以外，还可以使浮点数的表示具有唯一性。

从理论上来讲，规格化数的标志是真值的尾数部分的最高位具有非零数字。规格化操作有两种：“左规”和“右规”。右规时，尾数每右移一位，阶码加 1，直到尾数变成规格化形式为止。右规时阶码会增加，因此阶码有可能溢出。当尾数出现形如 $\pm0.0\cdots01bb\cdots b$ 的运算结果时，需要进行左规。左规时，尾数每左移一位，阶码减 1，直到尾数变成规格化形式为止。

2.4.3 IEEE 754 浮点数标准

直到 20 世纪 80 年代初，浮点数表示格式还没有统一的标准。目前，几乎所有的计算机都采用 IEEE 754 标准表示浮点数。IEEE 754 标准提供了两种基本的浮点数格式：32 位单精度格式和 64 位双精度格式，如图 2.2 所示。

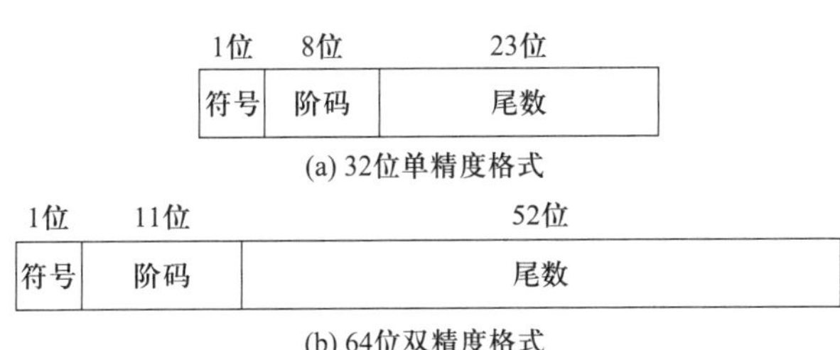

图 2.2 IEEE 754 标准浮点数格式

32 位单精度格式包含 1 位符号 S、8 位阶码 E 和 23 位尾数 F；64 位双精度格式包含 1 位符号 S、11 位阶码 E 和 52 位尾数 F。其基数隐含为 2；尾数用原码表示，第一位总为 1，因而可在尾数中省略第一位的 1（也称为隐藏位），这样单精度格式的 23 位尾数实际上可表示 24 位有效数字，双精度格式的 52 位尾数实际上可表示 53 位有效数字。像例 2.21 中的格式那样，IEEE 754 规定小数点前面的“1”为隐藏位。

在 IEEE 754 标准中，阶码用移码形式表示，偏置常数并不是通常 n 位移码所用的 2^{n-1}，而是（$2^{n-1}-1$），因此，单精度和双精度浮点数的偏置常数分别为 127 和 1 023。

对于采用 IEEE 754 标准格式的数，一些特殊的位序列（如阶码为全 0 或全 1）有其特别的解释。表 2.2 给出了对各种形式的数的解释。

表 2.2 IEEE 754 浮点数的解释

值的类型	单精度（32 位）				双精度（64 位）			
	符号	阶码	尾数	值	符号	阶码	尾数	值
正零	0	0	0	0	0	0	0	0
负零	1	0	0	−0	1	0	0	−0
正无穷大	0	255（全 1）	0	∞	0	2 047（全 1）	0	∞
负无穷大	1	255（全 1）	0	$-\infty$	1	2 047（全 1）	0	$-\infty$

续表

值的类型	单精度（32位）				双精度（64位）			
	符号	阶码	尾数	值	符号	阶码	尾数	值
无定义数（非数）	0或1	255（全1）	$\neq 0$	NaN	0或1	2 047（全1）	$\neq 0$	NaN
规格化非零正数	0	$0<E<255$	F	$(1.F)\times 2^{E-127}$	0	$0<E<2\,047$	F	$(1.F)\times 2^{E-1\,023}$
规格化非零负数	1	$0<E<255$	F	$(1.F)\times(-2^{E-127})$	1	$0<E<2\,047$	F	$(1.F)\times(-2^{E-1\,023})$
非规格化正数	0	0	$F\neq 0$	$(0.F)\times 2^{-126}$	0	0	$F\neq 0$	$(0.F)\times 2^{-1\,022}$
非规格化负数	1	0	$F\neq 0$	$(0.F)\times(-2^{-126})$	1	0	$F\neq 0$	$(0.F)\times(-2^{-1\,022})$

在表2.2中，对IEEE 754中规定的数进行了以下分类。

1. 全0阶码、全0尾数：+0/−0

IEEE 754的零有两种表示：+0和−0。0的符号取决于符号S。一般情况下，+0和−0是等效的。

2. 全0阶码、非0尾数：非规格化数

非规格化数的特点是阶码为全0，尾数高位有一个或几个连续的0，但尾数不全为0。因此，对于非规格化数，尾数的小数点前一位为0，单精度和双精度浮点数的阶分别为−126或−1 022，故单精度和双精度非规格化浮点数的值分别为$(-1)^S\times 0.F\times 2^{-126}$和$(-1)^S\times 0.F\times 2^{-1\,022}$。

3. 全1阶码、全0尾数：+∞/−∞

引入无穷大数使得在计算过程中出现异常的情况时，程序能继续执行下去，并且可为程序提供错误检测功能。+∞在数值上大于所有有限数，−∞则小于所有有限数。无穷大数既可作为操作数，也可作为运算的结果。当操作数为无穷大时，系统可以有以下两种处理方式。

① 产生不发信号的非数NaN，例如，$+\infty+(-\infty)$，$+\infty-(+\infty)$，∞/∞等。

② 产生明确的结果，例如，$5+(+\infty)=+\infty$，$(+\infty)+(+\infty)=+\infty$，$5-(+\infty)=-\infty$，$(-\infty)-(+\infty)=-\infty$等。

4. 全1阶码、非0尾数：NaN

NaN（not a number）表示一个没有定义的数，称为非数。非数分为不发信号（quiet）NaN和发信号（signaling）NaN两种。有的书中把它们分别称为“静止的NaN”和“通知的NaN”。表2.3给出了能产生不发信号（静止的）NaN的计算操作。

表 2.3 产生不发信号 NaN 的操作

运算类型	产生不发信号 NaN 的计算操作
所有	对通知 NaN 的任何计算操作
加减	$(+\infty)+(-\infty)$、$(+\infty)-(+\infty)$ 等
乘	$0\times\infty$
除	0/0 或 ∞/∞
求余	x MOD 0 或 ∞ MOD y
平方根	$\sqrt{x}$ 且 $x<0$

5. 阶码非全 0 且非全 1：规格化非 0 数

阶码范围为 1~254（单精度）或 1~2 046（双精度）的数是正常的规格化非 0 数。根据 IEEE 754 标准的定义，这种数的阶码的范围应该是 −126~+127（单精度）或 −1 022~+1 023（双精度），其值的计算公式分别为：

$$(-1)^S\times 1.F\times 2^{E-127} \text{ 和 } (-1)^S\times 1.F\times 2^{E-1\,023}$$

例 2.22 将十进制数 −0.75 转换为 IEEE 754 标准的单精度浮点数格式表示。

解： $(-0.75)_{10}=(-0.11)_2=(-1.1)_2\times 2^{-1}=(-1)^S\times 1.F\times 2^{E-127}$，所以 $S=1$, $F=0.100\cdots0$, $E=(127-1)_{10}=(126)_{10}=(0111\ 1110)_2$，表示为单精度格式的浮点数为 1 0111 1110 1000 0000⋯0000 000，用十六进制表示为 BF40 0000H。

例 2.23 求 IEEE 754 标准单精度浮点数 C0A0 0000H 的值是多少。

解： 首先将 C0A0 0000H 展开为一个 32 位单精度浮点数：1 10000001 010 0000⋯0000。据 IEEE 754 单精度浮点数格式可知，符号 $S=1$，$F=(0.01)_2=(0.25)_{10}$，阶码 $E=(10000001)_2=(129)_{10}$，因此其值为 $(-1)^S\times 1.F\times 2^{E-127}=(-1)^1\times 1.25\times 2^{129-127}=-1.25\times 2^2=-5.0$。

IEEE 754 标准的单精度和双精度格式的特征参数见表 2.4。

表 2.4 IEEE 754 标准浮点数格式的特征参数

参数	单精度浮点数	双精度浮点数
字宽 /b	32	64
阶码宽度 /b	8	11
阶码偏置常数	127	1 023
最大阶	127	1 023
最小阶	−126	−1 022

续表

参数	单精度浮点数	双精度浮点数
尾数宽度	23	52
阶码个数	254	2 046
尾数个数	2^{23}	2^{52}
值的个数	1.98×2^{31}	1.99×2^{63}
数的量级范围	$10^{-38} \sim 10^{+38}$	$10^{-308} \sim 10^{+308}$

IEEE 754 标准用全 0 阶码和全 1 阶码表示一些特殊值，如 0、∞ 和 NaN，因此，除去全 0 和全 1 阶码后，单、双精度格式的阶码个数分别为 254 和 2 046，最大阶也相应地变为 127 和 1 023。单精度规格化数个数为 $2 \times 254 \times 2^{23} = 1.98 \times 2^{31}$，双精度规格化数个数为 $2 \times 2\,046 \times 2^{52} = 1.99 \times 2^{63}$。根据单、双精度格式的最大阶分别为 127 和 1 023，可知数的量级范围分别为 $10^{-38} \sim 10^{+38}$ 和 $10^{-308} \sim 10^{+308}$。单、双精度格式规格化数的最小阶分别为 −126 和 −1 022，而非规格化数的阶总是 −126 和 −1 022，因而单、双精度浮点格式最小可表示的正数分别为 $2^{-23} \times 2^{-126} = 2^{-149}$ 和 $2^{-52} \times 2^{-1\,022} = 2^{-1\,074}$。

2.4.4 C 语言中的浮点数类型

当在 int、float 和 double 等类型数据之间进行强制类型转换时，程序将得到以下数值转换结果（假定 int 为 32 位）。

① 数据从 int 类型转换为 float 类型时，不会发生溢出，但可能有数字被舍入。

② 数据从 int 类型或 float 类型转换为 double 类型时，因为 double 类型的有效位数更多，故能保留精确值。

③ 数据从 double 类型转换为 float 类型时，因为 float 类型表示范围更小，故可能发生溢出。此外，由于有效位数变少，故可能发生舍入。

④ 数据从 float 类型或 double 类型转换为 int 类型时，因为 int 类型的数没有小数部分，所以数据可能会向 0 方向被截断。例如，1.999 9 被转换为 1，−1.999 9 被转换为 −1。此外，因为 int 类型的表示范围更小，故可能发生溢出。将大的浮点数转换为整数可能会导致程序错误，这在历史上曾经有过惨痛的教训。

在不同数据类型之间转换时，往往隐藏着一些不容易被察觉的错误，这种错误有时会带来重大损失，因此编程时要非常小心。

例 2.24 假定变量 i、f、d 的类型分别是 int、float 和 double，它们可以取除 +∞、−∞ 和 NaN 以外的任意值。判断下列每个 C 语言关系表达式在 32 位机器上运行时是否永真。

① i ==（int）（float）i

② f ==（float）（int）f

③ i ==（int）（double）i

④ f ==（float）（double）f

⑤ d ==（float）d

⑥ f == −（−f）

⑦（d+f）− d == f

解：① 不是，int 类型有效位数比 float 类型多，i 从 int 类型转换为 float 类型时有效位数可能丢失。

② 不是，float 类型有小数部分，f 从 float 类型转换为 int 类型时小数部分可能会丢失。

③ 是，double 类型比 int 类型有更大的精度和范围，i 从 int 类型转换为 double 类型时数值不变。

④ 是，double 类型比 float 类型的精度和范围都更大，f 从 float 类型转换为 double 类型时数值不变。

⑤ 不是，double 类型比 float 类型的精度和范围更大，当 d 从 double 类型转换为 float 类型时，可能丢失有效数字或发生溢出。

⑥ 是，浮点数取负就是简单地将符号取反。

⑦ 不是，例如，当 $d=1.79\times10^{308}$、$f=1.0$ 时，左边为 0（因为 d+f 时 f 须向 d 对阶，对阶后 f 的尾数有效数位被舍去而变为 0，故 d+f 仍然等于 d，再减去 d 后结果为 0），而右边为 1。

2.5 非数值数据的编码表示

逻辑值、字符等数据都是非数值数据，在机器内部它们用一个二进制位串表示。

2.5.1 逻辑值

正常情况下，每个字或其他可寻址单位（字节、半字等）是作为一个整体数据单元看待的。但是，某些时候还需要将一个 *n* 位数据看成是由 *n* 个一位数据组成的，每个数值取值为 0 或 1。例如，有时需要存储一个布尔或二进制数据阵列，阵列中的每项只能取值为 1 或 0；有时可能需要提取一个数据项中的某位进行诸如“置 1”或“清 0”等操作。当数据以这种方式看待时，就被认为是逻辑数据。因此 *n* 位二进制数可表示 *n* 个逻辑值。逻辑数据只能参与逻辑运算，并且是按位进行的，如按位“与”、按位“或”、逻辑左移、逻辑右移等。

逻辑数据和数值数据都是一串0/1序列，在形式上没有任何差异，需要通过指令的操作码类型来识别它们。例如，逻辑运算指令处理的是逻辑数据，算术运算指令处理的是数值数据。

2.5.2 西文字符

西文字符由拉丁字母、数字、标点符号及一些特殊符号所组成，它们统称为“字符”（character）。所有字符的集合称为“字符集”。字符不能直接在计算机内部进行处理，因而也必须对其进行数字化编码。字符集中每一个字符都有一个代码（即二进制编码的0/1序列），构成了该字符集的代码表，简称码表。码表中的代码具有唯一性。

字符主要用于外部设备和计算机之间交换信息。一旦确定了所使用的字符集和编码方法后，计算机内部所表示的二进制代码与外部设备输入、打印和显示的字符之间就有唯一的对应关系。

字符集有多种，每一个字符集的编码方法也多种多样。目前计算机中使用最广泛的西文字符集及其编码是ASCII码，即美国信息交换标准代码（American Standard Code for Information Interchange）。ASCII字符编码见表2.5。

表2.5　ASCII码表

$b_3b_2b_1b_0$	$b_6b_5b_4$							
	000	001	010	011	100	101	110	111
0000	NUL	DLE	SP	0	@	P	`	p
0001	SOH	DC1	!	1	A	Q	a	q
0010	STX	DC2	“	2	B	R	b	r
0011	ETX	DC3	#	3	C	S	c	s
0100	EOT	DC4	$	4	D	T	d	t
0101	ENQ	NAK	%	5	E	U	e	u
0110	ACK	SYN	&	6	F	V	f	v
0111	BEL	ETB	‘	7	G	W	g	w
1000	BS	CAN	(	8	H	X	h	x
1001	HT	EM	)	9	I	Y	i	y
1010	LF	SUB	*	:	J	Z	j	z
1011	VT	ESC	+	;	K	[	k	{

续表

$b_3b_2b_1b_0$	$b_6b_5b_4$							
	000	001	010	011	100	101	110	111
1100	FF	FS	,	<	L	\	l	|
1101	CR	GS	−	=	M	]	m	}
1110	SO	RS	.	>	N	^	n	~
1111	SI	US	/	?	O	_	o	DEL

从表 2.5 中可以看出，每个字符都由 7 个二进制位 $b_6b_5b_4b_3b_2b_1b_0$ 表示，其中 $b_6b_5b_4$ 是高位部分，$b_3b_2b_1b_0$ 是低位部分。一个字符在计算机中实际上是用 8 位表示的。一般情况下，最高一位 b_7 为 0。在需要进行奇偶校验时，这一位可用于存放奇偶校验值。

2.6 数据的宽度和排列存放

2.6.1 数据的宽度和单位

计算机内部的任何信息都被表示成二进制编码形式。二进制数据的每一位（0 或 1）是组成二进制信息的最小单位，称为位（bit，b）或比特。每个西文字符用 8 位表示。在计算机内部，二进制信息的计量单位是字节（byte，B）或位组。一字节等于 8 位。

在考察计算机性能时，一个很重要的因素就是机器的字长。平时所说的“16 位或 32 位机器”中的 16、32 就是指字长。所谓字长，通常是指 CPU 内部用于整数运算的定点运算数据通路的宽度。CPU 内部的数据通路是指 CPU 内部的数据流经的路径以及路径上的部件，主要是 CPU 内部进行数据运算、存储和传输的部件，这些部件的宽度一致才能相互匹配。因此，字长等于 CPU 内部用于整数运算的运算器位数和通用寄存器的宽度。例如，在 1.1.2 节图 1.1 给出的模型机中，组成数据通路的通用寄存器和运算器 ALU 的位数都是 8 位，因此该模型机的字长为 8 位。

字和字长的概念不同。字用来表示处理信息的单位，用来度量各种数据类型的宽度。通常，系统结构设计者必须考虑一台机器将提供哪些数据类型，每种数据类型有哪几种宽度，这时就要给出一个基本的字的宽度。例如，Intel x86 微处理器把一个字定义为 16 位，在所提供的数据类型中，就有单字宽度的无符号整数和带符号整数（16 位）、双字宽度的无符号整数和带符号整数（32 位）等。而字长表示进行数据运算、存储和传输的部件的宽度，它反映了计算机处理信息的一种能力。字和字长的宽度可以一样，也可以不一样。例如，在 Intel 微处理器中，从 80386 开始就至少是 32 位字长，但其字的宽度都定义为 16 位，因此 32 位称为双字。

表示二进制信息所用的单位通常比字节或字大得多，通常通过在字母 B（字节）或 b（位）之前加上 SI 词头来表示单位，如 KB、MB、GB 等。这里的 K、M 和 G 等有两种度量方式：一种是日常使用的按 10 的幂度量的方式，另一种是计算机系统中使用的按 2 的幂度量的方式。

1. 主存容量使用的单位

在描述主存容量时，通常用以下按 2 的幂进行度量的单位。

K（kilo）：1 KB = 2^{10} B = 1 024 B。

M（mega）：1 MB = 2^{20} B = 1 048 576 B。

G（giga）：1 GB = 2^{30} B = 1 073 741 824 B。

T（tera）：1 TB = 2^{40} B = 1 099 511 627 776 B。

P（peta）：1 PB = 2^{50} B = 1 125 899 906 842 624 B。

E（exa）：1 EB = 2^{60} B = 1 152 921 504 606 846 976 B。

Z（zetta）：1 ZB = 2^{70} B = 1 180 591 620 717 411 303 424 B。

Y（yotta）：1 YB = 2^{80} B = 1 208 925 819 614 629 174 706 176 B。

2. 主频和带宽使用的单位

在描述主频、总线或网络的带宽时，通常用 10 的幂表示。例如，网络带宽经常使用的单位如下。

位每秒（bps）。

千位每秒（Kbps）：1 kbps = 10^3 bps = 1 000 bps。

兆位每秒（Mbps）：1 Mbps = 10^6 bps = 1 000 kbps。

吉位每秒（Gbps）：1 Gbps = 10^9 bps = 1 000 Mbps。

太位每秒（Tbps）：1 Tbps = 10^{12} bps = 1 000 Gbps。

从上面的描述可以看出，1 M 可能是 2^{20}，也可能是 10^6，具体的值是多少，要看上下文描述的是主存容量，还是主频、总线或网络的带宽等。

3. 硬盘和文件使用的单位

在计算硬盘容量或文件大小时，不同的硬盘制造商和操作系统使用不同的度量方式，因而比较混乱。例如，所有版本的 Windows 操作系统都使用 2 的幂度量方式，在其文件属性对话框中，2^{20} B 的文件显示为 1 MB 或 1 024 KB，10^6 B 的文件显示为 976 KB。而在 2009 年之前，苹果公司的 Mac OS X 10.6 版本使用 10 的幂度量方式，因此 10^6 B 的文件大小显示为 1 MB。

显然，这种表示方式会导致混乱。在历史上，这甚至引发了一些硬盘买家的诉讼，他们原本预计 1 MB 会有 2^{20} B，1 GB 会有 2^{30} B，但实际容量却远比预计得小。为了避免歧义，国际电工委员会（International Electrotechnical Commission，IEC）在 1998 年给出了表示 2 的幂的字母定义，如表 2.6 所示，就是在原来的词头后加字母 i。

表 2.6 表示二进制信息大小的单位

10 的幂表示形式			IEC 定义的 2 的幂表示形式			$\frac{两种形式单位值差*}{10 的幂表示形式单位值}\times\%$
单词	单位	值	单词	单位	值	
kilobyte	KB/kB	10^3	kibibyte	KiB	2^{10}	2%
megabyte	MB	10^6	mebibyte	MiB	2^{20}	5%
gigabyte	GB	10^9	gibibyte	GiB	2^{30}	7%
terabyte	TB	10^{12}	tebibyte	TiB	2^{40}	10%
petabyte	PB	10^{15}	pebibyte	PiB	2^{50}	13%
exabyte	EB	10^{18}	exbibyte	EiB	2^{60}	15%
zettabyte	ZB	10^{21}	zebibyte	ZiB	2^{70}	18%
yottabyte	YB	10^{24}	yobibyte	YiB	2^{80}	21%

*：“两种形式单位值差”表示 IEC 定义的 2 的幂表示形式单位值 −10 的幂表示形式单位值。

由于程序需要对不同类型、不同长度的数据进行处理，因此计算机中的机器级数据表示必须能够提供相应的支持。例如，需要提供不同长度的整数和不同长度的浮点数表示，相应地需要有处理单字节、双字节、4 字节甚至 8 字节整数的整数运算指令，以及能够处理 4 字节、8 字节浮点数的浮点数运算指令等。

C 语言支持多种格式的整数和浮点数表示。表 2.7 给出了在典型的 32 位机器和 64 位机器中 C 语言数值数据类型的宽度。

表 2.7 C 语言数值数据类型的宽度

数据类型	典型的 32 位机器宽度 /B	64 位机器宽度 /B
char	1	1
short int	2	2
int	4	4
long int	4	8
char*	4	8
float	4	4
double	8	8

大多数 32 位机器使用“典型”方式。从表 2.7 可以看出，短整型数占 2 B，普通整型数占 4 B，而长整型数的宽度与机器字长的宽度相同。指针（例如，一个声明为类型 char* 的变量）和长整型数的宽度一样，都等于机器字长的宽度。一般机器都支持 float 和 double 两种类型的浮点数，分别对应 IEEE 754 标准的单精度和双精度格式。由此可见，对于同一类型的数据，并不是所有机器都采用相同的数据宽度，分配的字节数随机器字长和编译器的不同而不同。

2.6.2 数据的存储和排列顺序

任何信息在计算机中用二进制编码后，得到的都是一串 0/1 序列，每 8 位构成一个字节，不同的数据类型具有不同的字节宽度。

如果以字节作为排列的基本单位，那么 LSB 表示最低有效字节（least significant byte），MSB 表示最高有效字节（most significant byte）。现代计算机基本上都采用字节编址方式，即对存储空间的存储单元进行编号时，每个地址编号中存放一字节。计算机中许多类型的数据都是由多个字节组成的，例如，int 和 float 型数据占用 4 B，double 型数据占用 8 B 等。而程序中对每个数据只给定一个地址，例如，在一个按字节编址的计算机中，假定 int 型变量 i 的地址为 0800H，则 i 所占的 4 个单元地址为 0800H～0803H。若 i 的机器数为 0123 4567H，这 4 个字节 01H、23H、45H、67H 应该各有一个存储地址，那么这 4 个字节各自对应哪个地址呢？这就是字节排列顺序问题。

根据数据各字节在连续地址中排列顺序的不同，可有两种排列方式：大端（big-endian）方式和小端（little-endian）方式，如图 2.3 所示。

		0800H	0801H	0802H	0803H	
大端方式	…	01H	23H	45H	67H	…
		0800H	0801H	0802H	0803H	
小端方式	…	67H	45H	23H	01H	…

图 2.3　大端方式和小端方式

大端方式将数据的最高有效字节（MSB）存放在最小地址单元中，将最低有效字节（LSB）存放在最大地址单元中，即数据的地址就是 MSB 所在的地址。IBM 360/370、Motorola 68k、MIPS、SPARC 和 HP PA 等机器都采用大端方式。

小端方式将数据的最高有效字节（MSB）存放在大地址中，将最低有效字节（LSB）存放在小地址中，即数据的地址就是 LSB 所在的地址。Intel 8086 和 DEC VAX 等都采用小端方式。

一个计算机系统内部的数据排列顺序是一致的，但在系统之间进行通信时可能会发生问题。在排列顺序不同的系统之间进行数据通信时，需要进行顺序转换。网络应用程序员必须遵守字节顺序的有关规则，以确保发送方机器将它的内部表示格式转换为网络标准，而接收方机器则将网络标准转换为自己的内部表示格式。

此外，音频、视频和图像等文件格式或处理程序也都涉及字节顺序问题。如 GIF、PC Paintbrush、Microsoft RTF 等采用小端方式，Adobe Photoshop、JPEG、MacPaint 等采用大端方式。

2.7 本章小结

程序被转换为机器代码后，数据总是由指令来处理的，对指令来说，数据就是一串 0/1 序列。根据指令的类型，对应的 0/1 序列可能是一个无符号整数、带符号整数、浮点数或位串（即非数值数据，如逻辑值、ASCII 码或汉字内码等）。无符号数是正整数，用来表示地址等；带符号整数一般用补码表示；浮点数表示实数，大多用 IEEE 754 标准表示。

数据的宽度通常以字节（byte）为基本单位表示，数据长度单位（如 MB、GB、TB 等）在表示数据容量和带宽等不同对象时所代表的大小不同。数据的排列有大端和小端两种方式。大端方式以 MSB 所在地址为数据的地址，即给定地址处存放的是数据最高有效字节；小端方式以 LSB 所在地址为数据的地址，即给定地址处存放的是数据最低有效字节。

习　题

1. 给出以下概念的解释说明。

真值	机器数	数值数据	非数值数据	无符号整数	带符号整数
定点数	原码	补码	变形补码	溢出	浮点数
尾数	阶（指数）	阶码	移码	阶码下溢	阶码上溢
规格化数	左规	右规	非规格化数	机器零	非数（NaN）
ASCII 码	机器字长	大端方式	小端方式		

2. 简单回答下列问题。

（1）为什么计算机内部采用二进制表示信息？既然计算机内部所有信息都用二进制表示，为什么还要用十六进制或八进制？

（2）常用的定点数编码方式有哪几种？它们通常各自用来表示什么信息？

（3）为什么现代计算机中大多用补码表示带符号整数？

（4）在浮点数的基数和总位数一定的情况下，浮点数的表示范围和精度分别由什么决定？两者如何相互制约？

（5）为什么要对浮点数进行规格化？有哪两种规格化操作？

3. 实现下列各数的转换。

（1）$(25.8125)_{10}=(\qquad)_{2}=(\qquad)_{8}=(\qquad)_{16}$

（2）$(101101.011)_{2}=(\qquad)_{10}=(\qquad)_{8}=(\qquad)_{16}=(\qquad)_{8421}$

（3）$(0101\ 1001\ 0110.0011)_{8421}=(\qquad)_{10}=(\qquad)_{2}=(\qquad)_{16}$

（4）$(4E.C)_{16}=(\qquad)_{10}=(\qquad)_{2}$

4. 假定机器数为 8 位（1 位符号，7 位数值），写出下列各二进制小数的原码表示。

+0.1001，−0.1001，+1.0，−1.0，+0.010100，−0.010100，+0，−0

5. 假定机器数为 8 位（1 位符号，7 位数值），写出下列各二进制整数的补码和移码表示。

+1001，−1001，+1，−1，+10100，−10100，+0，−0

6. 已知 $[x]_{补}$，求 x。

（1）$[x]_{补}=1110\ 0111$　　（2）$[x]_{补}=1000\ 0000$

（3）$[x]_{补}=0101\ 0010$　　（4）$[x]_{补}=1101\ 0011$

7. 某 32 位字长的机器中带符号整数用补码表示，浮点数用 IEEE 754 标准表示，寄存器 R1 和 R2 的内容分别为 0000 108BH 和 8080 108BH。不同指令对寄存器进行不同的操作，因而不同指令执行时寄存器内容对应的真值不同。假定执行下列运算指令时，操作数分别为寄存器 R1 和 R2 的内容，则 R1 和 R2 中操作数的真值分别为多少？

（1）无符号整数加法指令。

（2）带符号整数乘法指令。

（3）单精度浮点数减法指令。

8. 假定机器 M 的字长为 32 位，用补码表示带符号整数。表 2.8 中第一列给出了在机器 M 中执行的 C 语言程序中的关系表达式，参照已有的内容完成表中后三栏内容的填写。

表 2.8　习题 8 表

关系表达式	运算类型	结果	说明
0 == 0U			
−1 < 0			
−1 < 0U	无符号整数	0	11…1B（$2^{32}-1$）> 00…0B（0）
2147483647 > −2147483647 − 1	带符号整数	1	011…1B（$2^{31}-1$）> 100…0B（-2^{31}）
2147483647U > −2147483647 − 1			
2147483647 >（int）2147483648U			
−1 > −2			
（unsigned）−1 > −2			

9. 在 32 位计算机中运行一个 C 语言程序，该程序中出现了以下变量的初值，试写出它们对应的机器数（用十六进制表示）。

（1）int x = −32768　　（2）short y = 522　　（3）unsigned z = 65530

（4）char c = '@'　　（5）float a = −1.1　　（6）double b = 10.5

10. 在 32 位计算机中运行一个 C 语言程序，该程序中出现了一些变量，已知这些变量在某一时刻的机器数（用十六进制表示）如下，试写出它们对应的真值。

（1）int x：FFFF 0006H　　（2）short y：DFFCH

（3）unsigned z：FFFF FFFAH　　（4）char c：2AH

（5）float a：C448 0000H　　（6）double b：C024 8000 0000 0000H

11. 以下给出的是一些字符串变量的机器码，试根据 ASCII 码定义写出对应的字符串。

（1）char *mystring1：68H 65H 6CH 6CH 6FH 2CH 77H 6FH 72H 6CH 64H 0AH 00H

（2）char *mystring2：77H 65H 20H 61H 72H 65H 20H 68H 61H 70H 70H 79H 21H 00H

12. 以下给出的是一些字符串变量的初值，试写出对应的机器码。

（1）char *mystring1="./myfile"　　（2）char *mystring2="OK, good!"

13. 下列几种情况所能表示的数的范围是什么？

（1）16 位无符号整数。

（2）16 位原码定点小数。

（3）16 位移码定点整数。

（4）16 位补码定点整数。

（5）下述格式的浮点数（基数为 2，移码的偏置常数为 128）。

符号	阶码	尾数
1 位	8 位移码	7 位原码数值部分

14. 以 IEEE 754 标准单精度浮点数格式表示下列十进制数。

+1.75，+19，−1/8，258

15. 设一个变量的值为 4 098，要求分别用 32 位补码整数和 IEEE 754 标准单精度浮点数格式表示该变量（结果用十六进制形式表示），并说明哪段二进制位序列在两种表示中完全相同，为什么会相同？

16. 设一个变量的值为 −2 147 483 647，要求分别用 32 位补码整数和 IEEE 754 标准单精度浮点数格式表示该变量（结果用十六进制形式表示），并说明哪种表示的值完全精确，哪种表示的是近似值（提示：$2\,147\,483\,647 = 2^{31} - 1$）。

17. 表 2.9 给出了有关 IEEE 754 标准浮点数格式表示中一些重要的非负数的取值，表中已经有最大规格化数的相应内容，要求填入其他浮点数格式的相应内容。

表 2.9　习题 17 表

项目	阶码	尾数	单精度		双精度	
			以 2 的幂表示的值	以 10 的幂表示的值	以 2 的幂表示的值	以 10 的幂表示的值
0						
1						
最大规格化数	11111110	1…11	$(2-2^{-23})\times 2^{127}$	3.4×10^{38}	$(2-2^{-52})\times 2^{1023}$	1.8×10^{308}
最小规格化数						
最大非规格化数						
最小非规格化数						
$+\infty$						
NaN						

18. 假定在一个程序中定义了变量 x、y 和 i，其中，x 和 y 是 float 型变量，i 是 16 位 short 型变量（用补码表示）。程序执行到某一时刻时，x = −0.125、y = 7.5、i = 100，它们都被写到了主存（按字节编址）中，其地址分别是 100、108 和 112。试分别画出在采用大端方式和小端方式的机器上，变量 x、y 和 i 中每个字节在主存中的存放位置。

第 3 章　数据的运算及运算部件

计算机通过执行程序来实现相应的功能，任何程序最终都要转换为机器指令。指令中包含的各种算术逻辑运算能直接在硬件上执行，执行这些运算的硬件称为运算部件。

本章首先分析高级语言和机器指令中涉及的各类运算，然后介绍这些运算用到的核心部件——算术逻辑部件（ALU）的组成与工作原理，在此基础上，对这些运算在计算机内部的实现算法和过程进行详细说明，最后介绍实现这些运算的运算部件。

第 3 章教学课件

3.1　高级语言和机器指令中的运算

计算机硬件的设计目标来源于软件需求，高级语言中用到的各种运算通过编译成底层的算术运算指令和逻辑运算指令来实现。因此，在介绍运算部件之前，有必要先了解一下高级语言程序和机器指令所涉及的运算。所有高级语言的运算功能大同小异，某一种语言就能代表高级语言的总体情况，因此，本书以 C 语言中的运算为例进行说明。同样地，指令中所涉及的运算也可用一个特定的指令系统来说明，本书主要介绍 ARMv8 指令系统中的运算。

3.1.1　C 语言程序中的运算

加、减、乘、除等算术运算是高级语言中必须提供的基本运算，可以有无符号整数的算术运算、带符号整数的算术运算和浮点数的算术运算。C 语言中除了这些算术运算以外，还有以下几类基本运算：按位运算、逻辑运算、移位运算、位扩展和位截断运算。

1. 按位运算

C 语言中有以下按位运算：符号“|”表示按位或（OR）运算；符号“&”表示按位与（AND）运算；符号“~”表示按位取反（NOT）运算；符号“^”表示按位异或（XOR）运算。

2. 逻辑运算

C 语言中有以下逻辑运算符：符号“||”表示逻辑或（OR）运算；符号“&&”表示逻辑与（AND）运算；符号“!”表示逻辑非（NOT）运算。这些逻辑运算很容易和按位运算混淆，实际上它们的功能完全不同。逻辑运算是非数值计算，其操作数只有两个逻辑值：

true 和 false，通常用非 0 数表示逻辑值 true，而全 0 数表示逻辑值 false；而按位运算是一种数值运算，运算时将两个操作数中对应的各二进制位按照指定的逻辑运算规则逐位进行计算。

3. 移位运算

C 语言中提供了一组移位运算。移位运算有逻辑移位和算术移位两种。逻辑移位不考虑符号位，总是把高（低）位移出，低（高）位补 0。对于无符号整数的逻辑左移，如果最高位移出的是 1，则发生溢出。

计算机内部的带符号整数都用补码表示，因此对于带符号整数的移位操作，应采用补码算术移位方式。左移时，高位移出，低位补 0。左移一位时，如果移出的位不同于移位后的符号位，即左移前后符号位不同，则发生溢出；右移时，低位移出，高位补符号。

C 语言表达式“x<<k”表示对数 x 左移 k 位。事实上，对于左移来说，逻辑移位和算术移位的结果都一样，都是丢弃 k 个最高位，并在低位补 k 个 0。

虽然 C 语言没有明确规定应该采用逻辑移位还是算术移位，但 C 语言编译器通常对无符号整数采用逻辑移位方式，而对带符号整数采用算术移位方式。因此，若 x 为无符号整型变量，则“x>>k”被编译为将 x 逻辑右移 k 位；若 x 为带符号整型变量，则“x>>k”被编译为将 x 算术右移 k 位。

每左移一位，相当于数值扩大一倍，因此左移可能会发生溢出，左移 k 位，相当于数值乘以 2^k；每右移一位，相当于数值缩小一半，右移 k 位，相当于数值除以 2^k。

4. 位扩展和位截断运算

C 语言中没有明确的位扩展运算符，但是在进行数据类型转换时，如果遇到一个短数向长数转换，就要进行位扩展运算。进行位扩展时，扩展后的数值应保持不变。有两种位扩展方式：零扩展和符号扩展。零扩展用于无符号整数，只要在短的无符号整数前添加足够的 0 即可。符号扩展用于补码表示的带符号整数，通过在短的带符号整数前添加足够多的符号位来扩展。

考虑以下 C 语言程序代码：

```
short si = -32768;
unsigned short usi = si;
int i = si;
unsigned ui = usi;
```

执行上述程序段，并在 32 位大端方式机器上输出变量 si、usi、i、ui 的十进制值和十六进制值，可得到各变量的输出结果为：

si = −32768　　8000

usi = 32768　　8000

i = −32768　　FFFF8000

ui = 32768　　00008000

由此可见，16 位带符号整数（补码表示）−32 768 和无符号整数 32 768 在机器中的表示完全相同，分别将它们扩展为 32 位后，得到的 32 位位序列的高位不同。前者是符号扩展，高 16 位补符号 1；后者是零扩展，高 16 位补 0。

位截断发生在将长数转换为短数时，例如，对于下列代码：

```
1  int i=32768;
2  short si=(short)i;
3  int j=si;
```

在一台 32 位机器上执行上述代码段时，第 2 行要求强行将一个 32 位带符号整数截断为 16 位带符号整数，32 768 的 32 位补码表示为 0000 8000H，截断为 16 位后变成 8000H，它是 −32 768 的 16 位补码表示。再将该 16 位带符号整数扩展为 32 位时，就变成了 FFFF 8000H，它是 −32 768 的 32 位补码表示，因此 j 为 −32 768。也就是说，原来的变量 i（值为 32768）经过截断再扩展后，值变成了 −32 768，不等于原来的值了。

3.1.2　ARMv8 指令中涉及的运算

高级语言中的所有运算都是通过指令系统中的运算指令实现的，一个指令系统中涉及运算的指令有很多。例如，在 ARMv8 基本整数指令集中，包含的运算类指令有按位逻辑运算、逻辑移位、算术移位、带符号的加减乘除等算术运算、无符号的加减乘除等算术运算、比较并设置标志位等指令。通常指令集中都没有专门的算术左移指令。因为对于左移来说，逻辑移位和算术移位的结果都一样，都是丢弃 k 个最高位，并在低位补 k 个 0，所以，带符号整数和无符号整数的左移都可用逻辑左移指令实现。

除了提供 64 位双字的加载和存储指令外，ARMv8 指令集还支持带符号整数和无符号整数的字节（8 位）、半字（16 位）、字（32 位）加载指令，因而可以实现带符号整数的符号扩展和无符号整数的零扩展操作；所提供的字节、半字和字存储指令可以实现截断操作。

除了基本整数指令集以外，ARMv8 还设计了 SIMD（单指令多数据）处理和浮点运算指令集，包含单精度浮点数加减乘除、双精度浮点数加减乘除等运算指令。

显然，利用 ARMv8 提供的各类运算及加载和存储等指令完全能够实现 C 语言所需要的各种运算。

3.2 基本运算部件

计算机中通常用一个专门的算术逻辑部件（ALU）来完成基本逻辑运算、无符号整数加减运算以及带符号整数加减运算。各类定点乘除运算和浮点数运算则可利用加法器或 ALU 及移位器来实现，因此计算机中基本的运算部件是加法器、ALU 和移位器，而 ALU 的核心部件则是加法器。

3.2.1 全加器和加法器

n 位加法器由 n 个一位加法器构成。同时考虑两个加数和低位进位的一位加法器称为全加器（full adder，FA）。全加器的真值表如图 3.1 所示，全加器的输入包括两个加数 A 和 B，以及低位进位 C_{in}；全加器的输出包括和 F，以及向高位的进位 C_{out}。

A	B	C_{in}	F	C_{out}
0	0	0	0	0
0	0	1	1	0
0	1	0	1	0
0	1	1	0	1
1	0	0	1	0
1	0	1	0	1
1	1	0	0	1
1	1	1	1	1

图 3.1　全加器真值表

由全加器真值表得到的逻辑表达式经化简后，得到全加和 F 和全加进位 C_{out} 的逻辑表达式为：

$$F = A \oplus B \oplus C_{in}$$

$$C_{out} = A \cdot B + A \cdot C_{in} + B \cdot C_{in}$$

根据全加器逻辑表达式，得到全加器逻辑电路如图 3.2 所示。图 3.2（a）是全加器符号，图 3.2（b）给出全加器逻辑电路。

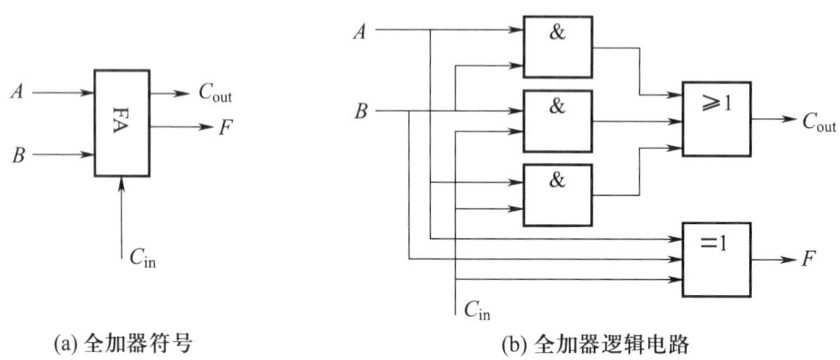

图 3.2　全加器逻辑门电路的实现

n 位加法器可由 n 个全加器实现，其电路如图 3.3 所示，其中图 3.3（a）是加法器符号，图 3.3（b）给出全加器构成加法器的实现电路，C_i 是第 $i-1$ 位向第 i 位的进位。

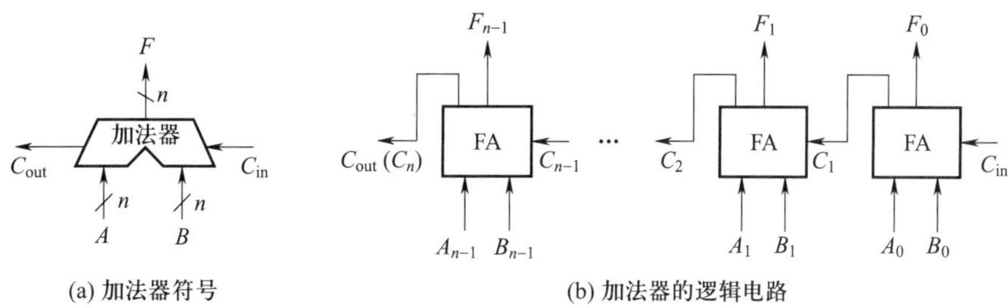

(a) 加法器符号　　(b) 加法器的逻辑电路

图 3.3　用全加器实现加法器的电路

用全加器实现 n 位加法器，采用的是串行进位方式，因而速度很慢。可以采用其他进位方式实现快速加法器，例如，可采用一级或多级先行进位方式实现各种先行进位加法器。

3.2.2　带标志加法器

n 位加法器只能用于两个 n 位无符号二进制数的相加，不能进行无符号整数的减运算，也不能进行带符号整数的加减运算。要进行无符号整数的加减运算和带符号整数的加减运算，还需要在 n 位加法器的基础上增加相应的逻辑门电路，使得加法器不仅能计算和 / 差，还能够生成相应的标志信息。图 3.4 所示是用全加器实现 n 位带标志加法器的电路示意，其中图 3.4（a）是带标志加法器的符号表示，图 3.4（b）给出用全加器构成的带标志加法器电路。C_{in} 为 0 时做加法，C_{in} 为 1 时做减法，此时只要将减数各位取反后送到 B 端即可。如何利用带标志加法器实现无符号整数的加减运算和带符号整数的加减运算详见 3.3.1 节。

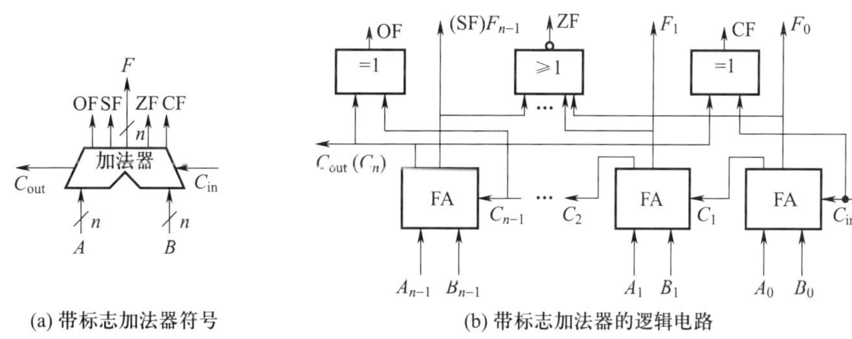

(a) 带标志加法器符号　　(b) 带标志加法器的逻辑电路

图 3.4　用全加器实现 n 位带标志加法器的电路

如图 3.4 所示，溢出标志 OF 的逻辑表达式为 $\mathrm{OF}=\mathrm{C}_n \oplus \mathrm{C}_{n-1}$；符号标志 SF 就是和的符号，即 $\mathrm{SF}=F_{n-1}$；零标志 ZF = 1 当且仅当 $F=0$；进位 / 借位标志 $\mathrm{CF}=C_{out} \oplus C_{in}$，即当 $C_{in}=0$ 时，CF 为进位 C_{out}，当 $C_{in}=1$ 时，CF 为进位 C_{out} 取反。

需要说明的是，为了加快运算速度，真正的电路一定会使用多级先行进位方式，图 3.4（b）主要是为了说明如何从加法运算结果中获得标志信息，因而使用全加器简化了加法器电路。

3.2.3 算术逻辑部件

算术逻辑部件（ALU）是一种能进行多种算术运算与逻辑运算的组合逻辑电路，其核心部件是带标志加法器，多采用先行进位方式实现，通常用如图 3.5 所示的符号来表示。其中 A 和 B 是两个 n 位操作数输入端，C_{in} 是进位输入端，ALUop 是操作控制端，用来决定 ALU 所执行的操作。例如，当 ALUop 为 add 操作码时，ALU 就执行加法运算，输出的结果就是 A 加 B 之和。ALUop 的位数决定了操作种类个数，例如，当位数为 3 时，ALU 最多只有 8 种操作。

图 3.6 给出了能够完成三种运算（“与”“或”和“加法”）的一位 ALU 结构图。其中，一位加法用一个全加器实现，在 ALUop 的控制下，由一个多路选择器（MUX）选择输出三种操作结果之一。这里有三种操作，因此 ALUop 至少有两位。当 ALUop = 10（add 操作码）时，$F = A$ 加 B；当 ALUop = 01（or 操作码）时，$F = A$ 或 B；当 ALUop = 00（and 操作码）时，$F = A$ 与 B。

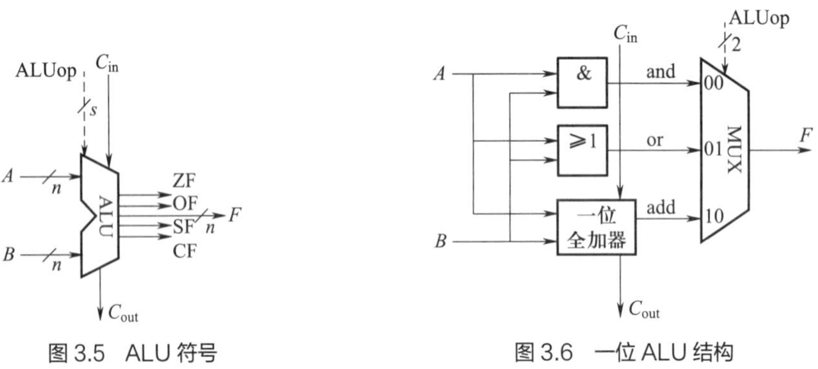

图 3.5 ALU 符号

图 3.6 一位 ALU 结构

ALU 也可实现左移和右移一位或两位的操作，当然也可用一个专门的移位寄存器实现移位，但这两种方式每次都只能固定移动一位或两位。有时移位指令要求一次移动若干位，对于这种一次左移或右移多位的操作，通常用一个位于 ALU 之外的桶形移位器实现。桶形移位器不同于普通移位寄存器，它利用大量多路选择器来实现数据的快速移位，移位操作能够一次完成。在 ALU 外单独设置桶型移位器，还可简化 ALU 的控制逻辑，并实现移位和 ALU 的并行操作。

3.3 定点运算及其运算部件

定点运算主要包括无符号整数的按位运算、逻辑移位运算、位扩展和截断运算以及加、减、乘、除运算；带符号整数的算术移位运算、扩展和截断运算以及加、减、乘、除运算等。

无符号整数的按位运算可用逻辑门电路实现，无符号整数的逻辑移位运算可用专门的移位器或斜送结果等多种方式实现，位扩展运算、截断运算以及带符号整数的移位运算也都可用简单电路较容易地实现。因而，对于无符号整数和带符号整数，需要介绍的主要是加、减、乘、除运算。在计算机内部，带符号整数多采用补码表示，因此本节主要介绍无符号数运算和补码运算。

浮点数由一个定点小数和一个定点整数表示，大多数机器采用 IEEE 754 标准来表示浮点数。IEEE 754 标准用定点原码小数表示尾数，用移码表示阶码，因而浮点数运算涉及原码定点小数的加、减、乘、除运算和移码的加减运算。因此，本节同时也简单介绍原码定点小数的加、减、乘、除运算。

3.3.1 补码加减运算

若两个补码表示的 n 位定点整数 $[x]_{补}=X_{n-1}X_{n-2}\cdots X_0$，$[y]_{补}=Y_{n-1}Y_{n-2}\cdots Y_0$，则 $[x+y]_{补}$ 和 $[x-y]_{补}$的运算表达式如下：

$$\left.\begin{aligned}[x+y]_{补}&=[x]_{补}+[y]_{补}\ (\bmod 2^n)\\ [x-y]_{补}&=[x]_{补}+[-y]_{补}\ (\bmod 2^n)\end{aligned}\right\}\qquad(3-1)$$

运算公式（3-1）的正确性可以从补码的编码规则得到证明。从式（3-1）可以看出，在补码表示方式下，无论 x、y 是正数还是负数，加减运算统一采用加法来处理，而且 $[x]_{补}$和 $[y]_{补}$的符号位（最高有效位，most significant bit，MSB）可以和数值位一起参与运算，加减运算结果的符号位也在求和运算中直接得出，这样可以直接用 3.2 节介绍的加法器来实现“$[x]_{补}+[y]_{补}\ (\bmod 2^n)$”和“$[x]_{补}+[-y]_{补}\ (\bmod 2^n)$”。最终运算结果的高位被丢弃，保留低 n 位，相当于对和数取模 2^n。因此，实现减法的主要工作在于求 $[-y]_{补}$。

根据第 2 章介绍的补码运算的特点可知，一个数的负数的补码可以由其补码“各位取反、末位加 1”得到。也即已知一个数的补码表示为 Y，则这个数的负数的补码为 $-Y=\overline{Y}+1$。因此，只要在原加法器的 Y 输入端加 n 个反向器以实现各位取反的功能，然后加一个 2 选 1 多路选择器，用一个控制端 Sub 来控制选择将原码 Y 输入加法器还是将 $\overline{Y}$输入加法器，并将控制端 Sub 同时作为低位进位送到加法器即可，如图 3.7 所示。该电路可实

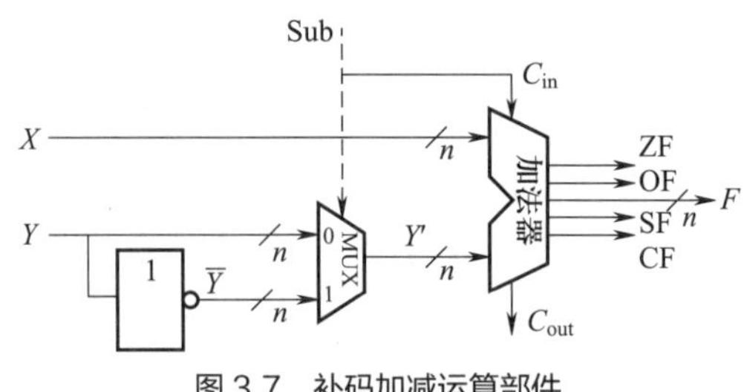

图 3.7　补码加减运算部件

现补码加减运算，当控制端 Sub 为 1 时，做减法，实现 $X+\overline{Y}+1=X-Y$；当控制端 Sub 为 0 时，做加法，实现 $X+Y$。

如图 3.7 所示电路可以实现整数加减运算，其中的加法器就是图 3.4 所示的带标志加法器。因为无符号整数相当于正整数，而正整数的补码表示等于其二进制表示本身，所以无符号整数的二进制表示相当于正整数的补码表示，因此，该电路同时也能实现无符号整数的加减运算。

对于带符号整数 x 和 y 来说，图中 X 和 Y 就是 x 和 y 的补码表示；对于无符号整数 x 和 y 来说，图中 X 和 Y 就是 x 和 y 的二进制表示。

可通过标志信息来区分带符号整数的运算结果和无符号整数的运算结果。

ZF 为零标志。ZF = 1 表示结果 F 为 0，无论对于无符号整数还是带符号整数的运算，ZF 都是有意义的。

SF 为符号标志。SF 表示结果的符号，即 F 的最高位，对于无符号整数来说，SF 没有意义。

CF 为进位 / 借位标志。加法时，若 CF = 1，则表示无符号整数的加法结果有进位，因而结果溢出；减法时，若 CF = 1，则表示无符号整数相减有借位，即不够减。因此，加法时 CF 等于进位输出 C_{out}；减法时，应将进位输出 C_{out} 取反作为借位标志。综合起来可得 CF=Sub $\oplus$ C_{out}。对于带符号整数运算，CF 没有意义。

OF 为溢出标志。OF = 1 表示带符号整数运算结果发生了溢出。对于无符号整数运算，OF 没有意义。

n 位补码整数可表示的数值范围为 $-2^{n-1}\sim 2^{n-1}-1$。当运算结果超出该范围时，则结果溢出。补码溢出的判断方法有多种，先看两个例子。

例 3.1　用 4 位补码计算“−7−6”和“−3−5”的值。

解： $[-7]_{补}=1001$　　$[-6]_{补}=1010$　　$[-3]_{补}=1101$　　$[-5]_{补}=1011$

$[-7-6]_{补}=[-7]_{补}+[-6]_{补}=1001+1010=0011$（+3）

$[-3-5]_{补}=[-3]_{补}+[-5]_{补}=1101+1011=1000$（−8）

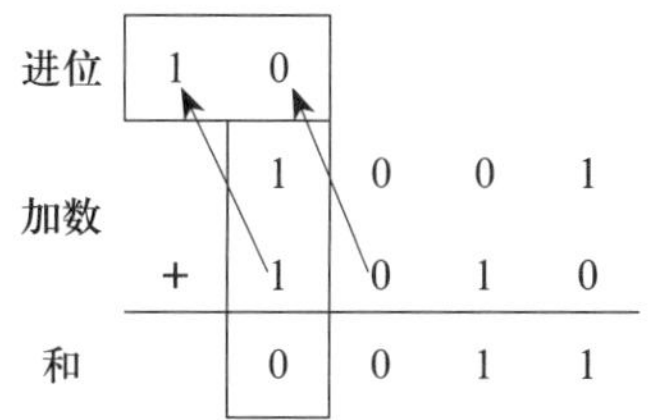

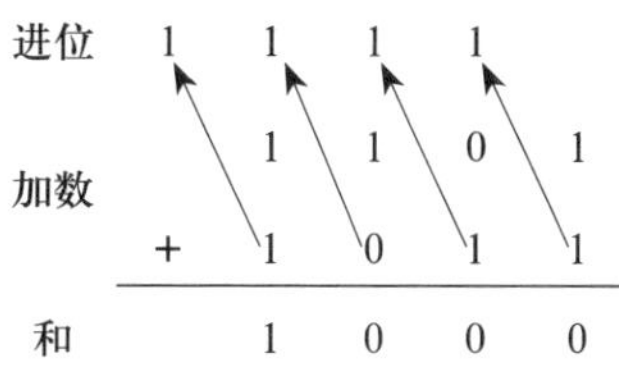

因为 4 位补码可表示的范围为 −8～+7，而 −7−6 = −13 < −8，所以，结果 0011（+3）一定发生了溢出，是一个错误的值。考察“−7−6”的例子后，发现以下两种现象：

① 最高位和次高位的进位不同；

② 两个同号数相加，和的符号位和加数的符号位不同。

通常根据上述两种现象是否发生来判断有无溢出。因此，有以下两种溢出判断逻辑表达式。

① 若符号位产生的进位 C_n 与最高数值位向符号位的进位 C_{n-1} 不同，则产生溢出，即

$$\mathrm{OF} = C_{n-1} \oplus C_n$$

② 若两个加数的符号位 X_{n-1} 和 Y_{n-1} 相同，且与和的符号位 F_{n-1} 不同，则产生溢出，即

$$\mathrm{OF} = X_{n-1} \cdot Y_{n-1} \cdot \overline{F_{n-1}} + \overline{X_{n-1}} \cdot \overline{Y_{n-1}} \cdot F_{n-1}$$

根据上述溢出判断逻辑表达式，可以很容易实现溢出判断电路。图 3.4（b）中 OF 的生成采用了上述第 1 种方法。注意，在第 2 种溢出判断逻辑表达式中，两个加数的符号 X_{n-1} 和 Y_{n-1} 是指加法器的两个加数的符号，因而在代入图 3.7 所示的加法器时，公式中的 Y_{n-1} 实际上应该是 Y'_{n-1}，也就是说，当 X 和 Y' 的最高位相同且不同于结果 F 的最高位时，OF = 1；否则，OF = 0。

例 3.2 以下是一个 C 语言程序，用于计算一个数组 a 中各元素的和。当参数 len 为 0 时，返回值应是 0，但在机器上执行时却发生了存储器访问异常。说明该是什么原因造成的，以及程序应该如何修改。

```
float sum_array(int a[], unsigned len)
{
        int i, sum = 0;

        for   (i = 0; i <= len - 1; i++)
                sum += a[i];

        return sum;
}
```

解： 当 len 为 0 时，在如图 3.7 所示的电路中计算 len－1，此时 X 为 0000 0000H，Y 为 0000 0001H，Sub＝1，因此结果 F 是 32 个 1（即 FFFF FFFFH）。

在对条件表达式"i＜＝len－1"进行判断时，可通过做减法得到的标志信息进行比较。开始时 i＝0，因此，在图 3.7 的电路中计算 0−FFFF FFFFH，此时，X 为 0000 0000H，Y 为 FFFF FFFFH，Sub＝1，显然加法器的输出结果 F 为 0000 0001H，进位输出 $C_{out}=0$，因此标志 $CF=Sub \oplus C_{out}=1$，ZF＝0，SF＝0。此时加法器的两个输入 X 和 Y' 都为 0000 0000H，输出为 0000 0001H，即两个正数相加，结果还是正数，因而溢出标志 OF＝0。

因为 len 是 unsigned 类型，所以对条件表达式"i＜＝len－1"进行判断时按照无符号整数进行比较（对应的是无符号整数比较指令），即根据 CF 的取值来判断大小。因为 CF＝1 且 ZF＝0，说明有借位但不相等，即满足"小于"关系，因而进入循环继续执行。显然，len－1＝FFFF FFFFH 是最大的 32 位无符号整数，任何无符号整数都比它小，因此程序进入死循环，循环体被不断执行，当循环变量 i 足够大时，最终导致数组元素 a [i] 的访问越界，从而发生存储器访问异常。

正确的做法是将参数 len 声明为 int 型。这样，虽然加法器中的运算以及生成的所有标志信息与 len 为 unsigned 时完全一样，但是，因为条件表达式"i＜＝len－1"中的 i 和 len 都是带符号整数，因而会按照带符号整数进行比较（对应的是带符号整数比较指令）。此时，不会使用 CF 比较大小，而是根据 OF 和 SF 的值是否相同来判断大小。当 OF＝SF 且 ZF=0 时表示"大于"关系。当 i＝0、len＝0 时，对 i 和 len－1 做减法进行比较，得到的标志信息为 SF＝OF＝0 且 ZF＝0，因而满足循环结束条件"i＞len－1"，从而跳出循环执行。

例 3.3 对于以下 C 语言程序片段：

```
unsigned char x=134;
unsigned char y=246;
signed char m=x;
signed char n=y;
unsigned char z1=x-y;
unsigned char z2=x+y;
signed char k1=m-n;
signed char k2=m+n;
```

说明程序执行过程中，变量 m、n、z1、z2、k1、k2 在计算机中的机器数和真值各是什么。计算 z1、z2、k1、k2 时得到的标志 CF、SF、ZF 和 OF 各是什么。要求用上述公式进行验证。

解： 因为 x 和 y 是 8 位无符号数，所以 x＝134＝1000 0110B，y＝246＝1111 0110B。x 和 m 的机器数相同，都是 1000 0110，故 m 的真值为 −111 1010B＝−（127−5）＝−122；y

和 n 的机器数相同，都是 1111 0110，故 n 的真值为 −000 1010B = −10。

因为无符号整数和带符号整数都是在如图 3.7 所示的同一个整数加减运算器中执行的，因而 z1 和 k1 的机器数相同，且生成的标志也相同；z2 和 k2 的机器数相同，且生成的标志也相同。

对于 z1 和 k1 的计算，可通过"x 的机器数加 y 的机器数各位取反加 Sub"得到，此时 Sub = 1，即 1000 0110 + 0000 1001+1 =（0）1001 0000。此时，$CF = Sub \oplus C_{out} = 1 \oplus 0 = 1$，SF = 1，ZF = 0，OF = 0（加法器中进行的是两个异号数相加，一定不会溢出）。显然，z1 的真值为 +1001 0000B = 128 + 16 = 144，因为 CF = 1，说明相减时有借位，结果应为负数，在无符号数的情况下，属于非正常情况，得到的是一个溢出后的值，结果发生溢出；k1 的真值为 −111 0000B = −（127 − 15）= −112，因为 OF = 0，说明结果没有溢出。

验证：因为 134−246 = −112，无法用无符号整数表示，所以 z1 的结果确实不正确，而 k1 的结果确实为 −112。

对于 z2 和 k2 的计算，可通过 x 的机器数加 y 的机器数得到，即 1000 0110 + 1111 0110 =（1）0111 1100。此时，$CF = Sub \oplus C_{out} = 0 \oplus 1 = 1$，SF = 0，ZF = 0，OF = 1（加法器中是两个同号数相加，结果的符号不同于加数，故溢出）。显然，z2 的真值为 +111 1100B = 127 − 3 = 124，因为 CF = 1，说明相加时有进位，得到的是一个溢出后的值，结果发生溢出错误。k2 的真值为 +111 1100B = 127−3 = 124，因为 OF = 1，说明结果溢出。

验证：因为 134 + 246 = 380，大于 8 位无符号整数可表示的最大值 255，更远大于 8 位带符号整数可表示的最大值 127，因而 z2 和 k2 的结果确实都是溢出的。

3.3.2 原码加减运算

浮点数多采用 IEEE 754 标准，其尾数用原码表示，故在浮点数加减运算中涉及原码加减运算。原码加减运算规则如下。

① 比较两个操作数的符号，对加法实行"同号求和，异号求差"，对减法实行"异号求和，同号求差"。

② 求和时，数值位相加，若最高位产生进位则结果溢出。和的符号位取被加数（或被减数）的符号。

③ 求差时，被加数（或被减数）数值位加上加数（或减数）数值位的补码，并按以下规则产生结果。

- 最高数值位产生进位，表明加法结果为正，所得数值位正确。符号位取被加数（被减数）的符号。
- 最高数值位没有产生进位，表明加法结果为负，得到的是数值位的补码形式，因此需要对结果求补，还原为绝对值形式的数值位。符号位为被加数（被减数）的符号取反。

3.3.3 原码乘法运算

原码作为浮点数尾数的表示形式，需要计算机能实现定点原码小数的乘法运算。根据每次部分积是一位相乘得到还是两位相乘得到，有原码一位乘法和原码两位乘法。根据原码两位乘法的原理推广，可以有原码多位乘法。

1. 原码一位乘法

用原码实现乘法运算时，符号位与数值位分开计算，因此，原码乘法运算分为两步。

① 确定乘积的符号位。由两个乘数的符号异或得到。

② 计算乘积的数值位。乘积的数值部分为两个乘数的数值部分之积。

原码乘法算法描述如下：已知 $[x]_原=X_0.X_1\cdots X_n$，$[y]_原=Y_0.Y_1\cdots Y_n$，则 $[x\times y]_原=Z_0.Z_1\cdots Z_{2n}$，其中，$Z_0=X_0\oplus Y_0$，$Z_1\cdots Z_{2n}=(0.X_1\cdots X_n)\times(0.Y_1\cdots Y_n)$。

可以不管小数点，事实上在机器内部也没有小数点，只是约定了一个小数点的位置，小数点约定在最左边就是定点小数乘法，约定在右边就是定点整数乘法。因此，两个定点小数的数值部分之积可以看成是两个无符号数的乘积。

下面是一个手算乘法的例子，以此可以推导出两个无符号数相乘的计算过程。

```
      0.1 0 1 1         被乘数 X = 0.X1X2X3X4 = 0.1 0 1 1
    × 0.1 1 0 1         乘数   Y = 0.Y1Y2Y3Y4 = 0.1 1 0 1
  ---------------
          1 0 1 1 -------X×Y4×2^-4
        0 0 0 0 ---------X×Y3×2^-3
      1 0 1 1 -----------X×Y2×2^-2
    1 0 1 1 -------------X×Y1×2^-1
  ---------------
  0.1 0 0 0 1 1 1 1
```

由此可知，$X\times Y=\sum_{i=1}^{4}(X\times Y_i\times 2^{-i})=0.10001111$。

从上述手算乘法过程可以看出，两个无符号数相乘具有以下几个特点。

① 用乘数 Y 的每一位依次去乘以被乘数得 $X\times Y_i$，$i=4$，3，2，1。若 $Y_i=0$，则得 0；若 $Y_i=1$，则得 X。

② 把①中求得的各项结果 $X\times Y_i$ 在空间上向左错位排列，即逐次左移，可以表示为 $X\times Y_i\times 2^{-i}$。

③ 对②中求得的结果求和，这就是两个无符号数的乘积。

计算机中两个无符号数相乘类似于手算乘法，但为了提高效率做了相应改进。主要的改进措施有以下几个方面。

① 每次将乘数中的一位 Y_i 乘以被乘数 X 得到 $X\times Y_i$ 后，就将该结果与前面所得的结果累加，得到 P_i，称之为部分积。因为没有等到全部计算后一次求和，所以减少了保存相乘结果 $X\times Y_i$ 的开销。

② 在每次求得 $X\times Y_i$ 后，不是将它左移与前次部分积 P_i 相加，而是将部分积 P_i 右移一位与 $X\times Y_i$ 相加。

③ 对乘数中为“1”的位执行加法和右移运算，对为“0”的位只执行右移运算，而不需要执行加法运算。

因为每次进行加法运算时，只需要将 $X\times Y_i$ 与部分积中的高 n 位进行相加，低 n 位不会改变，因此，只需用 n 位加法器就可实现两个 n 位数的相乘。

上述思想可以写成数学推导过程如下：

$$
\begin{aligned}
X\times Y &= X\times(0.Y_1Y_2\cdots Y_n)\\
&= X\times Y_1\times 2^{-1}+X\times Y_2\times 2^{-2}+X\times Y_3\times 2^{-3}+\cdots+X\times Y_n\times 2^{-n}\\
&= \underbrace{2^{-1}(2^{-1}(2^{-1}\cdots 2^{-1}(2^{-1}}_{n\text{个}2^{-1}}(0+X\times Y_n)+X\times Y_{n-1})+\cdots+X\times Y_2)+X\times Y_1)
\end{aligned}
$$

上述推导过程具有明显的递归性质，其递推公式为

$$
P_{i+1}=2^{-1}(P_i+X\times Y_{n-i})\qquad (i=0,1,2,3,\cdots,n-1)\tag{3-2}
$$

设 $P_0=0$，无符号数乘法过程可以归结为循环地计算下列算式的过程：

$$
\begin{gathered}
P_1=2^{-1}(P_0+X\times Y_n)\\
P_2=2^{-1}(P_1+X\times Y_{n-1})\\
\cdots\cdots\cdots\cdots\\
P_n=2^{-1}(P_{n-1}+X\times Y_1)
\end{gathered}
$$

上述推导过程中的 P_i 称为部分积，每一步迭代过程如下。

① 取乘数的最低位 Y_{n-i} 判断。

② 若 Y_{n-i} 的值为 1，则将上一步迭代部分积 P_i 与 X 相加；若 Y_{n-i} 的值为 0，则什么也不做。

③ 右移一位，产生本次部分积 P_{i+1}。

部分积 P_i 和 X 进行无符号数相加，可能会产生进位，因而需要有一个专门的进位位

C。整个迭代过程从乘数最低位 Y_n 和 $P_0=0$ 开始，经过 n 次“判断—加法—右移”循环，直到求出 P_n 为止。P_n 就是最终的乘积。假定每次循环在一个时钟周期内完成，则 n 位乘法需要用 n 个时钟周期来完成。图 3.8 所示是实现两个 32 位无符号数乘法运算的逻辑结构图。

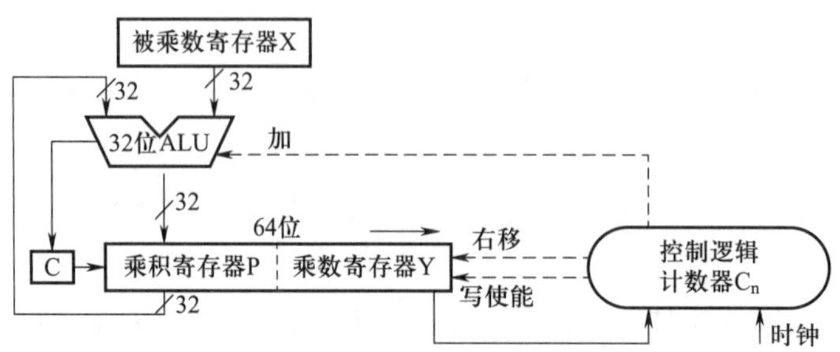

图 3.8　实现 32 位无符号数乘法运算的逻辑结构图

图 3.8 中被乘数寄存器 X 用于存放被乘数；乘积寄存器 P 开始时置初始部分积 $P_0=0$，结束时存放的是 64 位乘积的高 32 位；乘数寄存器 Y 开始时置乘数，结束时存放的是 64 位乘积的低 32 位；进位位 C 表示加法器的进位信号；计数器 C_n 存放循环次数，初值是 32，每循环一次，C_n 减 1，当 $C_n=0$ 时，乘法运算结束；ALU 是乘法核心部件，在控制逻辑控制下，对乘积寄存器 P 和被乘数寄存器 X 的内容进行“加”运算，在“写使能”控制下，运算结果被送回乘积寄存器 P，进位位存放在 C 中。

每次循环都要对进位位 C、乘积寄存器 P 和乘数寄存器 Y 实现同步“右移”，此时，进位信号 C 移入寄存器 P 的最高位，寄存器 P 的最低位移出到寄存器 Y 的最高位，寄存器 Y 的最低位移出，0 移入进位位 C 中。从最低位 Y_n 开始，逐次把乘数的各个数位 Y_{n-i} 移到寄存器 Y 的最低位上。因此，寄存器 Y 的最低位被送到控制逻辑以决定被乘数是否“加”到部分积上。

对于原码定点小数的乘法运算，只要根据上述无符号数的乘法运算得到乘积的数值部分，然后再加上符号位，就可以得到最终原码表示的乘积。需要补充说明一点，当被乘数或乘数中至少有一个为全 0 时，结果直接得 0，不需要再进行乘法运算。

例 3.4　已知 $[x]_{原}=0.1101$，$[y]_{原}=0.1011$，用原码一位乘法计算 $[x\times y]_{原}$。

解：先采用无符号数乘法计算 1101×1011 的乘积，原码一位乘法过程如下。

C	P	Y	说明
0	0 0 0 0	1 0 1 1	$P_0=0$
	+1 1 0 1		$Y_4=1$，$+X$
0	1 1 0 1		C、P 和 Y 同时右移一位
0	0 1 1 0	1 1 0 1	得 P_1
	+1 1 0 1		$Y_3=1$，$+X$
1	0 0 1 1		C、P 和 Y 同时右移一位
0	1 0 0 1	1 1 1 0	得 P_2
	+0 0 0 0		$Y_2=0$，不做加法（加 0）
0	1 0 0 1	1 1 1 0	C、P 和 Y 同时右移一位
0	0 1 0 0	1 1 1 1	得 P_3
	+ 1 1 0 1		$Y_1=1$，$+X$
1	0 0 0 1		C、P 和 Y 同时右移一位
0	1 0 0 0	1 1 1 1	得 P_4

符号位为 $0\oplus 0=0$，因此，$[x\times y]_{原}=0.10001111$。

2. 原码两位乘法

对于 n 位原码一位乘法来说，需要经过 n 次“判断—加法—右移”循环，运算速度较慢。如果对乘数的每两位取值情况进行判断，使每步求出对应于该两位的部分积，则可将乘法速度提高一倍。这种方法被称为原码两位乘法，只需在原码一位乘法的基础上增加少量的逻辑线路，就可实现原码两位乘法。

考察乘数每两位的组合以及对应的求部分积的操作情况，归纳如下：

若 $Y_{i-1}Y_i=00$，则 $P_{i+1}=2^{-2}(P_i+0)$；

若 $Y_{i-1}Y_i=01$，则 $P_{i+1}=2^{-2}(P_i+X)$；

若 $Y_{i-1}Y_i=10$，则 $P_{i+1}=2^{-2}(P_i+2X)$；

若 $Y_{i-1}Y_i=11$，则 $P_{i+1}=2^{-2}(P_i+3X)$。

对于上述“+0”和“+X”的情况，与前面原码一位乘法一致即可；对于“+2X”，可通过 X 左移一位来实现；对于“+3X”，则以 $4X-X$ 代替 $3X$，在本次运算中只执行 $-X$，而 $+4X$ 则延迟到下一次执行。因此，在这种情况下，部分积可以由下式得到：$P_{i+1}=2^{-2}(P_i+3X)=2^{-2}(P_i-X+4X)=2^{-2}(P_i-X)+X$。“$-X$”用 $+[-X]_{补}$实现。因为下一次部分积已右移了两位，所以上次未完成的“+4X”已变成“+X”。可用一个触发器 T 记录是否需要下次执行“+X”，若是，则 $1\rightarrow T$。因此，实际操作中用 Y_{i-1}、Y_i 和 T 三位来控制乘法操作。

3.3.4 补码乘法运算

补码作为机器中带符号整数的表示形式，需要计算机能实现定点补码整数的乘法运算。根据每次部分积是一位相乘得到还是两位相乘得到，有补码一位乘法和补码两位乘法。

1. 补码一位乘法

A. D·布思（A. D. Booth）提出了一种补码相乘算法，可以将符号位与数值位合在一起参与运算，直接得出用补码表示的乘积，且正数和负数同等对待。这种算法称为布思算法（Booth's algorithm）。

因为补码用来表示带符号整数，机器字长都是字节的倍数，所以考察偶数位的补码定点整数的乘法运算。也即假定 $[x]_补$和 $[y]_补$是两个偶数位补码定点整数，$[x\times y]_补$的布思乘法递推公式推导如下。

设 $[x]_补=X_{n-1}\cdots X_1X_0$，$[y]_补=Y_{n-1}\cdots Y_1Y_0$，根据补码定义，可得到真值 y 的计算公式如下。

$$
\begin{aligned}
y&=-Y_{n-1}2^{(n-1)}+\sum_{i=0}^{n-2}Y_i2^i\\
&=-Y_{n-1}2^{(n-1)}+Y_{n-2}2^{(n-2)}+\cdots+Y_12^1+Y_02^0\\
&=-Y_{n-1}2^{(n-1)}+Y_{n-2}2^{(n-1)}-Y_{n-2}2^{(n-2)}+\cdots+Y_12^2-Y_12^1+Y_02^1-Y_02^0\\
&=(Y_{n-2}-Y_{n-1})2^{(n-1)}+(Y_{n-3}-Y_{n-2})2^{(n-2)}+\cdots+(Y_0-Y_1)2^1+(0-Y_0)2^0\\
&=\sum_{i=0}^{n-1}(Y_{i-1}-Y_i)2^i
\end{aligned}
$$

这里假设 $Y_{-1}=0$。因此，

$$[x\times y]_补=\left[x\times\sum_{i=0}^{n-1}(Y_{i-1}-Y_i)2^i\right]_补 \tag{3-3}$$

与推导无符号数乘法算法一样，可以不考虑小数点位置，只要最终的乘积约定好小数点位置就可以了。因此，式（3-3）的右侧可以通过乘以 2^{-n} 来变换成以下形式：

$$\left[x\times\sum_{i=0}^{n-1}(Y_{i-1}-Y_i)2^{-(n-i)}\right]_补 \tag{3-4}$$

将式（3-4）展开，得到如下递推公式：

$$[P_{i+1}]_补=[2^{-1}(P_i+(Y_{i-1}-Y_i)\times x)]_补\qquad(i=0,1,2\cdots,n-1) \tag{3-5}$$

式（3-5）中 P_i 为上次部分积，P_{i+1} 为本次部分积。令 $[P_0]_补=0$，则有

$$
\begin{aligned}
&[P_1]_补=[2^{-1}(P_0+(Y_{-1}-Y_0)\times x)]_补\\
&\cdots\cdots\cdots\cdots\\
&[P_{n-1}]_补=[2^{-1}(P_{n-2}+(Y_{n-3}-Y_{n-2})\times x)]_补
\end{aligned}
\tag{3-6}
$$

$$[P_n]_{补}=[2^{-1}(P_{n-1}+(Y_{n-2}-Y_{n-1})\times x)]_{补}$$

比较式（3-3）和式（3-6），可以得出结论：$[x\times y]_{补}=2^n[P_n]_{补}$。因此，只要将最终部分积 $[P_n]_{补}$的小数点约定到最右边就行了。

由递推式（3-5）可知，在求得 $[P_i]_{补}$后，根据对乘数中连续两位 Y_iY_{i-1} 的判断，就可求得 $[P_{i+1}]_{补}$。

若 $Y_iY_{i-1}=01$，则 $[P_{i+1}]_{补}=[2^{-1}(P_i+x)]_{补}$。

若 $Y_iY_{i-1}=10$，则 $[P_{i+1}]_{补}=[2^{-1}(P_i-x)]_{补}$。

若 $Y_iY_{i-1}=00$ 或 11，则 $[P_{i+1}]_{补}=[2^{-1}(P_i+0)]_{补}$。

其中，$[2^{-1}(P_i\pm x)]_{补}$ 可通过执行 $[P_i]_{补}+[\pm x]_{补}$ 后右移一位实现。此时采用的是补码右移方式，即带符号整数的算术右移。

根据上述分析，归纳出补码乘法运算规则如下。

① 乘数最低位增加一位辅助位 $Y_{-1}=0$。

② 根据 Y_iY_{i-1} 的值，决定是“$+[x]_{补}$”“$+[-x]_{补}$”还是“+0”。

③ 将每次加减后的结果算术右移一位，得到部分积。

④ 重复第②和第③步 n 次，结果得 $[x\times y]_{补}$。

图 3.9 所示是实现 32 位补码一位乘法的逻辑结构图，和图 3.8 所示的无符号数乘法电路的逻辑结构类似，只是部分控制逻辑不同。

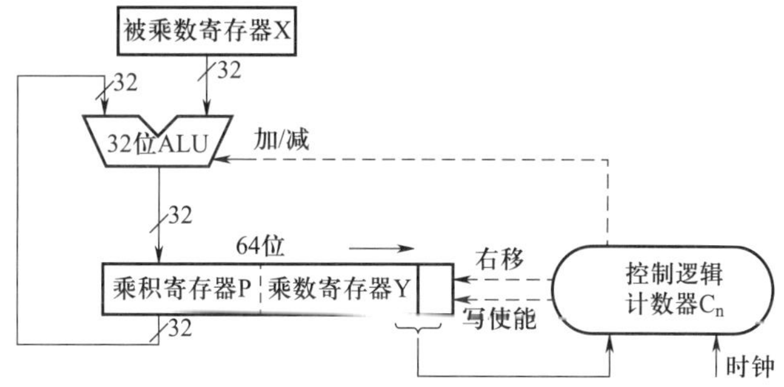

图 3.9　实现补码一位乘法的逻辑结构图

例 3.5　已知 $[x]_{补}=1\ 101$，$[y]_{补}=0\ 110$，要求用布思算法计算 $[x\times y]_{补}$。

解： $[-x]_{补}=0\ 011$，$Y=[y]_{补}=0\ 110$，布思算法过程如下。

P	Y	Y_{-1}	说明
0 0 0 0	0 1 1 0	0	设 $Y_{-1}=0$，$[P_0]_补=0$
			$Y_0Y_{-1}=00$，P、Y 直接右移一位
0 0 0 0	0 0 1 1	0	得 $[P_1]_补$
+0 0 1 1			$Y_1Y_0=10$，$+[-x]_补$
0 0 1 1			P、Y 同时右移一位
0 0 0 1	1 0 0 1	1	得 $[P_2]_补$
			$Y_2Y_1=11$，P、Y 直接右移一位
0 0 0 0	1 1 0 0	1	得 $[P_3]_补$
+1 1 0 1			$Y_3Y_2=01$，$+[x]_补$
1 1 0 1			P、Y 同时右移一位
1 1 1 0	1 1 1 0	0	得 $[P_4]_补$

因此，$[x \times y]_补 = 1110\ 1110$。

验证：$x=-011B=-3$，$y=+110B=6$，$x \times y=-0001\ 0010B=-18$，结果正确。

布思算法的算法过程为 n 次“判断—加减—右移”循环，从计算流程可以看出，在布思算法中，遇到连续的 1 或连续的 0 时，可跳过加法运算直接进行右移操作，因此布思算法的运算效率较高。

2. 补码两位乘法

补码乘法也可以采用两位一乘的方法，把乘数分组，根据组内各位的组合情况决定加或减被乘数的倍数，形成的部分积每次右移两位。补码两位一乘的方法可以用布思算法过程来推导。

假设用布思算法已经求得部分积 $[P_i]_补$，则部分积 $[P_{i+1}]_补$和 $[P_{i+2}]_补$可分别写为

$$[P_{i+1}]_补 = 2^{-1}([P_i]_补 + (Y_{i-1} - Y_i)[x]_补) \tag{3-7}$$

$$[P_{i+2}]_补 = 2^{-1}([P_{i+1}]_补 + (Y_i - Y_{i+1})[x]_补) \tag{3-8}$$

把式（3-7）代入式（3-8）中，可得

$$\begin{aligned}[P_{i+2}]_补 &= 2^{-1}(2^{-1}([P_i]_补 + (Y_{i-1} - Y_i)[x]_补) + (Y_i - Y_{i+1})[x]_补) \\ &= 2^{-2}([P_i]_补 + (Y_{i-1} + Y_i - 2Y_{i+1})[x]_补)\end{aligned} \tag{3-9}$$

从式（3-9）可以看出，由乘数中相邻三位 Y_{i+1}、Y_i、Y_{i-1} 的值的组合作为判断依据，可以跳过 $[P_{i+1}]_补$的计算步骤，即从 $[P_i]_补$直接求得 $[P_{i+2}]_补$。补码两位乘法的运算过程与布思算法相似，因此称为改进布思算法（modified Booth's algorithm，MBA），也称为基 4（radix-4）布思算法。因为字长总是 8 的倍数，所以补码的位数 n 应该是偶数，因此总循环次数为 $n/2$。该算法可将部分积计算次数压缩一半，从而提高运算速度。

3.3.5 原码除法运算

在进行除法运算前，首先要对被除数和除数的取值和大小进行相应的判断，以确定除数是否为 0、商是否为 0、是否溢出或为不确定的值 NaN。通常的判断操作如下。

① 若被除数为 0、除数不为 0，或者进行定点整数除法时|被除数| < |除数|，则说明商为 0，余数为被除数，不再继续执行。

② 若被除数不为 0、除数为 0，对于整数，则发生除数为 0 错误；对于浮点数，则结果为无穷大。

③ 若被除数和除数都为 0，对于整数，则发生除法错；对于浮点数，则有些机器产生一个不发信号的 NaN。

只有当被除数和除数都不为 0，并且商也不可能溢出（例如，补码中最大负数除以 -1 时会发生溢出）时，才进一步进行除法运算。

原码作为浮点数尾数的表示形式，需要计算机能实现定点原码小数的除法运算。因此，本节下面介绍原码除法运算。除法运算与乘法运算很相似，都是一种移位和加减运算的迭代过程，但比乘法运算更加复杂。下面以两个定点正数为例说明手算除法的步骤。

假定被除数 $X = 10011101$，除数 $Y = 1011$，以下是这两个数相除的手算过程。

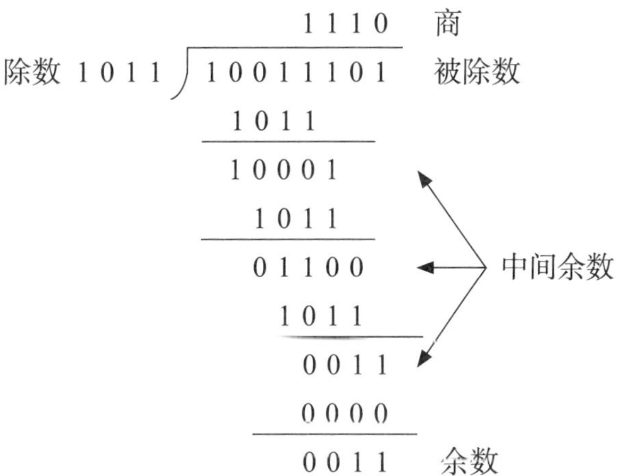

从上述过程和结果来看，手算除法的基本要点如下。

① 被除数与除数相减，若够减，则上商为 1；若不够减，则上商为 0。

② 每次得到的差为中间余数，将除数右移后与上次的中间余数比较。用中间余数减除数，若够减，则上商为 1；若不够减，则上商为 0。

③ 重复执行第②步，直到求得的商的位数足够为止。

计算机内部的除法运算与手算算法一样，通过被除数（中间余数）减除数来得到每一位的商。

原码除法运算与原码乘法运算一样，要将符号位和数值位分开处理。商的符号为相除两数符号的异或，商的数值为两数绝对值之商。因此，以下考虑定点正整数和定点正小数的除法运算。实现除法运算的逻辑结构类似于乘法，如图 3.10 所示是一个实现 32 位除法运算的逻辑结构示意图。

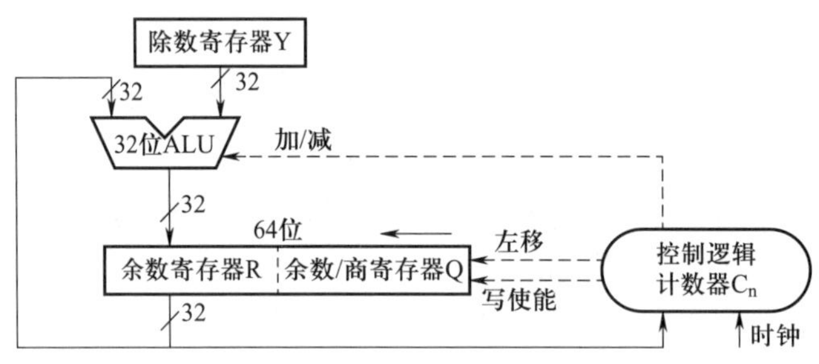

图 3.10　32 位除法运算逻辑结构

图 3.10 中除数寄存器 Y 存放除数；余数寄存器 R 开始时置被除数的高 32 位，作为初始中间余数 R_0 的高位部分，结束时存放的是余数；余数 / 商寄存器 Q 开始时置被除数的低 32 位，作为初始中间余数 R_0 的低位部分，结束时存放的是 32 位商，在运算过程中，Q 中存放的并不是商的全部位数，而是部分为被除数或中间余数，部分为商，只有到最后一步才是商的全部位数；计数器 C_n 存放循环次数，初值是 32，每循环一次，C_n 减 1，当 $C_n=0$ 时，除法运算结束；ALU 是除法器核心部件，在控制逻辑控制下，对于余数寄存器 R 和除数寄存器 Y 的内容进行“加 / 减”运算，在“写使能”控制下运算结果被送回寄存器 R。

每次循环都要对寄存器 R 和 Q 实现同步“左移”，左移时，Q 的最高位移入 R 的最低位，Q 中空出的最低位被上“商”。从低位开始，逐次把商的各个数位左移到 Q 中。每次由控制逻辑根据 ALU 运算结果的符号位来决定上商为 0 还是 1。

由图 3.10 可知，两个 32 位数相除，必须把被除数扩展成一个 64 位数。推而广之，n 位定点数的除法，实际上是用一个 $2n$ 位的数去除以一个 n 位的数，得到一个 n 位的商，因此需要进行被除数的扩展。

定点正整数和定点正小数的除法运算都可以用图 3.10 所示的除法逻辑来实现，只是被除数扩展的方法有所不同，此外，导致溢出的情况也有所不同。

① 对于两个 n 位定点正整数相除的情况，也即当两个 n 位无符号数相除时，只要将被除数 X 的高位添 n 个 0 即可。即 $X=X_{n-1}X_{n-2}\cdots X_1X_0$ 变成 $X=0\cdots0\ X_{n-1}X_{n-2}\cdots X_1X_0$。显然，

对被除数预置时，R 寄存器中为全 0，Q 寄存器中为被除数 X。这种方式通常称为单精度除法，其商的位数一定不会超过 n 位，因此不会发生溢出。

② 对于两个 n 位定点正小数相除的情况，也即当两个作为浮点数尾数的 n 位原码小数相除时，只要在被除数 X 的低位添加 n 个 0 即可。即将 $X=0.X_{n-1}X_{n-2}\cdots X_1X_0$ 变成 $X=0.X_{n-1}X_{n-2}\cdots X_1X_0 0\cdots 0$。显然，扩展为 $2n$ 位后，R 寄存器中为被除数 X，Q 寄存器中为全 0。

③ 对于一个 $2n$ 位的数与一个 n 位的数相除的情况，则无须对被除数 X 进行扩展，在这种情况下，商的位数可能多于 n 位，因此有可能发生溢出。采用这种方式的机器，其除法指令给出的被除数在两个寄存器或一个双倍字长寄存器中，这种方式通常称为双精度除法。

综合上述几种情况，可把定点正整数和定点正小数归结在统一的假设下，并将其统称为无符号数的除法。因而，假定：进行除法运算时，被除数 X 为 $2n$ 位，除数 Y 和商 Q 都为 n 位。本书后面对无符号数除法和原码定点小数除法的算法描述也都基于这个假设。

参考手算除法的过程，得到计算机中两个无符号数除法的运算步骤和算法要点如下。

① 操作数预置：将被除数（必要时进行零扩展）置于余数寄存器 R 和余数 / 商寄存器 Q 中，除数置于除数寄存器 Y 中。

② 做减法试商：根据 R−Y 得到的结果的符号来判断两数的大小。若结果为正，则上商 1；若结果为负，则上商 0。

③ 上商为 0 时恢复余数：把减掉的除数再加回来，恢复原来的中间余数。

④ 中间余数左移，以便继续试商：手算除法中，每次试商前，除数右移后，与中间余数进行比较。在计算机内部进行除法运算时，除数在除数寄存器中不动，因此需要将中间余数左移，将左移结果与除数相减以进行比较。左移时，中间余数和商一起进行左移，Q 的最低位空出，以备上商。

上述给出的算法要点③中，采用了“上商为 0 时恢复余数”的方式，因此这种方法称为“恢复余数法”。也可以不这样做，而是在下一步运算时把当前多减的除数补回来。这种方法称为“不恢复余数法”，又称“加减交替法”。根据余数恢复方式的不同，除法可分为“恢复余数除法”和“不恢复余数除法”两种。

1. 恢复余数除法

假定被除数 X 为 $2n$ 位，除数 Y 和商 Q 都为 n 位，X、Y 和 Q 分别表示为 $X=X_{2n-1}X_{2n-2}\cdots X_n\cdots X_1X_0$，$Y=Y_{n-1}Y_{n-2}\cdots Y_1Y_0$，$Q=Q_{n-1}Q_{n-2}\cdots Q_1Q_0$，则恢复余数除法的算法步骤如下。

第 1 步：$R_1=X-Y$，若 $R_1<0$，则上商 $Q_n=0$，同时恢复余数，即 $R_1=R_1+Y$；若 $R_1\geqslant 0$，则上商 $Q_n=1$。这里求得的商 Q_n 是商的第 n 位数值。显然，若 $Q_n=1$，则商将会有 $n+1$ 位数。这对于以下不同的情况，意味着不同的结果。

① 对于无符号整数除法来说，如果被除数为 $2n$ 位，则商有可能会超出 n 位无符号整数

范围。因此，若 $Q_n=1$，则发生溢出。

② 对于原码定点小数除法来说，若 $Q_n=1$，则相除结果的数值从小数部分溢出到整数部分。按道理两个定点小数相除，结果也应是定点小数，故应当做溢出处理。但浮点数尾数溢出时，可通过右规来消除，最终只要阶码不溢出，结果仍然正确。因此，在这种情况下，保留最高位的商 $Q_n=1$，继续执行下去。

第 2 步：若已求得第 i 次的中间余数为 R_i，则第 $i+1$ 次的中间余数为 $R_{i+1}=2R_i-Y$。若 $R_{i+1}<0$，则上商 $Q_{n-i}=0$，同时恢复余数，即 $R_{i+1}=R_{i+1}+Y$；若 $R_{i+1}\geqslant 0$，则上商 $Q_{n-i}=1$。

第 3 步：循环执行第 2 步 n 次，直到求出所有 n 位商 $Q_{n-1}\sim Q_0$ 为止。

最终，商在 Q 寄存器中，余数在 R 寄存器中。

例 3.6 已知 $[x]_{原}=0.1011$，$[y]_{原}=1.1101$，用恢复余数法计算 $[x/y]_{原}$。

解： 分符号位和数值位两部分进行计算。

商的符号位：$0\oplus 1=1$。

商的数值位采用恢复余数法。减法操作用补码加法实现，是否够减通过中间余数的符号来判断，因此，中间余数要加一位符号位。

因为是原码定点小数，所以在低位扩展 0。虽然实际参加运算的数据是 $[|x|]_{补}$ 和 $[|y|]_{补}$，但是为简单起见，说明时分别标识为 X 和 Y，即 $X=[|x|]_{补}=0.1011$，$Y=[|y|]_{补}=0.1101$，$-Y=[-|y|]_{补}=1.0011$。

运算过程如下。

余数寄存器 R	余数 / 商寄存器 Q	说明
0 1 0 1 1	0 0 0 0 | □	开始 $R_0=X$
+1 0 0 1 1		$R_1=X-Y$
1 1 1 1 0	0 0 0 0 | 0	$R_1<0$，则 $Q_4=0$
+0 1 1 0 1		恢复余数：$R_1=R_1+Y$
0 1 0 1 1		得 R_1
1 0 1 1 0	0 0 0 | 0 □	$2R_1$（R 和 Q 同时左移，空出一位商）
+1 0 0 1 1		$R_2=2R_1-Y$
0 1 0 0 1	0 0 0 | 0 1	$R_2>0$，则 $Q_3=1$
1 0 0 1 0	0 0 | 0 1 □	$2R_2$（R 和 Q 同时左移，空出一位商）
+1 0 0 1 1		$R_3=2R_2-Y$
0 0 1 0 1	0 0 | 0 1 1	$R_3>0$，则 $Q_2=1$

余数	商	说明
0 1 0 1 0	0 0 1 1 □	$2R_3$（R 和 Q 同时左移，空出一位商）
+1 0 0 1 1		$R_4=2R_3-Y$
1 1 1 0 1	0 0 1 1 0	$R_4<0$，则 $Q_1=0$
+0 1 1 0 1		恢复余数：$R_4=R_4+Y$
0 1 0 1 0	0 0 1 1 0	得 R_4
1 0 1 0 0	0 1 1 0 □	$2R_4$（R 和 Q 同时左移，空出一位商）
+1 0 0 1 1		$R_5=2R_4-Y$
0 0 1 1 1	0 1 1 0 1	$R_5>0$，则 $Q_0=1$

商的最高位为 0，说明没有溢出，商的数值部分为 1101。因此，$[x/y]_{原}=1.1101$（最高位为符号位），余数为 0.0111×2^{-4}。

2. 不恢复余数除法

在恢复余数除法运算中，当中间余数与除数相减结果为负时，要多做一次 $+Y$ 操作，因而降低了算法执行速度，又使控制线路变得复杂。在计算机中很少采用恢复余数除法，而普遍采用不恢复余数除法。其实现原理如下。

在恢复余数除法中，第 i 次余数为 $R_i=2R_{i-1}-Y$。根据下次中间余数的计算方法，有以下两种不同情况。

若 $R_i\geqslant0$，则上商 1，不需要恢复余数，直接左移一位后试商，得下次余数 R_{i+1}，即 $R_{i+1}=2R_i-Y$。

若 $R_i<0$，则上商 0，且需要恢复余数后左移一位再试商，得下次余数 R_{i+1}，即 $R_{i+1}=2(R_i+Y)-Y=2R_i+Y$。

当第 i 次中间余数为负时，可以跳过恢复余数这一步，直接求第 $i+1$ 次中间余数。这种算法称为不恢复余数法。从上述推导可以发现，不恢复余数法的算法要点就是 6 个字：正、1、减，负、0、加。其含义就是：若中间余数为正数，则上商为 1，下次做减法；若中间余数为负数，则上商为 0，下次做加法。这样运算中每次循环内的步骤都是规整的，差别仅在做加法还是减法，因此这种方法也称为“加减交替法”。采用这种方法要注意一点，即如果在最后一步上商为 0，就必须恢复余数，把试商时减掉的除数加回去。

例 3.7 已知 $[x]_{原}=0.1011$，$[y]_{原}=1.1101$，用不恢复余数法计算 $[x/y]_{原}$。

解： 分符号位和数值位两部分进行计算。

商的符号位：$0\oplus1=1$。

商的数值位采用不恢复余数法。减法操作用补码加法实现，是否够减通过中间余数的符号来判断，因此中间余数要加一位符号位。$X=[|x|]_{补}=0.1011$，$Y=[|y|]_{补}=0.1101$，$-Y=[-|y|]_{补}=1.0011$。

运算过程如下。

余数寄存器 R	余数 / 商寄存器 Q	说明
0 1 0 1 1	0 0 0 0 | □	开始 $R_0 = X$
+1 0 0 1 1		$R_1 = X - Y$
1 1 1 1 0	0 0 0 0 | 0	$R_1 < 0$，故 $Q_4 = 0$，没有溢出
1 1 1 0 0	0 0 0 | 0 □	$2R_1$（R 和 Q 同时左移，空出一位商）
+0 1 1 0 1		$R_2 = 2R_1 + Y$
0 1 0 0 1	0 0 0 | 0 1	$R_2 > 0$，则 $Q_3 = 1$
1 0 0 1 0	0 0 | 0 1 □	$2R_2$（R 和 Q 同时左移，空出一位商）
+1 0 0 1 1		$R_3 = 2R_2 - Y$
0 0 1 0 1	0 0 | 0 1 1	$R_3 > 0$，则 $Q_2 = 1$
0 1 0 1 0	0 | 0 1 1 □	$2R_3$（R 和 Q 同时左移，空出一位商）
+1 0 0 1 1		$R_4 = 2R_3 - Y$
1 1 1 0 1	0 | 0 1 1 0	$R_4 < 0$，则 $Q_1 = 0$
1 1 0 1 0	| 0 1 1 0 □	$2R_4$（R 和 Q 同时左移，空出一位商）
+0 1 1 0 1		$R_5 = 2R_4 + Y$
0 0 1 1 1	| 0 1 1 0 1	$R_5 > 0$，则 $Q_0 = 1$

商的最高位为 0，说明没有溢出，商的数值部分为 1101。因此，$[x/y]_{原} = 1.1101$（最高位为符号位），余数为 0.0111×2^{-4}。

从上述给出的几个除法例子以及有关恢复余数法和不恢复余数法的算法流程可以看出，要得到 n 位无符号数的商，需要循环 $n+1$ 次，其中第一次得到的不是真正的商，而是用来判断溢出的。为了节省运算时间，第一次可以不试商而直接左移，这样只要 n 次循环。因为对于两个 n 位定点整数除法来说，其商一定不会超过 n 位，所以不会发生溢出，因而，n 位定点整数除法第一次无须试商来判断溢出。

3.4 整数乘除运算

高级语言中两个 n 位整数相乘得到的结果通常也是一个 n 位整数，也即结果只取 $2n$ 位乘积中的低 n 位。例如，在 C 语言中，参加运算的两个操作数的类型和结果的类型必须一致，如果不一致则会先转换为一致的数据类型再进行计算。

3.4.1 乘除运算溢出判断

根据二进制运算规则，在计算机算术运算中存在以下结论：假定两个 n 位无符号整数 x_u 和 y_u 对应的机器数为 X_u 和 Y_u，$p_u=x_u\times y_u$，p_u 为 n 位无符号整数且对应的机器数为 P_u；两个 n 位带符号整数 x_s 和 y_s 对应的机器数为 X_s 和 Y_s，$p_s=x_s\times y_s$，p_s 为 n 位带符号整数且对应的机器数为 P_s；若 $X_u=X_s$ 且 $Y_u=Y_s$，则 $P_u=P_s$。表 3.1 中给出了 4 位无符号整数和 4 位带符号整数乘法的例子，显然这些例子符合上述结论。

表 3.1　4 位无符号整数和 4 位带符号整数乘法示例

序号	运算	x	X	y	Y	$x\times y$	$X\times Y$	p	P	是否溢出
1	无符号乘	6	0110	10	1010	60	0011 1100	12	**1100**	溢出
2	带符号乘	6	0110	−6	1010	−36	1101 1100	−4	**1100**	溢出
3	无符号乘	8	1000	2	0010	16	0001 0000	0	**0000**	溢出
4	带符号乘	−8	1000	2	0010	−16	1111 0000	0	**0000**	溢出
5	无符号乘	13	1101	14	1110	182	1011 0110	6	**0110**	溢出
6	带符号乘	−3	1101	−2	1110	6	0000 0110	6	**0110**	不溢出
7	无符号乘	2	0010	12	1100	24	0001 1000	8	**1000**	溢出
8	带符号乘	2	0010	−4	1100	−8	1111 1000	−8	**1000**	不溢出

因为无符号整数和带符号整数的乘积低 n 位完全一样，因此在有些架构中，当取低 n 位乘积时，无符号整数和带符号整数的乘法运算是同一条指令。例如，在 ARM 和 RISC-V 架构中，无符号整数和带符号整数的乘法指令都是 mul，结果取低 n 位乘积。不过，有些处理器架构会将无符号整数和带符号整数的乘法指令完全区分开，例如，Intel x86 的无符号整数乘指令为 mul，带符号整数乘指令为 imul。MIPS 的无符号整数乘指令为 multu，带符号整数乘指令为 mult。

根据上述结论，带符号整数乘法运算可以采用无符号整数乘法器实现，只要最终取 $2n$ 位乘积中的低 n 位即可。对于带符号整数 x 和 y 来说，送到无符号整数乘法器中的两个乘数 X 和 Y 就是 x 和 y 的补码表示。不过，因为按无符号数相乘，因此得到的乘积高 n 位不一定是高 n 位乘积的补码表示。例如，对于表 3.1 中序号 6 的例子，当 $x=-3$，$y=-2$ 时，可以把对应的机器数 1101 和 1110 送到无符号整数乘法器中运算，得到的 8 位乘积机器数为 1011 0110，虽然低 4 位与带符号整数相乘一样，但是高 4 位不是真正的高 4 位乘积 0000，这样就无法根据高 4 位来判断结果是否溢出。因此，在 CPU 数据通路中，通常会有专门的无符号整数乘法器和带符号整数乘法器。

1. 无符号整数乘法的溢出判断

对于 n 位无符号整数 x 和 y 的乘法运算，若取 $2n$ 位乘积中的低 n 位为乘积，则相当于取模 2^n。若丢弃的高 n 位乘积为非 0，则发生溢出。例如，对于表 3.1 中序号 1 的情况，0110 与 1010 相乘得到的 8 位乘积为 0011 1100，高 4 位为非 0，因而发生了溢出，说明低 4 位 1100 不是正确的乘积。

无符号整数乘法运算可用公式表示如下，其中 p 指取低 n 位乘积时对应的值。

$$p=\begin{cases} x\times y, & x\times y<2^n\text{，正常} \\ x\times y \bmod 2^n, & x\times y\geqslant 2^n\text{，溢出} \end{cases}$$

如果无符号整数乘法指令能够将高 n 位保存到一个寄存器中，则编译器可以根据该寄存器的内容采用相应的比较指令来进行溢出判断。例如，在 MIPS 架构中，无符号整数乘法指令 multu 会将两个 32 位无符号整数相乘得到的 64 位乘积置于两个 32 位内部寄存器 Hi 和 Lo 中，编译器可以根据 Hi 寄存器是否为全 0 来进行溢出判断。在 RISC−V 架构中，无符号整数相乘得到的高 n 位乘积可用乘法指令 mulhu 得到，编译器根据该指令得到的结果是否为 0 来判断 mul 指令的执行结果是否发生无符号整数乘溢出。

2. 带符号整数乘法的溢出判断

对于带符号整数乘法，数据通路中使用 3.3.4 节中介绍的补码乘法器进行运算。其中，一位补码乘法称为布思算法，两位补码乘法称为改进布思算法。补码乘法器实现带符号整数运算时，得到的结果是 $2n$ 位乘积的补码表示。例如，对于表 3.1 中序号为 2 的情况，$x=6$，$y=-6$，得到乘积的 $2n$ 位补码表示为 1101 1100。

对于带符号整数相乘，可以通过乘积的高 n 位和低 n 位之间的关系进行溢出判断。判断规则是：若高 n 位中每一位都与低 n 位的最高位相同，则不溢出；否则溢出。例如，对于表 3.1 中序号 4 的情况，$x=-8$，$y=2$，得到 8 位乘积为 1111 0000，高 4 位全为 1，与低 4 位的最高位不同，因而发生了溢出，说明低 4 位 0000 不是正确的乘积。对于序号为 6 的情况，$x=-3$，$y=-2$，得到 8 位乘积为 0000 0110，高 4 位全为 0，且与低 4 位的最高位相同，因而没有发生溢出，说明低 4 位 0110 是正确的乘积。

如果带符号整数乘法指令能够将高 n 位保存到一个寄存器中，则编译器可以根据该寄存器的内容与低 n 位乘积的关系进行溢出判断。例如，在 MIPS 架构中，带符号整数乘法指令 mult 会将两个 32 位带符号整数相乘得到的 64 位乘积置于两个 32 位内部寄存器 Hi 和 Lo 中，因此，编译器可以根据 Hi 寄存器中的每一位是否等于 Lo 寄存器中的第一位来进行溢出判断。在 RISC−V 架构中，带符号整数相乘得到的高 n 位乘积可用专门的指令 mulh 得到，编译器根据该指令得到的结果中的每一位是否等于 mul 指令得到的结果中的第一位，判断是否发生带符号整数乘溢出。

有些指令系统中的乘法指令并不保留高 n 位，也不生成溢出标志 OF，此时，编译器就无法进行溢出判断，甚至有些编译器根本就不考虑溢出判断处理。在这种情况下，程序就可能在发生溢出的情况下得到错误的结果。例如，在 C 语言程序中，若 x 和 y 为 int 型，x = 65535，机器数为 0000 FFFFH，则 y = x*x = −131071，y 的机器数为 FFFE 0001H，因而出现 $x^2<0$ 的奇怪结论。

如果要保证程序不会因编译器没有处理溢出而发生错误，程序员就需要在程序中加入进行溢出判断的语句。无论是带符号整数还是无符号整数，都可根据两个乘数 x、y 与结果 $p=x\times y$ 的关系来判断是否溢出。判断规则为：若满足 $x\neq 0$ 且 $p/x=y$，则没有发生溢出；否则溢出。

例如，对于表 3.1 中序号 7 的例子，$x=2$，$y=12$，$p=8$，显然 $8/2\neq 12$，因此发生了溢出；对于序号 8 的例子，$x=2$，$y=-4$，$p=-8$，显然 $2\neq 0$ 且 $-8/2=-4$，因此没有发生溢出。

例 3.8 以下程序段实现数组元素的复制，将一个具有 count 个元素的 int 型数组复制到堆中新申请的一块内存区域中。说明该程序段存在什么漏洞，引起该漏洞的原因是什么。

```
1  /* 复制数组到堆中，count 为数组元素个数 */
2  int copy_array(int *array, int count){
3      int i;
4  /* 在堆区申请一块内存 */
5      int *myarray = (int*)malloc(count*sizeof(int));
6      if(myarray == NULL)
7          return -1;
8      for(i = 0; i < count; i++)
9          myarray[i] = array[i];
10     return count;
11  }
```

解： 该程序段存在整数溢出漏洞，当 count 值很大时，第 5 行 malloc() 函数的参数 count*sizeof(int) 会发生溢出。例如，在 32 位机器上实现时，sizeof(int) = 4，若参数 count = $2^{30}+1$，因为 $(2^{30}+1)\times 4=2^{32}+4\ (\text{mod}\ 2^{32})=4$，因此 malloc() 函数只会分配 4 B 的空间，而在后面的 for 循环执行时，复制到堆中的数组元素实际上有 $(2^{32}+4)=$ 4 294 967 300 B，远超过 4 B 空间，会破坏堆中的其他数据，导致程序崩溃或行为异常。更可怕的是，如果攻击者利用这种漏洞，以引起整数溢出的参数来调用函数，通过数组复制过程把自己的程序置入内存中并启动执行，将会造成极大的安全问题。

2002 年，Sun Microsystems 公司的 RPC XDR 库中所包含的 xdr_array() 函数发生整数

溢出漏洞，攻击者可以利用这个漏洞从远程或本地获取 root 权限。xdr_array () 函数中需要计算 nodesize 变量的值，它采用的方法可能会由于乘积太大而导致整数溢出，使攻击者可以构造一个特殊的参数来触发整数溢出，用一段预设好的信息覆盖一个已经分配的堆缓冲区，造成远程服务器崩溃或者改变内存数据并执行任意代码。由于很多厂商的操作系统都使用了 Sun Microsystems 公司的 XDR 库或者基于 XDR 库进行开发，因此很多厂商的程序也受到此问题的影响。

3. 整数除法的溢出判断

对于整数除法，只有当 −2 147 483 648/−1 时会发生溢出，其他情况下，因为商的绝对值不可能比被除数的绝对值更大，因而肯定不会发生溢出。但是，在不能整除时需要进行舍入，通常按照朝 0 方向舍入，即正数商取比自身小的最接近整数，负数商取比自身大的最接近整数。除数不能为 0，否则根据 C 语言标准，其结果是未定义的。在 IA−32 系统中，除数为 0 会发生“异常”，此时，需要调出操作系统中的异常处理程序来处理。

3.4.2 常量的乘除运算

从 3.3 节介绍的定点运算部件可以看出，乘除运算比移位和加法运算慢很多，除法比乘法慢很多。因此，编译器在处理变量与常量相乘或相除时，往往以移位、加法和减法的组合运算来代替乘除运算。例如，对于 C 语言程序中的表达式 x*20，编译器可以利用 $20 = 16 + 4 = 2^4 + 2^2$，将 x*20 转换为（x<<4）+（x<<2），这样，一次乘法转换成了两次移位和一次加法。不管是无符号整数还是带符号整数的乘法，即使乘积溢出时，利用移位和加减运算组合的方式得到的结果都和直接相乘的结果是一样的。

对于整数除法运算，由于计算机中除法运算比较复杂，而且不能用流水线方式实现，所以一次除法运算大致需要 32 个或更多时钟周期。为了缩短除法运算的时间，编译器在处理一个变量与一个 2 的幂形式的整数相除时，常采用右移实现。无符号整数除用逻辑右移，带符号整数除用算术右移。两个整数相除，结果也一定是整数，在不能整除时，其商采用朝 0 舍入方式，也就是截断方式，即将小数点后的数直接舍去，例如，7/3 = 2，−7/3 = −2。

对于无符号整数来说，采用逻辑右移时，高位补 0，低位移出，因此移位后得到的商的值只可能变小而不会变大，即商朝 0 方向舍入。由此可见，不管是否整除，采用移位方式和直接相除得到的商完全一样，如表 3.2 给出的例子所示。表 3.2 中给出了无符号整数 32 760 除以 2^k（k 为正整数）的例子，无符号整数 32 760 的机器数为 0111 1111 1111 1000。

表 3.2　无符号整数 32 760/2^k 运算示例

k	32 760>>k		32 760/2^k	
1	0 0111 1111 1111 100	16 380	16 380.0	16 380
3	000 0111 1111 1111 1	4 095	4 095.0	4 095
6	00 0000 0111 1111 11	511	511.875	511
8	0000 0000 0111 1111	127	127.968 75	127

对于带符号整数来说，采用算术右移时，高位补符号，低位移出。因此，当符号为 0 时，与无符号整数相同，采用移位方式和直接相除得到的商完全一样。当符号为 1 时，若低位移出的是全 0，则说明能够整除，移位后得到的商与直接相除的结果完全一样；若低位移出的是非全 0，则说明不能整除，移出一个非 0 数相当于把商中小数点后面的值舍去。因为符号是 1，所以商是负数，一个补码表示的负数舍去小数部分的值后变得更小，因此移位后的结果是更小的负数商。例如，对于 −3/2，假定补码位数为 4，则进行算术右移操作 1101 >> 1 = 1110.1B（小数点后面部分移出）后得到的商为 −2，而精确商是 −1.5（整数商应为 −1）。算术右移后得到的商比精确商少了 0.5，显然朝 −∞ 方向进行了舍入，而不是朝 0 方向舍入。因此，在这种情况下，移位得到的商与直接相除得到的商不一样，需要进行校正。

校正的方法是，对于带符号整数 x，若 $x<0$，则在右移前，先将 x 加上偏移量 2^k-1，然后再右移 k 位。例如，上述例子中，在对 −3 右移 1 位之前，先将 −3 加上 1，即先得到 1101+0001 = 1110，然后再算术右移，即 1110 >> 1 = 1111，此时商为 −1。

表 3.3 给出了带符号整数 −32 760 除以 2^k（k 为正整数）的例子。带符号整数 −32 760 的补码表示为 1000 0000 0000 1000。

表 3.3　带符号整数 -32 760/2^k 运算示例

k	偏移量	-32 760+偏移量	（-32 760+偏移量）>>k		-32 760/2^k	
1	1	1000 0000 0000 1001	1 1000 0000 0000 100	−16 380	−16 380.0	−16 380
3	7	1000 0000 0000 1111	111 1000 0000 0000 1	−4 095	−4 095.0	−4 095
6	63	1000 0000 0100 0111	11 1111 1000 0000 01	−511	−511.875	−511
8	255	1000 0001 0000 0111	1111 1111 1000 0001	−127	−127.968 75	−127

从表 3.3 可以看出，对带符号整数 −32 760 先加一个偏移量后再进行算术右移，避免了商朝 −∞ 方向舍入的问题。例如，对于 $k=6$ 的情况，若不进行偏移校正，则算术右

移 6 位后，商的补码表示为 11 1111 1000 0000 00，即商为 −512，而校正后得到的商等于 −32 760/64 的整数商 −511。

3.5 浮点数运算部件

浮点数运算主要有加、减、乘、除，其运算规则类似于科学记数法。与定点数运算不同，浮点数运算需要考虑结果的规格化和舍入操作，同时，还要对结果的阶码进行溢出判断。相对来说，浮点数运算比定点数运算更复杂。

3.5.1 浮点数加减运算

先看一个十进制数加法运算的例子：$0.123\times10^5+0.456\times10^2$。显然，不能把 0.123 和 0.456 直接相加，必须把阶调整为相等后才可实现两数相加，其计算过程如下：

$$\begin{aligned}0.123\times10^5+0.456\times10^2&=0.123\times10^5+0.000456\times10^5\\&=(0.123+0.000456)\times10^5\\&=0.123456\times10^5\end{aligned}$$

从上面的例子不难理解实现浮点数加减法的运算规则。

设两个规格化浮点数 x 和 y 表示为 $x=M_x\times2^{E_x}$，$y=M_y\times2^{E_y}$，M_x、M_y 分别是浮点数 x 和 y 的尾数，E_x、E_y 分别是浮点数 x 和 y 的阶，不失一般性，设 $E_x\leqslant E_y$，那么

$$x+y=(M_x\times2^{E_x-E_y}+M_y)\times2^{E_y}$$

$$x-y=(M_x\times2^{E_x-E_y}-M_y)\times2^{E_y}$$

计算机实现上述计算过程需要经过对阶、尾数加减、规格化和舍入 4 个步骤，此外，还必须考虑溢出判断和溢出处理问题。

1. 对阶

对阶的目的是使两数的阶相等，以便尾数可以相加减。对阶的原则是：小阶向大阶看齐，阶小的那个数的尾数右移，右移的位数等于两个阶的差的绝对值。大多数机器采用 IEEE 754 标准来表示浮点数，因此，阶小的那个数的尾数右移时按原码小数方式右移，符号位不参加移位，数值位要将隐含的一位“1”右移到小数部分，前面空出的位补 0。为了保证运算的精度，尾数右移时，低位移出的位不要丢掉，应保留并参加尾数部分的运算。

可以通过计算两个阶的差的补码来判断两个阶的大小。对于 IEEE 754 标准单精度格式来说，其计算公式如下：

$$[E_x-E_y]_{补}=256+E_x-E_y=256+127+E_x-(127+E_y)$$

$$=256+[E_x]_{移}-[E_y]_{移}=[E_x]_{移}+[-[E_y]_{移}]_{补}\ (\mathrm{mod}\ 256)$$

2. 尾数加减

对阶后两个浮点数的阶码相等，此时，可以进行对阶后的尾数相加减。因为 IEEE 754 标准采用定点原码小数表示尾数，所以，尾数加减实际上是定点原码小数的加减运算。在进行尾数加减时，必须把隐藏位还原到尾数部分，对阶过程中尾数右移时保留的附加位也要参加运算。

3. 尾数规格化

IEEE 754 标准的规格化尾数形式为 $\pm 1.bb\cdots b$。在进行尾数相加减后可能会得到各种形式的结果，例如：

$$1.bb\cdots b+1.bb\cdots b=\pm 1b.bb\cdots b$$

$$1.bb\cdots b-1.bb\cdots b=\pm 0.00\cdots 01bb\cdots b$$

① 对于结果为 $\pm 1b.bb\cdots b$ 的情况，需要进行右规：尾数右移一位，阶码加 1。最后一位移出时，要考虑舍入。

② 对于结果为 $\pm 0.00\cdots 01bb\cdots b$ 的情况，需要进行左规：阶码逐次减 1，尾数逐次左移，直到阶码为全 0 或第一位 1 移到小数点左边。当阶码为全 0 时，尾数不再左移，结果为非规格化数形式。因为进行尾数相加时，默认小数点位置在第一个数值位（即隐藏位）之后，所以小数点右移 k 位后被移到了第一位 1 后面，这个 1 就是隐藏位。

4. 尾数的舍入处理

在对阶和尾数右规时，可能会对尾数进行右移，为保证运算精度，一般将低位移出的位保留下来，并让其参与中间过程的运算，最后再将运算结果进行舍入，以还原表示成 IEEE 754 标准格式。

由于浮点加减运算中需要对阶并最终进行舍入，因而可能导致“大数吃小数”的问题，使得浮点数运算不能满足加法结合律。

例如，在 x 和 y 是单精度浮点类型时，当 $x=-1.5\times 10^{30}$，$y=1.5\times 10^{30}$，$z=1.0$，则

$$(x+y)+z=(-1.5\times 10^{30}+1.5\times 10^{30})+1.0=1.0$$

$$x+(y+z)=-1.5\times 10^{30}+(1.5\times 10^{30}+1.0)=0.0$$

根据上述计算可知，$(x+y)+z\neq x+(y+z)$，其原因是，当一个“大数”和一个“小数”相加时，因为对阶使得“小数”尾数中的有效数字右移后被丢弃，从而使“小数”变为 0。

例 3.9 若 x 和 y 为 float 型变量，$x=10.5$，$y=-120.625$，给出 $x+y$ 的计算过程。

解： $x=10.5=1010.1\text{B}=1.0101\text{B}\times 2^3$，机器数为 0 1000 0010 010 1000 0000 0000 0000 0000。$y=-120.625=-111\ 1000.101\text{B}=-1.1110\ 0010\ 1\text{B}\times 2^6$，机器数为 1 1000 0101 111 0001 0100 0000 0000 0000。

（1）对阶。$[E_x]_{移}=1000\ 0010$，$[E_y]_{移}=1000\ 0101$。因此，$[E_x-E_y]_{补}=[E_x]_{移}+[-[E_y]_{移}]_{补}=$ 1000 0010+0111 1011＝1111 1101，即 $E_x-E_y=-11\text{B}=-3$。应对 x 的尾数右移 3 位，对阶后，x 的阶码为 1000 0101，尾数为 0.00**1** 0 1010 0000 0000 0000 000**0 00**。这里，粗体的"1"为隐藏位，最低几位粗体数字为保留的附加位。

（2）尾数相加。0.00**1**0 1010 0000 0000 0000 000**0 00**＋（－**1**.1110 0010 1000 0000 0000 000）＝－1.1011 1000 1000 0000 0000 000**0 00**。

（3）尾数规格化。尾数相加后的结果已是规格化结果。

（4）舍入。针对第（3）步得到的结果，根据确定的舍入方式，对小数点右边第 23 位后的数字进行舍入，得到最终的尾数部分。此例中，舍去的三位数字为全 0，因而直接丢弃即可。

$x+y$ 的机器数为 1 1000 0101 1011 1000 1000 0000 0000 000。

$x+y$ 的真值为 $-1.1011\ 1000\ 1\text{B}\times2^{6}=-11011\ 10.001\text{B}=-110.125$。

例 3.10 若 $x_1=1.1\text{B}\times2^{-126}$，$y_1=1.0\text{B}\times2^{-126}$，则 x_1 和 y_1 用 float 型表示的机器数各是多少？x_1-y_1 的机器数和真值各是多少？若 $x_2=1.1\text{B}\times2^{-125}$，$y_2=1.0\text{B}\times2^{-125}$，则 x_2 和 y_2 用 float 型表示的机器数各是多少？x_2-y_2 的机器数和真值各是多少？

解： x_1 的机器数为 0 0000 0001 100 0000 0000 0000 0000 0000，y_1 的机器数为 0 0000 0001 000 0000 0000 0000 0000 0000。阶码都为 0000 0001，故尾数直接相减，得 0.1。需要对尾数进行左规：先进行阶码减 1，得阶码为全 0，故结果是非规格化数，此时尾数不变，故 x_1-y_1 的尾数为 0.100 0000 0000 0000 0000 0000，阶码为 0000 0000。即机器数为 0 0000 0000 100 0000 0000 0000 0000 0000（0040 0000H），真值为 $0.1\times2^{-126}=2^{-127}$。

x_2 的机器数为 0 0000 0010 100 0000 0000 0000 0000 0000，y_2 的机器数为 0 0000 0010 000 0000 0000 0000 0000 0000。阶码都为 0000 0010，故尾数直接相减，得 0.1。需要对尾数进行左规：先进行阶码减 1，得阶码为 0000 0001，再尾数左移一位，故 x_2-y_2 的尾数为 1.000 0000 0000 0000 0000 0000，阶码为 0000 0001。即机器数为 0 0000 0001 000 0000 0000 0000 0000 0000（0080 0000H），真值为 $1.0\times2^{-126}=2^{-126}$。

3.5.2 浮点运算结果的精度和舍入

在浮点数加减运算过程中，为了保证运算结果尽量精确，必须考虑以下两个问题。

① 保留多少附加位才能保证运算的精度？

② 最终如何对保留的附加位进行舍入？

对于第①个问题，可能无法给出一个准确的答案。但无论如何，保留附加位应该可以得到比不保留附加位更高的精度。IEEE 754 标准规定，浮点数运算的中间结果右边必须至少额外保留两位附加位。这两位附加位中，紧跟在浮点数尾数右边那一位为保护位或警戒位（guard bit），用以保护尾数右移的位；紧跟保护位右边的是舍入位（round-off bit），左规时可以根据其值进行舍入。在 IEEE 754 标准中，为了更进一步提高计算精度，在保护位和舍入位后面还可以引入额外的一个数位，称为黏位（sticky bit），只要舍入位的右边有任何非 0 数字，黏位就被置为 1；否则，黏位被置为 0。

对于第②个问题，IEEE 754 标准提供了 4 种可选模式：就近舍入（中间值舍入到偶数）、朝 $+\infty$ 方向舍入、朝 $-\infty$ 方向舍入、朝 0 方向舍入。

① 就近舍入到偶数。舍入为最近可表示的数，当结果是两个可表示数的非中间值时，实际上是“0 舍 1 入”方式；当结果正好在两个可表示数中间时，根据“就近舍入”的原则无法操作，这种情况下结果强制为偶数。实现过程为：若舍入后结果的 LSB 为 1（即奇数），则末位加 1；否则舍入后的结果不变。这样，就保证了结果的 LSB 总是 0（即偶数）。

使用黏位可以减少运算结果正好在两个可表示数中间的情况。不失一般性，下面通过一个十进制数计算的例子来说明这样做的好处。假设计算 $1.24\times10^4+5.03\times10^1$（假定科学记数法的精度保留两位小数），若只使用保护位和舍入位而不使用黏位，即仅保留两位附加位，则结果为 $1.240\ 0\times10^4+0.005\ 0\times10^4=1.245\ 0\times10^4$。这个结果位于两个相邻可表示数 1.24×10^4 和 1.25×10^4 的中间，采用就近舍入到偶数时，结果为 1.24×10^4；若同时使用保护位、舍入位和黏位，则结果为 $1.240\ 00\times10^4+0.005\ 03\times10^4=1.245\ 03\times10^4$。这个结果就不在 1.24×10^4 和 1.25×10^4 的中间，而更接近于 1.25×10^4，采用就近舍入方式，结果为 1.25×10^4。显然，后者更精确。

② 朝 $+\infty$ 方向舍入。总是取数轴上右边的最近可表示数，也称为正向舍入或朝上舍入。

③ 朝 $-\infty$ 方向舍入。总是取数轴上左边的最近可表示数，也称为负向舍入或朝下舍入。

④ 朝 0 方向舍入。直接截取所需位数，丢弃后面所有位，也称为截取、截断或恒舍法。这种舍入处理最简单。对正数或负数来说，都是取数轴上更靠近原点的那个可表示数，是一种趋向原点的舍入，因此又称为趋向 0 舍入。

表 3.4 以十进制小数为例给出了若干示例，以说明这 4 种舍入方式。表中假定结果保留小数点后面三位，最后两位（加粗的数字）为附加位，需要舍去。

表 3.4　以十进制小数为例对 4 种舍入方式举例

方式	2.052 **40**	2.052 **50**	2.052 **60**	−2.052 **40**	−2.052 **50**	−2.052 **60**
就近或偶数舍入	2.052	2.052	2.053	−2.052	−2.052	−2.053
朝 $+\infty$ 方向舍入	2.053	2.053	2.053	−2.052	−2.052	−2.052
朝 $-\infty$ 方向舍入	2.052	2.052	2.052	−2.053	−2.053	−2.053
朝 0 方向舍入	2.052	2.052	2.052	−2.052	−2.052	−2.052

例 3.11 将同一实数 123 456.789e4 分别赋值给单精度和双精度类型变量，然后打印输出，结果相差 46，为何结果不同？float 类型相邻数之间的最小间隔和最大间隔各是多少？

```
#include <stdio.h>
main()
{
     float a;
     double b;
     a=123456.789e4;
     b=123456.789e4;
     printf("%f/n%f/n", a, b);
}
```

运行结果如下：

```
1234567936.000000
1234567890.000000
```

解：float 型和 double 型各自采用 IEEE 754 标准单精度和双精度格式，可分别精确表示 7 个和 17 个十进制有效数位。实数 123 456.789e4 一共有 10 个有效数位，对于 float 类型来说，用 printf() 函数显示出来的后面 3 位是舍入后的结果，因为是就近舍入到偶数，所以舍入后的值可能更大，也可能更小。

舍入误差随着数值的增大而变大。因为数值越大，越远离原点，相邻可表示数之间的间隔也越大。如图 3.11（a）所示，对于 float 类型，规格化数相邻指数间的最小间隔区间为 $[2^{-126}, 2^{-125}]$，因此相邻可表示数之间的间隔最小，为 $(2^{-125}-2^{-126})/2^{23}=2^{-149}$；而最大间隔区间为 $[2^{126},\ 2^{127}]$，因此相邻可表示数之间的间隔最大，为 $(2^{127}-2^{126})/2^{23}=2^{103}$。图 3.11（b）显示了可表示的相邻非规格化数之间的间隔，其大小为 $2^{-126}/2^{23}=2^{-149}$。

不同浮点数格式所能表示的有效数字位数不同，因而所得到的运算结果的精度也不同。此外，是否采用规格化形式表示浮点数，也对计算精度有影响。例如，0.1 的二进制表示是

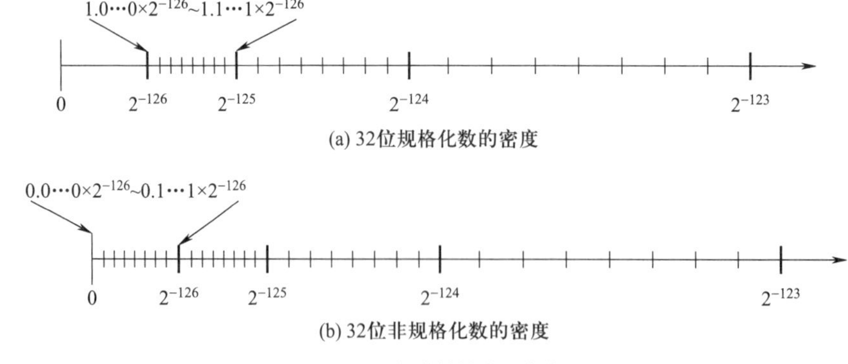

图 3.11　IEEE 754 标准单精度浮点数之间的间隔

一个无限循环数 0.0001100[1100]…，对于 24 位定点小数和 float 类型，虽然其有效数字位数都是 24 位，但是，因为 float 类型采用了规格化形式，0.1 对应二进制表示中小数点后面的 3 个 0 就不占用有效位数，因而，对于 0.1 的表示，float 类型可比 24 位定点小数多表示 3 位有效数字。

3.6 本章小结

定点数运算由专门的定点运算器实现，其核心部件是带快速加法器的 ALU。定点数运算包括移位运算、扩展运算和加、减、乘、除运算。逻辑移位用于无符号整数；算术移位用于带符号整数，移位前后符号位不变，否则溢出。零扩展用于无符号整数；符号扩展用于补码整数。补码加减用于整数加减运算，符号位和数值位一起运算，减法用加法实现。同号相加时，若结果的符号不同于加数的符号，则会发生溢出。原码加减用于浮点数尾数的加减运算。乘法运算用加法和右移实现。补码乘法用于整数乘法运算，符号位和数值位一起运算，采用布思算法或 MBA 算法；原码乘法的符号位和数值位分开运算，数值部分用无符号数乘法实现。除法运算用加减和左移实现。

浮点数运算由专门的浮点运算器实现。浮点数加减运算需要经过对阶、尾数加减、规格化、尾数舍入和溢出判断等步骤；进行浮点数乘除运算时，尾数用定点数乘除运算实现，阶码用定点数加减运算实现。

习　题

1. 给出以下概念的解释说明。

算术逻辑部件（ALU）	布思算法	改进布思算法（MBA，基 4 布思算法）	
全加器	标志位	对阶	舍入
保护位	舍入位	黏位	规格化浮点数
阶码上溢	阶码下溢		

2. 简单回答下列问题。

（1）为何在高级语言和机器语言中都要提供“按位运算”？为何高级语言需要提供逻辑运算？按位运算和逻辑运算的差别是什么？

（2）如何进行逻辑移位和算术移位？它们各用于哪种类型的数据？

（3）为什么补码加减运算部件中进位 / 借位标志 CF=Sub ⊕ C_{out}? 要求说明在部件中进行无符号整数减运算时借位标志 CF 为什么等于 C_{out} 取反。

（4）移位运算和乘、除运算具有什么关系？

（5）高级语言中的运算和机器语言（即指令）中的运算是什么关系？假定某一个高级语言源程序 P 中有乘、除运算，但机器 M 中不提供乘、除运算指令，则程序 P 能否在机器 M 上运行？为什么？

（6）为什么用 ALU 和移位器就能实现定点数和浮点数的所有加、减、乘、除运算？

（7）能否用快速乘法器实现除法运算？如何实现？

3. 考虑以下 C 语言程序代码：

```
int func1(unsigned word)
{
    return (int)((word <<24)>> 24);
}
int func2(unsigned word)
{
    return ((int)word <<24)>> 24;
}
```

假设在一个 32 位机器上执行这些函数，该机器使用二进制补码表示带符号整数。无符号整数采用逻辑移位，带符号整数采用算术移位。填写表 3.5，并说明函数 func1 () 和 func2 () 的功能。

表 3.5　习题 3 表

w		func1 (w)		func2 (w)	
机器数	值	机器数	值	机器数	值
	127				
	128				
	255				
	256				

4. 已知 C 语言中的按位异或运算（XOR）用符号“^”表示。对于任意一个位序列 a，a ^ a = 0。C 语言程序可以利用这个特性来实现两个数值交换的功能。以下是一个实现该功能的 C 语言函数。

```
void xor_swap(int *x, int *y)
{
```

```
    *y = *x ^ *y;    /* 第一步 */
    *x = *x ^ *y;    /* 第二步 */
    *y = *x ^ *y;    /* 第三步 */
}
```

假定执行该函数时 *x 和 *y 的初值分别为 a 和 b，即 *x = a 且 *y = b，则每一步执行结束后，x 和 y 各自指向的存储单元中的内容分别是什么？

5. 假定某个实现数组元素倒置的函数 reverse_array() 调用了习题 4 中给出的 xor_swap() 函数，代码如下：

```
void reverse_array(int a[], int len)
{
    int left, right = len - 1;
    for(left = 0; left< = right; left++, right--)
       xor_swap(&a[left], &a[right]);
}
```

当 len 为偶数时，reverse_array() 函数的执行没有问题。但是，当 len 为奇数时，函数的执行结果不正确。试问，当 len 为奇数时会出现什么问题？最后一次循环中的 left 和 right 各取什么值？最后一次循环中调用 xor_swap() 函数后的返回值是什么？对 reverse_array() 函数作怎样的改动就可消除该问题？

6. 假设表 3.6 中的 x 和 y 是某 C 语言程序中的 char 型变量，试根据 C 语言中的按位运算和逻辑运算的定义填写表 3.6，要求用十六进制形式填写。

表 3.6　习题 6 表

<table>
<tr><th>x</th><th>y</th><th>x^y</th><th>x&y</th><th>x|y</th><th>~x|~y</th><th>x&!y</th><th>x&&y</th><th>x||y</th><th>!x||!y</th><th>x&&~y</th></tr>
<tr><td>0x5F</td><td>0xA0</td><td></td><td></td><td></td><td></td><td></td><td></td><td></td><td></td><td></td></tr>
<tr><td>0xC7</td><td>0xF0</td><td></td><td></td><td></td><td></td><td></td><td></td><td></td><td></td><td></td></tr>
<tr><td>0x80</td><td>0x7F</td><td></td><td></td><td></td><td></td><td></td><td></td><td></td><td></td><td></td></tr>
<tr><td>0x07</td><td>0x55</td><td></td><td></td><td></td><td></td><td></td><td></td><td></td><td></td><td></td></tr>
</table>

7. 对于一个 n（$n \geq 8$）位的变量 x，根据 C 语言中按位运算的定义，写出满足下列要求的 C 语言表达式。

（1）x 的最高有效字节不变，其余各位全变为 0。

（2）x 的最低有效字节不变，其余各位全变为 0。

（3）x 的最低有效字节全变为 0，其余各位取反。

（4）x 的最低有效字节全变为 1，其余各位不变。

8. 设 $A_4 \sim A_1$ 和 $B_4 \sim B_1$ 分别是 4 位加法器的两组输入，C_0 为低位来的进位。当加法器采用串行进位时，写出 4 个进位 $C_4 \sim C_1$ 的逻辑表达式。

9. 对于图 3.7，假设 $n=8$，机器数 X 和 Y 的真值分别是 x 和 y。按照图 3.7 的功能填写表 3.7，并给出对每个结果的解释。要求机器数用十六进制形式填写，真值用十进制形式填写。

表 3.7　习题 9 表

表示	X	x	Y	y	$X+Y$	$x+y$	OF	SF	CF	$X-Y$	$x-y$	OF	SF	CF
无符号	0xB0		0x8C											
带符号	0xB0		0x8C											
无符号	0x7E		0x5D											
带符号	0x7E		0x5D											

10. 已知 $x=10$，$y=-6$，采用 6 位机器数表示。按如下要求进行计算，并把结果还原成真值。

（1）求 $[x+y]_{补}$、$[x-y]_{补}$。

（2）用原码一位乘法计算 $[x \times y]_{原}$。

（3）用布思算法计算 $[x \times y]_{补}$。

（4）用不恢复余数法计算 $[x/y]_{原}$的商和余数。

11. 若一次加法需要 1 ns，一次移位需要 0.5 ns。分别计算用一位乘法、两位乘法计算两个 8 位无符号二进制数乘积时所需的时间。

12. 假设以下 C 语言函数 compare_str_len() 用于判断两个字符串的长度，当字符串 str1 的长度大于 str2 的长度时，函数返回值为 1；否则为 0。

```
int compare_str_len(char *str1, char *str2)
{
    return strlen(str1) - strlen(str2) > 0;
}
```

已知 C 语言标准库函数 strlen() 的原型声明为“size_t strlen (const char *s);”，其中，size_t 被定义为 unsigned int 类型。试问：函数 compare_str_len() 在什么情况下返回的结果不正确？为什么？为使函数正确返回结果，应如何修改代码？

13. 填写表 3.8，注意对比无符号整数和带符号整数的乘法结果，以及高位乘积截断操作前后的结果。

表 3.8　习题 13 表

表示形式	x		y		x×y（截断前）		x×y（截断后）	
	机器数	值	机器数	值	机器数	值	机器数	值
无符号整数	110		010					
二进制补码	110		010					
无符号整数	001		111					
二进制补码	001		111					
无符号整数	111		111					
二进制补码	111		111					

14. 以下是两段 C 语言代码，函数 arith() 是直接用 C 语言编写的，而 optarith() 是对 arith() 函数以某个确定的 M 和 N 编译生成的机器代码反编译生成的。根据 optarith()，推断函数 arith() 中 M 和 N 的值各是多少。

```
#define M
#define N
int arith(int x, int y)
{
      int result=0;
      result=x*M+y/N;
      return result;
}

int optarith(int x, int y)
{
      int t=x;
      x <<=4;
      x -=t;
      if(y < 0)  y +=3;
      y>>2;
      return x+y;
}
```

15. 在字长为 32 位的计算机上，有一个函数的原型声明为“int ch_mul_overflow (int x, int y);”，该函数用于判断两个 int 型变量 x 和 y 的乘积是否溢出，若溢出则返回 1，否则返回 0。使用 64 位精度的整数类型 long long 来编写该函数。

16. 对于 3.4.1 节中例 3.8 存在的整数溢出漏洞，如果将其中的第 5 行改为以下两个语句：

```
unsigned long long arraysize=count*(unsigned long long) sizeof (int);
int *myarray=(int *) malloc (arraysize);
```

已知C语言标准库函数malloc()的原型声明为“void *malloc (size_t size);”，其中，size_t定义为unsigned int类型，则上述改动能否消除整数溢出漏洞？若能，说明理由；若不能，给出修改方案。

17. 已知一次整数加法、一次整数减法和一次移位操作都只需一个时钟周期，一次整数乘法操作需要10个时钟周期。若x为一个整型变量，现要计算55*x，试给出一种计算表达式，使得所用时钟周期数最少。

18. 假设x为一个int型变量，试给出一个用来计算x/32的值的函数div32()。要求不能使用除法、乘法、模运算、比较运算、循环语句和条件语句，可以使用右移、加法以及任何按位运算。

19. 无符号整数变量ux和uy的声明和初始化语句如下：

```
unsigned ux=x;
unsigned uy=y;
```

若sizeof(int)=4，则对于任意int型变量x和y，判断以下C语言关系表达式是否永真。若永真，给出证明；若不永真，给出结果为假时x和y的取值。

（1）(x*x)>=0　　（2）(x-1<0)||x>0

（3）x<0||-x<=0　　（4）x>0||-x>=0

（5）x&0xf!=15|| (x<<28) <0　　（6）x>y==(-x<-y)

（7）~x+~y==~(x+y)　　（8）(int) (ux-uy) ==-(y-x)

（9）((x>>2) <<2) <=x　　（10）x*4+y*8==(x<<2) + (y<<3)

（11）x/4+y/8==(x>>2) + (y>>3)　　（12）x*y==ux*uy

（13）x+y==ux+uy　　（14）x*~y+ux*uy==-x

20. 变量dx、dy和dz的声明和初始化语句如下：

```
double dx=(double) x;
double dy=(double) y;
double dz=(double) z;
```

若float型和double型分别采用IEEE 754标准单精度和双精度浮点数格式，sizeof(int)=4，则对于任意int型变量x、y和z，判断以下关系表达式是否永真。若永真，给出证明；若不永真，给出结果为假时x、y和z的取值。

（1）dx*dx>=0　　（2）(double) (float) x==dx

（3）dx+dy==(double) (x+y)　　（4）(dx+dy)+dz==dx+(dy+dz)

（5）dx*dy*dz==dz*dy*dx　　（6）dx/dx==dy/dy

21. 分别给出不能精确用IEEE 754标准单精度和双精度格式表示的最小正整数。

22. 在 IEEE 754 标准浮点数运算中，当结果的尾数出现什么形式时需要进行左规，什么形式时需要进行右规？如何进行左规？如何进行右规？

23. 在 IEEE 754 标准浮点数运算中，如何判断浮点运算的结果是否溢出？

24. 假设浮点数格式如下：阶码是 4 位移码，偏置常数为 8，尾数是 6 位补码（采用双符号位），用浮点运算规则分别计算在不采用任何附加位和采用 2 位附加位（保护位、舍入位）两种情况下的值（假定对阶和右规时采用就近舍入到偶数方式）。

（1）$(15/16) \times 2^7 + (2/16) \times 2^5$　　（2）$(15/16) \times 2^7 - (2/16) \times 2^5$

（3）$(15/16) \times 2^5 + (2/16) \times 2^7$　　（4）$(15/16) \times 2^5 - (2/16) \times 2^7$

25. 采用 IEEE 754 标准单精度浮点数格式计算下列表达式的值。

（1）$0.75 + (-65.25)$　　（2）$0.75 - (-65.25)$

26. 以下是函数 fpower2 () 的 C 语言源程序，它用于计算 2^x 的浮点数表示，其中调用了函数 u2f()，u2f() 用于将一个无符号整数表示的 0/1 序列作为 float 类型返回。填写 fpower2 () 函数中的空白部分，以使其能正确计算结果。

```
float fpower2(int x)
{
      unsigned exp, frac, u;

      if(x<__________){          /* 值太小，返回 0.0 */
          exp=__________;
          frac=__________;
      } else if(x<__________){   /* 返回非规格化结果 */
          exp=__________;
          frac=__________;
      } else if(x<__________){   /* 返回规格化结果 */
          exp=__________;
          frac=__________;
      } else {                   /* 值太大，返回 +∞ */
          exp=__________;
          frac=__________;
      }
      u=exp << 23 | frac;
      return u2f(u);
}
```

27. 以下是一组关于浮点数按位运算的编程题目，其中用到一个数据类型 float_bits，它被定义为 unsigned int 类型。以下程序代码必须采用 IEEE 754 标准规定的运算规则，例如，舍入应采用就近舍入到偶数的方式。此外，代码中不能使用任何浮点数类型、浮点数运算和浮点常量，只能使用 float_bits 类型；不能使用任何复合数据类型，如数组、结构和联合等；可以使用无符号整数或带符号整数的数据类型、常量和运算。要求编程实现以下功能并进行正确性测试。

（1）计算浮点数 f 的绝对值 $|f|$。若 f 为 NaN，则返回 f；否则返回 $|f|$。函数原型如下：

```
float_bits float_abs (float_bits f);
```

（2）计算浮点数 f 的负数 $-f$。若 f 为 NaN，则返回 f；否则返回 $-f$。函数原型如下：

```
float_bits float_neg (float_bits f);
```

（3）计算 $0.5f$。若 f 为 NaN，则返回 f；否则返回 $0.5f$。函数原型如下：

```
float_bits float_half (float_bits f);
```

（4）计算 $2.0f$。若 f 为 NaN，则返回 f；否则返回 $2.0f$。函数原型如下：

```
float_bits float_twice (float_bits f);
```

（5）将 int 型整数 i 的位序列转换为 float 型位序列。函数原型如下：

```
float_bits float_i2f (int i);
```

（6）将浮点数 f 的位序列转换为 int 型位序列。若 f 为非规格化数，则返回值为 0；若 f 是 NaN 或 $\pm\infty$ 或超出 int 型数可表示的范围，则返回值为 0x8000 0000；若 f 带小数部分，则考虑舍入。函数原型如下：

```
int float_f2i (float_bits f);
```

第 4 章　指令系统及程序的机器级表示

指令集体系结构（ISA）是一台计算机的抽象模型，是计算机的“功能规范说明书”，通常将指令集体系结构简称为指令系统。从硬件设计的角度来看，指令系统规定了一台计算机需要具备的基本功能，软件将使用这些功能对计算机的行为进行控制；从软件编程的角度来看，指令系统定义了系统程序员为了对计算机硬件进行编程而需要了解的所有内容。具体来说，这些内容包括指令格式、指令所处理的数据类型及格式、寻址方式、可访问的地址空间、通用寄存器个数和位数、控制寄存器的定义、I/O 空间的编址方式和中断处理机制、机器特权模式和状态的定义与切换、输入输出组织和数据传送方式、存储保护方式等。指令系统是位于软件和硬件之间的接口，是构成程序的基本元素，也是硬件设计的依据。它衡量机器硬件的功能，反映硬件对软件支持的程度。指令系统设计的好坏直接决定计算机的性能和成本，因而至关重要。

本章介绍指令系统设计中涉及的各个方面，主要包括指令格式、操作类型、操作数类型、寻址方式、操作码编码、指令系统的风格、异常 / 中断处理机制、指令系统实例以及程序的机器级表示等。本章给出的指令系统实例包括 MIPS 和 IA-32，并基于 ARMv8-A64 指令系统介绍程序的汇编和链接。

4.1　指令格式设计

第 4 章教学课件

4.1.1　指令地址码的个数

一条指令中必须显式或隐含地包含以下信息。

① 操作码。指定操作类型，如移位、加、减、乘、除、传送等。

② 源操作数或其地址。指出一个或多个源操作数或其所在的地址，可以是主（虚）存地址、寄存器编号或 I/O 端口，也可在指令中直接给出一个立即操作数。

③ 结果的地址。结果所存放的地址，可以是主（虚）存地址、寄存器编号或 I/O 端口。

④ 下一条指令地址。下一条指令所存放的主（虚）存地址。

有了上述第①～③项信息，就可以完成一条指令的自动执行；有了第④项信息，就可以周而复始地自动执行一条一条的指令。

通常，下一条指令的地址不在指令中显式给出，而是隐含在程序计数器（PC）中。当指令按顺序执行时，只要自动将 PC 的值加上指令的长度，就可以得到下一条指令的地址。当遇到转移指令而不按顺序执行时，需要由指令给出转移到的目标地址，转移指令执行的结果就是将 PC 的内容变成转移目标地址。

综上所述可知，一条指令由一个操作码和几个地址码构成。根据指令显式给出的地址个数，指令可分为三地址指令、二地址指令、单地址指令和零地址指令。

4.1.2 指令格式设计原则

指令格式的设计应遵循如下几条基本原则。

① 指令应尽量短。每条指令长度短，使得程序占用的存储空间小，降低空间开销。

② 要有足够的操作码位数。为了能够向后兼容，使指令操作类型不断增加，必须预留足够的操作码位数。

③ 操作码的编码必须有唯一的解释。操作码最终需要送到指令译码器进行译码，因此，指令操作码要么是唯一的合法编码，要么是不合法的序列。当译码器发现不合法的操作码时，将抛出“非法指令”异常。

④ 指令长度应是字节的整数倍。指令存放在内存中，而内存往往按字节编址，因此，指令长度应为字节的整数倍，以便于指令的读取和指令地址的计算。

⑤ 合理选择地址字段的个数。地址字段个数涉及指令的长度和指令的规整性问题，它是空间开销和时间开销权衡的结果。

⑥ 指令应尽量规整。指令的规整性体现在许多方面：指令长度是否固定、操作码位数是否固定、地址码格式是否一致、指令字中各字段的划分位置是否一致等。规整的指令系统会大大简化硬件的实现。

4.2 指令系统设计

指令系统设计是计算机系统结构设计的关键之一。在设计指令系统时，必须遵循以下基本原则。

① 完备性或完整性。指令的操作类型应尽量完备，应能足够编制任何可计算程序。但是，如果指令系统太复杂，也会给硬件实现增加困难。因此，较复杂的功能可以通过软件使用多条简单指令的组合来实现。

② 兼容性。在考虑系列机设计实现时，高档机的指令系统应兼容以前低档机的指令系统，这给软件资源重复利用带来方便。

③ 均匀性。运算指令应能对多种类型的数据进行处理，包括三种整数（字节、字、双字整数）和两种浮点数（单精度和双精度浮点数）类型。

④ 可扩充性。操作码字段要预留一定的编码空间，以便需要时进行扩充。

4.2.1 指令系统设计的基本问题

在设计一个指令系统时，需要考虑以下一些基本问题。

（1）操作码的个数、种类、复杂度如何选择？

若指令系统中只有取数指令（load）、存数指令（store）、自增指令（inc）、分支指令（brn），则用这 4 条指令足以编制任何可计算程序。不过，虽然这 4 条指令是完备的，但会导致大多数程序变得很长，既占空间又花时间。

（2）运算指令能对哪几种数据类型进行操作？

高级语言程序需要对（unsigned）int、（unsigned）short 和（unsigned）char 等整型数据，以及 float、double 等浮点型数据，甚至位串、字符串等进行操作，因此，设计指令系统时需要考虑指令能对这些数据类型进行相应操作。

（3）采用什么样的指令格式？

规整型指令采用定长指令字和定长操作码，使得取指令、指令译码、指令地址计算等变得简单，从而能简化硬件实现并减少时间开销，但是会增加空间开销。因此，应根据设计目标选择采用规整型或紧凑型指令格式。

（4）通用寄存器的个数、功能、长度等如何规定？

用户进程的指令中能用的寄存器是用户可见寄存器，也称为通用寄存器。通用寄存器多，则编译器可以尽量多地把高级语言程序中的变量分配到通用寄存器中，从而减少指令执行时访问内存的次数，加快程序运行。但是，通用寄存器多会使寄存器编码变长，从而使指令长度变长；通用寄存器多还会增加 CPU 成本，占用更多硅片面积。

此外，还要考虑每个寄存器的长度，以及寄存器的设计如何满足多种不同长度的数据类型。例如，在 IA-32 架构中，用寄存器扩展的方式提供了存放 8 位、16 位、32 位等多种长度操作数的寄存器；而 MIPS 等架构中采用的是固定寄存器宽度的设计方案，通过提供不同的指令来区分操作数的长度。通常，运算类指令的操作数宽度与寄存器宽度相同，只有取数指令和存数指令会提供不同的操作数长度。

（5）如何设计寻址方式的种类和编码以及如何计算各种寻址方式下的有效地址？

寻址方式字段可以和操作码一起编码，由操作码确定每个操作数的寻址方式。例如，

MIPS 架构由操作码确定指令类型，指令类型确定后，每个操作数的寻址方式就确定了。寻址方式字段也可单独编码，例如，在 IA-32 架构的指令中有专门的寻址方式字段。

（6）下一条指令的地址如何确定？

几乎所有指令系统都通过一个专门的寄存器来存放下一条指令的地址，这个寄存器称为程序计数器（PC）或指令指针（instruction pointer，IP）。程序顺序执行时，指令中无须显式给出下一条指令的地址，默认由 PC 指出。通过将当前 PC 的值加上本条指令的长度即可得到下一条指令的地址；转移指令等可能改变程序执行的顺序，此时，这些指令中必须有相应的地址码和寻址方式来给出转移目标指令的地址或其计算方式。

当然，指令系统的设计所涉及的远远不限于上述所列问题，其他方面还包括标志信息的生成和使用、异常和中断处理机制、是否采用延迟分支技术等。在具体设计过程中，也还需要考虑很多细节问题。

4.2.2 操作数类型

操作数是指令处理的对象，从高级语言程序所用数据类型来看，指令涉及的基本操作数类型应该包括以下几类。

① 指针或地址。无符号整数，用来表示主（虚）存地址。

② 带符号数值数据，包含带符号整数和浮点数。带符号整数一般用二进制补码表示，浮点数大多遵循 IEEE 754 标准来表示。有些指令系统也提供十进制数运算指令，一般用 NBCD 码（8421 码）表示十进制数。

③ 位、位串、字符和字符串。位和位串数据一般用来表示标志、控制和状态等信息。字符和字符串数据用来表示文本、流式文件基本信息等。

④ 逻辑（布尔）数据。表示逻辑值。

例如，IA-32 指令系统提供的基本类型有字节、字（16 位）、双字（32 位）、四字（64 位）。对于整数，有 16 位、32 位、64 位三种补码表示的整数和 18 位压缩 BCD 码表示的十进制整数；对于序数（如地址、指针等），有字节、字或双字长的无符号整数；对于浮点数，有用 IEEE 754 标准表示的 32 位单精度浮点数、64 位双精度浮点数和 80 位扩展精度浮点数。另外，还提供了专门的近指针类型数据，用于表示不分段存储器的地址或 32 位段内偏移有效地址，以实现分段式存储器的段内访问。

有关以上各类数据的表示、存储和运算已在第 2 章和第 3 章中详细介绍。

4.2.3 寻址方式

指令不仅要规定所执行的操作，还要给出操作数或操作数地址。操作数可能是高级语言程序中的一个常数、一个简单变量、数组或结构中的某个元素，也可能是栈（stack）中的元素，还可能是外设 I/O 接口中的状态字或控制字等。从指令的角度来看，操作数的存放位置可以是 CPU 中的通用寄存器、存储单元和 I/O 端口。通常把指令中给出的操作数所在存储单元的地址称为有效地址。存储单元地址可能是主存物理地址，也可能是虚拟地址。如果不采用虚拟存储机制，有效地址就是主存物理地址；若采用虚拟存储机制，则有效地址就是虚拟地址。

指令给出操作数或操作数地址的方式称为寻址方式。地址字段长度直接影响指令长度，因而指令地址码要尽量短，但操作数的存放位置又必须灵活，存储空间也应尽量大。因此，指令系统应能提供灵活的寻址方式，并使用尽量短的地址码访问尽可能大的寻址空间。此外，为加快指令执行速度，有效地址计算过程也应尽量简单。

常用的寻址方式有以下几种。

1. 立即寻址

在指令中直接给出操作数本身，这种操作数称为立即数。

2. 直接寻址

指令中给出的地址码是操作数的有效地址，这种地址称为直接地址或绝对地址。

3. 间接寻址

指令中给出的地址码是存放操作数有效地址的存储单元的地址。如图 4.1 所示的是单级间接寻址过程，还可有多重间接寻址，其中 @ 是间接寻址标志。

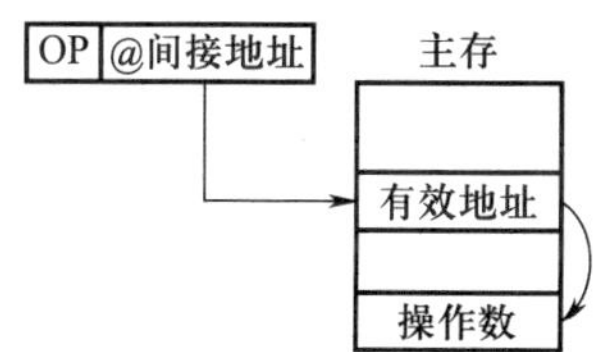

图 4.1 单级间接寻址过程

4. 寄存器寻址

指令中给出的地址码是操作数所在的寄存器编号，操作数在寄存器中。寄存器寻址有以下优点。

① 寄存器数量远少于存储单元数，故寄存器编号比存储地址短，因而采用寄存器寻址方式的指令其长度较短。

② 操作数已在 CPU 中，不用访存，因而指令执行速度快。

5. 寄存器间接寻址

指令中给出的地址码是一个寄存器编号，该寄存器中存放的是操作数的有效地址。例如，在 Intel 8086 指令“MOV AX，[BX]”中，寄存器 BX 的内容为有效地址，该有效地址中的内容才是操作数。寄存器间接寻址指令较短，因为只需要给出一个寄存器编号而不必给出有效地址。虽然寄存器间接寻址的地址码长度和寄存器寻址的地址码长度一样，但由于要访存，所以其执行时间比寄存器寻址指令的执行时间更长。

6. 变址寻址

变址寻址方式主要用于对线性表之类的数组元素进行方便的访问。指令中的地址码字段称为形式地址，这里的形式地址是基准地址 A，而变址寄存器中存放的是偏移量。例如，数组的起始地址可以作为形式地址，在指令地址码中显式给出，而数组元素的下标在指令中显式或隐含地由变址寄存器 I 给出，这样，每个数组元素的有效地址就是形式地址（基准地址）加变址寄存器的内容，即操作数的有效地址 EA = A +（I）。这里，符号（x）表示寄存器编号 x 或存储单元地址 x 中的内容。

如果任何一个通用寄存器都可作为变址寄存器，则必须在指令中明确地给出一个通用寄存器的编号，并标明作为变址寄存器使用；若处理器中有一个专门的变址寄存器，则无须在指令中明确给出。

例如，在 Intel 8086 指令“MOV AL，[SI + 1000H]”中，右边的操作数采用的就是变址寻址方式，其中，SI 为变址寄存器，1000H 为形式地址，SI 的内容加上 1000H 形成操作数的有效地址。

如图 4.2 所示，指令中的地址码 A 给定数组在存储器中的首地址，变址寄存器 I 中存放的是数组元素的下标。若存储器按字节编址，且数组元素占一字节，则在 C 语言语句“for (i = 0;i < N;i ++) {x = A[i]; …}”对应的循环体中，第一次变址寄存器 I 的值为 0，执行取数指令取出 A[0] 后，变址寄存器 I 的内容加 1，第二次执行循环体时，取数指令就能取出 A[1]，如此循环，以实现高级语言对应语句的功能。如果数组元素占 4 B，则每次 I 的内容就应该加 4。

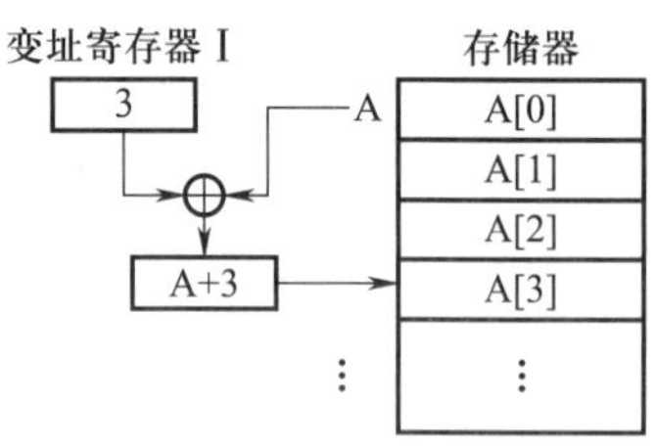

图 4.2　数组元素的变址寻址过程

某些计算机还允许变址寻址与间接寻址结合起来使用。假定指令中给出的变址寄存器为 I，形式地址为 A，则先变址寻址后间接寻址时，操作数的有效地址为 EA =（A +（I）），这称为前变址；先间接寻址后变址寻址时，则 EA =（A）+（I），这称为后变址。

7. 相对寻址

如果某指令的操作数的有效地址或转移目标地址位于该指令所在位置前后的某个固定位置上，则该操作数或转移目标可采用相对寻址方式。采用相对寻址方式时，指令中的地址码字段 A 给出一个偏移量，基准地址隐含地由 PC 给出，即操作数有效地址或转移目标地址 EA =（PC）+ A。这里的偏移量 A 是形式地址，有效地址或目标地址可以在当前指令之前或之后，因而偏移量 A 是一个带符号整数。

显然，相对寻址方式可用来实现公共子程序（如共享库代码）的浮动或实现相对转移。过程调用属于相对转移，从调用过程跳转到被调用过程执行，一般采用相对寻址；在动态链接方式下，共享库代码应该是位置无关的，因而共享库代码多采用相对寻址方式实现。

8. 基址寻址

在基址寻址方式下，指令中的地址码字段 A 给出一个偏移量，基准地址可以显式或隐含地由基址寄存器 B 给出。操作数有效地址为 EA=(B)+A。与变址寻址方式一样，若任意一个通用寄存器都可用作基址寄存器，则指令中必须明确给出通用寄存器编号，并标明用作基址寄存器。

基址寻址过程如图 4.3 所示。其中，基址寄存器 R 可以指定为任何一个通用寄存器。基址寄存器 R 的内容是基准地址，加上形式地址 A，形成操作数有效地址。基址寻址为逻辑地址到物理地址变换提供了支持，用以实现程序的动态重定位。

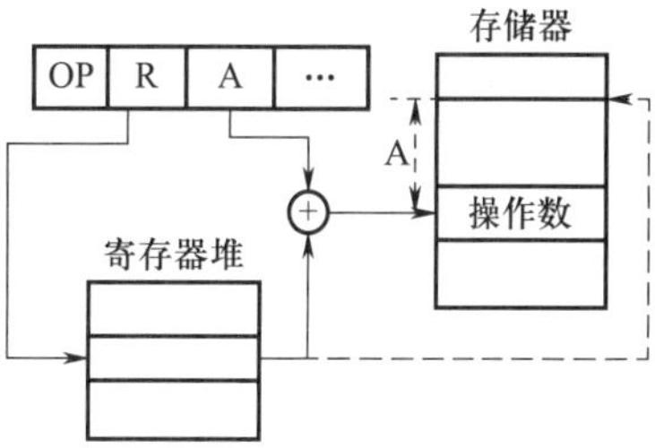

图 4.3　基址寻址过程

变址寻址、基址寻址和相对寻址三种寻址方式非常相似，都是将某个寄存器的内容与一个形式地址相加来生成操作数的有效地址。通常把它们统称为偏移寻址。有些架构还将变址和基址两种寻址方式结合起来，形成基址加变址的寻址方式。

9. 其他寻址方式

为缩短指令字长度，有些指令采用隐含地址码方式，即在指令中不显式给出操作数地址或变址寄存器和基址寄存器编号，而是由操作码隐含指出。例如，单地址指令中只给出一个操作数地址，另一个操作数隐含规定为累加器的内容。

4.2.4　操作类型

指令系统的完备性要求在设计指令系统时必须考虑指令系统应支持哪些基本操作类型。对大多数指令系统考察后得知，指令操作类型按功能分为以下几种。

1. 算术和逻辑运算指令

这类指令有加（add）、减（sub）、比较（cmp）、乘（mul）、除（div）、与（and）、或（or）、取反（not）、取负（neg）、异或（xor）、加 1（inc）、减 1（dec）等。

2. 移位指令

这类指令有算术移位、逻辑移位、循环移位、半字交换等。有的机器默认一条指令只移动一位，如果要移动多位，则需要使用多条移位指令；有的机器则可在指令中规定移动的位数，这时移动多位的功能可以用一条指令来实现。通常用一个桶形移位器实现一次移动多位的功能。

3. 传送指令

传送指令通常有寄存器之间的传送（mov）、从内存单元读取数据到CPU寄存器（load）、从CPU寄存器写数据到内存单元（store），以及在两个存储区域之间的数据块传送等。

4. 串指令

对字符串进行操作的指令，如串传送、串比较、检索和传送转换等指令。

5. 顺序控制指令

用来控制程序执行的顺序，有条件转移（branch）、无条件转移（jmp）、跳步（skip）、调用（call）、返回（ret）等指令。

顺序控制类指令的功能通过将转移目标地址送到PC中来实现。转移目标地址可用直接寻址方式给出（又称绝对转移），或由相对寻址方式给出（又称相对转移）。有的机器还可以用寄存器寻址方式或寄存器间接寻址方式给出转移目标地址。

无条件转移指令在任何情况下都执行转移操作，而条件转移指令（或称分支指令）仅仅在特定条件满足时才执行转移操作。跳步是转移的一种特例，它使PC增加一个定值，这个定值一般是指令字所占用的存储单元数。

调用指令也称为转子指令，它和转移指令的根本区别在于，执行调用指令时必须保存下一条指令的地址（称为返回地址）。调用指令用于子程序调用（即过程调用或函数调用），当子程序执行结束时，根据返回地址返回到主程序继续执行；而转移指令则不返回执行，因而无须保存返回地址。

返回指令的功能是在子程序执行完毕时，将事先保存的返回地址送到PC，这样处理器就能回到原来的主程序继续执行。

6. CPU控制指令

这类指令有停机、开中断、关中断、系统模式切换以及进入特殊处理程序等指令。大多数机器将这类指令划归为特权指令（也称为管态指令），只能在内核代码执行时使用，以防止因用户使用不当而对系统运行造成危害。

7. 输入输出指令

这类指令用于完成CPU与外部设备交换数据或传送控制命令及状态信息。大多数机器都设置了这类指令，但是它们的寻址方式一般较少，常见的只有寄存器寻址、直接寻址和寄存器间接寻址等。当外设中的I/O地址空间和主存地址空间统一编址时，可以不设置这类指令，而用普通的存储访问指令完成I/O操作。因为I/O操作大多由操作系统控制实现，因而输入输出指令也是一种特权指令。

4.2.5 操作码编码

指令的操作码字段长度可固定，也可变化。选择定长操作码还是可变长操作码，涉及时间和空间之间的开销权衡问题。希望降低空间开销时，代码的长度更重要，应采用紧凑的变长操作码和变长指令字；希望降低时间开销以取得更好性能时，应采用定长操作码和定长指令字。

1. 定长操作码编码

指令的操作码部分采用固定长度编码，这种方式译码方便，指令执行速度快，但有信息冗余。例如，IBM 360/370 采用 8 位定长操作码，最多可有 256 条指令，但指令系统中只提供了 183 条指令，有 73 种为冗余编码。

2. 扩展操作码编码

对于扩展操作码编码方式，其操作码分成几种固定长度。可以采用等长扩展法，例如，按 4–8–12、3–6–9 这种等步长方式扩展，也可采用不等长扩展法。扩展编码方式的操作码长度不固定，是可变的。这种编码方式被大多数非规整型指令集采用。下面用一个例子来说明如何进行扩展操作码编码。

例 4.1 设某指令系统的指令字为 16 位，每个地址码为 6 位。若有二地址指令 15 条，单地址指令 34 条，则剩下的零地址指令最多有多少条？

解：扩展编码的基本思想就是操作码按从短到长进行扩展编码。二地址指令操作码最短，零地址指令的操作码最长，因此，按照二地址→单地址→零地址的顺序进行编码。

二地址指令的地址码部分占 6+6=12 位，故操作码只有 16−12=4 位，最多有 16 种编码，用 15 种编码（0000～1110）分别表示 15 条指令，还剩一种编码 1111 未使用。

单地址指令的地址码部分占 6 位，故操作码有 10 位，最高 4 位为 1111，还剩 6 位未编码，最多可有 $2^6=64$ 种编码，用其中的 32+2=34 种编码（11110 00000～11110 11111 和 11111 00000～11111 00001）分别表示 34 条单地址指令。

剩下的零地址指令共有 16 位操作码，其中高 5 位只能是 11111，且随后的 5 位不能是 00000 和 00001，因此，剩下的零地址指令的操作码编码范围为 11111（00010～11111）（000000～111111），即高 5 位固定为 11111，随后 5 位为 00010～11111，低 6 位为 000000～111111。由此可见，零地址指令最多有 30×2^6 种编码可用。

4.2.6 标志信息的生成与使用

条件转移指令（也称分支指令）通常根据程序当前生成的标志信息进行转移。标志信息也称为条件码（condition code，CC）或状态位（status）。

常用的标志有零标志 ZF、溢出标志 OF、符号标志 SF 和进位 / 借位标志 CF。对于不同数据类型的运算指令，这些标志信息的含义有一些差别。

对于带符号整数加减运算和无符号整数加减运算，这 4 个标志的含义在 3.3.1 节中进行了详细说明，并在图 3.4（b）中给出了各标志信息的生成电路。在执行定点整数加减运算指令和比较指令（通过做减法进行比较）时，CPU 在 ALU 中进行相应的加减运算，得到运算结果以及相应的标志信息。

对于逻辑运算指令，通常只有零标志 ZF 才有意义。可以通过判断 ZF = 1 是否成立来确定与、或、非等操作的结果是否为 0。

对于移位指令，因为左移一位，数值扩大一倍，所以左移指令的结果可能会发生溢出。因此，有些指令系统的左移指令会生成 OF 标志。还有的指令系统在算术左移时将操作数的最高位移入进位标志，通过符号标志和进位标志是否相等来判断是否发生溢出。

对于整数乘法运算指令，有些指令系统会生成 ZF 和 OF 标志，而整数除法指令则不会生成标志。

生成的标志位可由专门的条件码寄存器（或称状态寄存器、标志寄存器、程序状态字寄存器[①]）来存放，也可由指定的通用寄存器来存放。不同指令系统的做法类似，但不一定完全相同。

有些指令系统不用专门的标志寄存器存放标志位，而是用通用寄存器来保存标志位。下面的例子中，用通用寄存器 r1 来存放标志位。

```
cmp    r1, r2, r3        ; 比较 r2 和 r3，标志位存储在 r1 中
bgt    r1, label         ; 判断 r1 中的标志位，以控制是否转移到 label 处
```

有的指令系统用以下一条“计算并转移”指令来实现上述两条指令的功能，在这种情况下就不需要保存标志信息，在电路中直接使用即可。

```
bgt    r1, r2, label     ; 比较 r1 和 r2，以确定是否转移到 label 处
```

由此可见，标志信息的生成和使用方式有多种，实现条件转移的方式也各不相同。不管是否保存标志信息，也不管是将标志信息保存在特殊的标志寄存器中还是通用寄存器中，处理器中的运算电路必须能够产生并使用这些标志。

为了清楚地说明条件转移指令如何根据标志信息进行条件判断，表 4.1 列出了 IA-32 指令系统中常用条件转移指令的转移条件。

---

① 程序状态字寄存器用来存放条件码（CC）和自陷允许标志（trap enable flag）等状态信息。不同计算机对程序状态的描述以及程序状态的存放位置可能不一样，但在概念上应该有一个程序状态字（program status word，PSW）。

表 4.1　IA-32 指令系统中常用条件转移指令的转移条件

序号	指令	转移条件	说明
1	ja/jnbe label	CF = 0 AND ZF = 0	无符号整数大于
2	jae/jnb label	CF = 0 OR ZF = 1	无符号整数大于或等于
3	jb/jnae label	CF = 1	无符号整数小于
4	jbe/jna label	CF = 1 OR ZF = 1	无符号整数小于或等于
5	jg/jnle label	SF = OF AND ZF = 0	带符号整数大于
6	jge/jnl label	SF = OF OR ZF = 1	带符号整数大于或等于
7	jl/jnge label	SF ≠ OF	带符号整数小于
8	jle/jng label	SF ≠ OF OR ZF = 1	带符号整数小于或等于

在 IA-32 中，不管高级语言程序中定义的变量是带符号整数还是无符号整数类型，对应的加（减）法指令都是一样的。每条加（减）指令或比较指令执行后，会根据运算结果产生相应的进位 / 借位标志 CF、符号标志 SF、溢出标志 OF 和零标志 ZF 等，并保存到标志寄存器（EFLAGS）中。

在 IA-32 中，对于比较大小后进行分支转移的情况，通过减法获得标志信息，再根据标志信息判定两个数的大小，从而决定该转移到何处执行指令。对于无符号整数，判断大小时使用的是 CF 和 ZF 标志。ZF = 1 说明两数相等，CF = 1 说明有借位，是“小于”的关系。通过 ZF 和 CF 的组合，得到表 4.1 中序号 1~4 的 4 条指令中的结论。对于带符号整数，判断大小时使用 SF、OF 和 ZF 标志。ZF = 1 说明两数相等，SF = OF 时说明结果是以下两种情况之一：① 两数之差为正数（SF = 0）且结果未溢出（OF = 0）；② 两数之差为负数（SF = 1）且结果溢出（OF = 1）。显然，这两种情况反映的是“大于”关系。若 SF ≠ OF，则为“小于”关系。带符号整数比较对应于表 4.1 中序号 5~8 这 4 条指令。

4.2.7　指令系统设计风格

1. 按操作数位置指定风格来分

按操作数位置指定风格来分，可分为以下 4 种不同风格类型的指令系统。

（1）累加器（accumulator）型指令系统

在这种类型的指令系统中，总是把其中一个操作数隐含在累加器（一般用 AC 表示）中，指令执行的结果也总是送到累加器。这种指令系统的指令字短，但每次运算都要通过累加器，因而在进行复杂表达式运算时，程序中会多出许多移入 / 移出累加器的指令，从而使程序变长，影响程序执行的效率。这种设计风格的指令系统只在早期机器中使用过，现在一般不采用。

（2）栈型指令系统

Java 虚拟机采用的是栈型指令系统。栈是一种采用后进先出（LIFO）或先进后出（FILO）存取方式的特定存储区。在栈型指令系统中，规定指令的操作数总是来自栈顶。往栈中存数称为入（进）栈或压栈，从栈中取数称为出栈或弹出。

栈型指令系统中的指令都是零地址或一地址指令，因此指令字很短。但是，由于指令所用操作数只能来自栈顶，在对表达式进行编译时，对所生成的指令顺序以及操作数在栈中的排列都有严格的顺序规定，因而并不灵活，会增加指令条数。因此，栈型指令系统很少被通用计算机使用。

（3）通用寄存器（general purpose register）型指令系统

这种类型指令系统的特点是，使用通用寄存器而不是累加器来存放运算过程涉及的临时数据。其指令的操作数可以是立即数（I），或来自通用寄存器（R），或来自存储单元（S）。指令类型可以是 RR 型（两个操作数都来自寄存器）、RS 型（两个操作数分别来自寄存器和存储单元）、SI 型（两个操作数分别来自存储单元和立即数）、SS 型（两个操作数都来自存储单元）等。这类指令系统最典型的代表是 IA-32。

（4）Load/Store 型指令系统

Load/Store 型指令系统也使用通用寄存器而不是累加器来存放运算过程涉及的临时数据。因此，它也是一种通用寄存器型指令系统。同时，它有一个显著的特点，就是只有取数（Load）指令和存数（Store）指令才可以访问存储器，运算类指令不能访存。Load/Store 型指令系统中的指令比较规整，体现在每条指令的指令字长度和指令执行时间等比较一致。

2. 按指令格式的复杂度来分

按指令格式的复杂度来分，可分为 CISC 与 RISC 两种类型指令系统。

（1）CISC 风格指令系统

随着超大规模集成电路（VLSI）技术的迅速发展，计算机硬件成本不断下降，软件成本不断上升。为此，人们在设计指令系统时增加了越来越多功能强大的复杂指令，以使机器指令的功能接近高级语言语句的功能，为软件提供较好的支持。这类计算机称为复杂指令集计算机（complex instruction set computer，CISC）。

复杂的指令系统使计算机的结构越来越复杂，不仅使研制周期延长、成本增加，而且难以保证其正确性，甚至降低了系统性能。

对大量、典型的 CISC 程序调查结果表明，各种指令的使用频率相当悬殊，最常使用的是只占指令系统 20% 的一些简单指令，它们占程序代码的 80% 以上，而需要大量硬件支持的复杂指令在程序中的出现频率却很低，造成了硬件资源的大量浪费。因此，20 世纪 70 年代中期，一些高校和公司开始研究指令系统的合理性问题，提出了精简指令集计算机（reduced instruction set computer，RISC）的概念。

（2）RISC 风格指令系统

RISC 的着眼点不是简单地简化指令系统，而是通过简化指令使计算机结构更加简单、合理，从而提高机器的性能。与 CISC 相比，RISC 指令系统的主要特点如下。

① 指令数目少。只包含使用频率高的简单指令。

② 指令格式规整。采用定长指令字方式，操作码和操作数地址等字段的长度和位置固定，寻址方式少，指令格式少。

③ 采用 Load/Store 型指令设计风格。

④ 采用流水线方式执行指令。规整的指令格式有利于采用流水线方式执行，时钟周期短。

⑤ 采用大量通用寄存器。编译器可将变量分配到通用寄存器中，以减少访存次数。

⑥ 采用组合逻辑电路控制。指令少而规整使得控制器的实现变得简单，可以不用或少用微程序控制。

⑦ 采用优化的编译系统。指令数少有利于编译器的优化。

采用 RISC 技术后，由于指令系统简单，CPU 的控制逻辑大大简化，可以采用速度较快的硬连线逻辑来实现，芯片（chip）上可设置更多的通用寄存器，且更适于采用指令流水线技术，这些都可以使指令的执行速度进一步提高。指令数量少，固然使编译工作量加大，但由于指令系统中的指令都是精选的，因此编译时间短，反过来对编译程序的优化也是有利的。

虽然 RISC 技术在性能上有优势，但最终 RISC 机并没有在 PC 市场上占优势，反而是 Intel x86 架构在处理器市场中一直保持较大份额，这是为什么呢？其原因主要有两点：第一，因为软件一般是向后兼容的，许多用户先期投资购买了在 Intel 系列机上开发的软件，如果换成 RISC 机，就意味着所有软件都要重新投资；第二，随着处理器速度和芯片密度等不断提高，RISC 系统也日趋复杂，而 CISC 由于采用了部分 RISC 技术（例如，Intel Pentium 4 将简单指令直接转换为类 RISC 指令，复杂指令用微码实现），其性能进一步提高。虽然这种混合方案不如纯 RISC 方案速度快，但它却能在保证软件兼容性的前提下使整体性能具有较强竞争力。

不过，随着后 PC 时代的到来，个人移动设备的使用和嵌入式系统的应用越来越广泛，像 ARM 处理器等这些采用 RISC 技术的产品又迎来了新的机遇，它们在嵌入式系统中占有绝对优势，因而应用将更加广泛。

4.2.8 异常和中断处理机制

异常和中断并不是指令，但异常和中断处理机制是指令集体系结构必须考虑的重要内容。在程序正常运行过程中，某些指令会因遇到一些异常或特殊情况而无法继续执行，这种中断 CPU 中程序正常执行的情况主要分“异常”和“中断”两大类。

早期的 Intel 8086/8088 微处理器并不区分异常和中断，将两者统称为中断。由 CPU 内部产生的意外事件称为“内中断”，从 CPU 外部通过中断请求引脚 INTR 和 NMI 向 CPU 发出的中断请求称为“外中断”。

从 Intel 80286 开始，Intel 公司统一把“内中断”称为异常，而把“外中断”称为中断。在 IA-32 架构说明文档中，Intel 公司对异常和中断进行了如下描述：处理器提供了异常和中断这两种打断程序正常执行的机制，中断是一种典型的、由 I/O 设备触发的、与当前正在执行的指令无关的异步事件；而异常是处理器执行一条指令时，由处理器在其内部检测到的、与正在执行的指令相关的同步事件。

实际上，异常和中断二者处理过程基本上是相同的，这也是在某些体系结构或教材中将两者统称为“中断”或“异常”的原因。

1. 异常

异常（exception）是指处理器在执行某条指令时发生在 CPU 内部的事件，如整除 0、溢出、断点设置、单步跟踪、访问超时、非法操作码、栈溢出、缺页、保护错等。按发生异常的报告方式和返回方式的不同，内部异常可分为故障（fault）、自陷（trap）和中止（abort）三类。

（1）故障

故障也称为失效，它是在引起故障的指令启动后、执行结束前被检测到的一类异常事件。例如，指令译码时，遇到“非法操作码”；取指令或数据时，发生“缺页”或“保护错”；执行整数除法指令时，发现“除数为 0”等。显然，“缺页”等这类异常处理后，操作系统已将需要的页从外存调到主存，因此可返回到发生故障的指令继续执行；对于“非法操作码”“保护错”“整除 0”等异常，因为无法通过异常处理程序恢复故障，因此不能回到原断点继续执行，必须中止进程的执行。有关“缺页”和“保护错”等存储器访问异常的概念参见 6.6.4 节。

（2）自陷

自陷也称为陷阱或陷入，与故障等其他异常事件不同，它是预先安排的一种“异常”事件，就像预先设定的“陷阱”一样。通常的做法是，事先在程序中用一条特殊指令或通过某种方式设定特殊控制标志来人为设置一个“陷阱”，当执行到满足条件的自陷指令时，

CPU 自动根据不同的“陷阱”类型实施相应的处理，自陷异常处理结束后，将返回到自陷指令的下一条指令执行。

通常，用于程序调试的“单步跟踪”和“断点设置”功能都通过自陷方式来实现。此外，系统调用指令、条件自陷指令等都属于自陷指令。执行到这些指令时，将无条件或有条件地自动调出操作系统内核程序或陷入特定的异常处理程序进行处理。

（3）中止

如果在执行指令过程中发生了严重错误，例如，访问动态随机存取存储器或静态随机存取存储器时发生校验错，程序将无法继续执行，只好中止发生问题的进程，在某些严重的情况下，甚至要重启系统。

2. 中断

在程序执行过程中，若外设完成任务或发生某些特殊事件（如打印机缺纸、定时采样计数时间到、键盘缓冲满等），会向 CPU 发中断（interrupt）请求，要求 CPU 对这些情况进行处理。通常，每条指令执行完后，CPU 都会主动查询有没有中断请求，如果有，则将下一条指令地址作为返回地址（断点）保存，然后转到相应的中断服务程序执行，结束后回到断点继续执行。

这种事件与执行的指令无关，由 CPU 外部的 I/O 部件发出，因此称为 I/O 中断或外部中断，需要通过专门的中断请求线向 CPU 发出请求。

所有指令集架构的异常和中断处理都是由硬件和软件两者协同完成的，整个中断处理包含两大阶段：① 检测和响应，由硬件完成；② 具体的处理过程由软件完成。硬件检测到异常和中断请求后，就会立即进行响应，而响应的结果就是中断当前程序的执行，然后转到异常处理程序或中断服务程序（本教材统称为异常 / 中断处理程序）执行。

异常 / 中断处理程序在进行具体的异常和中断处理之前，需要先保存被中断程序的一些上下文信息，如通用寄存器内容等现场信息。如果在保存这些信息的过程中又有新的中断请求到来，则 CPU 又要响应新中断请求，并转到新的中断服务程序执行，从而导致原被中断程序的现场被破坏，这样就无法回到原被中断的程序正确执行。为此，CPU 必须在响应中断后进行“关中断”，也就是使 CPU 禁止响应中断请求。这样，就需要有一个“中断允许”控制位，用来设置并记录 CPU 是处于“中断允许”（也称“开中断”）还是“关中断”状态。

为了能够从被中断程序转到异常 / 中断处理程序执行，CPU 必须能够确切知道异常或中断的原因，从而通过某种方式跳转到相应的异常 / 中断处理程序的入口处执行。并且，在异常 / 中断处理程序处理完具体的异常或中断请求以后，能够回到原来被中断程序的断点处继续执行。

所有指令集架构必须对以上所述的异常和中断类型的定义、自陷指令、中断允许位、

异常 / 中断原因的识别和记录、断点信息的保存、异常 / 中断整个处理过程中软硬件之间的协同等各个方面做出相应的规定。

*4.3 指令系统实例

指令系统设计是计算机系统设计的核心工作之一。不同计算机的指令集体系结构差异很大，了解不同类型的指令集体系结构，对计算机系统的设计和优化工作会大有裨益。以下介绍两个分别代表 RISC 和 CISC 的指令系统实例。

4.3.1 MIPS 指令系统

MIPS 是 RISC 风格指令系统的典型代表，具有比较规整的指令格式。

1. MIPS 指令中数据的表示

32 位 MIPS 有 32 个 32 位通用寄存器，因此通用寄存器编号占 5 位。MIPS 中提供了两个内部乘商寄存器 Hi 和 Lo，执行乘法运算时，Hi 和 Lo 用于存放 64 位乘积；执行除法运算时，余数和商分别存放在 Hi 和 Lo 中。MIPS 中用程序计数器（PC）指出下一条指令的地址。

MIPS 按字节编址，存储器操作数的地址为 32 位，通过一个 32 位寄存器的内容加 16 位偏移量得到，16 位偏移量为带符号整数，故可访问的地址空间大小为 4 GB；只能通过 Load/Store 指令访问存储器数据。

对于立即操作数，指令中给出的位数为 16 位，指令执行时，需要将其进行符号扩展或零扩展，变成 32 位操作数后才能参加运算。

2. MIPS 指令格式和寻址方式

MIPS 中所有指令的长度都是 32 位，操作码占 6 位，指令格式有 3 种，如图 4.4 所示。

	31 26	25 21	20 16	15 11	10 6	5 0
R型指令	OP	rs	rt	rd	shamt	func
I型指令	OP	rs	rt	imm		
J型指令	OP	直接地址				

图 4.4 MIPS 指令格式

R 型指令两个源操作数和结果都在寄存器中，其操作码 OP 为 000000，操作类型由 func 字段指定，若是双目运算类指令，则 rs 和 rt 的内容分别作为第一和第二源操作数，结果送 rd；若是移位指令，则对 rt 的内容进行移位，结果送 rd，移动位数由 shamt 字段给出。因为一条指令需要左移或右移若干位，所以 MIPS 中移位指令用桶形移位器实现以提高速度。R 型指令的寻址方式只有一种，就是寄存器寻址。

I 型指令是立即数型指令，若是双目运算类指令，则 rs 的内容和立即数分别作为第一和第二源操作数，结果送 rt；若是 Load/Store 指令，则将 rs 的内容和立即数符号扩展后的内容相加作为存储单元地址，Load 指令将存储单元内容送 rt，Store 指令将 rt 内容送存储单元；若是条件转移（分支）指令，则对 rs 和 rt 内容进行指定的运算，根据运算结果，决定是否转到转移目标地址处执行，转移目标地址通过将 PC 的内容和立即数符号扩展后的内容相加得到。由此可知，I 型指令的寻址方式有 4 种，即寄存器寻址、立即数寻址、相对寻址、基址或变址寻址。

J 型指令主要是无条件跳转指令，指令中给出的是 26 位直接地址，只要将当前 PC 的高 4 位拼接 26 位直接地址，最后再添两个“0”就可以得到 32 位的跳转目标地址。J 型指令的寻址方式只有一种，就是变种的直接寻址。

例 4.2 为什么 J 型指令中的跳转目标地址最后两位要添 0？如何实现该功能？

解： 因为 MIPS 架构采用 32 位定长指令字，按字节编址，所以一条指令占 4 个存储单元，因而指令地址总是 4 的倍数，即地址最后两位总是 0，无须在指令中明显给出，只要在实现指令功能的数据通路中提供在指令地址后添加 00 的电路即可。

4.3.2 IA-32 指令系统

IA-32 是 32 位 Intel x86 架构的名称。IA-32 是 CISC 风格指令系统的典型代表，有长度可变的 8 个通用寄存器、6 个段寄存器和一个标志寄存器 EFLAGS，运算类指令生成的条件码（即标志信息）存放在 EFLAGS 中，这些标志信息可用于表示条件转移指令中的转移条件（如表 4.1 所示）。

1. 指令格式

采用可变长指令格式，指令长度为 1~15 B，由前缀和指令两部分组成。

前缀部分位于指令操作码前，前缀部分最多占 4 B。如图 4.5 所示，有指令前缀、段寄存器前缀、操作数长度前缀和地址长度前缀 4 种类型。每个前缀最多占 1 B，无顺序关系。其中，指令前缀包括加锁（LOCK）和重复执行（REP/REPE/REPZ/REPNE/REPNZ）两种；段寄存器前缀用于指定指令所使用的非默认段寄存器；操作数长度前缀和地址长度前缀分别用于指定非默认的操作数长度和地址长度。若指令使用默认的段寄存器、操作数长度或地址长度，则无须在指令前加相应的前缀字节。

指令部分指出操作类型和操作数或操作数地址，各部分长度和含义如图 4.6 所示。

前缀类型：	指令前缀	段寄存器前缀	操作数长度	地址长度
字节数：	0或1	0或1	0或1	0或1

图 4.5　IA-32 指令前缀的字节数

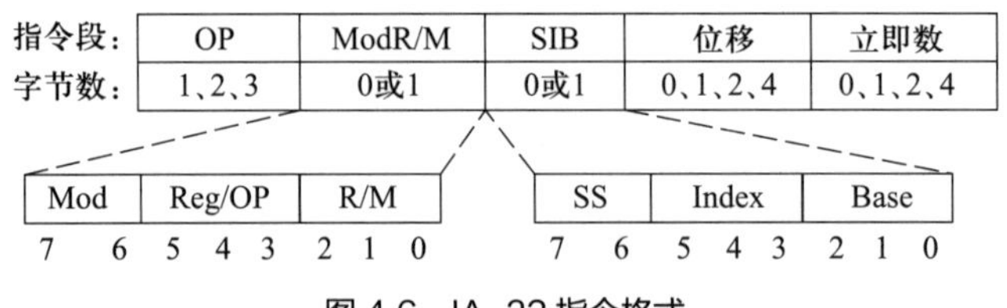

图 4.6　IA-32 指令格式

指令本身最多有 5 个字段：主操作码（OP）、ModR/M、SIB、位移量和立即数。因为通用寄存器有 8 个，所以指令中寄存器编号占 3 位。

① 主操作码 OP：主操作码字段 OP 是必需的，长度为 1～3 B。

② ModR/M：长度为 0～1 B，可再分成 Mod、Reg/OP 和 R/M 三个字段。其中，Reg/OP 可能是 3 位扩展操作码，也可能是寄存器编号；Mod 和 R/M 共 5 位，表示另一个操作数的寻址方式，可组合成 32 种情况，当 Mod=11 时，为寄存器寻址方式，3 位 R/M 表示寄存器编号，其他 24 种情况都是存储器寻址方式。

③ SIB：长度为 0～1 B。是否存在 SIB 字段，由 Mod 和 R/M 组合确定。例如，当 Mod=00 且 R/M=100 时，ModR/M 字节后一定跟 SIB 字段，寻址方式由 SIB 字节确定，其中有比例因子（SS）、变址寄存器编号（Index）和基址寄存器编号（Base）三个字段。

④ 位移量：如果寻址方式中需要位移量，则由位移量字段给出，其长度为 0、8、16 或 32 位。

⑤ 立即数：用于给出指令中的一个源操作数，可以为 0、8、16 或 32 位。

2. 寻址方式

指令中的操作数可能是立即数、寄存器内容或存储单元内容。通用寄存器分 32 位、16 位和 8 位 3 种长度。当操作数为存储单元内容时，需要进行地址转换，IA-32 采用段页式存储管理机制，先通过分段方式将虚拟（逻辑）地址转换为线性地址 LA，然后再用分页方式将线性地址转换为内存（物理）地址。

指令中必须显式或隐式地给出以下信息：

① 段寄存器 SR：可用段前缀显式给出，也可缺省；

② 8/16/32 位位移量 A：由位移量字段显式给出；

③ 基址寄存器 B：由 SIB 字节中 Base 字段显式给出，任意通用寄存器皆可；

④ 变址寄存器 I：由 SIB 字节中 Index 字段显式给出，除 ESP 外的任意通用寄存器

皆可。

变址寻址方式中，又分比例变址和非比例变址两种。采用比例变址时，要乘以比例因子 S（由 SIB 字节中 SS 字段给出），其含义为操作数的字节个数。表 4.2 列出了 IA-32 的主要寻址方式。

表 4.2　IA-32 的寻址方式

寻址方式	说明
立即寻址	指令直接给出操作数
寄存器寻址	指定的寄存器 R 的内容为操作数
位移	LA=（SR）+A
基址寻址	LA=（SR）+（B）
基址加位移	LA=（SR ）+（B）+A
比例变址加位移	LA=（SR）+（I）×S+A
基址加变址加位移	LA=（SR）+（B）+（I）+A
基址加比例变址加位移	LA=（SR）+（B）+（I）×S +A
相对寻址	LA=（PC）+A

注：LA：线性地址，（X）：X 的内容，SR：段寄存器，PC：程序计数器，R：寄存器，A：指令中给定地址段的位移量，B：基址寄存器，I：变址寄存器，S：比例系数。

IA-32 的线性地址 LA 按如图 4.7 所示方式形成。首先根据段寄存器中的段选择符，得到一个段表项，根据其中的段描述符，得到所在段的基地址、段长度界限（段限）、段存取权限等，再将段的基地址与有效地址相加得到线性地址。其中，有效地址由指令中给出的寻址方式来确定如何计算。例如，对于指令“MOV EAX，[EBP+ESI*4+1000H]”，右边的操作数为存储单元中的内容，其有效地址通过将基址寄存器 EBP 的内容、比例变址值（变址寄存器 ESI 的内容乘以比例因子 4）、位移量 1000H 三者相加得到。此外，可以根据段限和存取权限，判断是否“地址越界”和“访问越权”，以实现存储保护。形成线性地址后，再通过分页方式实现从线性地址到物理地址的转换，这个步骤对程序员是透明的。

此外，IA-32 指令系统还有以下一些特征：调用指令自动把返回地址压栈；有专门的入栈（push）和出栈（pop）指令，能自动修改栈指针；运算类指令中的一个操作数可以来自主存单元。

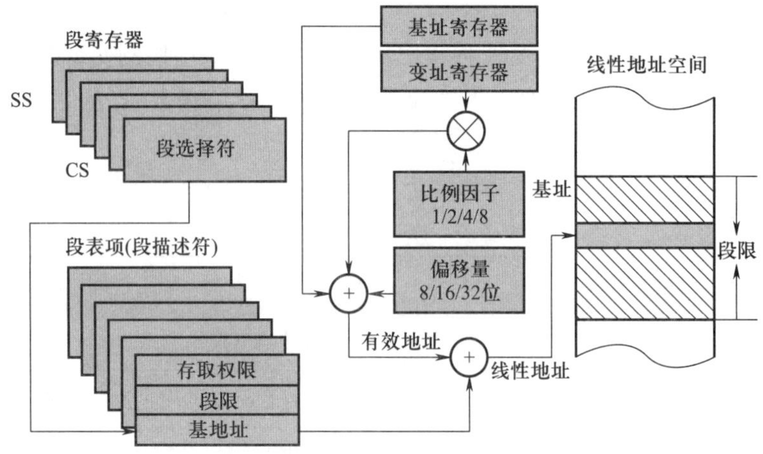

图 4.7 IA-32 处理器线性地址形成过程

4.4 ARMv8 架构及程序的机器级表示

不管用什么高级语言编写的源程序，最终都必须翻译（汇编、解释或编译）成以指令形式表示的机器语言，才能在计算机中运行。本节简单介绍将高级语言源程序转换为机器代码过程中涉及的一些基本问题。为方便起见，本节选择具体语言进行说明，高级语言和机器语言分别选用 C 语言和 ARMv8-A64 指令系统。对于其他指令系统，其基本原理不变。

为简化对指令功能的说明，本节将采用寄存器传输语言（register transfer language，RTL）描述指令功能。本书 RTL 规定：R[r] 表示通用寄存器 r 的内容，M[addr] 表示存储单元 addr 的内容；M[R[r]] 表示寄存器 r 的内容所指存储单元的内容；PC 表示 PC 的内容，M[PC] 表示 PC 所指存储单元的内容；SEXT[imm] 表示对 imm 进行符号扩展，ZEXT[imm] 表示对 imm 进行零扩展；传送方向用←表示，即传送源在右，传送目的在左。

4.4.1 ARMv8 指令系统及其汇编表示

机器语言程序是一个由若干条指令组成的序列。从前面对指令格式的介绍可知，每条指令由若干字段组成，每个字段是一串由 0、1 组成的二进制数字序列。因此，要读懂一个机器语言程序很费劲，也很难用机器语言直接编写程序。

为了能直观地表示机器语言程序，引入了一种与机器语言对应的符号化表示语言，称为汇编语言。以下简要介绍 ARMv8 指令系统及其汇编语言表示。

1. ARMv8 指令系统概述

ARM 属于 RISC 架构指令系统。ARMv8 架构诞生于 2011 年，支持 64 位和 32 位两种执行状态，分别称为 AArch64 和 AArch32。ARMv8 实现了向后兼容，即 AArch32 执行态兼容 ARMv7 以前的架构。AArch64 执行态对应的指令集称为 A64 指令集，AArch32 执行态支持 A32 和 T32 指令集。目前 ARM 架构已经发展到 ARMv9，但它和 ARMv8 没有本质不同，因此本书仍然以 ARMv8 为例进行介绍。

与 ARMv7 及之前的 ARM 架构相比，ARMv8 架构的主要特点或者变化如下。

① 提出了全新的 A64 指令集。

② 提供 31 个 64 位通用寄存器，其中 X30 用作过程链接寄存器。

③ 提供 64 位程序计数器（PC）、栈指针（SPs）和异常链接寄存器（ELRs）。

④ 定义了 ARMv8 异常模型，包括 4 个异常级别 EL0～EL3，提供了一个执行特权层次结构。

⑤ 提供对 64 位虚拟寻址的支持。

⑥ 定义了用于保存处理器状态的 PSTATE 数据结构（逻辑寄存器）。

⑦ 不管是 AArch32 执行态还是 AArch64 执行态，都支持向量和浮点指令。

⑧ 每个系统寄存器使用一个后缀来表示可以访问该寄存器的最低异常级别。

到目前为止，共有 3 种 ARM 架构类型，分别为 A 系列（application）、R 系列（real-time）、M 系列（microcontroller）。本书介绍的 ARMv8 架构默认为 A 系列，即 ARMv8-A，下面主要介绍其中的 A64 指令集中的基本指令集（A64 Base）相关内容，对浮点和向量指令集感兴趣的读者可以参考 ARMv8 架构手册。

ARMv8 的指令数量繁多，本教材选取了 A64 Base 中部分具有代表性的指令形成三张指令参考卡，如表 4.3～表 4.5 所示。指令参考卡①中描述的是立即数或寄存器型的数据处理（data processing）指令；指令参考卡②中描述的是控制转移（branch）和系统控制（system control）指令；指令参考卡③中描述的是存储器访问指令（Load/Store）。每个指令参考卡中的指令分成了多个功能类型（type），每个类型包含多条指令。例如，指令参考卡①中，包含 PC 相对地址计算（PC-relative address calculation）、算术运算（arithmetic）、逻辑运算（logical）、移位（shift）、位操作（bit operation）、传送（move）、字段传送（bitfield move）、条件比较（conditional comparison）等功能类型的指令。对每条指令的说明包括指令的功能描述（description）、格式（format）和汇编指令助记符表示（mnemonic）。在参考卡的指令功能描述和助记符表示中，用 {} 表示可选部分内容，用 ( ) 表示必选其一。

汇编指令中用容易记忆的英文单词或缩写来表示指令操作码的含义，这些英文单词或其缩写称为助记符。例如，汇编指令“ASRV Rd，Rn，Rm”中的“ASRV”就是算术右移可变位数（arithmetic shift right variable）指令的助记符。助记符也可用小写字母表示，例如，上述汇编指令也可以写成“asrv rd，rn，rm”。其他相关指令的功能将在后续对应章节中介绍。

表 4.3　ARM 指令参考卡①：数据处理指令

指令类型	助记符表示	指令格式	功能描述
PC 相对地址计算	ADR{P} Rd, label	IMM	PC 相对地址计算 { 偏移量以 4KB 页面为单位 }
算术运算	ADD{S} Rd, Rn, #imm{, shift}	IMM	加 {, 设置标志位 }
	ADD{S} Rd, Rn, Rm{, shift #amount}	REG	
	ADD{S} Rd, Rn, Rm{, extend #amount}	REG	
	ADC{S} Rd, Rn, Rm	REG	带进位加 {, 设置标志位 }
	SUB{S} Rd, Rn, #imm{, shift}	IMM	减 {, 设置标志位 }
	SUB{S} Rd, Rn, Rm{, shift #amount}	REG	
	SUB{S} Rd, Rn, Rm{, extend #amount}	REG	
	SBC{S} Rd, Rn, Rm	REG	带进位减 {, 设置标志位 }
	MADD Rd, Rn, Rm, Ra	REG	乘加
	(S|U)MADDL Rd, Rn, Rm, Ra	REG	(有符号 | 无符号) 长整型乘加
	MSUB Rd, Rn, Rm, Ra	REG	乘减
	(S|U)MSUBL Rd, Rn, Rm, Ra	REG	(有符号 | 无符号) 长整型乘减
	(S|U)MULH Rd, Rn, Rm	REG	(有符号 | 无符号) 乘，取 128 位乘积的高 64 位
	(S|U)DIV Rd, Rn, Rm	REG	(有符号 | 无符号) 除
逻辑运算	AND{S} Rd, Rn, #imm	IMM	按位与 {, 设置标志位 }
	AND{S} Rd, Rn, Rm{, shift #amount}	REG	
	ORR Rd, Rn, #imm	IMM	按位或
	ORR Rd, Rn, Rm{, shift #amount}	REG	

续表

指令类型	助记符表示	指令格式	功能描述
逻辑运算	EOR Rd, Rn, #imm	IMM	按位异或
	EOR Rd, Rn, Rm{, shift #amount}	REG	
	BIC{S} Rd, Rn, Rm{, shift #amount}	REG	按位清除 {, 设置标志位 }
	ORN Rd, Rn, Rm{, shift #amount}	REG	按位或非
	EON Rd, Rn, Rm{, shift #amount}	REG	按位异或非
移位操作	ASRV Rd, Rn, Rm	REG	算术右移
	LSL Rd, Rn, Rm	REG	逻辑左移
	LSR Rd, Rn, Rm	REG	逻辑右移
	ROR Rd, Rn, Rm	REG	循环右移
位操作	CL(S|Z) Rd, Rn	REG	计算前导位 (符号标志位 | 零标志位)
	RBIT Rd, Rn	REG	位顺序反转
	REV Rd, Rn	REG	字节顺序反转
	REV(16|32) Rd, Rn	REG	半字或字 (16|32 位) 内字节顺序反转
传送	MOV(Z|N|K) Rd, #imm{, LSL #shift}	IMM	将 16 位立即数传送到寄存器，其他位 (置零 | 取反 | 不变)
位传送	(S|U)BFM Rd, Rn, #immr, #imms	IMM	(有符号 | 无符号) 位传送
条件比较	CCM(N|P) Rn, Rm, #nzcv, cond	REG	条件选择设置标志位 (根据条件选择按寄存器与立即数 (取反 | 原值) 比较结果，或按立即数 (取反 | 原值) 设置标志位)
	CCM(N|P) Rn, #imm, #nzcv, cond	REG	
条件选择	CS(EL|INC|INV|NEG) Rd, Rn, Rm, cond	REG	条件选择返回 Rn 或 Rm(原值 | 增量 | 取反 | 取负)
寄存器提取	EXTR Rd, Rn, Rm, #lsb	IMM	从一对寄存器中提取寄存器长度内容，写入目的寄存器
循环冗余校验	CRC32{C}(B|H|W|X) Rd, Rn, Rm	REG	(字节 | 半字 | 字 | 双字)CRC32 循环冗余校验

表 4.4　ARM 指令参考卡②：分支和系统控制指令

指令类型	助记符表示	指令格式	功能描述
条件分支	B.cond label	BR	条件分支
	CB{N}Z Rt, label	BR	寄存器比较 { 不 } 为零跳转
	TB{N}Z Rt, #imm, label	BR	测试位比较 { 不 } 为零跳转
无条件跳转	B label	BR	无条件跳转
	BL label	BR	跳转并链接
	BLR Rn	BR	跳转到寄存器目标地址，并链接
	BR Rn	BR	跳转到寄存器目标地址
	RET{Rn}	BR	返回 { 到寄存器目标地址 }
异常	(SV|HV|SM)C #imm	SYS	(监督|超级监督|安全监控)调用，即supervisor call、hypervisor call、secure monitor call
	BRK #imm	SYS	断点指令
	HLT #imm	SYS	停机指令
	ERET	SYS	异常返回
	DCPS(1|2|3) {#imm}	SYS	调试，PE 态转为 EL(1|2|3)
	DRPS	SYS	调试，恢复进程状态
系统	SYS #op1, Cn, Cm, #op2{, Rt}	SYS	系统指令
	SYSL Rt, #op1, Cn, Cm, #op2	SYS	系统指令 (包含结果)
系统寄存器传送	MSR (systemreg|Sop0_op1_Cn_Cm_op2), Rt	SYS	传送通用寄存器内容到系统寄存器
	MSR pstatefield, #imm	SYS	传送立即数到特殊寄存器
	MRS Rt, (systemreg|Sop0_op1_Cn_Cm_op2)	SYS	传送系统寄存器内容至通用寄存器
提示	HINT #imm	SYS	指令空间中保留的提示指令
	NOP	SYS	空操作
	YIELD	SYS	可放弃提示
	WF(E|I)	SYS	等待 (事件 | 中断)
	SEV{L}	SYS	发送事件 { 本地 }
屏障	DMB option|#imm	SYS	数据存储器屏障
	ISB{option|#imm}	SYS	指令同步屏障
	SB	SYS	推断屏障
	DSB option|#imm	SYS	数据同步屏障
	{P}SSBB	SYS	{ 物理 } 推断存储旁路屏障
	CSDB	SYS	推断数据屏障
清除占用	CLREX {#imm}	SYS	清除占用

表 4.5 ARM 指令参考卡③：存储访问指令

<table>
<tr><th>指令类型</th><th>助记符表示</th><th>指令格式</th><th>功能描述</th></tr>
<tr><td rowspan="21">读存储器</td><td>LDXP Rt1, Rt2, [Rn{, #0}]</td><td>LD</td><td>独占读，从存储器中读取两个字或双字并写入两个寄存器</td></tr>
<tr><td>LDXR(|B|H) Rt, [Rn{, #0}]</td><td>LD</td><td>独占读，从存储器中读取字或双字(字节|半字)并写入寄存器，对字节或半字进行零扩展</td></tr>
<tr><td>LDP{SW} Rt1, Rt2, [Rn], #imm</td><td>LD</td><td rowspan="3">从存储器中读取两个字或双字并写入两个寄存器，SW 表示对读取的字进行符号扩展</td></tr>
<tr><td>LDP{SW} Rt1, Rt2, [Rn, #imm]!</td><td>LD</td></tr>
<tr><td>LDP{SW} Rt1, Rt2, [Rn{, #imm}]</td><td>LD</td></tr>
<tr><td>LDR Rt, [Rn], #simm</td><td>LD</td><td rowspan="5">从存储器中读取双字并写入目的寄存器</td></tr>
<tr><td>LDR Rt, [Rn, #simm]!</td><td>LD</td></tr>
<tr><td>LDR Rt, [Rn{, #pimm}]</td><td>LD</td></tr>
<tr><td>LDR Rt, label</td><td>LD</td></tr>
<tr><td>LDR Rt, [Rn, Rm{, extend {#amount}}]</td><td>LD</td></tr>
<tr><td>LDR{S}(B|H) Rt, [Rn], #simm</td><td>LD</td><td rowspan="5">从存储器中读取字节或半字并写入目的寄存器，无 S 表示对字节或半字进行零扩展，有 S 表示符号扩展</td></tr>
<tr><td>LDR{S}(B|H) Rt, [Rn, #simm]!</td><td>LD</td></tr>
<tr><td>LDR{S}(B|H) Rt, [Rn{, #pimm}]</td><td>LD</td></tr>
<tr><td>LDR{S}(B|H) Rt, [Rn, Rm{, extend {#amount}}]</td><td>LD</td></tr>
<tr><td>LDR{S}B Rt, [Rn, Rm{, LSL {#amount}}]</td><td>LD</td></tr>
<tr><td>LDRSW Rt, [Rn], #simm</td><td>LD</td><td rowspan="5">从存储器中读取字并进行符号扩展后写入目的寄存器</td></tr>
<tr><td>LDRSW Rt, [Rn, #simm]!</td><td>LD</td></tr>
<tr><td>LDRSW Rt, [Rn{, #pimm}]</td><td>LD</td></tr>
<tr><td>LDRSW Rt, [Rn, Rm{, extend {#amount}}]</td><td>LD</td></tr>
<tr><td>LDRSW Rt, label</td><td>LD</td></tr>
<tr><td>LDTR(|B|H) Rt, [Rn{, #simm}]</td><td>LD</td><td rowspan="2">无特权读，从存储器中读取双字(字节|半字)并写入目的寄存器，无 S 表示零扩展，有 S 表示符号扩展</td></tr>
<tr><td></td><td>LDTRS(B|H|W) Rt, [Rn{, #simm}]</td><td>LD</td></tr>
</table>

续表

<table>
<tr><th>指令类型</th><th>助记符表示</th><th>指令格式</th><th>功能描述</th></tr>
<tr><td rowspan="6">读存储器</td><td>LDUR(|B|H) Rt, [Rn{, #simm}]</td><td>LD</td><td rowspan="2">从存储器中读取双字（字节 | 半字）并写入目的寄存器，非对齐访问，无 S 表示零扩展，有 S 表示符号扩展</td></tr>
<tr><td>LDURS(B|H|W) Rt, [Rn{, #simm}]</td><td>LD</td></tr>
<tr><td>PRFM (prfop|#imm5), [Rn{, #pimm}]</td><td>LD</td><td rowspan="4">存储器预取</td></tr>
<tr><td>PRFM (prfop|#imm5), label</td><td>LD</td></tr>
<tr><td>PRFM (prfop|#imm5), [Rn, Rm{, extend {#amount}}]</td><td>LD</td></tr>
<tr><td>(prfop|#imm5), [Rn{, #simm}]</td><td>LD</td></tr>
<tr><td rowspan="12">写存储器</td><td>STXP Rs, Rt1, Rt2, [Rn{, #0}]</td><td>ST</td><td>独占写，将两个寄存器中的字或双字写入存储器</td></tr>
<tr><td>STXR(|B|H) Rs, Rt, [Rn{, #0}]</td><td>ST</td><td>独占写，将寄存器中的字或双字（字节 | 半字）写入存储器</td></tr>
<tr><td>STP Rt1, Rt2, [Rn], #imm</td><td>ST</td><td rowspan="3">将两个寄存器中的字或双字写入存储器</td></tr>
<tr><td>STP Rt1, Rt2, [Rn, #imm]!</td><td>ST</td></tr>
<tr><td>STP Rt1, Rt2, [Rn{, #imm}]</td><td>ST</td></tr>
<tr><td>STR(|B|H) Rt, [Rn], #simm</td><td>ST</td><td rowspan="5">将寄存器中的字或双字（字节 | 半字）写入存储器</td></tr>
<tr><td>STR(|B|H) Rt, [Rn, #simm]!</td><td>ST</td></tr>
<tr><td>STR(|B|H) Rt, [Rn{, #pimm}]</td><td>ST</td></tr>
<tr><td>STR(|B|H) Rt, [Rn, Rm{, extend {#amount}}]</td><td>ST</td></tr>
<tr><td>STRB Rt, [Rn, Rm{, LSL {#amount}}]</td><td>ST</td></tr>
<tr><td>STTR(|B|H) Rt, [Rn{, #simm}]</td><td>ST</td><td>无特权写，将寄存器中的字或双字（字节 | 半字）写入存储器</td></tr>
<tr><td>STUR(|B|H) Rt, [Rn{, #simm}]</td><td>ST</td><td>将寄存器中字或双字（字节 | 半字）写入存储器，非对齐访问</td></tr>
</table>

2. ARMv8 指令格式

如图 4.8 所示，ARMv8-A64 采用 32 位定长指令字格式，根据指令的功能特点主要分为 5 大类指令格式：IMM 型为立即数型数据处理指令，REG 型为寄存器型数据处理指令，BR 型为控制转移指令，SYS 型为系统控制指令，LD/ST 型为存储器取数 / 存数指令。每类指令格式至少有两种变体，最多可达 6 种。

<table>
<tr><td>31</td><td>30</td><td>29</td><td>28</td><td>27</td><td>26</td><td>25</td><td>24</td><td>23</td><td>22</td><td>21</td><td>20</td><td>19</td><td>18</td><td>17</td><td>16</td><td>15</td><td>14</td><td>13</td><td>12</td><td>11</td><td>10</td><td>9</td><td>8</td><td>7</td><td>6</td><td>5</td><td>4</td><td>3</td><td>2</td><td>1</td><td>0</td></tr>
<tr><td>op</td><td colspan="2">immlo</td><td>1</td><td>0</td><td>0</td><td>0</td><td>0</td><td colspan="19">immhi</td><td colspan="5">Rd</td></tr>
<tr><td>sf</td><td colspan="2">opc</td><td>1</td><td>0</td><td>0</td><td>1</td><td>0</td><td>1</td><td colspan="2">hw</td><td colspan="16">imm16</td><td colspan="5">Rd</td></tr>
<tr><td>sf</td><td>op</td><td>S</td><td>1</td><td>0</td><td>0</td><td>0</td><td>1</td><td>0</td><td>sh</td><td colspan="12">imm12</td><td colspan="5">Rn</td><td colspan="5">Rd</td></tr>
<tr><td>sf</td><td colspan="2">op21</td><td>1</td><td>0</td><td>0</td><td>1</td><td>1</td><td>1</td><td>N</td><td>o0</td><td colspan="5">Rm</td><td colspan="6">imms</td><td colspan="5">Rn</td><td colspan="5">Rd</td></tr>
<tr><td>sf</td><td colspan="2">opc</td><td>1</td><td>0</td><td>0</td><td>1</td><td>0/1</td><td>0</td><td>N</td><td colspan="6">immr</td><td colspan="6">imms</td><td colspan="5">Rn</td><td colspan="5">Rd</td></tr>
</table>

(a) 数据处理指令:IMM型

<table>
<tr><td>31</td><td>30</td><td>29</td><td>28</td><td>27</td><td>26</td><td>25</td><td>24</td><td>23</td><td>22</td><td>21</td><td>20</td><td>19</td><td>18</td><td>17</td><td>16</td><td>15</td><td>14</td><td>13</td><td>12</td><td>11</td><td>10</td><td>9</td><td>8</td><td>7</td><td>6</td><td>5</td><td>4</td><td>3</td><td>2</td><td>1</td><td>0</td></tr>
<tr><td>sf</td><td>1</td><td>S</td><td>1</td><td>1</td><td>0</td><td>1</td><td>0</td><td>1</td><td>1</td><td>0</td><td colspan="5">opc2</td><td colspan="6">opc</td><td colspan="5">Rn</td><td colspan="5">Rd</td></tr>
<tr><td>sf</td><td>op</td><td>S</td><td>1</td><td>1</td><td>0</td><td>1</td><td>0</td><td>0/1</td><td>0/1</td><td>0</td><td colspan="5">Rm</td><td colspan="6">opc</td><td colspan="5">Rn</td><td colspan="5">Rd</td></tr>
<tr><td>sf</td><td colspan="2">opc/op+S</td><td>0</td><td>1</td><td>0</td><td>1</td><td>0/1</td><td colspan="2">shift</td><td>N/0</td><td colspan="5">Rm</td><td colspan="6">imm6</td><td colspan="5">Rn</td><td colspan="5">Rd</td></tr>
<tr><td>sf</td><td>op</td><td>S</td><td>0</td><td>1</td><td>0</td><td>1</td><td>1</td><td colspan="2">opt</td><td>1</td><td colspan="5">Rm</td><td colspan="3">option</td><td colspan="3">imm3</td><td colspan="5">Rn</td><td colspan="5">Rd</td></tr>
<tr><td>sf</td><td>op</td><td>S</td><td>1</td><td>1</td><td>0</td><td>1</td><td>0</td><td>0/1</td><td>0/1</td><td>0</td><td colspan="5">Rm/imm5</td><td colspan="4">cond</td><td colspan="2">op2</td><td colspan="5">Rn</td><td colspan="5">Rd</td></tr>
<tr><td>sf</td><td colspan="2">op54</td><td>1</td><td>1</td><td>0</td><td>1</td><td>1</td><td colspan="3">op31</td><td colspan="5">Rm</td><td>o0</td><td colspan="5">Ra</td><td colspan="5">Rn</td><td colspan="5">Rd</td></tr>
</table>

(b) 数据处理指令:REG型

<table>
<tr><td>31</td><td>30</td><td>29</td><td>28</td><td>27</td><td>26</td><td>25</td><td>24</td><td>23</td><td>22</td><td>21</td><td>20</td><td>19</td><td>18</td><td>17</td><td>16</td><td>15</td><td>14</td><td>13</td><td>12</td><td>11</td><td>10</td><td>9</td><td>8</td><td>7</td><td>6</td><td>5</td><td>4</td><td>3</td><td>2</td><td>1</td><td>0</td></tr>
<tr><td>0</td><td>1</td><td>0</td><td>1</td><td>0</td><td>1</td><td>0</td><td>o1</td><td colspan="19">imm19</td><td>o0</td><td colspan="4">cond</td></tr>
<tr><td>1</td><td>1</td><td>0</td><td>1</td><td>0</td><td>1</td><td>1</td><td colspan="4">opc</td><td colspan="5">op2</td><td colspan="6">op3</td><td colspan="5">Rn</td><td colspan="5">op4</td></tr>
<tr><td>op</td><td>0</td><td>0</td><td>1</td><td>0</td><td>1</td><td colspan="26">imm26</td></tr>
<tr><td>sf</td><td>0</td><td>1</td><td>1</td><td>0</td><td>1</td><td>0</td><td>op</td><td colspan="19">imm19</td><td colspan="5">Rt</td></tr>
<tr><td>b5</td><td>0</td><td>1</td><td>1</td><td>0</td><td>1</td><td>1</td><td>op</td><td colspan="5">b40</td><td colspan="14">imm14</td><td colspan="5">Rt</td></tr>
</table>

(c) 控制转移指令:BR型

<table>
<tr><td>31</td><td>30</td><td>29</td><td>28</td><td>27</td><td>26</td><td>25</td><td>24</td><td>23</td><td>22</td><td>21</td><td>20</td><td>19</td><td>18</td><td>17</td><td>16</td><td>15</td><td>14</td><td>13</td><td>12</td><td>11</td><td>10</td><td>9</td><td>8</td><td>7</td><td>6</td><td>5</td><td>4</td><td>3</td><td>2</td><td>1</td><td>0</td></tr>
<tr><td>1</td><td>1</td><td>0</td><td>1</td><td>0</td><td>1</td><td>0</td><td>0</td><td colspan="3">opc</td><td colspan="16">imm16</td><td colspan="3">op2</td><td colspan="2">LL</td></tr>
<tr><td>1</td><td>1</td><td>0</td><td>1</td><td>0</td><td>1</td><td>0</td><td>1</td><td>0</td><td>0</td><td>L</td><td colspan="2">op0</td><td colspan="3">op1</td><td colspan="4">CRn</td><td colspan="4">CRm</td><td colspan="3">op2</td><td colspan="5">Rt</td></tr>
</table>

(d) 系统控制指令:SYS型

<table>
<tr><td>31</td><td>30</td><td>29</td><td>28</td><td>27</td><td>26</td><td>25</td><td>24</td><td>23</td><td>22</td><td>21</td><td>20</td><td>19</td><td>18</td><td>17</td><td>16</td><td>15</td><td>14</td><td>13</td><td>12</td><td>11</td><td>10</td><td>9</td><td>8</td><td>7</td><td>6</td><td>5</td><td>4</td><td>3</td><td>2</td><td>1</td><td>0</td></tr>
<tr><td colspan="2">opc</td><td>0</td><td>1</td><td>1</td><td>V</td><td>0</td><td>0</td><td colspan="14">imm19</td><td colspan="5"></td><td colspan="5">Rt</td></tr>
<tr><td colspan="2">size</td><td>0</td><td>0</td><td>1</td><td>0</td><td>0</td><td>0</td><td>o2</td><td>L</td><td>o1</td><td colspan="5">Rs</td><td>o0</td><td colspan="5">Rt2</td><td colspan="5">Rn</td><td colspan="5">Rt</td></tr>
<tr><td colspan="2">opc</td><td>1</td><td>0</td><td>1</td><td>V</td><td>0</td><td>0/1</td><td>0/1</td><td>L</td><td colspan="7">imm7</td><td colspan="5">Rt2</td><td colspan="5">Rn</td><td colspan="5">Rt</td></tr>
<tr><td colspan="2">size</td><td>1</td><td>1</td><td>1</td><td>V</td><td>0</td><td>0</td><td colspan="2">opc</td><td>0</td><td colspan="9">imm9</td><td>0/1</td><td>0/1</td><td colspan="5">Rn</td><td colspan="5">Rt</td></tr>
<tr><td colspan="2">size</td><td>1</td><td>1</td><td>1</td><td>V</td><td>0</td><td>0</td><td colspan="2">opc</td><td>1</td><td colspan="5">Rm</td><td colspan="3">option</td><td>S</td><td>1</td><td>0</td><td colspan="5">Rn</td><td colspan="5">Rt</td></tr>
<tr><td colspan="2">size</td><td>1</td><td>1</td><td>1</td><td>V</td><td>0</td><td>1</td><td colspan="2">opc</td><td colspan="7">imm12</td><td colspan="5"></td><td colspan="5">Rn</td><td colspan="5">Rt</td></tr>
</table>

(e) 存储访问指令:LD/ST型

图 4.8　ARMv8-A64 Base 指令格式

从图 4.8 可看出，ARMv8-A64 指令中操作码长度可变，没有专门的寻址方式字段，而是由指令格式确定各操作数的寻址方式。操作码（opcode）字段主要位于指令字 Instr<31:0> 中的高位部分 Instr<31:21>，其中包括 sf、op、S、sh、N、V、o0、o1 等 1 位宽的子字段，以及 hw、opc、shift、size 等多位宽的子字段，每个子字段的编码确定指令的某个功能。例如，在 REG 型数据处理指令中，shift 子字段给出寄存器操作数的移位方式，00 为逻辑左移，01 为逻辑右移，10 为算术右移，11 为循环右移；在 IMM 型数据处理指令中，sh 位指明立即数是否左移 12 位，hw 位给出立即数左移位数（0、16、32、48 位）。字段 R*x* 给出通用寄存器编号，因为 64 位 ARMv8 架构共有 31 个 64 位通用寄存器（编号为 0~30，当编号为 31 号时表示 0 寄存器，即读出结果恒为 0，写操作忽略，0 寄存器无须实现物理寄存器），因而通用寄存器编号占 5 位。字段 sf=0 表示处理的是 32 位数据，对应的寄存器汇编表示为 W0~W30；sf=1 表示处理的是 64 位数据，对应的寄存器汇编表示为 X0~X30。含 imm 的字段、b5 和 b40 给出的是一个立即数。

3. ARMv8 的标志信息

ARMv8 指令格式中的 cond 字段给出条件判断类型，如表 4.6 所示，其中，第 3 列“标志”中 Z 表示零标志，C 表示进位 / 借位标志，N 表示符号标志，V 表示溢出标志。第 1 列“操作码”指 cond 字段编码，4 位编码共有 16 种情况，其中，当操作码为 0000~1101 时，需要根据当前程序执行所生成的标志位 N、Z、C、V 是否满足条件，来确定是否执行指令；当操作码为 1110 时，不管标志位是什么都要执行指令。例如，对于跳转指令，如果操作码为 1110，则默认为无条件执行跳转；当操作码为 1111 时，不管标志位是什么都不会执行指令。当前处理器状态信息（如标志位 N、Z、C、V）在 AArch32 执行状态下保存在当前程序状态寄存器（CPSR）中，在 AArch64 执行状态下则保存在名为 PSTATE 的状态寄存器中。PSTATE 可以看成是保存当前处理器状态信息的逻辑寄存器或者一组状态信息的统称。这些状态信息实际上被分类存储在多个物理寄存器中。

表 4.6　cond 字段的含义

操作码	条件助记符	标志	含义
0000	EQ	Z＝1	相等
0001	NE	Z＝0	不相等
0010	CS/HS	C＝1	无符号数大于或等于
0011	CC/LO	C＝0	无符号数小于
0100	MI	N＝1	负数
0101	PL	N＝0	正数或零
0110	VS	V＝1	溢出

续表

操作码	条件助记符	标志	含义
0111	VC	V = 0	没有溢出
1000	HI	C = 1, Z = 0	无符号数大于
1001	LS	C = 0, Z = 1	无符号数小于或等于
1010	GE	N = V	有符号数大于或等于
1011	LT	N! = V	有符号数小于
1100	GT	Z = 0, N = V	有符号数大于
1101	LE	Z = 1, N! = V	有符号数小于或等于
1110	AL	任何	无条件执行 (指令默认条件)
1111	NV	任何	从不执行 (不要使用)

需要注意的是，ARM 架构中标志 C 的含义与表 4.1 中所示的 Intel 架构中的 CF 标志的含义不同。在 ARM 中，对于减法指令（包括比较指令 CMP），如果产生借位，则 C=0；否则 C=1。而在 Intel 架构中，减法运算有借位时 CF=1；否则 CF=0。做减法时，两者的取值是相反的。因此，表 4.1 和表 4.6 中表示的转移条件有一些不一致。

4. ARMv8 指令的汇编与反汇编

表 4.7 和表 4.8 分别是 ARMv8-A64 汇编语言和机器代码示例列表。表 4.7 中列出了常用的 5 类指令：算术运算、存储访问、逻辑运算、条件分支、无条件转移。每类中给出最具代表性的指令的名称、汇编形式示例、含义和文字说明。

表 4.7　ARMv8 汇编指令示例列表

指令类型	指令	汇编举例	含义	备注
算术运算	add	ADD X1, X2, X3	R[X1] ← R[X2]+R[X3]	三个寄存器操作数
	substract	SUB X1, X2, X3	R[X1] ← R[X2]−R[X3]	三个寄存器操作数
	add immediate	ADD X1, X2, #20	R[X1] ← R[X2]+20	用于加常数
	substract immediate	SUB X1, X2, #20	R[X1] ← R[X2]−20	用于减常数
	add and set flags	ADDS X1, X2, X3	R[X1] ← R[X2]+R[X3]	加法，设置标志位
	substract and set flags	SUBS X1, X2, X3	R[X1] ← R[X2]−R[X3]	减法，设置标志位
	add immediate and set flags	ADDS X1, X2, #20	R[X1] ← R[X2]+20	加常数，设置标志位
	substract immediate and set flags	SUBS X1, X2, #20	R[X1] ← R[X2]−20	减常数，设置标志位

续表

指令类型	指令	汇编举例	含义	备注
逻辑运算	and	AND X1, X2, X3	R[X1] ← R[X2]&R[X3]	三个寄存器操作数，按位与
	inclusive or	ORR X1, X2, X3	R[X1] ← R[X2] | R[X3]	三个寄存器操作数，按位或
	exclusisve or	EOR X1, X2, X3	R[X1] ← R[X2] ^ R[X3]	三个寄存器操作数，按位异或
	and immediate	AND X1, X2, #20	R[X1] ← R[X2] & 20	寄存器数和常数按位与
	inclusive or immediate	ORR X1, X2, #20	R[X1] ← R[X2] | 20	寄存器数和常数按位或
	exclusisve or immediate	EOR X1, X2, #20	R[X1] ← R[X2] ^ 20	寄存器数和常数按位异或
	logical shift left	LSL X1, X2, X3	R[X1] ← R[X2]<<R[X3]	逻辑左移，移位数由 X3 低 6 位确定
	logical shift right	LSR X1, X2, X3	R[X1] ← R[X2]>>R[X3]	逻辑右移，移位数由 X3 低 6 位确定
存储访问	load register	LDUR X1, [X2, #40]	R[X1] ← M[R[X2]+40]	将双字从存储器取到寄存器
	store register	STUR X1, [X2, #40]	M[R[X2]+40] ← R[X1]	将双字从寄存器存入存储器
	load signed word	LDURSW X1, [X2, #40]	R[X1] ← M[R[X2]+40]	将一个带符号字从存储器取到寄存器
	store word	STUR W1, [X2, #40]	M[R[X2]+40] ← R[W1]	将一个字从寄存器存入存储器
	load half word	LDURH X1, [X2, #40]	R[X1] ← M[R[X2]+40]	将无符号半字从存储器取到寄存器
	store half word	STURH W1, [X2, #40]	M[R[X2]+40] ← R[W1]	将半字从寄存器存入存储器
	load byte	LDURB X1, [X2, #40]	R[X1] ← M[R[X2]+40]	将无符号字节从存储器取到寄存器
	store byte	STURB W1, [X2, #40]	M[R[X2]+40] ← R[W1]	将一个字节从寄存器存入存储器
	move wide with zero	MOVZ X1, #20, LSL #16	R[X1] ← 0…0||20||0…0	将 16 位常数置于目的寄存器中，使其最低有效位 lsb 位于寄存器中第 16 位，其余位为 0
	move wide with keep	MOVK X1, #20, LSL #32	R[X1] ← R[X1]<63:48> ||20|| R[X1]<31:0>	将 16 位常数置于目的寄存器中，使其 lsb 位于寄存器中第 32 位，目的寄存器中其余位不变

续表

指令类型	指令	汇编举例	含义	备注
条件分支	compare and branch on equal 0	CBZ X1, 25	if (R[X1]==0) go to PC+100	等于0时跳转；PC相对跳转，偏移量为形式地址的4倍
	compare and branch on not equal 0	CBNZ X1, 25	if (R[X1] != 0) go to PC+100	不等于0时跳转；PC相对跳转，偏移量为形式地址的4倍
	branch conditionally	B.cond 25	if (condition true) go to PC+100	检测标志位；结果为真则跳转，偏移量为形式地址的4倍
无条件分支（跳转）	branch	B 2500	go to PC+10000	跳转到目标地址；PC相对跳转，偏移量为形式地址的4倍
	branch to register	BR X30	go to R[X30]	用于switch语句，过程返回
	branch and link	BL 2500	R[X30] ← PC+4; go to PC+10000	用于PC相关的过程调用，偏移量为形式地址的4倍

注：(1) 当指令的汇编形式表示中有立即数时，可以在立即数前加上#也可以不加，但如果该立即数表示目标地址，则不能加。此外，表中为了说明指令的立即数字段给出的形式地址与偏移量之间的关系，在汇编形式表示中给出的是形式地址，实际的汇编指令中给出的通常是跳转目标地址。

(2) 符号 || 表示位串拼接。

表4.8中给出了常用指令的机器代码示例，分别包括操作码汇编助记符、指令格式类型、指令各字段的十进制值和对应的汇编表示。

表 4.8　ARMv8 机器指令示例列表

指令名称	指令格式	指令举例						备注
ADD	REG	1112	3	0		2	1	ADD X1, X2, X3
SUB	REG	1624	3	0		2	1	SUB X1, X2, X3
ADD immediate	IMM	580	100			2	1	ADD X1, X2, #100
SUB immediate	IMM	836	100					SUB X1, X2, #100
ADDS	REG	1368	3	0		2	1	ADDS X1, X2, X3
SUBS	REG	1880	3	0		2	1	SUBS X1, X2, X3
AND	REG	1104	3	0		2	1	AND X1, X2, X3
ORR	REG	1360	3	0		2	1	ORR X1, X2, X3
LSL	REG	1238	3	2	0	2	1	LSL X1, X2, X3
LSR	REG	1238	3	2	1	2	1	LSR X1, X2, X3

续表

指令名称	指令格式	指令举例						备注
LDUR	LD/ST	1986	100		0	2	1	LDUR X1, [X2, #100]
STUR	LD/ST	1984	100		0	2	1	STUR X1, [X2, #100]
CBZ	BR	180	25				1	CBZ X1, 25
CBNZ	BR	181	25				1	CBNZ X1, 25
FIELD size		11/10 /8 b	5 b	5/4 b	2 b	5 b	5 b	所有 ARM 指令长度都是 32 位
REG−format	REG	opcode	Rm	shamt		Rn	Rd	寄存器型指令格式
IMM−format	IMM	opcode	immediate			Rn	Rd	立即数型指令格式
LD/ST−format	LD/ST	opcode	address		op2	Rn	Rt	存储访问型指令格式
BR−format	BR	opcode	address				Rt	条件分支型指令格式

注：shamt 字段表示对寄存器操作数 Rm 移位的位数。

从表 4.7 和表 4.8 可明显看出机器代码和汇编表示的一一对应关系。根据机器代码和汇编表示之间的对应表（称为指令解码表），可以很容易地实现两者的转换。从汇编表示转换为机器代码的过程称为汇编，从机器代码转换为汇编表示的过程称为反汇编。

例 4.3 若从 ARMv8−A64 指令机器代码与汇编表示对应表中查出操作码（opcode 字段）100 0101 1000 对应 REG 类型的 ADD 指令。回答下列问题。

（1）汇编表示“ADD X8, X7, X2”对应的 ARMv8 指令的机器代码是什么？

（2）假定一条 ARMv8 指令的二进制机器代码表示为 1000 1011 0001 0000 0000 0000 0110 0101，则该指令对应的 ARMv8 汇编表示形式是什么？

解：汇编和反汇编过程依赖于解码表进行，只要通过查表就可实现指令的机器代码和汇编表示之间的转换。

（1）由表 4.8 可知，REG 型 ADD 指令对应的 opcode 字段为 1112，即二进制 100 0101 1000，而寄存器 X8、X7 和 X2 的编号分别为 8、7 和 2。因此，得到该指令各字段的值如图 4.9 所示。

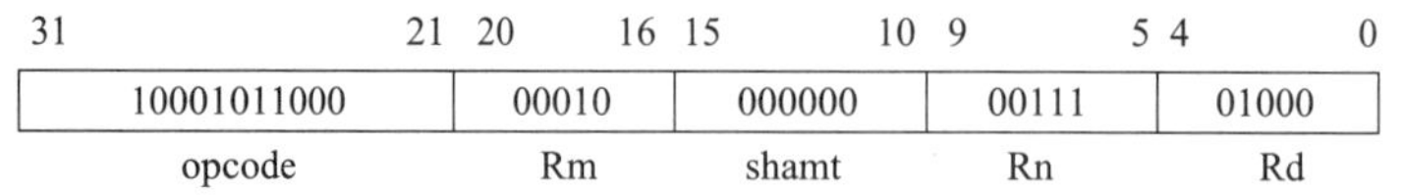

图 4.9 指令各字段分解

即汇编表示“ADD X8, X7, X2”对应的指令机器代码是 1000 1011 0000 0010 0000 0000 1110 1000。

（2）指令的前 11 位操作码为 100 0101 1000，是一条 REG 型的 ADD 指令，按照对应的指令格式，指令分解为如图 4.10 所示的 5 个字段，从而得到 Rd=00101，Rn=00011，Rm=10000，shamt=000000。因此，Rd、Rn、Rm 对应的十进制值分别为 5、3、16，故对应的汇编形式为“ADD X5, X3, X16”。

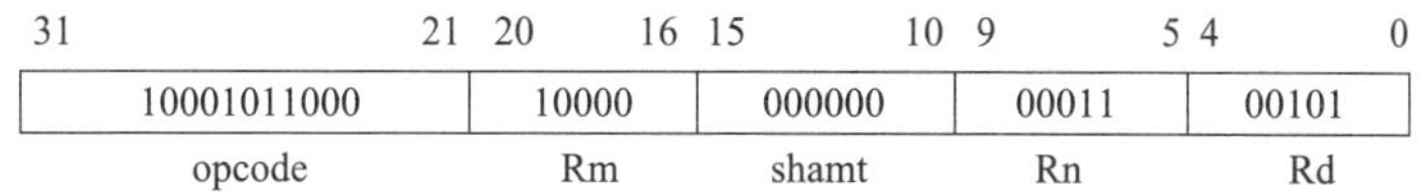

图 4.10　指令各字段分解

4.4.2　ARMv8-A64 基本指令集

根据指令功能，可将 ARMv8-A64 基本指令集（A64 Base）中的指令，大致分为数据处理、控制转移、存储访问、系统控制 4 大类。

1. 数据处理指令

ARMv8-A64 指令集中，数据处理类指令的第二个操作数可能为寄存器或立即数，对应指令类型为 REG 型或 IMM 型。

图 4.11 中列举了部分 IMM 型数据处理指令的指令格式，包括操作码以及各功能字段。这些指令包括 PC 相对地址计算、算术运算、逻辑运算、数据传送、寄存器提取（register extraction）等。

ADR 和 ADRP 为 PC 相对地址计算指令，ADR 将基于 PC 相对偏移计算（偏移量为立即数 imm）得到的存储器地址送目的寄存器 Rd 中，而 ADRP 也用于进行 PC 相对偏移地址计算，并将计算得到的存储器地址送 Rd，它与 ADR 不同的是，ADRP 指令中的立即数 imm 是指偏移的页数（页大小为 4 KB），因此，PC 所加的偏移量为 imm<<12（即 imm*4096）。ADD、ADDS、SUB、SUBS 为算术运算指令，“S”区分该指令是否影响标志位（默认情况下数据处理指令不影响标志位，但可以选择添加“S”来影响标志位）。指令中的 12 位立即数经零扩展后才能与 Rn 的内容进行运算，最终将运算结果写入目的寄存器 Rd。AND、ANDS、ORR、EOR 为逻辑运算指令，能够实现与、或及异或逻辑运算。SXTW 为字扩展指令，能够将 32 位源寄存器中的数据按符号扩展为 64 位后写入目的寄存器 Rd。MOVN、MOVZ、MOVK 为数据传送指令，用于传送立即数，立即数在目的寄存器中的位置由 hw 指定，当 hw=0、1、2、3 时，16 位立即数的最低有效位（LSB）分别位于目的寄存器的第 0、16、32、48 位。例如，MOVN 指令能够将立即数各位取反后根据 hw 送至目的寄存器中相应位，并将目的寄存器的其他位置 1。

<table>
<tr><th>31</th><th>30 29</th><th>28 27 26</th><th>25 24</th><th>23</th><th>22</th><th>21</th><th>20 19 18 17 16</th><th>15 14 13 12 11 10</th><th>9 8 7 6 5</th><th>4 3 2 1 0</th><th></th></tr>
<tr><td>sf</td><td>immlo</td><td>100</td><td>00</td><td colspan="6">immhi</td><td>Rd</td><td>ADR{P}</td></tr>
<tr><td>sf</td><td>00</td><td>100</td><td colspan="2">010</td><td>sh</td><td colspan="3">imm12</td><td>Rn</td><td>Rd</td><td>ADD (immediate)</td></tr>
<tr><td>sf</td><td>01</td><td>100</td><td colspan="2">010</td><td>sh</td><td colspan="3">imm12</td><td>Rn</td><td>Rd</td><td>ADDS (immediate)</td></tr>
<tr><td>sf</td><td>10</td><td>100</td><td colspan="2">010</td><td>sh</td><td colspan="3">imm12</td><td>Rn</td><td>Rd</td><td>SUB (immediate)</td></tr>
<tr><td>sf</td><td>11</td><td>100</td><td colspan="2">010</td><td>sh</td><td colspan="3">imm12</td><td>Rn</td><td>Rd</td><td>SUBS (immediate)</td></tr>
<tr><td>sf</td><td>00</td><td>100</td><td colspan="2">100</td><td>0</td><td colspan="2">immr</td><td>imms</td><td>Rn</td><td>Rd</td><td>AND (immediate)</td></tr>
<tr><td>sf</td><td>01</td><td>100</td><td colspan="2">100</td><td>0</td><td colspan="2">immr</td><td>imms</td><td>Rn</td><td>Rd</td><td>ORR (immediate)</td></tr>
<tr><td>sf</td><td>10</td><td>100</td><td colspan="2">100</td><td>0</td><td colspan="2">immr</td><td>imms</td><td>Rn</td><td>Rd</td><td>EOR (immediate)</td></tr>
<tr><td>sf</td><td>11</td><td>100</td><td colspan="2">100</td><td>0</td><td colspan="2">immr</td><td>imms</td><td>Rn</td><td>Rd</td><td>ANDS (immediate)</td></tr>
<tr><td>sf</td><td>00</td><td>100</td><td colspan="2">110</td><td>1</td><td colspan="2">immr</td><td>imms</td><td>Rn</td><td>Rd</td><td>SXTW</td></tr>
<tr><td>sf</td><td>00-11</td><td>100</td><td colspan="2">101</td><td colspan="2">hw</td><td colspan="3">imm16</td><td>Rd</td><td>MOV{N|Z|K}</td></tr>
</table>

图 4.11　ARMv8-A64 指令集中的部分整数运算类指令

图 4.12 列举了部分 REG 型数据处理指令，包括算术运算、逻辑运算、移位操作、位操作（bit operation）、条件比较（conditional comparison）、条件选择（conditional select）、CRC32 等指令。

REG 型算术运算和逻辑运算指令用于实现对两个寄存器操作数的加、减、乘、除、乘加等算术运算以及与、或、异或、位清除、非等逻辑运算。例如，指令“ADD Rd, Rn, Rm{,<shift> #imm6}”，其功能为：将 Rm 移位后与 Rn 相加，结果置于目的寄存器 Rd 中，移位位数由立即数 imm6 确定，移位类型由 shift 字段确定。ADD（extended register）指令则是将 Rm 进行符号位扩展或零扩展后与 Rn 相加。移位指令包含逻辑移位（LSL、LSR）指令、算术右移（ASR）和循环右移（ROR）指令。逻辑移位时将寄存器中的内容进行左移或右移，同时在低位或高位补 0；算术右移时低位移出高位补符号。带符号整数采用算术移位，无符号整数采用逻辑移位。因为逻辑左移和算术左移都是高位移出低位补 0，所以可以用逻

<table>
<tr><th>31</th><th>30</th><th>29</th><th>28</th><th>27</th><th>26</th><th>25</th><th>24</th><th>23</th><th>22</th><th>21</th><th>20</th><th>19</th><th>18</th><th>17</th><th>16</th><th>15</th><th>14</th><th>13</th><th>12</th><th>11</th><th>10</th><th>9 8 7 6 5</th><th>4</th><th>3 2 1 0</th><th></th></tr>
<tr><td>sf</td><td colspan="5">00110</td><td colspan="4">1011</td><td>0</td><td colspan="5">Rn</td><td colspan="5">00001</td><td>o1</td><td>Rn</td><td colspan="2">Rd</td><td>{U|S}DIV</td></tr>
<tr><td>sf</td><td colspan="5">00110</td><td colspan="4">1011</td><td>0</td><td colspan="5">Rn</td><td colspan="4">0010</td><td colspan="2">00-01</td><td>Rn</td><td colspan="2">Rd</td><td>LS{L|R}</td></tr>
<tr><td>sf</td><td colspan="5">00110</td><td colspan="4">1011</td><td>0</td><td colspan="5">Rn</td><td colspan="4">0010</td><td colspan="2">10-11</td><td>Rn</td><td colspan="2">Rd</td><td>{AS|RO}R</td></tr>
<tr><td>sf</td><td colspan="5">00110</td><td colspan="4">1011</td><td>0</td><td colspan="5">Rn</td><td colspan="4">0100</td><td colspan="2">sz</td><td>Rn</td><td colspan="2">Rd</td><td>CRC32{B|H|W|X}</td></tr>
<tr><td>sf</td><td colspan="5">10110</td><td colspan="4">1011</td><td colspan="6">00000000</td><td colspan="3"></td><td colspan="3">000</td><td>Rn</td><td colspan="2">Rd</td><td>RBIT</td></tr>
<tr><td>sf</td><td colspan="5">10110</td><td colspan="4">1011</td><td colspan="6">00000000</td><td colspan="3"></td><td colspan="3">001</td><td>Rn</td><td colspan="2">Rd</td><td>REV16</td></tr>
<tr><td>sf</td><td colspan="5">10110</td><td colspan="4">1011</td><td colspan="6">00000000</td><td colspan="3"></td><td colspan="3">001</td><td>Rn</td><td colspan="2">Rd</td><td>REV</td></tr>
<tr><td>sf</td><td colspan="5">10110</td><td colspan="4">1011</td><td colspan="6">00000000</td><td colspan="3"></td><td colspan="3">100-101</td><td>Rn</td><td colspan="2">Rd</td><td>CL{Z|S}</td></tr>
<tr><td>1</td><td colspan="5">10110</td><td colspan="4">1011</td><td colspan="6">00000000</td><td colspan="3"></td><td colspan="3">010</td><td>Rn</td><td colspan="2">Rd</td><td>REV32</td></tr>
<tr><td>sf</td><td colspan="2">opc</td><td colspan="5">01010</td><td colspan="2">shift</td><td>0</td><td colspan="5">Rm</td><td colspan="6">imm6</td><td>Rn</td><td colspan="2">Rd</td><td>AND{S} (shifted register)</td></tr>
<tr><td>sf</td><td colspan="2">opc</td><td colspan="5">01010</td><td colspan="2">shift</td><td>1</td><td colspan="5">Rm</td><td colspan="6">imm6</td><td>Rn</td><td colspan="2">Rd</td><td>BIC{S} (shifted register)</td></tr>
<tr><td>sf</td><td colspan="7">0001010</td><td colspan="2">shift</td><td>0</td><td colspan="5">Rm</td><td colspan="6">imm6</td><td>Rn</td><td colspan="2">Rd</td><td>ORR (shifted register)</td></tr>
<tr><td>sf</td><td colspan="7">1001010</td><td colspan="2">shift</td><td>0</td><td colspan="5">Rm</td><td colspan="6">imm6</td><td>Rn</td><td colspan="2">Rd</td><td>EOR (shifted register)</td></tr>
<tr><td>sf</td><td>0</td><td>S</td><td colspan="5">01011</td><td colspan="2">shift</td><td>0</td><td colspan="5">Rm</td><td colspan="6">imm6</td><td>Rn</td><td colspan="2">Rd</td><td>ADD{S} (shifted register)</td></tr>
<tr><td>sf</td><td>1</td><td>S</td><td colspan="5">01011</td><td colspan="2">shift</td><td>0</td><td colspan="5">Rm</td><td colspan="6">imm6</td><td>Rn</td><td colspan="2">Rd</td><td>SUB{S}(shifted register)</td></tr>
<tr><td>sf</td><td>0</td><td>S</td><td colspan="3">010</td><td colspan="5">11001</td><td colspan="5">Rm</td><td colspan="6">imm6</td><td>Rn</td><td colspan="2">Rd</td><td>ADD{S}(extended register)</td></tr>
<tr><td>sf</td><td>1</td><td>S</td><td colspan="3">010</td><td colspan="5">11001</td><td colspan="5">Rm</td><td colspan="6">imm6</td><td>Rn</td><td colspan="2">Rd</td><td>SUB{S} (extended register)</td></tr>
<tr><td>sf</td><td>0</td><td>S</td><td colspan="3">110</td><td colspan="5">10000</td><td colspan="5">Rm</td><td colspan="6">imm6</td><td>Rn</td><td colspan="2">Rd</td><td>ADC{S}</td></tr>
<tr><td>sf</td><td>1</td><td>S</td><td colspan="3">110</td><td colspan="5">10000</td><td colspan="5">Rm</td><td colspan="6">imm6</td><td>Rn</td><td colspan="2">Rd</td><td>SBC{S}</td></tr>
<tr><td>sf</td><td>op</td><td>1</td><td colspan="3">110</td><td colspan="5">10010</td><td colspan="5">Rm</td><td colspan="4">cond</td><td colspan="2">00</td><td>Rn</td><td>0</td><td>nzcv</td><td>CCM{N|P} (register)</td></tr>
<tr><td>sf</td><td>op</td><td>1</td><td colspan="3">110</td><td colspan="5">10110</td><td colspan="5">imm5</td><td colspan="4">cond</td><td colspan="2">10</td><td>Rn</td><td>0</td><td>nzcv</td><td>CCM{N|P} (immediate)</td></tr>
<tr><td>sf</td><td colspan="2">00</td><td colspan="3">110</td><td colspan="5">10110</td><td colspan="5">Rm</td><td colspan="4">cond</td><td colspan="2">00</td><td>Rn</td><td colspan="2">Rd</td><td>CSEL</td></tr>
<tr><td>sf</td><td colspan="2">00</td><td colspan="3">110</td><td colspan="5">10110</td><td colspan="5">Rm</td><td colspan="4">cond</td><td colspan="2">op2</td><td>Rn</td><td colspan="2">Rd</td><td>CSIN{C|V}</td></tr>
<tr><td>sf</td><td colspan="2">10</td><td colspan="3">110</td><td colspan="5">10110</td><td colspan="5">Rm</td><td colspan="4">cond</td><td colspan="2">01</td><td>Rn</td><td colspan="2">Rd</td><td>CSNEG</td></tr>
<tr><td>sf</td><td colspan="2">00</td><td colspan="3">110</td><td colspan="5">11000</td><td colspan="5">Rm</td><td>o0</td><td colspan="5">Ra</td><td>Rn</td><td colspan="2">Rd</td><td>M{ADD|SUB}</td></tr>
<tr><td colspan="8">10011011</td><td colspan="3">001</td><td colspan="5">Rm</td><td>o0</td><td colspan="5">Ra</td><td>Rn</td><td colspan="2">Rd</td><td>SM{ADDL|SUBL}</td></tr>
<tr><td colspan="8">10011011</td><td colspan="3">010</td><td colspan="5">Rm</td><td>0</td><td colspan="5">Ra</td><td>Rn</td><td colspan="2">Rd</td><td>SMULH</td></tr>
<tr><td colspan="8">10011011</td><td colspan="3">101</td><td colspan="5">Rm</td><td>o0</td><td colspan="5">Ra</td><td>Rn</td><td colspan="2">Rd</td><td>UM{ADDL|SUBL}</td></tr>
<tr><td colspan="8">10011011</td><td colspan="3">110</td><td colspan="5">Rm</td><td>0</td><td colspan="5">Ra</td><td>Rn</td><td colspan="2">Rd</td><td>UMULH</td></tr>
</table>

图 4.12　数据操作指令（寄存器型）

辑左移指令实现带符号整数的左移操作，因此，指令系统中通常没有算术左移指令。由于寄存器宽度是固定的，逻辑移位或算术移位时一些位可能会被移出寄存器，而循环右移指令可将低位移出的位循环移入高位。位操作指令包括 CL（S|Z）、RBIT、REV、REV（16|32）。其中，CLS 指令统计源寄存器中与其最高有效位（MSB）相同的位数（不含最高有效位）；CLZ 指令统计源寄存器中最高有效位后面第一个 1 之前有多少位为 0；RBIT 指令用于将源寄存器中各位的顺序进行反转，而 REV、REV（16|32）指令则将双字（64 位）、半字（16 位）或字（32 位）中各字节的顺序进行反转。条件比较指令和条件选择指令都与标志位有关，由 cond 字段确定对哪些标志位进行比较或判断。

例 4.4 假定变量 x 分配在寄存器 X5 中，请给出 C 语句“int x=−8191；”对应的 ARMv8−A64 机器级代码。能否用一条指令实现呢？

解： 因为无法在 ARM 指令中直接给出一个 32 位 int 型立即数，所以需要将常数 −8191 分解。−8191 对应的 64 位机器数为 0xFFFF FFFF FFFF E001，因此，可以先将 32 位寄存器 W5 的低 16 位改成 0xE001，再将 W5 的高 16 位改成 0xFFFF，然后用符号扩展指令 SXTW 将 W5 从 32 位扩展到 64 位。对应的 ARM 机器指令和汇编指令如下：

```
011 100101 00 1110 0000 0000 0001 00101    MOVK W5, #0xE001
011 100101 01 1111 1111 1111 1111 00101    MOVK W5, #0xFFFF, LSL #16
100 100110 1 000000 011111 00101 00101     SXTW X5, W5
```

更简洁的实现方式只要使用一条指令“MOVN X5，#0x1ffe”即可，该指令将 16 位立即数 0x1FFE 进行零扩展，然后各位取反。

例 4.5 假定变量 x 分配在寄存器 X5 中，请给出 C 语句“int x=8191；”对应的 ARMv8−A64 机器级代码。

解： 8191 对应的 64 位机器数为 0x0000 0000 0000 1FFF，这里，可以采用 MOVZ 指令将无符号数 0x1FFF 写入寄存器 X5 的低 16 位，同时将高 48 位清零。对应的 ARM 机器指令和汇编指令如下：

```
110 100 101 00 0001 1111 1111 1111 00101   MOVZ X5, #0x1FFF
```

例 4.6 假定变量 x、y 和 z 都是 long long 型，占 64 位，x 存放在寄存器 X12 中；y 存放在寄存器 X13 中；z 存放在寄存器 X14 中，请写出 C 语句“z=x+y；”对应的 ARMv8−A64 机器级代码。

解：“z=x+y；”对应的机器级代码如下：

```
10001011 000 01101 000000 01100 01110  ADD X14, X12, X13
```

2. 控制转移类指令

ARMv8−A64 指令中包含有条件分支（conditional branch）、无条件分支（unonditional

branch）、异常等控制转移类指令。图 4.13 给出了部分控制转移类指令的格式及操作码的编码。

<table>
<tr><td>31</td><td>30</td><td>29</td><td>28</td><td>27</td><td>26</td><td>25</td><td>24</td><td>23</td><td>22</td><td>21</td><td>20</td><td>19</td><td>18</td><td>17</td><td>16</td><td>15</td><td>14</td><td>13</td><td>12</td><td>11</td><td>10</td><td>9</td><td>8</td><td>7</td><td>6</td><td>5</td><td>4</td><td>3</td><td>2</td><td>1</td><td>0</td><td></td></tr>
<tr><td colspan="8">01010100</td><td colspan="19">imm19</td><td>0</td><td colspan="4">cond</td><td>B.cond</td></tr>
<tr><td colspan="7">1101010</td><td colspan="4">0000</td><td colspan="16">imm16</td><td colspan="3">000</td><td colspan="2">01</td><td>SVC</td></tr>
<tr><td colspan="7">1101010</td><td colspan="4">0000</td><td colspan="16">imm16</td><td colspan="3">000</td><td colspan="2">10</td><td>HVC</td></tr>
<tr><td colspan="7">1101010</td><td colspan="4">0000</td><td colspan="16">imm16</td><td colspan="3">000</td><td colspan="2">11</td><td>SMC</td></tr>
<tr><td colspan="7">1101010</td><td colspan="4">0001</td><td colspan="16">imm16</td><td colspan="3">000</td><td colspan="2">00</td><td>BRK</td></tr>
<tr><td colspan="7">1101010</td><td colspan="4">0010</td><td colspan="16">imm16</td><td colspan="3">000</td><td colspan="2">00</td><td>HLT</td></tr>
<tr><td colspan="7">1101010</td><td colspan="4">0101</td><td colspan="16">imm16</td><td colspan="3">000</td><td colspan="2">01</td><td>DCPS1</td></tr>
<tr><td colspan="7">1101010</td><td colspan="4">0101</td><td colspan="16">imm16</td><td colspan="3">000</td><td colspan="2">10</td><td>DCPS2</td></tr>
<tr><td colspan="7">1101010</td><td colspan="4">0101</td><td colspan="16">imm16</td><td colspan="3">000</td><td colspan="2">11</td><td>DCPS3</td></tr>
<tr><td colspan="7">1101010</td><td colspan="4">1000</td><td colspan="7">0001100</td><td colspan="6">100000</td><td colspan="3">010</td><td colspan="5">11111</td><td>WFE</td></tr>
<tr><td colspan="7">1101010</td><td colspan="4">1000</td><td colspan="7">0001100</td><td colspan="6">100000</td><td colspan="3">011</td><td colspan="5">11111</td><td>WFI</td></tr>
<tr><td colspan="7">1101010</td><td colspan="4">1000</td><td colspan="7">0001100</td><td colspan="6">100000</td><td colspan="3">100</td><td colspan="5">11111</td><td>SEV</td></tr>
<tr><td colspan="7">1101010</td><td colspan="4">1000</td><td colspan="7">0001100</td><td colspan="6">100000</td><td colspan="3">101</td><td colspan="5">11111</td><td>SEVL</td></tr>
<tr><td colspan="7">1101010</td><td colspan="4">1000</td><td colspan="2">00</td><td colspan="3">op1</td><td colspan="4">0100</td><td colspan="4">CRm</td><td colspan="3">op2</td><td colspan="5">11111</td><td>MSR (immediate)</td></tr>
<tr><td colspan="7">1101010</td><td colspan="4">1000</td><td colspan="5">00000</td><td colspan="4">0100</td><td colspan="4">(0)(0)(0)(0)</td><td colspan="3">000</td><td colspan="5">11111</td><td>CFINV</td></tr>
<tr><td colspan="7">1101010</td><td colspan="4">1000</td><td colspan="5">00000</td><td colspan="4">0100</td><td colspan="4">(0)(0)(0)(0)</td><td colspan="3">001</td><td colspan="5">11111</td><td>XAFLAG</td></tr>
<tr><td colspan="7">1101010</td><td colspan="4">1000</td><td colspan="5">00000</td><td colspan="4">0100</td><td colspan="4">(0)(0)(0)(0)</td><td colspan="3">010</td><td colspan="5">11111</td><td>AXFLAG</td></tr>
<tr><td colspan="7">1101011</td><td colspan="4">0000</td><td colspan="5">11111</td><td colspan="6">000000</td><td colspan="5">Rn</td><td colspan="5">00000</td><td>BR</td></tr>
<tr><td colspan="7">1101011</td><td colspan="4">0001</td><td colspan="5">11111</td><td colspan="6">000000</td><td colspan="5">Rn</td><td colspan="5">00000</td><td>BLR</td></tr>
<tr><td colspan="7">1101011</td><td colspan="4">0010</td><td colspan="5">11111</td><td colspan="6">000000</td><td colspan="5">Rn</td><td colspan="5">00000</td><td>RET</td></tr>
<tr><td colspan="7">1101011</td><td colspan="4">0110</td><td colspan="5">11111</td><td colspan="6">000000</td><td colspan="5">Rn</td><td colspan="5">11111</td><td>ERET</td></tr>
<tr><td colspan="7">1101011</td><td colspan="4">0101</td><td colspan="5">11111</td><td colspan="6">000000</td><td colspan="5">11111</td><td colspan="5">00000</td><td>DRPS</td></tr>
<tr><td>0</td><td colspan="5">00101</td><td colspan="26">imm26</td><td>B</td></tr>
<tr><td>1</td><td colspan="5">00101</td><td colspan="26">imm26</td><td>BL</td></tr>
<tr><td>sf</td><td colspan="7">0110100</td><td colspan="19">imm19</td><td colspan="5">Rt</td><td>CBZ</td></tr>
<tr><td>sf</td><td colspan="7">0110101</td><td colspan="19">imm19</td><td colspan="5">Rt</td><td>CBNZ</td></tr>
<tr><td>b5</td><td colspan="7">0110110</td><td colspan="5">b40</td><td colspan="14">imm14</td><td colspan="5">Rt</td><td>TBZ</td></tr>
<tr><td>b5</td><td colspan="7">0110111</td><td colspan="5">b40</td><td colspan="14">imm14</td><td colspan="5">Rt</td><td>TBNZ</td></tr>
</table>

图 4.13　控制转移类指令

无条件分支（无条件转移、无条件跳转）类指令包括无条件跳转（B）指令以及链接跳转（BL）指令。例如“B <imm26>”指令的功能为无条件跳转到由立即数 imm26 计算得到的目标地址处执行。

条件分支（条件转移、条件跳转）类指令包括条件分支（branch conditionally，B.cond）、零条件分支（compare and branch if zero，CBZ）、非零条件分支（compare and branch if non-zero，CBNZ）、测试位为零跳转（test bit and branch if zero，TBZ）、测试位非零跳转（test bit and branch if non-zero，TBNZ）等指令。例如“B.cond <imm19>”指令能够跳转到由立即数 imm19 计算得到的目标地址处执行，但需要在满足 cond 字段指定条件的前提下进行跳转。

若跳转目标地址采用PC相对寻址，则指令中给出的立即数（形式地址）是目标指令相对于当前指令的偏移指令条数，因为每条指令占 4 B，因此偏移量为形式地址的 4 倍。

相等或不等是最常见的判断，但两数之间还有其他很多关系存在，例如，小于（<）、小于或等于（≤）、大于（>）、大于或等于（≥）、等于（=）、不等于（≠）。ARMv8-A64 的条件分支指令 B.cond 通过组合使用标志位 N、Z、C、V 完成条件判断，带符号整数条件分支指令有 B.EQ（等于）、B.NE（不等于）、B.LT（小于）、B.LE（小于等于）、B.GT（大于）或 B.GE（大于等于），无符号整数条件分支指令有 B.LO（低于）、B.LS（低于或相同）、B.HI（高于）、B.HS（高于或相同）等。除这 10 条指令外，ARMv8 中还包括以下 4 条检测单一条件码的分支指令：B.MI（结果为负）、B. PL（结果为正或 0）、B.VS（溢出）、B.VC（无溢出）。B.cond 指令中 cond 编码含义可参看表 4.6。

可以先用一条条件比较指令或设置标志位（带 S）的运算类指令得到标志位，然后根据标志位进行条件判断以确定是否跳转。这种方式的一个缺点是，如果许多指令频繁设置标志位，则容易造成数据相关，使得用流水线方式执行指令时容易造成阻塞（见第 5 章）。因此，ARMv8 规定只有部分运算类指令能选择设置标志位，如 ADDS/ADDS（imm）、ANDS/ANDS（imm）、SUBS/SUBS（imm）指令。

例 4.7 假定变量 x、y、z 分别存放在寄存器 X5、X6、X7 中，请写出 x、y、z 都为 int 类型时，C 语句“z=x+y;”对应的 ARMv8-A64 机器级代码，要求检测是否溢出。

解：在计算 z 的同时利用 ADDS 指令根据加法结果设置标志位 N、Z、C、V，再利用 B.VS 判断溢出位 V 是否为 1，若溢出则跳转到标号 Overflow；否则，顺序执行下一条指令。实现“z=x+y;”并判溢出的 ARMv8-A64 机器指令、汇编指令及注释如下：

```
10101011 000 00110 000000 00101 00111      ADDS  X7, X5, X6
01010100 000 0000 0000 0001 0100 0 0110    B.VS   Overflow
```

这里，假定标号为Overflow的指令与“B.VS Overflow”之间相距20条指令，每条指令为32位，则“B.VS Overflow”指令中的偏移量应为80。因此，指令中的立即数为20=0x14；判断条件VS对应的cond字段编码为0110。按照BR型格式，该指令的机器码为“01010100 000 0000 0000 0001 0100 0 0110”。

3. 存储访问指令

ARM架构中，存储访问指令用于寄存器和存储单元之间的数据传送，取数（Load）指令用于将主存中的数据装载到寄存器中，存数（Store）指令用于将寄存器中的数据存入主存。图4.14列举了ARMv8-A64指令集中部分存储器访问指令。

ARMv8-A64指令集支持带符号整数的字节、半字、字取数（LDRSB、LDRSH、LDRSW）指令和无符号整数的字节、半字取数（LDRB、LDRH）指令，以及字节、半字存数（STRB、STRH）等指令。

存储访问指令的寻址方式有前变址寻址（pre-index，汇编形式为[Rn，#imm]！）、后变址寻址（post-index，汇编形式为[Rn]，#imm）、基址加无符号数偏移量寻址（unsigned offset，汇编形式为[Rn，#imm]）、PC相对寻址（PC-relative，汇编形式为label）4种。因为同一种指令可能有不同的寻址方式，因此图4.14中最右边的指令操作码助记符可能有重复。例如，图中带阴影处有3个相同的指令助记符LDR{B|H|SB|SH|SW}（immediate），分别表示源操作数为后变址、前变址和基址加无符号数偏移量3种寻址方式。

前变址和后变址两种方式属于自动变址寻址方式，多用于数组元素的访问，9位立即数（imm9）是带符号整数，范围为 -256~255，其绝对值通常等于数组元素的大小或其倍数。相应的访存指令执行后，访存地址寄存器Rn中的内容会被自动加上imm9，即Rn中的内容会自动更新为下一个要访问的数组元素的地址（称为自动变址）。前变址和后变址的差别在于，前变址指令的访存地址为Rn中的新内容，即先变址后访存；后变址指令的访存地址为Rn中的原内容，即先访存后变址。

PC相对寻址方式中的访存地址为当前指令地址（PC值）加偏移量（19位带符号立即数imm19的4倍），而基址加偏移量寻址方式的访存地址则是基址（Rn中的内容）加偏移量。

对于LDUR和STUR这种非对齐方式指令，偏移量就是立即数imm9。对于对齐方式指令，若是立即数型（IMM型），则偏移量为立即数imm12乘以比例因子；若是寄存器型（REG型），则偏移量为变址寄存器Rm中的内容乘以比例因子，即操作数采用的是基址加比例变址的寻址方式。对齐方式下的比例因子由指令最高两位（size）决定，当size为0、1、2、3时，比例因子分别是0、2、4、8。因此，所谓对齐方式就是比例变址方式。可以看出，对齐方式访存指令可以用于访问循环体中的数组元素，数组首地址可存放在基址寄存器Rn中，所访问数组元素的下标可存放在变址寄存器Rm中，数组元素所占字节数就是比例因

<table>
<tr><th>31 30</th><th>29 24</th><th>23</th><th>22</th><th>21</th><th>20 19 18 17 16</th><th>15</th><th>14 13</th><th>12</th><th>11</th><th>10</th><th>9 5</th><th>4 0</th><th></th></tr>
<tr><td>size</td><td>001000</td><td colspan="3">000</td><td>Rs</td><td>0</td><td colspan="4">Rt2</td><td>Rn</td><td>Rt</td><td>STXR{B|H}</td></tr>
<tr><td>size</td><td>001000</td><td colspan="3">010</td><td>Rs</td><td>0</td><td colspan="4">Rt2</td><td>Rn</td><td>Rt</td><td>LDXR{B|H}</td></tr>
<tr><td>size</td><td>001000</td><td colspan="3">001</td><td>Rs</td><td>o0</td><td colspan="4">Rt2</td><td>Rn</td><td>Rt</td><td>STXP</td></tr>
<tr><td>size</td><td>001000</td><td colspan="3">011</td><td>Rs</td><td>o0</td><td colspan="4">Rt2</td><td>Rn</td><td>Rt</td><td>LDXP</td></tr>
<tr><td>size</td><td>001000</td><td colspan="10">imm19</td><td>Rt</td><td>LDR{SW}(literal)</td></tr>
<tr><td>size</td><td>101000</td><td colspan="2">10</td><td colspan="3">im7</td><td colspan="4">Rt2</td><td>Rn</td><td>Rt</td><td>STP</td></tr>
<tr><td>opc</td><td>101000</td><td colspan="2">01</td><td colspan="3">im7</td><td colspan="4">Rt2</td><td>Rn</td><td>Rt</td><td>LDP{SW}</td></tr>
<tr><td>size</td><td>111000</td><td colspan="3">000</td><td colspan="4">imm9</td><td colspan="2">00</td><td>Rn</td><td>Rt</td><td>STUR{B|H}</td></tr>
<tr><td>size</td><td>111000</td><td colspan="3">010</td><td colspan="4">imm9</td><td colspan="2">00</td><td>Rn</td><td>Rt</td><td>LDUR{B|H|SH|SW}</td></tr>
<tr><td>11</td><td>111000</td><td colspan="3">100</td><td colspan="4">imm9</td><td colspan="2">00</td><td>Rn</td><td>Rt</td><td>PRFUM</td></tr>
<tr><td>size</td><td>111000</td><td colspan="3">000</td><td colspan="4">imm9</td><td colspan="2">01</td><td>Rn</td><td>Rt</td><td>STR{B|H}(immediate)</td></tr>
<tr><td>size</td><td>111000</td><td colspan="2">opc</td><td>0</td><td colspan="4">imm9</td><td colspan="2">01</td><td>Rn</td><td>Rt</td><td>LDR{B|H|SB|SH|SW}(immediate)</td></tr>
<tr><td>size</td><td>111000</td><td colspan="3">000</td><td colspan="4">imm9</td><td colspan="2">10</td><td>Rn</td><td>Rt</td><td>STTR{B|H}</td></tr>
<tr><td>size</td><td>111000</td><td colspan="2">opc</td><td>0</td><td colspan="4">imm9</td><td colspan="2">10</td><td>Rn</td><td>Rt</td><td>LDTR{B|H|SB|SH|SW}</td></tr>
<tr><td>size</td><td>111000</td><td colspan="3">000</td><td colspan="4">imm9</td><td colspan="2">11</td><td>Rn</td><td>Rt</td><td>STR{B|H}(immediate)</td></tr>
<tr><td>size</td><td>111000</td><td colspan="2">opc</td><td>0</td><td colspan="4">imm9</td><td colspan="2">11</td><td>Rn</td><td>Rt</td><td>LDR{B|H|SB|SH|SW}(immediate)</td></tr>
<tr><td>00</td><td>111000</td><td colspan="3">001</td><td>Rm</td><td colspan="2">!=011</td><td>S</td><td colspan="2">10</td><td>Rn</td><td>Rt</td><td>STRB (register)-extended register</td></tr>
<tr><td>00</td><td>111000</td><td colspan="3">001</td><td>Rm</td><td colspan="2">011</td><td>S</td><td colspan="2">10</td><td>Rn</td><td>Rt</td><td>STRB (register)-shifted register</td></tr>
<tr><td>00</td><td>111000</td><td colspan="3">011</td><td>Rm</td><td colspan="2">!=011</td><td>S</td><td colspan="2">10</td><td>Rn</td><td>Rt</td><td>LDRB (register)-extended register</td></tr>
<tr><td>00</td><td>111000</td><td colspan="3">011</td><td>Rm</td><td colspan="2">011</td><td>S</td><td colspan="2">10</td><td>Rn</td><td>Rt</td><td>LDRB (register)-shifted register</td></tr>
<tr><td>01</td><td>111000</td><td colspan="3">011</td><td>Rm</td><td colspan="2">option</td><td>S</td><td colspan="2">10</td><td>Rn</td><td>Rt</td><td>LDRH (register)</td></tr>
<tr><td>size</td><td>111000</td><td colspan="2">opc</td><td>1</td><td>Rm</td><td colspan="2">option</td><td>S</td><td colspan="2">10</td><td>Rn</td><td>Rt</td><td>STR{H}(register)</td></tr>
<tr><td>size</td><td>111000</td><td colspan="2">opc</td><td>1</td><td>Rm</td><td colspan="2">option</td><td>S</td><td colspan="2">10</td><td>Rn</td><td>Rt</td><td>LDR{SW}(register)</td></tr>
<tr><td>11</td><td>111000</td><td>1</td><td>0</td><td>1</td><td>Rm</td><td colspan="2">option</td><td>S</td><td colspan="2">10</td><td>Rn</td><td>Rt</td><td>PRFM (register)</td></tr>
<tr><td>size</td><td>111001</td><td>0</td><td>0</td><td colspan="7">imm12</td><td>Rn</td><td>Rt</td><td>STR{B|H}(immediate)</td></tr>
<tr><td>size</td><td>111001</td><td colspan="2">opc</td><td colspan="7">imm12</td><td>Rn</td><td>Rt</td><td>LDR{B|H|SB|SH|SW}(immediate)</td></tr>
<tr><td>11</td><td>111001</td><td>1</td><td>0</td><td colspan="7">imm12</td><td>Rn</td><td>Rt</td><td>PRFM (immediate)</td></tr>
<tr><td>00</td><td>111000</td><td colspan="2">opc</td><td>1</td><td>Rm</td><td colspan="2">!=011</td><td>S</td><td>1</td><td>0</td><td>Rn</td><td>Rt</td><td>LDRSB (register) with extended register offset</td></tr>
<tr><td>00</td><td>111000</td><td colspan="2">opc</td><td>1</td><td>Rm</td><td colspan="2">011</td><td>S</td><td>1</td><td>0</td><td>Rn</td><td>Rt</td><td>LDRSB (register) with shifted register offset</td></tr>
</table>

图 4.14　存储器访问指令

子，如 short 型数组的比例因子为 2，long long 型数组的比例因子为 8。

例如，指令“LDR Rt, [Rn, # imm]”的功能为：将访存地址 R[Rn]+imm 开始的内容读入目的寄存器 Rt。对应的存数指令“STR Rt, [Rn, # imm]”则将寄存器 Rt 中的内容写入访存地址 R[Rn]+imm 开始的存储单元中，这两类指令的 size 字段中两位可以是 10 或 11，对应比例因子分别为 4 或 8，也即偏移量 imm 为立即数 imm12 的 4 或 8 倍。

例 4.8 通过查阅 ARMv8 指令系统参考手册，写出汇编指令“LDRSW X1, [X2, #100]”的功能和对应的机器代码。

解：根据汇编指令“LDRSW X1, [X2, #100]”中指令操作助记符“LDRSW”可知，该指令是带符号整数的字取数指令；根据源操作数的汇编形式“[X2, #100]”可知，寻址方式为“基址加偏移量”方式，且偏移量为 100，其指令功能为 R[X1] ← M[R[X2]+100]。

可在 ARMv8 参考手册中查阅“LDRSW（immediate）”条目以得到该指令的信息。该指令条目下的第 3 种基址加无符号数偏移量寻址方式（unsigned offset）的说明如图 4.15 所示。

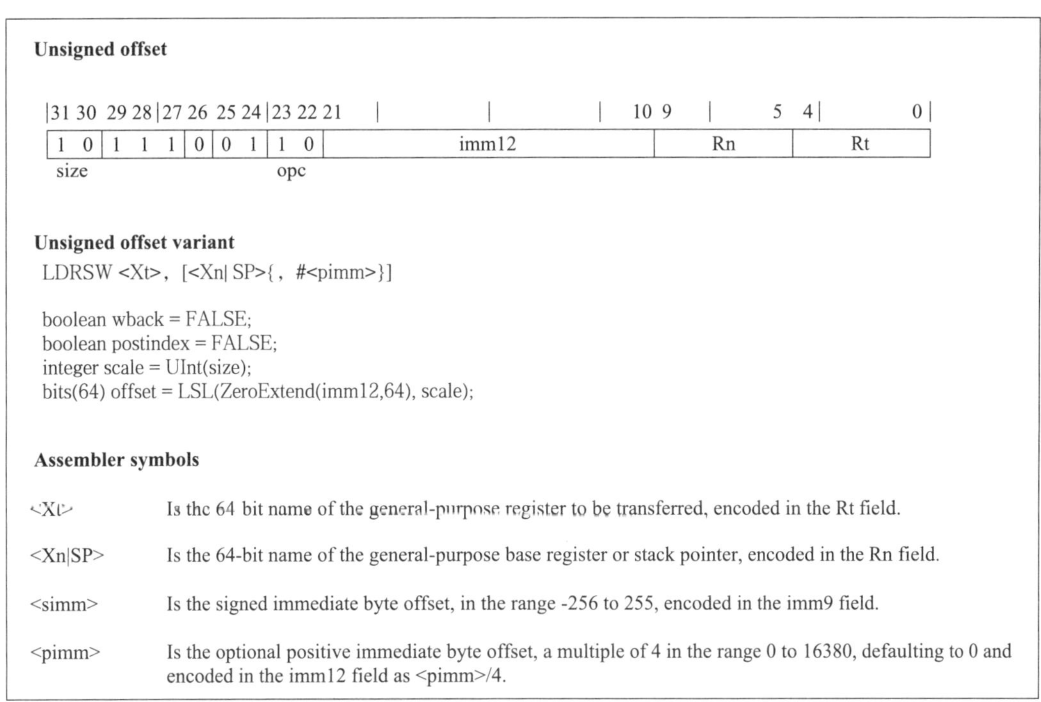

Unsigned offset

31 30	29 28 27	26	25 24	23 22	21 ... 10	9 ... 5	4 ... 0
1 0	1 1 1	0	0 1	1 0	imm12	Rn	Rt
size				opc			

Unsigned offset variant

LDRSW <Xt>, [<Xn|SP>{, #<pimm>}]

```
boolean wback = FALSE;
boolean postindex = FALSE;
integer scale = UInt(size);
bits(64) offset = LSL(ZeroExtend(imm12,64), scale);
```

Assembler symbols

<Xt>	Is the 64 bit name of the general-purpose register to be transferred, encoded in the Rt field.
<Xn|SP>	Is the 64-bit name of the general-purpose base register or stack pointer, encoded in the Rn field.
<simm>	Is the signed immediate byte offset, in the range -256 to 255, encoded in the imm9 field.
<pimm>	Is the optional positive immediate byte offset, a multiple of 4 in the range 0 to 16380, defaulting to 0 and encoded in the imm12 field as <pimm>/4.

图 4.15 指令 LDRSW（immediate）条目下的 unsigned offset 寻址方式

对照指令格式和汇编形式可知，Rt 字段为 X1，Rn 字段为 X2，size 字段为 10B（读取的是 32 位字），比例因子为 4，即 imm12 字段为 100/4=25=0000 0001 1001。由此得到指令机器代码为 1011100110 0000 0001 1001 00010 00001。

为了解决多核情况下的锁竞争问题，ARM 中引入了独占（exclusive）操作，并添加了相应的指令。独占操作将锁用一个含打开和独占两种状态的状态机来维护，只有在状态由独占切换到打开时才能上锁，对应存储访问指令中的 LDXR、STXR 等指令。

4. 系统控制指令

系统控制指令包含系统（system）、系统寄存器传送（system register move）、提示（hint）、屏障（barrier）等指令类型，系统控制指令格式以及操作码及功能码的编码如图 4.16 所示。

31 30 29 28 27 26 25 24 23 22 21 20 19 18 17 16 15 14 13 12 11 10 9 8 7 6 5 4 3 2 1 0

<table>
<tr><td colspan="4">11010101000000</td><td colspan="2">1100</td><td>10</td><td>CRm</td><td>op2</td><td>11111</td><td>HINT</td></tr>
<tr><td colspan="4">11010101000000</td><td colspan="2">1100</td><td>10</td><td>0000</td><td>000</td><td>11111</td><td>NOP</td></tr>
<tr><td colspan="4">11010101000000</td><td colspan="2">1100</td><td>10</td><td>0000</td><td>001</td><td>11111</td><td>YIELD</td></tr>
<tr><td colspan="4">11010101000000</td><td colspan="2">1100</td><td>10</td><td>0010</td><td>100</td><td>11111</td><td>CSDB</td></tr>
<tr><td colspan="4">11010101000000</td><td colspan="2">1100</td><td>11</td><td>CRm</td><td>010</td><td>11111</td><td>CLREX</td></tr>
<tr><td colspan="4">11010101000000</td><td colspan="2">1100</td><td>11</td><td>CRm</td><td>101</td><td>11111</td><td>DMB</td></tr>
<tr><td colspan="4">11010101000000</td><td colspan="2">1100</td><td>11</td><td>CRm</td><td>110</td><td>11111</td><td>ISB</td></tr>
<tr><td colspan="4">11010101000000</td><td colspan="2">1100</td><td>11</td><td>(0)(0)(0)(0)</td><td>111</td><td>11111</td><td>SB</td></tr>
<tr><td colspan="4">11010101000000</td><td colspan="2">1100</td><td>11</td><td>!=0x00</td><td>100</td><td>11111</td><td>DSB</td></tr>
<tr><td>1101010100</td><td colspan="2">001</td><td colspan="2">op1</td><td colspan="2">CRn</td><td>CRm</td><td>op2</td><td>Rt</td><td>SYS</td></tr>
<tr><td>1101010100</td><td colspan="2">101</td><td colspan="2">op1</td><td colspan="2">CRn</td><td>CRm</td><td>op2</td><td>Rt</td><td>SYSL</td></tr>
<tr><td>1101010100</td><td>01</td><td>o0</td><td colspan="2">op1</td><td colspan="2">CRn</td><td>CRm</td><td>op3</td><td>Rt</td><td>MSR (register)</td></tr>
<tr><td>1101010100</td><td>11</td><td>o0</td><td colspan="2">op1</td><td colspan="2">CRn</td><td>CRm</td><td>op3</td><td>Rt</td><td>MRS</td></tr>
</table>

图 4.16　系统控制指令

系统指令包含 SYS、SYSL 两条指令，对于系统寄存器 CRn、CRm 的不同选择，有缓存维护（cache maintenance）、TLB 维护（TLB maintenance）、地址转换（address translation）以及预测限制（prediction restriction）等指令功能。

屏障指令包含数据存储屏障（data memory barrier，DMB）、数据同步屏障（data synchronization barrier，DSB）、指令同步屏障（instruction synchronization barrier，ISB）等指令。这些指令都是用于实现存储器访问一致性模型的系统控制类指令（参见 8.2.5 节）。

系统寄存器传送指令包含有 MRS、MSR 指令，能够实现系统寄存器和通用寄存器之间的数据传送，或者直接设置系统状态信息。

4.4.3 选择结构和循环结构的机器代码表示

1. 选择结构的机器级代码

选择结构根据判定条件来控制一些语句是否被执行。对应高级语言中的选择语句，在机器语言中提供了各种标志位的设置功能以及各种分支（条件转移）指令和无条件转移指令。编译器通过标志位设置指令和各类转移指令来实现选择结构语句。

例 4.9 假定 C 语言赋值语句“f =（g+h）–（i+j）;”中变量 i、j、f、g、h 由编译器分别分配给 ARMv8–A64 寄存器 X9~X13。要求给出编译后的 ARMv8–A64 机器代码和汇编表示。

解： 只要用 3 条 REG 型指令即可，即两条 ADD 指令，一条 SUB 指令。由表 4.8 可知，ADD 指令的 opcode 字段为 1112=10001011000B，SUB 指令的 opcode 字段为 1624=11001011000B。因此该赋值语句对应的 ARMv8–A64 机器代码和汇编表示（// 后为注释）如下。

```
10001011000  01101  000000  01100  01110  ADD X14, X12, X13  //g+h
10001011000  01010  000000  01001  01111  ADD X15, X9, X10   //i+j
11001011000  01111  000000  01110  01011  SUB X11, X14, X15  //f=(g+h)-(i+j)
```

例 4.10 对于 C 程序段“if（i == j）f=g+h; else f=g–h;”，假定 f、g、h、i、j 由编译器分别分配给寄存器 X19~X23。要求给出编译后的 ARMv8–A64 汇编表示。

解： 首先要有一条分支指令能根据 i、j 是否相等进行转移，可选用表 4.7 中 CBZ 或 CBNZ 指令。但由于 CBZ 或 CBNZ 指令只能判断一个寄存器的值是否为 0，因此第一步要将 i 和 j 相减，检查结果是否为 0。此外，还要有一条无条件转移指令，可选用表 4.7 中的 B 指令。上述程序段对应的 ARMv8–A64 汇编表示如下。

```
      SUB   X9, X22, X23          // R[X9]= i - j
      CBNZ  X9, Else              // go to Else if i ≠ j (R[X9] ≠ 0)
      ADD   X19, X20, X21         // f = g + h
      B     Exit                  // go to Exit
Else: SUB   X19, X20, X21         // f=g–h
Exit:
```

例 4.11 对于 C 程序段“if（i < j）f=g+h; else f=g–h;”，假定 f、g、h、i、j 由编译器分别分配给寄存器 X19~X23。要求给出编译后的 ARMv8–A64 汇编表示。

解： 首先要有一条比较 i、j 大小的指令，该指令能根据比较结果设置标志位，然后分支指令根据标志位的值进行转移，因此，可以选用 SUBS 指令、B.Cond 指令。由于比较只需要产生标志位而不需要写入目的寄存器，因此可以采用 0 寄存器 XZR 作为 SUBS 指令的目的寄存器。上述程序段对应的 ARMv8-A64 汇编表示如下。

```
      SUBS  XZR, X22, X23            //i-j, set NVCZ flags
      B.LT  Else                     //if i<j, jump to else
      SUB   X19, X20, X21            //f=g+h
      B     Exit                     //go to Exit
Else:ADD   X19, X20, X21            //f=g-h
Exit:
```

2. 循环结构的机器级代码

循环结构是指可重复执行的一组语句，如 while 语句、for 语句等。分支指令在循环结构中起重要作用，主要用来判断循环结束条件是否满足。此外，大多数循环体内需要对数组元素进行处理，因此，需要用到自动变址寻址，如果指令系统不提供自动变址，则编译器需要选用对变址寄存器进行增量的指令来使每次循环能按顺序取不同的数组元素。

例 4.12 以下是一个 C 程序段：

```
while (a[i] == k) {
        i = i + 1;
       }
```

假定 i、k 由编译器分别分配在寄存器 X22、X24 中，数组 a 的每个元素为 64 位，首地址存放在寄存器 X25 中，要求给出编译后的 ARMv8-A64 汇编表示。

解： 第一步将 a[i] 读入临时寄存器 X9 中。读入之前，首先计算 a[i] 的地址。ARMv8 按字节编址，数组 a 的每个元素占 8 B，因此应先将 i 乘以 8，以得到 a[i] 相对于 a[0] 的地址偏移量。可以使用逻辑左移指令实现乘 8 运算。a[i] 和 k 相减得到的差值存入 X11 中，用于测试循环条件是否满足。如果 a[i] ≠ k 则退出循环。在循环体的最后，通过 B 指令跳转到循环体的开始处执行。

```
Loop:LSL   X10, X22, #3       //R[X10] ← i *8
     ADD  X10, X10, X25       //R[X10] ←address of a[i]
     LDUR  X9, [X10, #0]      //R[X9] ← a[i]
     SUB   X11, X9, X24       //R[X11] ← a[i] - k
     CBNZ  X11, Exit          //if a[i] ≠ k (R[X11] ≠ 0), go to Exit
     ADD  X22, X22, #1        //i = i + 1
     B      Loop              //go to Loop
Exit:
```

4.4.4 ARM 过程调用约定

子程序的使用有助于提高程序的可读性，并有利于代码重用，它是程序员进行模块化编程的重要手段。子程序的使用主要是通过过程或函数调用来实现的，为叙述方便起见，本书将过程调用、函数调用、子程序调用等统称为过程调用。

假定过程 P 调用过程 Q，则 P 称为调用过程（caller，也称调用方），Q 称为被调用过程（callee，也称被调用方）。引入过程后，使得程序员可以使用参数将过程与其他程序和数据分离，调用过程只要传送输入参数给被调用过程，最后再由被调用过程返回结果参数给调用过程即可。

为了使所有应用程序在一个特定的运行平台上生成统一规范的二进制目标代码，每个特定的运行平台都需有一个应用程序二进制接口（application binary interface，ABI）规范。过程调用约定（calling convention）属于 ABI 规范的内容。编译生成的所有过程的目标代码都必须遵循过程调用约定，汇编程序员也必须强制按照这些约定生成或编写机器级代码，包括通用寄存器的使用、栈帧的建立和参数传递等方面的约定。

1. 过程调用的执行步骤

假定过程 P 调用过程 Q，则过程调用的执行步骤如下：

① P 将入口参数放到 Q 能访问到的地方；

② P 将返回地址存储到特定的地方，然后转移到 Q 去执行；

③ Q 为 P 保存现场，并为自己的局部变量分配空间；

④ 执行过程 Q；

⑤ Q 将返回结果放到 P 能访问到的地方；

⑥ Q 取出返回地址，将控制转移到 P。

上述步骤中，第①和第②步是在过程 P 中完成的，其中第②步由过程调用指令实现，通过该指令保存返回地址，并从过程 P 转移到 Q 执行。第③~⑥步都在被调用过程 Q 中完成，在执行 Q 过程体之前的第③步通常称为准备阶段，用于保存 P 的现场并为 Q 的非静态局部变量分配空间，在执行 Q 过程体之后的第⑤步通常称为结束阶段，用于恢复 P 的现场并释放 Q 的局部变量所占空间，最后在第⑥步通过执行返回指令返回到过程 P 执行，因此返回指令需要取到返回地址。

过程的功能主要通过过程体的执行来完成。如果过程 Q 中有嵌套调用，那么在 Q 的过程体和被 Q 调用的过程（函数）中又会有上述 6 个步骤的执行过程。

通常将通用寄存器的内容称为现场。因为每个处理器只有一套通用寄存器，因此通用寄存器是各个过程共享的资源，当从调用过程 P 跳转到被调用过程 Q 执行时，原来在通用寄存器中存放的是 P 中的内容，它们不能因为 Q 要使用这些寄存器而被破坏掉，因此，在 Q 使用这些寄存器前，在准备阶段，先要将 P 的现场保存到栈中，用完以后，在结束阶段再从栈中将这些内容重新写回到寄存器中，称为恢复现场。这样，回到调用过程 P 后，寄存器中存放的还是在 P 中的值。

2. ARMv8 中用于过程调用的指令

上述过程调用的执行步骤中，第②和第⑥步分别需要用到调用指令和返回指令。

对于近距离的过程调用，通常使用跳转并链接指令“BL Label”作为调用指令。它具有两个功能：① 保存下条指令地址（即返回地址 PC+4）到 LR 寄存器（X30）中；② 跳转到由指令中 imm<25:0> 确定的目标地址执行，目标地址 =PC+SEXT（imm26||00, 64），其中 imm26 表示 BL 指令机器码的 Instr<25:0> 字段。因为调用指令总是把返回地址存放在 LR 寄存器中，因而可用指令“BR LR”（也可以使用 RET 指令）作为返回指令，实现过程调用的返回。

3. ARMv8 寄存器使用约定

从上述过程调用执行步骤来看，在过程 P 中，需要为入口参数和返回地址确定存储空间，在过程 Q 中，需要为非静态局部变量和过程返回时的结果等数据分配存储空间。如果有足够的寄存器，最好把这些数据都保存在寄存器中，这样，CPU 执行指令时，可以快速地从寄存器中取得这些数据进行处理。但是，用户可见寄存器数量有限；并且它们是所有过程共享的，给定时刻只能被一个过程使用；此外，过程中使用的一些局部变量（如数组和结构等复杂类型数据）也不可能保存在寄存器中。因此，除了通用寄存器外，还需要有一个专门的存储区来保存这些数据，这个存储区就是栈。那么，上述这些数据中，哪些应该存放在寄存器中，哪些应存放在栈中呢？寄存器和栈的使用又有哪些规定呢？

ARMv8-A64 支持 31 个通用寄存器，作为 64 位值访问时，分别表示为 X0~X30；作为 32 位值访问时，分别表示为 W0~W30，其 5 位编号分别为 0~30。当寄存器编号为 31 时，根据特定指令的功能和操作数位置的不同，其代表的操作数或者是 0 寄存器 XZR 和 WZR，或者是当前栈指针寄存器 SP 和 WSP。XZR 和 WZR 分别表示 64 位或 32 位常数 0，该寄存器在物理上并不存在，对其所有读操作返回总是 0，所有写操作都被忽略。SP 和 WSP 分别表示为 64 位或 32 位栈指针寄存器，与 32 位架构不同，在 AArch64 执行状态下，栈指针寄存器不再是通用寄存器。

ARMv8-A64 的 ABI 规范规定过程调用时的寄存器使用约定（仅给出 64 位寄存器情况）如表 4.9 所示。

表 4.9　ARMv8-A64 寄存器使用约定

编号	寄存器	ABI 名	功能描述	是否在被调用过程中保存
0~7	X0~X7		过程参数 / 返回值	否
8	X8		间接结果位置寄存器	否
9~15	X9~X15		临时寄存器	否

续表

编号	寄存器	ABI 名	功能描述	是否在被调用过程中保存
16	X16	IP0	临时寄存器或过程内部调用寄存器	否
17	X17	IP1	临时寄存器或过程内部调用寄存器	否
18	X18		临时寄存器或平台寄存器	否
19~28	X19~X28		保存寄存器	是
29	X29	FP	帧指针寄存器	是
30	X30	LR	链接寄存器（返回地址）	是
31	SP	SP	栈指针寄存器	不保存

如表 4.9 所示，31 个通用寄存器和栈指针寄存器 SP 的使用约定如下（假定过程 P 调用过程 Q）。

① X0~X7 用于传递前 8 个非浮点数入口参数，在过程 P 中应先将入口参数送 X0~X7，然后调用 Q。若入口参数超过 8 个，则其余参数保存到栈中。这些寄存器在 Q 中可能会被修改，如果从 Q 返回后在 P 中还需要使用它们，则由调用过程 P 保存，在被调用过程 Q 中无须保存。X0~X7 也可用于传递从 Q 返回的非浮点数结果，在过程 Q 中应先将返回值送 X0~X7 后再返回 P。

② X9~X15 在被调用过程 Q 中可能会被修改，与 X0~X7 一样，如果从过程 Q 返回后在过程 P 中还需要使用它们，则由调用过程 P 保存，在过程 Q 中不需要保存，可以自由使用。此类寄存器被称为临时寄存器（temporary register）。

③ X16 和 X17 可作为临时寄存器使用，当被调用过程在分支指令跳转范围外时，可用于设置被调用过程地址，或在动态链接时被链接器使用。

④ X18 可用作临时寄存器，也可用作平台寄存器。当一个平台的应用程序二进制接口（ABI）需要指定专门寄存器来保存其内部过程状态时，可选用 X18 来实现。

⑤ X19~X28 在过程 Q 被调用前的值会在从过程 Q 返回后继续被过程 P 使用，如果在过程 Q 中需要使用这些寄存器，则过程 Q 必须将其内容保存到栈后才能使用这些寄存器，并在返回过程 P 前将其保存在栈中的值恢复。这些寄存器被称为保存寄存器（saved register）。

⑥ SP 和 FP（X29）的值在过程调用时由被调用过程 Q 将其入栈，此类寄存器和保存寄存器都被称为被调用者保存寄存器（callee-saved register）。

⑦ LR（X30）用于存放返回地址，由调用指令将返回地址送入 LR。

ARMv8-A64 还支持 32 个 SIMD/ 浮点寄存器，每个寄存器作为完整的 128 位值被访问时，表示为 V0~V31 或 Q0~Q31；作为 64 位值被访问时，表示为 D0~D31；作为 32 位值被访问时，表示为 S0~S31；作为 16 位值被访问时，表示为 H0~H31；作为 8 位值被访问时，表示为 B0~B31。

类似地，V0~V7 用于向被调用过程传递入口参数，或者传递来自被调用过程的返回值；寄存器 V8~V15 必须由被调用过程保存；另外，被调用过程仅需要保存寄存器 V8~V15 的低 64 位，更高位部分由调用过程保存；寄存器 V0~V7 和 V16~V31 不需要保存，或者可以由调用过程保存。

4. ARMv8 的栈和栈帧

在过程调用过程中，一些数据存放在寄存器中，还有一些数据存放在栈中。ARMv8-A64 中用专用栈指针寄存器 SP 来指示栈顶位置，SP 必须按照 16 字节对齐。ARMv8-A64 指令集中没有 POP、PUSH 等栈操作指令，入栈、出栈操作可用 STR、LDR、STP、LDP 等指令实现。

如图 4.17 所示，栈从高地址向低地址方向增长，而读数据、写数据则从低地址向高地址方向进行。ARMv8-AArch64 采用小端方式，SP 作为存储访问的基地址时必须满足 16 字节对齐，否则会触发异常，因此需要修改 SP 时必须保证修改后 SP 的值为 16 的倍数。ARMv8 中定义一个字的宽度为 4 B，因此，若入栈四字长的数据，则 R[SP] ← R[SP]–16；若出栈四字长的数据，则 R[SP] ← R[SP]+16。

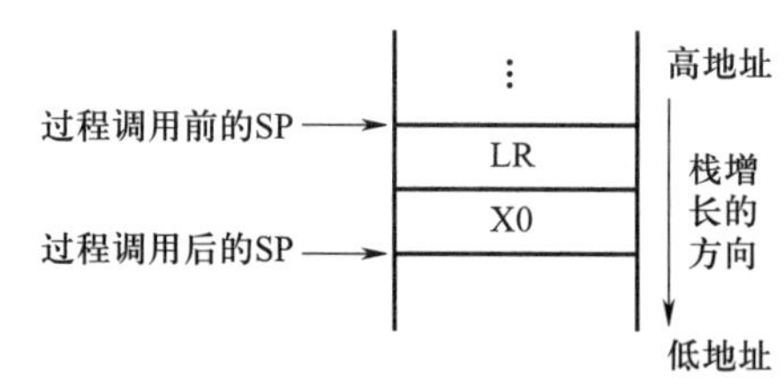

图 4.17　栈中数据的存放

例 4.13　请写出将返回地址 LR 和参数 X0 保存到栈中的指令序列，并画图说明 LR 和 X0 在栈中的位置。

解：假定栈指针寄存器 SP 指向栈顶，返回地址 LR 和参数 X0 从栈顶处开始存放，它们的存放位置如图 4.17 所示。在栈中保存信息的指令序列如下：

```
SUB SP, SP, #16
STR LR, [SP, #8]
STR X0, [SP]
```

每个过程都有自己的栈区，称为栈帧（stack frame）。ARMv8-A64 中的帧指针寄存器是 FP（X29），用于指向当前正在执行过程的栈帧底部。过程调用时，调用者保存寄存器（caller-save register）在调用过程的栈帧中保存；被调用者保存寄存器在被调用过程的栈帧中保存。

图 4.18 所示为 ARMv8-A64 用户栈在过程调用前、调用中和调用后的状态变化情况。

如图 4.18（a）所示，当遇到一个过程调用时，调用过程根据需要来确定是否将临时寄存器和参数寄存器保存到自己的栈帧（调用过程栈帧）中，当入口参数超过 8 个时，超过部分需要保存至栈帧中，然后进入被调用过程。

如图 4.18（b）所示，在被调用过程中，需要时可设置帧指针 FP，FP 和 SP 所指区间是当前栈帧。如果当前过程是非叶子过程（叶子过程指不再调用其他过程的过程），则将返回地址（LR 寄存器内容）入栈保存；若在被调用过程中用到被调用者保存寄存器，则将它们入栈保存；然后在栈中为非静态局部变量分配相应空间。

如图 4.18（c）所示，被调用过程执行结束、返回前，必须释放局部变量占用的栈区空间，并恢复保存在栈中的各个寄存器的值，使程序回到调用过程后，栈中状态和过程调用前一致。

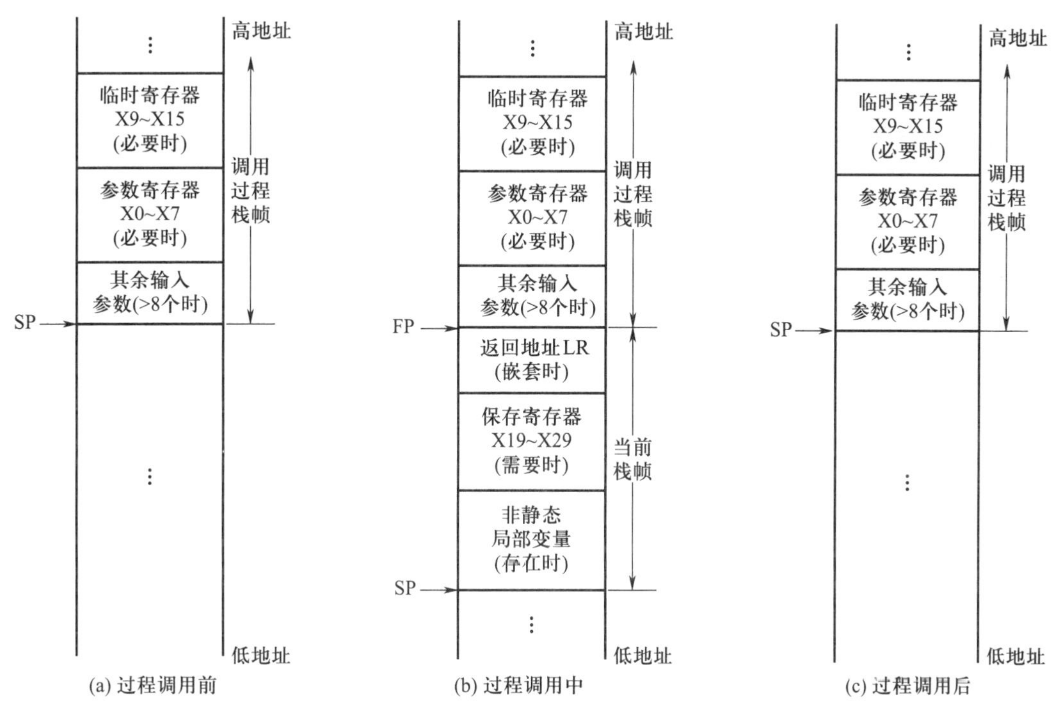

图 4.18　过程调用时 ARMv8-AArch64 中的栈和栈帧的变化

因为 ARMv8-A64 中有 8 个整数寄存器和 8 个 SIMD/ 浮点数寄存器用于传递入口参数或者返回值，被调用过程可以直接使用这些寄存器传送参数，无须使用调用过程的栈帧传送参数，因此在大多数情况下，无须利用帧指针 FP 内容作为基地址来访问入口参数。只有在整数参数或 SIMD/ 浮点参数数目超过 8 个时，才需要使用 FP 或 SP 来访问这些入口参数。

图 4.18 中仅示意了 ARMv8-A64 整数指令集的情况，对于支持 SIMD/ 浮点指令集的系统，还需要考虑 SIMD/ 浮点寄存器的使用约定。

5. ARMv8 的过程调用

在程序执行过程中，每次过程调用都会生成一个被调用过程对应的新栈帧，而在被调用过程执行返回指令前，其对应的栈帧都要被释放。ARMv8-A64 系统中过程调用时栈帧的生成和释放步骤大致如下（假定有过程 P 调用过程 Q）。

（1）调用过程 P 在过程调用前的执行步骤

① 将前 8 个参数送到 X0～X7，其他参数保存到当前栈帧。

② 若 P 在返回后还要用到 X0～X7 和 X9～X15 中某些寄存器，则需将这些寄存器保存到当前栈帧。

③ 执行“BL label”指令，使返回地址保存到 LR（X30）中，并转移到被调用过程 Q 执行。

（2）被调用过程 Q 中的执行步骤

一个过程调用由三个阶段组成，包括开始准备阶段、执行阶段和恢复并结束阶段。

开始准备阶段：主要进行栈帧生成、寄存器保存和局部变量空间申请。其处理步骤如下。

① 申请栈帧：若需设置帧指针 FP，则先保存 FP，然后将 SP 的值送至 FP。根据过程 Q 需要的栈帧空间大小设置 SP，以得到新的栈顶。这样，在 FP 和 SP 之间就形成了 Q 的栈帧。

② 在 Q 的栈帧保存返回地址寄存器 LR 的值。

③ 若 Q 中用到 X19～X28 中的某些寄存器，则需将这些寄存器压入 Q 的栈帧。

④ 若 Q 中的局部变量发生寄存器溢出（即寄存器不够分配），则将一部分局部变量分配在 Q 的栈帧中，若局部变量类型为数组或结构之类需要占据较大空间的复杂数据，则在 Q 的栈帧中分配空间。

由此可见，栈帧大小应至少等于上述 4 个步骤中用到的存储单元的总和。

执行阶段：实现过程 Q 的功能。若 Q 是非叶子过程，则在 Q 的执行阶段，Q 作为调用过程需要像过程 P 一样进行过程调用前的准备。

恢复并结束阶段：主要进行寄存器恢复、栈帧释放，并返回到调用程序。其处理步骤如下。

① 若保存了 X19～X28 中某些寄存器，则从当前栈帧中恢复这些寄存器。

② 释放栈帧：将栈指针 SP 重新指向调用过程 P 的栈帧的栈顶，可以通过过程 Q 的 SP 的值加上栈帧大小，或将 FP 的值送入 SP 中来实现，然后恢复之前保存的 FP。

③ 若保存了返回地址，则将其恢复到寄存器 LR 中。

④ 执行指令“BR LR”，返回到调用过程 P 执行。

例 4.14 写出以下 C 语言过程对应的 ARMv8-A64 汇编表示。

```
void swap(int v[ ], int k)
{
   int temp;
   temp = v[k];
   v[k] = v[k+1];
   v[k+1] = temp;
}
```

解： swap() 函数是一个被调用过程，且它不再调用其他过程，因此它是叶子过程。

按照调用约定，调用 swap() 函数的过程已经将参数 v 和 k 的实参分别放在参数寄存器 X0 和 X1 中。参数 v 是一个数组指针。通常，在叶子过程中，应先使用参数寄存器 X0～X7 和临时寄存器 X9～X15，不够时再使用保存寄存器 X19～X28。这样，如果参数寄存器和临时寄存器够用，则不需要将 X19～X28 的值保存在栈帧中。本例中，将先使用临时寄存器，并假定局部变量 temp 分配在寄存器 X9 中。

因为 swap() 过程中没有使用被调用者保存寄存器 X19～X28，因而开始准备阶段无须保存寄存器 X19～X28 的值，也无须进行局部变量分配。因为是叶子过程，故无须保存返回地址和帧指针，由此可见，swap() 对应的栈帧为空，结束阶段直接返回即可。

swap() 过程的汇编表示如下。

```
swap:   LSL    X10, X1, #2         // k<<2, multiply k by 4
        ADD    X10, X10, X0        //R[X10] ←address of v[k]
        LDR    X9, [X10, #0]       //R[X9] ←v[k]
        LDR    X11, [X10, #4]      //R[X11] ←v[k+1]
        STR    X11, [X10, #0]      //store v[k+1] into v[k]
        STR    X9, [X10, #4]       //store old v[k] into v[k+1]
        BR     LR                  //return to caller
```

例 4.15 以下 C 语言过程用于实现数组 v 的插入排序，要求写出对应的 ARMv8-A64 汇编表示。

```
void sort(int v[ ], int n)
{
    int i, j;
    for (i=0, i<n; i++)
        for (j=i-1; j>=0 && v[j] > v[j+1]; j--) {
           swap(v, j);
        }
}
```

解： sort() 函数本身是一个被调用过程，但它也是一个调用过程，因为它又调用了 swap() 函数。按照调用约定，调用 sort() 函数的过程已经将参数 v 和 n 的实参分别放在了参数寄存器 X0 和 X1 中。

因为 sort() 是非叶子过程，因而在开始准备阶段需要生成一个栈帧，并在栈帧中保存返回地址（LR 的内容）和被调用者保存寄存器（即保存寄存器）的内容。如果需要，还应为局部变量在栈帧中分配空间，这里因为局部变量 i 和 j 都是简单变量，因而可以将它们直接分配在寄存器中。

在 sort() 函数中，i 和 j 都是循环控制变量，显然，在调用完 swap() 过程后，sort() 过程还需要继续使用 i 和 j，因而其值不能发生变化。按照过程调用约定，若将 i 和 j 分配在调用者保存寄存器（即临时寄存器）中，则在调用过程 sort() 中，应先将这些临时寄存器的内容保存到自己的栈帧中，然后再调用被调用过程 swap()，从 swap() 过程返回 sort 后，再从 sort() 的栈帧中恢复这些临时寄存器的内容，否则存放 i 和 j 的临时寄存器内容就可能被破坏。例如，假定 i 和 j 分别分配在 X9 和 X10 中，若不在 sort() 中保存 X9 和 X10，则进入 swap() 过程后，由于在 swap() 过程中不会保存临时寄存器 X9 和 X10 的旧值，而使得 X9 和 X10 原来的值被 swap() 过程破坏，回到 sort() 过程后，X9 和 X10 中的 i 和 j 的值就发生了变化。本例中，若将 i 和 j 都分配在临时寄存器中，则每次调用 swap() 前，要用两条指令分别保存 i 和 j，在 swap() 返回后，还要用两条指令恢复，每次循环需要额外执行 4 条指令。而将 i 和 j 都分配在保存寄存器中，则只要在 sort() 过程开始和结束时，分别保存和恢复保存寄存器的内容，一共只要 4 条指令。因而，下面的汇编语言程序中，将 i 和 j 分别分配在保存寄存器 X19 和 X20 中。

对于参数寄存器 X0 和 X1，由于 sort() 过程调用 swap() 时，需要使用参数寄存器 X0 和 X1 传送参数给 swap()，因而，如果不在 sort() 中保存 X0 和 X1 的内容，那么，原来传送给 sort() 过程时的参数在 X0 和 X1 中就会被破坏，若从 swap() 返回后还要使用 X0 和 X1 中的参数，则就会发生错误。与 i 和 j 的处理一样，本例中，若在调用 swap() 前后来保存并恢复参数寄存器 X0 和 X1，则每次循环都需要额外执行 4 条指令。因而，下面的汇编语言程序中，将参数寄存器 X0 和 X1 中实参 v 和 n 一开始就传送到并存放在保存寄存器 X21 和 X22 中。

从 sort() 函数的源程序来看，只有 i、j、v 和 n 在 swap() 函数调用前后不能改变，其他都是处理的一些中间结果，这些中间结果在调用 swap() 后不再需要，因而，在 sort() 中的中间结果都采用临时寄存器存放，这些临时寄存器不需要在调用 swap() 前后进行保存、恢复。在 sort() 过程的结束阶段，需要恢复保存在栈帧中的信息，并释放栈帧，然后返回。

sort() 过程的汇编表示如下。

```
sort:
    sub     sp, sp, #48         // 生成栈帧，48 B，SP 要求按 16 字节对齐
    str     x30, [sp,#32]       // 返回地址压栈
    str     x22, [sp,#24]       // 保存寄存器 x22 压栈（存储 n 的值）
    str     x21, [sp,#16]       // 保存寄存器 x21 压栈（存储 v 的值）
    str     x20, [sp,#8]        // 保存寄存器 x20 压栈（存储 j 的值）
    str     x19, [sp,#0]        // 保存寄存器 x19 压栈（存储 i 的值）
    mov     x21,x0              // 参数 v 传送到 x21 中
    mov     x22,x1              // 参数 n 传送到 x22 中
    mov     x19, xzr            //i=0
outer_loop:
    cmp     x19, x22            //compare i to n
    b.ge    exit1               //if i>=n goto exit1
    sub     x20, x19, #1        //j=i-1
inner_loop:
    cmp     x20, xzr            //compare j to 0
    b.lt    exit2               //if j<0 goto exit2
    lsl     x10, x20, #2        //R[x10] ← j*4
    add     x10, x21, x10       //R[x10] ← &v[j]
    ldur    x11, [x10,#0]       //R[x11] ← v[j]
    ldur    x12, [x10,#4]       //R[x12] ← v[j+1]
    cmp     x11, x12
    b.le    exit2               //if v[j]<=v[j+1] goto exit2
    mov     x0, x21             //R[x0] ← &v[0],swap 实参 v
    mov     x1, x20             //R[x1] ← j,swap 实参 j
    bl      swap                // 调用过程 swap
    sub     x20, x20, #1        //j--
    b       inner_loop          //goto inner_loop
exit2:
    add     x19, x19, #1        //i++
    b       outer_loop          //goto outer_loop
exit1:
    ldr     x19, [sp,#0]        // 保存寄存器 x19 出栈
    ldr     x20, [sp,#8]        // 保存寄存器 x20 出栈
    ldr     x21, [sp,#16]       // 保存寄存器 x21 出栈
    ldr     x22, [sp,#24]       // 保存寄存器 x22 出栈
    ldr     x30, [sp,#32]       // 返回地址出栈
    add     sp, sp, #48         // 释放栈帧
    br      lr                  // 返回到调用过程
```

例 4.16 以下是一个 C 语言过程，用于实现数组 v 的插入排序。要求写出 ARMv8-A64 的机器级代码，并给出每条指令的注释。

```
void insertion_sort(int v[ ], int n)
{
   for (int i =1, j; i < n; i++) {
        int x = v[i];
        for (j = i; j > 0 && v[j-1] > x; j--) {
```

```
            v[j] = v[j-1];
        }
        v[j] = x;
    }
}
```

解： insertion_sort() 函数是一个被调用过程，但它不再调用其他过程，因此它是叶子过程。按照调用约定，调用 insertion_sort() 函数的过程已经将参数 v 和 n 的实参分别放在参数寄存器 X0 和 X1 中。参数 v 是一个数组起始位置的指针。

本例中，在 insertion_sort() 过程仅使用了参数寄存器 X0~X7，因而无须保存被调用者保存寄存器 X19~X28 的内容。局部变量 i、j 和 x 分别分配在寄存器 X4、X5 和 X6 中。

按照上述过程调用约定，开始准备阶段无须保存任何寄存器的值，也无须进行局部变量分配。因为是叶子过程，故无须保存返回地址和帧指针，由此可见，insertion_sort 过程对应的栈帧为空，结束阶段直接返回即可。

insertion_sort 过程的机器级代码及其注释如下。其中，左边冒号前的是指令所在的相对地址，冒号后面的二进制代码（用十六进制形式显示）是机器指令，随后的是对应的汇编指令，右边 // 后面的是注释。

```
   00: 91001003  add  x3,x0,#4       //R[x3]←address of v[1]
   04: d2800024  mov  x4,#1          //i=R[x4]←1
Outer_Loop:
   08: eb01009f  cmp  x4,x1          //compare i to n
   0c: 5400026a  b.ge Exit_Outer_Loop //if i >= n, jump to Exit_Outer_Loop
Continue_Outer_Loop:
   10: b8400066  ldur  x6, [x3,#0]   //x=R[x6]←v[i]
   14: 91000062  add   x2, x3, #0    //R[x2]←address of v[j]
   18: 91000085  add   x5, x4, #0    //j=R[x5]←R[x4]=i
Inner_Loop:
   1c: b85fc047  ldur  x7, [x2,#-4]  //R[x7] ←v[j-1]
   20: eb0700df  cmp   x6, x7        //compare v[j] to x
   24: 540000ea  b.ge Exit_Inner_Loop //if x>=v[j-1], jump to Exit_Inner_Loop
   28: b8000047  stur  x7, [x2,#0]   //v[j] ←R[x7]=v[j-1]
   2c: d10004a5  sub   x5, x5, #1    //j=R[x5] ←j-1
   30: d1001042  sub   x2, x2, #4    //R[x2]←address of v[j-1]
   34: eb1f00bf  cmp   x5, xzr       //comepare j to 0
   38: 5400004d  b.le Exit_Inner_Loop //if j<=0, jump to Exit_Inner_Loop
   3c: 17fffff8  b Inner_Loop        //jump to Inner_Loop
Exit_Inner_Loop:
   40: d37ef4a5  lsl   x5, x5, #2    //j=R[x5] ←j<<2 (j*4)
   44: 8b050005  add   x5, x0, x5    //R[x5]←address of v[j]
   48: b80000a6  stur  x6, [x5,#0]   //v[j] ←x=R[x6]
   4c: 91000484  add   x4, x4, #1    //i=R[x4]←i+1
   50: 91001063  add   x3, x3, #4    //R[x3]←address of v[i]
   54: 17ffffed  b     Outer_Loop    //jump to Outer_Loop
```

```
Exit_Outer_loop:
   58: d61f03c0  br  lr              //return from insertion_sort function
```

4.4.5 ARMv8 程序的转换、链接与加载

如第 1 章图 1.5 所示，高级语言源程序文件转换为可执行目标文件通常分为预处理、编译、汇编和链接四个步骤。前三个步骤用来对每个模块（即源程序文件）生成可重定位目标文件。GCC 生成的可重定位目标文件为 .o 后缀，VS 输出的可重定位目标文件为 .obj 后缀。最后一个步骤为链接，用来将若干可重定位目标文件（可能包括若干标准库函数目标模块）组合起来，生成一个可执行目标文件。本书有时将可重定位目标文件和可执行目标文件分别简称为可重定位文件和可执行文件。

1. 可执行文件生成概述

预处理是从源程序转换成可执行代码的第一步，主要对各种预处理命令进行处理，包括对头文件的包含、宏定义的扩展、条件编译的选择等处理，例如，对于 #include 指示的处理结果，就是将相应 .h 文件的内容插入到源程序文件中。预处理后的文件是可显示的文本文件。

编译阶段分前端和后端两个处理过程，前端处理包括对源程序进行词法分析、语法分析和语义分析，并将程序转换为与运行平台无关的中间代码表示；后端处理则根据运行平台（如 ARMv8+Linux）规定的应用程序二进制接口（ABI）规范和指令集体系结构，对代码进行优化，并最终生成可以在运行平台上执行的目标文件。因此，前端处理必须了解对应编程语言规范，后端处理必须了解对应 ABI 规范和 ISA 规范。

为了保证机器级代码的可读性，通常会在生成二进制表示的机器语言代码之前，先生成汇编语言程序。汇编器的功能是将编译生成的汇编语言程序转换为机器语言代码。

通常最终的可执行目标文件由多个不同模块对应的机器语言目标代码组合而形成，在生成单个模块的机器语言目标代码时，不可能确定每条指令或每个数据最终的地址，也即，在将单个模块的机器语言目标代码合并生成可执行文件时需要重新定位，因此，通常把汇编生成的机器语言目标代码文件称为可重定位目标文件。

例如，GCC 中可以使用命令“gcc –c main.c –o main.o”或“gcc –c main.c”直接对 main.c 进行预处理并编译生成可重定位目标文件 main.o。

链接的功能是将所有关联的可重定位目标文件组合起来生成一个可执行文件。例如，对于图 4.19 所示的两个模块 main.c 和 test.c，假定通过预处理、编译和汇编，分别生成了可重定位目标文件 main.o 和 test.o，则可以用命令“gcc –o test main.o test.o”或“ld –o test main.o test.o”来生成可执行文件 test。这里，ld 是静态链接器命令。

```
int add(int, int);
int main( )
{
    return add(20, 13);
}
```

(a) main.c 文件

```
int add(int i, int j)
{
    int x=i+j;
    return x;
}
```

(b) test.c 文件

图 4.19　组合成一个可执行目标文件的两个源程序示例

当然，也可以用一个命令“gcc -o test main.c test.c”来实现对源程序文件 main.c 和 test.c 的预处理、编译和汇编，并将两个可重定位目标文件 main.o 和 test.o 进行链接，最终生成可执行目标文件 test。命令“gcc -o test main.c test.c”的功能如图 4.20 所示。

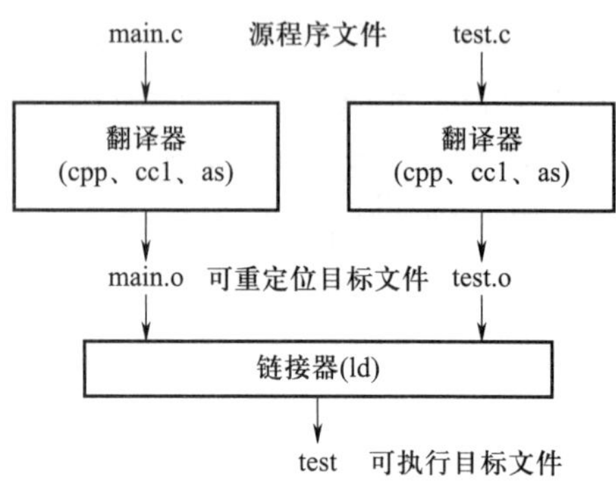

图 4.20　可执行目标文件 test 的生成过程

可重定位目标文件和可执行目标文件都是机器语言目标文件，所不同的是前者是单个模块生成的，而后者是多个模块链接合并而成的。因而，对于前者，每个模块内的代码总是从 0 开始，而对于后者，合并后代码中指令和数据的地址则是 ABI 规定的虚拟地址空间中的地址。

例如，通过“objdump -d test.o”命令显示可重定位文件 test.o 中 add 的结果如下。

```
0000000000000000 <add>:
   0:    d10083ff     SUB    SP, SP, #0x20 // R[sp]←R[sp]-0x20,生成栈帧
   4:    b9000fe0     STR    W0, [SP, #12] //保存寄存器 W0 存入栈帧中
   8:    b9000be1     STR    W1, [SP, #8]  //保存寄存器 W1 存入栈帧中
   c:    b9400fe1     LDR    W1, [SP, #12] //从栈帧中取出 i,R[w1]=i
  10:    b9400be0     LDR    W0, [SP, #8]  //从栈帧中取出 j,R[w0]=j
  14:    0b000020     ADD    W0, W1, W0    //R[w0]=R[w1]+R[w0]
  18:    b9001fe0     STR    W0, [SP, #28] //保存寄存器 W0 存入栈帧中
  1c:    b9401fe0     LDR    W0, [SP, #28] //恢复保存寄存器 W0 的值
  20:    910083ff     ADD    SP, SP, #0x20 //释放栈帧
  24:    d65f03c0     RET                  //返回调用过程 main
```

通过“objdump -d test”命令显示可执行文件 test 中 add 的结果如下。

```
0000000000400590 <add>:
  400590:     d10083ff     SUB    SP,SP, #0x20
  400594:     b9000fe0     STR    W0, [SP, #12]
  400598:     b9000be1     STR    W1, [SP, #8]
  40059c:     b9400fe1     LDR    W1, [SP, #12]
  4005a0:     b9400be0     LDR    W0, [SP, #8]
```

```
4005a4:      0b000020     ADD    W0, W1, W0
4005a8:      b9001fe0     STR    W0, [SP, #28]
4005ac:      b9401fe0     LDR    W0, [ SP, #28]
4005b0:      910083ff     ADD    SP, SP, #0x20
4005b4:      d65f03c0     RET
```

通过 objdump 命令输出的结果包括指令的地址、指令机器代码和反汇编出来的汇编指令代码。可以看出，在可重定位目标文件 test.o 中 add 函数的起始地址为 0；而在可执行目标文件 test 中 add 函数的起始地址为 0x400590。

事实上，主流 PC 都是 Intel 架构，在其上通过 gcc 命令编译出的是针对 IA−32/x64+Linux 运行平台的可执行目标文件。为了编译出 ARM 架构对应的可执行目标文件，读者需要准备一个 ARM+Linux 的运行平台（如带有 ARM 处理器的开发板），或者使用针对 ARM 的交叉编译工具链进行编译。本书中的例子默认在 ARMv8−A64+Linux 平台上运行。关于交叉编译，读者可以在互联网上查阅相关资料。

2. ARM 汇编器

从上述例 4.16 给出的机器级代码，可明显看出机器指令代码和汇编指令表示的一一对应关系。根据机器代码和汇编表示之间的对应表（称为指令解码表），可以很容易地实现两者的转换。从汇编表示转换为机器代码的过程称为“汇编”，从机器代码转换为汇编表示的过程称为“反汇编”。objdump 命令实现的就是反汇编过程。

ARM 汇编器用于将 ARM 汇编语言表示的程序转换为 ARM 机器代码。在 GCC 中用编译器生成的汇编语言源程序的扩展名为 .s，ARM 汇编器对 .s 文件进行处理，生成相应的 .o 文件。

GCC 生成的可重定位目标文件（.o 文件）采用可执行可链接格式（executable and linkable format，ELF），其中包含许多不同的节（section）。例如，.text 节中存储机器指令代码；.rodata 节中存储只读数据；.data 节中存储已初始化的全局静态数据。

为了便于汇编器和链接器对 .s 文件进行处理，.s 文件中会包含一些汇编指示符（assemble dirctive）。以下是常用的汇编指示符。

.text：指示代码节（.text）从此处开始。

.data：指示已初始化数据节（.data）从此处开始。

.bss：指示未初始化数据节（.bss）从此处开始。

.section .rodata：指示只读数据节（.rodata）从此处开始。

.align 2：指示代码从此处开始按 2^2=4 字节对齐。

.global main：声明“main”是一个全局符号。

.code32：汇编使用 ARM 指令。

.code16：汇编使用 THUMB 指令。

.string "Hello, %s!\n"：在内存中存储以 null 结尾的字符串“Hello, %s!\n”。

.byte 3, 19, ⋯ , 20：在内存中连续存储若干个 8 位数据 3，19，⋯，20。

.hword w1, w2, ⋯ , wn：在内存中连续存储 n 个 16 位数据 w1，w2，⋯，wn。

.word w1, w2, ⋯ , wn：在内存中连续存储 n 个 32 位数据 w1，w2，⋯，wn。

.dword w1, w2, ⋯ , wn：在内存中连续存储 n 个 64 位数据 w1，w2，⋯，wn。

为了提高汇编文件中汇编语言程序的可读性，ARMv8-A64 定义了一系列伪指令（pseudo instruction）。这些伪指令并不是 ARMv8-A64 指令系统中的真实指令，而是“假”指令，其功能可以由一条或多条真实指令实现。在 ARMv8 参考手册中，将伪指令称为一条真实指令的别名（alias）。

例如，伪指令“CMP Xn，Xm”对应机器指令“SUBS XZR，Xn，Xm”。CMP 指令对两个寄存器进行比较，根据比较结果设置标志位。因此，CMP 指令的功能可以通过 SUBS 指令实现，但必须将该 SUBS 指令的目的寄存器设置为 XZR。由于 XZR 寄存器的值恒为 0，因此比较的结果不会改写 XZR 寄存器，但可以修改标志位，即通过设置目的寄存器为 XZR 的 SUBS 指令可以实现 CMP 指令所需的功能。又如，伪指令“MOV Xd, Xm”对应机器指令“ORR Xd, XZR, Xm”。ARMv8-A64 汇编器必须能够处理这些伪指令，将它们转换为真实指令对应的机器代码。

3. ARM 链接器

可重定位目标文件和可执行目标文件都不是可以直接显示的文本文件，而是不可显示的二进制文件，它们都按照一定的格式（如 ELF）以二进制字节序列构成一种目标文件，其中包含二进制代码区、只读数据区、初始化数据区和未初始化数据区等，每个信息区称为一节，如代码节（.text）、只读数据节（.rodata）、已初始化全局数据节（.data）和未初始化全局数据节（.bss）等。

链接器在将多个可重定位目标文件（如 .o 文件）组合成一个可执行目标文件时，主要完成以下两个任务。

（1）符号解析

符号解析（symbol resolution）的目的就是将每个符号的引用与一个确定的符号定义建立关联。程序中有被定义和被引用的符号，如全局变量声明“int *xp = &x;”对符号 xp 进行了定义，在定义时引用了符号 x。这些符号包括全局变量名、静态局部变量名和函数名等。例如，对于图 4.19 所示的两个源程序文件 main.c 和 test.c，在 main.c 中定义了符号 main，并引用了符号 add；在 test.c 中则定义了符号 add。因此，在链接时，需要将 main.o 中引用的符号 add 和 test.o 中定义的符号 add 建立关联。

编译器将所有符号存放在可重定位目标文件的符号表（symbol table）中。符号表的每个表项中包含符号名、长度和位置信息等。

（2）重定位

每个源程序文件（.c 文件）生成一个对应的可重定位目标文件（.o 文件），称为一个模块。每个模块中的代码区和数据区都是从地址 0 开始的，链接器需要将不同模块中相同的节合并起来生成一个新的单独的节，并按照 ABI 规范确定的虚拟地址空间划分（也称存储器映像），重新确定合并后代码段和数据段的位置。

如图 4.21 所示，ARMv8-A64 的 ABI 规定，可执行文件被映射到虚拟地址空间 0x0000 0000 0000 0000～0x0000 007f ffff fffc 中，栈区位于高地址区域，由 0x7f ffff fffc 开始，从高地址向低地址方向增长；代码段从虚拟地址 0x40 0000 开始，向高地址方向增长；静态数据段从代码段后面的一个 4 KB 对齐的地址处开始（例如，图 4.21 中从虚拟地址 0x1000 0000 处开始），向高地址方向增长；随后是动态数据区域，也称为堆区（heap）。在 0x0～0x3f ffff 之间为保留段。

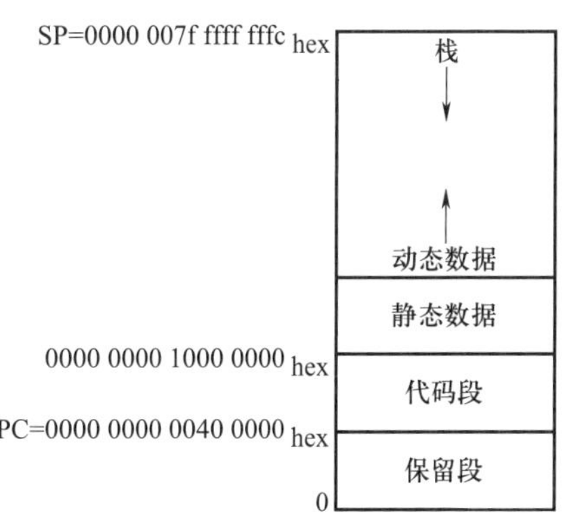

图 4.21 ARMv8-A64 虚拟地址空间划分

链接器合并所有模块时，需要重新确定每条指令和每个数据在虚拟地址空间中的地址，并且在指令中需要明确给定所引用符号的地址，这种重新确定代码和数据的地址，并更新指令中被引用符号地址的工作称为重定位（relocation）。

使用链接的第一个好处就是“模块化”，它能使一个程序被划分成多个模块，由不同的程序员进行编写，并且可以构建公共的函数库（如数学函数库、标准 I/O 函数库等）以提供给不同的程序进行重用。

采用链接的第二个好处是“效率高”，每个模块可以分开编译，在程序修改时只需重新编译那些修改过的源程序文件，然后再重新链接，因而从时间上来说，能够提高程序开发的效率；同时，因为源程序文件中无须包含共享库的所有代码，只要直接调用即可，而且在可执行文件运行时的内存中，也只需要包含所调用函数的代码而不需要包含整个共享库，因而链接也有效地提高了空间利用率。

对于以下 C 语言程序（hello.c）：

```
#include <stdio.h>
int main()
{
      printf( "Hello, %s\n", "world");
      return 0;
}
```

经过预处理和编译以后，生成了以下汇编语言程序（hello.s）：

```
  .file  "hello.c"                  // 汇编指示：源文件名 hello.c
  .text                             // 汇编指示：开始进入 text 节（程序代码部分）
  .section .rodata                  // 汇编指示：开始进入只读数据节（程序只读数据部分）
  .align 3                          // 汇编指示：数据按 2^3=8 字节对齐
string0:                            // 标号 string0 表示 string0 符号的定义从此处开始
  .string  "world"                  // 汇编指示：数据为以 NULL 结尾的字符串
  .align 3                          // 汇编指示：数据按 2^3=8 字节对齐
string1:                            // 标号 string1 表示 string1 符号的定义从此处开始
  .string  "Hello, %s\n"            // 汇编指示：数据为以 NULL 结尾的字符串
  .text                             // 汇编指示：开始进入 text 节（程序代码部分）
  .align 2                          // 汇编指示：代码按 2^2=4 字节对齐
  .global main                      // 汇编指示：声明全局符号 main
main:                               // 标号 main 表明 main 符号的定义从此处开始
  stp  x29, x30, [sp, #-16]!        // 分配 main 的栈帧，大小为 16 字节
                                    // 帧指针寄存器 x29 和链接寄存器 x30 存入栈帧中
  mov     x29, sp                   //R[x29] ← R[sp]
  adrp    x0, string0               //R[x0] ← string0 所在页基地址存入 x0
  add     x1, x0, :lo12:string0     //R[x1] ← R[x0]+string0 的地址低 12 位
  adrp    x0, string1               //R[x0] ← string1 所在页基地址存入 x0
  add     x0, x0, :lo12:string1     //R[x0] ← R[x0]+string1 的地址低 12 位
  bl      printf                    // 调用 printf 函数
  mov     w0, #0                    //R[w0] ←返回值 0
  ldp     x29, X30, [sp], #16       // 恢复返回地址到 x30，恢复栈指针
                                    // 释放 main 的栈帧空间
  ret                               // 从 mian 函数返回到调用函数
```

标号是指带冒号（:）的一个名字，标号所定义的符号的值是指符号所占空间的首地址，例如，string1 的值就是字符串“Hello，%s!\n”中第一个字符（H）所在的地址。

从上述 hello 程序对应的汇编语言程序 hello.s 可以看出，main 的栈帧大小为 16 B，main 中没有局部变量，传递到 printf() 函数的实参只有两个，分别通过参数寄存器 X0 和 X1 进行传送，X29 是帧指针寄存器，也是被调用者保存寄存器，X30 是返回地址寄存器，因此，X29 和 X30 中的内容各需要占用栈帧中 8 B 的空间。过程 main 的栈帧中的内容如图 4.22 所示。

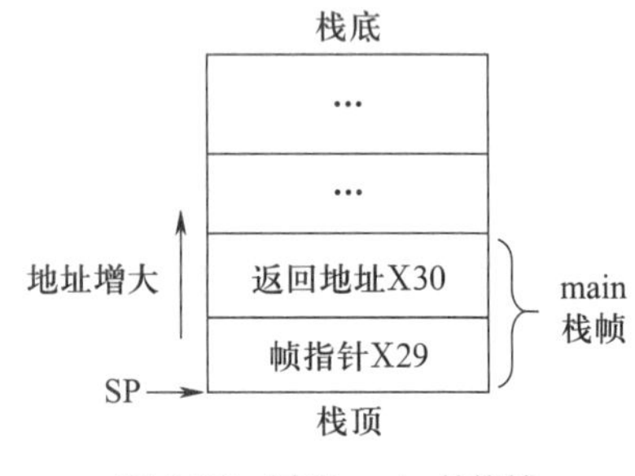

图 4.22　过程 main 的栈帧

汇编器对汇编语言程序 hello.s 进行处理，将生成对应的可重定位目标文件 hello.o。以下是对 hello.o 反汇编后，得到的 main() 函数代码，冒号前是指令地址，显然，可重定位文件中的地址都是相对地址，可以看出 main() 函数共有 10 条指令，代码长度为 10×4 B=40 B。

```
0000000000000000 <main>:
    0:   a9bf7bfd          stp          x29, x30, [sp, #-16]!
```

```
 4:   910003fd        mov        x29, sp
 8:   90000000        adrp       x0, 0
 c:   91000001        add        x1, x0, 0
10:   90000000        adrp       x0, 0
14:   91000000        add        x0, x0, 0
18:   94000000        bl         0
1c:   52800000        mov        w0, #0x0
20:   a8c17bfd        ldp        x29, x30, [-sp], #16
24:   d65f03c0        ret
```

对照上述可重定位文件 hello.o 中过程 main 的代码与 hello.s 中 main() 函数的指令，可以看出以下两个不同之处，也就是需要进行重定位的地方。

① string0 和 string1 的引用。可重定位文件 hello.o 中 main 函数从 0x0 地址开始，所有对符号 string0 和 string1 的引用均设置为 0x0 地址（见相对地址 8、c、10、14 处指令中粗体字 0），显然，这 4 条指令中对应粗体字 0 的立即数字段在链接时需要进行重定位。

根据 ADRP 指令的定义，在相对地址 8、10 两处的指令中，其立即数字段应该分别重定位为符号 string0、string1 所在页基地址与地址 8、10 处指令所在页基地址（即 PC 寄存器高 52 位）之间的差值。因此，如果符号 string0、string1 与地址 8、10 处指令都在同一个页中，则这两条指令的立即数字段应重定位为 0。

根据相对地址 c、14 处的指令 ADD 的定义，其立即数字段应该分别重定位为符号 string0、string1 相对于所在页起始位置的偏移地址。

② printf 的引用。可重定位文件 hello.o 中 BL 指令的跳转目标地址对应立即数字段为 0（见相对地址 18 处指令中粗体字 0）。根据汇编语言程序 hello.s 可知，该调用指令的跳转目标为过程 printf，因此，链接时该调用指令的立即数字段需要进行重定位。

根据 BL 指令的定义，其立即数字段应该重定位为过程 printf 的第一条指令相对于当前 BL 指令（地址 18 处的指令）之间的指令条数。

生成可执行文件的最后一步，就是对各个 .o 模块进行链接。本例中，需要对 hello.o 和 printf.o 进行合并链接，以生成可执行文件 a.out。其符号解析的结果是，hello.o 中定义了 3 个符号：main、string0 和 string1，引用了 3 个符号：string0、string1 和 printf。显然，string0 和 string1 的定义和引用都在同一个模块中，而 printf 是模块之间的符号引用。根据符号解析的结果，就可以确定哪些指令中的哪个字段需要进行重定位，并且可以确定重定位到哪个符号。

链接器通过合并不同模块中相同的节来生成可执行文件 a.out 中的节，并按照 ABI 规范确定的虚拟地址空间划分，重新确定合并后代码段和数据段的位置。根据 ARMv8-A64 的 ABI 规范，代码段总是从虚拟地址 0x40 0000 开始，数据段在代码段后面。这里代码段中包含了 main 函数和 printf 函数中的指令。

以下是对可执行文件 a.out 进行反汇编后所显示的 main 函数中的指令。

```
00000000004005c4 <main>:
  4005c4: a9bf7bfd          stp      x29, x30, [sp, #-16]!
  4005c8: 910003fd          mov      x29, sp
  4005cc: 90000000          adrp     x0, 400000
  4005d0: 911a8001          add      x1, x0, #0x6a0
  4005d4: 90000000          adrp     x0, 400000
  4005d8: 911aa000          add      x0, x0, #0x6a8
  4005dc: 97ffffb5          bl       4004b0
  4005e0: 52800000          mov      w0, #0x0
  4005e4: a8c17bfd          ldp      x29, x30, [sp], #16
  4005e8: d65f03c0          ret
```

将上述可执行文件 a.out 中过程 main 的代码与 hello.o 中 main 的代码对照可知，重定位结果如下。

① 在地址 4005cc 和 4005d4 处的两条 ADRP 指令机器码（用十六进制表示的 90000000）中，其立即数字段 Instr<23:5>（immhi）和 Instr<30:29>（immlo）被重定位为全 0，说明被引用符号 string0 和 string1 所在页和引用这两个符号的两条 ADRP 指令所在页完全相同，所在页的基地址都是 0x400000，因此，两条指令中立即数汇编形式都是 400000（见两条指令中的粗体字）。

在地址 4005d0 处的第一条 ADD 指令中，立即数字段的汇编形式为 #0x6a0（见该指令中的粗体字），说明符号 string0 所分配的地址位于所在页中偏移量为 0x6a0 处，即绝对地址为 0x4006a0，指令机器码（911a8001）中立即数字段 Instr<21:10> 为 0110 1010 0000H。在地址 4005d8 处的第二条 ADD 指令中立即数字段汇编形式为 #0x6a8（见该指令中的粗体字），对应指令机器码中立即数字段 Instr<21:10> 为 0110 1010 1000H，说明符号 string1 所分配的地址位于所在页中偏移量为 0x6a8 处，即绝对地址为 0x4006a8。

② ARMv8-A64 中，BL 指令低 26 位 Instr<25:0> 给出立即数，用于指定跳转目标地址相对于当前指令的偏移指令条数。重定位后，地址 4005dc 处的 BL 指令机器码（97ffffb5）中，立即数字段 Instr<25:0> 为 0x3ffffb5，表示 printf 的地址相对于 BL 指令的偏移量为 0x3ffffb5<<2=0xffffed4。根据跳转目标地址 =PC+ 偏移量，得到 printf 的地址为 0x4005dc+0xffffed4=0x4004b0。因此，BL 指令中跳转目标地址的汇编形式为 4004b0（见该指令中的粗体字）。

*4.4.6 ARMv8 的异常和中断机制

以下简要介绍 ARMv8 异常和中断处理的概念和机制，包括异常级、异常和中断的类型、异常 / 中断处理的相关寄存器、异常向量表、异常和中断的处理过程。ARMv8 将机器抽象为处理元素（processing element，PE），并规定符合 ARM 架构规范的实现必须符合 PE 所描述的行为。

1. 异常级

ARMv8 架构对 ARMv7 及之前架构的处理器模式和特权级别概念进行了整合，提出了异常级的概念，包括四个异常等级：EL0、EL1、EL2 和 EL3，异常级别越高表示的特权等级也越高。一般应用程序位于异常级 EL0，EL0 也称为非特权执行级；操作系统内核（guest OS）和相关程序位于 EL1；提供虚拟化支持的虚拟机监控器（hypervisor）位于 EL2；提供安全状态支持的安全监控程序（security monitor）位于 EL3。ARM 规定符合 ARMv8 架构的实现必须支持 EL0 和 EL1，而 EL2 和 EL3 则可以选择实现。

异常响应时要切换到的或者保持不变的异常级称为目标异常级，目标异常级不能为 EL0。当在 ARMv8 执行态下执行时，只有在异常响应和异常处理返回时，才能进行异常等级的切换。在进行异常响应的过程中，异常级只能提高或者保持不变。而在异常处理返回过程中，异常级只能降低或者保持不变。

2. 异常和中断的类型

下面按照同步异常和异步异常两种类型分别介绍 ARMv8 架构中异常和中断的类型。

（1）同步异常

同步（synchronous）异常的产生与正在执行的指令相关，从异常处理程序（exception handler）返回的地址（即断点）为产生异常的指令或其下一条指令的地址。ARMv8 的同步异常分为两类：第一类为故障（fault）或终止（abort），包括未定义指令、数据终止（data abort）、预取指令终止（prefetch instruction abort）、栈指针未对齐异常、调试异常等；第二类为自陷或陷阱（trap），包括系统调用指令 SVC/HVC/SMC 等自陷指令引起的异常。例如，应用程序需要调用操作系统的系统调用时，只要在应用程序中通过执行 SVC（supervisor call，特权调用）指令，就可引起一个自陷异常，CPU 从 EL0 异常级（应用程序执行所在特权级）陷入 EL1 异常级（操作系统执行所在特权级）。通常第一类同步异常的断点为发生异常的指令所在的地址，第二类同步异常的断点为自陷指令下一条指令的地址。

（2）异步异常

异步异常与执行的指令无关。中断就是一种异步异常。有两种中断类型：物理中断和虚拟中断。物理中断的中断信号从 PE 外部发送到 PE，包括系统错误 SError（system error)、IRQ（interrupt request，中断请求）、FIQ（fast interrupt request，快速中断请求）。虚拟中断则是由在 EL2 中运行的虚拟机监控器发出的。虚拟中断与物理中断有对应的名称，包括虚拟系统错误 vSError、vIRQ、vFIQ。存储系统产生的外部中止可以利用 SError 中断作为异步异常处理。异步异常的断点为检测到中断请求信号时刚执行完的指令的下一条指令的地址。

3. 异常 / 中断处理的相关寄存器

ARMv8 中与异常处理相关的寄存器包括栈指针寄存器（stack pointer register）SP_ELx（对于不同异常等级，x 可为 0，1，2，3）、备份程序状态寄存器（saved program status register）SPSR_ELx、异常链接寄存器（exception link register）ELR_ELx、异常症状寄存器（exception syndrome register）ESR_ELx、用于异常等级控制的系统寄存器（system register）等。这些寄存器都和异常等级有关，其中，SPSR_ELx、ELR_ELx、ESR_ELx 这 3 类寄存器中的 x 可以为 1，2，3。

① 栈指针寄存器 SP_ELx：ARMv8-A64 每个异常级都有对应的本级栈指针寄存器，默认情况下，异常处理程序使用当前异常级对应的栈指针寄存器。

② 备份程序状态寄存器 SPSR_ELx：处理器在进入异常处理程序处理前，需要将当前 PE 状态备份到 SPSR_ELx 中，以便异常返回后恢复处理器状态。

③ 异常链接寄存器 ELR_ELx：异常链接寄存器用于保存从异常处理程序返回的地址，即断点。

④ 异常症状寄存器 ESR_ELx：异常症状寄存器用于保存异常原因等信息。

图 4.23 给出了 ESR_ELx 寄存器的格式，其中包括 EC、IL 和 ISS 三个字段。EC 字段用于描述异常类别。IL 字段是发生同步异常的指令的长度位，用于描述发生异常的指令的长度是 16 位还是 32 位。ISS 字段用于描述发生同步异常的指令的异常症状信息。

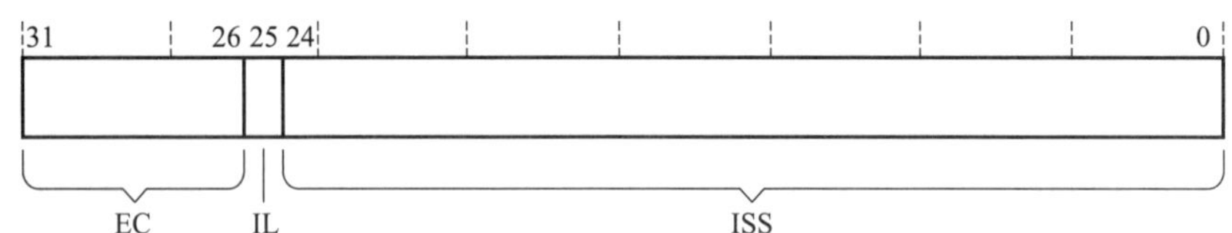

图 4.23　ESR_ELx 寄存器的格式

以下列出部分有代表性的异常类型。

- EC=000000：未知原因的异常。
- EC=000001：AArch32 或 AArch64 下执行 WFI 或 WFE 指令产生的异常。
- EC=010101：AArch64 下执行 SVC 指令产生的异常。
- EC=010111：AArch64 下执行了不可执行的 SMC 指令而产生的异常。
- EC=011000：AArch64 下执行 MSR、MRS 指令或系统指令产生的异常。
- EC=100010：PC 对齐异常。
- EC=100110：栈指针对齐异常。

- EC=101100：AArch64 下的浮点异常。
- EC=101000：AArch32 下的浮点异常。
- EC=101111：SError 中断。
- EC=110000：由较低异常等级引起的断点调试事件。
- EC=110001：由当前异常等级引起的断点调试事件。
- EC=110010：由较低异常等级引起的软件单步调试事件。
- EC=110011：由当前异常等级引起的软件单步调试事件。

⑤ 异常级控制系统寄存器：系统寄存器能控制 PE 进入异常等级的行为，在实现了 EL3 和 EL2 异常等级的 PE 中，EL3 和 EL2 的系统寄存器能控制更低异常级的执行状态。用于控制异常级的系统寄存器主要包括相应异常等级的 SCTLR（system control top level register，顶层系统控制寄存器）、SCR（secure configuration register，安全配置寄存器）和 HCR（hypervisor configuration register，虚拟机监控器配置寄存器）等寄存器。例如，系统控制寄存器 SCTLR_EL3、SCTLR_EL2、SCTLR_EL1 用于控制当前异常等级的执行，而 SCR_EL3 和 HCR_EL2 则用于控制更低异常等级的执行。

4. 异常向量表

在异常 / 中断处理机制中，每个指令集体系结构（ISA）都必须规定如何在检测到异常 / 中断事件后能够找到对应的异常 / 中断处理程序入口地址。对于这个问题，通常有以下两种解决方案：软件查询和向量异常 / 中断。

软件查询方式的基本做法是，在硬件检测到异常或中断事件时，将异常 / 中断原因记录在特定的原因寄存器中，然后利用异常 / 中断处理程序开始的一段代码进行异常 / 中断查询，程序按照异常 / 中断响应优先顺序，依次查询原因寄存器中各个异常 / 中断类型对应的状态位，从而转到第一个查询到有异常 / 中断发生的对应异常 / 中断处理程序去执行。因此，软件查询方式下所有异常 / 中断处理程序都共用同一个入口地址。例如，MIPS 架构采用的就是软件查询方式，处理器响应异常 / 中断后直接跳转到统一的入口地址处执行。

向量异常 / 中断方式的基本做法是，将所有异常 / 中断事件进行分类，设定若干异常 / 中断类别，每个类别有一个对应的异常 / 中断处理程序入口地址，将这些入口地址或者跳转到入口地址的一段机器代码（最后一条指令一定是无条件跳转指令）组成一个异常 / 中断向量表，每个表项称为异常向量或中断向量（exception vector 或 interrupt vector，EV 或 IV），每个表项的地址称为向量地址（vector address，VA）。例如，Intel 架构中采用的就是向量中断方式，中断向量表（实地址模式下）和中断描述符表（保护模式下）中有每个异常 / 中断类型对应的处理程序首地址，处理器响应异常 / 中断后，能够通过中断类型号直接跳转到对应的处理程序执行。

在 ARMv8 架构中，采用了软件查询和向量异常相结合的方式，将所有异常 / 中断事件划分为 4 大类：同步 (synchronous)、IRQ/vIRQ、FIQ/vFIQ、SError/vSError，再按源异常等级和目标异常等级是否相同、使用的栈指针寄存器是否为 SP_EL0 等进行组合，从而分类成 16 种异常类别，组成一个有 16 个表项的异常向量表，每个表项对应的异常类别有一个统一的异常处理程序入口，在异常向量表中存放的是一段机器代码，执行这段机器代码后就能跳转到这个统一的异常处理程序入口处执行，然后再使用软件查询方式，在异常处理程序中查询具体的异常原因，从而跳转到特定的异常事件对应的处理程序去执行。

在 ARMv8 架构中，异常向量表存储在一块连续存储区中，按字地址对齐，其起始地址存放在一个向量基地址寄存器中。每个异常级别都有一个关联的向量基址寄存器 VBAR_ELx（vector base address register, VBAR）。表 4.10 给出了异常向量表中每个表项相对于起始地址的偏移量。通过将向量基地址寄存器的内容和偏移量相加，即可得到对应的向量地址。例如，AArch64 执行态下，若源异常等级为 EL0，异常响应时目标异常等级为 EL1，那么对于同步（synchronous）异常来说，对应的异常向量地址就是 VBAR_EL1 的内容加 0x400。处理器在异常响应过程中的最后一步，将这个向量地址送到 PC，就可以跳转到异常向量对应的一段机器代码去执行，从而跳转到 synchronous 异常对应的统一异常处理程序去执行。

表 4.10　异常向量对应的偏移量

源异常等级信息	不同异常类型对应的异常向量地址偏移量			
	Synchronous	IRQ/vIRQ	FIQ/vFIQ	SError/vSError
源异常级与目标异常级相同，栈指针使用 SP_EL0	0x000	0x080	0x100	0x180
源异常级与目标异常级相同，栈指针使用 SP_ELx（x>0）	0x200	0x280	0x300	0x380
源异常级低于目标异常级，AArch64 执行态	0x400	0x480	0x500	0x580
源异常级低于目标异常级，AArch32 执行态	0x600	0x680	0x700	0x780

5. 异常和中断处理过程

处理器一旦检测到异常事件或中断请求，就会进入异常 / 中断响应过程，从而跳转到一个异常 / 中断处理程序去执行。异常和中断的处理方式基本一致，都包含硬件响应和软件处理两个阶段。在 ARMv8 架构中，内部异常（同步异常）和外部中断（异步异常）统称为异常，因此以下描述中不区分异常和中断。

（1）硬件响应阶段

异常响应过程是指处理器暂停当前程序的执行而转到特定的异常处理程序入口处执行的过程。ARMv8 架构下的异常响应过程主要包括以下工作。

① 将当前程序状态保存到目标异常级的 SPSR_ELx 寄存器中；

② 将断点（从异常处理程序返回的地址）保存到目标异常级的 ELR_ELx 寄存器中；

③ 若是同步异常或 SError 中断，则将异常症状信息保存到目标异常级的 ESR_ELx 寄存器中，用于记录异常发生的原因；

④ 将目标异常等级等信息记录到 PSTATE 中，以进行异常等级切换等操作；

⑤ 根据源异常等级和目标异常等级是否相同、栈指针是否使用 SP_EL0，以及当前异常类型为 synchronous、IRQ/vIRQ、FIQ/vFIQ、SError/vSError 中哪一类，来确定异常向量所在的偏移地址 offset，将向量基地址寄存器 VBAR_ELx 的内容和偏移地址 offset 相加，得到对应的异常向量地址，并送程序计数器（PC），从而使处理器转到相应的异常处理程序入口处执行。

（2）软件处理阶段

异常的软件处理阶段指处理器执行对应的异常处理程序的过程。在 ARMv8 架构中，异常响应的结果仅是切换到目标异常级，并转到某一类异常（如 synchronous、IRQ/vIRQ、FIQ/vFIQ、SError/vSError）对应的异常处理程序入口处执行。进入异常处理程序入口处执行后，异常处理程序需要确认具体的异常事件，从而跳转到特定异常事件对应的异常处理程序去执行。例如，对于系统调用指令 SVC 引起的自陷异常，异常响应的结果会使处理器转到 offset 为 0x400 处的同步（synchronous）异常类型对应的异常处理程序入口处执行。该异常处理程序必须再根据异常响应过程中保存在 ESR_ELx 寄存器的异常原因信息（EC=010101），使处理器进一步跳转到对应的系统调用处理程序（system_call ()）去执行。

处理器执行完异常处理程序后，就完成了相应异常的处理。异常处理程序的最后一条指令是异常返回指令，通常返回到更低异常等级或者相同异常等级。异常返回时要求将 PC 和 PSTATE 恢复到异常响应前的值。在 AArch64 执行态下，通过 ERET 指令实现异常返回。在该指令的执行过程中，将异常响应时保存在 SPSR_ELx 寄存器中的内容恢复到 PSTATE 中，将异常响应时保存在 ELR_ELx 寄存器中的断点恢复到 PC 中，从而使处理器能够返回到发生异常时的断点处执行。

ARMv8 异常 / 中断处理过程的实现细节较为复杂，感兴趣的读者可以进一步阅读 ARMv8 架构手册。

4.5 本章小结

本章以 ARMv8-A64 指令系统为例介绍了一个指令系统必须具备的基本功能，并就指令系统设计方面的有关内容进行了介绍，包括指令格式、操作数类型、寻址方式、操作类型、硬件对过程调用的支持、CISC 和 RISC 技术的比较等。

采用定长指令字和定长操作码，可以方便指令地址计算、取指和译码操作，而采用变长指令字和变长操作码，则指令各字段编码紧凑，且程序占空间少。指令类型主要包括数据传送、算术 / 逻辑运算、控制转移和系统控制等；指令涉及的操作数类型主要有无符号整数、带符号整数、浮点数、位串等；常用指令寻址方式有立即、直接、间接、寄存器直接、寄存器间接、偏移（包括相对、变址和基址）和栈寻址方式。

目前最流行的商用指令系统是 ARM 和 Intel x86。ARM 指令系统侧重于低功耗、低成本，主要面向嵌入式市场，例如，90% 的手机采用 ARM 处理器。然而，随着 ARM 架构的更新与发展，ARM 处理器应用正逐渐向桌面、服务器领域扩展。Intel x86 是历史上最早流行的指令集体系结构，目前绝大多数个人计算机都使用基于 x86 指令系统的处理器。MIPS 是最经典的 RISC 指令系统，虽然它在商业上没有 ARM 和 Intel 公司成功，但是，它的学术地位较高，其设计思想和设计理念对其他 RISC 指令系统的设计具有重要的参考价值。

习　题

1. 给出以下概念的解释说明。

指令集体系结构（ISA）	指令	操作码	地址码
程序计数器（PC）	指令指针（IP）	程序状态字（PSW）	程序状态字寄存器
标志寄存器	栈	栈指针（SP）	寻址方式
有效地址	立即寻址	直接寻址	间接寻址
寄存器寻址	寄存器间接寻址	变址寻址	变址寄存器
相对寻址	基址寻址	基址寄存器	通用寄存器（GPR）
SIMD 指令	CISC	RISC	伪指令
叶子过程	帧指针（FP）	栈帧	

2. 简单回答下列问题。

（1）一条指令中应该显式或隐式地给出哪些信息？

（2）什么是汇编过程？什么是反汇编过程？这两个操作都需要用到什么信息？

（3）CPU 如何确定指令中各个操作数的类型、长度以及所在地址？

（4）哪些寻址方式下的操作数在寄存器中？哪些寻址方式下的操作数在存储器中？

（5）基址寻址方式和变址寻址方式的作用各是什么？有何相同点和不同点？

（6）RISC 处理器的特点有哪些？

（7）CPU 中标志寄存器的功能是什么？有哪几种基本标志？

（8）为何跳转指令和调用（转子）指令的转移目标地址通常都用相对寻址方式？

（9）转移指令和调用指令的区别是什么？返回指令是否需要有地址码字段？

3. 假定某计算机中有一条转移指令，采用相对寻址方式，共占两字节，第一个字节是操作码，第二个字节是相对位移量（用补码表示），CPU 每次只能从内存取一字节。假设执行到某转移指令时 PC 的内容为 258，执行该转移指令后要求转移到 220 开始的一段程序执行，则该转移指令第二个字节的内容应该是多少？

4. 假设地址为 1200H 的内存单元中的内容为 12FCH，地址为 12FCH 的内存单元的内容为 38B8H，而 38B8H 单元的内容为 88F9H。说明以下各情况下操作数的有效地址是多少。

（1）操作数采用变址寻址，变址寄存器的内容为 12，指令中给出的形式地址为 1200H。

（2）操作数采用一次间接寻址，指令中给出的地址码为 1200H。

（3）操作数采用寄存器间接寻址，指令中给出的寄存器编号为 8，8 号寄存器的内容为 1200H。

5. 通过查资料了解 MIPS、RISC-V、ARM 和 IA-32 指令系统中各自提供了哪些加法指令，说明每条加法指令的指令格式、功能和二进制表示，并比较加、减运算指令在这 4 种指令系统中不同的设计方式，包括不同的溢出处理方式。

6. 某计算机指令系统采用定长指令字格式，指令字长 16 位，每个操作数的地址码长 6 位。指令分二地址、单地址和零地址三类。若二地址指令有 k2 条，无地址指令有 k0 条，则单地址指令最多有多少条？

7. 某计算机字长 16 位，每次存储器访问宽度 16 位，CPU 中有 8 个 16 位通用寄存器。现为该机设计指令系统，要求指令长度为字长的整数倍，至多支持 64 种不同操作，每个操作数都支持 4 种寻址方式：立即寻址（I）、寄存器直接寻址（R）、寄存器间接寻址（S）和变址寻址（X），存储器地址位数和立即数均为 16 位，任何一个通用寄存器都可用作变址寄存器，支持以下 7 种二地址指令格式：RR 型、RI 型、RS 型、RX 型、XI 型、SI 型、SS 型。试设计该指令系统的 7 种指令格式，给出每种格式的指令长度、各字段所占位数和含义，并说明每种格式指令需要几次存储器访问。

8. 某计算机字长为16位，主存地址空间大小为128 KB，按字编址。采用单字长定长指令格式，指令各字段定义如下：

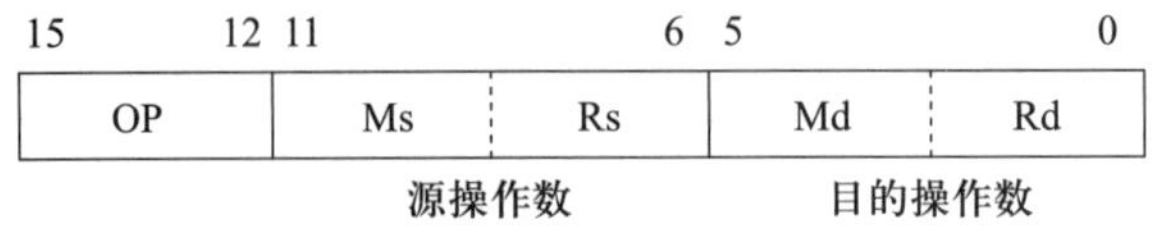

转移指令采用相对寻址方式，相对位移量用补码表示。寻址方式定义如表4.11所示。

表4.11　习题8中定义的寻址方式及其含义

Ms/Md	寻址方式	助记符	含义
000B	寄存器直接寻址	Rn	操作数 = R[Rn]
001B	寄存器间接寻址	(Rn)	操作数 = M[R[Rn]]
010B	寄存器间接寻址、自增	(Rn) +	操作数 = M[R[Rn]]，R[Rn] ← R[Rn] + 1
011B	相对寻址	D (Rn)	转移目标地址 = PC + R[Rn]

注：M[x] 表示存储器地址 x 中的内容，R[x] 表示寄存器 x 中的内容。

回答下列问题：

（1）该指令系统最多可有多少条指令？最多有多少个通用寄存器？存储器地址寄存器（MAR）和存储器数据寄存器（MDR）至少各需要多少位？

（2）转移指令的目标地址范围是什么？

（3）若操作码0010B表示加法操作（助记符为add），寄存器R4和R5的编号分别为100B和101B，R4的内容为1234H，R5的内容为5678H，地址1234H中的内容为5678H，地址5678H中的内容为1234H，则汇编指令“add (R4)，(R5) +”（逗号前为第一源操作数，逗号后为第二源操作数和目的操作数）对应的指令机器码（用十六进制表示）是什么？执行该指令后，哪些寄存器和存储单元的内容会改变？改变后的内容是什么？

9. 假定A是一个64位地址，其内容为0xffff fffe 8000 1d8c，试写出一段能够取出该地址处双字数据的ARMv8代码。

10. 除了硬件乘法器外，还可以用移位和加法指令来实现乘法运算。在与较小的常数做乘法运算时，这种方法很有效。假设要将x9的内容与7相乘，乘积存入x10中。试写出一段指令条数最少且不包括乘法指令的ARMv8代码。

11. 有些计算机提供了专门的指令，能从一个64位寄存器中抽取其中任意一个位串置于另一个寄存器的低位有效位上，并在高位补0，如图4.24所示。ARM指令系统中没有这样的指令，试写出一个最短的 ARM 指令序列来实现这个功能，要求 $i=5$，$j=22$，操作前后的寄存器分别为 x10 和 x11。

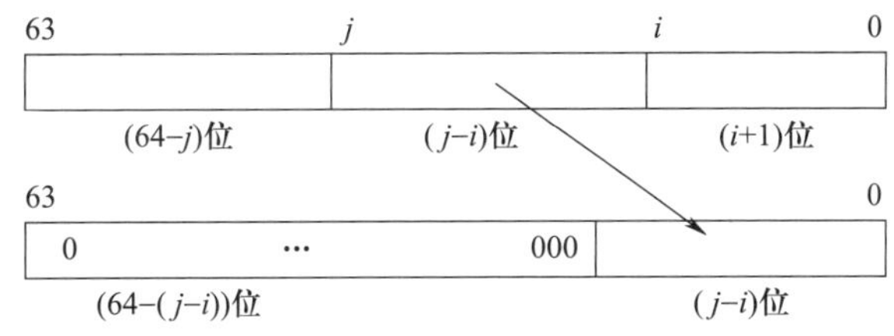

图 4.24　习题 11 图

12. 以下程序段是某个过程对应的指令序列。入口参数 int a 和 int b 分别置于 X0 和 X1 中，返回参数是该过程的结果，置于 X0 中。要求为以下 ARM 指令序列添加注释，并简单说明该过程的功能。

```
        ADD     X0, XZR, XZR
loop:   CMP     X1, XZR, finish
         B.EQ   finish
        ADD     X9, X9, X0
        ADD     X1, X1, #-1
        B       loop
finish: ADD     X9, X9, #100
        ADD     X0, X9, XZR
```

13. 下列指令序列用来对两个数组进行处理，结果存放在 X0 中。假定每个数组有 2500 个字，其数组下标为 0~2499。两个数组的基地址分别存放在 X0 和 X1 中，数组长度分别存放在 X2 和 X3 中。要求为以下每条指令添加注释，并写出该过程对应的 C 语言程序，且说明该 C 语言程序中的变量和寄存器之间的对应关系。假定该指令序列运行在一个时钟频率为 2 GHz 的处理器上，ADD 和 LSL 指令的 CPI 为 1；LDR 和 B.NE 指令的 CPI 为 2，则最坏情况下运行该段指令所需时间是多少秒?

```
        LSL     X2, X2, #2
        LSL     X3, X3, #2
        ADD     X14, XZR, XZR
        ADD     X9, XZR, XZR
outer:  ADD     X13, X0, X9
        LDR     X13, [X13]
        ADD     X10, XZR, XZR
inner:  ADD     X12, X1, X10
        LDR     X12, [X12]
        CMP     X12, X13
         B.NE   skip
        ADD     X14, X14, #1
```

```
skip:     ADD     X10, X10, #4
          CMP     X10, x3
          B.NE    inner
          ADD     X9, X9, #4
          CMP     X9, X2
          B.NE    outer
          MOV     X0, X14
```

14. 假定编译器将 a 和 b 分别分配到 X9 和 X10 中，用一条 ARMv8 指令或最短的 ARMv8 指令序列实现以下 C 语言语句：b = 31&a。如果把 31 换成 65535，即 b = 65535&a，则如何用 ARMv8 指令或指令序列实现？

15. 以下程序段是某个过程对应的 ARMv8 指令序列，其功能为复制一个存储块数据到另一个存储块中，存储块中每个数据的类型为 int，sizeof(int) = 4，源数据块和目的数据块的首地址分别存放在 X0 和 X1 中，复制的数据个数存放在 X0 中，作为返回参数返回给调用过程。假定在复制过程中遇到 0 就停止复制，最后一个 0 也需要复制，但不被计数。已知程序段中有多个错误，找出它们并修改之。

```
             ADD  X9, XZR, #0
loop:        LDR  W10, [X0]
             STR  W10, [X1]
             ADD  X0, X0, #4
             ADD  X1, X1, #4
             CMP  W10, XZR
             B.EQ  loop
             MOV  X0, X9
```

16. 说明 ARMv8 中 B.EQ 指令的含义，并解释为什么在对下列汇编语言源程序中的 B.EQ 指令进行汇编时会遇到问题。应该如何修改该程序段？

```
here:     B.EQ    there
          …
there:    ADD     X1, X2, #4
```

17. 考虑下面的 C 语言程序段：

```
for(i = 0; i<= 100; i = i + 1)
    a[i] = b[i] + c;
```

假定 sizeof(int) = 4，数组 a 和 b 的每个元素都是 int 型变量，首地址分别存放在寄存器 X0 和 X1 中，寄存器 X9 和 X10 分别存放变量 i 和 c。要求写出与之对应的 ARMv8 指令序列，并计算这段指令序列运行过程中，CPU 所执行的指令条数和数据的访存次数。

18. 某 C 语言源程序中的一个 while 语句为“while(save[i] = = k) i + = 1；”，若对其编译时，编译器将 i 和 k 分别分配在寄存器 X22 和 W24 中，数组 save 的基址存放在 X25 中，则生成的 ARM 汇编代码段如下：

```
loop: LSL    X10, X22, #2       #R[x10] ←R[x22]<<2, 即 R[x10]=i×4
      ADD    X10, X10, X25      #R[x10] ←R[10]+R[x25], 即 R[x10]=& save[i]
      LDR    W9, [X10]          #R[W9] ←M[R[x10]+0], 即 R[W9]=save[i]
      CMP    W9, W24            #R[W9]==R[W24]=k ?
      B.NE   exit               #if R[W9] ≠ R[W24]=k then goto exit
      ADD    X22, X22, #1       #R[x22] ←R[x22]+1, 即 i=i+1
      B      loop               #goto loop
exit:
```

假设从 loop 处开始的指令存放在内存 0x40000 处，则上述循环对应的 ARMv8 机器码如图 4.25 所示。

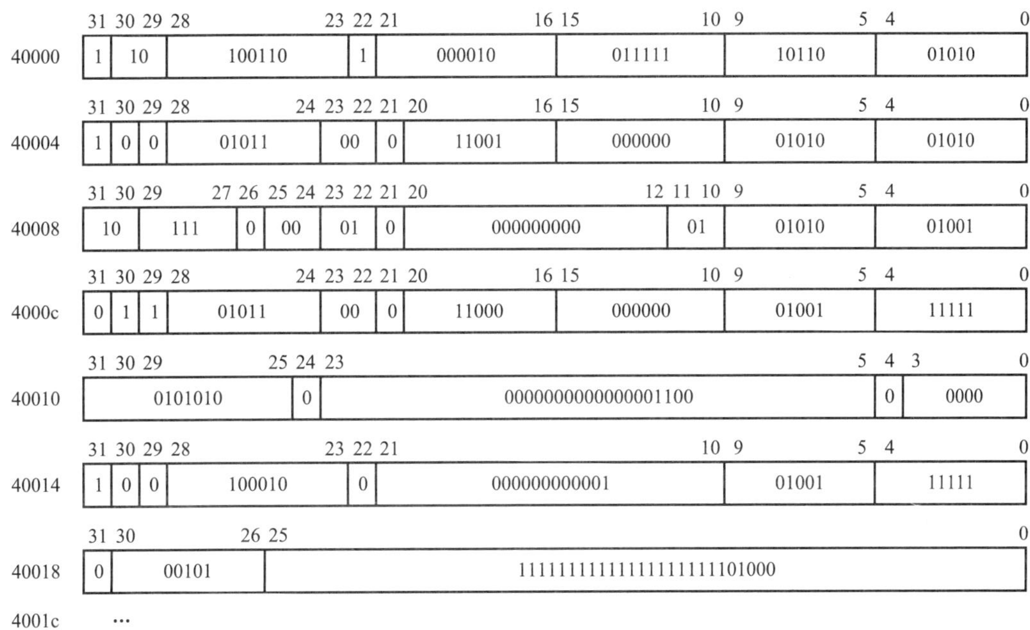

图 4.25　习题 18 图

根据上述叙述，回答下列问题，要求说明理由或给出计算过程。

（1）ARMv8 的编址单位是多少？数组 save 每个元素占几字节？

（2）为什么指令“LSL X10, X22, #2”能实现 4 × i 的功能？

（3）标号 exit 的值是多少？如何根据 0x40010 处的指令计算得到？

（4）标号 loop 的值是多少？如何根据 0x40018 处的指令计算得到？

19. 以下 C 语言程序段中有两个函数 sum_array() 和 compare()，假定 sum_array() 函数先被调用，全局变量 sum 分配在寄存器 X9 中。要求按照 ARMv8 过程调用约定写出每个函数对应的汇编语言程序，并画出每个函数调用前后栈中的状态和栈指针的位置。

```
int sum=0;

int sum_array ( int array[ ], int num )
{
    int i;
    for (i = 0; i <num; i ++)
        if compare (num, i+1) sum+ =array[i] ;
    return sum;
}

int compare ( int a, int b )
{
    if (a>b)
        return 1;
    else
        return 0;
}
```

第5章　中央处理器设计

计算机采用“存储程序”的工作方式，也即计算机必须能够自动地从主存取出一条一条指令执行。而专门用来执行指令的部件就是中央处理器（CPU）。CPU中控制指令执行的部件是控制器，指令执行过程中数据所经过的路径，包括路径上的部件称为数据通路。

本章主要介绍CPU的基本功能和基本组成、单周期处理器中控制器和数据通路的设计、多周期处理器及其有限状态机控制器和微程序控制器、指令流水线的工作原理、流水线数据通路的设计、指令流水线中各种冲突（冒险）现象及其解决方法，并简要介绍一些高级流水线技术。

第5章教学课件1

第5章教学课件2

5.1　CPU概述

5.1.1　指令执行过程

指令按顺序存放在内存的连续单元中，指令地址由PC给出。CPU取出并执行一条指令的时间称为指令周期，不同指令的指令周期可能不同。

通常，CPU执行一条指令的大致过程如下。

① 取指令。从PC指出的内存单元中取出指令送到指令寄存器（IR）。

② 对IR中的指令操作码译码并计算下一条指令地址。不同指令的功能不同，即指令涉及的操作过程不同，因而需要不同的操作控制信号。CPU将根据不同指令的操作码生成不同的控制信号，以控制数据通路进行不同的操作。

如果是定长指令字格式，则在第一步取指令的同时计算下一条指令的地址送PC；如果是变长指令字格式，则根据对指令操作码的译码结果来确定指令长度，并计算下一条指令的地址送PC。顺序执行时，只要将PC加上当前指令长度即可得到下一条指令的地址；遇到转移指令等改变执行顺序的指令时，则需要根据指令操作码和寻址方式决定下一条指令地址的计算方式。

③ 计算源操作数地址并取源操作数。根据寻址方式确定源操作数地址的计算方式，若源操作数是存储器数据，则需要一次或多次访存。例如，对于间接寻址或两个操作数都在

存储器中的指令，需要多次访存；若源操作数是寄存器数据，则直接从寄存器取数。

④ 数据操作。在 ALU 或加法器等运算部件中对取出的操作数进行运算。

⑤ 目的操作数地址计算并保存结果。根据寻址方式确定目的操作数的地址计算方式，将运算结果存入存储单元或通用寄存器中。

对于上述过程的第①步和第②步，所有指令的操作都一样，都是取指令、指令译码并修改 PC；而对于第③～⑤步，不同指令的操作可能不同，它们完全由第②步译码得到的控制信号控制，即每条指令的功能由第②步译码得到的控制信号决定。

上述这些基本操作可以用寄存器传输语言（RTL）描述（相关说明见 4.4 节）。此外，为了更好地表示逻辑电路与硬件描述语言之间的关系，本章中电路的逻辑表达式以 Verilog 中的表示形式给出。

5.1.2 CPU 的基本功能和基本组成

CPU 的基本职能是周而复始地执行指令，但是，在执行指令过程中可能会遇到一些异常情况或外部中断。例如，对指令操作码译码时，可能会有不存在的“非法操作码”；在访问指令或数据时可能发现“缺页”（即要访问的信息不在主存中）；外部设备可能会请求中断 CPU 的执行等。因此，CPU 除了执行指令外，还要能够发现异常情况和中断请求并控制转到相应的处理程序执行。

随着超大规模集成电路技术的发展，更多的功能模块被集成到 CPU 芯片中，包括高速缓存（cache）、MMU、浮点运算逻辑、异常和中断处理逻辑等，因而 CPU 的内部组成越来越复杂，甚至在一个 CPU 芯片中集成了多个处理器核。但是，不管 CPU 多复杂，它都可看成是由数据通路（data path）和控制部件两大基本部分组成的。

通常将指令执行过程中数据所经过的路径，包括路径上的部件称为数据通路。ALU、通用寄存器、状态寄存器、cache、MMU、浮点运算逻辑、异常和中断处理逻辑等都是指令执行过程中数据流经的部件，都属于数据通路的一部分。通常把数据通路中专门进行数据运算的部件称为执行部件（execution unit）或功能部件（function unit）。数据通路由控制部件进行控制。控制部件根据每条指令功能的不同生成对数据通路的控制信号，并正确控制指令的执行流程。

5.1.3 数据通路的基本结构

指令执行所用到的元件有两类：组合逻辑元件（也称操作元件）和状态元件（也称存储元件）。连接这些元件的方式有两种：总线方式和分散连接方式。数据通路就是由操作元件和存储元件通过总线或分散方式连接而成的、进行数据存储、处理和传送的路径。

1. 组合逻辑元件

组合逻辑元件的输出只取决于当前的输入。组合电路的定时不受时钟信号的控制，所有输入信号到达后，经过一定的逻辑门延迟，输出端的值被改变，并一直保持其值不变，直到输入信号改变。数据通路中常用的组合逻辑元件有多路选择器（multiplexer，MUX）、加法器（adder）、算术逻辑部件（ALU）、译码器（decoder）等，其符号表示如图 5.1 所示。

图 5.1 中虚线表示控制信号，多路选择器需要控制信号 Select 确定选择哪个输入被输出；加法器不需要控制信号控制，因为它的操作是确定的；ALU 需要有操作控制信号 OP，由它确定 ALU 进行哪种操作；译码器通过对指令操作码进行译码，输出译码后得到的控制信号 out0、out1 等，译码器无须控制信号进行控制。

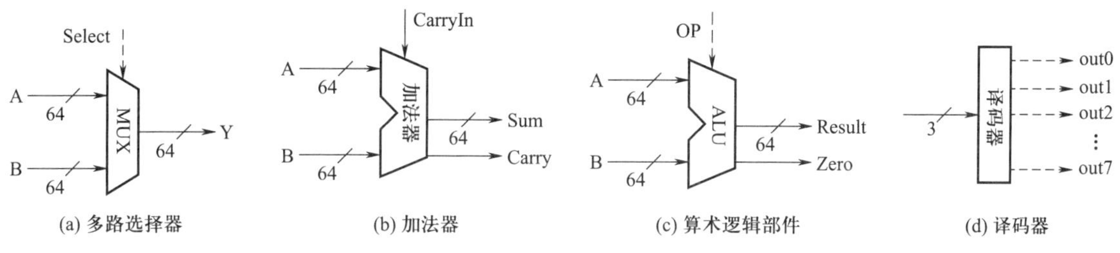

图 5.1　数据通路中的常用组合逻辑元件

2. 状态元件

状态元件具有存储功能，输入状态在时钟控制下被写到电路中，并保持电路的输出值不变，直到下一个时钟到达。输入端状态由时钟决定何时被写入，输出端状态随时可以读出。最简单的状态元件是 D 触发器，有时钟输入 Clk、状态输入端 D 和状态输出端 Q。图 5.2 是 D 触发器的定时示意图。

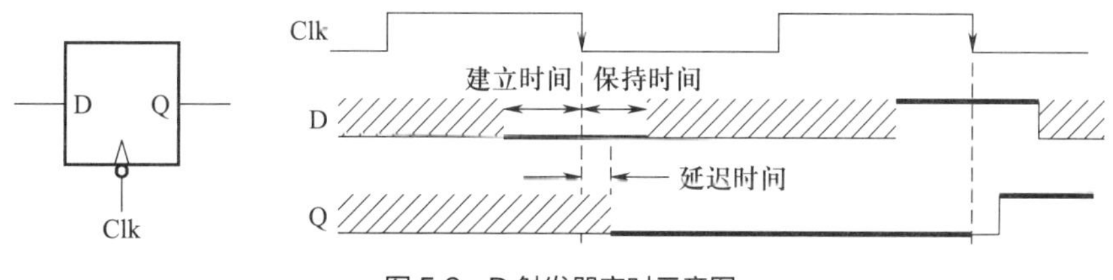

图 5.2　D 触发器定时示意图

图 5.2 中的 D 触发器采用时钟下降沿触发，要使输出状态能正确地随着输入状态改变，必须满足以下时间约束。

① 在时钟下降沿到来前的一定时间内，输入端 D 的状态必须稳定有效，这段时间称为建立时间（setup time）。

② 在时钟下降沿到来后的一定时间内，输入端 D 的状态必须继续保持稳定不变，这段时间称为保持时间（hold time）。

在上述两个约束条件满足的情况下，经过时钟下降沿到来后的一段延迟时间（clock-to-Q time，写作 Clk-to-Q），输出端 Q 的状态改变为输入端 D 的状态，并一直保持不变，直到下个时钟到来。

图 5.3 是数据通路中的暂存寄存器和通用寄存器组的外部结构示意图。

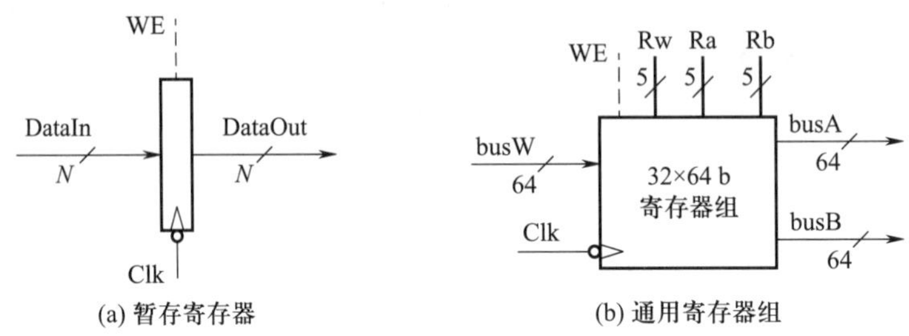

(a) 暂存寄存器　(b) 通用寄存器组

图 5.3　暂存寄存器和通用寄存器组的外部结构

（1）暂存寄存器

有一个写使能（write enable）信号 WE，当 WE = 0 时，时钟信号（Clk）边沿到来不会改变输出值；当 WE = 1 时，时钟边沿到来后，经过 Clk-to-Q 的延迟，输出端开始变为输入端的值。若数据通路中某个寄存器在每个时钟到来时都需要写入信息，则该寄存器不需要 WE 信号。

（2）通用寄存器组

32 个暂存寄存器可以构成一个如图 5.3（b）所示的通用寄存器组。它有两个读口：busA 和 busB 分别由 Ra 和 Rb 给出地址。读操作属于组合逻辑操作，不需要时钟控制。即当地址 Ra 或 Rb 有效后，经过一个"取数时间"的延迟，则 busA 和 busB 上的信息有效。它还有一个写口：busW 上的信息写入的地址由 Rw 指定。写操作属于时序逻辑操作，需要时钟信号的控制。在 WE 为 1 的情况下，时钟边沿到来后经过 Clk-to-Q 的延迟，busW 传来的值开始被写入 Rw 指定的寄存器中。

3. 数据通路与时序控制

指令执行过程中的各操作步骤是有顺序关系的，为了使计算机能正确执行指令，CPU 必须按正确的时序产生操作控制信号。由于不同指令对应的操作序列长短不一，序列中各操作的执行时间也不相同，因此需要考虑用适应的时序方式进行控制。

早期计算机通常采用机器周期、节拍和脉冲三级时序对数据通路操作进行定时控制。一个指令周期可分为取指令、读操作数、执行并写结果等多个基本工作周期，称为机器周期。

现代计算机已不再采用上述三级时序系统，机器周期的概念已逐渐消失。整个数据通路中的定时信号就是时钟，一个时钟周期就是一个节拍。

如图 5.4 所示，数据通路可看成由组合逻辑（操作）元件和状态（存储）元件交替组合而成，即数据通路的基本结构为“……状态元件 – 操作元件（组合电路）– 状态元件……”。

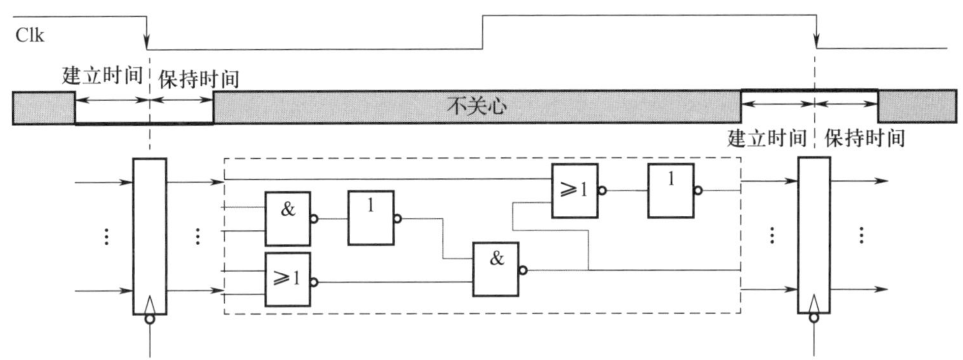

图 5.4　数据通路和时钟周期

只有状态元件能存储信息，所有操作元件都需要从状态元件接受输入，并将输出写入状态元件中。所有状态元件在同一时钟控制下写入信息。假定采用下降沿（负跳变）触发方式，则所有状态元件在时钟下降沿到来时开始写入信息，经过触发器的锁存延迟（latch prop，即 Clk–to–Q）后输出开始有效。假定每个时钟的下降沿是一个时钟周期的开始时刻，则一个时钟周期内的整个处理过程如下：经过 Clk–to–Q，前一个时钟周期内生成的信号被写入状态元件，并输出到随后的操作元件进行处理，经过若干级门延迟，得到的处理结果被送到下一级状态元件的输入端，然后必须稳定一段时间（setup time）才能开始下一个时钟周期，并在时钟信号到达后还要保持一段时间（hold time）。

假定各级操作元件中最长的操作延迟时间为 longest delay，考虑时钟偏移（clock skew）[①]，根据上述分析可知，数据通路的时钟周期（cycle time）应为 cycle time = latch prop + longest delay + setup time + clock skew。假定各级操作元件中最短的操作延迟时间为 shortest delay，为

① 时钟偏移：由于器件工艺和走线延迟等原因造成的同步系统中时钟信号的偏差，这种时间偏差使得时钟信号不能同时到达不同的状态元件而导致同步定时错误，所以需要在时钟周期中增加时钟偏移时间来避免这种错误。也有人把 clock skew 翻译为时钟扭斜或时钟歪斜。

了保证数据通路正常工作，应该满足以下时间约束：latch prop + shortest delay > hold time。

4. 单总线数据通路

在早期计算机的 CPU 内部，部件之间可通过总线方式连接。如图 5.5 所示，将 ALU 及所有寄存器通过一条内部的公共总线连接起来，构成单总线结构的数据通路。因为此总线在 CPU 内部，所以称为 CPU 内部总线。不要把它与连接 CPU、存储器和 I/O 设备的外部系统总线（如图 5.5 中的存储器总线）相混淆。

图 5.5 中，寄存器 R0~R15 是程序员可见的通用寄存器，而寄存器 Y 和 Z 对程序员而言是透明的，仅被 CPU 用作某些指令执行期间的临时存储单元。指令寄存器 IR 和指令译码器是 CPU 内部控制单元的主要部件。存储器总线经由存储器数据寄存器（MDR）和存储器地址寄存器（MAR）连接到 CPU。

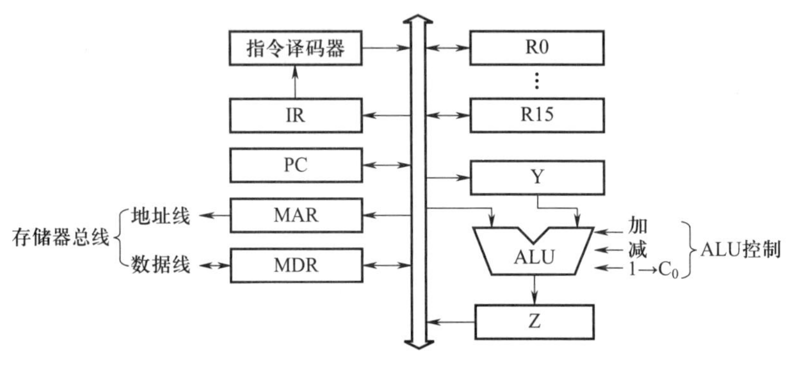

图 5.5　单总线数据通路

在图 5.5 所示的单总线 CPU 结构中，完成指令执行的基本操作过程说明如下。

（1）在通用寄存器之间传送数据

总线是一组共享的传输信号线，它不能存储信息，某一时刻也只能有一个部件把信息送到总线上。在图 5.5 所示的单总线 CPU 结构中，连到内部总线上的各个部件之间通过内部总线传送数据。源寄存器将信息送到总线上，经过一定的总线延迟，信息被传送到目的寄存器并被存储在目的寄存器中。通常在寄存器和总线之间有两个控制信号：Rin 和 Rout，Rin = 1 时控制将总线上的信息存到寄存器 R 中；Rout = 1 时，控制寄存器 R 将信息送到总线。图 5.6 给出了寄存器中的一位触发器和内部总线相连时的控制电路和控制信号。对于一个由 n 个触发器构成的 n 位寄存器，其原理是一样的。在图 5.6 中，D 触发器的数据输入端连到一个二路多选器，当控制信号 Rin = 1 时，选择总线上的信息输入 D 触发器的输入端，当时钟信号的触发沿到达时，信息被装入触发器中；当 Rin = 0 时，触发器的值不变。D 触发器的输出端通过一个三态门与总线相连，当控制信号 Rout = 1 时，三态门被打开，触发器的输出被送到总线上；当 Rout = 0 时，三态门的输出端呈高阻态，触发器与总线断开。例如，在图 5.5 所示的数据通路中，若要将寄存器 R0 的内容传送到寄存器 Y，则对应的控制信号为“R0out，Yin”。

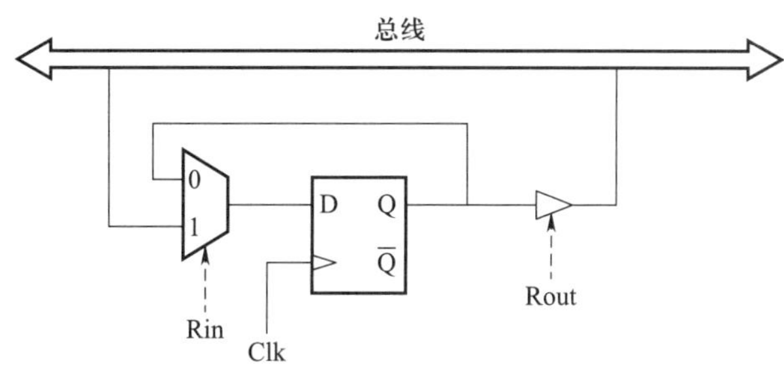

图 5.6　一位寄存器的输入输出控制

这里必须说明，在现代计算机的 CPU 内部结构中，通用寄存器之间没有直接的通路，因此通用寄存器之间的数据传送需要经过 ALU 来实现，此时，控制操作要相应复杂一些。

（2）完成算术、逻辑运算

ALU 是一个没有记忆功能的组合逻辑电路，若要实现正确的运算，必须将两个操作数都送到 ALU 的输入端。在图 5.5 所示的数据通路中，Y 寄存器存放其中一个操作数，另一个操作数被置于总线上。运算结果被临时存放在寄存器 Z 中。因此，要实现操作 R[R3] ← R[R1] + R[R2]，即寄存器 R1 的内容与 R2 的内容相加，结果送寄存器 R3，则控制信号如下。

① R1out，Yin。

② R2out，add，（Zin）。

③ Zout，R3in。

以上三步不能同时执行，因为任何时刻只能有一个寄存器的输出送到总线上。因此，该操作需要 3 个时钟周期（节拍）。

在上述第②步的加法操作中，信号 R2out 被置 1 后，R2 的输出三态门被接通，数据沿总线传输到 ALU 的输入端，并在 add 信号的控制下，在 ALU 中做加法运算，最后结果写入 Z 寄存器。为了能正确实现这一步操作，R2out 和 add 信号必须保持一定的有效时间。

这里需要说明的是，Zin 信号表示将 ALU 的输出送入寄存器 Z 中。因为 ALU 的输出被直接送到寄存器 Z，因此，实际上不需要控制信号 Zin，这里在第②步增加 Zin 信号，主要是为了表示 ALU 的输出在此时被送入了寄存器 Z。

（3）从内存读取一个字（指令、数据或数据的地址）

早期计算机的 CPU 和主存之间采用“异步”方式进行通信。例如，对于读操作，CPU 送出一个读信号（read）来启动一次主存读操作，然后等待主存完成读操作。主存一旦完成读操作（即把数据放到 MDR 中），就向 CPU 发回一个 MFC（memory function completed，存储功能完成）信号，使 CPU 结束等待状态，继续执行指令。在等待期间，CPU 在每个时钟到来时都会采样 MFC 信号，若检测到 MFC 信号有效，则表明存储器已将数据读出。为了使 CPU 能从执行状态转入等待状态，需要有一个控制信号，这里用 WMFC（wait MFC）表示该控制信号。

假定某条指令要实现以下操作：R[R2] ← M[R[R1]]，该操作的含义是将寄存器 R1 所指的主存单元内容装入寄存器 R2，则在图 5.5 所示的数据通路中完成该操作的控制信号序列如下。

① R1out，MARin。

② read，WMFC。

③ MDRout，R2in。

第①步通过内部总线将 R1 的内容送到 MAR 的输入端，操作在一个时钟周期内完成。在下个时钟到来后经过一个锁存延迟 Clk-to-Q，MAR 输入端的地址被送往地址总线。第②步在 CPU 发出 read 命令的同时，通过 WMFC 控制信号使 CPU 转入等待状态，CPU 处于等待状态的时间取决于所用存储器的速度。通常，从主存读取一个字的时间比在 CPU 内部进行一个操作所花费的时间要长得多，需要多个时钟周期。因此，这一步不能在一个时钟周期内完成。第③步当 CPU 采样到 MFC 信号有效后，就直接将 MDR 中的内容通过内总线送到 R2，这一步操作在一个时钟周期内完成。

5.2 单周期处理器设计

处理器设计涉及数据通路的设计和控制部件的设计，其设计过程如下。

第一步：分析每条指令的功能。

第二步：根据指令的功能给出所需的元件，并考虑如何将它们互连。

第三步：确定每个元件所需控制信号的取值。

第四步：汇总所有指令涉及的控制信号，生成反映指令与控制信号之间关系的关系表。

第五步：根据关系表，得到每个控制信号的逻辑表达式，据此设计控制电路。

一个指令系统常常有几十到几百条指令，实现一个完整指令系统的处理器是一项非常复杂、烦琐的任务。为了能清楚说明处理器设计的过程与方法，本节以实际的 ARMv8-A64 为例来说明具体的设计过程。

有关 ARMv8-A64 指令系统的介绍参见 4.4 节，图 5.7 给出了 ARMv8-A64 模式下 6 种典型指令格式。对照 4.4.1 节中图 4.8 给出的 5 种 ARM-A64 Base 指令格式（IMM、REG、BR、SYS、LD/ST），图 5.7 中的 R 型为 REG 格式中带 shift 功能子字段的第 3 行变体格式，shamt6 对应该变体 REG 格式中的 imm6，表示第 2 寄存器操作数 R[Rm] 的移位位数；I 型为 IMM 格式中带 12 位立即数 imm12 的第 3 行变体格式；D 型为 LD/ST 格式中带 9 位立即数 imm9 的第 4 行变体格式；B 型为 BR 格式中带 26 位立即数 imm26 的第 3 行变体格式；CB 型为 BR 格式中带 19 位立即数 imm19 的第 4 行变体格式；IM 型为 IMM 格式中带 16 位立即数 imm16 的第 2 行变体格式，这种格式的指令基本上是传送（MOV）指令。

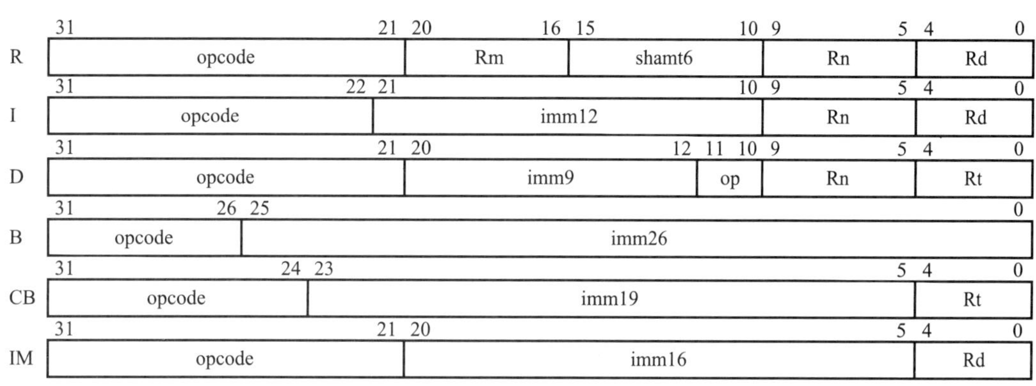

图 5.7 ARMv8 典型指令格式

由于篇幅限制，在此选择以下 9 条具有代表性的 ARMv8-A64 指令作为实现目标（补充说明：对于 ARMv8 指令，本章采用在指令助记符中添加字母“I”来表示数据处理指令的第 2 源操作数为立即数，以区分第 2 源操作数为寄存器内容的情况）。

两条 R 型指令：

```
ADD  Rd, Rn, Rm
AND  Rd, Rn, Rm
```

两条 I 型指令：

```
SUBI  Rd, Rn, #imm12
ORRI  Rd, Rn, #imm12
```

两条 D 型指令：

```
LDUR  Rt, [Rn, #imm9]
```

```
STUR  Rt, [Rn, #imm9]
```

一条 B 型指令：

```
BL  Label
```

一条 CB 型指令：

```
CBZ  Rt, Label
```

一条 IM 型指令：

```
MOVZ  Rd,#imm16
```

这些指令比较具有代表性，包含了 R 型、I 型、IM 型、D 型、CB 型和 B 型 6 种典型格式指令；既有算术 / 逻辑运算指令，又有取数 / 存数指令；既有短立即数指令，又有长立即数指令；既有条件转移指令，又有无条件转移指令；既有对立即数进行零扩展的指令，又有对立即数进行符号扩展的指令。这些指令的相关内容涵盖了大部分指令的基本实现技术。

5.2.1 指令功能的描述

设计处理器的第一步是确认每条指令的功能。表 5.1 给出了上述 9 条 ARMv8 指令的 RTL 描述，其 RTL 描述采用 4.4 节给出的规定。此外，因为每条指令的第一步都是取指令并 PC 加 4，使 PC 指向下一条指令，所以表中除第一条 ADD 指令外，其余指令都省略了对第一步的描述。

在对所有指令进行功能分析的基础上，可以进行数据通路的设计。

表 5.1　9 条目标指令功能的 RTL 描述

汇编指令	功能	说明
ADD Rd，Rn，Rm	M[PC]，PC ← PC + 4 R[Rd] ← R[Rn] + R[Rm]	从 PC 所指的内存单元中取指令，并 PC 加 4 从 Rm、Rn 中取数后相加，结果送 Rd
AND Rd，Rn，Rm	R[Rd] ← R[Rn] & R[Rm]	从 Rm、Rn 中取数后相与，结果送 Rd
SUBI Rd, Rn, #imm12	R[Rd] ← R[Rn] − ZEXT(imm12)	从 Rn 取数、将 imm12 进行零扩展，然后将 Rn 的内容减去扩展后的立即数，结果送 Rd
ORRI Rd, Rn, #imm12	R[rd] ← R[Rn] | ZEXT(imm12)	从 Rn 取数、将 imm12 进行零扩展，然后两者按位或，结果送 Rd

续表

汇编指令	功能	说明
LDUR Rt, [Rn, #imm9]	Addr ← R[Rn] + SEXT(imm9) R[Rt] ← M[Addr]	从 Rn 取数、将 imm9 进行符号扩展，然后两者相加，结果作为访存地址 Addr，从 Addr 处中取数并送 Rt
STUR Rt, [Rn, #imm9]	Addr ← R[Rn] + SEXT(imm9) M[Addr] ← R[Rt]	从 Rn 取数、将 imm9 进行符号扩展，然后两者相加，结果作为访存地址 Addr，将 Rt 中的内容送 Addr 中
CBZ Rt，Label	if(R[Rt] == 0) PC ← PC+SEXT(imm19) × 4	判断 Rt 寄存器的内容是否为 0，并计算下条指令地址，然后根据比较结果修改 PC。转移目标地址采用相对寻址，基准地址为当前指令地址（即 PC），偏移量为立即数 imm19 经符号扩展后的值的 4 倍。因此在 ARMv8 中，CBZ 指令转移目标的指令范围为当前指令的前 262 144 到后 262 143 条指令
BL Label	R[30] ← PC + 4 PC ← PC + SEXT(imm26) × 4	无条件转移指令，PC+4 结果送 30 号链接寄存器，转移地址采用相对寻址，基准地址为当前指令地址（即 PC），偏移量为立即数 imm26 经符号扩展后的值的 4 倍。因此在 ARMv8 中，BL 指令转移目标的指令范围为当前指令的前 33 554 432 到后 33 554 431 条指令
MOVZ Rd，#imm16	R[Rd] ← ZEXT(imm16)	对 16 位立即数进行零扩展后写入寄存器 Rd 中

根据 4.4.1 节关于 ARMv8 指令格式的介绍可知，不同类型指令的操作码字段（opcode）位数不同，并且不同类型指令操作码中包含不同的功能子字段，例如，绝大多数指令的 opcode 字段中都包含操作数位数子字段（sf），有些数据处理指令的 opcode 中包含标志设置子字段（S）和操作子字段（op），R 型指令的 opcode 中包含第 2 个寄存器操作数的移位功能子字段（shift）等。

为了简化处理器设计，本章对表 5.1 中的 9 条目标指令的功能作了以下限定。

① 指令涉及的操作数都为 64 位，即功能子字段 sf=1。

② R 型指令不考虑对寄存器操作数的移位，即移位位数字段 shamt6=0。此时，定义移位类型的 shift 功能子字段可任意，为简化译码，将 shift 设为 00。

③ I 型算术运算指令不对立即数左移 12 位或取反，即功能子字段 shift=00。

④ MOV 指令中的立即数不考虑进行逻辑左移，即功能子字段 hw=00。

⑤ 不考虑对运算结果设置标志，即数据处理指令的功能子字段 S=0。

图 5.8 给出了限定功能后上述 9 条指令对应的指令字 Instr <31:0> 的具体编码。

	31 … 21	20 … 16	15 … 10	9 … 5	4 … 0
ADD	1 0 0 0 1 0 1 1 0 0 0	Rm	0 0 0 0 0 0	Rn	Rd
AND	1 0 0 0 1 0 1 0 0 0 0	Rm	0 0 0 0 0 0	Rn	Rd
SUBI	1 1 0 1 0 0 0 1 0 0	imm12		Rn	Rd
ORRI	1 0 1 1 0 0 1 0 0 0	imm12		Rn	Rd
LDUR	1 1 1 1 1 0 0 0 0 1 0	imm9	0 0	Rn	Rt
STUR	1 1 1 1 1 0 0 0 0 0 0	imm9	0 0	Rn	Rt
CBZ	1 0 1 1 0 1 0 0	imm19			Rt
BL	1 0 0 1 0 1	imm26			
MOVZ	1 1 0 1 0 0 1 0 1 0 0	imm16			Rd

图 5.8　9 条目标指令的指令编码

5.2.2　数据通路的设计

CPU 和存储器之间一般采用异步方式进行通信，设计数据通路时需要额外考虑与存储器之间的通信。为简化数据通路设计，本章假定所用的数据存储器和指令存储器皆为一种理想存储器。如图 5.9 所示，理想存储器有一个 64 位数据输入端 DataIn，一个 64 位数据输出端 DataOut，还有一个读写公用的地址输入端 Address。控制信号有一个写使能信号 WE，写操作受时钟信号 Clk 的控制，假定采用下降沿触发，即在时钟下降沿开始写入信息。

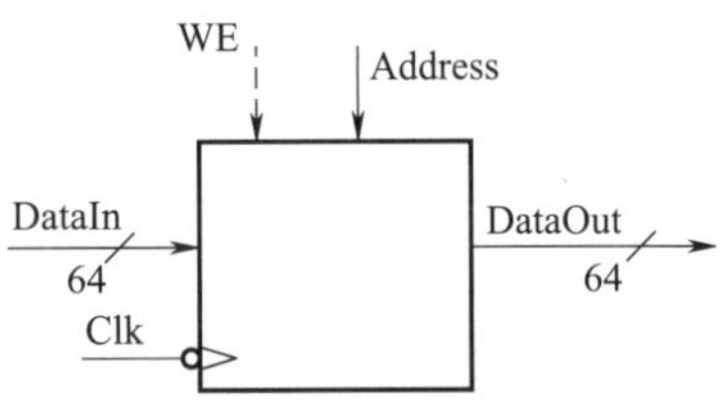

图 5.9　理想存储器外部结构

该理想存储器的读操作是组合逻辑操作，即在地址输入信号 Address 有效后，经过一个取数时间，数据输出端 DataOut 上数据有效；写操作是时序逻辑操作，即在 WE 为 1 的情况下，当时钟 Clk 边沿到来时，DataIn 开始写入存储单元。

1. 扩展器部件的设计

上述 9 条指令覆盖了 ARMv8 中的 6 种指令格式，除了 R 型指令，其余的 5 种指令格式皆带有立即数。立即数是算术逻辑部件（ALU）的一个输入源，而这 5 种指令格式的立即数编码方式各不相同，为了支持这 9 条指令的功能，扩展器部件需要根据不同的指令格式生成正确的立即数。

图 5.10 给出了上述 9 条指令涉及的立即操作数扩展器。该扩展器的输入为指令，立即数拼接器将根据指令格式对指令中的立即数编码进行拼接和扩展，形成 64 位的立即操作数，然后在扩展操作码 ExtOp 的控制下，选择与输入指令相匹配的立即操作数输出。因为带有立即数编码的指令格式有 5 种，可以归纳为以下 5 种操作：immI、immD、immCB、immB、immIM，所以 ExtOp 需要 3 位。

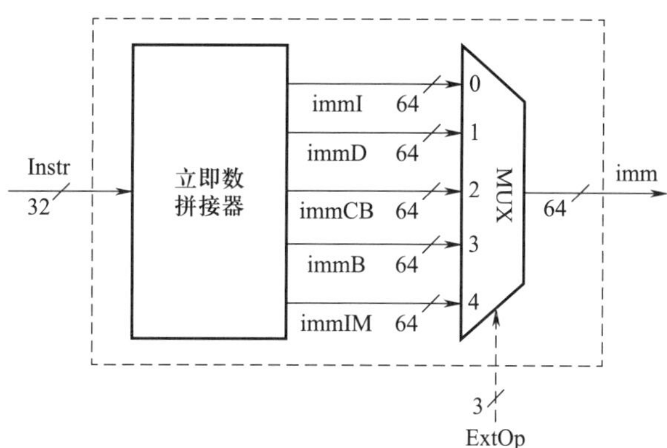

图 5.10　9 条目标指令的扩展器实现

根据图 5.8 给出的 ARMv8 指令格式，可得各类型立即数的逻辑表达式。为了方便表示立即数中的位拼接功能，此处给出逻辑表达式的 Verilog 代码如下：

```
assign immI = {52'b0, Instr[21:10]};
assign immD = {55{Instr[20]}, Instr[20:12]};
assign immCB = {43{Instr23]}, Instr[23:5], 2'b00};
assign immB = {36{Instr[25]} , Instr[25:0], 2'b00};
assign immIM = {48'b0, Instr[20:5]};
```

根据表 5.1 列出的每条指令的功能，可以了解到各条指令的立即数编码类型以及在扩展器中所进行的扩展操作，由此可列出各条指令对应的扩展操作控制信号 ExtOp 的取值，如表 5.2 所示。

表 5.2　9 条目标指令对应的扩展操作控制信号 ExtOp 的取值

指令	功能	立即数编码类型	ExtOp<2:0>
ADD Rd，Rn，Rm	R[Rd] ← R[Rn] + R[Rm]	无立即数	×××
AND Rd，Rn，Rm	R[Rd] ← R[Rn] & R[Rm]		
SUBI Rd，Rn，#imm12	R[Rd] ← R[Rn] − ZEXT(imm12)	I 型立即数（immI）	0 0 0
ORRI Rd，Rn，#imm12	R[rd] ← R[Rn] | ZEXT(imm12)		
LDUR Rt，[Rn，#imm9]	Addr ← R[Rn] + SEXT(imm9) R[Rt] ← M[Addr]	D 型立即数（immD）	0 0 1
STUR Rt，[Rn，#imm9]	Addr ← R[Rn] + SEXT(imm9) M[Addr] ← R[Rt]		

续表

指令	功能	立即数编码类型	ExtOp<2:0>
CBZ Rt，Label	if（R[Rt] == 0） PC ← PC+SEXT（imm19）× 4	CB 型立即数（immCB）	0 1 0
BL Label	R[30] ← PC +4 PC ← PC + SEXT（imm26）× 4	B 型立即数（immB）	0 1 1
MOVZ Rd，#imm16	R[Rd] ← ZEXT（imm16）	IM 型立即数（immIM）	1 0 0

注：× 表示无论取什么值都不影响运算结果。

根据上述逻辑表达式以及表 5.2 中的扩展操作控制信号的取值，不难实现图 5.10 中的立即数拼接器和多路选择器。

本教材为了简化 ARMv8 数据通路设计，假定不考虑对第 2 操作数的移位操作。实际的 ARMv8 数据通路中，许多类型的指令都需要考虑对第 2 个寄存器操作数进行 4 种移位处理，或者对第 2 个立即操作数进行逻辑左移等操作。对于前者，可以通过一个桶形移位器对寄存器内容进行不同的移位操作，然后作为第 2 操作数送到 ALU 的 B 输入端；对于后者，可以在立即操作数扩展器中进行相应的移位和取反处理，得到立即操作数 imm，然后作为第 2 操作数送到 ALU 的 B 输入端。

2. 算术逻辑部件的设计

本章设定的 9 条目标指令涉及加法、减法、判断是否为 0 以及各种逻辑运算等。为了支持这 9 条指令包含的运算，ALU 必须提供相应的运算功能。

图 5.11 给出了一个实现上述 9 条指令中运算的 ALU。该 ALU 的输入为两个 64 位操作数 A 和 B，其中，核心部件是加法器。通常，加法器的输出除了两数之和 Add-Result 以外，还有进位 / 借位标志 CF（C）、零标志 ZF（Z）、溢出标志 OF（V）和符号标志 SF（N）。本章选取的 9 条指令中，只有 CBZ 指令的执行依赖于零标志，因此，图 5.11 中仅保留了零标志，用 Zero 表示。有关加法器的实现可参见第 3 章内容。在操作控制端 ALUctr 的控制下，在 ALU 中执行加法、减法、按位或、按位与、是否为 0 等运算，Result 作为 ALU 运算的结果被输出，同时，零标志 Zero 作为 ALU 的标志信息输出。

从图 5.11 可以看出，ALU 的操作由一个 ALU 操作控制信号生成部件产生的控制信号来控制，该控制逻辑的输入是 ALUctr 信号，输出有三个控制信号：① SUBctr 用来控制 ALU 执行加法还是减法运算，当 SUBctr=1 时做减法，当 SUBctr=0 时做加法；② OPctr 用来控制选择将哪种运算的结果作为 Result 输出，因为所实现的 9 条指令中只可能有加 / 减、按位或、选择操作数B、按位与这4种运算，所以OPctr需要2位；③ IMM0ctr信号控制加法器A输入端处的多路选择器选择将A作为操作数还是将全0作为操作数。CBZ指令判断寄存器内容是否为0的操作，可以通过设置SUBctr=1、IMM0ctr=1实现，即通过0减B（指定寄存器中的内容）运算，然后根据Zero信号的输出值进行判断。

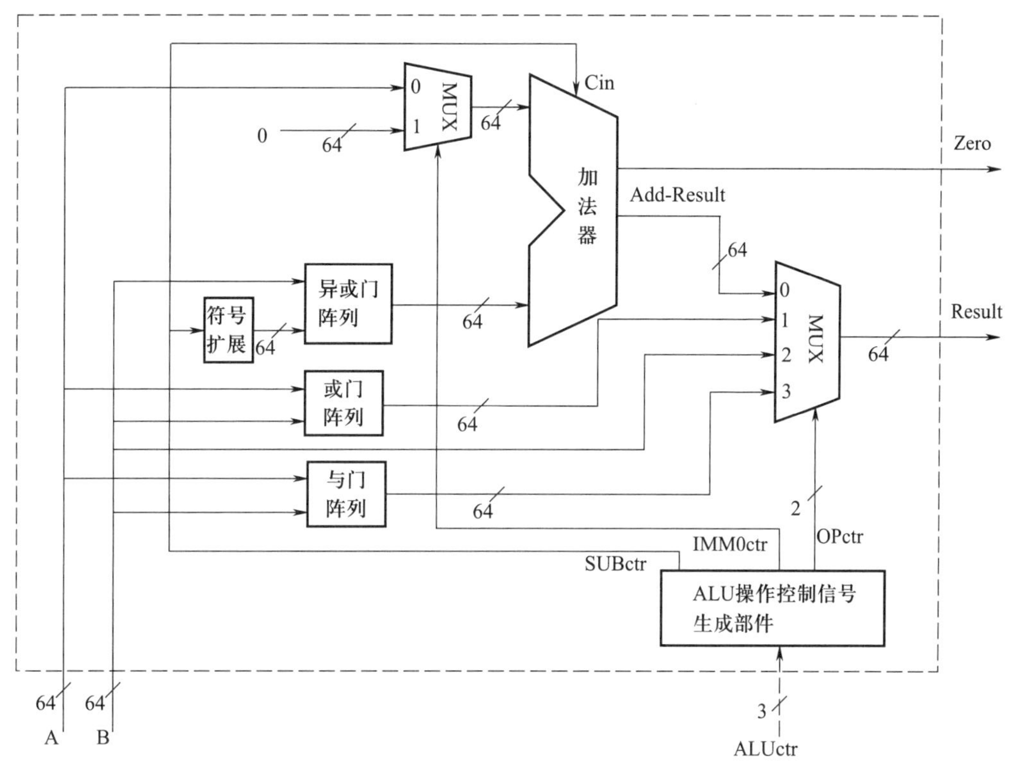

图5.11　9条目标指令的ALU实现

根据表5.1列出的各指令的功能，可以了解到各条指令在ALU中所进行的运算，由此可列出各条指令对应的三种ALU操作控制信号取值，如表5.3所示。

表5.3　9条目标指令对应的3种ALU操作控制信号取值

指令	功能	运算类型	SUBctr	IMM0ctr	OPctr<1:0>
ADD Rd，Rn，Rm	R[Rd] ← R[Rn] + R[Rm]	加	0	0	00
AND Rd，Rn，Rm	R[Rd] ← R[Rn] & R[Rm]	按位与	×	×	11
SUBI Rd，Rn，#imm12	R[Rd] ← R[Rn] − ZEXT(imm12)	减	1	0	00

续表

指令	功能	运算类型	SUBctr	IMM0ctr	OPctr<1:0>
ORRI Rd，Rn，#imm12	R[Rd] ← R[Rn] | ZEXT(imm12)	按位或	×	×	01
LDUR Rt，[Rn，#imm9]	Addr ← R[Rn] + SEXT(imm9) R[Rt] ← M[Addr]	加	0	0	00
STUR Rt，[Rn，#imm9]	Addr ← R[Rn] + SEXT(imm9) M[Addr] ← R[Rt]	加	0	0	00
CBZ Rt，Label	if（R[Rt] == 0） PC ← PC+(SEXT(imm19) × 4)	减（判 0）	1	1	× ×
BL Label	R[30] ← PC+4 PC ← PC + (SEXT(imm26) × 4)	加	0	0	00
MOVZ Rd，#imm16	R[Rd] ← ZEXT(imm16)	选择操作数 B	×	×	10

从表 5.3 可知，指令 ADD 包含的运算，以及指令 LDUR 和 STUR 中访存地址计算都是加法运算，记为 add 操作；指令 SUBI 进行减法运算，记为 sub 操作；指令 CBZ 判 0 操作通过减法实现，被减数为 0，记为 sub0 操作；指令 MOVZ 将立即数扩展后，作为 ALU 的操作数 B，只需直接输出 B 即可，记为 srcB 操作；指令 CBZ 和 BL 中转移目标地址的计算通过专门的下地址计算逻辑产生。因此，这 9 条指令可以归纳为以下 6 种操作：add、sub、and、or、srcB、sub0，对这些操作进行编码至少需要 3 位，因而 ALU 的操作控制输入端 ALUctr 至少需要 3 位。表 5.4 给出了 ALUctr 的一种 3 位编码方案。

表 5.4　ALUctr 的 3 位编码及其对应的操作类型和 ALU 控制信号

ALUctr<2:0>	操作类型	SUBctr	IMM0ctr	OPctr<1:0>	OPctr 的含义
0 0 0	add	0	0	0 0	选择加法器的结果输出
0 0 1	sub	1	0	0 0	选择加法器的结果输出
0 1 0	and	×	×	1 1	选择“按位与”结果输出
0 1 1	or	×	×	0 1	选择“按位或”结果输出
1 0 0	srcB	×	×	1 0	选择操作数 B 直接输出
1 0 1	sub0	1	1	× ×	无须加法器的输出结果
其余	（未用）				

根据表 5.4 得到各输出控制信号的逻辑表达式如下：

```
SUBctr = ~ALUctr<1> & ALUctr<0>                                   (sub, sub0)
IMM0ctr = ALUctr<2> & ~ALUctr<1> & ALUctr<0>                      (sub0)
OPctr<1> = (~ALUctr<2> & ALUctr<1> & ~ALUctr<0>) |                (and)
           (ALUctr<2> & ~ALUctr<1> & ~ALUctr<0>)                  (srcB)
OPctr<0> = (~ALUctr<2> & ALUctr<1> & ~ALUctr<0>) |                (and)
           (~ALUctr<2> & ALUctr<1> & ALUctr<0>)                   (or)
```

根据上述逻辑表达式，不难实现图 5.11 中的 ALU 操作控制信号生成部件。

如果要实现更多指令，则 ALU 必须支持更多的运算，如异或（xor）、逻辑左移（sll）、逻辑右移（slr）等，这就需要在图 5.11 所示的 ALU 中增加相应的按位异或、逻辑左移、逻辑右移等逻辑电路，同时 ALU 输出结果选择控制信号 OPctr 的位数须扩充到至少 3 位，而 ALUctr 的位数也可能要做相应的扩充。

3. 取指令部件的设计

从上述指令功能的 RTL 描述中可以看出，每条指令的第一步都是实现取指令并计算下一条指令地址的功能。因此，在数据通路中，需要专门设计一个取指令部件来实现上述功能。

图 5.12 所示是取指令部件的示意。假定指令专门存放在指令存储器中，它只有读操作。读指令操作可看成是组合逻辑操作，因此无须控制信号的控制，只要给出指令地址，经过一定的取数时间后，指令将被送出。指令的地址来自 PC，由专门的下地址逻辑来计算下一条指令的地址，然后将其送入 PC。因为是单周期处理器，每个时钟周期只执行一条指令，所以每来一个时钟，PC 的值都会被更新一次，因而 PC 无须写使能信号控制。在下地址逻辑中，要区分是顺序执行还是转移执行。若是顺序执行，则执行 PC + 4；若是转移执行，则要根据当前指令是分支指令还是跳转指令来计算转移目标地址。

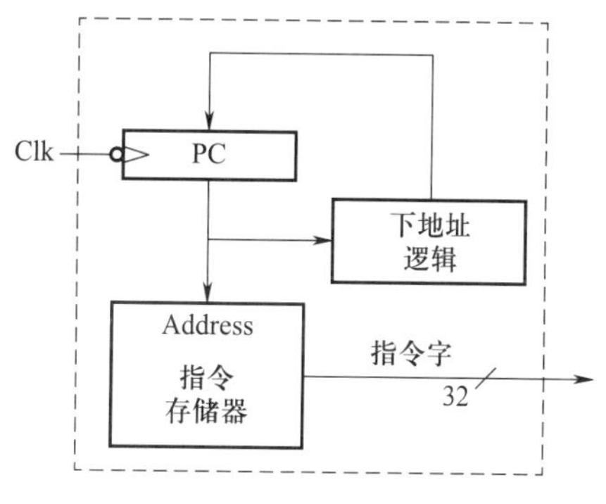

图 5.12　取指令部件示意

4. R 型指令的数据通路

图 5.13 所示是支持 R 型指令功能的数据通路，用它可以实现对两个寄存器 Rn 和 Rm 内容的运算并将结果写入 Rd 寄存器。

指令中 Rn 和 Rm 是两个源操作数寄存器编号，Rd 是目的寄存器编号，因此，寄存器组的两个读地址端 Ra 和 Rb 应分别与 Rn 和 Rm 相连，写地址端 Rw 与 Rd 相连。ALU 的运算结果连到寄存器组的写数据端 busW，控制信号 RegWr 为“写使能”信号，只有在 RegWr 信号为 1 的情况下，运算结果才写入寄存器组。显然，R 型指令执行时，RegWr 信号应该为 1。

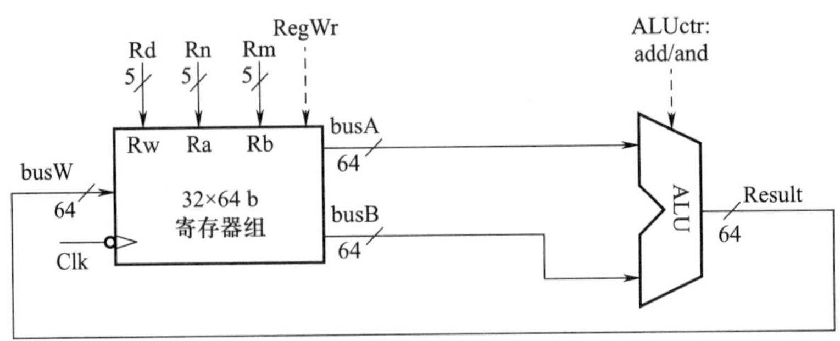

图 5.13　支持 R 型指令功能的数据通路

9 条目标指令中有两条 R 型指令：ADD 和 AND，根据表 5.3 可知，它们分别对应 ALU 的两种操作：add 和 and，因此，可根据不同的指令，控制将不同的操作编码（000、010）送到 ALU 的操作控制端 ALUctr，以便在 ALU 中进行不同指令所对应的运算。

当前时钟周期内执行的运算结果总是在下一个时钟到来时开始写入寄存器组中。为了能写入正确的稳定结果，ALU 操作控制信号必须稳定一段时间保持不变。

5. I 型运算指令的数据通路

I 型带立即数的运算类指令都涉及对 12 位立即数进行零扩展，然后与 Rn 的内容进行运算，最终把 ALU 的运算结果送入目的寄存器 Rd。

在 9 条目标指令中，SUBI 和 ORRI 指令是 I 型带立即数的运算类指令，涉及的操作为 sub 和 or，ALUctr 取值为 001 和 011。图 5.14 是在图 5.13 的基础上增加了 I 型带立即数运算类指令功能而得到的数据通路，它同时也能完成 R 型指令的执行。

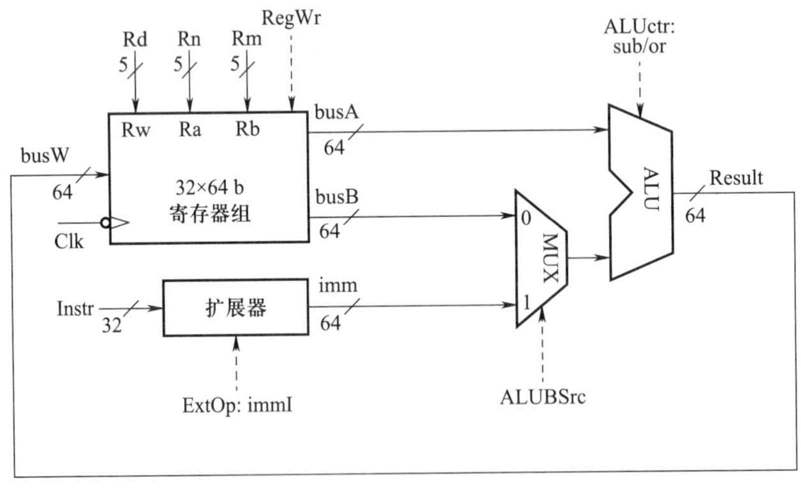

图 5.14　支持 I 型带立即数运算类指令功能的数据通路

与图 5.13 相比，图 5.14 有以下两处改动。

① 因为 I 型指令的立即数只有 12 位，需要将其零扩展为 64 位才能送到 64 位 ALU 运算。因此，在数据通路中应增加一个扩展器，其输入端为从取指令部件取得的指令，并由控制信号 ExtOp 控制扩展器的扩展操作。对于 I 型指令，扩展操作的输出为 immI，其控制信号 ExtOP 的取值为 000。扩展器的实现见图 5.10。

② 因为 R 型指令和 I 型指令在 ALU 的 B 口的操作数来源不同，所以在 ALU 的 B 输入端增加了一个多路选择器，由控制信号 ALUBSrc 控制选择 busB 还是扩展器输出作为 ALU 的 B 口操作数。

6. IM 型指令的数据通路

MOVZ 是 IM 型指令，指令中给出了 16 位立即数，其功能是将 16 位立即数进行零扩展并送至目的寄存器中，即 R[Rd] ← ZEXT(imm16)。图 5.15 中的数据通路可以支持该指令的执行。此时，ExtOp 的取值为 100，控制立即数扩展器对指令中的 16 位立即数进行零扩展；ALU 的 B 输入端多路选择器由控制信号 ALUBSrc 控制，选择扩展器输出作为 ALU 的 B 口操作数；ALUctr 的取值为 100，控制 ALU 选择操作数 B 直接输出。

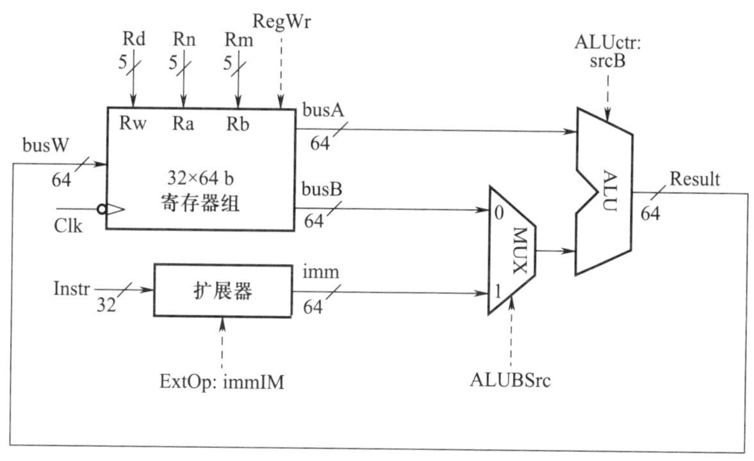

图 5.15 支持 MOVZ 指令功能的数据通路

7. Load/Store 指令的数据通路

LDUR 和 STUR 指令是 D 型指令，LDUR 指令功能为 R[Rt] ← M[R[Rn] + SEXT (imm9)]；STUR 指令功能为 M[R[Rn] + SEXT (imm9)] ← R[Rt]。Load 和 Store 两者虽然实现的功能不同，但其立即数编码相同，需要通过扩展器获得立即数扩展结果。两者的地址计算过程一样，都是将扩展后的立即数和寄存器 Rn 的内容相加，得到访存地址。Load 指令从该地址中读取一个 64 位数，送到寄存器 Rt 中；Store 指令则相反。

图 5.16 是在图 5.15 的基础上增加了 Load/Store 指令功能而得到的数据通路示意图，因此它同时也能完成 R 型、I 型运算类指令以及 MOVZ 指令的执行。

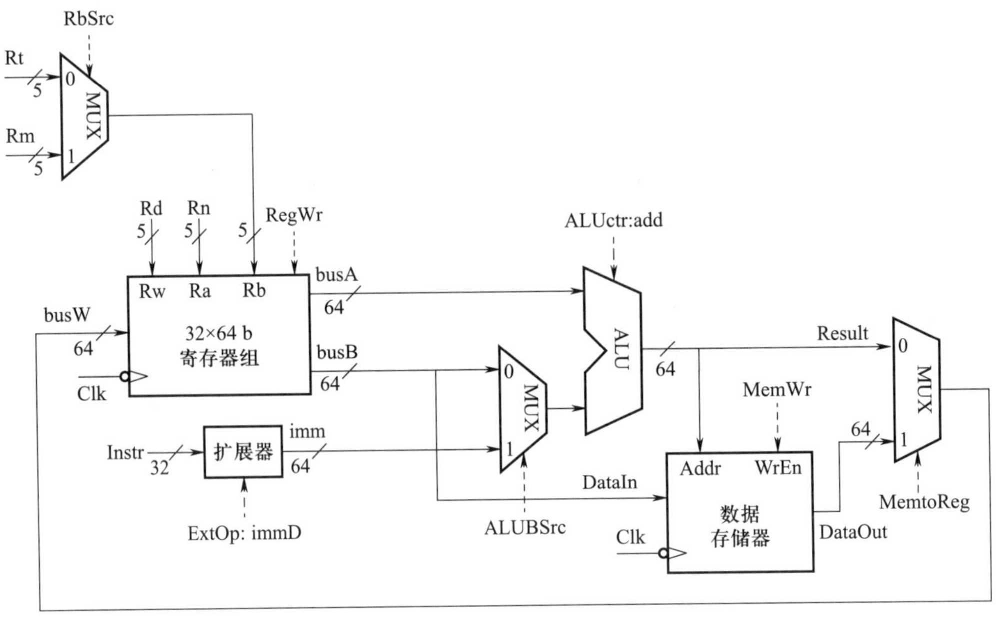

图 5.16　支持 Load/Store 指令功能的数据通路

与图 5.15 相比，图 5.16 有以下 3 处改动。

① 因为运算类指令和 Load 指令写入目的寄存器的来源不同，所以在寄存器组的写数据端 busW 处增加了一个多路选择器，由控制信号 MemtoReg 控制选择将 ALU 的结果或从存储器读出的数据写入目的寄存器。

② 因为 Load/Store 指令需要读写数据存储器，故增加了数据存储器（data memory，DM）。访存地址在 ALU 中计算，因此数据存储器的地址端 Addr 连到 ALU 的输出。Store 指令将 Rt 的内容送存储器，所以直接将 busB 连到数据存储器的 DataIn 输入端，而将输出端 DataOut 连到 busW 端的多路选择器上。控制信号 MemWr 用作"写使能"信号。Load、Store 指令的地址运算要求对立即数 imm9 分别进行 immD 扩展操作，控制信号 ExtOP 的取值是 001，ALUctr 控制 ALU 进行的操作是加法 add，ALUctr 的取值是 000。

③ R 型、I 型、IM 型指令编码中 Instr<4:0> 为 Rd 字段，作为目的寄存器连接至 Rw。在 D 型指令编码中，Instr<4:0> 标识为 Rt 字段，对于 LDUR 指令，Rt 作为目的寄存器仍然连接至 Rw；对于 STUR 指令，Rt 作为源操作数寄存器，其读出的内容需写入存储器，因而 Rt 需连接至 Rb。这样，在 Rb 处需增加一个多路选择器，用以选择将 Rm 还是 Rt 作为 Rb

的输入源。该多路选择器的控制信号为 RbSrc。

8. CB 型指令的数据通路

分支指令属于 CB 型指令，能根据不同的条件进行分支转移。例如，寄存器内容为 0 时转移的指令 CBZ 的功能为 if (R[Rt] == 0)PC ← PC + (SEXT(imm19) × 4) else PC ← PC + 4。图 5.17 是在图 5.16 基础上增加 CBZ 指令功能而得到的数据通路。与图 5.16 相比，图 5.17 主要增加了取指令部件，转移目标地址计算在下地址逻辑中实现，在 ALU 中执行减法操作 sub0，ALUctr 的取值为 101。

图 5.17 中上部的下地址逻辑部件的输出是下一条指令地址，因而被送到 PC 的输入端。下地址逻辑部件的 4 个输入是 PC、Zero 标志、立即数 imm 和控制信号 Branch。对于转移目标地址的计算，需要先对 CB 型指令中的立即数进行 immCB 扩展操作以形成偏移量，然后和基准地址 PC 相加。在 ALU 中对 0 和 R[Rt] 做减法得到一个 Zero 标志，根据 Zero 标志可判断是否转移。因此，ALU 的输出 Zero 标志须送到下地址逻辑部件，立即数 imm 和 PC 也要送到下地址逻辑部件，控制信号 Branch 表示当前指令是否是分支指令，也应送到下地址逻辑部件，以决定是否按分支指令方式计算下一条指令地址。

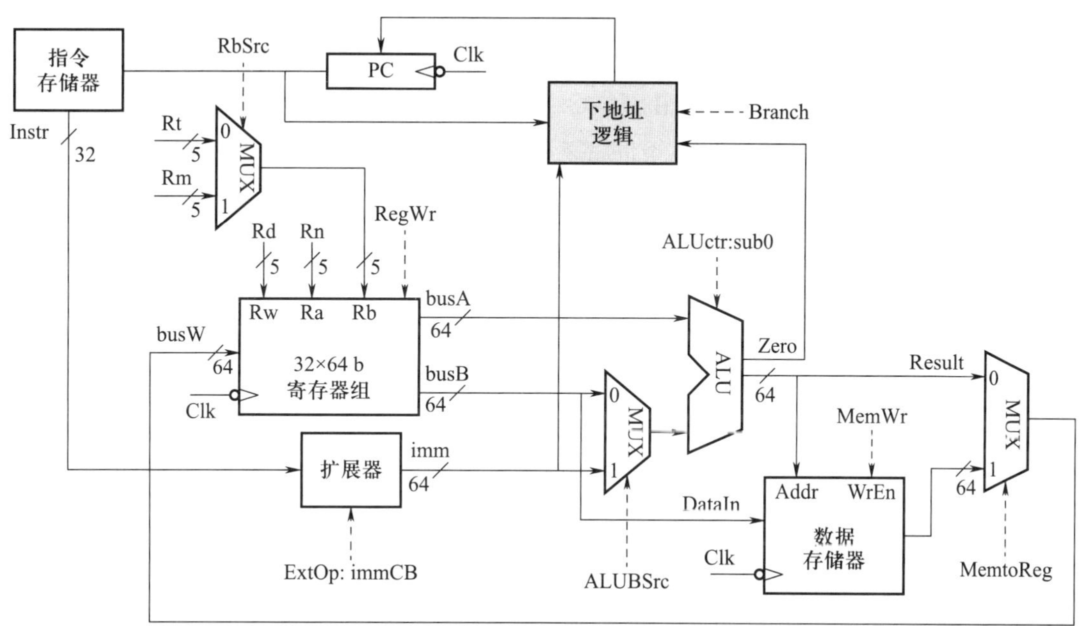

图 5.17 支持 CB 型指令功能的数据通路

下一条指令地址的计算方法如下：如果是分支指令（Branch = 1）且比较相等（Zero = 1），则转移执行，即 PC ← PC + imm；否则，顺序执行，即 PC ← PC + 4。

图 5.18 所示为下地址逻辑部件的具体电路。从图 5.18 可以看出，每到来一个时钟 Clk，当前 PC 作为指令地址被送到指令存储器的地址端 Addr 去取指令，同时，下地址逻辑部件将计算下一条指令的地址并将其送入 PC 的输入端，在下个时钟到来后写入 PC。

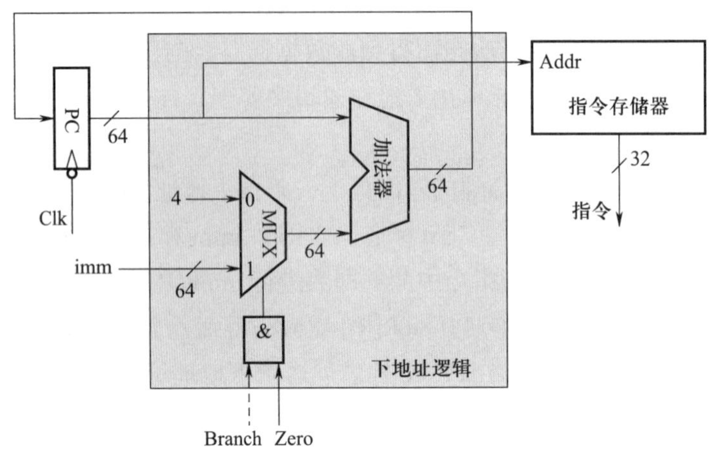

图 5.18　分支指令的下地址逻辑设计

9. B 型指令的数据通路

无条件转移并链接指令 BL 是 B 型指令，指令中给出了 26 位相对地址，其功能是将 PC + 4 送到 30 号寄存器中，并且无条件将跳转目标地址设置到 PC 中。跳转目标地址的具体计算方法为 PC ← PC + (SEXT (imm26) × 4)。

图 5.19 所示是在图 5.17 基础上增加 BL 指令功能而得到的数据通路。与图 5.17 相比，图 5.19 有以下 3 处改动。

① 为了在 ALU 中计算 PC + 4，需要在 ALU 的 A 输入端增加一个多路选择器，由控制信号 ALUASrc 选择 busA 或当前 PC 作为 ALU 的 A 口操作数。

② 同时也需要对 ALU 的 B 输入端的多路选择器进行扩充，加入常量 4。由于 ALU 的 B 口操作数来源有三种情况：busB、扩展器输出以及常量 4，因此控制信号 ALUBSrc 需要扩充为 2 位。

③ BL 指令需将链接地址 PC+4 写入 30 号寄存器中，因此 Rw 处还需要增加一个二选一多路选择器，控制信号为 RwSrc。

图 5.20 所示为在图 5.18 的基础上加上无条件转移指令功能的、完整的取指令部件示意图。对于转移目标地址的计算，需要先对 B 型指令中的立即数进行 immB 扩展操作以形成偏移量，然后和基准地址 PC 相加。控制信号 Jump 表示当前指令是否是无条件跳转指令，Jump 信号作为下地址逻辑的输入信号，用于决定是否按无条件跳转指令方式计算下一条指令的地址。

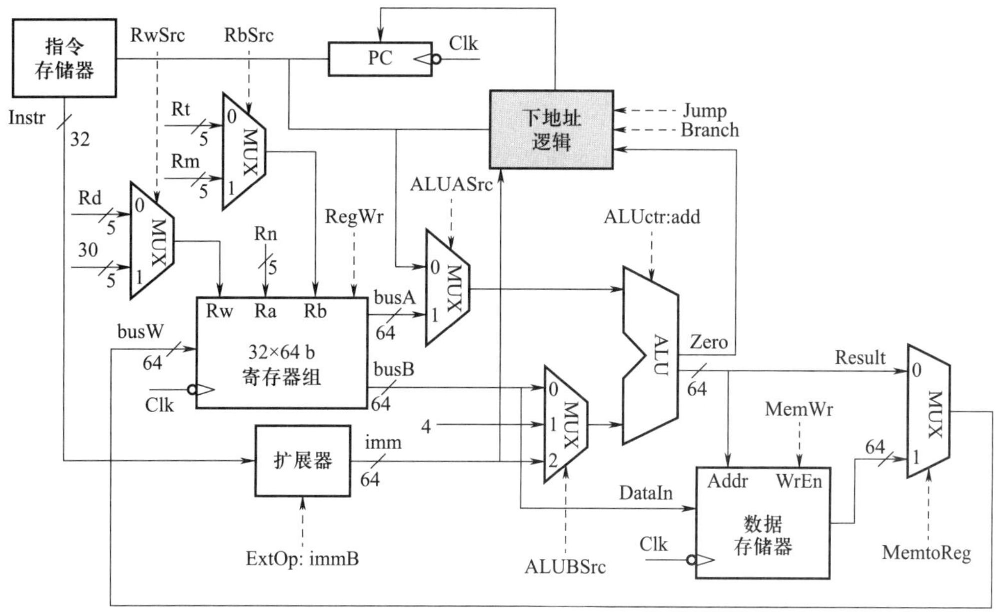

图 5.19　支持 B 型指令功能的数据通路

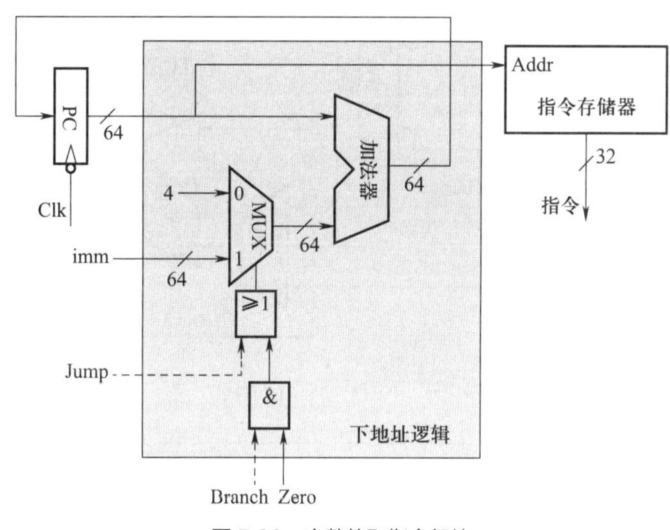

图 5.20　完整的取指令部件

取指令阶段开始时，新指令还未被取出和译码，因此取指令部件中的控制信号（Branch、Jump）的值还是上一条指令产生的旧值。此外，新指令还未被执行，因而标志（Zero）也为旧值。但是，由这些旧控制信号值确定的地址只被送到 PC 输入端，并不会写入 PC，因此不会影响取指令功能。只要保证在下个时钟 Clk 到来之前的一段（建立）时间能产生正确的下一条指令地址即可。在单周期方式下，所有指令都在单个时钟周期内完成执行，因而下一个时钟会在足够长的时间（最长的指令周期）后到来。此时，控制信号早已是新取出的当前指令对应的控制信号，因而取指令部件能得到正确的下一条指令地址，并且该地址在下个时钟到来前的一段时间被送到 PC 的输入端，一旦下个时钟到来，该地址开始写入 PC，并作为下一条指令的地址，从而使 CPU 能从指令存储器中取出新的指令。

10. 综合 9 条指令的完整数据通路

综合考虑上述所有数据通路的结构，可得到如图 5.21 所示的完整支持 9 条目标指令的单周期数据通路。其中所有加下画线的都是控制信号名，控制信号线用虚线表示。指令执行结果总是在下个时钟到来时开始保存在寄存器、数据存储器或 PC 中。

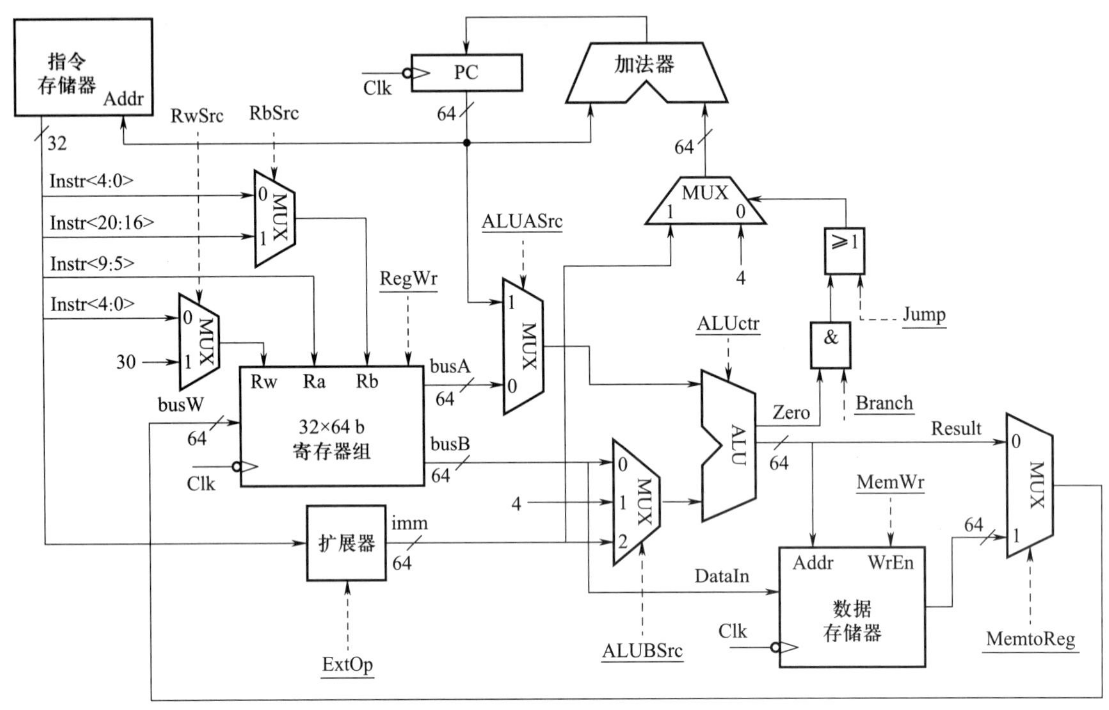

图 5.21　支持 9 条目标指令的完整单周期数据通路

至此，已完成了所有 9 条指令所用到的数据通路的设计，包括所用元件及其互连，并给出了控制信号。下一步应考虑如何产生控制信号，这就是控制逻辑单元的设计问题。

5.2.3　控制单元的设计

控制单元主要包含指令译码器，其输入是指令操作码 OP（opcode 字段），输出是控制信号。控制单元的设计过程如下。

① 根据每条指令的功能，分析控制信号的取值并在表中列出。

② 根据列出的指令和控制信号的关系，写出每个控制信号的逻辑表达式。

1. 控制信号取值分析

根据对取指令阶段执行情况的分析可知，Clk 信号到来后，经锁存延迟（Clk-to-Q）时间，PC 的值作为访存地址被送到指令存储器，经过“取数时间”后，指令被取出，送入控制单元，经指令译码器译码，送出控制信号。随后，每条指令便在控制信号的控制下，完成相应的功能。

以下分析每条指令执行阶段控制信号的取值情况。

（1）R 型指令执行阶段

图 5.22 所示是 R 型指令执行过程示意图，其中的粗实线描述了 R 型指令的数据在数据通路中的执行路径：registers (Rn，Rm) → busA, busB → ALU → registers (Rd)。

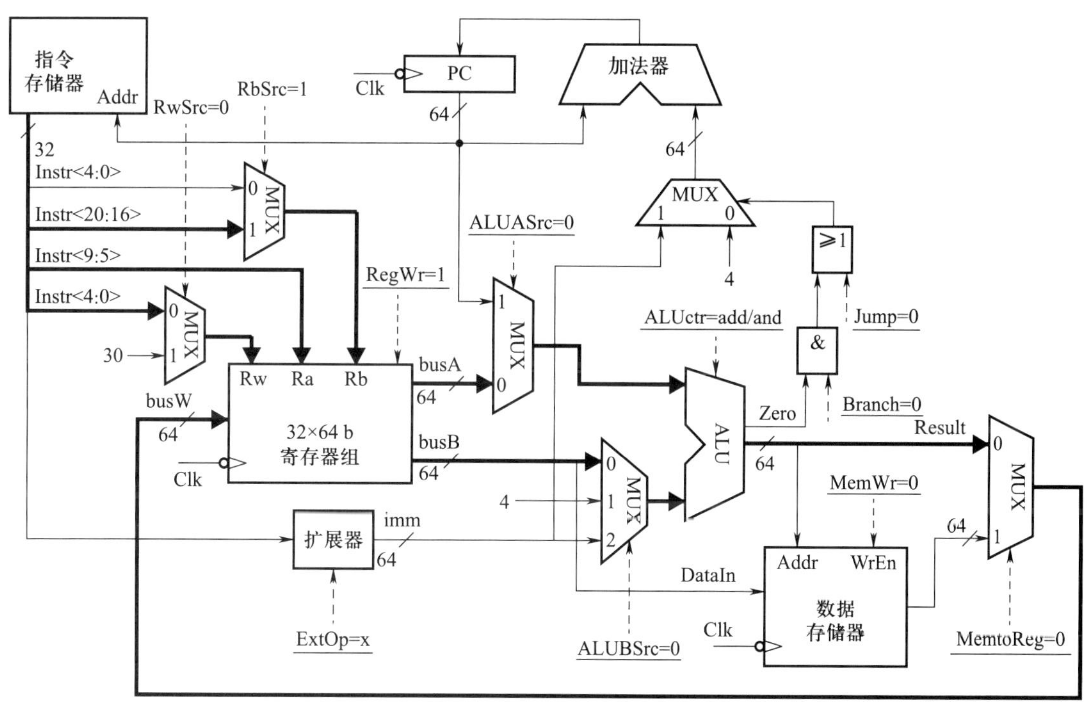

图 5.22　R 型指令执行过程

控制信号的取值分析如下。

Branch = Jump = 0：因为不是分支指令和无条件跳转指令。

RbSrc=1：保证选择 Rm 作为 busB 的读口地址。

ALUASrc = 0：保证选择 busA 作为 ALU 的 A 口操作数。

ALUBSrc = 00：保证选择 busB 作为 ALU 的 B 口操作数。

ALUctr = add/and：两条 R 型指令的操作各不相同，因而对应两种类型。

MemtoReg = 0：保证选择 ALU 的输出送到目的寄存器。

RwSrc=0：保证选择 Rd 作为写口地址。

RegWr = 1：保证在下个时钟到来时，结果被写到目的寄存器。

MemWr = 0：保证在下个时钟到来时，不会有信息写到数据存储器。

ExtOp = x：因为 ALUBSrc = 00，所以不会选择扩展器的输出送到 ALU 的输入端，即扩展器的输出不会影响执行结果，因而 ExtOp 取任意值均可。

图 5.23 给出了 R 型指令的操作定时过程。从图中可以看出，下一条指令地址 PC + 4 将在下个 Clk 到来时开始写入 PC，指令执行结果（ALU 输出）也将在下个 Clk 到来时开始写入目的寄存器 Rd。

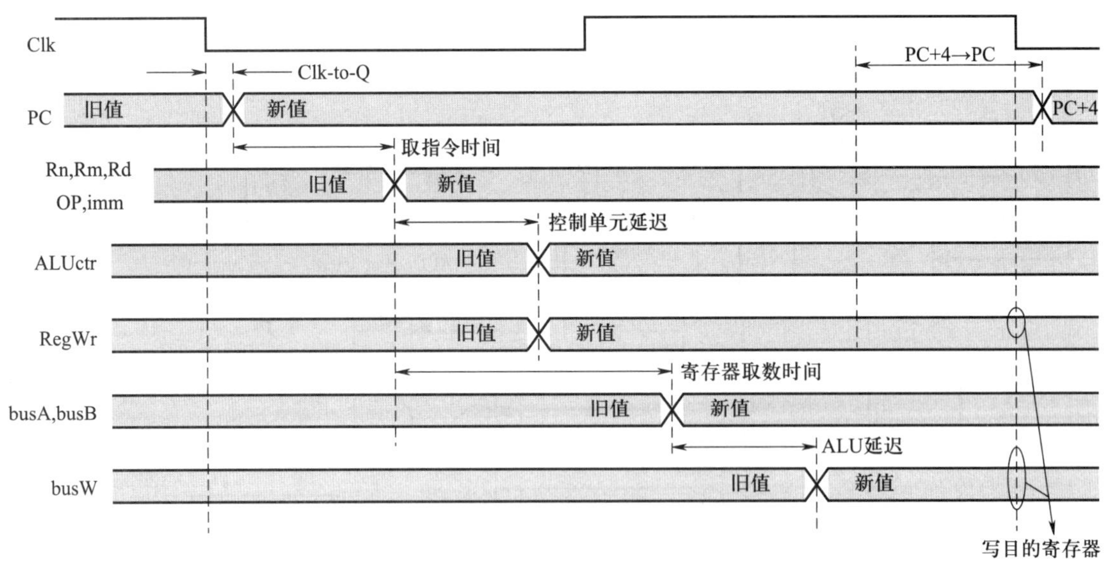

图 5.23　R 型指令的操作定时

（2）I 型运算指令执行阶段

图 5.24 中粗实线所示为 I 型运算指令执行过程。从图中可以看出其数据在数据通路中的执行路径：registers (Rn) → busA, 扩展器 (imm) → ALU → registers (Rd)。

对于目标指令中的 I 型运算指令 ORRI，各控制信号的取值如下：Branch = Jump = 0，

RbSrc=x，ALUASrc = 0，ALUBSrc = 10，ALUctr = or，MemtoReg = 0，RwSrc=0，RegWr = 1，MemWr = 0，ExtOp = 000（控制输出 immI 扩展结果）。对于目标指令中另一条 I 型运算指令 SUBI，除控制信号 ALUctr 外，其余控制信号的取值与 ORRI 指令的一样。

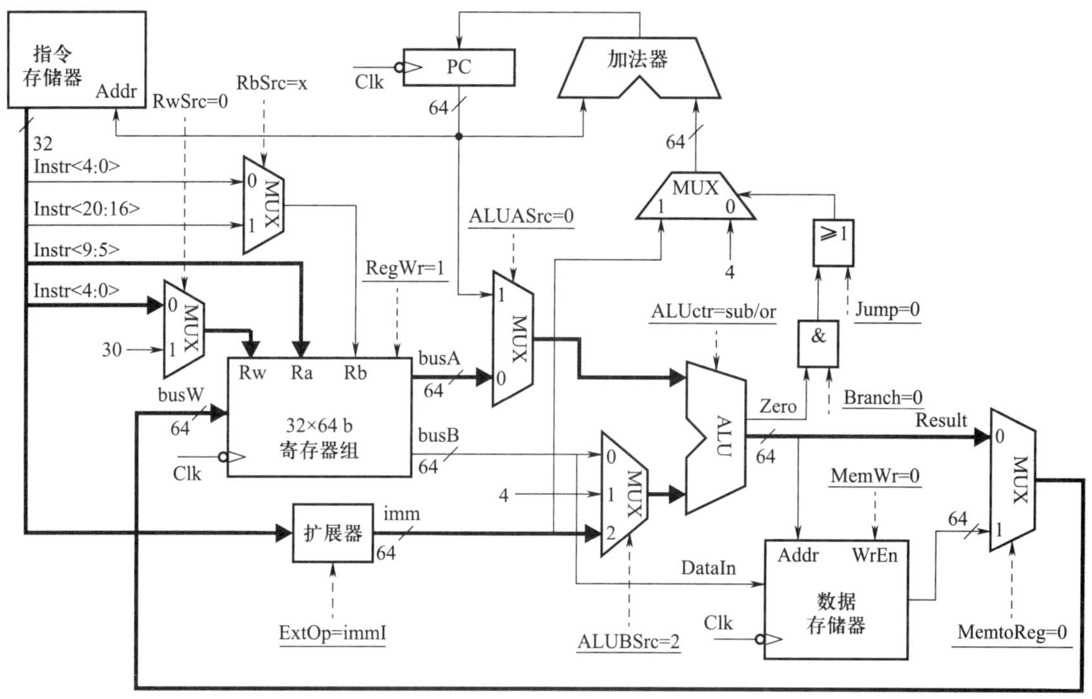

图 5.24　I 型运算指令执行过程

（3）MOVZ 指令执行阶段

图 5.25 中的粗线给出了 MOVZ 指令的执行过程，从图中可以看出其数据在数据通路中的执行路径为：扩展器（imm）→ ALU → Registers（Rd）。

MOVZ 指令各控制信号的取值如下：Branch=Jump=0，RbSrc=x，ALUASrc=x，ALUBSrc=10，ALUctr=srcB，MemtoReg=0，RwSrc=0，RegWr=1，MemWr=0，ExtOp=100（控制输出 immIM 扩展结果）。

（4）Load/Store 指令执行阶段

图 5.26 中的粗实线给出了 Load 指令的执行过程，从图中可以看出其数据在数据通路中的执行路径：registers(Rn) → busA, 扩展器 (imm) → ALU(add) → 数据存储器 → registers (Rt)。

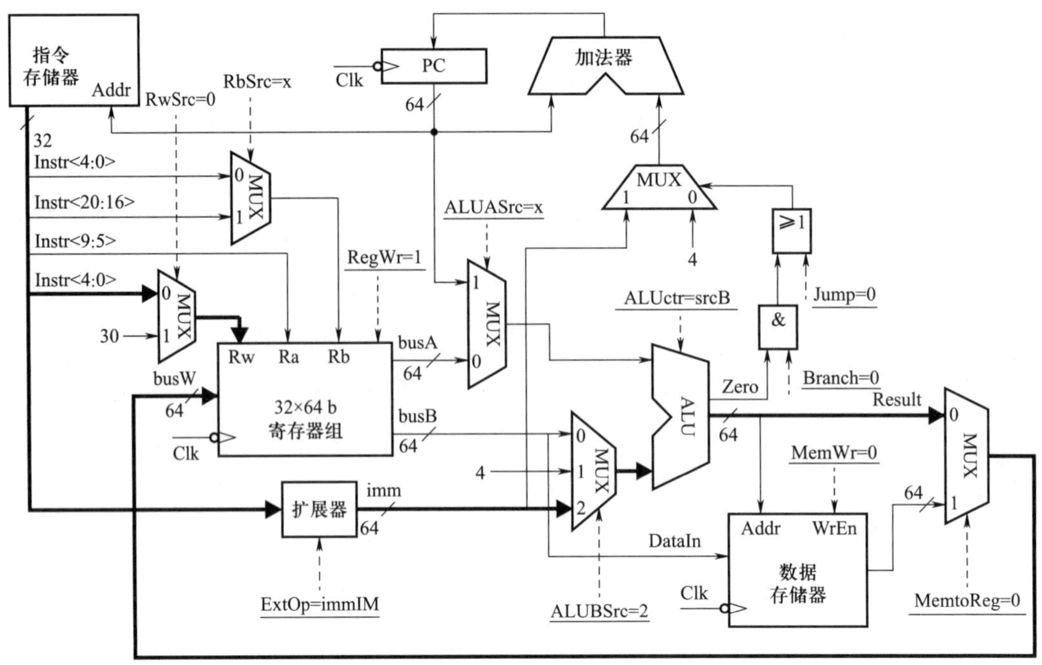

图 5.25　MOVZ 指令执行过程

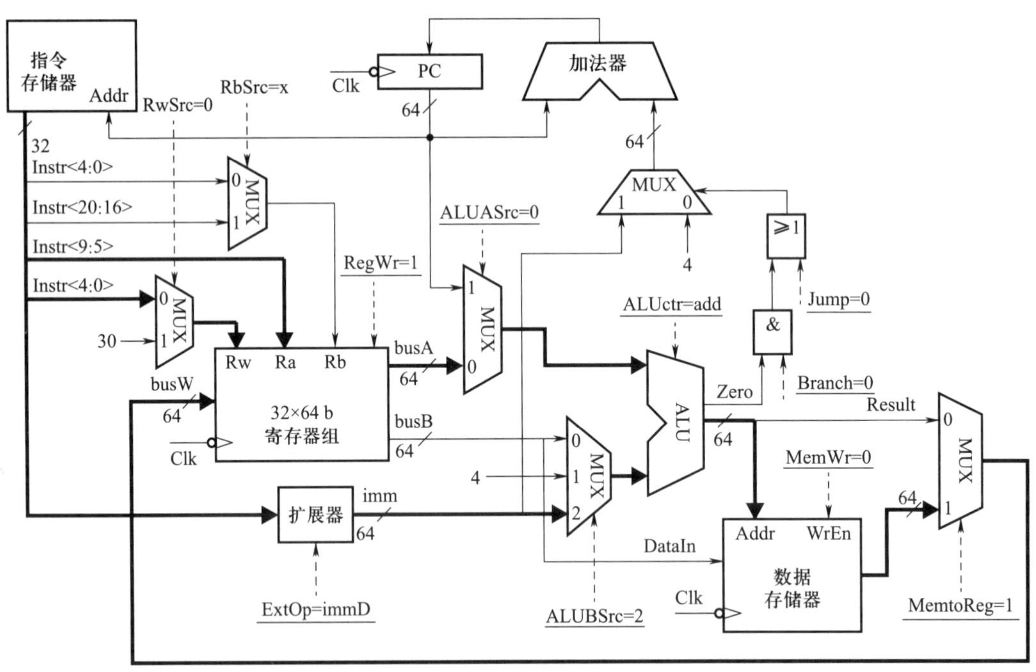

图 5.26　Load 指令的执行过程

Load 指令各控制信号的取值如下：Branch = Jump = 0, RbSrc=x, ALUASrc = 0, ALUBSrc = 10, ALUctr = add，MemtoReg = 1，RwSrc = 0，RegWr = 1，MemWr = 0，ExtOp = 001（控制输出 immD 扩展结果）。

图 5.27 所示是 Store 指令的执行过程。从图中可看出其数据在数据通路中的执行路径：registers (Rn, Rt) → busA, busB, 扩展器 (imm) → ALU (add) , busB →数据存储器。

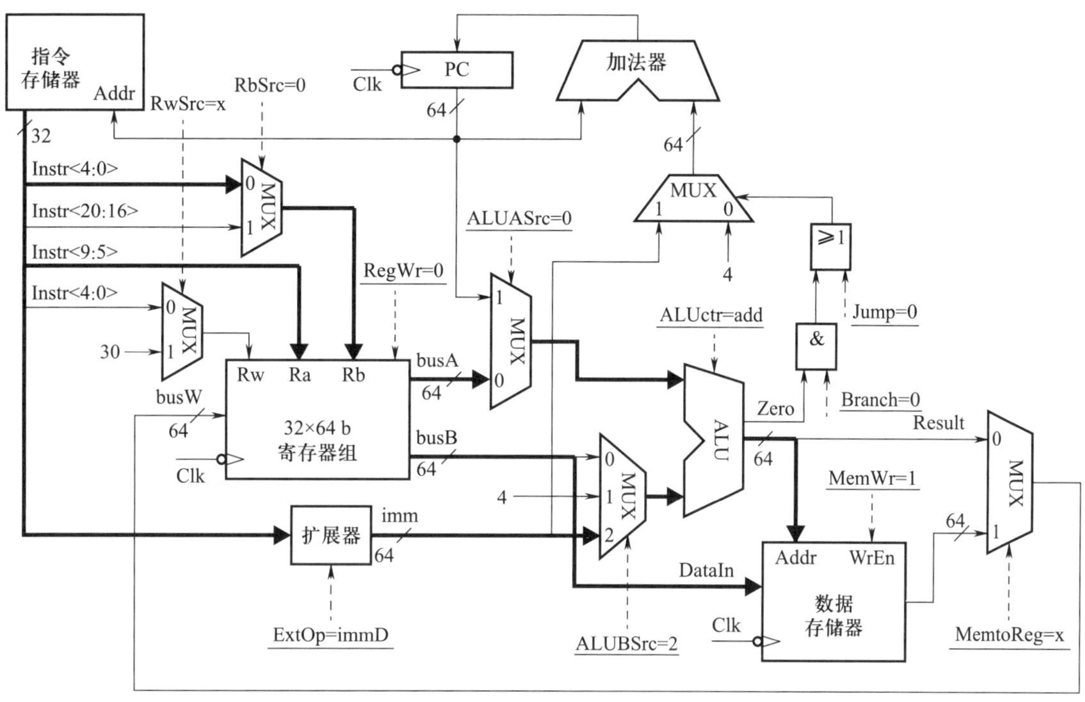

图 5.27　Store 指令的执行过程

Store 指令各控制信号的取值如下：Branch = Jump = 0, RbSrc=0, ALUASrc = 0, ALUBSrc = 10, ALUctr = add，MemtoReg = x，RwSrc = x，RegWr = 0，MemWr = 1，ExtOp = 001。

（5）CB 型指令执行阶段

分支指令 CBZ 通过做减法 (与 0 比较) 得到 Zero 标志，然后将 Zero 标志送到下地址逻辑部件，和控制信号 Branch 一起进行“与”操作，以控制下一条指令地址的计算。图 5.28 所示是 CBZ 指令的执行过程。从图中可看出其数据在数据通路中的执行路径：registers (Rt) → busB → ALU (sub0) → Zero 标志→下地址逻辑部件。若 Zero = 0，则执行 PC ← PC + 4；若 Zero = 1，则执行 PC ← PC + imm。

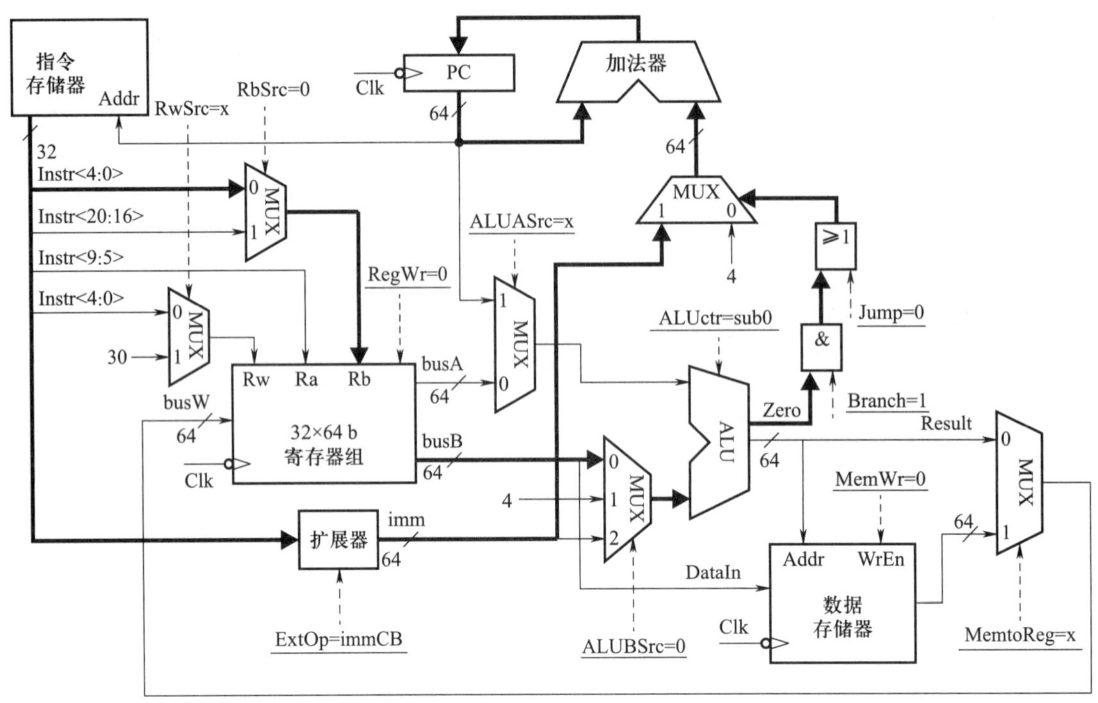

图 5.28　CBZ 指令的执行过程

CBZ 指令各控制信号的取值如下：Branch = 1，Jump = 0，RbSrc = 0，ALUASrc = x，ALUBSrc = 00，ALUctr = sub0，MemtoReg = x，RwSrc = x，RegWr = 0，MemWr = 0，ExtOp = 010（控制输出 immCB 扩展结果）。

（6）B 型指令执行阶段

B 型指令 BL 除了改变 PC 的值外，还需要将 PC + 4 送 30 号寄存器。图 5.29 所示是 BL 指令的执行过程。BL 指令各控制信号的取值如下：Branch = 0，Jump = 1，RbSrc = x，ALUASrc = 1，ALUBSrc = 01，ALUctr = add，MemtoReg = 0，RwSrc = 1，RegWr = 1，MemWr = 0，ExtOp = 011（控制输出 immB 扩展结果）。

综上所述，可得到各目标指令的控制信号取值，如表 5.5 所示。为了简化处理器设计，在 5.2.1 节中对 9 条目标指令的功能做了限定，得到如图 5.8 所示的 9 条指令对应的指令编码。下面基于图 5.8 给出的指令编码来介绍控制器的设计。为简化控制器设计，表 5.5 中简化了 9 条目标指令的操作码编码，仅考虑图 5.8 给出的指令字 Instr<31:0> 中的 8 位编码 Instr<29:22>，记作 OP。实际的 ARMv8 处理器设计时，必须考虑操作码中所有位的编码，并对其中各个功能子字段分别进行译码处理。

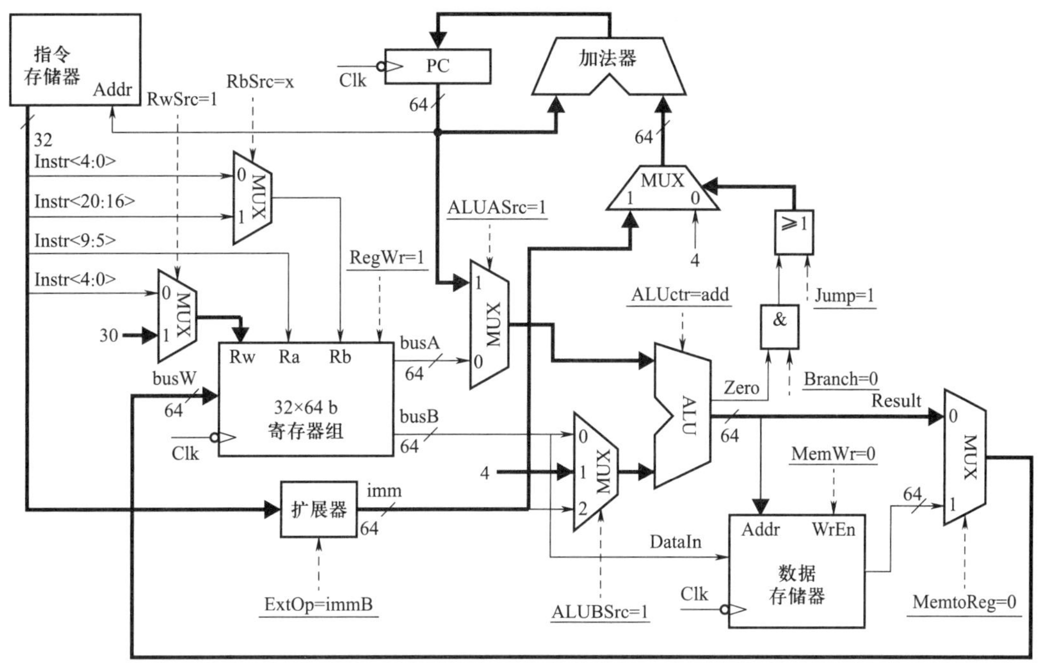

图 5.29　BL 指令的执行过程

表 5.5　9 条目标指令的控制信号取值

控制信号	00101100	00101000	01000100	11001000	0100101x	11100001	11100000	110100xx	0101xxxx
	ADD	AND	SUBI	ORRI	MOVZ	LDUR	STUR	CBZ	BL
Branch	0	0	0	0	0	0	0	1	0
Jump	0	0	0	0	0	0	0	0	1
RbSrc	1	1	×	×	×	×	0	0	×
ALUASrc	0	0	0	0	×	0	0	×	1
ALUBSrc<1:0>	00	00	10	10	10	10	10	00	01
ALUctr<2:0>	000（add）	010（and）	001（sub）	011（or）	100（srcB）	000（add）	000（add）	101（sub0）	000（add）
MemtoReg	0	0	0	0	0	1	×	×	0
RwSrc	0	0	0	0	0	0	×	×	1
RegWr	1	1	1	1	1	1	0	0	1
MemWr	0	0	0	0	0	0	1	0	0
ExtOp<2:0>	×××	×××	000 immI	000 immI	100 ImmIW	001 ImmD	001 ImmD	010 immCB	011 ImmB

表 5.5 给出了 9 条目标指令的操作码编码 OP 和控制信号之间的关系。其中，有 3 个多值控制信号，它们是 ALU 的 B 口操作数选择信号 ALUBSrc、ALU 运算控制信号 ALUctr 和扩展器操作控制信号 ExtOp，分别占 2、3 和 3 位。其中，控制信号 ALUctr 的取值由表 5.4 中给定的 3 位编码定义得到，控制信号 ExtOp 的取值由表 5.2 中给定的 3 位编码定义得到。

2. 控制单元设计

在分析每条指令中控制信号取值的基础上，可以设计控制单元（即控制器）。图 5.30 给出了支持 9 条目标指令的单周期处理器结构。如图 5.30 所示，处理器中控制器的输入端为 8 位指令操作码 OP=Instr<29:22>，控制器的输出为各种控制信号，控制信号用虚线表示，加下画线的是控制信号名。

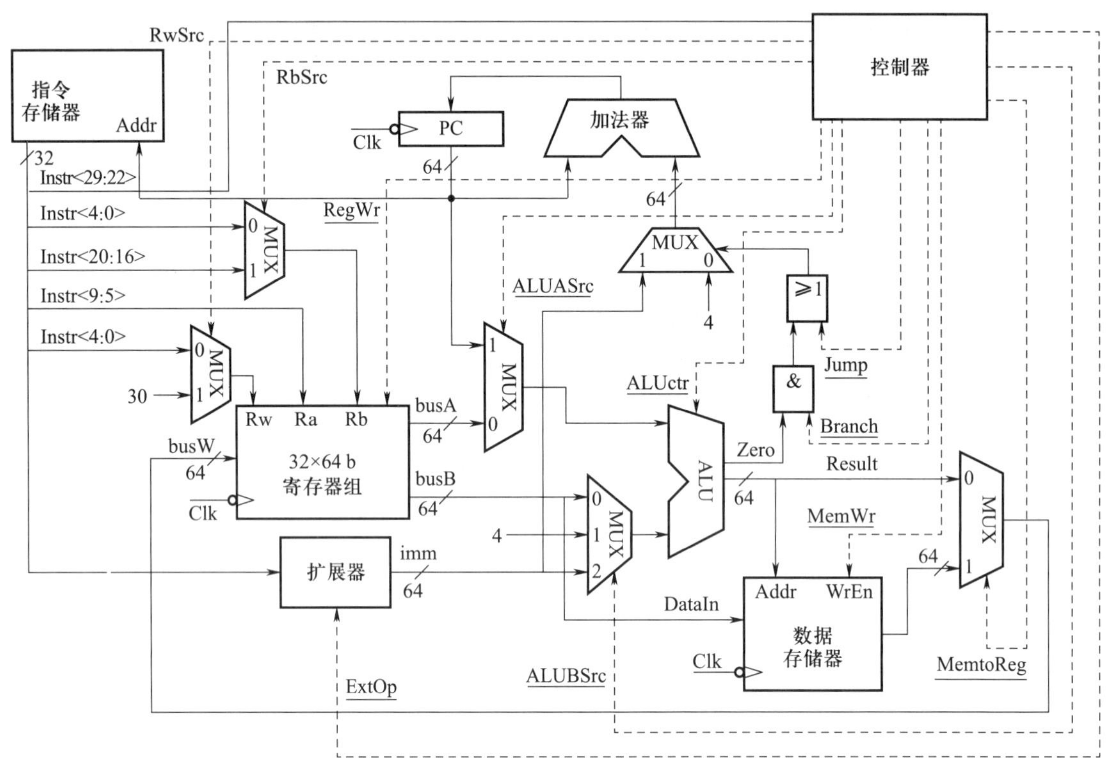

图 5.30　支持 9 条目标指令的单周期处理器

根据表 5.5，可写出控制器输出的各个控制信号的逻辑表达式。假定操作码 OP 的各位分别表示为 OP<7> OP<6> OP<5> OP<4> OP<3> OP<2> OP<1> OP<0>，则部分单值控制信号的逻辑表达式如下：

```
Branch = op<7> & op<6> & ~op<5> & op<4> & ~op<3> & ~op<2>            (CBZ)
Jump  =  ~op<7> & op<6> & ~op<5> & op<4>                              (BL)
MemtoReg = op<7> & op<6> & op<5> & ~op<4> & ~op<3> & ~op<2> & ~op<1> & op<0>   (Load)
RegWr = (~op<7> & ~op<6> & op<5> & ~op<4> & op<3> & op<2> & ~op<1> & ~op<0>)
        | (~op<7> & ~op<6> & op<5> & ~op<4> & op<3> & ~op<2> & ~op<1> & ~op<0>)
        | (~op<7> & op<6> & ~op<5> & ~op<4> & ~op<3> & op<2>& ~op<1> & ~op<0>)
        | (op<7> & op<6> & ~op<5> & ~op<4> & op<3> & ~op<2> & ~op<1> & ~op<0>)
        | (~op<7> & op<6> & ~op<5> & ~op<4> & op<3> & ~op<2>& op<1>)
        | (op<7> & op<6> & op<5> & ~op<4> & ~op<3> & ~op<2> & ~op<1> & op<0>)
        | (~op<7> & op<6> & ~op<5> & op<4>)
                                      (ADD+AND+SUBI+ORRI+MOVZ+Load+BL)
```

对于多值控制信号，需要给出每一位信号的逻辑表达式。以下以 ALUctr 为例，介绍如何生成多值控制信号的逻辑表达式。根据表 5.5 可以分析得到 ALUctr 与操作码 OP 之间的逻辑关系，从而得到 ALUctr 各位信号的逻辑表达式如下：

```
ALUctr<2> = (op<7> & op<6> & ~op<5> & op<4> & ~op<3> & ~op<2>)
        | (~op<7> & op<6> & ~op<5> & ~op<4> & op<3> & ~op<2>& op<1>)
                                                    (CBZ + MOVZ)
ALUctr<1> = (~op<7> & ~op<6> & op<5> & ~op<4> & op<3> & ~op<2> & ~op<1> & ~op<0>)
        | (op<7> & op<6> & ~op<5> & ~op<4> & op<3> & ~op<2>) & ~op<1> & ~op<0>)
                                                    (AND + ORRI)
ALUctr<0> = (~op<7> & op<6> & ~op<5> & ~op<4> & ~op<3> & op<2> & ~op<1> & ~op<0>)
        | (op<7> & op<6> & ~op<5> & ~op<4> & op<3> & ~op<2> & ~op<1> & ~op<0>)
        | (op<7> & op<6> & ~op<5> & op<4> & ~op<3> & ~op<2>)
                                                    (SUBI + ORRI + CBZ)
```

控制器逻辑可采用 PLA 电路实现，因此上述控制信号的逻辑表达式无须化简。根据上述方法不难写出其他 5 个控制信号 RbSrc、ALUASrc、ALUBSrc、ExtOp 和 RwSrc 的逻辑表达式。根据各控制信号的逻辑表达式，可方便地画出控制器的逻辑电路。如图 5.31 所示，控制器用一个 PLA 电路实现，其中的“与”阵列是指令译码器。

图 5.31 中缺少了 ALUBSrc、RbSrc、RwSrc 和 ExtOp 等几个控制信号的逻辑电路，在理解上述设计过程后，不难列出其逻辑表达式，并画出相应的逻辑电路。

本章选取了有代表性的 9 条指令进行处理器设计介绍，为简化指令译码，并没有区分操作码字段（opcode）中内含的特定功能子字段（如 S、op、sh、opc、shift 等）的译码，而是将所有操作码字段作为一个整体进行指令译码。实际的 ARMv8 处理器设计，需要根据指令类型和具体功能，对操作码中的类型编码和不同的功能子字段进行分级译码，因而实际的控制逻辑电路要复杂得多。

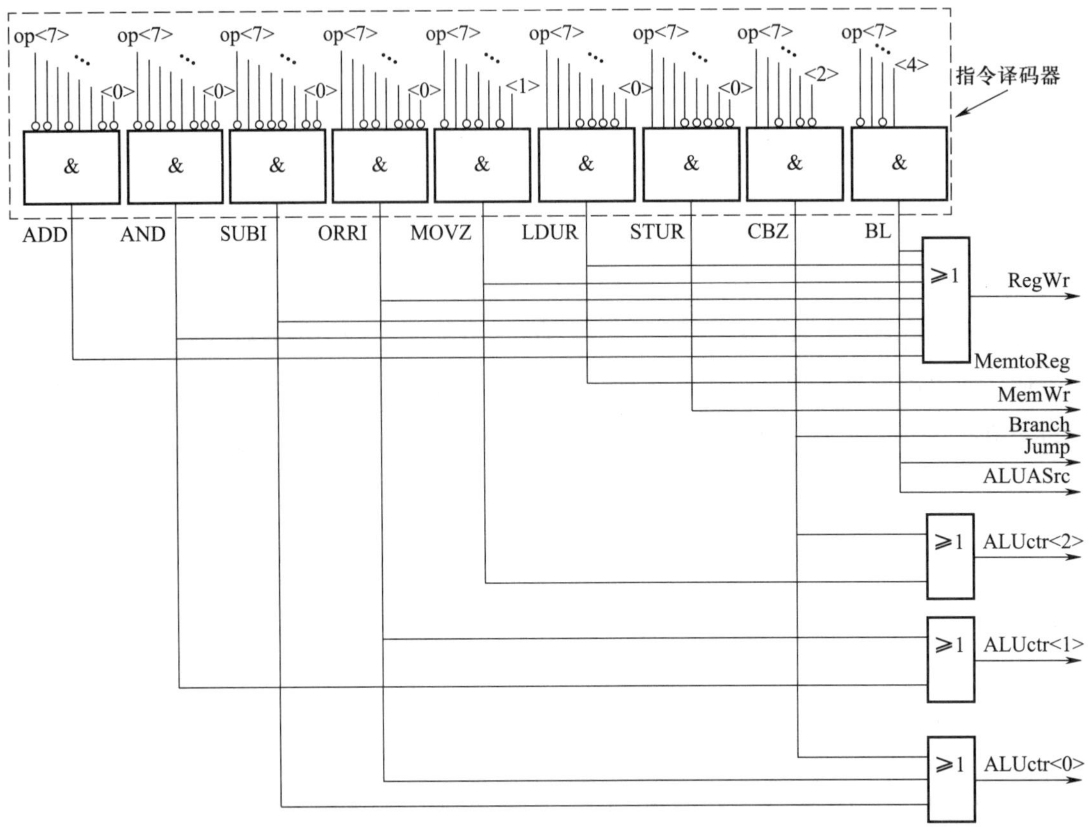

图 5.31　控制器逻辑电路

5.2.4　时钟周期的确定

计算机性能（即程序执行速度）由 3 个关键因素决定：指令数目、时钟周期和 CPI。其中，指令数目由编译器和指令集决定，而时钟周期和 CPI 由处理器的设计与实现决定。因此，处理器的设计与实现非常重要，它直接影响计算机的性能。单周期处理器每条指令在一个时钟周期内完成，CPI 为 1，而时钟周期往往很长，通常取最复杂指令所用的指令周期。显然，在给出的 9 条指令中，最长的是 LDUR 指令周期。

图 5.32 所示为 LDUR 指令的执行定时过程，从图中可以看出，LDUR 指令周期所包含的时间为“PC 锁存延迟（Clk−to−Q）+ 取指令时间 + 寄存器取数时间 + ALU 延迟 + 存储器取数时间 + 寄存器建立时间 + 时钟偏移”。

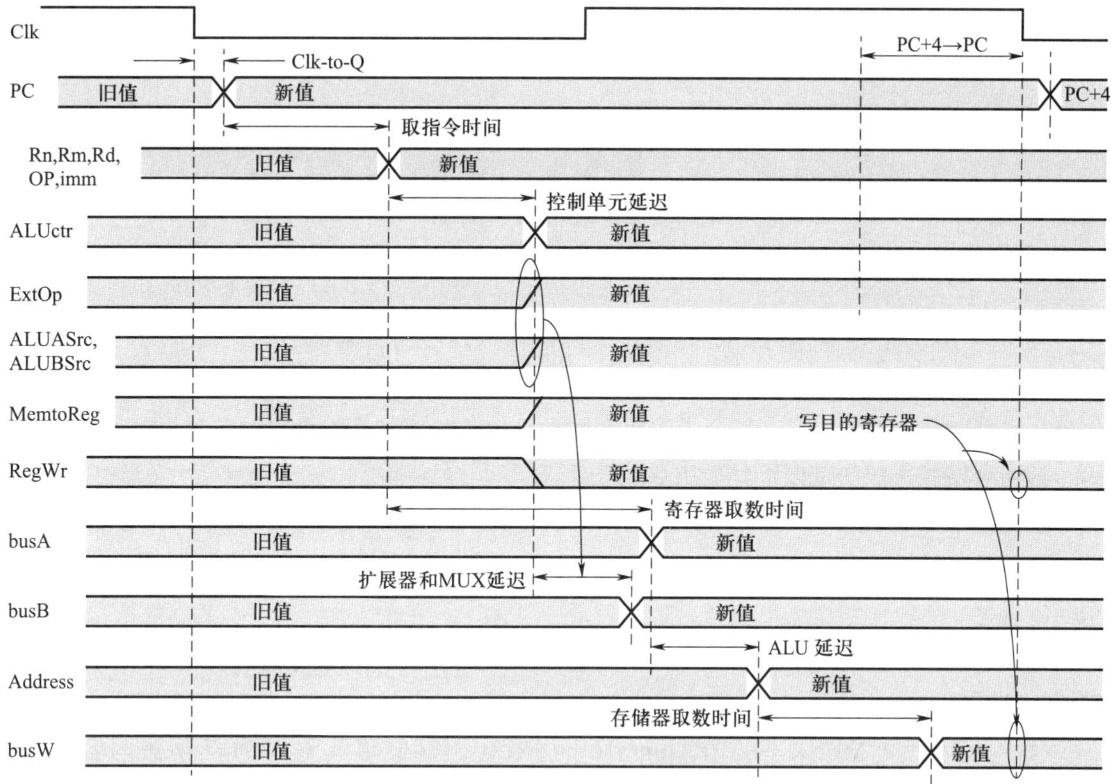

图 5.32　LDUR 指令的执行定时过程

5.3　多周期处理器设计

单周期处理器的时钟周期取最复杂指令所用的指令周期，因而远远大于许多指令实际所需执行时间。受时钟周期宽度的影响，单周期处理器的效率低下、性能极差，实际上很少用单周期方式设计 CPU。前面介绍单周期 CPU 的设计实现，只是为了有助于理解实际的多周期执行和流水线执行两种方式。早期处理器多采用多周期执行方式，而现代处理器则采用流水线执行方式。

5.3.1　多周期数据通路设计

多周期处理器的基本思想：把每条指令的执行分成多个执行阶段，每个阶段在一个或多个时钟周期内完成，每个时钟周期称为一个状态；每个时钟周期最多完成一次访存或一次寄存器读写或一次 ALU 操作；每个时钟内的执行结果在下个时钟到来时保存到相应的存储元件或稳定地保持在组合电路中；时钟周期的宽度以最复杂阶段所用的时间为准。

本节介绍一个简单指令系统对应的多周期数据通路的设计。假定一个指令系统只有如图 5.33 所示的一种指令格式。

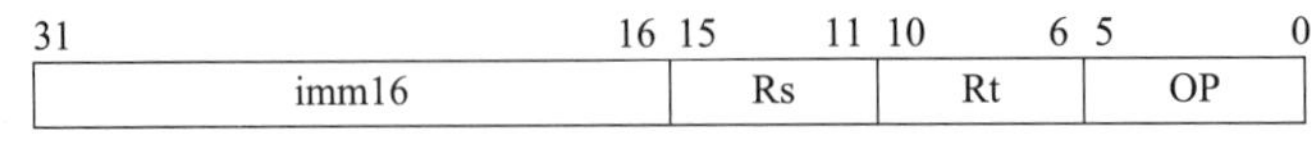

图 5.33　32 位定长指令格式

其中，OP 为指令操作码，Rs 是第 1 个源操作数所在寄存器编号；Rt 是第 2 个源操作数寄存器和目的寄存器编号；imm16 是 16 位立即数，它可以作为运算类指令的第 2 个源操作数，也可以作为 Load/Store 指令中的操作数地址偏移量或跳转指令中的转移地址偏移量。

该指令格式可以实现以下几类指令功能。

① R 型指令：R[Rt] ← R[Rs] OP R[Rt]，两个寄存器内容进行运算，结果送寄存器。

② I 型运算指令：R[Rt] ← R[Rs] OP EXT[imm16]，一个寄存器内容和立即数运算，结果送寄存器。

③ Load 指令：R[Rt] ← M[R[Rs] + SEXT[imm16]]，存储单元地址为寄存器内容加立即数。

④ Store 指令：M[R[Rs] + SEXT[imm16]] ← R[Rt]，存储单元地址为寄存器内容加立即数。

⑤ Jump 指令：PC ← PC + SEXT[imm16]，跳转到的目标地址为 PC 内容加立即数。

在第②种指令的功能描述中，EXT[imm16] 是指对 16 位立即数 imm16 进行扩展，将其转换为 32 位操作数。具体是符号扩展还是零扩展，由指令操作码决定，对于逻辑运算和无符号整数算术运算，可以采用零扩展；对于带符号整数算术运算，则采用符号扩展。第③~⑤种指令功能描述中的 SEXT[imm16] 是符号扩展。

该指令系统对应的数据通路如图 5.34 所示。图中带双向箭头的宽线条为连接 CPU 和主存及 I/O 接口的系统总线；CPU 中的数据通路部分主要包括通用寄存器组、加法器、扩展部件、算术逻辑部件（ALU）、标志生成逻辑和若干多路选择器，以及专用寄存器 MAR、MDR、PC、IR、ALUout、CC（条件码寄存器，存放标志等信息）；通用寄存器的写口地址 Rw 与读口地址 Rb 共用同一个端口，每个寄存器（包括通用寄存器组中的寄存器）都有一个时钟信号 Clk。CPU 中的控制部件是一个有限状态机，其中包含指令译码器，通过对指令操作码 OP 进行译码，再和当前条件码（CC）进行组合，以生成每个时钟对应的控制信号。

图中带小三角（◁—）的地方为数据通路中的控制点，由相应的控制信号进行控制。例如，控制信号 PCout 和 MARout 分别控制 PC 和 MAR 的输出端三态门是否开启，从而控制将相应寄存器的内容送入系统总线；每个寄存器都有一个写使能信号（如 MARWr、PCWr、IRWr、CCWr、MDRWr、ALUoutWr 和 RegWr），当写使能信号有效时，输入端的信息被写入相应寄存器，并在锁存延迟（即 Clk-to-Q）后输出开始有效；每个多路选择器有一个控制信号（如 MDRMUX、RegMUX、BMUX、Add1MUX、Add2MUX），以控制选择哪个输入作为输出；ExtOp 控制扩展部件按零扩展（ExtOp = 0）还是按符号扩展（ExtOp = 1）；ALUOp 控制 ALU 进行何种运算；MemWr 用于控制存储器操作，MemWr = 1 进行主存写操作，MemWr = 0 进行主存读操作。

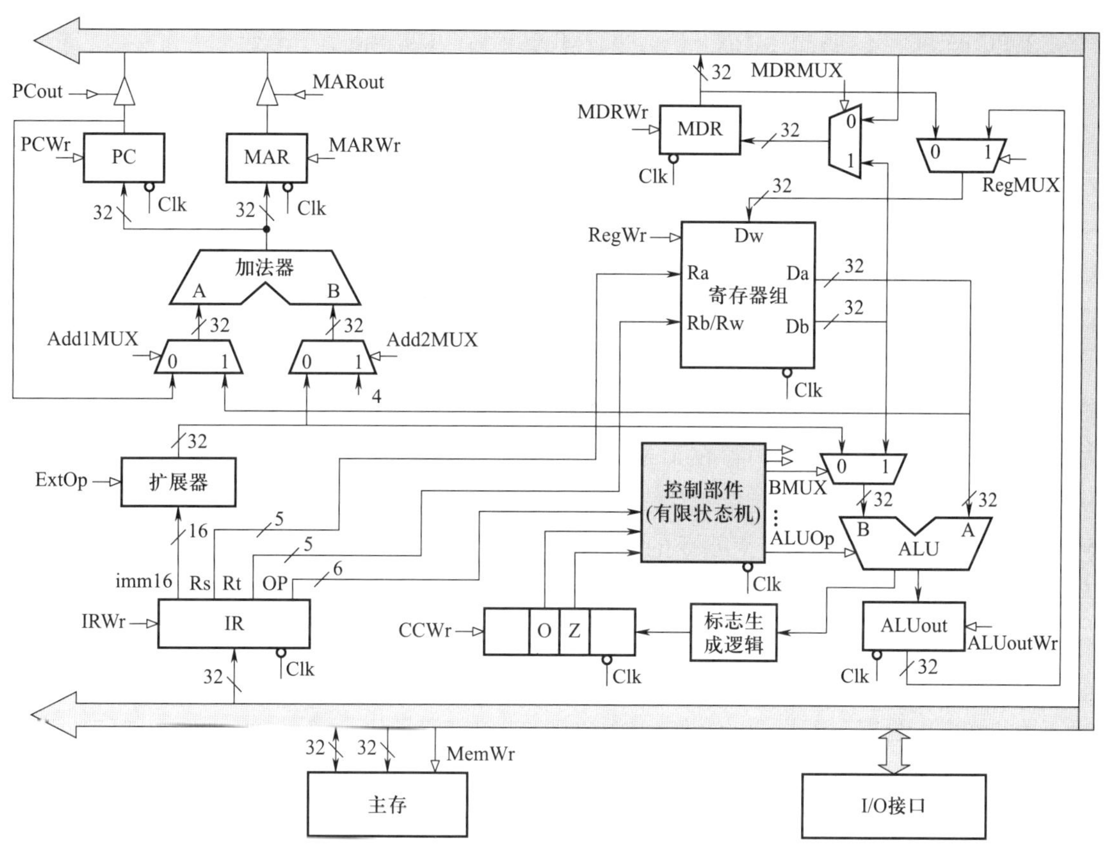

图 5.34　一个完整的多周期数据通路

在多周期处理器中，一条指令的执行过程由多个状态组成。在指令被译码之前，每条指令所完成的操作都是一样的，因此，取指令、指令译码并取数是所有指令译码之前的公共操作，与指令译码结果没有关系。指令译码后，不同的指令有不同的执行过程。

在图 5.34 所示的多周期数据通路中，一条指令的执行过程包含以下几个阶段。完成每个阶段的功能需要相应控制信号的控制，在以下描述中，给出了每个状态中的有效控制信号及其取值。这里的有效控制信号指在相应状态内对所完成功能有用的控制信号，没有列出来的都是无效控制信号，可以取任意值。

（1）取指令并计算下一条指令地址

该阶段对应的状态记为 IFetch。因为采用定长指令字，故 PC 增量可在取指令阶段完成。取指阶段功能是：将 PC 内容作为地址访问主存以取出指令，将指令存入指令寄存器 IR 中，并将 PC+4 作为下一条指令地址送 PC。实现上述功能的有效控制信号及其取值如下。

① R[IR] ← M[PC]：PCout = 1，MARout = 0，MemWr = 0，IRWr = 1。

② PC ← PC + 4：Add1MUX = 0，Add2MUX = 1，PCWr = 1。

③ 其他寄存器写使能信号（如 MARWr、CCWr、MDRWr、ALUoutWr、RegWr）全部为 0。

（2）译码并取数

该阶段对应的状态记为 RFetch/ID。取指令阶段结束时，指令已经取到 IR 中。随后，IR 中的 OP 字段被送到控制部件中的指令译码器进行译码；Rs 和 Rt 字段分别送到通用寄存器组的 Ra 和 Rb 输入端，因为读操作属于组合逻辑操作，故无须时钟控制。当 Ra 和 Rb 端的输入到达后，经过一个“取数时间”，在 Da 和 Db 端分别输出 Ra、Rb 寄存器的内容 R[Ra] 和 R[Rb]；同时，IR 中的 imm16 字段被送到扩展器的输入端。显然，译码和取数操作无须控制信号的控制。因为加法器在该阶段是空闲的，因此可以利用它“投机”进行 Load/Store 指令的地址计算，并将地址暂存在 MAR 中。如果译码以后发现是 Load/Store 指令，则“投机”成功，使得 Load/Store 指令减少一个时钟周期；如果不是 Load/Store 指令，则只要保证 MAR 的内容不送入总线，就对指令的执行没有影响。有效控制信号及其取值为 ExtOp = 1、Add1MUX = 1、Add2MUX = 0、MARWr = 1，其他寄存器写使能信号全部为 0。

（3）执行指令

控制部件对指令译码后，会和条件码组合生成控制信号，从而使 CPU 在控制信号的控制下执行指令。针对不同指令的功能，对应的有效控制信号如下。

① R 型指令：R[Rt] ← R[Rs] OP R[Rt]。

R 型指令的执行需要两个时钟周期，对应状态分别记为 RExec 和 RFinish。

RExec 状态的功能：进行 ALU 运算并将结果存入 ALUout。其有效控制信号及其取值为：BMUX = 1，ALUOp = xxx，ALUoutWr = 1，CCWr = 1，其他寄存器写使能信号全部为 0。其中，ALUOp 的取值由指令操作码决定，不同的取值控制 ALU 进行不同的运算。

RFinish 状态的功能：将相应结果分别写入 Rt 和 CC 寄存器。其有效控制信号及其取值为：RegMUX = 1，RegWr = 1，CCWr = 1，其他寄存器写使能信号全部为 0。

② I 型运算指令：R[Rt] ← R[Rs] OP EXT[imm16]。

I 型运算指令的执行需要两个时钟周期，对应状态分别记为 IExec 和 IFinish。

IExec 状态的功能：进行 ALU 运算并将结果存入 ALUout。其有效控制信号及其取值为：ExtOp = 0 或 1，BMUX = 0，ALUOp = xxx，ALUoutWr = 1，其他寄存器写使能信号全部为 0。与 R 型指令一样，ALUOp 的取值由指令操作码决定，不同的取值控制 ALU 进行不同的运算。

IFinish 状态的功能：将相应结果分别写入 Rt 和 CC 寄存器。其有效控制信号及其取值为：RegMUX = 1，RegWr = 1，CCWr = 1，其他寄存器写使能信号全部为 0。经分析可知，IFinish 和 RFinish 两个状态的功能完全相同，因此可以将两个状态合并成一个状态，记为 RIFinish。

③ Load 指令：R[Rt] ← M[R[Rs] + SEXT[imm16]]。

Load 指令的执行包含三个子功能，需要三个时钟周期。因为在“译码并取数”阶段已经计算出地址并存入 MAR 中，因而还需要两个时钟周期，对应状态分别记为 lwExec 和 lwFinish。

lwExec 状态的功能：读主存内容并保存到 MDR。其有效控制信号及其取值为：MARout = 1，PCout = 0，MemWr = 0，MDRMUX = 0，MDRWr = 1，其他寄存器写使能信号全部为 0。

lwFinish 状态的功能：将 MDR 内容存入 Rt。其有效控制信号及其取值为：RegMUX = 0，RegWr = 1，其他寄存器写使能信号全部为 0。

④ Store 指令：M[R[Rs] + SEXT[imm16]] ← R[Rt]。

Store 指令的执行包含三个子功能，需要至少三个时钟周期。因为在“译码并取数”阶段已经计算出地址并存入 MAR 中，因而只需要两个时钟周期，对应状态分别记为 swExec 和 swFinish。

swExec 状态的功能：将 Rt 存入 MDR 并直送总线。其有效控制信号及其取值：MDRMUX = 1，MDRWr = 1，其他寄存器写使能信号全部为 0。

swFinish 状态的功能：将 MDR 送入总线的数据写入主存。其有效控制信号及其取值：MARout = 1，PCout = 0，MemWr = 1，其他寄存器写使能信号全部为 0。

⑤ Jump 指令：PC ← PC + SEXT[imm16]。

Jump 指令的功能：进行转移目标地址计算并送 PC。它只需要一个时钟周期，对应状态记为 JFinish。其有效控制信号及其取值：ExtOp = 1，Add1MUX = 0，Add2MUX = 0，PCWr = 1，其他寄存器写使能信号全部为 0。

根据上述对每条指令执行过程的分析，得到一个状态转换图。图 5.35 是一个支持 R 型指令、I 型运算类指令、Load/Store 指令和 Jump 指令执行的状态转换示意图，图中每个状态用一个状态号和状态名标识。例如，0:IFetch 表示在 0 状态下，执行取指令（IFetch）操作，圆圈中示意性地给出了该状态下部分控制信号的取值，其中，有取值为 0 和取值为 1

的两种有效控制信号，以及多值有效控制信号 ALUOp，ALUOp = xxx 表示根据操作码 OP 译码得到的一个 ALU 操作控制信号取值为 xxx。图 5.35 中 x 表示取值为任意值的无效控制信号。

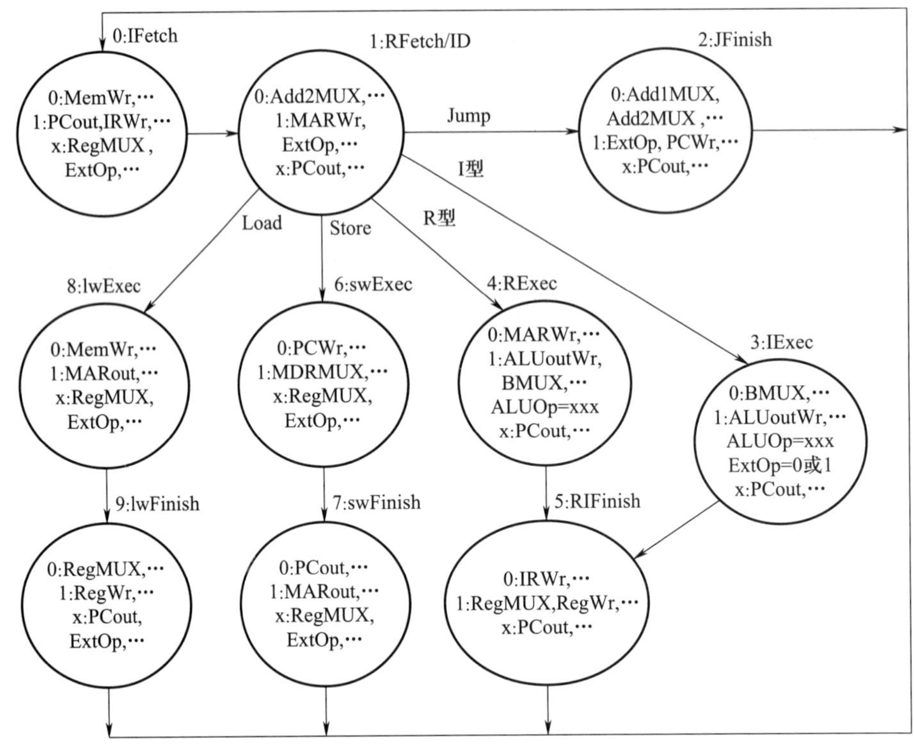

图 5.35　指令执行状态转换图

程序在图 5.34 所示的多周期数据通路中，每条指令的执行过程就是图 5.35 所示的状态转换过程。每到来一个时钟，就进入下一个状态。从图 5.35 可以看出，R 型指令、I 型运算类指令、Load 和 Store 指令的 CPI 都为 4；跳转指令 Jump 的 CPI 为 3。如果不在译码 / 取数阶段“投机”地计算访存地址，则 Load 和 Store 指令的 CPI 为 5。

*5.3.2　硬连线控制器设计

由于多周期数据通路中每条指令的执行有多个时钟周期，每个时钟周期的控制信号取值不同，因此不能像设计单周期控制器那样用简单的真值表描述的方式。多周期控制器通常采用基于有限状态机描述和微程序描述两种方式来实现。

有限状态机描述方式实现的控制器称为有限状态机控制器，其基本思想：用一个有限状态机描述指令执行过程，由当前状态和操作码确定下一状态，每到来一个时钟发生一次状态改变，不同状态输出不同的控制信号值，然后送到数据通路相应的控制点，以控制数据通路中数据的运算、存储和传送。对于图 5.35 所示的状态转换图，假定每个状态号如图中所设，分别为 0~9，共 10 个状态，因此状态变量至少需要 4 位。

图 5.36 所示为采用这种方式实现的控制器结构，它由两部分组成：一个组合逻辑控制单元和一个状态寄存器。通常用 PLA 电路实现组合逻辑控制单元。因此，这种控制器也称为组合逻辑控制器、PLA 控制器或硬连线控制器。

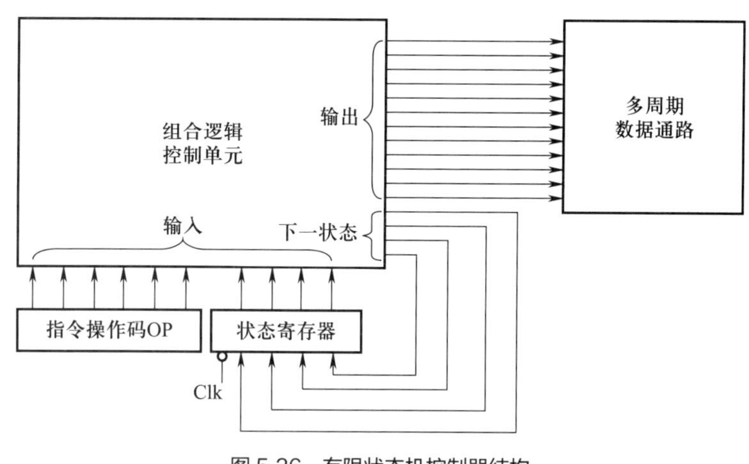

图 5.36　有限状态机控制器结构

例 5.1　假定某个多周期 CPU 采用图 5.34 所示的数据通路，并按照图 5.35 所示的状态转换过程执行指令。若程序中各类指令所占比例为 Load：22%；Store：18%；R 型和 I 型运算：50%；Jump：10%，则该多周期 CPU 的 CPI 是多少？

解： 由图 5.35 可知，在图 5.34 所示的多周期 CPU 中，各指令时钟周期数为 Load：4；Store：4；R 型和 I 型运算：4；Jump：3，故 $CPI = 0.22 \times 4 + 0.18 \times 4 + 0.50 \times 4 + 0.10 \times 3 = 3.9$。

*5.3.3　微程序控制器设计

图 5.36 所示的用有限状态机实现的硬连线控制器，其控制信号的生成速度较快，适合于 RISC 这种简单、规整的指令系统。不过，由于硬连线控制器是一个多输入 / 多输出的巨大逻辑网络，对于复杂指令系统来说，对应的硬连线控制器结构庞杂，实现困难，维护不易，扩充和修改指令相当困难。如果指令系统太复杂，则可能无法用有限状态机来描述。因此，对于复杂指令系统或其中的复杂指令，大多采用微程序方式来设计控制器。

微程序控制器是由 M. V. 维克斯（M. V. Wilkes）最先在 1951 年提出的。用微程序方式实现的控制器称为微程序控制器，其基本思想为：仿照程序设计方法，将每条指令的执行过程用一个微程序来表示，每个微程序由若干条微指令组成，每条微指令相当于有限状态机中的一个状态。所有指令对应的微程序都存放在一个 ROM 中，这个 ROM 称为控制存储器（control storage，CS），简称“控存”，控存中的信息称为微代码。

在微程序控制器控制下执行指令时，CPU 从控存中取出每条指令对应的微程序，在时钟信号的控制下，按照一定的顺序执行微程序中的每条微指令。通常一个时钟周期执行一条微指令。

一条指令的功能通过执行一系列基本操作来完成，这些基本操作称为微操作。每个微操作在相应控制信号的控制下执行，这些控制信号在微程序设计中称为微命令。例如，前面提到的控制信号 PCWr 就是一个微命令，可以控制将信息写入 PC。

微程序是一个微指令序列，对应一条机器指令的功能。每条微指令是一个 0/1 序列，其中包含若干条微命令，完成一个基本运算或传送功能。有时也将微指令字称作控制字（control word，CW）。

图 5.37 所示为微程序控制器的基本结构。其输入是指令和条件码，输出是微命令。图 5.37 中使用了一个微程序计数器 μPC，用来指出微指令在控存中的地址。每次把新指令装入 IR 时，起始和转移地址发生器将根据指令内容生成微程序入口地址放入 μPC 中，以后每到来一个时钟，μPC 自动增值（+1），这样，依次从控存中读出一条条微指令执行。μIR 为微指令寄存器，存放从控存取出的微指令，每条微指令被译码后，产生一系列微命令，送到数据通路中。机器指令的执行过程常常与条件码（即标志）有关，因此微程序中也引入了条件转移概念。微指令中的转移控制字段被送到起始和转移地址发生器，根据条件码及相应微命令产生新的微指令地址送入 μPC。

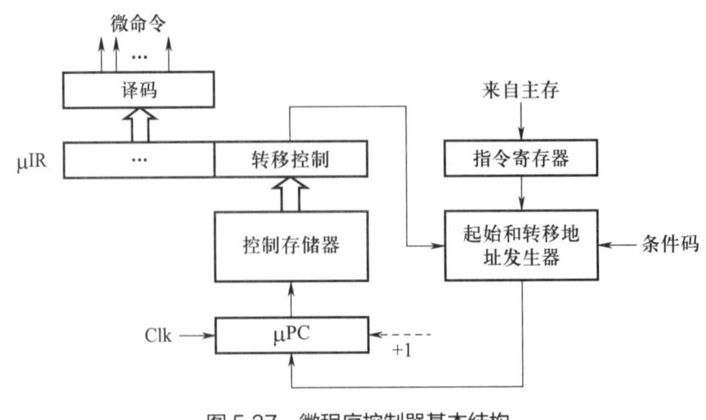

图 5.37　微程序控制器基本结构

取指令过程是每条指令的公共操作，可以专门用一个取指令微程序来实现。因此，微程序控制器的工作流程就是不断地执行取指令微程序和相应指令功能对应的微程序的过程。

*5.3.4 带异常处理的处理器设计

异常和中断处理过程如图 5.38 所示。当 CPU 在执行当前程序或任务（即用户进程）的第 i 条指令时检测到一个异常事件，或在执行第 i 条指令后发现有一个中断请求信号，则 CPU 会中断当前程序的执行，跳转到操作系统中相应的异常或中断处理程序去执行。若异常或中断处理程序能够解决相应问题，则在异常或中断处理程序的最后，CPU 通过执行“异常 / 中断返回指令”回到被打断的用户进程的第 i 条指令或第 $i+1$ 条指令继续执行；若异常或中断处理程序发现是不可恢复的致命错误，则终止用户进程。通常情况下，对于异常和中断事件的具体处理过程全部由操作系统软件来完成。

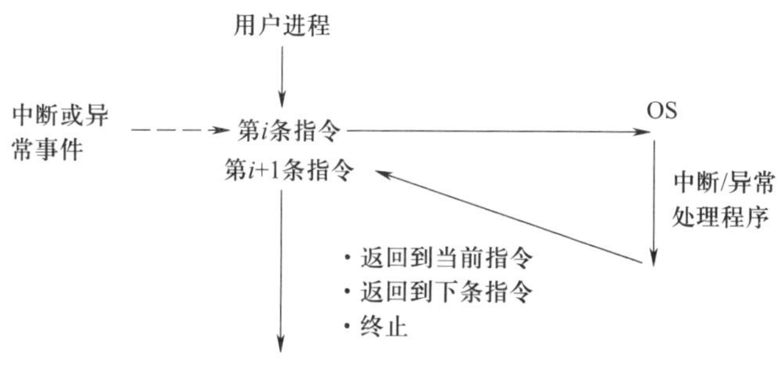

图 5.38　中断和异常处理过程

CPU 在执行指令的过程中，如果发生了异常事件或中断请求，则 CPU 必须进行相应的处理。CPU 对异常 / 中断的处理过程可分为以下两个步骤：保护断点和程序状态，识别异常事件并转而执行异常 / 中断处理程序。

1. 保存断点和程序状态

对于不同的异常事件，其返回地址（即断点）不同。例如，故障的断点是发生故障的当前指令处；自陷的断点则是自陷指令后面一条指令处。显然，断点的值由异常类型和发生异常时 PC 的值决定。

为了能在异常处理后正确返回到原被中断程序继续执行，数据通路必须能正确计算断点值。假定计算出的断点存放在 PC 中，则保护断点时，只要将 PC 送到栈或特定的寄存器中即可。

因为异常处理后可能还要回到原来被中断的程序继续执行，所以原程序被中断时的状态（如产生的各种标志信息等）都必须保存起来。通常，每个正在运行的程序的状态信息存放在一个专门的寄存器中，这个专门的寄存器统称为程序状态字寄存器（PSWR），存放在 PSWR 中的信息称为程序状态字（PSW）。例如，在 RISC-V 架构中，程序状态字寄存器就是控制状态寄存器（CSR）mstatus 或 sstatus；在 Intel 公司的 32 位架构 IA-32 中，程序状态字寄存器就是标志寄存器 EFLAGS。与断点一样，PSW 也要被保存到栈或特定寄存器中，在异常返回时，再将保存的 PSW 恢复到 PSWR 中。

2. 识别异常 / 中断源并转到相应处理程序执行

在调出异常处理程序之前，必须知道发生了什么异常。一般来说，内部异常事件和外部中断源的识别方式不同，大多数 CPU 会将两者分开来处理。内部异常事件的识别大多采用软件识别方式，而外部中断源则可以采用软件识别或硬件识别方式。

软件识别方式是指 CPU 中设置一个异常原因寄存器，用于记录异常的原因。操作系统使用一个统一的异常查询程序，该程序按一定的优先级顺序来查询异常原因寄存器，先查询到的异常先被处理。例如，MIPS 就采用软件识别方式，CPU 中有一个寄存器 cause 用于记录异常原因，位于地址 0x8000 0180 处有一个专门的异常查询程序，它通过查询寄存器 cause 来检测异常类型，然后转到内核中相应的异常处理程序进行具体的处理。

因为像故障和陷阱之类的内部异常通常是在执行某条指令时发现的，可以通过对指令执行过程中某些条件的判断来发现是否发生了异常，而且一旦发现可以立即进行处理，所以，内部异常事件也可以不通过专门的查询程序来识别，而是在 CPU 发现异常时，根据不同的现象得到不同的异常类型号，再根据异常类型号，访问事先设定的一个中断向量表，以转到相应的异常处理程序执行。IA-32 的处理方式就是这样。

异常和中断处理是处理器设计中最具挑战性的任务之一。为了说明在 CPU 中如何处理异常和中断，本教材以 5.3.1 节给出的指令系统及对应多周期数据通路（图 5.34）为例，简单说明带异常处理的数据通路的设计。

为简单起见，假定该系统中的断点信息保存在一个特殊的 32 位断点寄存器 EPC 中。写入 EPC 的断点值可能是正在执行中的异常指令的地址（故障时），也可能是异常指令的下一条指令的地址（自陷和中断时）。根据该系统指令执行状态转换图（图 5.35）可知，每条指令的第一个状态 IFetch 都是执行取指令功能，实现指令读取并将 PC 加 4。因此，对于故障类异常的断点保存，需要将 PC 减 4 后再送入 EPC；对于自陷类异常或外部中断的断点保存，则直接将 PC 送入 EPC。

假定该系统采用软件识别异常方式，处理器中有一个寄存器 cause。在指令执行过程中，处理器一旦发现异常，则将异常原因记录在寄存器 cause 中。异常查询程序位于地址 0x10000 开始的一段存储区，它通过查询 cause 寄存器来检测异常类型，然后转到操作系统内核中相应的异常处理程序进行具体的处理。处理器能处理的异常类型有两种：非法操作码（cause＝1）和溢出（cause＝2），则在图 5.34 所示的多周期数据通路中加入相应异常处理后，可得到如图 5.39 所示的带异常处理的多周期数据通路。其中加粗部件是与异常处理相关的部分。

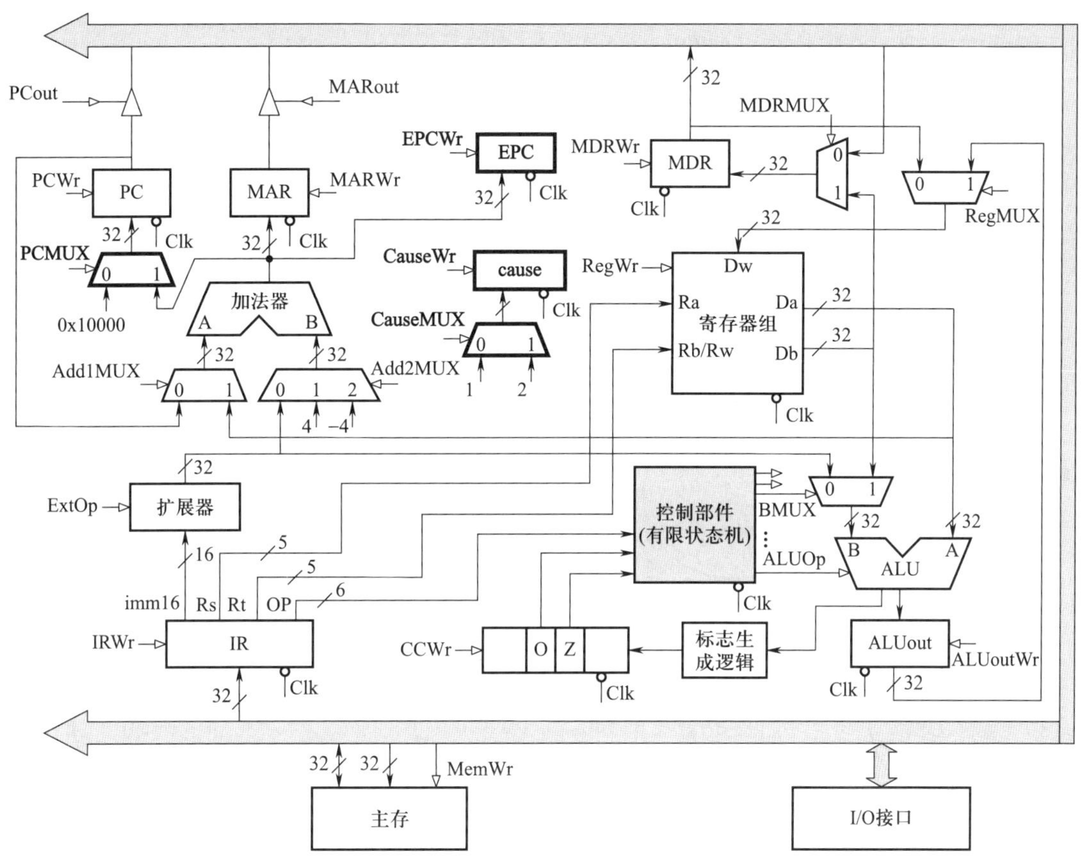

图 5.39 带异常处理的多周期数据通路

在图 5.39 中，对两个寄存器 EPC 和 cause 分别加入了以下两个“写使能”控制信号。

EPCWr：在需要保存断点时，该信号有效，使断点值“PC−4”写入 EPC。通过在加法器中执行“PC+(−4)”来实现“PC−4”的功能。因此，在加法器 B 输入端的多路选择器须增加一个输入端“−4”，控制信号 Add2MUX 从一位变成两位。

CauseWr：CPU 发现异常（非法指令、溢出）时，该信号有效，使异常类型写入 cause 中。若是“非法操作码”异常，则将 1 存入 cause 寄存器；否则将 2 存入 cause 寄存器。

此外，还需要一个控制信号 CauseMUX 来选择将正确的异常原因写入 cause 中。

发现异常后，需要将异常查询程序的入口地址 0x10000 写入 PC，因此，需要在 PC 输入端加一个多路选择器，用 PCMUX = 0 来控制选择将 0x10000 写入 PC。

为了支持图 5.39 所示的带异常处理的多周期数据通路，必须对相应的控制器进行修改。可以在图 5.35 所示的有限状态机中增加异常响应状态，以得到带异常处理的有限状态机。针对非法操作码和溢出两种不同的异常，分别需要增加一个状态进行对应的异常响应处理。带异常响应处理的有限状态机如图 5.40 所示。

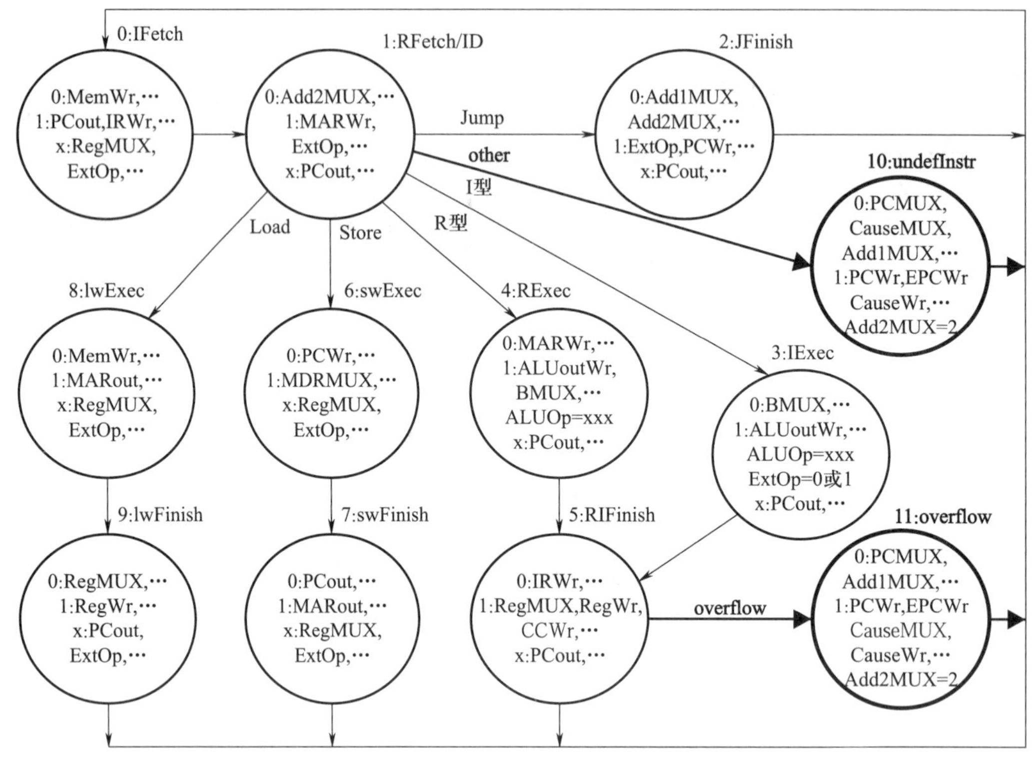

图 5.40 带异常响应处理的有限状态机示意图

图 5.35 所示的有限状态机中已有状态 0~状态 9，因此，将两种异常处理对应的状态分别用状态 10 和状态 11 来表示（加粗的两个状态）。

① 状态 10。“非法操作码”异常响应周期。若在状态 1 进行指令译码时发现 OP 字段是一个未定义的编码，则进入状态 10，其控制信号用来控制完成以下操作：将 1 送寄存器 cause；PC 减 4 送 EPC；将 0x10000 送 PC。

② 状态 11。“溢出”异常响应周期，当 R 型指令或 I 型运算类指令执行后在 ALU 输出端的 overflow 为 1 时，进入状态 11。其控制信号用来控制完成以下操作：将 2 送寄存器 cause；PC 减 4 送 EPC；将 0x10000 送 PC。

5.4 流水线处理器设计

单周期处理器和多周期处理器的指令执行都采用串行方式。在串行方式下，CPU 总是在执行完一条指令后才取出下一条指令执行。显然，这种串行方式没有充分利用执行部件的并行性，因而指令执行效率低。与现实生活中的许多情况一样，指令的执行也可以采用流水线方式，将多条指令的执行相互重叠起来，以提高 CPU 执行指令的效率。

5.4.1 流水线处理器概述

一条指令的执行过程可被分成若干个阶段，每个阶段由相应的功能部件完成。如果将各阶段看成相应的流水段，则指令的执行过程就构成了一条指令流水线。例如，假定一条指令流水线由如下 5 个流水段组成：

① 取指令（IF）：从 cache 或主存取指令；

② 指令译码（ID）：产生指令执行所需的控制信号；

③ 取操作数（OF）：读取存储器操作数或寄存器操作数；

④ 执行（EX）：对操作数完成指定操作；

⑤ 写回（WB）：将操作数写回存储器或寄存器。

进入流水线的指令流，由于后一条指令的第 i 步与前一条指令的第 $i+1$ 步同时进行，因而一串指令总的完成时间大为缩短。如图 5.41 所示，在理想状态下，完成 4 条指令的执行只用了 8 个时钟周期，若是非流水线的串行执行方式，则需要 20 个时钟周期。

从图 5.41 可以看出，在理想情况下，每个时钟都有一条指令进入流水线，每个时钟周期都有一条指令完成，每条指令的时钟周期数（即 CPI）都为 1。

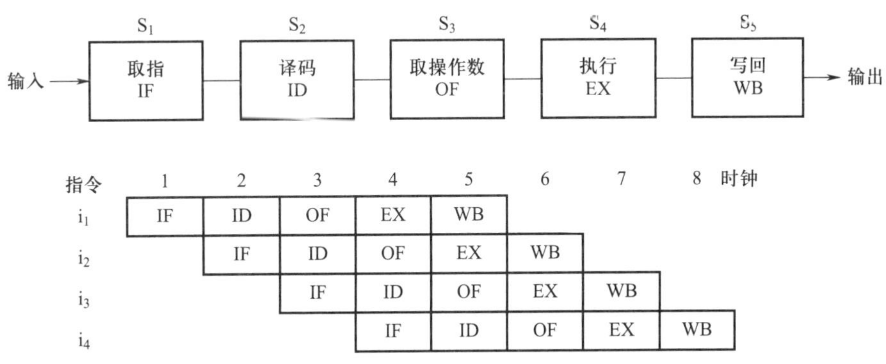

图 5.41 一个 5 段指令流水线

那么，具有什么特征的指令集有利于实现指令流水线呢？

首先，指令长度应尽量一致，这样有利于简化取指令和指令译码操作。例如，ARMv8 指令都是 32 位的，每条指令占 4 个存储单元，因此，每次取指令都是读取 4 个单元，且下一条指令地址的计算也方便，只要 PC + 4 即可。

其次，指令格式应尽量规整，尽量保证源寄存器的位置相同，这样有利于在指令未被译码时就可取寄存器操作数。例如，在 ARMv8 指令格式中，源操作数寄存器 Rn 和 Rm 的位置总是分别固定在 IR<9:5> 和 IR<20:16>，在指令译码的同时就可读取寄存器 Rn 和 Rm 中的内容。若源操作数寄存器的位置随指令不同而不同，则必须先译码后才能确定指令中各寄存器编号的位置，因此，从寄存器取数的工作就不能提前到和译码操作同时进行。

再次，采用装入 / 存储型指令风格，可以保证除 Load/Store 指令外的其他指令（如运算指令）都不访问存储器，这样可把 Load/Store 指令的地址计算和运算指令的执行步骤规整在同一个周期中，有利于减少操作步骤，规整流水线。

此外，数据和指令在存储器中要“对齐”存放，这样有利于减少访存次数，使所需数据在一个流水段内就能从存储器中得到。

总之，规整、简单和一致等特性有利于指令的流水线执行。

为了便于和非流水线处理器进行比较，假定下面介绍的流水线处理器的实现目标与 5.2 节一样，也是同样的 9 条 ARMv8 指令。以下主要介绍支持该 9 条指令的流水线数据通路和控制器的实现。

5.4.2 每条指令的流水段分析

指令流水线设计的第一步是对每条指令的执行过程进行分析，以确定流水线每个功能段的功能和执行时间。

参考 5.2 节单周期处理器数据通路的设计，指令的执行过程可以划分为如下 5 个功能段：

① 取指令（IF）：从主存取指令并计算 PC + 4；

② 指令译码（ID）：产生指令执行所需的控制信号并生成操作数，包括寄存器取数和立即数扩展；

③ 执行（EX）：对操作数完成指定操作；

④ 访存（M）：访问存储器；

⑤ 写回（WB）：将结果写回寄存器。

每条指令的前两个功能段都一样，后面的功能段随各指令功能的不同而不同。

1. R 型指令功能段划分

所有 R 型指令都涉及在 ALU 中对 Rn 和 Rm 的内容进行运算，最终把 ALU 的运算结果送入目的寄存器 Rd。R 型指令的功能段划分如图 5.42 所示，在 IF 和 ID 两个公共功能段后，EX 功能段用于在 ALU 中计算，WB 功能段用于将 ALU 中的计算结果写回寄存器。

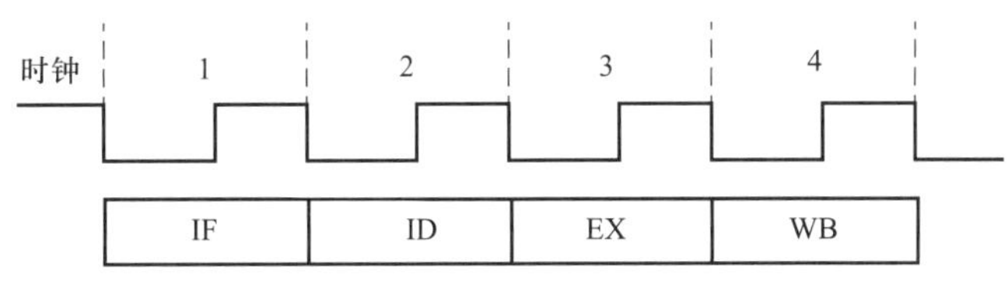

图 5.42　R 型指令的功能段划分

2. I 型运算类指令功能段划分

I 型带立即数的运算类指令都涉及对 12 位立即数进行零扩展，然后与 Rn 的内容进行运算，最终把 ALU 的运算结果送入目的寄存器 Rd。显然，I 型运算类指令的功能段划分与 R 型指令相同。

3. IM 型指令功能段划分

IM 型指令涉及对 16 位立即数进行高位补零，结果送入目的寄存器 Rd。显然，IM 型指令的功能段划分与 R 型指令相同。

4. LDUR 指令功能段划分

LDUR 指令的功能为 R[Rt] ← M[R[Rn] + SEXT (imm9)]。其功能段的划分如图 5.43 所示，除公共的两个功能段外，EX 功能段用于在 ALU 中计算地址，M 功能段用于从存储器中读数据，WB 功能段用于将从存储器读出的数据写入寄存器。

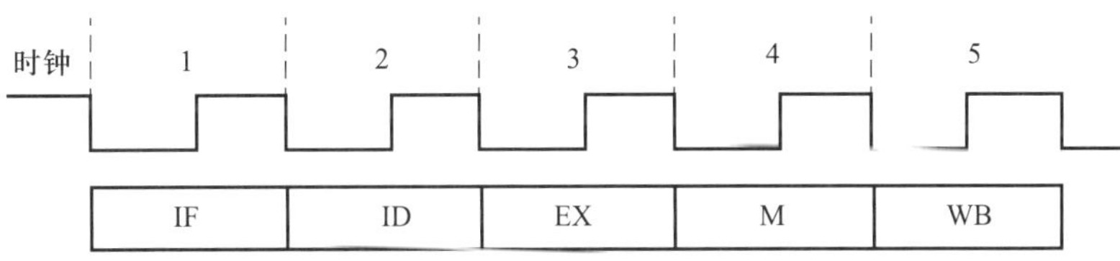

图 5.43　LDUR 指令的功能段划分

5. STUR 指令功能段划分

STUR 指令的功能为 M[R[Rn] + SEXT (imm9)] ← R[Rt]，即把寄存器内容写入存储器中。与 LDUR 指令相比，少了最后一步写寄存器的工作，其功能段划分如图 5.44 所示。其中，EX 功能段用于在 ALU 中计算地址，M 功能段用于将数据写入存储器中。

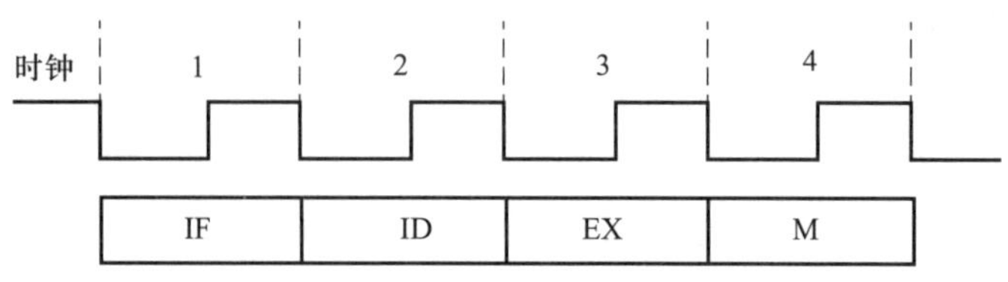

图 5.44　STUR 型指令的功能段划分

6. CB 型指令功能段划分

CBZ 指令的功能为 if(R[Rt] == 0) PC ← PC + (SEXT(imm19) × 4) else PC ← PC + 4。除了前面两个公共功能段外，其后各功能段的划分如下：EX 功能段用于在 ALU 中做减法以比较是否相等，同时用一个加法器计算转移目标地址；WB 功能段用于在比较结果相等的情况下将转移目标地址写入 PC 中。因为写入 PC 的操作比存储器访问操作的时间短，所以可以将 WB 功能段向 M 功能段靠，即最后的功能段用 M 表示。因此，CBZ 指令的功能段划分类似于 STUR 指令，如图 5.44 所示。

7. B 型指令功能段划分

BL 指令是无条件转移指令，指令中给出了 26 位相对地址，其功能是将 PC + 4 送到 30 号寄存器中，并且无条件地将转移目标地址设置到 PC 中。转移目标地址的具体计算方法为 PC ← PC + (SEXT(imm26) × 4)。除了前面两个公共功能段外，其后各功能段的划分如下：EX 功能段用于在 ALU 中计算 PC + 4，同时用一个加法器计算转移目标地址；WB 功能段用于将 ALU 中的计算结果写回 30 号寄存器，并将转移目标地址写到 PC 中。因此，BL 的功能段划分类似于 R 型指令，如图 5.42 所示。

从以上对各指令功能段的分析可以看出，最复杂的是 LDUR 指令，它有 5 个功能段，其他指令都可以通过加入“空”功能段来向 LDUR 指令靠齐。

在插入“空”段时，应遵循以下两个原则：① 每个功能部件每条指令只能用一次（如寄存器写口不能用两次或以上），② 每个功能部件必须在相同的阶段被使用（如寄存器写口总是在第 5 阶段被使用）。

因此，R 型指令、I 型运算类指令、IM 型指令和 BL 指令需在 WB 之前加一个空的 M 功能段，使得其 WB 功能段和 LDUR 指令的 WB 功能段对齐，都在第 5 段；STUR 指令和 CB 型指令在第 4 个功能段后加一个空的 WB 功能段。这样，所有指令都有 5 个功能段。因此，该处理器的指令流水线可以设计成 5 个流水段。插入“空”段后，有些指令的某些功能可能会在插入的“空”段内完成。例如，B 型指令插入 M 功能段后，转移目标地址可以在 M 功能段内写入 PC，而不必等到 WB 功能段才写 PC。

流水线设计的原则是：指令流水段个数以最复杂指令所用的功能段个数为准，流水段的长度以最复杂的操作所花时间为准。为了更加清楚地了解流水线的执行效率，下面用一个例子来比较流水线处理器和单周期处理器的指令执行情况。

对于5.2节具有9条目标指令的单周期处理器（其数据通路见图5.21），考虑最复杂的LDUR指令的执行情况。假定LDUR指令的5个阶段所花的操作时间分别如下。① 取指：200 ps；② 寄存器读：50 ps；③ ALU操作：100 ps；④ 存储器读：200 ps；⑤ 寄存器写：50 ps。不考虑控制单元、PC访问、信号传递等延迟，LDUR指令的总执行时间为600 ps。

若实现与5.2节单周期处理器功能完全相同的9条目标指令的流水线处理器，按照以上流水线设计原则，则该流水线处理器共有5个流水段，每个流水段的长度为200 ps。因此，每条指令的执行时间为1 ns，反而比串行执行时增加了400 ps。由此可见，流水线方式并不能缩短一条指令的执行时间，但是对于整个程序而言，流水线方式可以大大提高指令执行的吞吐量。

若流水段数为M，每个流水段的执行时间为T，则N条指令的执行总时间为（$M+N-1$）$\times T$。例如，对于上述9条目标指令的5段流水线的例子，假定某程序有N条指令，在不考虑任何其他额外开销和冲突的情况下，单周期处理器所用的时间为$N\times 600$ ps，而流水线处理器所用时间为（$4+N$）$\times 200$ ps。当N很大时，流水线方式下指令的执行速度是串行执行方式的3倍。显然，如果每个功能段划分均匀，使得执行时间大致相等的话，提高倍数应为5，即为流水段的个数。

5.4.3 流水线数据通路的设计

根据对9条目标指令的分析，可以得到相应的5段流水线数据通路的基本框架，如图5.45所示。在图5.45所示的流水线数据通路中，每条指令的执行都经历5个流水段：IF、ID、EX、M和WB，每个流水段都在不同的功能部件中执行。流水段之间有一个流水段寄存器，例如，IF/ID寄存器是介于IF段和ID段之间的寄存器。每个流水段寄存器用来存放从当前流水段传到后面所有流水段的信息。例如，取指令（IF）阶段读出的指令字（IUnit的输出端I处的内容）需要传递到译码（ID）阶段，因此指令字必须存储到IF/ID寄存器。为叙述方便起见，指令字记为Instr[31:0]。因为每个段间传递的信息不一样，所以各流水段寄存器的长度也不一样。

图5.45中给出了数据通路用到的控制信号，每个控制信号通过虚线连到所控制的功能部件。可以看出，PC和各个流水段寄存器都没有写使能信号。这是因为每个时钟都会改变PC的值，所以PC不需要写使能控制信号；每个流水段寄存器在每个时钟都会写入一次，因此流水段寄存器也不需要写使能控制信号。此外，每条指令IF段的功能都相同，是公共流水段，因此也不需要控制信号。其余各段的控制信号如下。

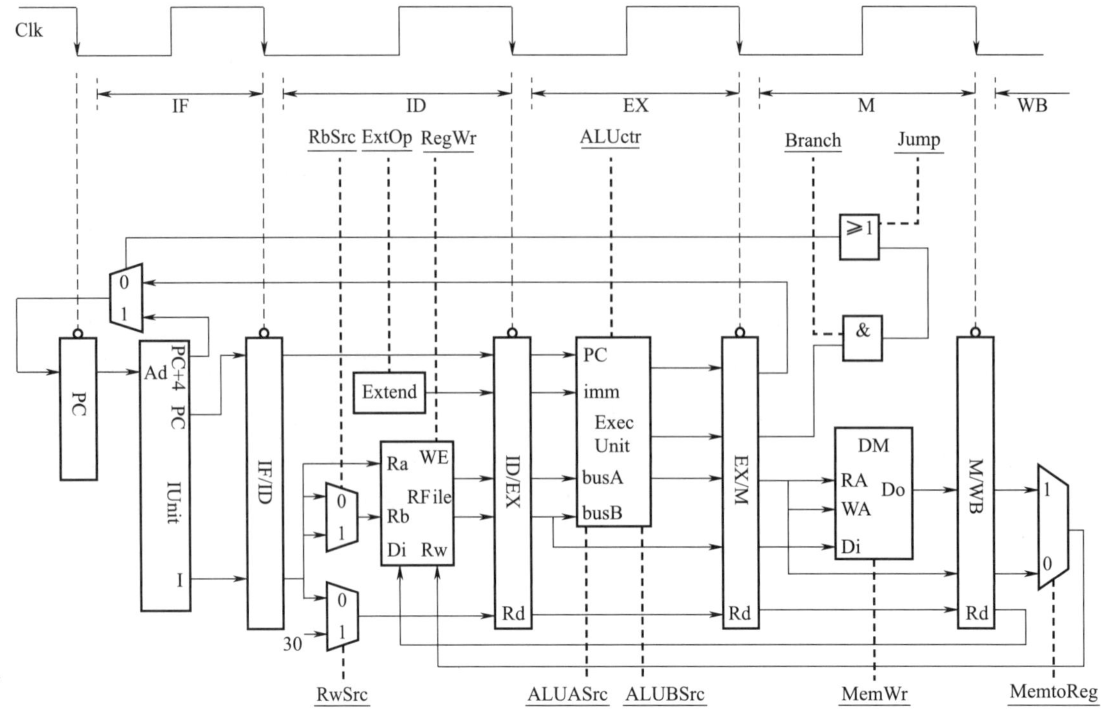

图 5.45　5 段流水线数据通路基本框架

ID 段的控制信号有 3 个。

① ExtOp（扩展器控制）：3 位编码。

② RbSrc（通用寄存器 B 读口）：1 来源于 Instr[20:16](Rm), 0 源于 Instr [4:0](Rt)。

③ RwSrc（通用寄存器写口）：1 来源于常数 30, 0 来源于 Instr [4:0](Rd)。

EX 段的控制信号有以下 3 个。

① ALUASrc（ALU 的 A 口来源）：1 来源于 PC, 0 来源于 busA。

② ALUBSrc（ALU 的 B 口来源）：00 来源于 busB, 01 来源于常数 4, 10 来源于扩展器。

③ ALUctr（ALU 运算类型）：3 位编码。

M 段的控制信号有以下 3 个。

① MemWr（数据存储器 DM 的写信号）：STUR 指令为 1，其他指令为 0。

② Branch（是否为 CB 型分支指令）：CB 型指令为 1，其他指令为 0。

③ Jump（是否为 B 型跳转指令）：B 型指令为 1，其他指令为 0。

WB 段的控制信号有以下两个。

① MemtoReg（寄存器的写入源）：1 表示 DM 输出，0 表示 ALU 输出。

② RegWr（通用寄存器写信号）：结果需要写寄存器的指令都为 1，其他指令为 0。

以下分别介绍各流水段的功能、功能部件、保存到流水段寄存器的信息以及控制信号取值。

1. 取指（IF）段

IF 流水段的功能是将 PC 的值作为地址到指令存储器（instruction memory，IM）中取指令，并计算 PC + 4，结果送 PC 输入端。这些功能由取指令部件（IUnit）完成，其具体实现如图 5.46 所示。

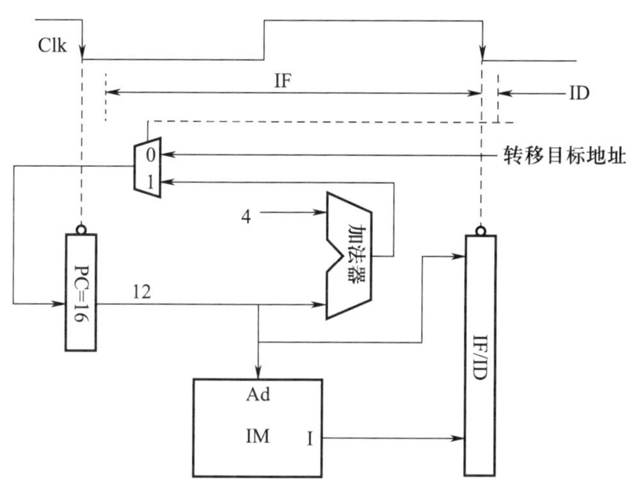

图 5.46 取指令部件 IUnit 的内部实现

假定当前指令地址为 12，则当时钟 Clk 的下降沿到来时，在 PC 输入端的值 12 经过 Clk-to-Q 时延后，被送到 IM 的地址输入端 Ad，并同时送加法器。在指令存储器（IM）中经过一个存取时间后，指令被送到 IM 的输出端 I。在加法器中，PC 与 4 相加后送到一个多路选择器，若是顺序执行，则下个时钟到来时 PC 值为 16。但指令并不总是顺序执行的，当执行到分支指令或无条件转移指令时，PC 的值可能被修改，因此 PC 的输入来自一个多路选择器。当需要转移时，可控制选择转移目标地址送入 PC。

IF 段执行的结果被送到 IF/ID 寄存器的输入端，在下个时钟到来时，IF/ID 寄存器输入端的信息开始送到 ID 段被继续处理。那么，IF/ID 寄存器中需要保存的结果有哪些呢？显然，从 IM 中取出的指令要被继续处理，因而需要保存在 IF/ID 寄存器中；此外，如果当前指令是 B 型指令，则 PC 的值在后面的流水段中需要用来计算转移目标地址，因此 PC 的值也需要保存在 IF/ID 寄存器中。

该段唯一的控制点是多路选择器的控制端。从图 5.45 可以看出，多路选择器的控制端由在 M 阶段产生的 Jump 信号、Branch 信号和 Zero 标志来控制。显然，只有当 Jump = 1（执行 BL 指令）或 Branch = 1（执行 CBZ 指令）且 Zero = 1 时，多路选择器的输出为转移目标地址；其他情况下多路选择器的输出总是 PC + 4。

2. 指令译码（ID）段

ID 流水段的功能是对指令中的操作码 OP 字段进行译码，生成相应的控制信号，同时产生运算用的操作数。这些操作数包括根据指令中的 Rn 和 Rm/Rt 的值到通用寄存器组（在图 5.45 中简写为 RFile）中取出的相应寄存器内容，以及通过扩展器（图 5.45 中的 Extend 部件）对指令中的立即数字段进行扩展后生成的完整 64 位立即数 imm。

通用寄存器组可看成是寄存器读口和寄存器写口两个功能部件。如图 5.45 所示，ID 段的功能由控制器、寄存器读口、扩展器以及两个多路选择器完成。其中一个多路选择器由控制信号 RbSrc 控制，以选择寄存器组读口地址 Rb 的来源；另一个多路选择器由控制信号 RwSrc 控制，以选择寄存器组写口地址 Rw 的来源，由于寄存器组写口是 WB 段的功能部件，因此，该多路选择器的输出将继续向后续流水段传送。扩展器的控制信号为 ExtOp。9 条目标指令对应的 RbSrc、RwSrc 和 ExtOp 三个控制信号的取值可参看表 5.5。

ID 段执行的结果被送到 ID/EX 寄存器的输入端，在下个时钟到来时，ID/EX 寄存器输入端的信息开始送到 EX 段继续被处理。这些信息包括 R[Rn]、R[Rm/Rt]、Rd/30、imm、PC 等。因为指令中需要的信息已被保存，所以指令本身不再需要保存在 ID/EX 寄存器中。

3. 执行（EX）段

EX 段的功能由具体指令确定，不同指令经 ID 段译码后得到不同的控制信号，用来控制执行部件进行不同的操作。图 5.47 所示是执行部件（简写为 Exec Unit）内部实现的示意图。

根据每类指令的功能，综合考虑图 5.47 和图 5.45，得到每条指令在 EX 段中的执行流程及其控制信号取值如下。

（1）R 型指令的执行

9 条目标指令中的 ADD 和 AND 都是 R 型指令，它们在 ALU 中由 ALUctr 控制分别执行 add 和 and 运算，ALUctr 操作控制信号由 ID 段在译码时产生。对于 R 型指令，ALU 的操作数来自 busA 和 busB。最终，ALU 得到的结果和 Zero 标志一起被送到 EX/M 寄存器的输入端。综上所述，R 型指令该阶段的控制信号取值为 ALUASrc = 0，ALUBSrc = 0，ALUctr=add（ADD 指令）或 ALUctr = and（AND 指令）。

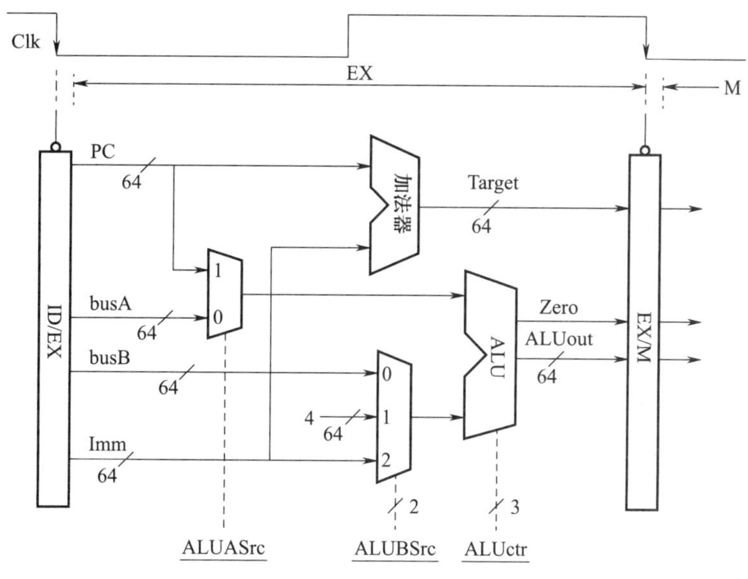

图 5.47　执行部件内部实现

（2）I 型运算类指令的执行

9 条目标指令中的 SUBI 和 ORRI 是 I 型运算类指令，它们在 ALU 中由 ALUctr 控制分别执行 sub 和 or 运算。对于 I 型运算类指令，ALU 的操作数来自 busA 和扩展器的输出。与 R 型指令一样，最终将 ALU 中得到的结果和 Zero 标志一起送到 EX/M 寄存器的输入端。综上所述可知，I 型运算指令该阶段的控制信号取值为 ALUASrc = 0，ALUBSrc = 2，ALUctr = sub（SUBI 指令）或 ALUctr = or（ORRI 指令）。

（3）IM 型指令的执行

9 条目标指令中的 MOVZ 是 IM 型指令，它在 ALU 中由 ALUctr 控制执行 srcB 运算。对于 MOVZ 指令，ALU 的 A 操作数不使用，B 操作数来自扩展器的输出。与 R 型指令一样，最终将 ALU 中得到的结果和 Zero 标志一起送到 EX/M 寄存器的输入端。综上所述可知，MOVZ 指令该阶段的控制信号取值为 ALUASrc = x，ALUBSrc = 2，ALUctr = srcB。

（4）LDUR 指令的执行

LDUR 指令首先要在 ALU 中进行地址计算，ALU 的操作数来自 busA 和扩展器输出，在 ALU 中由 ALUctr 控制执行 add 运算。最终，将 ALU 中得到的存储器地址送到 EX/M 寄存器的输入端。综上所述，LDUR 指令该阶段的控制信号的取值为 ALUASrc = 0，ALUBSrc = 2，ALUctr = add。

（5）STUR 指令的执行

与 LDUR 指令相同，STUR 指令需要进行存储器地址计算并送入下一级流水线寄存器。

相应控制信号的取值为 ALUASrc = 0，ALUBSrc = 2，ALUctr = add。

（6）CB 型指令的执行

CBZ 指令需要判断寄存器 Rt 的内容是否为 0，通过在 ALU 中将 0 减 R[Rt] 生成 Zero 标志来判断。因此，ALU 的 A 口操作数任意，B 口操作数为 busB 的值，ALUctr 操作控制信号为 sub0。同时，需要将 PC 和 imm 相加，生成相对转移目标地址 Target。执行阶段生成的 Zero 标志和转移目标地址 Target 被送到 EX/M 寄存器的输入端。综上可知，CBZ 指令该阶段的控制信号取值为 ALUASrc=x，ALUBSrc=0，ALUctr=sub0。

（7）B 型指令的执行

BL 指令需要在 ALU 中计算 PC + 4，并将结果送 30 号寄存器，因此，ALU 两个操作数的来源是 PC 和常数 4，ALUctr 操作控制信号为 add；同时将 PC 和 imm 相加，生成相对转移目标地址 Target，并将其送到 EX/M 寄存器的输入端。综上所述，BL 指令该阶段的控制信号取值为 ALUASrc = 1，ALUBSrc = 1，ALUctr = add。

4. 访存（M）段

M 流水段的功能也与具体指令相关。从图 5.45 可知，这个流水段有 Branch、Jump 和 MemWr 三个控制信号。各条指令在 M 段的执行流程和控制信号取值如下。

① 若是 R 型指令、I 型运算类指令或 IM 型指令，则在 M 段是“空”操作，只要把相应信息继续传递到下一个流水段即可。控制信号取值为 Branch = Jump = 0，MemWr = 0。

② 若是 LDUR 指令，则进行取数操作。在 EX 段得到的地址被送到数据存储器（DM）的读地址端 RA，经过一段存取时间，数据从 DM 的输出端 Do 送到 M/WB 寄存器的输入端。控制信号取值为 Branch = Jump = 0，MemWr = 0。

③ 若是 STUR 指令，则进行存数操作。在 EX 段得到的地址被送到数据存储器（DM）的写地址端 WA，同时把 EX/M 寄存器送来的要存储的数据 R[Rt] 送入 DM 的输入端 Di，经过一段存取时间后，数据被存入 DM 中。控制信号取值为 Branch = Jump = 0，MemWr = 1。

④ 若是 CB 型指令，则在条件满足时将 EX 段生成的转移目标地址 Target 更新到 PC 中。控制信号取值为 Branch = 1，Jump = 0，MemWr = 0。对于 CBZ 指令，若在 EX 段生成的 Zero 为 1，则会控制 PC 输入端的多路选择器选择将转移目标地址 Target 送 PC 的输入端。

⑤ 若是 B 型指令，则将 EX 段生成的转移目标地址 Target 更新到 PC 中。控制信号取值为 Branch = 0，Jump = 1，MemWr = 0。

5. 写回（WB）段

如图 5.45 所示，寄存器组写口是 WB 段的主要功能部件，寄存器组 RFile 的写地址端口 Rw 来源于指令字中 Instr [4:0]，或者来源于立即数 30（BL 指令将返回地址写入 30 号寄存器）。因为在 ID 段已经由多路选择器选择了正确的目的寄存器（标识为 Rd），并将其编号传送到了 M/WB 寄存器，因而，只要直接将 M/WB 寄存器中的 Rd 直接和 Rw 连接即可。寄存器组 RFile 的写数据端口 Di 来源于一个多路选择器的输出，写使能信号 WE 由控制信号 RegWr 确定。

WB 流水段的功能也由具体指令确定，各条指令在 WB 段的执行流程和控制信号取值如下。

① 若是 R 型指令、I 型运算类指令、IM 型指令，则选择将 ALU 的输出结果送寄存器组的输入端 Di。控制信号取值为 MemtoReg = 0，RegWr = 1。

② 若是 LDUR 指令，则选择将从 DM 读出的结果送寄存器组的输入端 Di。控制信号取值为 MemtoReg = 1，RegWr = 1。

③ 若是 STUR 指令或 B 型指令，则任何寄存器的值都不改变，即不能写寄存器。控制信号取值为 MemtoReg = x，RegWr = 0。

④ 若是 BL 指令，则选择将 ALU 的输出结果送寄存器组的输入端 Di。控制信号取值为 MemtoReg=0，RegWr=1。

*5.4.4 流水线控制器的设计

从上述分析可以看出，某一时刻每个流水段执行的是不同指令的某个阶段，因而某一时刻每个流水段中的控制信号应该是正在执行指令的对应功能段的控制信号。

如图 5.48 所示，假定有三条指令 LDUR、ORRI 和 ADD 依次在时钟 1、2 和 3 开始进入流水线执行，则流水线中控制信号的传递情况如下：第 2 时钟对 LDUR 指令译码，产生的控制信号在下个时钟（第 3 时钟）送到 EX 段，在第 4 时钟送到 M 段，在第 5 时钟送到 WB 段；在第 3 时钟对 ORRI 指令译码，产生的控制信号在第 4 时钟送到 EX 段，第 5 时钟送到 M 段，第 6 时钟送到 WB 段……由此可见，在某个时钟期间，不同的流水段受不同指令的控制信号控制，执行不同指令的不同功能段。例如，在第 5 时钟内，WB 段由 LDUR 指令的信号控制，M 段由 ORRI 指令的信号控制，EX 段由 ADD 指令的信号控制。

从上述例子可以看出，在 ID 阶段由控制器产生指令各流水段的所有控制信号，各控制信号分别在随后的各个时钟周期内被使用（控制信号 ExtOp、RbSrc 和 RwSrc 除外，它们在 ID 阶段立即被使用）。具体来说，EX 阶段的信号（ALUASrc、ALUBSrc、ALUctr）在下一个周期使用；M 阶段的信号（MemWr、Branch、Jump）在随后第二个周期使用；WB 阶段的信号（MemtoReg、RegWr）在随后第三个周期使用。因此随后各流水段寄存器中都要保存相应的控制信号，如图 5.49 所示。

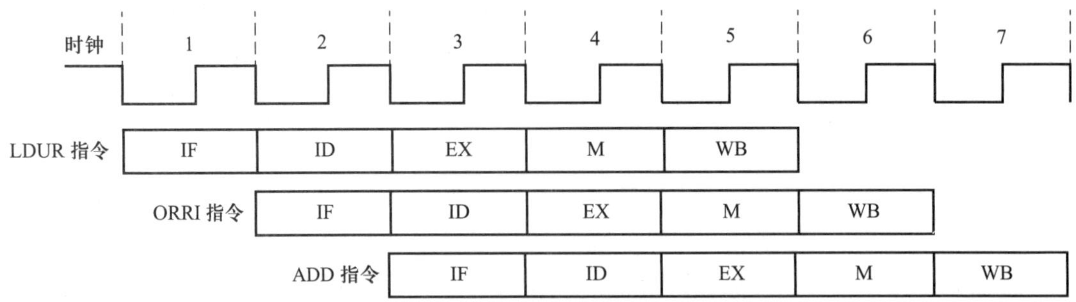

图 5.48　流水线执行情况示例

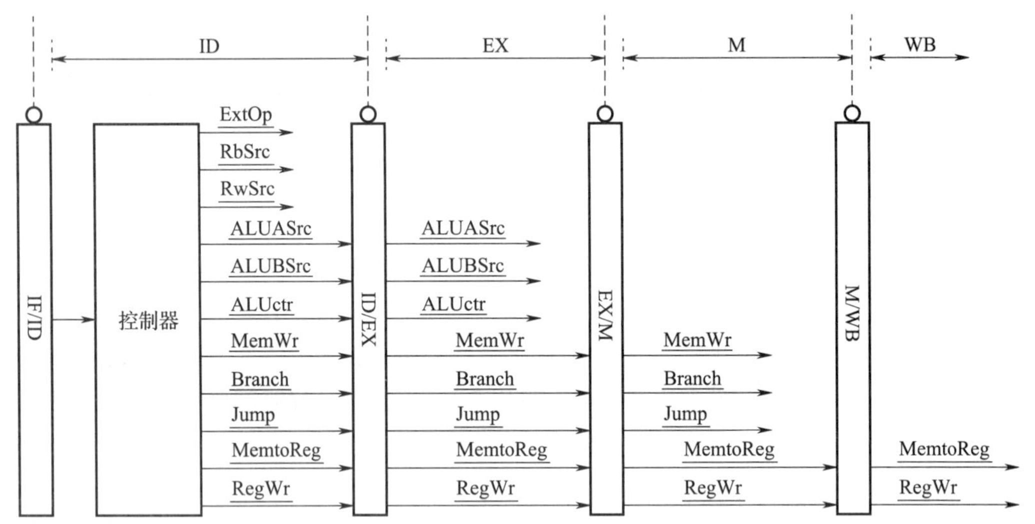

图 5.49　控制信号在流水线中的传递过程

综上所述，每个流水段寄存器中保存的信息包括两类：一类是后面阶段需要用到的所有数据信息，包括 PC、立即数、目的寄存器编号、ALU 运算结果、标志信息等，它们是前面阶段在数据通路中执行的结果；另一类是前面传递过来的后面各阶段要用到的所有控制信号。

前文介绍过单周期处理器的控制器设计。在单周期处理器中，每条指令的控制信号在指令执行期间是不变的。同样地，流水线处理器中的控制信号一旦在 ID 段由控制器生成就不会改变，并和数据信息同步地依次传递到后面的流水段中。显然，这和单周期控制器类似，因而流水线控制器的设计完全可以按照单周期处理器中控制器设计的思路进行，此处不再赘述。

5.5 流水线冒险及其处理

在指令流水线中，一些情况可能会使得流水线无法正确执行后续指令，从而引起流水线阻塞或停顿（stall），这种现象称为流水线冒险（hazard）。根据导致冒险的原因不同，可分为结构冒险、数据冒险和控制冒险三种。以下分别介绍其原因和对策。

*5.5.1 结构冒险

结构冒险（structural hazard）也称为硬件资源冲突（hardware resource conflict）。引起结构冒险的原因在于同一个部件同时被不同指令所用，也就是说，结构冒险是由硬件资源竞争造成的。

如图 5.50（a）所示，若不区分指令存储器和数据存储器而只用一个存储器，则在 Load 指令取数据的同时，随后的指令 3（Instr3）也正好取指令，此时发生访存冲突。同样地，如果不对寄存器组的写口和读口进行独立设置，Load 指令和随后的指令 3 也会发生寄存器访问冲突。

解决结构冒险的策略有两种：① 遵循 5.4.2 节提到的流水线功能段划分原则（对于一个部件，每条指令只能使用一次，且只能在特定时钟周期内使用），可以避免一部分结构冒险。② 通过设置多个独立的部件来避免硬件资源冲突。如图 5.50（b）所示，对于寄存器访问冲突，可将寄存器读口 Rrd 和写口 Rwr 独立开来，前半周期写寄存器，后半周期读寄存器；对于存储器访存冲突，可把指令存储器（IM）和数据存储器（DM）分开，从而使指令和数据的访问各自独立，这样就不会发生结构冒险。事实上，现代计算机都引入了 cache 机制，而且 L1 cache 通常采用数据 cache 和指令 cache 分离的方式，因而也就避免了结构冒险的发生。

*5.5.2 数据冒险

数据冒险（data hazards）也称为数据相关冲突（data-dependency conflict）。引起数据冒险的原因在于后面的指令要用到前面指令的结果时，前面指令的结果还没产生。图 5.51 所示是一个存在数据冒险的流水线例子。

在图 5.51 中，第 1 条指令的目的寄存器 X1 是后面 4 条指令的源寄存器。第 1 条指令在 WB 阶段结束才将结果写到 X1 中，而第 2、3、4 条指令分别在第 1 条指令的 EX、M 和 WB 阶段就要取 X1 的内容，显然，如果不采取任何措施，这几条指令取到的就都是 X1 的旧值，只有第 5 条指令 EOR 能取到 X1 的新值。从图 5.51 可以看出，所有的数据冒险都是由于前面的指令写结果之前，

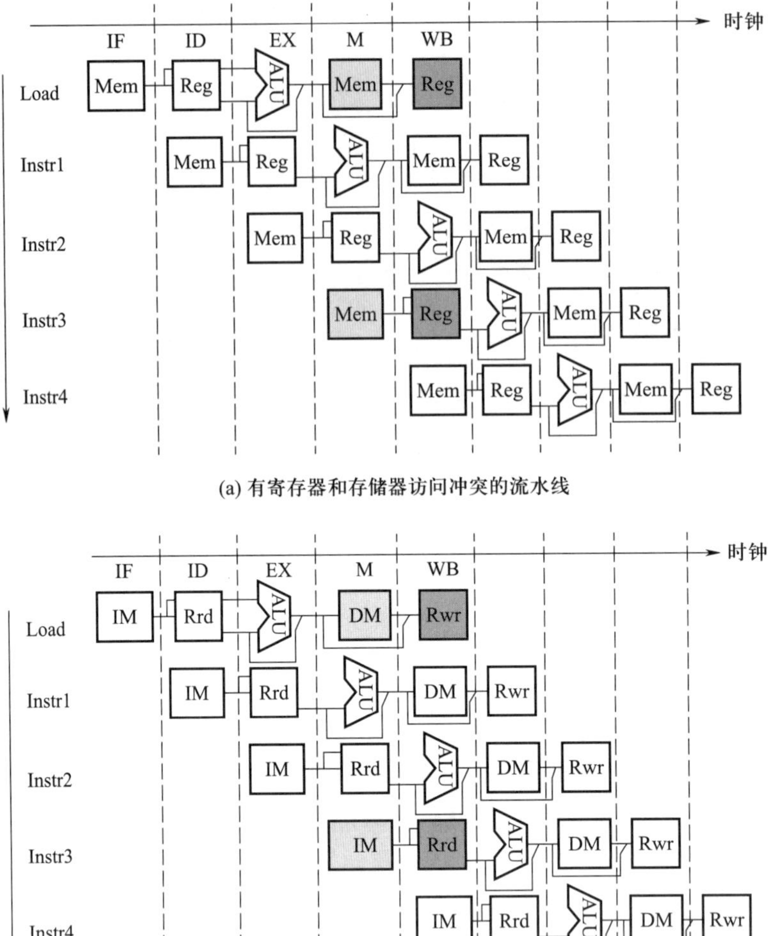

图 5.50 结构冒险的示例

后面的指令就需要读取数据而造成的，这种数据冒险称为写后读（read after write，RAW）数据冒险。在非“乱序”执行的基本流水线中，所有数据冒险都属于 RAW 数据冒险。

对于 RAW 数据冒险，可以采取以下几种措施。

1. 插入空操作指令

在软件上采取措施，使相关指令延迟执行。最简单的做法是，在编译时预先插入空操作指令 NOP。这样做的好处是硬件控制简单，但浪费了指令存储空间和指令执行时间。如图 5.52 所示，共浪费了 3 条指令的空间和时间。

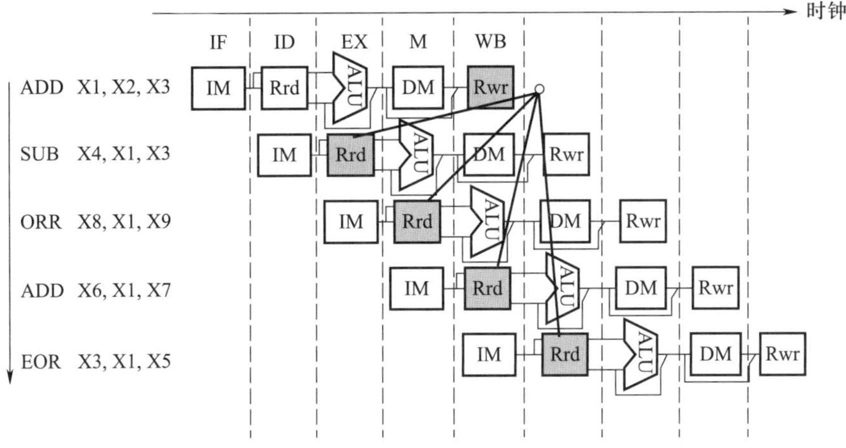

图 5.51　存在数据冒险的流水线示例

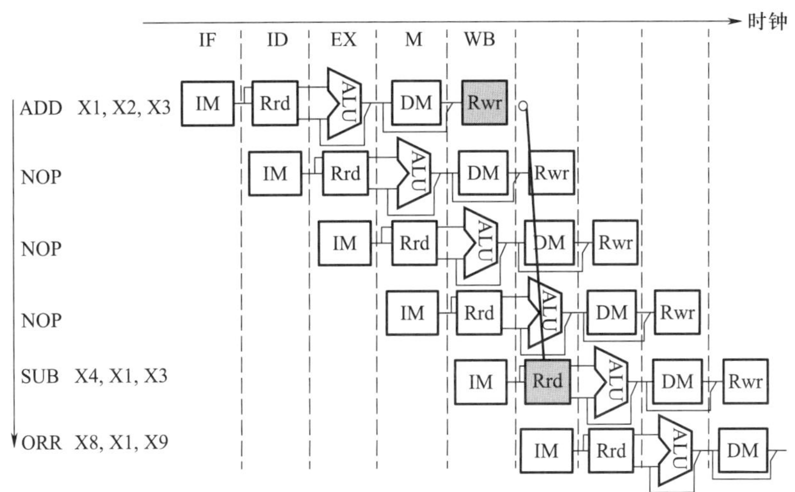

图 5.52　用插入 NOP 指令方式解决数据冒险

2. 插入气泡

在硬件上采取措施，使相关指令延迟执行，通过硬件阻塞（stall）方式阻止后续指令执行。这种硬件阻塞的方式称为“插入气泡”（bubble），如图 5.53 所示。

这种方式的控制比较复杂，需要修改数据通路。通常要在数据通路中检测哪两条指令发生了相关，以确定是否进行阻塞。阻塞时，可将控制信号清 0 来阻止结果的写入；也可将指令清 0，使后续指令执行空操作；或让 PC 写使能信号清 0，使 PC 值不变，从而使当前指令重复执行。这种方式不增加指令条数，但有额外的时间开销。

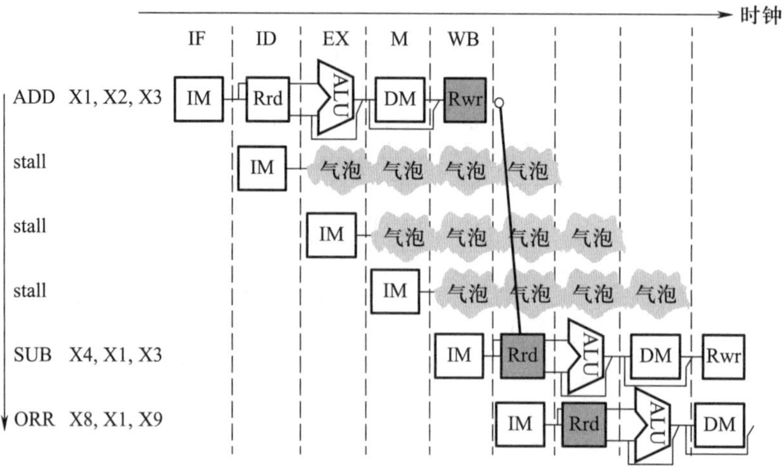

图 5.53 用流水线阻塞方式解决数据冒险

3. 采用转发技术

转发技术将数据通路中生成的中间数据直接转发到 ALU 的输入端。从图 5.51 可以看出，第一条指令在 EX 段结束时已经得到 X1 的新值，新值被存放在 EX/M 流水段寄存器中，因此可以直接从该流水段寄存器中取出数据送到 ALU 的输入端，这样，在第二条指令执行时 ALU 中用的就是 X1 的新值。同样，第三条指令在 ALU 中用到的 X1 也可以直接从 M/WB 流水段寄存器中取得，如图 5.54 所示。这种技术称为转发（forwarding）或旁路（bypassing）技术。第四条指令所需的 X1 值，在第一条指令的 WB 阶段将从寄存器写口直接送入读口，使读口得到 X1 的新值。

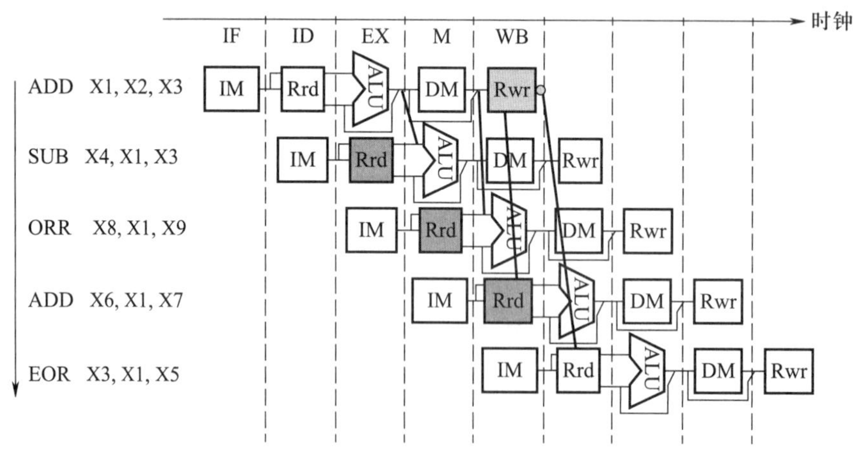

图 5.54 用转发技术解决数据冒险

采用转发技术解决数据冒险必须在硬件上进行相应的改动。如图 5.55 所示，通过在 ALU 的输入端增加多路选择器，使 EX 段之后的流水段寄存器的值能返送到 ALU 输入端。ALU 的 A 输入端原来只有从 ID/EX 寄存器来的 busA 和 PC，B 输入端原来只有从 ID/EX 寄存器来的 busB、常数 4 以及扩展器的值 imm，采用转发技术后，A 端和 B 端都增加了三个可能的输入。EX 段执行 PC + 4 是 BL 指令所需，而不是用于更新 PC。

图 5.55 中有三个指令序列示例（①~③），从这三个示例可看出，增加转发线路后，以下三种情况下的数据冒险问题就都能解决：① 相邻两条 ALU 运算类指令间的数据相关，② 相隔一条指令的两个 ALU 运算类指令之间的数据相关，③ 相隔一条指令的 Load 和 ALU 运算类指令之间的数据相关。

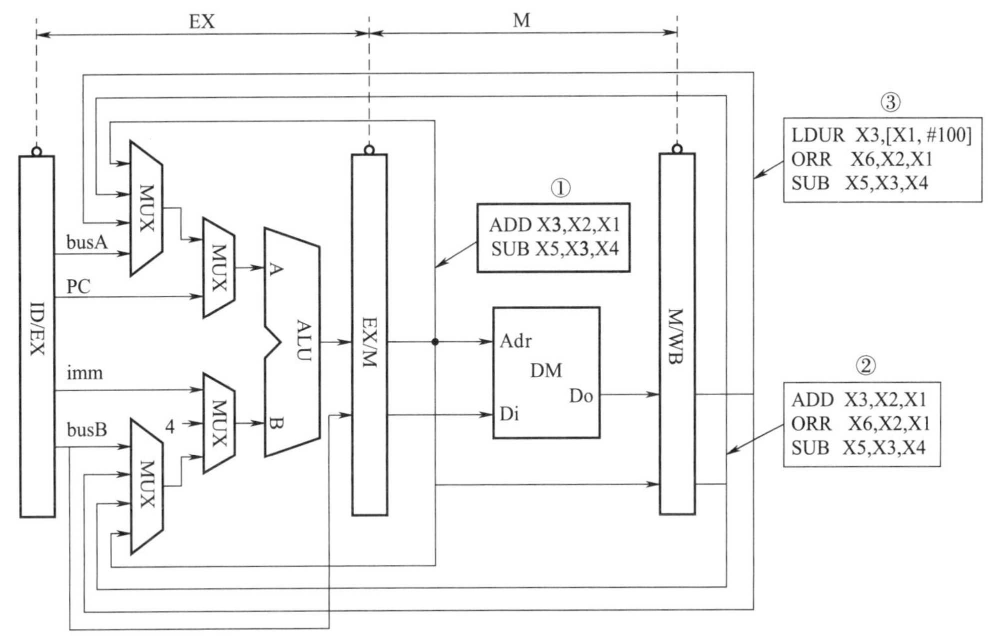

图 5.55 引入转发技术后数据通路中增加的转发线路

如果是 R 型指令后直接跟 STUR 指令的相关性问题，则上述转发线路不能解决。这种情况是，R 型指令的目标寄存器是 STUR 指令的源寄存器。STUR 指令在译码阶段读取源寄存器的内容时，上一条 R 型指令的执行结果尚未写入目标寄存器，因而，STUR 指令将 ID/EX 寄存器传递过来的 busB 送到 Di 端的数据，并不是 R 型指令执行的结果。不过，这也可以用转发技术来解决，只要采用上述图 5.55 所示的类似方法，在 DM 的数据输入端 Di 处增加一个多路选择器即可，即在 STUR 指令写存储器时不使用该指令读出的源寄存器中的值 busB，而改用上一条 R 型指令执行阶段产生的 ALU 的输出值。

从图 5.55 可以看出，在采用转发技术的数据通路中，EX 阶段 busA 和 busB 输出端处的两个多路选择器的控制信号需要考虑转发条件，此外，对于 R 型指令后跟 STUR 指令相关的情况，也需要增加多路选择器的控制信号。可以对图 5.55 中相应执行部件进行以下调整，得到带转发控制的流水线数据通路，如图 5.56 所示。

① 在 DM 的输入端 Di 处增加一个多路选择器，随之增加一个一位控制信号 DiSrc。

② 对转发线路进行合并，在 WB 阶段用一个多路选择器将 ALU 的输出结果和数据存储器的输出数据合并成一路数据，并同时转发到 ALU 的两个输入端。

③ 在原来 busA 的输出端增加一个三选一多路选择器，随之增加一个两位控制信号 BusAFw。

④ 在原来 busB 的输出端增加一个三选一多路选择器，随之增加一个两位控制信号 BusBFw。

⑤ 控制信号 DiSrc、BusAFw 和 BusBFw 的取值由转发条件确定，其检测结果由专门的转发检测单元给出。

图 5.56 中在 ID/EX 流水段寄存器中的 Rd 为 ID 阶段由控制信号 RwSrc 所控制的多路选择器输出的目的寄存器，在 ID/EX 流水段寄存器中的 Rs1 是 ID 阶段传送来的源操作数寄存器 Rn，在 ID/EX 流水段寄存器中的 Rs2 是 ID 阶段由控制信号 RbSrc 所控制的多路选择器输出的源操作数寄存器。

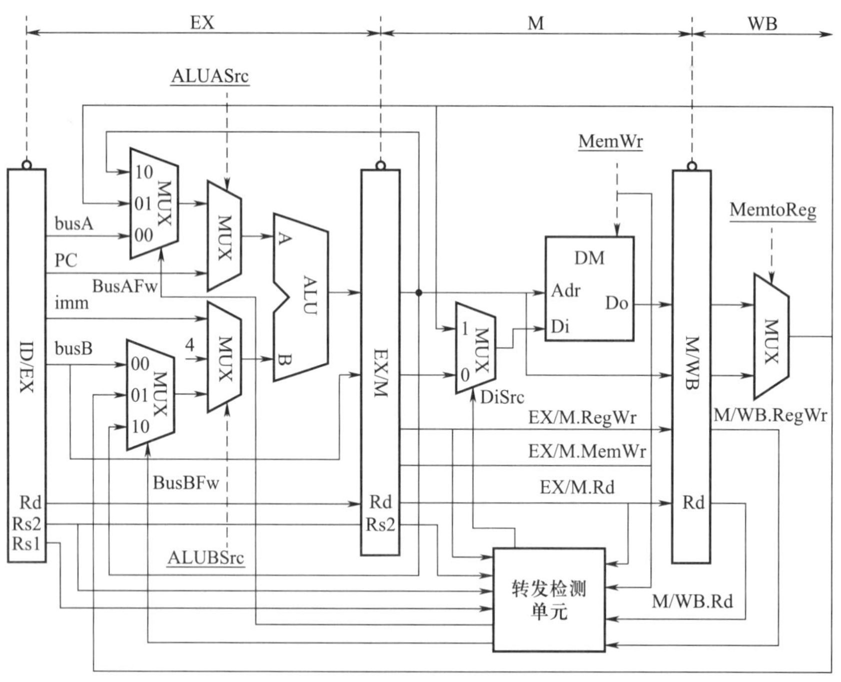

图 5.56 带转发控制的部分流水线数据通路

图 5.56 中的“转发检测单元”的控制逻辑可根据指令的数据相关性来设计。假定 busA 处的转发控制信号 BusAFw 的各位分别表示为 BusAFw<1>、BusAFw<0>，busB 处的转发控制信号 BusBFw 的各位分别表示为 BusBFw<1>、BusBFw<0>。从图 5.56 可以看出，发生数据相关的情况有以下三种。

① 本条指令的目的操作数是随后第一条指令所用的源操作数，此时，BusAFw 和 BusBFw 的取值都应是 10，对应的转发条件如下：

```
BusAFw<1> = EX/M.RegWr && (EX/M.Rd == ID/EX.Rs1)
BusBFw<1> = EX/M.RegWr && (EX/M.Rd == ID/EX.Rs2)
```

② 本条指令的目的操作数是随后第二条指令所用的源操作数，此时，BusAFw 和 BusBFw 的取值都应是 01，对应的转发条件如下：

```
BusAFw<0> = M/WB.RegWr && (M/WB.Rd == ID/EX.Rs1)
BusBFw<0> = M/WB.RegWr && (M/WB.Rd == ID/EX.Rs2)
```

③ 本条指令的目的操作数是随后第一条 STUR 指令所用的源操作数，此时，DiSrc 的取值为 1，对应的转发条件如下：

```
DiSrc = M/WB.RegWr && (M/WB.Rd == EX/M.Rs2) && EX/M.MemWr
```

以上考虑的仅是基本的数据相关情况。实际上，转发条件还要考虑其他一些约束情况。以下给出一些例子。

① 运算结果不写入目的寄存器。例如，对于 CB 型指令后面紧跟一条 ALU 运算类指令的情况，虽然可能满足上述条件，但是 CB 型指令并不改变目的寄存器 Rd 的值，因此不能进行转发。

② 目的寄存器为 31 号寄存器。例如，若本条指令是“ADD XZR，X5，X6”，根据图 5.56 可知，电路中转发的是 X5 和 X6 两个寄存器内容相加的结果，很可能是一个非 0 值，但实际上下一条指令的操作数应该是 31 号寄存器 XZR 中的内容 0。

③ 多条连续指令与同一个寄存器数据相关。例如，对于下列指令序列：

```
ADD    X1,  X1,  X2
ADD    X1,  X1,  X3
ADD    X1,  X1,  X4
…
```

按照前述 BusAFw<1> 和 BusAFw<0> 的逻辑表达式，可得 BusAFw<1> = BusAFw<0> = 1，但是，busA 输出端的多路选择器只有 00、01 和 10 三个输入端，并不存在 11 这个输入端，因而会发生错误。显然，在这种情况下，应该使 BusAFw<1> = 1，BusAFw<0> = 0，也即，当本条指令的源操作数和上一条指令的目的操作数一样时，不能转发上上条指令的结果，而必须转发上一条指令的结果。

综合考虑上述各种情况，得到改进的转发条件逻辑表达式如下：

```
BusAFw<1>=EX/M.RegWr &&(EX/M.Rd!=31)&&(EX/M.Rd==ID/EX.Rs1)
BusBFw<1>=EX/M.RegWr &&(EX/M.Rd!=31)&&(EX/M.Rd==ID/EX.Rs2)
BusAFw<0>=M/WB.RegWr &&(M/WB.Rd!=31)&&
          (EX/M.Rd!=ID/EX.Rs1)&&(M/WB.Rd==ID/EX.Rs1)
BusBFw<0>=M/WB.RegWr &&(M/WB.Rd!=31)&&
          (EX/M.Rd!=ID/EX.Rs2)&&(M/WB.Rd==ID/EX.Rs2)
DiSrc=M/WB.RegWr &&(M/WB.Rd!=31)&&(M/WB.Rd==EX/M.Rs2)&&
      EX/M.MemWr
```

通过上述转发条件的检测和对相应的转发线路的控制，可以解决大部分 RAW 数据冒险。

4. Load-use 数据冒险的检测和处理

转发能够解决大部分 RAW 数据冒险，那么，LDUR 指令后跟 R 型指令或 I 型运算类指令的相关性问题能否通过转发解决呢？如图 5.57 所示，LDUR 指令只有在 M 段结束时才能得到 DM 中的结果，然后将其送入 M/WB 寄存器，在 WB 段 X1 中才能存入新值，但随后的 SUB 指令在 EX 阶段就要取 X1 的值，因此只能得到 X1 的旧值。而根据图 5.55 的转发线路，ALU 的输入要么来自上一条指令在 EX 段生成的、存放在 EX/M 寄存器中的值，要么来自上上条指令的执行结果。由此可知，用转发线路无法解决图中 LDUR 指令和 SUB 指令之间的数据相关问题。通常把这种情况称为 Load-use 数据冒险。

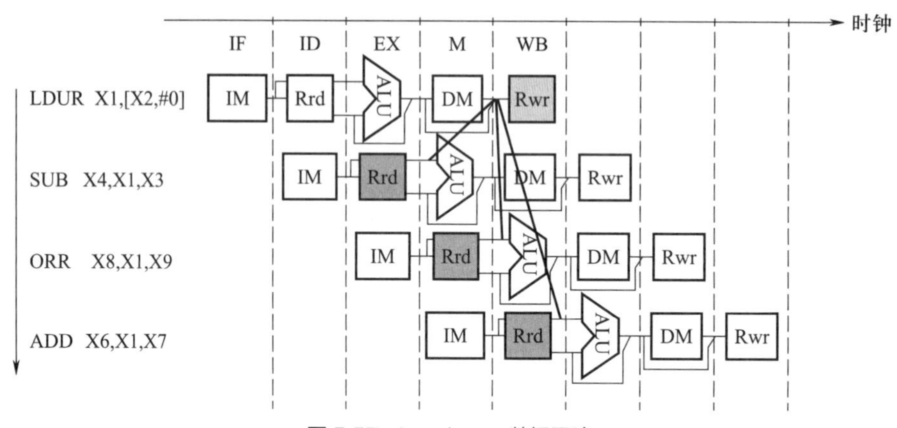

图 5.57 Load-use 数据冒险

对于 Load-use 数据冒险，最简单的做法是由编译器在 Load 指令之后插入 NOP 指令来解决，这样就无须通过硬件来处理数据冒险问题。当然，最好的办法是在程序编译时进行优化，通过调整指令顺序以避免出现 Load-use 现象。

例 5.2 以下是某高级语言源程序中的两条赋值语句：

```
a=b+c;
d=e-f;
```

假定 a、b、c、d、e、f 都被分配在内存中，其地址分别用 [a]、[b]、[c]、[d]、[e]、[f] 表示，通过编译器编译后，生成的汇编目标代码（为说明方便起见，在第一列加了序号）如下：

```
1    LDUR X2,  [b]
2    LDUR X3,  [c]
3    ADD  X1,  X2,  X3
4    STUR X1,  [a]
5    LDUR X5,  [e]
6    LDUR X6,  [f]
7    SUB  X4,  X5,  X6
8    STUR X4,  [d]
```

分析上述目标代码中的数据相关性，说明哪些相关性引起的数据冒险可通过转发技术解决，哪些不能，并进行代码优化，以尽量减少 Load-use 数据冒险。

解： 上述目标代码中，发生数据相关的指令对是 1-3、2-3、3-4、5-7、6-7、7-8。其中，2-3 和 6-7 两个指令对之间出现了 Load-use 数据冒险，它们不能通过转发技术解决，其他指令对之间由相关性引起的数据冒险都可通过转发技术解决。

可通过调整指令顺序，将一条无关指令插入 Load 指令和 R 型指令之间来优化代码，以避免 Load-use 现象。本例中通过将第 5 条指令和第 4 条指令分别插入 2-3 和 6-7 指令对中间来优化。以下是编译优化得到的目标代码：

```
1    LDUR X2,  [b]
2    LDUR X3,  [c]
5    LDUR X5,  [e]
3    ADD  X1,  X2,  X3
6    LDUR X6,  [f]
4    STUR X1,  [a]
7    SUB  X4,  X5,  X6
8    STUR X4,  [d]
```

显然，优化后的指令序列比优化前的指令序列在流水线中的执行速度快。据统计，优化调度后，Load-use 冒险引起的阻塞现象能降低 1/3～1/2。由此可见，编译优化对程序的性能是非常重要的，而了解指令的功能、指令执行流程和流水线结构等对构造良好的编译器又是极其必要的。

如果需要用硬件来处理 Load-use 冒险，必须在流水线数据通路中增加 Load-use 冒险检测部件，并在检测到发生 Load-use 冒险时进行流水线阻塞处理。从图 5.57 可以看出，Load-use 冒险发生的条件是，上一条是 Load 指令，并且从存储器装入寄存器的数据是本条指令的源操作数。Load-use 冒险的检测越早越好，但再早也要在取出指令之后，因此其检测点可安排在每条指令的 ID 阶段。此时，若是 Load-use 冒险，则 Load 指令应处于 EX 阶段。为了确定上一条指令是否是 Load 指令，引入一个新的控制信号 MemRead，是 Load 指令时该信号取值为 1，否则取值为 0。

根据上述分析，得到 Load-use 冒险的检测条件如下：

```
C=ID/EX.MemRead && ((ID/EX.Rd==IF/ID.Rs1)||(ID/EX.Rd==IF/ID.Rs2))
```

当 C = 1 时，说明发生了 Load-used 数据冒险。检测出 Load-use 数据冒险时，Load 指令后面的第一条指令（如图 5.57 中的 SUB 指令）正在 ID 阶段进行译码和取数操作，下个时钟到来时，译码出来的控制信号和寄存器 Rs1、Rs2 的值将被送到 ID/EX 流水段寄存器；同时，Load 指令后面的第二条指令（如图 5.57 中的 ORR 指令）处在 IF 阶段，正在根据 PC 的值取指令，下个时钟到来时，取出的指令将被送到 IF/ID 流水段寄存器。

为了避免 Load-use 数据冒险，必须使紧随 Load 指令后的两条指令停顿一个时钟周期再继续执行。这可通过将这两条指令的执行结果清除并让它们延迟一个时钟周期来实现。图 5.58 给出了带转发和 Load-use 冒险处理的部分流水线数据通路。具体来说，就是控制实现以下三个操作（分别对应图 5.58 中的①～③）：① 在 ID 阶段增加一个多路选择器，使多路选择器的控制信号选择将 ID/EX 流水段寄存器中的所有控制信号清 0（相当于插入一个“气泡”），而不是将当时译码器（ID）输出的控制信号送 ID/EX 流水段寄存器；② 在 IF/ID 流水段寄存器上增加一个寄存器写使能信号，控制此时该信号取值为 0，使得 IF/ID 流水段寄存器的值保持不变，这样就能使 Load 指令后面的一条指令继续保存在 IF/ID 流水段寄存器中，在下个时钟周期，该指令重新译码 / 取数；③ 在 PC 上增加一个寄存器写使能信号，控制此时该信号取值为 0，使得 PC 的值保持不变，使 Load 指令后面的第二条指令在下个时钟周期重新执行取指令操作。

从图 5.58 中可以看出，当检测到存在 Load-use 数据冒险时，检测部件将送出三个控制信号，分别控制上述三个操作的实现。

*5.5.3 控制冒险

正常情况下，指令在流水线中总是按顺序执行，当遇到分支指令、跳转指令等改变指令执行顺序的情况时，流水线中指令的正常执行会被阻塞。这种由于发生了指令执行顺序改变而引起的流水线阻塞称为控制冒险（control hazard）。各类转移指令（包括调用指令、返回指令等）的执行，以及异常和中断的出现都会改变指令的执行顺序，因而都可能引发控制冒险。

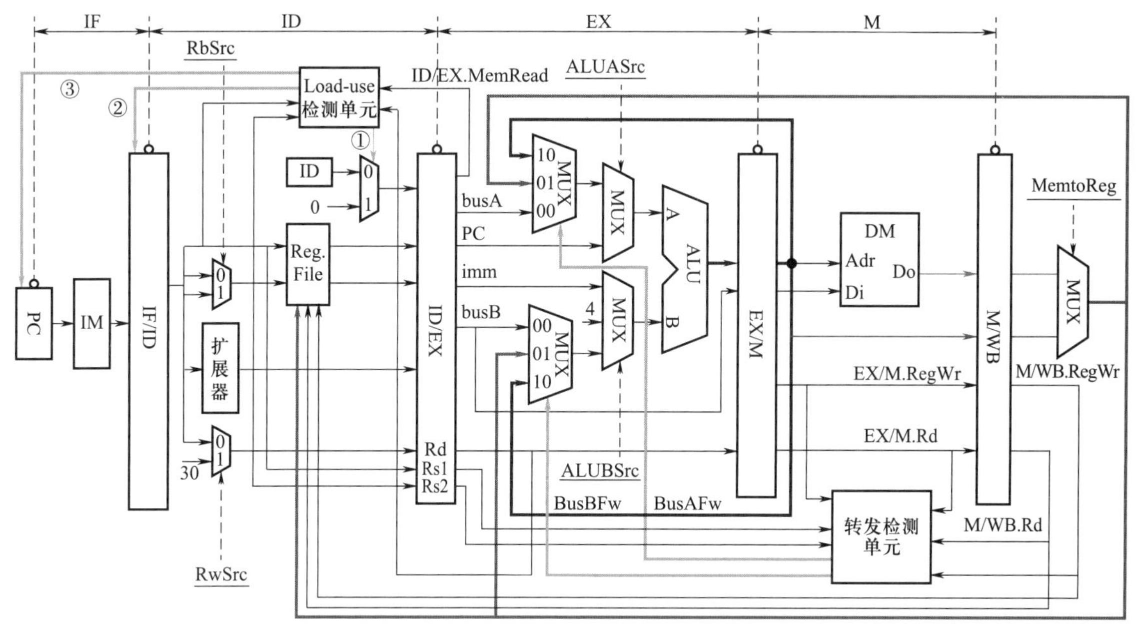

图 5.58 带转发和 Load-use 冒险处理的部分流水线数据通路

1. 转移指令引起的控制冒险

图 5.59 所示是一个由分支指令（条件转移指令）引起的控制冒险的流水线例子。

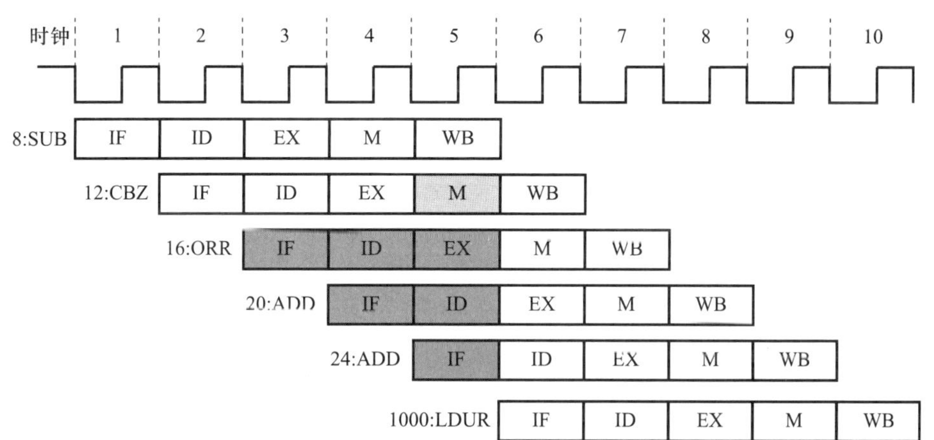

图 5.59 分支指令引起的控制冒险示例

在图 5.59 中，假定 CBZ 指令的地址为 12，条件满足时其转移目标地址为 1000。从图 5.45 和图 5.47 可以看出，分支指令 CBZ 的转移目标地址的计算操作在 EX 段执行，并在

M 段由标志 Zero 和控制信号 Branch 控制，以确定是否将 PC 的值更新为转移目标地址。因此，在图 5.59 所示的例子中，只有当 CBZ 指令执行到第 5 时钟结束时才能将转移目标地址 1000 送到 PC 的输入端，在第 6 时钟到来后，取出 1000 号单元开始的指令送流水线中执行。此时，紧跟在 CBZ 后面的第 16、20 和 24 三个单元的指令已在流水线中执行了一部分。显然，正确的执行顺序应该是第 12 单元中的 CBZ 指令执行完后转移到第 1000 单元执行。因此，如果不采取相应措施，则指令流水线的执行便会发生问题。通常，把由于流水线阻塞而带来的延迟执行周期数称为延迟损失时间片 C。显然，图 5.59 中的延迟损失时间片 C = 3。

由于指令分支而引起的控制冒险也称为分支冒险（branch hazard）。对于分支冒险，可采用和前面解决数据冒险一样的硬件阻塞方式（插入气泡）或软件阻塞方式（插入空操作指令）。假设延迟损失时间片为 C，则在数据通路中检测到分支指令时，就在分支指令后插入 C 个气泡，或编译时在分支指令后填入 C 条 NOP 指令。

插入气泡和插入空操作指令都是消极的方式，效率较低。结合分支预测可以降低由于分支冒险带来的时间损失。分支预测有简单（静态）预测和动态预测两种。此外，延迟分支方式也可部分解决分支冒险问题。

（1）简单预测

简单预测与指令执行历史无关，因此，它是一种静态预测方式。可以简单预测分支指令的条件总是不满足（not taken）或总是满足（taken）。对于预测不满足的情况，流水线总是按顺序继续执行分支指令的后续指令，如果在数据通路中检测到实际条件确实不满足，则预测正确，没有任何时间损失；如果检测到实际条件满足，则预测不正确，此时对分支指令后续不该执行的指令（如图 5.59 中的第 16、20、24 单元中的指令）进行冲刷（flush），通过相应的冲刷控制信号将指令或指令的控制信号清 0（主要保证写信号 RegWr 和 MemWr 清 0）。将寄存器写信号 RegWr 和存储器写信号 MemWr 清 0，就能保证不会改变指令执行结果，相当于执行了空操作。这样，如果分支延迟损失时间片为 3，则预测错误时将损失 3 个时钟周期。

在简单预测方式下，如果转移概率是 50%，则预测正确率仅有 50%。当然，也可以增加一些启发式规则来提高简单预测的准确率。可以进行一些有条件的简单预测，即在有些情况下预测总是满足，其他情况下预测总是不满足。如将循环体顶（底）部的分支总是预测为不满足（满足），则这种方法能达到 65%~85% 的预测准确率。

（2）动态预测

动态预测（dynamic prediction）的准确率可达 90%，现在几乎所有处理器都采用动态预测。它利用分支指令发生转移的历史情况来进行预测，并根据实际执行情况动态调整预测位。转移发生历史情况记录在一个表中，这个表有不同的名称，如分支历史记录表（branch history table，BHT，也称转移历史表）、分支预测缓冲（branch prediction buffer，BPB）、分支目标缓冲（branch target buffer，BTB，也称转移目标缓冲器）等。图 5.60 所示为动态预测和调整过程。

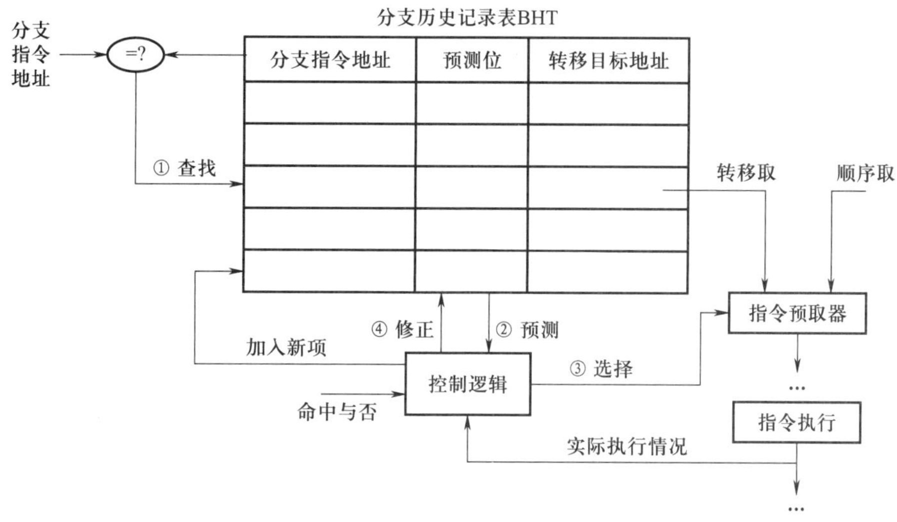

图 5.60　动态预测和调整过程示意

分支历史记录表的每个表项由分支指令地址作为索引，故在分支指令的 IF 阶段就可取到对应表项中的预测位。因此，完全来得及在分支指令进入 ID 阶段时去取被预测执行的下一条指令。

首先，根据当前分支指令的地址低位查找 BHT 表中对应的项；若未找到（即“未命中”），说明该分支指令是第一次执行，则由控制逻辑加入一个新项，将该分支指令的地址低位、转移目标地址和初始预测位填入表项中；若找到（即“命中”），则控制逻辑根据预测位确定是“转移取”还是“顺序取”；在分支指令执行时，控制逻辑根据实际情况来修改、调整预测位。预测位的宽度对动态预测的准确率有影响，可采用一位、两位预测位，也有的系统采用两位以上的预测位。

① 一位预测位。采用一位预测位时，总是按上次实际发生的情况来预测下一次的分支情况，可用“1”表示最近一次发生转移（taken），“0”表示未发生转移（not taken）。

预测时，若预测位为 1，则预测下次条件满足，会发生转移；若为 0，则预测下次条件不满足，不会发生转移。实际执行时，若预测错，则预测位取反；否则，预测位不变。可用一个简单的预测状态图表示预测位的动态调整过程，如图 5.61 所示。

采用一位预测位的缺点是，当分支情况连续两次发生改变时，则预测错误。例如，对于循环出口处的分支指令，第一次进循环和最后一次出循环时都会发生预测错误，因为这两次都会改变分支情况；而在循环中的每次预测都不会错，因为预测和实际的情况都是发生转移。

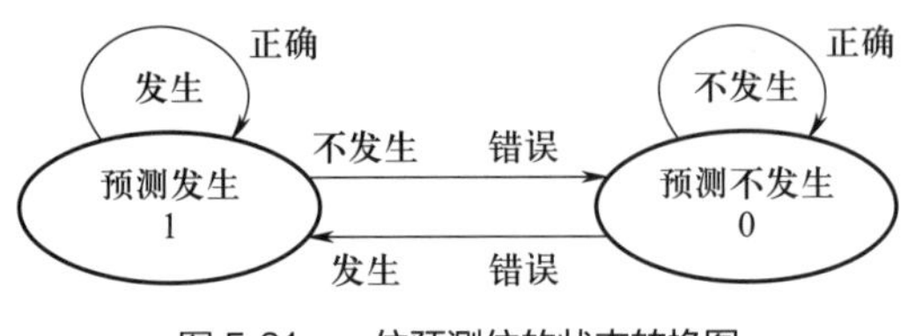

图 5.61　一位预测位的状态转换图

例 5.3　图 5.62 所示为某个 C 语言程序段及其对应的 ARMv8 汇编代码。假定该程序在一个采用一位预测位的流水线处理器上执行，预测位初始为 0。试分析当 $N=10$ 和 $N=100$ 时，该程序段中各分支指令的预测正确率。

```
int sum(int N)
{
    int i, j, sum=0;
    for (i=0; i<N; i++)
        for (j=0; j<N; j++)
            sum=sum+1;
    return sum;
}
```

(a) C语言程序段

```
          …
Loop-i:   CMP  X1, X5
          B.EQ  Exit-i           //若(i=N)则跳出外循环
          ADD  X2, XZR, XZR      //j=0
Loop-j:   CMP  X2, X5
          B.EQ  Exit-j           //若(j=N)则跳出内循环
          ADDI  X2, X2, #1       //j=j+1
          ADDI  X6, X6, #1       //sum=sum+1
          B  Loop-j
Exit-j:   ADDI  X1, X1, #1       //i=i+1
          B Loop-i
Exit-i:   …
```

(b) 汇编程序段

图 5.62　循环中分支指令的预测

解：该程序具有两重循环结构，每层循环中有一个分支指令，位于循环入口处。外循环中的分支指令共执行 $N+1$ 次，内循环中的分支指令共执行 $N\times(N+1)$ 次。

预测位初始为 0，根据一位预测位状态转换图可知，外循环中的分支指令只有最后一次预测错误，其余都预测正确；而对于内循环中的分支指令，每次跳出内循环时预测位变为 1，再进入内循环时，第一次总是预测错误，并且任何一次循环的最后一次总是预测错误，因此，共有 $1+2\times(N-1)$ 次预测错误。

当 $N=10$ 时，外循环中分支指令的预测正确率约为 $10/11\times100\%\approx90.9\%$；内循环中分支指令的预测正确率约为 $(110-19)/110\times100\%\approx82.7\%$。

当 $N=100$ 时，外循环中分支指令的预测正确率约为 $100/101\times100\%\approx99.0\%$；内循环中分支指令的预测正确率约为 $(10\,100-199)/10\,100\times100\%\approx98.0\%$。

② 两位预测位。用两位预测位组合成 4 种情况来表示预测和实际转移的状态，图 5.63

所示为两位预测位的状态转换图。

4个状态中，有两个状态预测发生转移，有两个状态预测不发生转移。假定11状态表示预测发生（强转移），实际不发生时，转到状态10（弱转移），下次仍预测发生转移，如果再次预测错误（即实际不发生），才使下次预测调整为00状态（强不转移）。从图5.63可以看出，只有两次预测错误才改变预测方向。

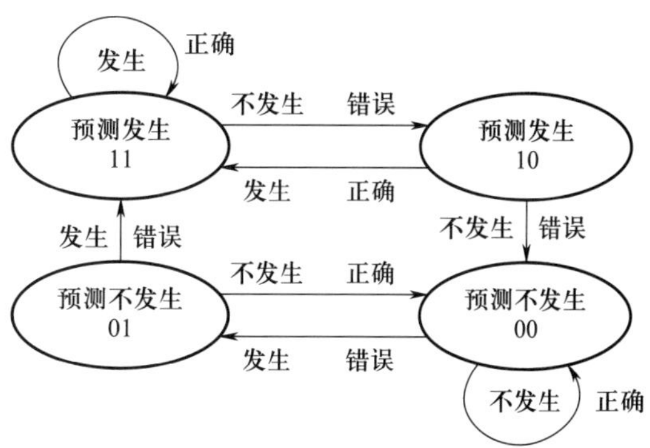

图5.63　两位预测位的状态转换图

采用两位预测可避免一位预测时出现的一些问题，使得在连续两次发生不同的分支情况时也可能会预测正确。

例5.4　假定图5.62给出的程序运行在一个采用两位预测位的流水线处理器上，预测位初始为00。试分析当 $N=10$ 和 $N=100$ 时，该程序段中各分支指令的预测正确率。

解：预测位初始为00，根据两位预测位状态转换图可知，外循环中的分支指令只有最后一次预测错误，其余都预测正确；而对于内循环中的分支指令，每次跳出内循环时预测位变为01，预测不发生，再进入内循环时，第一次分支指令实际上也不发生转移，预测正确，而且预测状态变回00，因而又保证下次跳出内循环后再进入时，第一次总是预测正确，因此，对于内循环总是只有最后一次预测错误，共有 N 次预测错误。

当 $N=10$ 时，外循环中分支指令的预测正确率约为 $10/11\times100\%\approx90.9\%$；内循环中分支指令的预测正确率约为 $(110-10)/110\times100\%\approx90.9\%$。

当 $N=100$ 时，外循环中分支指令的预测正确率约为 $100/101\times100\%\approx99.0\%$；内循环中分支指令的预测正确率约为 $(10\,100-100)/10\,100\times100\%\approx99.0\%$。

由此可见，在两位预测位方式下，内循环分支指令的预测正确率基本上与外循环相当。而在一位预测位方式下，内循环中分支指令的预测正确率远不及外循环分支指令的预测正确率。

目前，两位预测位使用较多，也有的系统采用两位以上的预测位，如Pentium 4的BTB2采用了4位预测位。

注意，采用分支预测方式时，流水线控制逻辑必须对错误预测的指令进行冲刷，确保其执行结果无法生效，而且要能从正确的分支地址处重新启动流水线工作。

（3）延迟分支

除了上述介绍的分支预测结合硬件阻塞和软件插入空指令的方法外，还可以采用延迟分支（delayed branch）的方法来解决分支冒险。其主要思想是，采用编译优化来调整指令顺序，把分支指令前与分支指令无关的指令调整到分支指令后面执行，以填充延迟损失时间片，不够时用 NOP 操作填充。分支指令后面被填充的指令位置称为分支延迟槽（branch delay slot，也称转移延迟槽），需要填入的指令条数（即分支延迟槽数）等于延迟损失时间片。不管分支指令是否满足条件，处理器都会执行在分支延迟槽中填入的指令，而不用在硬件上阻塞流水线的执行。

因为延迟分支技术通过编译器重排指令顺序来实现，所以它属于静态调度技术。图 5.64 给出了一个分支延迟调度的例子。该例假定流水线的分支延迟损失时间片为 2。从图 5.64 可看出，在 CBZ 指令前的所有指令中，可以插到 CBZ 指令后、ADD 指令前的只有第一条 LDUR 指令和 SUB 指令，但是，如果把这两条指令都调过去，则第 2 条 LDUR 指令和 CBZ 指令就会形成 Load-use 数据冒险，因此，只能有一条指令填入分支延迟槽，另外还需再加一条 NOP 指令。

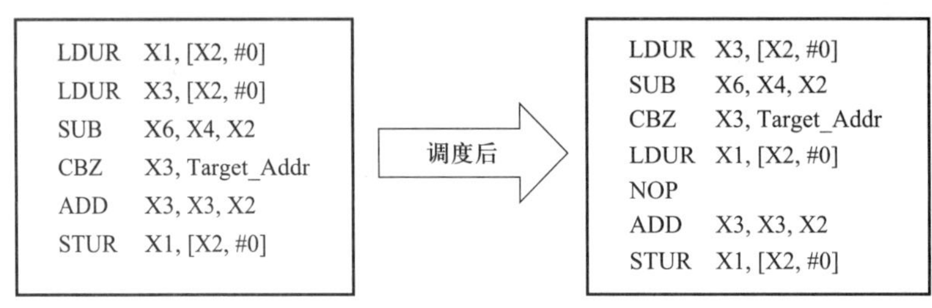

图 5.64 延迟分支调度的一个例子

对于分支冒险来说，分支延迟损失时间片是影响流水线执行效率的重要因素。分支延迟损失时间片越小，插入的气泡或 NOP 指令越少，在预测错误时被冲刷的指令条数越少，在分支延迟方式下，调度到分支延迟槽的无关指令条数就越少。例如，图 5.64 中假定分支延迟损失时间片减少为 1，则不需要填入 NOP 指令。

减少分支延迟损失时间片的关键是尽量提早进行分支条件预测。例如，在前面图 5.45 所示的流水线数据通路中，分支指令 CBZ 的条件检测在 M 阶段进行，因而得到分支延迟损失时间片为 3。如果把检测操作往前调到 EX 段，甚至提前到 ID 段，则可将分支延迟损失时间片减少到 2，甚至减为 1。

虽然，延迟分支技术利用较小的软件代价解决了流水线阻塞问题，但是，在采用一些高级流水线技术或者进行异常处理等情况时，延迟分支技术还是存在一些问题。MIPS 处理器架构采用了延迟分支技术，其分支延迟槽数为 1，因而所有 MIPS 处理器的实现都必须遵循这一约束，同时也需要引入各种开销来解决该技术带来的问题。例如，即使设计一款 MIPS 架构的单周期处理器，仍然需要考虑分支延迟槽的问题，才能正确运行各种 MIPS 程序。针对延迟分支技术，GCC 编译器提供了一个编译选项 -fno-delayed-branch，用于指示编译器向分支延迟槽中强制填充 NOP 指令。通过该选项编译出来的 MIPS 程序，即使在没有采用延迟分支技术的非标准 MIPS 处理器中也能正确执行，因为分支延迟槽中放置的是 NOP 指令，是否执行它并不影响程序的正确性；但对于标准的 MIPS 处理器，这样的程序就完全没有发挥出延迟分支技术的优势，其效果等价于前文介绍的、插入空操作指令的消极方法。鉴于上述缺点，ARMv8 在设计分支指令时决定不采用延迟分支技术。

2. 异常或中断引起的控制冒险

除了上述介绍的、由于分支指令引起的控制冒险外，还有异常或中断引起的控制冒险。

异常和中断的出现会改变程序的执行流程，使流水线执行发生阻塞。与分支冒险一样，当某条指令执行过程中发现异常或中断时，其后面的多条指令可能已经被取到流水线中正在执行。例如，ALU 运算类指令发现“溢出”时，EX 阶段已经快结束了，此时，它后面已有两条指令进入了流水线。

在数据通路的不同流水段中加入相应的检测逻辑，可检测出哪条指令发生了异常，例如，“无效指令地址”可在 IF 段检出，“无效指令”可在 ID 段检出，“无效数据地址”可在 Load/Store 指令的 M 段检出。检测出异常的那个流水段正在执行的指令，就是发生异常的指令。对外部中断的检测可以放在第一个流水段 IF 或最后一个流水段 WB 中进行。若放在 IF 中检测，因为可在取指令前进行，若发现有中断请求，则能确保在该时钟周期就开始执行中断服务程序，并让已经在流水线中的指令继续执行完，不需要进行指令冲刷；若放在 WB 段进行，则需要将刚执行完的指令后面几条指令从流水线中清除掉。

对于图 5.45 所示的 5 段流水线处理器，任何一个时钟周期都有 5 条活动指令，因而很可能在一个时钟周期内同时有多条指令发生异常或中断，不同流水段发生不同类型的异常。例如，在 EX 段 SVC 指令进行“自陷”的同时，ID 段的指令发生了“无效指令”异常，M 段的 LDUR 指令发生了“缺页”异常，并且又发生了外设 I/O 中断请求。上述这种情况下，显然应该先响应和处理 LDUR 指令的“缺页”异常。

对于这种同时发生多个异常和中断的情况，最关键的问题是要确定哪条指令的异常应最先被响应和处理。显然，排在前面的指令所发生的异常的响应优先级高，因此，优先级确定原则是，在同一个时钟周期内的指令序列中，最先执行的指令所产生的异常最先被响应，外部中断请求最后响应。也就是说对同时在 5 个指令流水段中发生的异常进行排序时，其顺序为 WB >M>EX>ID>IF。

许多处理器都能提供一种精确的异常和中断方式。所谓精确的异常和中断，是指处理器能够确定异常和中断发生的精确位置，即处理器响应异常和中断时，所保存的断点是精确的返回地址。因为以流水线方式执行指令时，异常可能发生在不同的阶段，因而会产生一些潜在的错误。例如，在图 5.45 所示的 5 段流水线处理器中，假定正在执行指令序列为

LDUR → SVC → ORR……，而且 LDUR 指令将在 M 段发生“缺页”异常，SVC 指令将在 EX 段发生“自陷”，ORR 指令将在 IF 段发生“指令地址越界”异常。在这种情况下，按正确的处理顺序，应该先处理 LDUR 指令发生的异常。但是，因为 ORR 指令处于 IF 段时，LDUR 处于 EX 段，SVC 处于 ID 段，因此，此时 ORR 前面的两条指令都还没有发生异常。如果立即处理 ORR 指令发生的异常，则 SVC 指令和 LDUR 指令的异常就会被忽略，从而导致程序执行错误。因此，通常的做法是，在每个时钟周期内，在多个流水段中发生的异常的原因和断点只是被记录到特定的寄存器中，并通过流水段寄存器向后传递，由最后阶段的硬件检测该指令是否发生过异常或此时是否有外部中断发生，若有，则清除流水线中后面所有阶段正在执行的指令，然后转到相应的异常处理程序去执行。

例 5.5 假设数据通路中各主要功能单元的操作时间如下。存储器：400 ps；ALU 和加法器：200 ps；寄存器组读口或写口：100 ps。假设 MUX、控制器、PC、扩展器和传输线路等的延迟忽略不计，程序中指令的组成比例如下：Load 指令占 25%；Store 指令占 10%；ALU 运算类指令占 52%；分支指令占 11%；无条件跳转指令占 2%。则下面的实现方式中，哪个更快？快多少？

① 在单周期方式下，每条指令在一个固定长度的时钟周期内完成。

② 在多周期方式下，每类指令的时钟数如下：取数，5；存数，4；ALU，4；分支，3；无条件跳转，3。

③ 在流水线方式下，每条指令分取指令、取数 / 译码、执行、存储器访问和写回 5 个阶段。假定没有结构冒险；数据冒险采用“转发”技术处理；分支延迟损失时间片为 1，预测准确率为 75%；不考虑异常、中断等引起的流水线阻塞。

解： CPU 执行时间 = 指令条数 × CPI × 时钟周期，对于同一个程序，三种方式的指令条数都一样，因此只需比较 CPI 和时钟周期即可。

根据已知条件，各类指令实际需要的执行时间大致计算如下。

Load 指令：取指 400 ps + 寄存器读 100 ps + ALU 运算 200 ps + 取数 400 ps + 寄存器写 100 ps = 1.2 ns。

Store 指令：取指 400 ps + 寄存器读 100 ps + ALU 运算 200 ps + 存数 400 ps = 1.1 ns。

ALU 指令：取指 400 ps + 寄存器读 100 ps + ALU 运算 200 ps + 寄存器写 100 ps = 800 ps。

分支指令：取指 400 ps + 寄存器读 100 ps + ALU 运算 200 ps = 700 ps。

无条件跳转指令：取指 400 ps + ALU 计算 200 ps = 600 ps。

① 在单周期方式下，时钟周期由最长的 Load 指令确定为 1.2 ns。因此，N 条指令的执行时间为 1.2N ns。

② 在多周期方式下，以功能部件最长所需时间作为时钟周期，因为存储器访问操作时间最长，为 400 ps，因此时钟周期为 400 ps。根据各类指令的频率，计算出平均时钟周期数如下：

$$5\times25\%+4\times10\%+4\times52\%+3\times11\%+3\times2\%=4.12$$

因此，N 条指令的执行时间为 $4.12\times400\text{ ps}\times N=1.648N\text{ ns}$。

③ 在流水线方式下，流水线的时钟周期取功能部件最长所需时间，为 400 ps。每类指令所需的时钟数如下。

Load 指令：当发生 Load−use 冒险时，执行时间为 2 个时钟周期，否则为 1 个时钟周期，按发生 Load−use 冒险的概率为 50% 算，平均执行时间为 1.5 个时钟周期。

Store 指令、ALU 指令：因为采用了“转发”机制，所以流水线不会被阻塞，故只需 1 个时钟周期。

分支指令：分支延迟损失时间片为 1，因而预测错误时阻塞 1 个时钟周期。这样，预测成功时需要 1 个时钟周期，预测错误时需要 2 个时钟周期。平均约为 $0.75\times1+0.25\times2=1.25$ 个时钟周期。

无条件跳转指令：需等到译码阶段结束才能得到转移地址，故需要 2 个时钟周期。

因此，平均 CPI 为 $1.5\times25\%+1\times10\%+1\times52\%+1.25\times11\%+2\times2\%\approx1.17$。

所以，N 条指令的执行时间为 $1.17\times400\text{ ps}\times N=0.468N\text{ ns}$。

综上所述，流水线方式的执行速度最快，与单周期相比，为 1.2 ns/0.468 ns≈2.56 倍；与多周期相比，为 1.648 ns/0.468 ns≈3.52 倍，都要快一倍以上。

5.6 高级流水线技术

高级流水线技术充分利用指令级并行（instruction level parallelism，ILP）来提高流水线的性能。增加指令级并行的策略有两种。

一种是超流水线（super-pipelining）技术，通过增加流水线级数使更多的指令能同时在流水线中重叠执行。超流水线并没有改变 CPI 的值，CPI 仍是 1，但是，因为理想情况下流水线的加速比与流水段的数量成正比，所以流水段越多，时钟周期越短，指令吞吐量越高。因此，超流水线的性能比普通流水线好。但是，流水线级数越多，用于流水段寄存器的开销就越大，同时分支预测错误的代价也会上升，因而对流水线级数是有限制的，不能无限增加。

另一种是多发射流水线（multiple issue pipelining）技术，通过同时启动多条指令（如整数运算指令、浮点运算指令、存储器访问指令等）独立运行来提高指令并行性。实现多发射流水线的前提是数据通路中有多个执行部件，如定点加减运算、浮点运算、乘/除、取数/存数等各类部件。多发射流水线的 CPI 可小于 1，因此，有时用 CPI 的倒数 IPC（instructions per cycle）来衡量其性能。IPC 是指每个时钟周期内完成的指令条数。例如，4 路多发射流水线的理想 IPC 为 4。

实现多发射流水线必须完成以下两个任务：指令打包和冒险处理。指令打包任务就是将能够并行处理的多条指令同时发送到发射槽中，因此处理器必须知道每个周期能发射几条指令，哪些指令可以同时发射。这通过推测（speculation）技术实现，可以由编译器或处理器通过猜测指令执行结果来调整指令执行顺序，使指令的执行达到最大可能的并行。指令打包的决策依赖于"推测"的结果，主要根据指令间的相关性来推测，与前面指令不相关的指令可以提前执行。例如，如果可以推测出一条 Load 指令和它之前的 Store 指令引用的不是同一个存储地址，则可以将 Load 指令提前到 Store 指令之前执行；也可对分支指令进行推测以提前执行分支目标处的指令。不过，和分支预测技术一样，推测也仅是"猜测"，有可能推测错误，故需要有推测错误检测和回退机制，在检测到推测错误时，能回退到错误执行的指令前的状态。因此，错误的推测会导致额外开销。推测操作需要结合软件推测和硬件推测进行。软件推测指编译器通过推测来静态地重排指令顺序，这种推测一定要正确；而硬件推测指处理器在程序执行过程中通过推测来动态地调度指令。

根据推测打包任务主要由编译器静态完成还是由处理器动态执行，可将多发射技术分为静态多发射和动态多发射两类。

*5.6.1 静态多发射处理器

静态多发射处理器主要通过编译器静态推测来辅助完成指令打包和冒险处理。指令打包的结果可看成将同时发射的多条指令合并到一条长指令中。通常将同一个周期内发射的多条指令看成一条包含多个操作的长指令，称为一个"发射包"。因此，静态多发射指令最初被称为"超长指令字"（very long instruction word，VLIW），采用这种技术的处理器被称为 VLIW 处理器。Intel 公司的 IA-64 架构采用这种方法，并将其称为 EPIC（explicitly parallel instruction computing，显式并行指令计算）。

因为数据通路中的功能部件及其个数是确定的，所以，同一时钟周期内可发射的指令类型和指令条数是受限的。例如，如果 ALU 运算部件和存储访问部件独立设置，并各只提供一套，则只能同时发射一条 ALU 指令/分支指令和一条 Load/Store 指令。

静态多发射处理器面临的冒险主要是数据冒险和控制冒险。处理冒险的方式有两种：一种是完全由编译器通过代码调度和插入 NOP 指令来静态地消除所有冒险，无须由硬件实现冒险检测和流水线阻塞；另一种是由编译器通过静态指令分析和代码调度来消除打包指令的内部依赖，由硬件检测打包指令之间的数据冒险并实现流水线阻塞。

以下用一个例子来说明编译器如何进行静态指令调度。假设某程序段用来实现对数组中的所有元素依次进行“加 1”操作，该程序段在 2－发射 ARMv8 机器上对应的机器级代码段如下：

```
loop:  LDUR   X2, [X1,#0]       //从存储单元取数，送 X2
       ADDI   X2, X2, #1        //X2 加 1
       STUR   X2, [X1,#0]       //X2 送回存储单元
       SUBI   X1, X1, #4        //存储单元地址减 4
       CBZ    X1, loop          //若存储单元地址不为 0，则继续循环
```

由于受 2－发射 ARMv8 流水线处理器结构的限制，指令被分成两类：一类是 ALU/ 分支指令，另一类是 Load/Store 指令。为了能在 2－发射 ARMv8 流水线中有效地执行上述程序，需要重新排列指令序列。因为前 3 条指令与 X2 相关，后两条指令与 X1 相关，因此可把第 4 条指令调到第 1 条后面，但因为 X1 先被减 4，故第 3 条指令 STUR 的偏移量应改为 4。这里，考虑到 Load-use 冒险，无法把“ADDI X2，X2，#1”指令再往前调度。调度后得到的指令代码序列如图 5.65 所示。

	ALU/分支指令	Load/Store指令	时钟周期
loop:	NOP	LDUR X2, [X1,#0]	1
	SUBI X1, X1, #4	NOP	2
	ADDI X2, X2, #1	NOP	3
	CBZ X1, loop	STUR X2, [X1,#4]	4

图 5.65　2- 发射 RV32I 流水线的指令代码调度例子

上述调度的结果是循环体内的 5 条指令在 4 个时钟周期内完成，因此，实际 CPI 为 0.8，即 IPC = 1.25。这个结果与理想情况相比，相差很大。对于在循环结构中的代码，更好的调度技术是“循环展开”。

循环展开的基本思想是，将循环体展开生成多个副本，在展开的指令中统筹调度。例如，对于上例，若循环执行次数是 4 的倍数，则可循环展开 4 次，其最佳调度序列如图 5.66 所示。

循环展开 4 次后，每次循环体内对 4 个数组元素进行操作，数组首地址在 X1 中。因为 SUBI 指令先将 X1 减 16，因此，如图 5.67 所示，循环内被操作的 4 个数组元素的地址分别是 R[X1] + 16、R[X1] + 12、R[X1] + 8、R[X1] + 4，因为当第 1 个时钟周期的 LDUR 指令进行地址计算时，SUBI 指令的执行结果还没写到 X1 中，所以此时 X1 中还是原来的值，因此，该 LDUR 指令的地址偏移是 0 而不是 16。

	ALU/分支指令	Load/Store指令	时钟周期
loop:	SUBI X1, X1, #16	LDUR X2, [X1, #0]	1
	NOP	LDUR X3, [X1, #12]	2
	ADDI X2, X2, #1	LDUR X4, [X1, #8]	3
	ADDI X3, X3, #1	LDUR X5, [X1, #4]	4
	ADDI X4, X4, #1	STUR X2, [X1, #16]	5
	ADDI X5, X5, #1	STUR X3, [X1, #12]	6
	NOP	STUR X4, [X1, #8]	7
	CBZ X1, loop	STUR X5, [X1, #4]	8

图 5.66 2-发射 ARMv8 流水线的指令代码“循环展开”调度例子

循环展开 4 次后，循环内与数组元素的访问和操作相关的 3 条指令（LDUR、ADDI、STUR）各有 4 条，再加上 1 条 SUBI 指令和 1 条 CBZ 指令，共 14 条指令，用了 8 个时钟，CPI 达到 8/14≈0.57，即 IPC≈1.75，显然，这比未进行循环展开时的执行效率高。

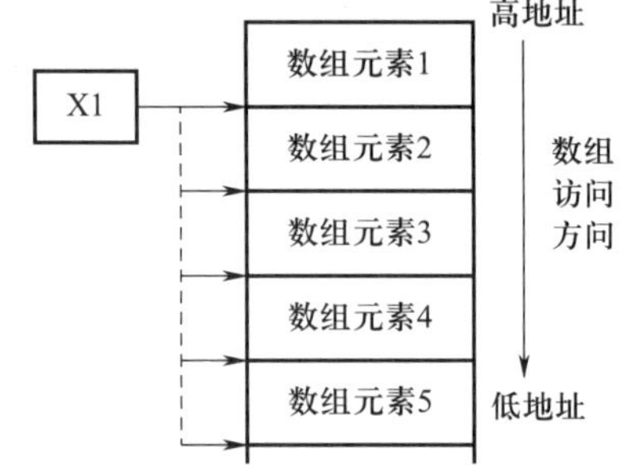

图 5.67 循环展开后的数组元素地址

在循环展开过程中，用到了寄存器重命名（也称寄存器换名）技术，多用了 3 个临时寄存器 X3、X4 和 X5 来消除名字依赖关系。因为名字依赖是一种非真实依赖，只是寄存器名相同而已，实际上存放的并不是同一个数据，因此可以用另一个寄存器名替换。例如，上述例子中循环展开 4 次后，如果不进行“寄存器重命名”，循环内处理的 4 个数组元素都存放在临时寄存器 X2 中，从而形成寄存器名字依赖关系。实际上 X2 中每次存放的是不同的数组元素，因而可以换用其他临时寄存器来存放。

在进行循环展开时，需要注意尽量不要引起新的数据冒险。例如，指令“ADDI X2, X2, #1”不能放在第 2 个时钟周期，否则会引起 Load-use 数据冒险。

从上述例子可以看出，循环展开确实能提高程序执行效率。事实上，即使是在单周期处理器中，使用循环展开技术也有好处。因为循环展开之后，分支指令执行的次数也会减少。例如上例中循环展开了 4 次，那么分支指令执行的次数就减小到原来的 25%。这对一些循环体很小但循环次数很多的代码来说，会有明显的性能提升。比如，对于标准 C 库中的 memcpy 和 memset 等简单函数，通常都用循环展开技术来提升性能。

但是，循环展开技术也是有代价的，使用时需要权衡。本例的代价是多用了 3 个临时寄存器，并增加了程序的代码长度，因为循环体变长使程序所占用的存储空间变大了。如果循环体比较复杂，展开后可能会导致寄存器不足而需要把临时变量分配到栈上，这样反而降低了程序的性能。此外，如果上述例子中循环次数不是 4 的倍数，那么也会有问题。这种情况下，除了调整循环次数外，还要对多出来的不足 4 次的循环另外进行处理。

计算机硬件结构和编译器的关系非常密切，编译器的好坏直接影响程序的性能。实现编译器的程序员必须对机器结构非常了解，才能开发出质量优良的编译器。

*5.6.2 动态多发射处理器

动态多发射流水线处理器在指令执行时由处理器硬件动态地进行流水线调度来完成指令打包和冒险处理，能在一个时钟周期内执行一条以上的指令。

要在动态多发射处理器上达到较好的性能，也需要由编译器进行静态调度，以尽量消除依赖关系，使处理器达到较高的发射速率。但这种静态调度和静态多发射处理器的静态调度有所不同。对于 VLIW 处理器的静态调度来说，编译结果与机器结构密切相关；而对于动态调度来说，编译器仅进行指令顺序调整，不需要根据机器结构进行指令打包，而是完全由硬件来决定某个时钟周期发射哪几条指令。

动态多发射流水线处理器通常称为超标量（superscalar）处理器。在简单的超标量处理器中，指令按顺序发射，每个周期由处理器决定发射一条或多条指令。显然，在这种处理器上要达到较好的性能，很大程度上依赖于编译器。为了更好地发挥超标量处理器的性能，多数超标量处理器都结合动态流水线调度（dynamic pipeline scheduling）技术。处理器通过指令相关性检测和动态分支预测等手段，投机性地不按指令顺序执行，当发生流水线阻塞时，根据指令的依赖关系，动态地到后面找一些没有依赖关系的指令提前执行。这种指令执行方式称为乱序执行（out-of-order execution）。

例如，对于以下一段 ARMv8 指令序列：

```
LDUR      X1, [X7, #0]
ADD       X3, X1, X2
SUB       X8, X8, X4
ADDI      X5, X8, #20
```

第一条和第二条指令存在 Load use 数据冒险，因此可以采用动态流水线调度方式，将 SUB 指令调到第二条指令前面提前执行，无须等待 LDUR 和 ADD 指令执行完毕。ADDI 指令也可以提前，但因为和 SUB 指令有依赖关系，所以一定要保证它在 SUB 指令后执行。

为了实现动态多发射和动态流水线调度，处理器中需要提供一些必要的机制和相应的处理部件，如指令预取部件、指令调度与分派部件、多个功能部件、重排序缓冲器等。图 5.68 所示是动态多发射流水线处理器的通用模型示意图。

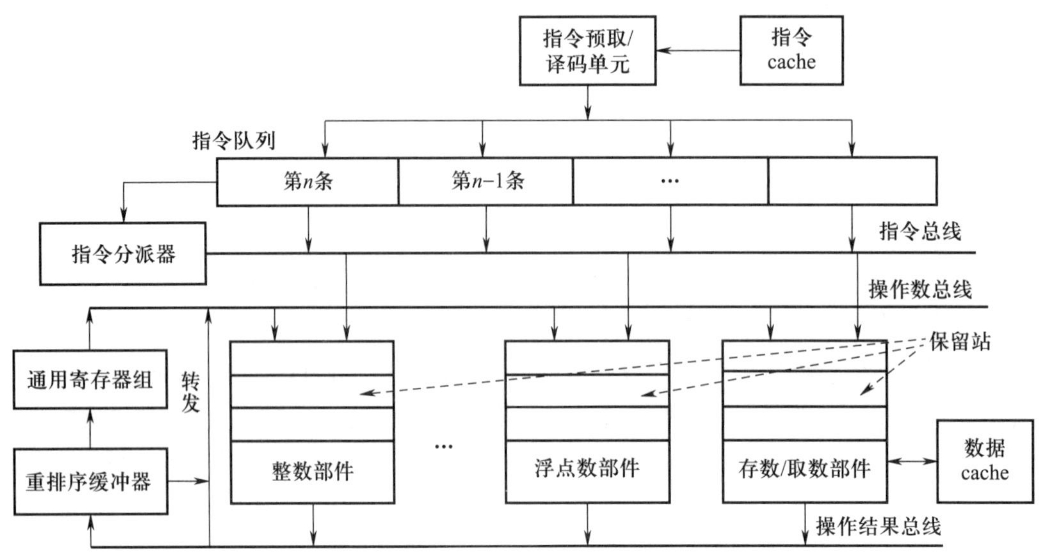

图 5.68 动态多发射流水线处理器的通用模型

如图 5.68 所示，动态多发射流水线处理器主要由以下几个部分组成。

① 指令预取和译码单元。为了保证流水线中有足够的指令执行，必须要有指令预取功能。预取的指令经译码后，放入一个指令队列中。图 5.68 中的指令 cache 是专门存放指令的高速缓存。有关 cache 存储器的概念参见第 6 章。

② 指令分派器（dispatcher）。通过分析指令功能和指令间的依赖关系，根据功能部件的空闲情况，确定何时发射哪条指令到哪个功能单元中。

③ 功能部件。超标量处理器中一定有多个执行部件（或称功能部件），它们各自完成独立的操作，如整数加、整数乘、整数除、浮点数加、浮点数乘、浮点数除、存数 / 取数等部件。每个执行部件通常用两个周期数来刻画其性能，一个是执行周期数（latency），表示完成特定操作所用的时钟周期数；另一个是发射时间（issue time），表示连续、独立的两次操作之间的最短周期数。表 5.6 所示是 Pentium Ⅲ部分功能部件的性能。从表 5.6 可以看出，整数加法、整数乘法、浮点数加法、取数、存数这 5 种部件是流水化的，浮点数乘法部件是部分流水化的，而整数除法和浮点数除法是完全没有流水化的。每个功能部件有各自的缓冲器，称为保留站，用于保存操作数和操作命令。

表 5.6 Pentium Ⅲ部分功能部件的性能

操作类型	执行周期数	发射时间
整数加法	1	1
整数乘法	4	1
整数除法	36	36
浮点数加法	3	1
浮点数乘法	5	2
浮点数除法	38	38
取数（cache 命中）	3	1
存数（cache 命中）	3	1

④ 重排序缓冲器（reorder buffer，ROB）。重排序缓冲器用于保存已完成指令的执行结果，等待可能时将执行结果写回通用寄存器中。功能部件一旦完成操作，就将结果同时送入其他等待该结果的保留站和 ROB 中。指令结果也可在 ROB 中被“转发”。当指令发射时，其源操作数可能是其他指令的运算结果，因而可能正位于通用寄存器或 ROB 中，此时可立即将操作数复制到相应的保留站中；若操作数不在通用寄存器或 ROB 中，则一定会在某个时刻由一个功能部件计算出来，硬件通过定位该功能部件，将结果从旁路转发到相应的保留站。

动态多发射流水线的执行模式有 3 种：按序发射、按序完成，按序发射、无序完成，无序发射、无序完成。

5.7 本章小结

CPU 的基本功能是周而复始地执行指令，并处理异常和中断。CPU 最基本的部分是数据通路和控制器。数据通路中包含组合逻辑单元和存储信息的状态单元。组合逻辑单元（如加法器、ALU、扩展器、多路选择器及状态单元的读操作逻辑等）用于对数据进行处理；状态单元包括触发器、寄存器和存储器等，用于对指令执行的中间状态或最终结果进行保存。控制器对取出的指令进行译码，生成对数据通路进行控制的控制信号。

指令流水线是指将每条指令的执行规整化为若干个流水阶段。指令在资源冲突、数据相关或控制相关时会发生流水线阻塞，从而影响指令执行效率。结构冒险（资源冲突）是指多条指令同时要求使用同一个功能部件；数据冒险（数据相关）是指前面指令的目的操作数是后面指令的源操作数；控制冒险（控制相关）是指指令不按顺序执行时导致的冒险，如转移指令和异常 / 中断等都会引起控制冒险。

在时间和空间上进一步提高指令级并行性的高级流水线技术通常有三种措施：超流水线、静态多发射流水线和动态多发射流水线。动态多发射处理器也称超标量处理器，多采用动态流水线调度技术实现。动态调度指处理器通过指令相关性检测和动态分支预测等手段，投机性地不按指令顺序执行，当发生流水线阻塞时，根据指令的依赖关系，动态地到后面找一些没有依赖关系的指令提前执行。

习　题

1. 给出以下概念的解释说明。

指令周期	数据通路	控制部件	执行部件
操作元件	状态元件	多路选择器	扩展器
程序计数器（PC）	指令寄存器（IR）	指令译码器（ID）	时钟周期
转移目标地址	控制信号	硬连线控制器	微程序控制器
微程序	微指令	控制存储器（CS）	微代码
固件	内部异常	故障	自陷
外部中断	断点	异常处理程序	关中断
指令流水线	流水线深度	指令吞吐量	流水段寄存器
流水线冒险	流水线阻塞	结构冒险	数据冒险
气泡	空操作指令（NOP）	转发（旁路）	控制冒险
分支预测	静态分支预测	动态分支预测	延迟损失时间片
分支延迟槽	IPC	超流水线	静态多发射
超长指令字（VLIW）	动态多发射	超标量流水线	动态流水线调度
按序发射	乱序执行	重排序缓冲器（ROB）	写后读（RAW）相关

2. 简单回答下列问题。

（1）CPU 的基本组成和基本功能各是什么？

（2）取指令部件的功能是什么？

（3）控制器的功能是什么？

（4）单周期处理器的 CPI 是多少？时钟周期如何确定？为什么单周期处理器的性能差？

（5）多周期处理器的设计思想是什么？每条指令的 CPI 是否相同？

（6）在控制器的设计方法上，单周期处理器和多周期处理器的差别是什么？

（7）为什么 CISC 大多用微程序控制器实现，RISC 大多用硬连线控制器实现？

（8）CPU 是如何发现内部异常和外部中断的？两者最本质的不同是什么？

（9）在流水线方式下，一条指令的执行时间是缩短了还是加长了？程序的执行时间是缩短了还是加长了？

（10）流水线处理器中的时钟周期如何确定？理想情况下，单条流水线处理器的 CPI 为多少？

（11）具有什么特征的指令集易于实现指令流水线？

（12）流水线处理器的控制器实现方式更类似于单周期控制器还是多周期控制器？为什么？

（13）为什么要在各流水段之间加寄存器？各流水段寄存器的宽度是否相同？为什么？

（14）超流水线和多发射流水线的主要区别是什么？

（15）静态多发射流水线和动态多发射流水线的主要区别是什么？

3. 在如图 5.5 和图 5.6 所示电路中，假定总线传输延迟和 ALU 运算时间分别是 20 ps 和 200 ps，寄存器建立时间为 10 ps，寄存器保持时间很小，可忽略不计，寄存器的锁存延迟（Clk−to−Q）为 4 ps，控制信号生成的延迟时间（Clk−to−signal）为 7 ps，三态门接通时间为 3 ps，则从当前时钟到达开始算起，完成以下操作的最短时间是多少？

（1）将数据从一个寄存器传送到另一个寄存器。

（2）将程序计数器 PC 加 1。

4. 图 5.69 所示为某 CPU 内部结构的一部分，MAR 和 MDR 直接连到存储器总线（图中省略）。两个总线之间的所有数据传送都需要经过算术逻辑部件 ALU。ALU 的部分控制信号及其功能如下。

```
MOVa:F=A;            MOVb:F=B;
a+1:F=A+1;           b+1:F=B+1;
a-1:F=A-1;           b-1:F=B-1。
```

其中，A 和 B 是 ALU 的输入，F 是 ALU 的输出。假定该 CPU 对应指令系统中的调用指令 CALL 占两个字，第一个字是操作码，第二个字给出子程序的起始地址，返回地址保存在栈中，SP（栈指示器）指向栈顶，存储器按字编址，每次按同步方式从主存读取一个字，要求：

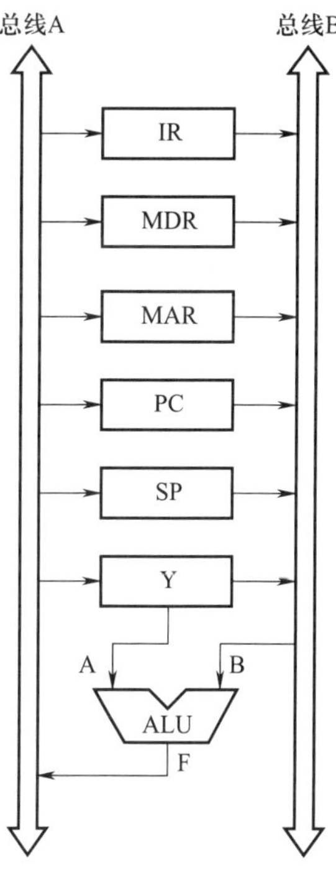

图 5.69　习题 4 图

（1）说明 CALL 指令的功能。

（2）写出读取并执行 CALL 指令所要求的控制信号序列（提示：当前指令地址已在 PC 中），并说明至少需要多少个时钟周期。

5. 假定某计算机字长 16 位，CPU 内部结构如图 5.5 所示，CPU 和存储器之间采用同步方式通信，按字编址。指令采用定长指令字格式，由两个字组成，第一个字指明操作码和寻址方式，第二个字包含立即数 imm16。若一次存储器访问所用时间为两个时钟周期，每次存储器访问只能存取一个字，取指令阶段第二次访存将 imm16 取到 MDR 中。试写出下列指令在指令执行阶段（不考虑取指令阶段）的控制信号序列，并说明需要几个时钟周期。

（1）将立即数 imm16 加到寄存器 R1 中，此时 imm16 为立即操作数，即 R[R1] ← R[R1] + imm16。

（2）将地址为 imm16 的存储单元的内容加到寄存器 R1 中，此时 imm16 为直接地址，即 R[R1] ← R[R1] + M[imm16]。

（3）将存储单元 imm16 的内容作为地址，其所指的存储单元的内容加到寄存器 R1 中，此时 imm16 为间接地址，即 R[R1] ← R[R1] + M[M[imm16]]。

6. 某计算机字长 16 位，标志寄存器 Flag 中的 ZF、SF 和 OF 分别是零标志、符号标志和溢出标志，采用双字节定长指令字。假定该计算机中有一条 BGT（大于转移）指令，其指令格式如下：第一个字节指明操作码和寻址方式，第二个字节为偏移地址 imm8，其功能是：若（ZF +（SF ⊕ OF）==0），则 PC = PC + 2 + imm8；否则 PC = PC + 2。

完成如下要求并回答问题：

（1）该计算机存储器的编址单位是多少位?

（2）BGT 指令的跳转范围是什么?

（3）画出实现 BGT 指令的数据通路。

7. 假定图 5.21 给出的单周期数据通路对应的控制逻辑发生错误，使得控制信号 RegWr、ALUASrc、Branch、Jump、MemWr、MemtoReg 中的某一个在任何情况下总是为 0，则当该控制信号为 0 时，哪些指令不能正确执行（要求对题目中列出的每一个控制信号分别讨论）?

8. 假定图 5.21 给出的单周期数据通路对应的控制逻辑发生错误，使得控制信号 RegWr、ALUASrc、Branch、Jump、MemWr、MemtoReg 中的某一个在任何情况下总是为 1，则当该控制信号为 1 时，哪些指令不能正确执行（要求对题目中列出的每一个控制信号分别讨论）?

9. 若要在 ARMv8 指令集中增加一条 SWAP 指令（功能是交换两个寄存器的内容），可以有两种做法：一种做法是采用伪指令方式（即软件方式），在这种情况下，当执行到 SWAP

指令时，用若干条已有指令构成的指令序列来代替 SWAP 指令实现；另一种做法是直接改动硬件来实现 SWAP 指令，在这种情况下，当执行到 SWAP 指令时，可在 CPU 上直接执行。

（1）写出用伪指令方式实现“SWAP Rs，Rt”时的指令序列（提示：伪指令对应的指令序列中不能使用其他额外寄存器，以免破坏这些寄存器的值）。

（2）假定用硬件实现 SWAP 指令时会使每条指令的执行时间增加 10%，则 SWAP 指令要在程序中占多大比例，才值得用硬件方式实现？

（3）采用硬件方式实现时，在不对通用寄存器组进行修改的情况下，能否在单周期数据通路中实现 SWAP 指令？对于多周期数据通路的情况又如何？

10. 假定 ARMv8 系统中提供一条伪指令“BCMP X1，X2，X3”，其功能是实现对两个主存块数据的比较，X1 和 X2 中分别存放两个主存块的首地址，X3 中存放数据块的长度，每个数据占 4 字节。若所有数据都相等，则将 0 置入 X1；否则，将第一次出现不相等时两个相比较数的地址分别置入 X1 和 X2，并结束比较。若 X4 和 X5 是两个空闲寄存器，试给出实现该伪指令的指令序列。

11. 假定图 5.34 所示的多周期数据通路对应的有限状态机控制器发生错误，使得控制信号 PCWr、MARWr、RegWr、BMUX、PCout 中的某一个在任何情况下总是为 0，则当该控制信号为 0 时，哪些指令不能正确执行（要求对题目中列出的每一个控制信号分别讨论）？

12. 假定图 5.34 所示的多周期数据通路对应的有限状态机控制器发生错误，使得控制信号 PCWr、MARWr、RegWr、BMUX、PCout 中的某一个在任何情况下总是为 1，则当该控制信号为 1 时，哪些指令不能正确执行（要求对题目中列出的每一个控制信号分别讨论）？

13. 对于 5.3.1 节给出的指令系统及图 5.34 所示的多周期数据通路，假定支持 Branch（分支）指令类型，如相等转移（BEQ）、不相等转移（BNE）、小于转移（BLT）、大于转移（BGT）等，要求回答下列问题或完成下列任务。

（1）用本书规定的 RTL 格式写出所设计的指令“BEQ Rs，Rt，imm16”的功能。该指令执行时，在 ALU 中进行的是什么运算？为什么？

（2）为了支持带符号整数小于转移指令“BLT Rs，Rt，imm16”，条件码寄存器 CC 中必须记录哪些标志信息？修改图 5.34 以实现该指令的功能。

（3）修改图 5.35 中的指令执行状态转换图，增加执行 Branch 类指令所用的状态。

（4）若将访问数据的过程分成两个时钟周期，则可使时钟频率从 0.8 GHz 提高到 1.2 GHz，但这样会使 Load 和 Store 指令增加时钟周期数。已知基准程序 CPUint 2000 中各类指令的频率如下：Load：25%，Store：10%，Branch：11%，Jump：2%，ALU：52%。那么，以基准程序 CPUint 2000 为标准，处理器时钟频率提高后的性能提高了多少？若将取指令过程再分成两个时钟周期，则可进一步使时钟频率提高到 2.2 GHz，此时，时钟频率的提高是否也能带来处理器性能的提高？为什么？

14. 对于多周期 CPU 的异常和中断处理，回答以下问题。

（1）对于除数为 0、溢出、无效指令操作码、无效指令地址、无效数据地址、缺页、访问越权和外部中断，CPU 在哪些指令的哪个时钟周期能分别检测到这些异常或中断？

（2）在检测到某个异常或中断后，CPU 通常要完成哪些工作？简要说明 CPU 如何完成这些工作。

15. 假定在一个 5 级流水线（图 5.45）处理器中，各主要功能单元的操作时间如下：存储单元，200 ps；ALU 和加法器，150 ps；通用寄存器组的读口或写口，50 ps。回答以下问题。

（1）若执行阶段 EX 所用的 ALU 操作时间缩短 20%，能否加快流水线的执行速度？如果能，能加快多少？如果不能，为什么？

（2）若 ALU 操作时间增加 20%，对流水线的性能有何影响？

（3）若 ALU 操作时间增加 40%，对流水线的性能又有何影响？

16. 假定某计算机工程师想设计一个新的 CPU，一个典型程序的核心模块有一百万条指令，每条指令的执行时间为 100 ps。回答以下问题。

（1）在非流水线处理器上执行该程序需要花多长时间？

（2）若新 CPU 采用 20 级流水线，执行上述同样的程序，在理想情况下，它比非流水线处理器快多少？实际流水线并不是理想的，流水段之间的数据传送会有额外开销。这些开销是否会影响指令执行时间和指令吞吐量？

17. 假定最复杂的一条指令所用的组合逻辑分成 6 部分，依次为 A~F，其延迟分别为 80 ps、30 ps、60 ps、50 ps、70 ps、10 ps。在这些组合逻辑块之间插入必要的流水段寄存器就可实现相应的指令流水线，寄存器延迟为 20 ps。理想情况下，以下各种方式所得到的时钟周期、指令吞吐量和指令执行时间各是多少？应该在哪里插入流水段寄存器？

（1）插入一个流水段寄存器，得到一个 2 级流水线。

（2）插入两个流水段寄存器，得到一个 3 级流水线。

（3）插入三个流水段寄存器，得到一个 4 级流水线。

（4）吞吐量最大的流水线。

18. 以下 ARMv8 指令序列中，哪些指令对之间发生数据相关？假定采用“取指、译码 / 取数、执行、访存、写回”5 段流水线方式，如果不采用“转发”技术，需要在发生数据相关的指令前加入几条 NOP 指令，才能使这段程序避免数据冒险？如果采用“转发”技术，是否可以完全解决数据冒险？如果不能，需要在发生数据相关的指令前加入几条 NOP 指令，才能使这段程序不发生数据冒险？

```
ADD     X3, X1, X0
```

```
ADD     X4, X3, X3
LDUR    X5, [X4, #0]
ADD     X6, X4, X5
```

19. 假定以下 ARMv8 指令序列在图 5.45 所示的流水线数据通路中执行：

```
ADD     X3, X1, X0
ADD     X7, X3, X3
LDUR    X6, [X7, #0]
ADD     X8, X6, X7
AND     X6, X8, X6
```

回答以下问题。

（1）上述指令序列中，哪些指令的哪个寄存器需要转发，转发到何处？

（2）上述指令序列中，是否存在 Load-use 数据冒险？

（3）第 5 周期结束时，各指令的执行状态是什么？哪些寄存器的数据正被读出？哪些寄存器将被写入？

20. 假定有一个程序的指令序列为“LDUR，ADD，LDUR，ADD，…”。ADD 指令仅依赖它前面的 LDUR 指令，而 LDUR 指令也仅依赖它前面的 ADD 指令，寄存器写口和寄存器读口分别在一个时钟周期的前后半个周期内独立工作。回答以下问题。

（1）在带转发功能的 5 段流水线中执行该程序，其 CPI 为多少？

（2）在不带转发功能的 5 段流水线中执行该程序，其 CPI 为多少？

21. 假定在一个带转发功能的 5 段流水线中执行以下 ARMv8 程序段，应怎样调整指令序列的顺序才能使其性能达到最好？

```
LDUR    X2, [X6, #100]
ADD     X2, X2, X3
LDUR    X8, [X7, #200]
ADD     X6, X4, X7
ADD     X3, X4, X6
LDUR    X2, [X6, #300]
CBZ     X2, exit
```

22. 在一个采用“取指、译码 / 取数、执行、访存、写回”的 5 段 MIPS 流水线处理器中，若分支延迟损失时间片为 2，则以下 MIPS 指令序列中，在考虑数据转发的情况下，哪些指令执行时会发生流水线阻塞？各需要阻塞几个时钟周期？

```
loop:  add     t1, s3, s3      # R[t1] ← R[s3] + R[s3]
       add     t1, t1, t1      # R[t1] ← R[t1] + R[t1]
       add     t1, t1, s6      # R[t1] ← R[t1] + R[s6]
       lw      t0, 0(t1)       # R[t0] ← M[R[t1] + 0]
       bne     t0, s5, exit    # if ( R[t0] != R[s5]) jump to exit
       add     s3, s3, s4      # R[s3] ← R[s3] + R[s4]
```

```
        j         loop                        # jump to loop
exit:
```

23. 假设数据通路中各主要功能单元的操作时间如下：存储单元，200 ps；ALU 和加法器，100 ps；通用寄存器组的读口或写口，50 ps。程序中指令的组成比例如下：取数，25%；存数，10%；ALU，52%；分支，11%；跳转，2%。假设时钟周期取存储操作时间的一半，MUX、控制单元、PC、扩展器和传输线路等的延迟都忽略不计，则下面的实现方式中，哪个更快？快多少？

（1）单周期方式：每条指令在一个固定长度的时钟周期内完成。

（2）多周期方式：每类指令的 CPI 为取数 -7，存数 -6，ALU-5，分支 -4，跳转 -4。

（3）流水线方式：采用取指 1、取指 2、取数 / 译码、执行、存取 1、存取 2、写回 7 段流水线；没有结构冒险；数据冒险采用"转发"技术处理；Load 指令与后续各指令之间存在依赖关系的概率分别为 1/2、1/4、1/8 等；分支延迟损失时间片为 2，预测准确率为 75%；不考虑异常、中断和访问缺失引起的流水线冒险。

24. 一段程序的核心模块中有 5 条分支指令，该模块将被执行成千上万次，在其中一次执行过程中，5 条分支指令的实际执行情况如下（T：taken；N：not taken）。

分支指令 1：T – T – T。

分支指令 2：N – N – N – N。

分支指令 3：T – N –T – N – T– N。

分支指令 4：T – T – T– N – T。

分支指令 5：T – T – N – T– T – N – T。

假定各个分支指令在每次模块执行过程中实际执行的情况都一样，并且动态预测时每个分支指令都有自己的预测表项，每次执行该模块时的初始预测位都相同。分析并给出以下几种预测方案的预测准确率。

（1）静态预测，总是预测转移（taken）。

（2）静态预测，总是预测不转移（not taken）。

（3）一位动态预测，初始预测转移（taken）。

（4）两位动态预测，初始预测弱转移（taken）。

第 6 章 存储器分层体系结构

CPU 在执行指令的过程中，能自动从主存储器中取出保存的指令按序进行操作。实际上，计算机中所用的存储器不仅仅有主存储器，而是有多种类型，如寄存器、静态随机存取存储器、动态随机存取存储器、磁盘、磁带、光盘等，它们的速度、容量和价格不同，各类存储器按照层次化方式构成存储器层次结构。

本章主要介绍构成存储器层次结构中的几类存储器的工作原理和组织形式，主要包括随机存取存储器、只读存储器、闪速存储器、磁盘存储器等不同类型存储器的基本读写原理和组织结构，存储器芯片和 CPU 的连接，存储器的数据校验、高速缓存的基本原理和实现技术，以及虚拟存储器系统的实现技术。

6.1 存储器概述

第 6 章教学课件

6.1.1 存储器的分类

存储元件必须具有两个截然不同的物理状态，才能用来表示二进制代码 0 和 1。目前使用的存储元件主要有半导体器件、磁性材料和光介质。用半导体器件构成的存储器称为半导体存储器；磁性材料存储器主要是磁表面存储器，如磁盘存储器和磁带存储器；光介质存储器称为光盘存储器。

随机存取存储器（random access memory，RAM，也称随机存储器）的特点是通过对地址译码来访问存储单元，因为对各地址译码的时间相同，所以在不考虑芯片内部缓冲的前提下，对各单元的访问时间是一个常量，与地址无关。不过，现在的动态随机存取存储器（dynamic RAM，DRAM）芯片内都具有行缓冲，因而有些数据可能因为已经在行缓冲中而缩短了访问时间。半导体存储器属于随机存取存储器。

存储器按信息的可更改性分为读写存储器（read/write memory）和只读存储器（read-only memory，ROM）。读写存储器中的信息可以读出和写入，RAM 芯片就是一种读写存储器；ROM 芯片中的信息一旦确定，通常情况下只可读不可写，但在某些情况下也可重新写入。RAM 芯片和 ROM 芯片都采用随机存取方式进行信息的访问。

指令直接面向的存储器是主存储器（main memory，MM），简称“主存”，由 DRAM

芯片组成。高速缓存（cache，高速缓冲存储器）由静态随机存取存储器（static RAM，SRAM）芯片组成，位于主存和 CPU 之间，存取速度接近于 CPU 的工作速度，用来存放当前 CPU 经常使用到的指令和数据。

存储器按断电后信息的可保存性分成非易失（不挥发）性存储器（nonvolatile memory）和易失（挥发）性存储器（volatile memory）。非易失性存储器中的信息可一直保留，不需要电源维持。ROM、磁表面存储器、光存储器等都属于非易失性存储器。易失性存储器中的信息在电源关闭后会自动丢失，如主存和高速缓存都属于易失性存储器。

CPU 执行指令时给出的存储器地址是主存地址（在虚拟存储系统中，需要将指令给出的逻辑地址转换成主存地址）。因此，主存是存储器分层体系结构中的核心存储器，用来存放系统中被启动运行的程序及其数据。系统运行时直接和主存交换信息的存储器称为辅助存储器，又称外存储器，简称“辅存”或“外存”。磁盘存储器相对于磁带和光盘存储器的速度更快，因此，目前大多使用磁盘存储器和固态硬盘作为辅存。辅存的内容需要调入主存后才能被 CPU 访问。磁带存储器和光盘存储器的容量大、速度慢，主要用于信息的备份和脱机存档，因此常用作海量后备存储器。

6.1.2 主存储器的组成和基本操作

图 6.1 所示是主存储器的基本框图。其中由一个个存储 0 或 1 的记忆单元（cell）构成的存储阵列（memory bank，也称存储体、存储矩阵）是存储器的核心部分。这种记忆单元也称为存储元、位元，它是具有两种稳态的、能表示二进制 0 和 1 的物理器件。为了存取存储体中的信息，必须对存储单元进行编号，所编号码就是地址。对各存储单元进行编号的方式称为编址方式（addressing mode），可以按字节编址，也可以按字编址。编址单位

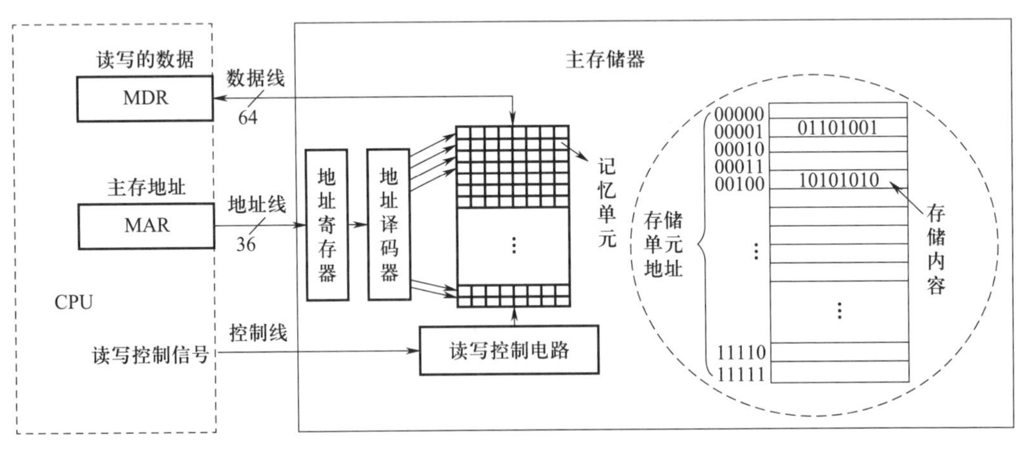

图 6.1 主存储器基本框图

（addressing unit）是指由具有相同地址的位元构成的一个单位，可以是一个字节（按字节编址）或一个字（按字编址）。现在大多数通用计算机都采用按字节编址方式，因此，存储体内一个地址中有一个字节。也有许多专用于科学计算的大型计算机都采用 64 位编址，这是因为科学计算中的数据大多是 64 位浮点数。

如图 6.1 所示，指令在执行过程中需要访问主存时，CPU 首先把被访问单元的地址送到存储器地址寄存器（MAR）中，然后通过地址线将主存地址送到主存中的地址寄存器，以便地址译码器进行译码，选中相应的单元。同时，CPU 将读写控制信号通过控制线送到主存的读写控制电路。如果是写操作，CPU 同时将要写的信息送入存储器数据寄存器（MDR）中，在读写控制电路的控制下，经数据线将信息写入选中的单元；如果是读操作，则主存读出选中单元的内容送数据线，然后将数据送到 MDR 中。数据线的宽度与 MDR 的宽度相同，地址线的宽度与 MAR 的宽度相同。图 6.1 中采用 64 位数据线，因此在字节编址方式下，每次最多可以存取 8 个单元的内容。地址线的位数决定了主存地址空间的最大可寻址范围，例如，36 位地址的最大可寻址范围为 $0 \sim 2^{36}-1$，地址从 0 开始编号。

6.1.3 存储器的层次化结构

存储器容量指存储器能存储的二进制位数或字节数。存储器的访问时间也称为存取时间（access time），是指访问一次数据所用的时间。存储器容量和访问时间应能随着处理器速度的提高而同步提升，以保持系统性能的平衡。然而，随着时间的推移，处理器和存储器在性能上的差异越来越大。为了缩小存储器和处理器两者之间的差距，通常在计算机系统中采用层次化存储结构。

使用某一种元器件制造的存储器很难同时满足大容量、高速度和低成本的要求。例如，半导体存储器的存取速度快，但是难以构成大容量存储器。而大容量、低成本的磁表面存储器的存取速度又远低于半导体存储器，并且难以实现随机存取。因此，在计算机中把各种不同容量和不同存取速度的存储器按一定的结构有机地组织在一起，以形成层次化存储结构，使得整个存储系统在速度、容量和价格等方面具有较好的综合性能指标。如图 6.2 所示是存储系统层次体系结构示意图。

虽然图 6.2 中给出的典型存取时间和存储容量会随时间变化，但这些数据反映了速度和容量之间的关系，以及层次化结构存储器的构成思想。速度越快则容量越小、越靠近 CPU。CPU 可以直接访问内部存储器，而外部存储器的信息要先取到主存，才能被 CPU 访问。

数据一般只在相邻两层之间复制传送，而且总是从慢速存储器复制到快速存储器使用。不同层次间传送的定长块的大小不同，靠近 CPU 的相邻层之间的传送块小，远离 CPU 的相

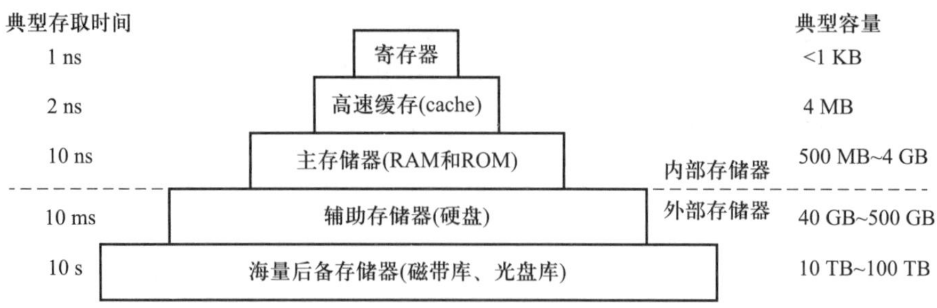

图 6.2　存储器层次化体系结构示意图

邻层之间的传送块大。例如，在高速缓存和主存之间传送的块大小通常为几十字节；而在主存与硬盘之间传送的块大小通常为几千字节以上。

CPU 执行指令时，需要的操作数大部分都来自寄存器。当需要从（向）存储器中取（存）数据时，先访问高速缓存，如果数据不在高速缓存中，则访问主存，如果数据不在主存中，则访问硬盘，此时，操作数从硬盘中读出送到主存，然后从主存送到高速缓存。

6.2　半导体随机存取存储器

半导体读写存储器简称 RWM，习惯上多称为 RAM。半导体 RAM 具有体积小、存取速度快等优点，因而适合作为内部存储器使用。按工艺不同，可将半导体 RAM 分为双极型 RAM 和 MOS 型 RAM 两大类，MOS 型 RAM 又可分为静态 RAM 和动态 RAM。

6.2.1　基本存储元件

基本存储元件用来存储一位二进制信息，是组成存储器最基本的电路。下面分别介绍两种典型的、应用于 SRAM 芯片和 DRAM 芯片中的存储元件。

1．六管静态 MOS 管存储元件

如图 6.3 所示，其中 T_1 和 T_2 构成触发器，T_5、T_6 是触发器的负载管，T_3、T_4 为门控管。使用这 6 个 MOS 管即可组成存储一位二进制信息的基本存储元件。若 T_2 管导通，则 T_1 管一定截止，此时 A 点为高电平，B 电为低电平，假定此时为“1”状态；反之（当 T_1 管导通时）则为“0”状态。

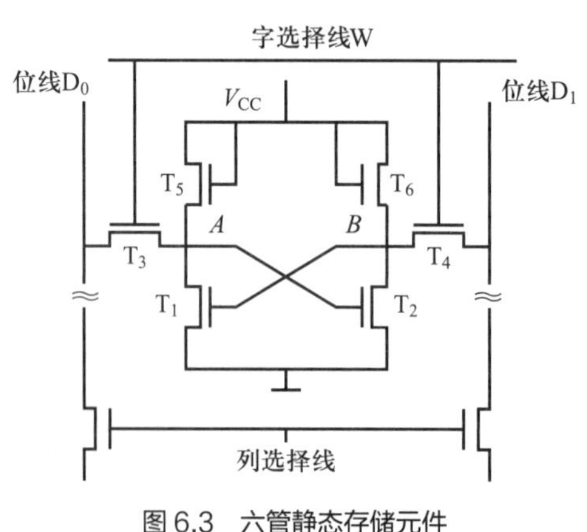

图 6.3　六管静态存储元件

（1）信息的保持

字选择线 W 加低电平，T_3 与 T_4 截止，触发器与外界隔离，保持原有信息不变。

（2）读出

首先在两个位线上加高电平，当字选择线 W 上加高电平时，T_3 与 T_4 开启。若存储的是 1，则 A 点为高电平，T_2 导通，所以有电流从位线 D_1 经 T_4、T_2 管流到地，从而在位线 D_1 上产生一个负脉冲，位线 D_0 上没有负脉冲。反之，若存储的是 0，则在位线 D_0 上有负脉冲。根据哪条位线上有负脉冲，可区分读出的是 0 还是 1。

（3）写入

当字选择线上加高电平时，T_3 与 T_4 开启。若要写入 1，则在位线 D_1 上加低电平，使 B 点电位下降，T_1 管截止，A 点电位上升，使 T_2 管导通，完成写入 1 操作。若要写入 0，则在 D_0 线上加低电平，使 A 点电位下降，T_2 管截止，B 点电位上升，T_1 管导通，0 被写入。

2. 单管动态 MOS 管存储元件

从六管静态 RAM 电路可以看出，即使存储元件不工作，也有电流流过。如 T_1 导通、T_2 截止时，有从电源经 $T_5 \rightarrow T_1 \rightarrow$地的电流流动；反之，则有从电源经 $T_6 \rightarrow T_2 \rightarrow$地的电流流动，因而功耗较大。

如图 6.4 所示，动态 RAM 利用 MOS 管的电容 C_S 来保存信息，在信息保持状态下，存储元件中没有电流流动，因而大大降低了功耗。

DRAM 芯片中采用如图 6.4 所示的单管动态存储元件，其中 T 管为字选门控管，读写时加选通脉冲使其导通。

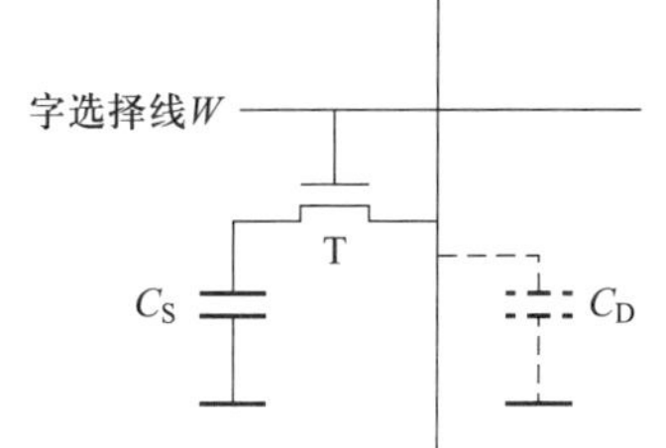

图 6.4　单管动态存储元件

（1）读出

若存储的是 1，则 C_S 上的电荷通过 T 管在数据线上产生电流；反之，若存储的是 0，则无电流。由此可区分读出的是 0 还是 1。因为读出时 C_S 上电荷放电，电位下降，所以是破坏性读出，读后应有重写操作，称为再生。由于 C_S 不可能很大，所以 C_S 在数据线上放电产生的电流也不会很大，而且由于寄生电容 C_D 的存在，放电时 C_S 上的电荷是在 C_S 和 C_D 之间分配，因此，读出电流值实际上非常小，故需要有读出放大器。

（2）写入

写入 1 时，在数据线上加高电平，经 T 管对 C_S 充电；写入 0 时，则在数据线上加低电平，C_S 充分放电而使其上无电荷。

（3）刷新（refresh）

由于 MOS 管电容上存储的电荷会缓慢放电，超过一定时间就会丢失信息，因此必须定时给电容充电，这一过程称为刷新。

3. 静态存储元件和动态存储元件的比较

根据以上对两种典型 SRAM 元件和 DRAM 元件的介绍可看出以下情况。

SRAM 存储元件所用 MOS 管多，占用硅片面积大，因而功耗大，集成度低；只要直流供电电源一直加在电路上，就能一直保持记忆状态不变，因此无须刷新，也不会因为读操作而使状态发生改变，故无须读后再生；其存储原理可看作对带时钟的 RS 触发器的读写过程，因而读写速度快。SRAM 价格较昂贵，适合用作高速小容量存储器，如高速缓存。

DRAM 存储元件所用 MOS 管少，占用硅片面积小，因而功耗小，集成度很高；因为采用电容储存电荷来存储信息，会发生漏电现象，必须定时刷新；因为读操作会使状态发生改变，故需要读后再生；其存储原理可看作对电容充、放电的过程，读写速度相对 SRAM 元件要慢得多。相比于 SRAM，DRAM 价格较低，因而适合用作慢速大容量的存储器，如主存。

6.2.2 SRAM 芯片和 DRAM 芯片

1. 存储器芯片的内部结构

如图 6.5 所示，存储器芯片由存储矩阵、I/O 电路、地址译码器和控制电路等部分组成。

① 存储矩阵（存储体）。存储矩阵是存储单元的集合。如图 6.5 所示，4 096 个存储单元被排成 64×64 的存储阵列，称为位平面，这样 8 个位平面构成 4 096 B 存储体。由行选择线和列选择线来选择所需单元，不同位平面的相同行、列上的位同时被读出或写入。

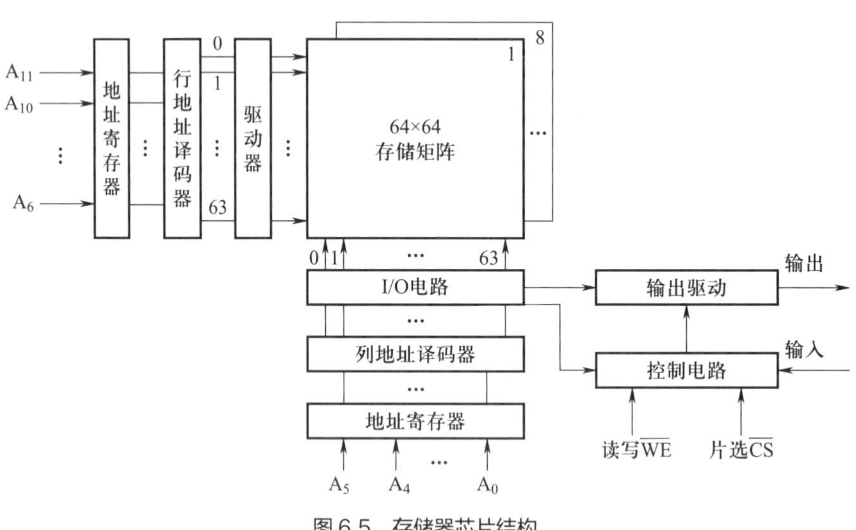

图 6.5　存储器芯片结构

② 地址译码器。用来将地址转换为译码输出线上的高电平，以便驱动相应的读写电路。地址译码有一维译码和二维译码两种方式。一维译码方式也称为线选法或单译码法，适用于小容量的静态存储器；二维译码方式也称为重合法或双译码法，适用于容量较大的动态存储器。

在单译码方式下，只有一个行地址译码器，同一行中所有存储单元的字线连在一起，接到地址译码器的输出端。这样，选中一行中的各单元构成一个字，各单元被同时读出或写入，这种结构的存储器芯片称为字片式芯片。

地址位数 n 较大时，地址译码器输出线太多。例如，$n=12$ 时，单译码结构要求译码器有 4 096 条输出线（字选择线）。因此，大容量的动态存储器芯片不宜采用一维单译码方式的字片式芯片结构。

目前，动态存储芯片大多采用双译码结构。地址译码器分为行地址译码器和列地址译码器，实现 X 方向和 Y 方向的译码。图 6.5 所示采用的就是二维双译码结构，其存储阵列组织如图 6.6 所示。

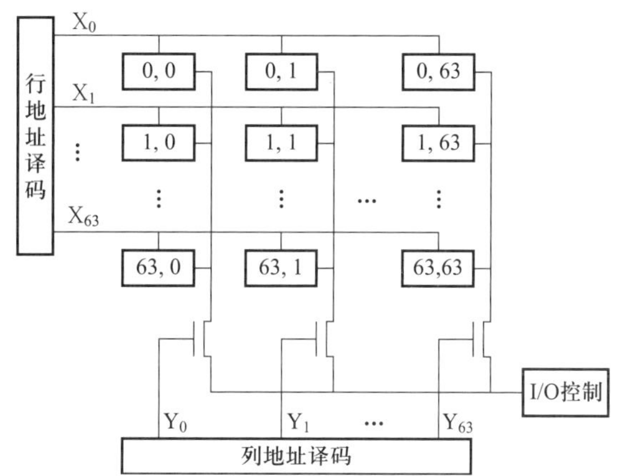

图 6.6　二维双译码结构（位片式芯片）

图 6.6 中的存储阵列有 4 096 个单元，需要 12 根地址线 $A_{11}\sim A_0$，其中，$A_{11}\sim A_6$ 送至行地址译码器，有 64 条译码输出线 $X_0\sim X_{63}$，各连接存储矩阵中相应一行所有记忆单元的字选择线；$A_5\sim A_0$ 送至列地址译码器，它也有 64 条译码输出线 $Y_0\sim Y_{63}$，分别控制一列单元的位线控制门。假如输入的 12 位地址为 $A_{11}A_{10}\cdots A_0=000001\ 000000$，则行地址译码器的第 2 根译码输出线（$X_1$）为高电平，于是与它相连的 64 个存储单元的字选择线为高电平。列地址译码器的第 1 根译码输出线（Y_0）为高电平，打开第一列的位线控制门。在行、列地址译码的联合作用下，存储矩阵中的（1，0）单元被选中。

在选中的行和列交叉点上的单元只有一位，因此，采用二维双译码结构的存储器芯片被称为位片式芯片。有些芯片的存储阵列采用三维结构，用多个位平面构成存储阵列，不同位平面在同一行和列交叉点上的多位构成一个存储字，被同时读出或写入。

③ 驱动器。在双译码结构中，一条行方向的选择线要控制其上各个存储单元的字选择线，负载较大，因此需要在译码器输出后加驱动器。

④ I/O 控制电路。用以控制被选中的单元的读出或写入，具有放大信息的作用。

⑤ 片选控制信号。单个芯片容量太小，往往满足不了计算机对存储器容量的要求，因此需要将一定数量的芯片按特定方式连接成一个完整的存储器。在访问某个字时，必须"选中"该字所在芯片，而其他芯片不被"选中"。因而芯片上除了地址线和数据线外，还应有片选控制信号。在地址选择时，由芯片外的地址译码器的输入信号以及控制信号（如"访存控制"信号）来产生片选控制信号，选中要访问的存储字所在的芯片。

⑥ 读写控制信号。根据 CPU 给出的是读命令还是写命令，控制被选中存储单元进行读或写操作。

图 6.7 给出了典型的 4 M×4 位 DRAM 芯片示意图。DRAM 芯片容量较大，因而地址位数较多，为了减少芯片的地址引脚数，从而减小芯片体积，DRAM 芯片大多采用地址引脚复用技术，行地址和列地址通过相同的管脚先后两次输入，这样地址引脚数可减少一半。

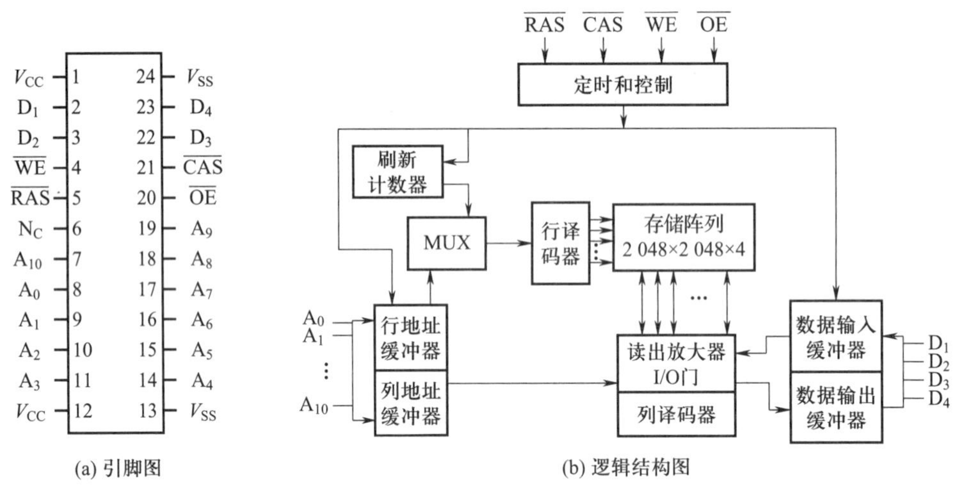

图 6.7　4 M×4 位 DRAM 芯片

如图 6.7（a）所示为芯片的引脚图，共有 11 根地址引脚线 $A_0 \sim A_{10}$，在行选通信号 $\overline{RAS}$ 和列选通信号 $\overline{CAS}$ 的控制下分时传送行、列地址；有 4 根数据引脚线 $D_1 \sim D_4$，因此，每个芯片同时可读出 4 位数据；$\overline{WE}$ 为读写控制引脚，低电平时为写操作；$\overline{OE}$ 为输出使能驱动引脚，低电平有效，高电平时断开输出。

如图 6.7（b）所示为芯片内部的逻辑结构图。芯片存储阵列采用三维结构，芯片容量为 2 048×2 048×4 位，因此，行地址和列地址各 11 位，有 4 个位平面，在每个行、列交叉处的 4 个位平面数据同时进行读写。行地址缓冲器和刷新计数器通过一个多路选择器（MUX）将选择的行地址输出到行地址译码器。刷新计数器的位数也是 11 位，一次刷新相当于对一行数据进行一次读操作，每次读后再生，即某单元读出是 0 则充分放电，读出是 1 则进行充电。

2. DRAM 芯片的刷新

DRAM 芯片存储阵列中的所有存储电容必须周期性地重新充电，这一过程称为刷新。刷新根据读出的内容对相应单元进行重写，即读后再生。刷新时只给各芯片送行地址和 $\overline{\text{RAS}}$ 信号，这样芯片中一行的所有单元都被选中并进行读操作。因此，刷新操作按行进行，一次可刷新一行的所有单元。对于由上述如图 6.7 所示芯片组成的存储器，其存储体为 2 048×2 048×4 结构，因此只要 2 048 次刷新操作就可将整个存储器刷新一遍。

刷新不需要外部提供行地址信息，这是一个内部的自动操作。DRAM 芯片内部有一个行地址生成器（也称刷新计数器），由它自动生成行地址。由于刷新是针对一行中的所有存储单元进行的，因此无须进行列寻址。

刷新周期定义为从上一次对整个存储器刷新结束时起到下一次对整个存储器全部刷新一遍为止的时间间隔，也就是对某一个特定的行进行相邻两次刷新的时间间隔。目前公认存储体中电容的数据有效保存期的上限是 64 ms，也就是说每一行的刷新周期是 64 ms，但有些器件也不一定是 64 ms。

6.2.3 SDRAM 芯片技术

目前主存常用的是基于同步动态随机存取存储器（synchronous DRAM，SDRAM）芯片技术的内存条，包括 DDR SDRAM、DDR2 SDRAM 和 DDR3 SDRAM 等。SDRAM 是一种与当年 Intel 公司推出的芯片组中北桥芯片的前端总线同步运行的 DRAM 芯片，因此称为同步 DRAM。

1. SDRAM 芯片技术

SDRAM 的工作方式与传统的 DRAM 有很大不同。传统 DRAM 与 CPU 之间采用异步方式交换数据，CPU 发出地址和控制信号后，经过一段延迟时间，数据才读出或写入。在这段时间里，CPU 不断采样 DRAM 的完成信号，在没有完成之前，CPU 插入等待状态而不能做其他工作。而 SDRAM 芯片则不同，其读写受系统时钟（即前端总线时钟 Clk）控制，因此与 CPU 之间采用同步方式交换数据。它将 CPU 或其他主设备发出的地址和控制信息锁存起来，经过确定的几个时钟周期后给出响应。因此，主设备在这段时间内可以安全地进行其他操作。

SDRAM 的每一步操作都在外部系统时钟 Clk 的控制下进行，支持突发（burst）传输方式：只要在第一次存取时给出首地址，以后按地址顺序读写即可，而不再需要地址建立时间和行、列预充电时间，因而能连续快速地从行缓冲器中输出一连串数据。内部的工作方式寄存器（也称模式寄存器）可用来设置传送数据的长度以及从收到读命令（与 $\overline{CAS}$ 信号同时发出）到开始传送数据的延迟时间等，前者称为突发长度（burst length，BL），后者称为 CAS 潜伏期（CAS latency，CL）。根据所设定的 BL 和 CL，CPU 可以确定何时开始从总线上取数据以及连续取多少个数据。

在 SDRAM 芯片中，有一个由 SRAM 构成的行缓冲器（row buffer），在第一个数据读出后，位于同一行的所有数据都被送到行缓冲器中，这些数据的地址是连续的，因此，以后每个时钟可从 SDRAM 读取一个数据，并在下一个时钟内通过总线传送到 CPU。

2. DDR SDRAM 芯片技术

DDR（double data rate，双倍数据速率）SDRAM 是对标准 SDRAM 的改进设计，利用芯片内部 I/O 缓冲（I/O buffer）中数据的两位预取功能，以及存储器总线上时钟信号的上升沿与下降沿进行两次传送，以实现在一个时钟内传送两次数据。例如，采用 DDR SDRAM 技术的 PC3200（DDR400）存储芯片内时钟 Clk 的频率为 200 MHz，这意味着存储器总线上的时钟频率也为 200 MHz，利用存储芯片内部的两位预取技术，使得一个时钟内有两个数据被取到 I/O 缓冲中。因为存储器总线在每个时钟内可以传送两次数据，而存储器总线中的数据线位宽为 64，即每次传送 64 位，因而 PC3200（DDR400）芯片所连接的存储器总线的最大数据传输率（即带宽）为 200 MHz × 2 × 64 b/8 b = 3.2 GBps。

3. DDR2 SDRAM 芯片技术

DDR2 SDRAM 内存条采用与 DDR 类似的技术，利用芯片内部的 I/O 缓冲可以进行 4 位预取。例如，采用 DDR2 SDRAM 技术的 PC2-3200（DDR2-400）存储芯片内部时钟 Clk 的频率为 200 MHz，这意味着存储器总线上的时钟频率应为 400 MHz，利用存储芯片内部的 4 位预取技术，使得一个时钟内有 4 个数据被取到 I/O 缓冲中，存储器总线在每个时钟内传送两次数据，若每次传送 64 位，则存储器总线的最大数据传输率（即带宽）为 200 MHz × 4 × 64 b/8 b = 400 MHz × 2 × 64/8 = 6.4 GBps。

4. DDR3 SDRAM 芯片技术

DDR3 SDRAM 芯片内部的 I/O 缓冲可以进行 8 位预取。如果存储芯片内部时钟 Clk 的频率为 200 MHz，这意味着存储器总线上的时钟频率应为 800 MHz，存储器总线在每个时钟内可传送两次数据，若每次传送 64 位，则对应存储器总线的最大数据传输率（即带宽）为 200 MHz × 8 × 64 b/8 b= 800 MHz × 2 × 64/8 = 12.8 GBps。

注意，上述数据传输率和带宽的计量单位都按 10 的幂表示。正如 2.6.1 节所述，对于频率和数据传输率或带宽等计量单位，采用 10 的幂表示，即 1 k = 10^3，1 M = 10^6，1 G = 10^9，1 T = 10^{12}。

6.2.4 内存条和内存条插槽

受集成度和功耗等因素的限制，单个芯片的容量不可能很大，因此往往通过存储器芯片的扩展技术，将多个芯片做在一个主存模块（即内存条）上，然后由多个主存模块以及主板或扩充板上的 RAM 芯片和 ROM 芯片组成一台计算机所需的主存空间，再通过系统总线和 CPU 相连。图 6.8 所示是内存条和内存条插槽（slot）示意图。

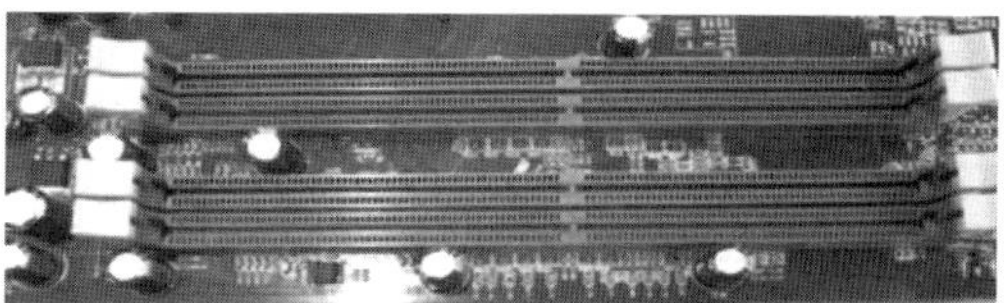

图 6.8　内存条和内存条插槽

内存条插槽就是存储器总线。内存条中的信息通过内存条的引脚，再通过插槽内的引线连接到主板上，通过主板上的导线连接到北桥芯片或 CPU 芯片。现代计算机中可以有多条存储器总线同时进行数据传输。支持两条总线同时进行传输的内存条插槽为双通道内存插槽，此外还有三通道、四通道内存插槽，其总线的传输带宽可以分别提高到单通道的两倍、三倍和四倍。例如，图 6.8 所示的内存条插槽支持双通道内存条，实物产品中相同颜色的插槽可以并行传输，因此，如果只有两个内存条，则应该插在颜色相同的两个内存条插槽上，其传输带宽可以增大一倍。

6.2.5 存储器芯片的扩展

若干个存储器芯片可构成一个内存条，此时需要在字方向和位方向上进行扩展。

用若干片位数较少的存储器芯片构成给定字长的内存条时，需要进行位扩展。例如，用 8 片 4 096×1 位的芯片构成 4 K×8 位的内存条，需要在位方向上扩展 8 倍，而字方向上无须扩展。

字扩展是容量的扩充，位数不变。例如，用 16 K×8 位的存储器芯片在字方向上扩展 4 倍，可构成一个 64 K×8 位的内存条。

当芯片在容量和位数都不满足存储器要求的情况下，需要对字和位同时进行扩展。例如，用 16 K×4 位的存储器芯片在字方向上扩展 4 倍、位方向上扩展 2 倍，可构成一个 64 K×8 位的内存条。

图 6.9 所示是用 8 个 16 M×8 位的 DRAM 芯片扩展构成一个 128 MB 内存条的示意图。每片 DRAM 芯片中有一个 4 096×4 096×8 位的存储阵列，因此，行地址和列地址各 12 位（$2^{12}=4\ 096$），有 8 个位平面。

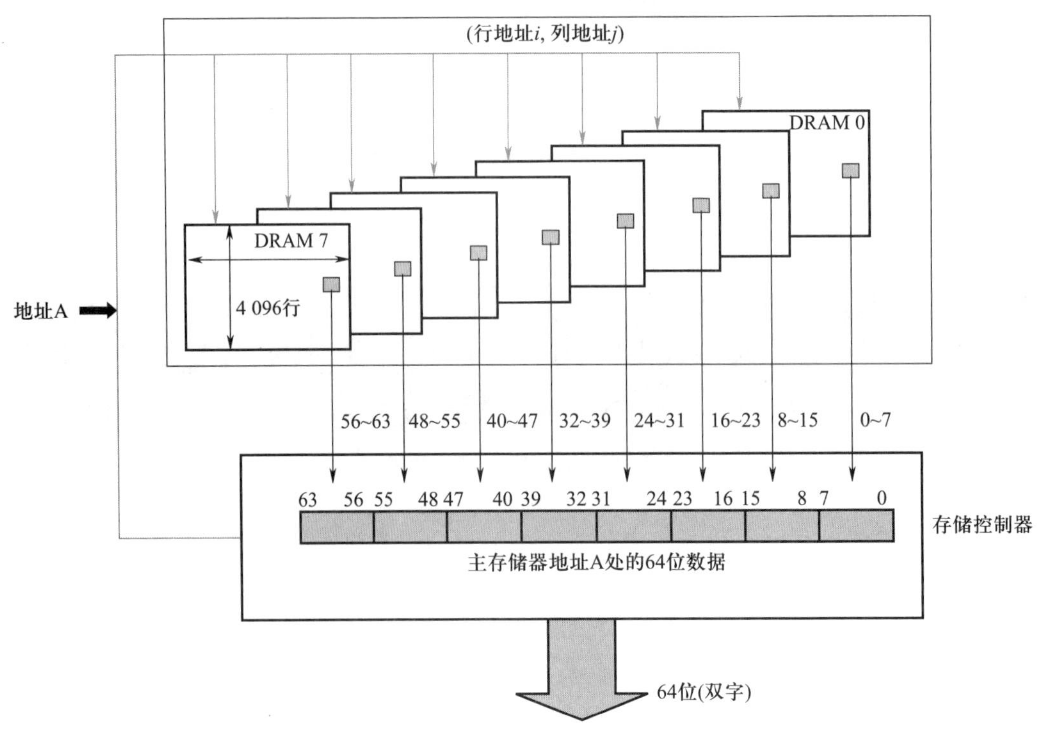

图 6.9　8 个 16 M × 8 位 DRAM 芯片构成的 128 MB 内存条

内存条通过存储器总线连接到存储控制器，CPU 通过存储控制器对内存条中的 DRAM 芯片进行读写。CPU 要读写的存储单元地址通过总线被送到存储控制器，然后由存储控制器将存储单元地址转换为 DRAM 芯片的行地址 i 和列地址 j，分别在行地址选通信号 RAS 和列地址选通信号 CAS 的控制下，通过 DRAM 芯片的地址引脚，分时送到 DRAM 芯片内部的行地址译码器和列地址译码器，以选择行、列地址交叉点（i，j）的 8 位数据同时进行读写，8 个芯片就可同时读取 64 位，组合成总线所需要的 64 位传输宽度，再通过存储器总线进行传输。

现代通用计算机大多按字节编址，因此，在如图 6.9 所示的存储器结构中，同时读出的 64 位只可能是第 0~7 单元，第 8~15 单元，…，第 $8k$~（$8k+7$）单元，以此类推。因此，如果要访问的一个 int 型数据未对齐，例如，起始地址为 6，即在第 6、7、8、9 这 4 个存储单元中，则需要访问两次存储器；如果数据是对齐的，即起始地址是 4 的倍数，则只要访问一次存储器即可。这就是数据需要对齐的原因。

注意，上述 DRAM 芯片和内存条的容量计量单位都按 2 的幂表示。正如 2.6.1 节所述，对于 SRAM 和 DRAM 芯片或内存条的容量的计量单位，采用 2 的幂表示，即 $1\ \text{K} = 2^{10}$，

$1\ M=2^{20}$，$1\ G=2^{30}$，$1\ T=2^{40}$。

6.2.6 多模块存储器

由于 CPU 和主存所使用的半导体器件工艺不同，两者速度上的差距导致快速的 CPU 等待慢速的主存储器，为此需要提高访问主存的速度。多模块交叉编址存储器就是利用时间并行性和空间并行性在结构上进行优化从而改善访存速度的技术。根据不同的编址方式，多模块存储器分为连续编址和交叉编址两种结构。

1. 连续编址方式

在连续编址的多模块主存储器中，主存地址的高位表示模块号（或体号），低位表示模块内地址（或体内地址），因此，连续编址方式也称为按高位地址划分方式，地址在模块内连续。如图 6.10 所示是连续编址方式示意，存储器共有 4 个模块 $M_0 \sim M_3$，每个模块有 n 个单元，模块 M_i 的地址范围为 $in \sim (i+1)n-1$。在连续编址方式下，总是把低位的体内地址送到由高位体号所确定的模块内进行地址译码。

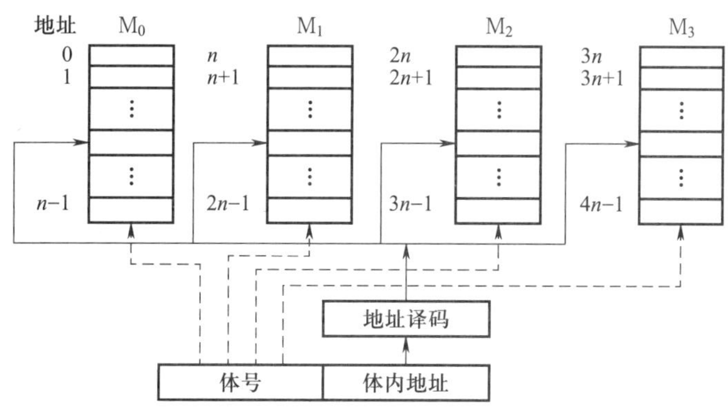

图 6.10 连续编址的多模块存储器

对于连续编址的多模块主存储器，当访问一个连续主存块时，总是先在一个模块内访问，等到该模块全部单元访问完才转到下一个模块访问，因而这种情况下不能提高存储器的吞吐量。

2. 交叉编址方式

在交叉编址的多模块存储器中，主存地址的低位表示模块（体）号，高位表示模块（体）内地址，因此，交叉编址方式也称按低位地址划分方式。每个模块按“模 m”交叉方式编址。假定有 m 个模块（体），每个模块有 n 个单元，则第 i（$i=0 \sim m-1$）模块中的地址为 i，$i+m$，$i+2m$，…，$i+(n-1)m$。一般模块数 m 取 2 的幂，这样硬件电路比较简单。但有的机器为了减少存储器冲突，采用质数个模块，如我国银河机就取 m 为 31，其硬件实现比较复杂。图 6.11 所示是模 4（即 $m=4$）交叉编址方式存储器示意。在交叉编址方式下，总是把高位的体内地址送到由低位体号所确定的模块内进行译码。

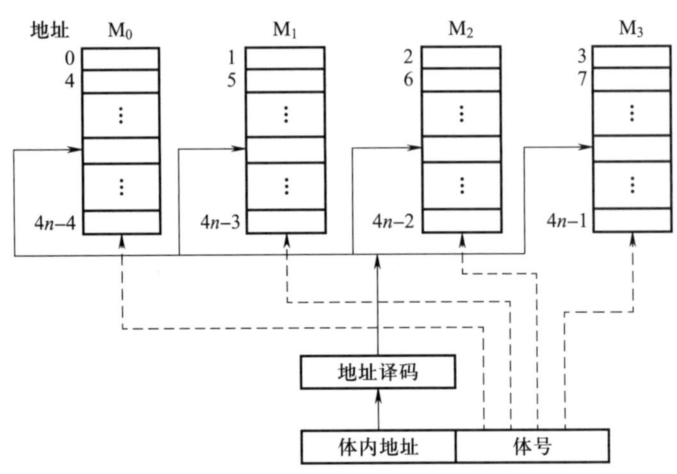

图 6.11　交叉编址的多模块存储器

交叉编址多模块存储器可以采用轮流启动或同时启动两种方式。

（1）轮流启动

如果每个存储模块一次读写的位数（即存储字）正好等于存储器总线中的数据线数（即总线传输单位），则采用轮流启动方式。例如，对于具有 m 个体的多模块存储器，若每隔 $1/m$ 个存储周期启动一个体，则每隔 $1/m$ 个存储周期就可读出或写入一个数据，存取速度提高 m 倍。如图 6.12 所示，其中负脉冲为启动每个体的信号。在这种情况下，每个体的存储周期并没有缩短，但由于交叉访问各体，因此在一个存储周期内向 CPU 提供了 4 个存储字。若每个模块的存储字为 32 位，则在一个存储周期内向 CPU 提供了 $32\times4=128$ 位信息，因而大大提高了存储器的带宽。

（2）同时启动

如果所有存储模块一次并行读写的总位数正好等于存储器总线中的数据线数，则采用同时启动方式。例如，对于如图 6.9 所示的内存条，每个存储模块（即每个 DRAM 芯片）提供 8 位数据，8 个 DRAM 芯片一共提供 64 位数据，正好构成一个存储字，因此，可同时启动 8 个芯片进行并行读写，同时读写 64 位数据。

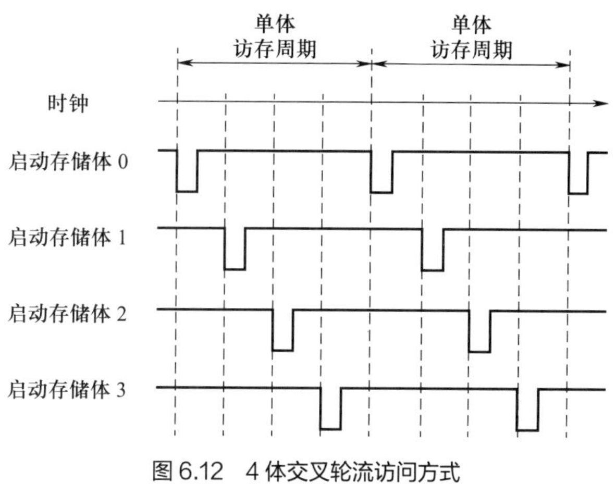

图 6.12　4 体交叉轮流访问方式

现代计算机中由于在 CPU 和主存之间设置有高速缓存（cache），因而通常 CPU 是对一个主存块中的连续单元进行访问，DMA 传送也是将一块连续主存单元与高速设备进行数据交换，因此，对主存的访问通常都是读写一块连续的主存单元。对于一块连续信息的读写，采用交叉编址的多模块存储器，通过轮流或并行访问多个存储模块，可以显著提高访存速度。

6.3　辅助存储器

通常把系统运行时直接和主存交换信息的存储器称为辅助存储器，简称“辅存”。因为它不能和 CPU 直接进行信息交换，所以，相对于直接和 CPU 进行信息交换的内部主存储器来说，它属于外部存储器，在电源掉电时，可以保存信息不丢失，因而所有的辅助存储器都是非易失性的。目前常用的辅助存储器主要包括磁盘存储器、U 盘和固态盘。

6.3.1　磁盘存储器的结构

磁盘存储器主要由磁记录介质、磁盘驱动器、磁盘控制器三大部分组成。图 6.13 所示是磁盘驱动器的物理组成示意图。

如图 6.13 所示，磁盘驱动器主要由多张硬盘片、主轴、主轴电机、移动臂、磁头和控制电路等部分组成，通过接口插座上的电缆与磁盘控制器连接。每个盘片的两个面上各有一个磁头，因此磁头号就是盘面号。磁头和盘片相对运动形成的圆构成一个磁道（magnetic track），磁头位于不同的半径上，则得到不同的磁道。多个盘面上的相同磁道形成一个柱面（cylinder），因此磁道号就是柱面号。信息存储在每个盘面的磁道上，每个磁道被分成若干扇区（sector），以扇区为单位进行磁盘读写。在写磁盘时，总是在一个柱面的所有磁道上写完后，再移到下一个柱面的各磁道上写信息。磁道从外向内编址，最外面的为磁道 0。

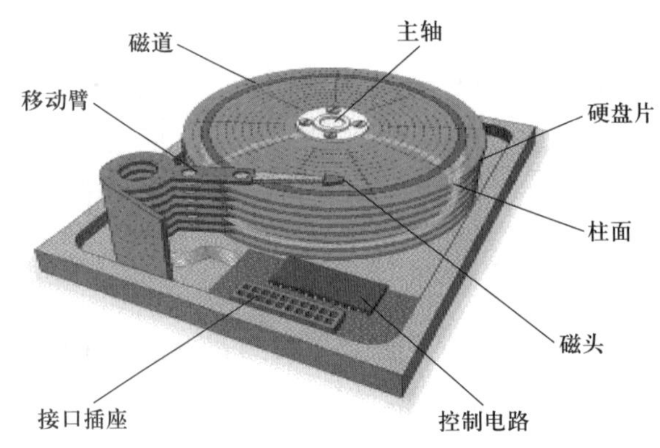

图 6.13　磁盘驱动器的物理组成

图 6.14 所示是磁盘驱动器的内部逻辑结构。

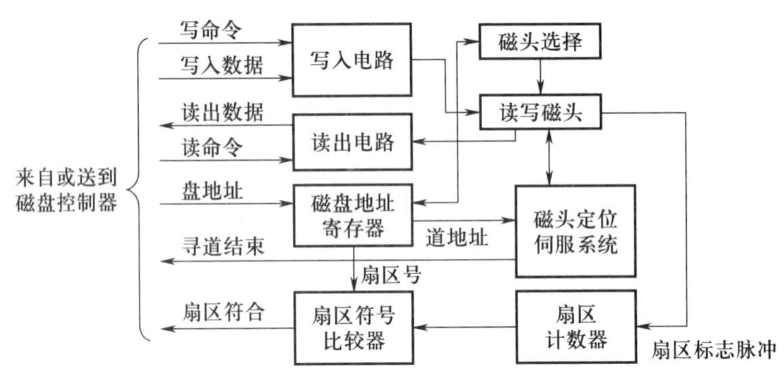

图 6.14　磁盘驱动器的内部逻辑结构框图

磁盘读写是指根据主机访问控制字中的盘地址（柱面号、磁头号、扇区号）读写目标磁道中的指定扇区。因此，其操作可归纳为寻道、旋转等待和读写三个步骤。具体操作过程如下。

① 寻道操作。磁盘控制器把盘地址送到磁盘驱动器的磁盘地址寄存器后，便产生寻道命令，启动磁头定位伺服系统，根据柱面号移动磁头到指定的柱面（磁道），并选择指定的磁头准备进行读写。此操作完成后，发出寻道结束信号给磁盘控制器，并转入旋转等待操作。

② 旋转等待操作。盘片旋转开始时，首先将扇区计数器清零，以后每到来一个扇区标志脉冲，扇区计数器加 1，把计数内容与磁盘地址寄存器中的扇区号进行比较，如果一致，则输出扇区符合信号，说明要读写的信息已经转到磁头下方。

③ 读写操作。扇区符合信号送给磁盘控制器后，磁盘控制器的读写控制电路开始动作。如果是写操作，就将数据送到写入电路，写入电路根据记录方式生成相应的写电流脉冲；如果是读操作，则由读出放大电路读出内容送磁盘控制器。

磁盘控制器是主机与磁盘驱动器之间的接口。磁盘存储器是高速外设，因此磁盘控制器和主机之间采用成批数据交换方式。

数据在磁盘上的记录格式分定长记录格式和不定长记录格式两种。目前大多采用定长记录格式。图 6.15 所示是温切斯特磁盘的磁道记录格式示意图，它采用定长记录格式。最早的硬盘由 IBM 公司开发，称为温切斯特盘，简称“温盘”，它几乎是所有现代硬盘产品的原型。

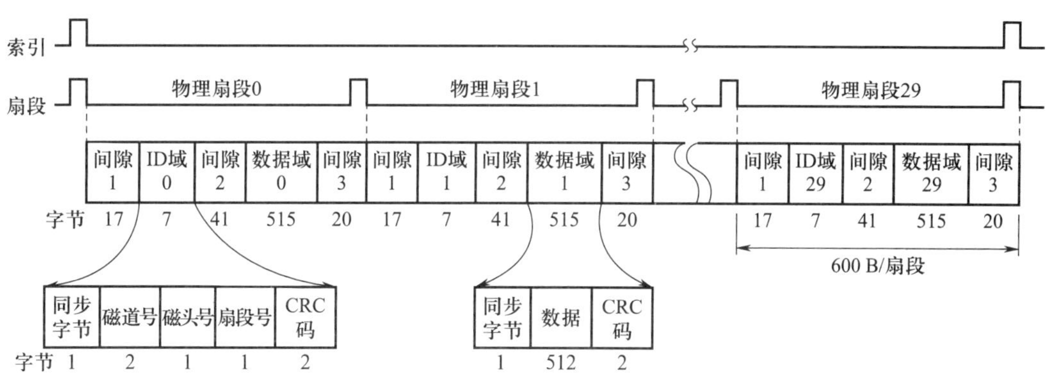

图 6.15　温切斯特磁盘的磁道记录格式

如图 6.15 所示，每个磁道由若干个扇区（也称扇段）组成，每个扇区记录一个数据块，每个扇区由头空（间隙 1）、ID 域、间隙 2、数据域和尾空（间隙 3）组成。头空占 17 B，不记录数据，用全 1 表示，磁盘转过该区域的时间是留给磁盘控制器做准备的；ID 域由同步字节、磁道号、磁头号、扇段号和相应的 CRC 码组成，同步字节标志 ID 域的开始；数据域占 515 B，由同步字节、数据和相应的 CRC 码组成，其中真正的数据区占 512 B；尾空是在数据块的 CRC 码后的区域，占 20 B，也用全 1 表示。

6.3.2　磁盘存储器的性能指标

磁盘存储器的性能指标包括记录密度、存储容量、数据传输率和平均存取时间等。

1. 记录密度

记录密度可用道密度和位密度来表示。在沿磁道分布方向上单位长度内的磁道数目称为道密度。在沿磁道方向上，单位长度内存放的二进制信息数目称为位密度。早期采用低密度存储方式，所有磁道上的扇区数相同，所以每个磁道上的位数相同，因而内道的位密度比外道的位密度高；现在多采用高密度存储方式，每个磁道上的位密度相同，所以外道上的扇区数比内道上的扇区数多，因而整个磁盘的容量比低密度磁盘高得多。

2. 存储容量

存储容量指整个存储器所能存储的二进制信息量，它与磁表面大小和记录密度密切相关。

磁盘的未格式化容量是指按道密度和位密度计算出来的容量，它包括头空、ID 域、CRC 码等信息，是可利用的所有磁化单元的总数。未格式化容量（或非格式化容量）比格式化后的实际容量要大。

格式化后的实际容量只包含数据区。通常，记录面数约为盘片数的 2 倍。假定按每个扇区 512 B 计算，则磁盘实际数据容量（也称格式化容量）的计算公式如下：

磁盘实际数据容量 = 2 × 盘片数 × 磁道数 / 面 × 扇区数 / 磁道 × 512 B/ 扇区

30 多年来，扇区大小一直是 512 B，但最近几年已逐步更换到更大、更高效的 4 096 B 扇区，通常称为 4 K 扇区（这里，$1\ \mathrm{K} = 2^{10}$）。

注意，关于硬盘容量和文件大小的计量单位，不同的硬盘制造商和操作系统所指的含义不同。例如，微软公司的 Windows 操作系统使用二进制形式（2 的幂），而苹果公司的 Mac 操作系统在 2009 年以前使用十进制形式（10 的幂），因此，对应 1 MB 的文件大小，在 Windows 系统中是指 2^{20} B，但在 Mac 系统中则是指 10^{6} B。本教材将采用国际电工委员会（IEC）规定的数据单位字母含义（见表 2.6）。

3. 数据传输率

数据传输率（data transfer rate）是指磁表面存储器完成磁头定位和旋转等待以后，单位时间内从存储介质上读出或写入的二进制信息量。为区别于外部数据传输率，数据传输率通常也称为内部传输率（internal transfer rate）或持续传输率（sustained transfer rate）。而外部传输率（external transfer rate）是指主机中的外设控制接口从（向）外存储器的缓存读出（写入）数据的速度，它由外设采用的接口类型决定。通常也将外部传输率称为突发数据传输率（burst data transfer rate）或接口传输率。

4. 平均存取时间

磁盘响应读写请求的过程如下：首先将读写请求在队列中排队，出队列后由磁盘控制器解析请求命令，然后进行寻道、旋转等待和读写数据三个过程。

因此，总响应时间的计算公式如下：

响应时间 = 排队延迟 + 控制器时间 + 寻道时间 + 旋转等待时间 + 数据传输时间

磁盘上的信息以扇区为单位进行读写，存取时间计算方法为

存取时间 = 寻道时间 + 旋转等待时间 + 数据传输时间

寻道时间为磁头移动到指定磁道所需时间；旋转等待时间指将待读写的扇区旋转到磁头下方所需时间；数据传输时间（transfer time）指传输一个扇区的时间（约 0.01 ms/ 扇区）。由于磁头原有位置与要寻找的目的位置之间远近不一，故寻道时间和旋转等待时间只能取平均值。磁盘的平均寻道时间一般为 5~10 ms，平均等待时间取磁盘旋转一周所需时间的一半，为 4~6 ms。假如磁盘转速为 6 000 r/min，则平均等待时间约为 5 ms。因为数据传输时间相对于寻道时间和等待时间来说非常短，所以磁盘的平均存取时间通常近似等于平均寻道时间和平均等待时间之和。而且，磁盘第一位数据的读写延时非常长，相当于平均存取时间，而以后各位数据的读写则几乎没有延迟。

*6.3.3 闪速存储器和 U 盘

计算机中有一些相对固定的信息，需要存放在只读存储器（ROM）中。例如，系统启动时用到的 BIOS（basic input/output system，基本输入输出系统）是永久保存在 ROM 中的。早期的 ROM BIOS 芯片采用烧录器写入方式，一旦安装在计算机主板中便不能更改，除非更换芯片；而现在主板都用闪速存储器芯片来存储 BIOS，可通过主板厂商提供的擦写程序直接在计算机中进行擦除，然后再重新写入。

早期的烧录器写入方式只读存储器有 MROM（mask ROM，掩模型 ROM）、PROM（programmable ROM，可编程 ROM）、EPROM（erasable programmable ROM，可擦可编程 ROM）和 EEPROM（electrically-erasable programmable ROM，E^2PROM，电擦除可编程 ROM）等类型。MROM 不可编程，故可靠性高，但生产周期长、不灵活；PROM 只可编程一次，不灵活；EPROM 可擦除、可编程多次，但采用 MOS 工艺，且擦除时所有信息被全部抹除，故不灵活且速度慢；EEPROM 是电可擦除可编程的，可以选择个别字擦除，擦除次数可达数千次，且所存放的数据可维持一二十年。

闪速存储器（flash memory）也称闪存，是高密度非易失性读写存储器，它兼有 RAM 和 ROM 的优点，而且功耗低、集成度高，不需要后备电源。这种器件沿用了 EPROM 的简单结构和浮栅 / 热电子注入的编程写入方式，又兼备 EEPROM 的可擦除特点，且可在计算机内进行擦除和编程写入，因此又称为快擦型 EEPROM。目前广泛应用的 U 盘和存储卡等都属于闪速存储器。

1. 闪速存储器的存储元

闪速存储器的存储元是在 EPROM 存储元的基础上发展起来的。图 6.16 所示是一个闪

速存储器的存储元，每个存储元由单个 MOS 管组成，包括漏极 D、源极 S、控制栅和浮空栅。当控制栅加上足够的正电压时，浮空栅将储存大量电子，即带有许多负电荷，可将存储元的这种状态定义为 0；当控制栅不加正电压时，则浮空栅少带或不带负电荷，将这种状态定义为 1。

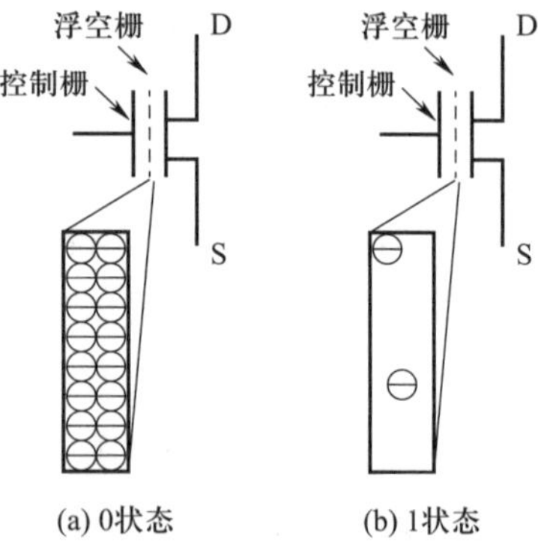

图 6.16 闪速存储器的存储元

2. 闪速存储器的基本操作

闪存有三种基本操作：编程（充电）、擦除（放电）、读取。

编程操作：最初所有存储元都是 1 状态，通过编程，在需要改写为 0 的存储元的控制栅加上一个正电压 V_P，如图 6.17（a）所示。一旦某存储元被编程，则存储的数据可保持 100 年左右而不需要外电源。

擦除操作：采用电擦除。即在所有存储元的源极 S 加正电压 V_S，使浮空栅中的电子被吸收掉，从而使所有存储元都变成 1 状态，如图 6.17（b）所示。因此，写的过程实际上是先全部擦除，使全部状态都变成 1 后再将需要的地方改写为 0。也即，先全部放电，再在写 0 的地方充电。

读取操作：在控制栅加上正电压 V_R，若原来保存的为 0，则读出电路检测不到电流，如图 6.18（a）所示；若原来保存的为 1，则浮空栅不带负电荷，控制栅上的正电压足以开启晶体管，电源 V_D 提供从漏极 D 到源极 S 的电流，读出电路检测到电流，如图 6.18（b）所示。

从上述基本原理可以看出，闪速存储器的读操作速度和写操作速度相差很大，其读取速度与半导体 RAM 芯片相当，而写数据（快擦后编程）的速度则比 RAM 芯片慢很多。

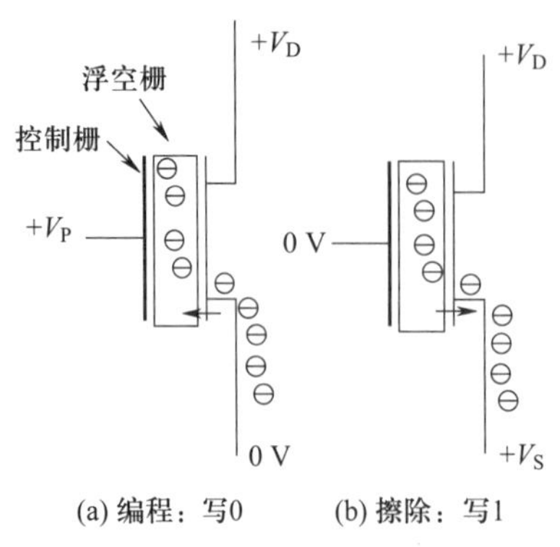

图 6.17 闪速存储器的存储元的写入

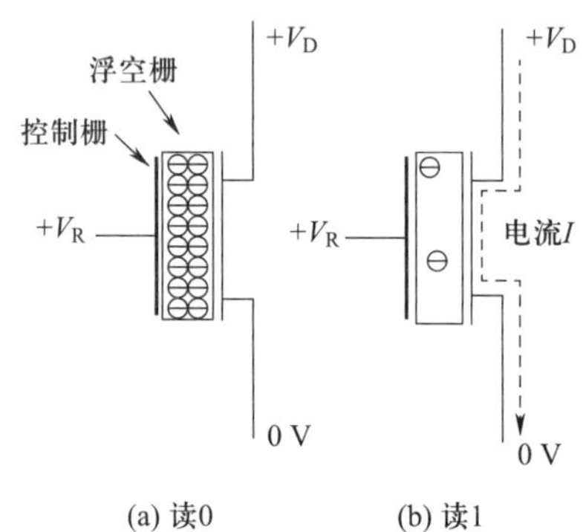

图 6.18 闪速存储器的存储元的读出

*6.3.4 固态盘

近年来，一种称为固态盘（solid state disk，SSD）的外部存储器越来越流行，它也被称为电子硬盘。这种硬盘并不是一种磁表面存储器，而是一种使用与非型闪存（NAND flash）组成的外部存储系统，与U盘并没有本质差别，只是容量更大、存取性能更好。它用闪存颗粒代替磁盘作为存储介质，利用闪存的特点，以区块写入和擦除的方式进行数据的读取和写入。

固态盘的接口规范和定义、功能及使用方法与传统的硬磁盘完全相同，在产品外形和尺寸上也与普通硬磁盘一致。目前接口标准使用USB、SATA和IDE，因此SSD通过标准磁盘接口与I/O总线互连。在SSD中有一个闪存翻译层，它将来自CPU的逻辑磁盘块读写请求翻译成底层SSD物理设备的读写控制信号。因此，这个闪存翻译层相当于磁盘控制器。

SSD中的一个闪存芯片由若干个区块（block）组成，每个区块由若干页（page）组成，页大小通常为512 B～4 KB，每个区块由32～128个页组成，因而区块大小为16～512 KB，数据以页为单位进行读写。SSD有三个限制：① 写一个页的信息之前，必须先擦除该页所在的整个区块；② 擦除后区块内的页必须按顺序写入信息；③ 只有有限的擦除 / 编程次数。

某一区块在进行了几千次到几万次重复写入之后，就会因磨损而变成坏的区块，不能继续使用。因此，闪存翻译层中有一个专门的损耗平衡（wear-leveling）逻辑电路，试图将擦除操作平均分布在所有区块上，以最大限度地延长SSD的使用寿命。

电信号的控制使得固态盘的内部传输速率远远高于常规硬盘。SSD随机读的访问时间（延时）为几十微秒，而随机写的访问时间（延时）为几百微秒。硬盘由于需要寻道和旋转等待，其访问时间为几毫秒到几十毫秒，因此，SSD随机读写延时比硬盘要低两个数量级。有测试显示，使用固态硬盘以后，Windows操作系统的开机速度可以提升至20 s以内，这是使用常规硬盘的计算机系统难以达到的速度性能。

6.4 存储器的数据校验

数据在计算机内部进行存取和传送的过程中，由于元器件故障或噪声干扰等原因会出现差错。为了减少和避免这些错误，一方面要从计算机硬件本身的可靠性入手，在电路、电源、布线等各方面采取必要的措施，提高计算机的抗干扰能力；另一方面要采取相应的差错校验（error checking and correction，ECC）措施，自动地发现并纠正错误。

6.4.1　差错校验基本原理

目前为止提出的差错校验方法大多采用一种“冗余校验”的思想，即除原数据信息外，还增加若干位附加的编码，这些新增编码称为校验位。图 6.19 所示为一般情况下的差错校验过程。

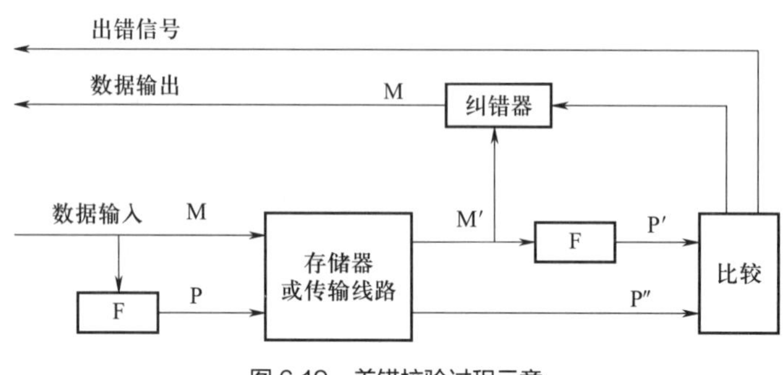

图 6.19　差错校验过程示意

当数据 M 被存入存储器或从源部件开始传输时，先对 M 进行某种运算（用函数 F 来表示），以产生相应的代码 P＝F(M)，这里 P 就是校验位。这样，原数据 M 和相应的校验位 P 一起被存储或传输。当数据被读出或传输到目标部件时，与数据信息一起被存储或传输的校验位就可以用于检错和纠错。假定读出后的数据为 M′，通过对 M′进行同样的运算 F，得到一个新的校验位 P′＝F(M′)，假定原来被存储的校验位 P 取出后的值为 P″，将校验位 P″与新生成的校验位 P′进行比较运算，生成一个故障字，根据该故障字就可以确定是否发生了差错。故障字可以反映以下三种情况之一。

① 没有检测到错误。此时，把得到的数据 M′直接传送出去。

② 检测到差错并可纠错。将数据 M′和故障字一起送入纠错器，将产生的正确数据传送出去。

③ 检测到错误，但无法确认哪位出错，因而不能进行纠错处理。此时，报告出错情况。

为了判断一种码制的冗余程度，并评估它的检错和纠错能力，引入了“码距”的概念。由若干位代码组成的一个字称为码字（code word），将两个码字逐位进行比较，结果不同的位的个数称为这两个码字的“距离”。一种码制可能有若干个码字，各码字间的最小距离称为“码距”。例如，在 8421 码中，2（0010）和 3（0011）的距离为 1，因此 8421 码的码距为 1，记作 $d=1$。在数据校验码中，一个码字是指数据位和校验位按照某种规律排列得到的代码。

一般来说，合理地增加校验位、增大码距，就能提高检错 / 纠错的能力。例如，如果采用 4 位二进制编码 0000～1111 表示 16 种状态，则码距为 1，因为当这组编码的任何一个 4 位码中出现一位或多位错误时，它都会变成另一个合法编码，所以这种编码没有检错 / 纠错能力。如果采用 4 位二进制数表示 8 个状态：0000、0011、0101、0110、1001、1010、1100、1111，其余的 4 位编码都是非法的。本来表示 8 个状态只要 3 位就够了，现在增加一个冗余位，并使码距为 2，这样，如果这 8 个合法编码中的某个编码发生了一位错误，那么就会变成一个非法编码，因而就能检测出来。

上述例子说明，码距与检错 / 纠错能力之间存在一定的关系。当码距 $d\leqslant 4$ 时，关系如下：

① 如果码距 d 为奇数，则能发现 $d-1$ 位错，或者能纠正（$d-1$）/2 位错；

② 如果码距 d 为偶数，则能发现 $d/2$ 位错，并能纠正（$d/2-1$）位错。

常用的数据校验码有奇偶校验码、海明码和循环冗余校验码。

6.4.2 奇偶校验码

最简单的数据校验方法是奇偶校验。其实现原理如下：假设将数据 $M=M_{n-1}M_{n-2}\cdots M_1M_0$ 从源部件传输至目标部件或存储在存储器中，目标部件接收或从存储器取出的数据为 $M'=M'_{n-1}M'_{n-2}\cdots M'_1M'_0$，为了判断数据 M 在传输或存储中是否发生了错误，可以按照如下步骤来判断。

第一步：在源部件求出奇（偶）校验位 P。若采用奇校验位，则 $P=M_{n-1}\oplus M_{n-2}\oplus\cdots\oplus M_1\oplus M_0\oplus 1$。即当 M 有奇数个 1 时，P 取 0；否则，P 取 1。若采用偶校验位，则 $P=M_{n-1}\oplus M_{n-2}\oplus\cdots\oplus M_1\oplus M_0$。举例如下：若传送的是字符 A，编码为 100 0001B，在前面增加奇校验位后的编码为 1100 0001B，而加上偶校验位后的编码为 0100 0001B。

第二步：在目标部件求出奇（偶）校验位 P′。若采用奇校验位，则 $P'=M'_{n-1}\oplus M'_{n-2}\oplus\cdots\oplus M_1'\oplus M_0'\oplus 1$。若采用偶校验位，则 $P'=M'_{n-1}\oplus M'_{n-2}\oplus\cdots\oplus M'_1\oplus M'_0$。

第三步：计算最终的校验位 P^*，并根据其值判断有无奇偶错。P 与 M 是一起从源部件传到目标部件的，假定 P 在目标部件接收到的值为 P″，则 $P^*=P'\oplus P''$。若 $P^*=1$，则表示有奇数位错；若 $P^*=0$，则表示正确或有偶数位错。

在奇偶校验码中，若两个数据中有奇数位不同，则它们相应的校验位就不同；若有偶数位不同，则虽然校验位相同，但至少有两位数据位不同，因而任意两个码字之间至少有两位不同，即码距 $d=2$。奇偶校验码只能发现奇数位出错，不能发现偶数位出错，而且也不能确定发生错误的位置，因此不具有纠错能力。

因为一字节长的代码中一位出错的概率相对较大，两位以上出错的情况则很少，所以奇偶校验码多用于校验一字节长的代码。

*6.4.3 海明码

奇偶校验码是对整个数据编码生成一位校验位，因此这种校验码检错能力差，并且没有纠错能力。海明码（Hamming code）由 Richard Wesley Hamming（理查德·韦斯利·哈明）于 1950 年提出，其主要思想是：将数据按某种规律分成若干组，对每组进行相应的奇偶检测，以提供多位校验信息，从而可对错误位置进行定位并将其纠正。海明码实质上就是一种多重奇偶校验码。

1. 校验位位数的确定

假定被校验数据的位数为 n，校验位为 k 位，则故障字的位数也为 k 位。那么 k 位的故障字所能表示的状态最多是 2^k 种，每种状态可用来说明一种出错情况。对于最多只有一位错的情况，其结果可能是无错、n 位数据中某一位出错或 k 位校验码中某一位出错，因此共有 $1+n+k$ 种情况。要能对一位错的所有结果进行正确表示，则 n 和 k 必须满足下列关系：

$$2^k \geqslant 1+n+k\text{，即 } 2^k-1 \geqslant n+k$$

例如，对于一位纠错的情况，当数据有 8 位时，校验位和故障字都应为 4 位。4 位的故障字最多可以表示 16 种状态，而一位出错的情况最多只有 12 种可能（8 个数据位和 4 个校验位），再加上无错的情况，一共有 13 种情况。因此，用 16 种状态表示 13 种情况足够了。

2. 分组方式的确定

数据位和校验位是一起存储的，通过将它们中的各位按某种方式排列为一个（$n+k$）位的码字，将该码字中每一位的出错位置与故障字的数值建立关联，就可通过故障字的值很快确定该码字中的哪一位发生了错误，从而对其取反来实现纠错。

根据上述基本思想，按以下规则来解释各故障字的值。

① 如果故障字各位都是 0，则表示没有发生错误。

② 如果故障字中有且仅有一位为 1，则表示校验位中有一位出错，不需要纠正。

③ 如果故障字中有多位为 1，则表示有一个数据位出错，其在码字中的出错位置由故障字的数值来确定。纠正时只要将出错位取反即可。

为了介绍海明码的原理，这里以 8 位数据进行单个位的检错 / 纠错为例进行说明。假定一个 8 位数据 $M=M_8M_7M_6M_5M_4M_3M_2M_1$，其相应的 4 位校验位为 $P=P_4P_3P_2P_1$。根据上述规则，将数据 M 和校验位 P 按照一定的规律排到一个 12 位的码字中。根据第一个规则，故障字为 0000 时，表示无错，因此没有和位置号 0000 对应的出错情况，位置号从 0001 开始。根据第二个规则，当故障字中有且仅有一位为 1 时，表示校验位中有一位出错，此时，故障字只可能是 0001、0010、0100、1000 这 4 种情况，将这 4 种状态分别代表校验位中第 P_1、P_2、P_3、P_4 位发生错误的情况。因此，校验位 P_1、P_2、P_3、P_4 应分别位于码字的第

0001（1）、0010（2）、0100（4）、1000（8）位。根据最后一个规则，将其他多位为1的故障字依次表示数据位 $M_1 \sim M_8$ 发生错误的情况。因此，数据位 $M_1 \sim M_8$ 应分别位于码字的第0011（3）、0101（5）、0110（6）、0111（7）、1001（9）、1010（10）、1011（11）、1100（12）位（从左往右数）。即码字的排列为

$$M_8M_7M_6M_5P_4M_4M_3M_2P_3M_1P_2P_1$$

这样，可得到故障字 $S=S_4S_3S_2S_1$ 的各个状态和出错情况的对应关系，如表6.1所示。因为故障字的值决定了哪位出错，所以，某位出错一定会影响与之相对应的故障字中为1的位所在组的奇偶性。例如，若 M_1 出错，则对应故障字为0011，因此一定会改变 S_1 和 S_2 所在分组的奇偶性，故 M_1 应同时被分到与 S_1 对应的第1组和与 S_2 对应的第2组。同理，P_1 对应故障字0001，故 P_1 应被分到与 S_1 对应的第1组；M_8 对应故障字1100，故应分到与 S_3 对应的第3组和与 S_4 对应的第4组。每个组 i 有一个奇偶校验位 P_i，若第 i 组中的一位发生错误，则该组对应的那些位的奇偶性发生变化，可根据该组对应的故障位 S_i 的值是否为1，判断奇偶性是否发生了变化，从而确定该组是否发生了一位错误。

表6.1　故障字和出错情况的对应关系

分组	含义												故障字	正确	出错位											
	P_1	P_2	M_1	P_3	M_2	M_3	M_4	P_4	M_5	M_6	M_7	M_8			1	2	3	4	5	6	7	8	9	10	11	12
第4组								√	√	√	√	√	S_4	0	0	0	0	0	0	0	0	1	1	1	1	1
第3组				√	√	√	√					√	S_3	0	0	0	0	1	1	1	1	0	0	0	0	1
第2组		√	√			√	√			√	√		S_2	0	0	1	1	0	0	1	1	0	0	1	1	0
第1组	√		√		√		√		√		√		S_1	0	1	0	1	0	1	0	1	0	1	0	1	0

从表6.1可以看出，每一个数据位至少要参与两组奇偶校验位的生成。例如，M_5 与第1组（P_1）和第4组（P_4）有关，M_7 与第1组（P_1）、第2组（P_2）和第4组（P_4）有关。

观察表6.1可以发现一个比较直观的规律：校验位 P_i 在码字中位于 2^{i-1} 位，从该位开始的连续 2^{i-1} 位，以及每隔 2^{i-1} 位后连续的 2^{i-1} 位都被分配在 P_i 对应的组，同一组中只有一个校验位 P_i，因此，可对同一组各位进行奇偶校验，生成对应的校验位 P_i。

例如，表6.1中校验位 P_2 从第2($2^{2-1}=2$)位开始，码字中第2、3两位在 P_2 对应的组，跳过4、5两位后的第6、7位，跳过8、9两位后的第10、11位都在 P_2 对应的组；校验位 P_3 从第4($2^{3-1}=4$)位开始，码字中第4、5、6、7共4位在 P_3 对应的组，跳过8、9、10、

11 共 4 位后，第 12 位也在 P_3 对应的组。若后面还有第 M_9、M_{10}、M_{11} 等数据位，则它们在码字中位于第 13、14、15 位。因而，码字中第 12、13、14、15 位共 4 位都在 P_3 对应的组。不过，当超过 12 个数据位时，则需要使用 5 个校验位。

3. 校验位的生成和检错、纠错

分组完成后，就可对每组采用相应的奇（偶）校验，以得到相应的一个校验位。假定有 10 个数据位，即 $M = M_{10}M_9M_8M_7M_6M_5M_4M_3M_2M_1$，采用偶校验，则 4 个校验位与 10 个数据位之间存在如下关系：

$$P_1 = M_1 \oplus M_2 \oplus M_4 \oplus M_5 \oplus M_7 \oplus M_9$$

$$P_2 = M_1 \oplus M_3 \oplus M_4 \oplus M_6 \oplus M_7 \oplus M_{10}$$

$$P_3 = M_2 \oplus M_3 \oplus M_4 \oplus M_8 \oplus M_9 \oplus M_{10}$$

$$P_4 = M_5 \oplus M_6 \oplus M_7 \oplus M_8 \oplus M_9 \oplus M_{10}$$

根据上面的公式，可以求出每一组对应的校验位 P_i（$i=1$，2，3，4）。数据 M 和校验位 P 一起被存储。读出后的数据 M′通过上述同样的公式得到新的校验位 P′，然后将读出后的校验位 P″与新生成的校验位 P′按位进行异或操作，得到故障字 $S = S_4S_3S_2S_1$，根据 S 的值可以确定是否发生了错误，并且在发生错误时能够确定是校验位发生错误还是某个数据位发生了错误。

下面举例说明具体的检错、纠错过程。

例 6.1 假定一个 7 位数据 M 为 $M_7M_6M_5M_4M_3M_2M_1 = 1101010$，其对应的校验码为 P，M 和 P 被存储或经传输后得到的新数据和新校验码分别为 M′和 P″。要求分别求出以下情况下的故障字并验证其正确性。

（1）M′= 1101010，P″= 0011。

（2）M′= 1111010，P″= 0011。

（3）M′= 1101010，P″= 1011。

解：7 个数据位和 4 个校验位构成的码字排列为 $M_7M_6M_5P_4M_4M_3M_2P_3M_1P_2P_1$，得到数据 M 的校验码 P 中相应各位的取值如下：

$P_1 = M_1 \oplus M_2 \oplus M_4 \oplus M_5 \oplus M_7 = 0 \oplus 1 \oplus 1 \oplus 0 \oplus 1 = 1$

$P_2 = M_1 \oplus M_3 \oplus M_4 \oplus M_6 \oplus M_7 = 0 \oplus 0 \oplus 1 \oplus 1 \oplus 1 = 1$

$P_3 = M_2 \oplus M_3 \oplus M_4 = 1 \oplus 0 \oplus 1 = 0$

$P_4 = M_5 \oplus M_6 \oplus M_7 = 0 \oplus 1 \oplus 1 = 0$

（1）当 M′= 1101010，P″= 0011 时，因为 M′= M，说明数据无错，故障字 S 应为 0。验证如下：因 M′= M，故 P′= P，同时 P″= P，因此故障字 $S = P'' \oplus P' = P \oplus P = 0000$。

（2）当 M′= 1111010，P″= 0011 时，说明数据第 5 位（M_5）错，故障字 S 应该为 9。

验证如下。对 M′ 生成新的校验位 P′:

$P_1' = M_1' \oplus M_2' \oplus M_4' \oplus M_5' \oplus M_7' = 0 \oplus 1 \oplus 1 \oplus 1 \oplus 1 = 0$

$P_2' = M_1' \oplus M_3' \oplus M_4' \oplus M_6' \oplus M_7' = 0 \oplus 0 \oplus 1 \oplus 1 \oplus 1 = 1$

$P_3' = M_2' \oplus M_3' \oplus M_4' = 1 \oplus 0 \oplus 1 = 0$

$P_4' = M_5' \oplus M_6' \oplus M_7' = 1 \oplus 1 \oplus 1 = 1$

因此，故障字 S 为

$S_1 = P_1' \oplus P_1'' = 0 \oplus 1 = 1$

$S_2 = P_2' \oplus P_2'' = 1 \oplus 1 = 0$

$S_3 = P_3' \oplus P_3'' = 0 \oplus 0 = 0$

$S_4 = P_4' \oplus P_4'' = 1 \oplus 0 = 1$

根据故障字 1001，可以判断出发生错误的位在 11 位码字的第 1001B 位（即第 9 位），在这一位上排列的是数据位 M_5，所以验证正确。纠错时，只要将码字的第 9 位（即第 5 个数据位）取反即可。

（3）当 M′ = 1101010, P″ = 1011 时，说明数据 M 无错，校验位 P_4 错，故障字 S 应为 8。验证如下。

因为 M′ = M，所以 P′ = P，故障位 S 为

$S_1 = P_1' \oplus P_1'' = 1 \oplus 1 = 0$

$S_2 = P_2' \oplus P_2'' = 1 \oplus 1 = 0$

$S_3 = P_3' \oplus P_3'' = 0 \oplus 0 = 0$

$S_4 = P_4' \oplus P_4'' = 0 \oplus 1 = 1$

根据故障字 1000，可以判断出发生错误的位在 11 位码字的第 1000B 位（即第 8 位），在这一位上排列的是校验位 P_4，所以验证正确。这种情况下无须纠错。

从上述数据位数 $n = 8$、校验位数 $k = 4$ 的分组情况来看，如果两个数据有一位不同，那么由于该位至少要参与两组校验位的生成，因而至少会引起两个校验位的不同，再加上数据位本身一位的不同，所以其码距 $d = 3$。根据码距与检错、纠错能力的关系可知，这种码制若用来判别有无错误，则能发现两位错；若用来纠错，则只能对单个位出错进行定位和纠错，因此称为单纠错码（SEC）。

若校验码同时具有发现两位错和纠正一位错的能力，则称为单纠错和双检错码（SEC-DED），简称“纠一检二”码。若要使上述介绍的单纠错码成为 SEC-DED 码，则码距需要扩大到 $d = 4$。为此，还需要增加一位校验位 P_5，可将 P_5 排列在码字的最前面，加入 P_5 后的排列顺序为

$$P_5M_8M_7M_6M_5P_4M_4M_3M_2P_3M_1P_2P_1$$

此外，还必须使得数据中的每一位都参与至少三个校验位的生成。从表 6.1 中可以看出，除了 M_4 和 M_7 参与了三个校验位的生成外，其余位都只参与了两个校验位的生成，因此可将这些位加入 P_5 所在的组中，得到以下公式：

$$P_5 = M_1 \oplus M_2 \oplus M_3 \oplus M_5 \oplus M_6 \oplus M_8$$

这样，当任意一个数据位发生错误时，必将引起三个校验位发生变化，所以码距为 4。

引入 P_5 后，故障字 S 也增加了一位，即 $S = S_5S_4S_3S_2S_1$，按照类似的方法可以求出故障字 S 中各位的值。根据 $S_5S_4S_3S_2S_1$ 的取值情况，即可按照相应规则发现两位错并纠正一位错。

早期的固态盘（SSD）采用简单的海明码进行检错和纠错，通常会将一页分成两组数据，各自进行检错和纠错。例如，对于页大小为 512 B 的页，将其分成两个 256 B 的数据组。每组数据都是 256 行 ×8 列的矩阵，分别对矩阵中的行 $R_0 \sim R_{255}$ 和列 $C_0 \sim C_7$ 计算出 16 位行校验位 $RP_0 \sim RP_{15}$ 和 6 位列校验位 $CP_0 \sim CP_5$。

将 6 位列校验位 $CP_0 \sim CP_5$ 分成 3 组（组号 $i = 0$，1，2），第 i 组的两个列校验位为 $CP_{2i} \sim CP_{2i+1}$。对于第 i 组，将 $C_0 \sim C_7$ 列按每隔 2^i 列划分成 $8/2^i$ 路，偶数路中的所有数据按位异或生成校验位 CP_{2i}，奇数路中的所有数据按位异或生成校验位 CP_{2i+1}。例如，当 $i = 1$ 时，对应的列校验位为 CP_2 和 CP_3，按每隔 2^1 列对 $C_0 \sim C_7$ 列进行划分，划分成 $8/2 = 4$ 路，第 0 路为 C_0 和 C_1、第 1 路为 C_2 和 C_3、第 2 路为 C_4 和 C_5、第 3 路为 C_6 和 C_7，将第 0 路和第 2 路中所有列的每一位数字按位异或即可生成 CP_2，将第 1 路和第 3 路中所有列的每一位数字按位异或即可生成 CP_3。

16 位行校验位 $RP_0 \sim RP_{15}$ 分成 8 组（组号 $i = 0 \sim 7$），与列校验位类似，每组两个行校验位为 $RP_{2i} \sim RP_{2i+1}$。对于第 i 组，将行 $R_0 \sim R_{255}$ 按每隔 2^i 行划分成 $256/2^i$ 路，偶数路中的所有数据按位异或生成校验位 RP_{2i}，奇数路中的所有数据按位异或生成校验位 RP_{2i+1}。

16 个行校验位占两字节，6 个列校验位再加两位 1 构成一字节，三个字节组成 ECC 信息。固态盘的页中除了包含 512 B 或 4 KB 大小的数据区外，还有一个 OOB（out-of-band，带外）区，用于记录 ECC 信息等元数据。以 K9F1208 SSD 为例，每页包含 512 B 的数据区和 16 B 的 OOB 区。写某页时，会将该页数据对应的 ECC 信息计算出来，并写入 OOB 区。在读该页信息时，则重新计算该页数据对应的 ECC 信息，并和记录在 OOB 区中的原 ECC 信息进行比较运算，根据运算结果进行数据检错 / 纠错。

随着 NAND 闪存制造工艺的不断发展，对控制芯片纠错能力的要求也越来越高。因为海明码只能纠正 1 位错或检测 2 位错，因此，采用纠错能力不强的海明码进行检错和纠错已不能满足要求，需要采用纠错能力更强的 BCH 码，甚至开始由 BCH 码向低密度奇偶校验码 LDPC 过渡来延长固态盘的使用寿命。关于 BCH 码和 LDPC 码的概念可参考有关资料。

*6.4.4 循环冗余校验码

循环冗余校验（cyclic redundancy check）码，简称“CRC 码”，是一种具有较强检错、纠错能力的校验码，常用于对外存储器进行数据校验，在计算机通信中也被广泛采用。在数据传输中，奇偶校验码是在每个字符信息后增加一位奇偶校验位来进行数据校验的，在对大批量传输的数据进行校验时，这样做会增加大量的额外开销。尤其是在网络通信中，传输的数据信息都是二进制比特流，因而没有必要将数据再分解成一个个字符，这样也就无法采用奇偶校验码了，因此通常采用 CRC 码进行校验。

前面所介绍的奇偶校验码和海明码都是以奇偶检测为手段的，而循环冗余校验码则是通过某种数学运算来建立数据和校验位之间的约定关系。因为 CRC 码的编码原理复杂，这里仅对其编码方式和实现过程作简单介绍，而不详细进行数学推导。

1. CRC 码的检错方法

假设要进行校验的数据信息 $M(x)$ 为一个 n 位的二进制数据，将 $M(x)$ 左移 k 位后，用一个约定的生成多项式 $G(x)$ 相除，$G(x)$ 是一个 $k+1$ 位的二进制数，相除后得到的 k 位余数就是校验位。这些校验位拼接到 $M(x)$ 的 n 位数据后面，形成一个 $n+k$ 位的代码，这个代码称为循环冗余校验码，也称（$n+k$，n）码，如图 6.20 所示。一个 CRC 码一定能被生成多项式整除，因此当数据和校验位一起被送到接收端后，将接收到的数据和校验位用同样的生成多项式相除，若正好除尽，则表明没有发生错误；若除不尽，则表明某些数据位发生了错误。

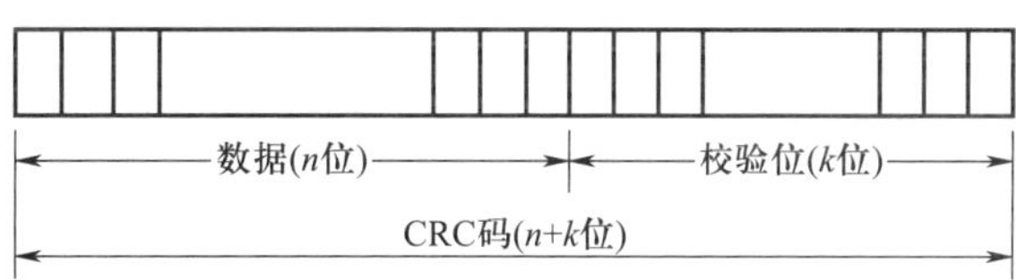

图 6.20 CRC 码的组成

2. 校验位的生成

下面用一个例子来说明校验位的生成过程。假设要传送的数据信息为 100011，数据信息位数 $n=6$，报文多项式为 $M(x)=x^5+x+1$。若约定的生成多项式为 $G(x)=x^3+1$，即生成多项式的位数为 4 位，则校验位位数 $k=3$。生成校验位时，用 $x^3M(x)$ 除以 $G(x)$，相除时采用“模 2 运算”的多项式除法。模 2 运算时不考虑加法进位和减法借位。进行模 2 除法时，上商的原则是当部分余数首位是 1 时上商为 1，反之上商为 0，然后按模 2 相减原则求得最高位后面几位的余数。这样当被除数逐步除完时，最后的余数位数比除数少一位，得到的余数就是校验码。此例中最终的余数有 3 位。

图 6.21 所示为利用模 2 多项式除法计算 $x^3M(x) \div G(x)$ 余数的过程。

$$x^3M(x) \div G(x) = (x^8 + x^4 + x^3) \div (x^3 + 1)$$

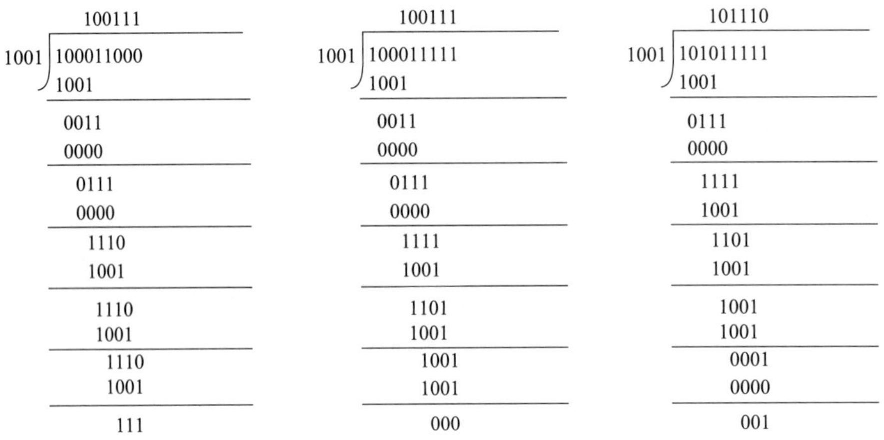

```
        100111
1001 ) 100011000
       1001
       ----
        0011
        0000
        ----
         0111
         0000
         ----
          1110
          1001
          ----
           1110
           1001
           ----
            1110
            1001
            ----
             111
```

(a) 计算校验位

```
        100111
1001 ) 100011111
       1001
       ----
        0011
        0000
        ----
         0111
         0000
         ----
          1111
          1001
          ----
           1101
           1001
           ----
            1001
            1001
            ----
             000
```

(b) 余数为0，数据正确

```
        101110
1001 ) 101011111
       1001
       ----
        0111
        0000
        ----
         1111
         1001
         ----
          1101
          1001
          ----
           1001
           1001
           ----
            0001
            0000
            ----
             001
```

(c) 余数不为0，数据不正确

图 6.21　CRC 码的校验位计算及验证

图 6.21（a）计算出的校验位为 111，CRC 码为 100011 111。如果要检查 CRC 码，可将 CRC 码用同一个多项式相除，若余数为 0，则说明无错；若余数不为 0，则说明有错。例如，若接收方的 CRC 码与发送方一致，即为 100011 111，则用同一个多项式相除后余数为 0，如图 6.21（b）所示；若接收方的 CRC 码有一位出错而变为 101011 111，则用同一个多项式相除后余数不为 0，如图 6.21（c）所示。

3. CRC 码的纠错

当接收方将收到的 CRC 码用约定的生成多项式 $G(x)$ 去除，发现余数不为 0 时，需要判断出错的位置。不同的出错位置得到的余数不同，而且对于不同的码字，在确定的码制与生成多项式下，只要出错位置相同，则余数一定相同。例如，表 6.2 给出了（7，4）循环码中两种不同的码字，其中加粗的是出错位。可以看出，其出错位置与余数的关系是相同的。如果 CRC 码中有一位出错，用特定的 $G(x)$ 进行模 2 除，则会得到一个不为 0 的余数。若对余数补 0 后继续除下去，则会出现一个有趣的现象：各次余数将会按照一个特定的顺序循环。在表 6.2 所示的例子中，若将第 7 位出错时对应的余数 001 后面补 0，继续再除一次，则会得到新余数 010，在 010 后补 0，继续再除一次，则会得到下一个余数 100，如此继续下去，依次得到 011，110，111，…，反复循环。这就是将 CRC 码称为“循环”冗余校验码的原因。

表 6.2　码字、余数和出错位的关系

分组	码字举例														余数			出错位
	D_1	D_2	D_3	D_4	P_1	P_2	P_3	D_1	D_2	D_3	D_4	P_1	P_2	P_3				
正确	1	0	1	0	0	1	1	1	0	1	1	0	0	0	0	0	0	无
错误	1	0	1	0	0	1	**0**	1	0	1	1	0	0	**1**	0	0	1	7
	1	0	1	0	0	**0**	1	1	0	1	1	0	**1**	0	0	1	0	6
	1	0	1	0	**1**	1	1	1	0	1	1	**1**	0	0	1	0	0	5
	1	0	1	**1**	0	1	1	1	0	1	**0**	0	0	0	0	1	1	4
	1	0	**0**	0	0	1	1	1	0	**0**	1	0	0	0	1	1	0	3
	1	**1**	1	0	0	1	1	1	**1**	1	1	0	0	0	1	1	1	2
	0	0	1	0	0	1	1	**0**	0	1	1	0	0	0	1	0	1	1

在网络通信中，通常 n 相当大，由几千个二进制位构成一帧数据，因此，通常使用 CRC 码来检测错误，发现错误则告知发送方要求重发，不用 CRC 码来纠正错误。因此，只要在接收方用约定的生成多项式进行模 2 除后判断余数是否为 0 即可。

6.5　高速缓冲存储器

本章前面提到，通过提高存储芯片本身的速度或采用多模块交叉编址结构可以缓解 CPU 和主存之间的速度匹配问题。除此以外，在 CPU 和主存之间设置高速缓存也可以提高 CPU 读写指令和数据的速度。

6.5.1　程序访问的局部性

对大量典型程序运行情况分析的结果表明，在较短的时间间隔内，程序产生的地址往往集中在存储器的一个很小范围内，这种现象称为程序访问局部性，包括时间局部性和空间局部性。时间局部性是指被访问的存储单元在较短的时间内很可能被重复访问。空间局部性是指被访问的存储单元的邻近单元在较短的时间间隔内很可能被访问。

出现程序访问局部性的原因不难理解。因为程序由指令和数据组成，指令在主存中按顺序存放，其地址连续，循环程序段或子程序段通常被重复执行，因此指令的访问具有明显的局部化特征；而数据在主存中一般也是连续存放的，特别是数组元素，常常被按序重复访问，因此数据也具有明显的访问局部化特征。

例如，对于以下 C 语言程序段：

```
sum = 0;
for (i = 0; i < n; i++)
    sum + = a[i];
*v = sum;
```

上述程序段对应的目标代码可由以下 10 条指令组成：

```
I0          sum ← 0
I1          ap ← A              ;A 是数组 a 的起始地址
I2          i ← 0
I3          if (i >= n)goto done
I4  loop:   t ← (ap)            ; 数组元素 a[i] 的值
I5          sum ← sum + t       ; 累加值在 sum 中
I6          ap ← ap + 4         ; 计算下一个数组元素的地址
I7          i ← i + 1
I8          if (i < n)goto loop
I9  done:   V ← sum             ; 累加结果保存至地址 V
```

上述描述中的 sum、ap、i、n、t 均为通用寄存器，A 和 V 为主存地址。假定每条指令占 4 B，每个数组元素占 4 B，按字节编址，指令和数组在主存中的首地址分别为 0x0FC 和 0x400，则指令和数组元素的存放情况如图 6.22 所示。

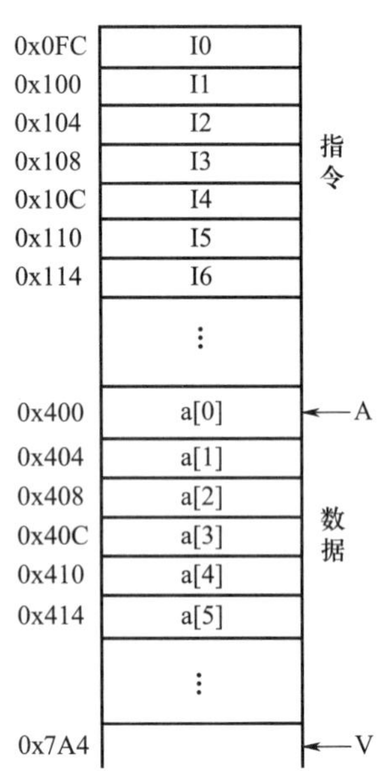

图 6.22　指令和数组在主存中的存放位置

从图 6.22 可以看出，在程序执行过程中，首先指令按 I0~I3 的顺序执行，然后指令 I4~I8 按顺序被循环执行 *n* 次。只要 *n* 足够大，程序在一段时间内就一直在该局部区域内执行。对于取指令来说，程序对主存的访问过程如下：

0x0FC（I0）→ 0x108（I3）→

0x10C（I4）→ 0x11C（I8）→ 0x120（I9）

（0x11C（I8）返回 0x10C（I4），*n* 次）

上述程序对数组元素的访问在指令 I4 中进行，数组下标每次加 4，按每次 4 B 连续访问主存。因为数组元素在主存中连续存放，所以该程序对数据的访问过程是：0x400 → 0x404 → 0x408 → 0x40C →⋯→ 0x7A4。由此可见，在一段时间内，访问的数据也在局部的连续区域内。

为了更好地利用程序访问的空间局部性，通常把当前访问单元以及邻近单元作为一个主存块一起调入高速缓存。这个主存块的大小以及程序对数组元素的访问顺序等都对程序的性能有一定的影响。

例 6.2 假定数组元素按行优先存放，则对于伪代码程序段 A 和 B，回答以下问题。

（1）对于数组 a 的访问，哪一个程序的空间局部性更好？哪一个程序的时间局部性更好？

（2）变量 sum 的空间局部性和时间局部性各如何？

（3）对于指令访问来说，for 循环体的空间局部性和时间局部性如何？

程序段 A：

```
int sum-array-rows (int a[M][N])
{
    int i, j, sum=0;
    for(i=0; i<M; i++)
        for(j=0; j<N; j++)
            sum+=a[i][j];
    return sum;
}
```

程序段 B：

```
int sum-array-cols (int a[M][N])
{
    int i, j, sum=0;
    for(j=0; j<N; j++)
        for(i=0; i<M; i++)
            sum+=a[i][j];
    return sum;
}
```

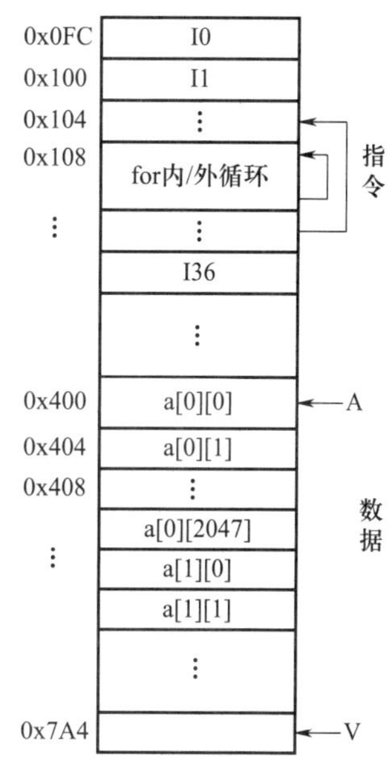

图 6.23 指令和二维数组在主存的存放位置

解：假定 M、N 都为 2 048，按字节编址，每个数组元素占 4 B，则指令和数据在主存中的存放情况如图 6.23 所示。

（1）对于数组 a，程序段 A 和 B 的空间局部性相差较大。程序段 A 对数组 a 的访问顺序为 a[0][0], a[0][1] ,⋯, a[0][2047]; a[1][0], a[1][1], ⋯, a[1][2047]; ⋯。由此可见，访问顺序与存放顺序是一致的，故空间局部性好。程序段 B 对数组 a 的访问顺序为 a[0][0], a[1][0], ⋯, a[2047][0]; a[0][1], a[1][1], ⋯ , a[2047][1]; ⋯。由此可见，访问顺序与存放顺序不一致，每次访问都要跳过 2 048 个数组元素，即 8 192 个单元，这种情况下已经不存在空间局部性了。

时间局部性在程序段 A 和 B 中都差，因为每个数组元素都只被访问一次。

（2）对于变量 sum，在程序段 A 和 B 中的访问局部性是一样的。空间局部性对单个变量来说没有意义；而时间局部性在程序段 A 和 B 中都较好，因为 sum 变量在程序段 A 和 B 的每次循环中都要被访问。不过，通常编译器都将其分配在寄存器中，循环执行时只需要取出寄存器内容进行运算，最后再把寄存器的值写回到存储单元中。

（3）对于 for 循环体，程序段 A 和 B 中的访问局部性是一样的。因为循环体内指令按序连续存放，所以空间局部性好；内循环体被连续重复执行 2 048×2 048 次，因此时间局部性也好。

从上述分析可以看出，虽然程序段 A 和 B 的功能相同，但因为内、外两重循环的顺序不同而导致两者对数组 a 访问的空间局部性相差较大，从而带来执行时间的不同。曾有人将这两个程序（M = N = 2 048）在 2 GHz Pentium 4 CPU 上执行以进行比较，实际运行结果显示：程序段 A 的执行只需要 59 393 288 个时钟周期，而程序段 B 则需要 1 277 877 876 个时钟周期。程序段 A 比程序段 B 快 20.5 倍。

6.5.2 cache 的基本工作原理

cache 是一种小容量高速缓冲存储器，由快速的 SRAM 存储元件组成，直接制作在 CPU 芯片内，其速度几乎与 CPU 一样快。在 CPU 和主存之间设置 cache，总是把主存中被频繁访问的活跃程序块和数据块复制到 cache 中。由于程序访问的局部性，在大多数情况下，CPU 能直接从 cache 中取得指令和数据，而不必访问主存。

为便于 cache 和主存间交换信息，cache 和主存空间被划分为大小相等的区域。主存中的区域称为块（block），也称为主存块，它是 cache 和主存之间的信息交换单位；cache 中存放一个主存块的区域称为行（line）或槽（slot）。

1. cache 的有效位

在系统启动或复位时，每个 cache 行都为空，其中的信息无效，只有在装入主存块后信息才有效。为了说明 cache 行中的信息是否有效，每个 cache 行需要一个“有效位”（valid bit）。

有了有效位，就可以通过将有效位清 0 来淘汰某 cache 行中的主存块，这一操作称为冲刷（flush），装入一个新主存块时，再将有效位置 1。

2. CPU 在 cache 中的访问过程

CPU 在执行程序的过程中，当需要从主存取指令或读数据时，先检查 cache 中有没有要访问的信息，若有，就直接从 cache 中读取，而不用访问主存；若没有，再从主存中把当前要访问的信息所在的一个主存块复制到 cache 中。因此，cache 中的内容是主存中部分内容的副本。

如图 6.24 所示为带 cache 的 CPU 执行一次访存操作的过程示意。如图 6.24 所示，整个访存过程包括判断信息是否在 cache 中、从 cache 取信息或从主存取一个主存块到 cache 等工作，甚至在对应 cache 行已满的情况下还要替换 cache 中的信息。这些工作要求在一条指令执行过程中完成，因而只能由硬件实现。因此，cache 对程序员来说是透明的，程序员编程时不用考虑信息存放在主存还是 cache 中。

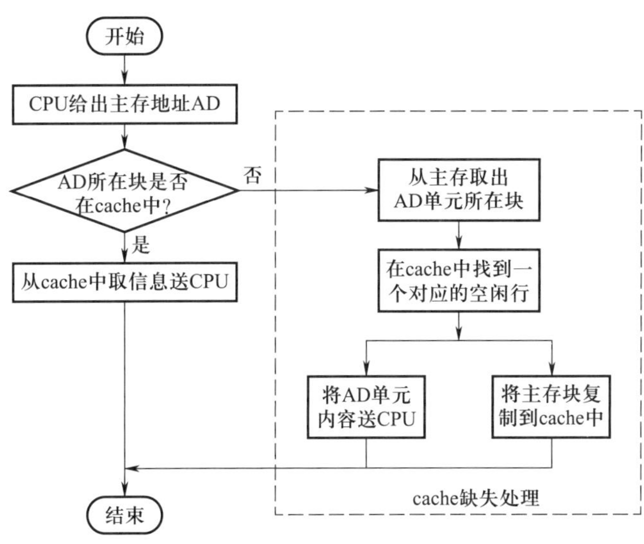

图 6.24　带 cache 的 CPU 执行一次访存操作的过程

3. cache- 主存层次的平均访问时间

如图 6.24 所示，在访存过程中，需要判断所访问信息是否在 cache 中。若 CPU 访问单元所在的块在 cache 中，则称 cache 命中（hit），命中的概率称为命中率（hit rate），表示为 p，它等于命中次数与访问总次数之比；若不在 cache 中，则称为不命中或缺失（miss）[①]，其概率称为缺失率（miss rate），它等于不命中次数与访问总次数之比。命中时，CPU 在 cache 中直接存取信息，所用的时间开销就是 cache 访问时间 T_c，称为命中时间（hit time）；缺失时，需要从主存读取一个主存块送入 cache，并同时将所需信息送入 CPU，因此，所用时间开销为主存访问时间 T_m 和 cache 访问时间 T_c 之和。通常把从主存读入一个主存块到 cache 的时间 T_m 称为缺失损失（miss penalty）。

CPU 在 cache- 主存层次的平均访问时间为 $T_a=pT_c+(1-p)(T_m+T_c)=T_c+(1-p)T_m$。

由于程序访问的局部性特点，cache 的命中率可以达到很高，接近于 1。因此，虽然 $T_m \gg T_c$，但最终的平均访问时间仍可接近 cache 的访问时间。

例 6.3　假定处理器时钟周期为 2 ns，某程序由 1 000 条指令组成，每条指令执行一次，其中的 4 条指令在取指令时没有在 cache 中找到，其余指令都能在 cache 中取到。在执行指令的过程中，该程序需要 3 000 次主存数据访问，其中 6 次没有在 cache 中找到。试问：

① 注：国内教材对“不命中”的说法有多种，如“失效”“失靶”“缺失”等，其含义相同，本教材使用“缺失”一词。

（1）执行该程序得到的 cache 命中率是多少？

（2）若 cache 中存取一个信息的时间为 1 个时钟周期，缺失损失为 4 个时钟周期，则 CPU 在 cache-主存层次的平均访问时间为多少？

解：（1）执行该程序时的总访问次数为 $1\,000+3\,000=4\,000$，未命中次数为 $4+6=10$，故 cache 命中率为 $(4\,000-10)/4\,000=99.75\%$。

（2）cache–主存层次的平均访问时间为 $1+(1-99.75\%)\times 4=1.01$ 个时钟周期，即 $1.01\times 2\text{ ns}=2.02\text{ ns}$，与 cache 的访问时间相近。

6.5.3 cache 行和主存块之间的映射方式

cache 行中的信息取自主存中的块。在将主存块复制到 cache 行时，主存块和 cache 行之间必须遵循一定的映射规则，这样，CPU 要访问某个主存单元时，可以依据映射规则，到 cache 对应的行中查找要访问的信息，而不用在整个 cache 中查找。

根据不同的映射规则，主存块和 cache 行之间有以下三种映射方式。

① 直接映射（direct mapping）：每个主存块映射到 cache 的固定行中。

② 全相联映射（fully associative mapping）：每个主存块映射到 cache 的任意行中。

③ 组相联映射（set-associative mapping）：每个主存块映射到 cache 的固定组的任意行中。

以下分别介绍这三种映射方式。

1. 直接映射

直接映射的基本思想是把每一个主存块映射到固定的 cache 行中，也称模映射，其映射关系如下：

$$\text{cache 行号} = \text{主存块号 mod cache 行数}$$

例如，假定 cache 共有 16 行，根据 100 mod 16 = 4，可知，主存的第 100 块应映射到 cache 的第 4 行中。

通常，cache 的行数是 2 的幂。假定 cache 有 2^c 行，主存有 2^m 块，这个映射函数的直观含义很简单，即以 m 位主存块号中后 c 位作为对应的 cache 行号来进行 cache 映射。也就是说，m 位块号中低 c 位相同的那些主存块，即“同余”主存块，将被映射到同一个 cache 行，形成一个“多对一”的映射关系。

简言之，主存块以 2^c 为模，被映射到 cache 的固定行中，如图 6.25（a）所示。由映射函数可以看出，主存块号的低 c 位正好是它要装入的 cache 行号。在 cache 中，给每一个行设置一个 t 位长的标记（tag），此处 $t=m-c$，主存某块调入 cache 后，就将其块号的高 t 位设置在对应 cache 行的标记中，表示该行中存放的信息来自主存哪个对应的主存块。

根据以上分析可知，主存地址被分成以下三个字段：

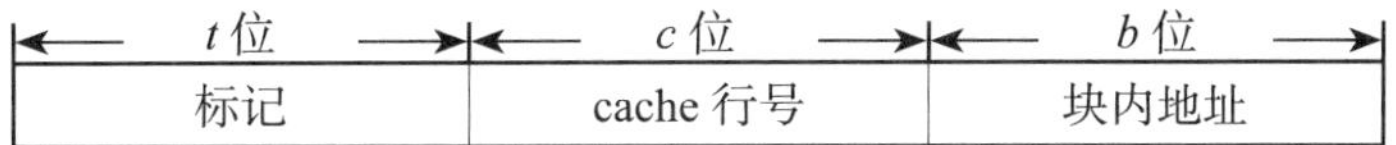

其中，高 t 位为标记，中间 c 位为 cache 行号（也称行索引），剩下的低位地址为块内地址。若一个主存块占 2^b 个单元，则块内地址占 b 位。CPU 访存过程如图 6.25（b）所示。

从图 6.25（b）可以看出，访存过程如下：首先根据访存地址的中间 c 位直接找到对应的 cache 行，将对应 cache 行中的标记和主存地址的高 t 位标记进行比较，若相等并有效位为 1，则访问 cache“命中”，此时，根据主存地址中最低 b 位的块内地址，在对应的 cache 行中存取信息；若不相等或有效位为 0，则“不命中”（缺失），此时，CPU 从主存中读出该地址所在的一块信息，送到对应的 cache 行中，将有效位置 1，并将标记设置为地址中的高 t 位，同时将该地址中的内容送入 CPU。

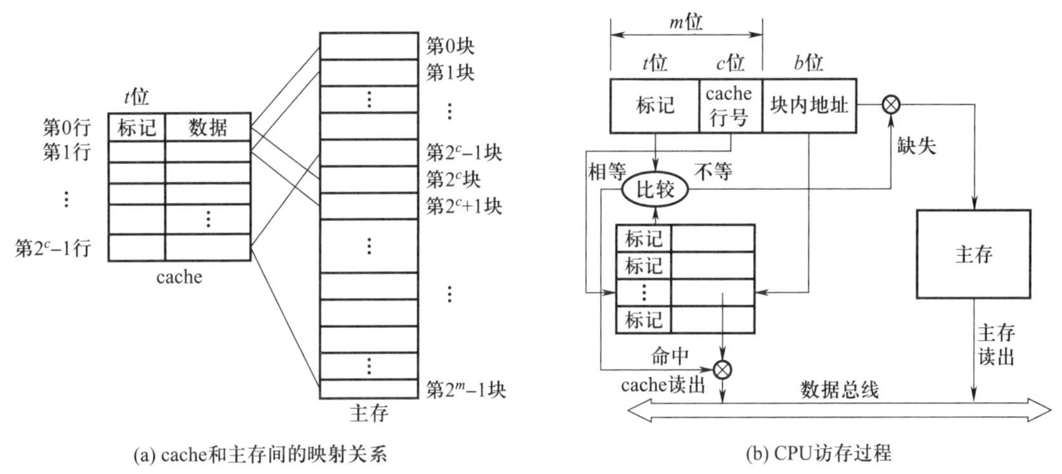

图 6.25　cache 和主存之间的直接映射方式

CPU 访存时，读操作和写操作的过程有一些不同，相对来说，读操作比写操作简单。因为 cache 行中的信息是主存某块的副本，所以在写操作时会出现 cache 行和主存块数据的一致性问题。这将在 6.5.5 节中详细介绍。

下面通过几个例子来说明 cache 设计中的一些问题。

例 6.4　假定主存和 cache 之间采用直接映射方式，块大小为 512 B，按字节编址。cache 容量（指数据区）为 8 KB，主存空间大小为 1 MB。问：主存地址如何划分？要求用图表示主存块和 cache 行之间的映射关系。假定 cache 当前为空，说明 CPU 对主存单元 0240CH 的访问过程。

解：cache 数据区容量为 8 KB = 2^{13} B = 2^4 行 × 512 B/ 行 = 16 行 × 512 B/ 行。因为主存每 16 块和 cache 的 16 行一一对应，所以可将主存每 16 块看成一个块群，因而得到主存空间地址划分为 1 MB = 2^{20} B = 2^{11} 块 × 512 B/ 块 = 2^7 块群 × 2^4 块 / 块群 × 2^9 B/ 块。因此，主存地址位数 $n = 20$，标记位数 $t = 7$，行号位数 $c = 4$，块内地址位数 $b = 9$。

主存地址划分以及主存块和 cache 行的对应关系如图 6.26 所示。

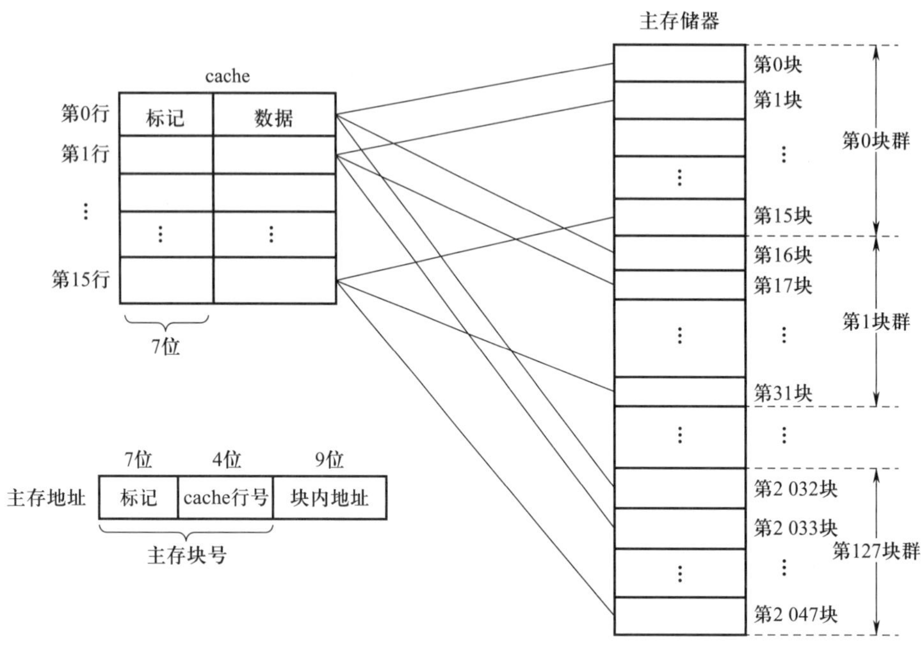

图 6.26　直接映射方式下主存块和 cache 行的对应关系

主存地址 0240CH 展开成二进制数为 0000 0010 0100 0000 1100，因此主存地址可划分为以下三个部分：

0000 001	0010	0 0000 1100

根据主存地址划分可知：该地址所在块号是 0000 001 0010（第 18 块），所属块群号为 0000 001（第 1 块群），映射到的 cache 行号为 0010（第 2 行）。

假定 cache 为空，访问 0240CH 单元的过程如下。首先根据地址中间 4 位 0010 找到 cache 第 2 行，因为 cache 为空，所以每个 cache 行的有效位都为 0，因此，不管第 2 行的标志是否等于 0000 001，都不命中。此时，将 0240CH 单元所在的主存第 18 块复制到 cache 第 2 行，并置有效位为 1，置标记为 0000 001（表示信息取自主存第 1 块群）。

例 6.5　假定主存和 cache 之间采用直接映射方式，块大小为 1 B。cache 数据区容量为

4 B，主存地址为 32 位，按字节编址。问：主存地址如何划分？根据程序访问的局部性原理说明块大小设置为一字节时的缺陷。

解：块大小为 1 B，故块内无须寻址，即块内地址位数为 0。cache 的数据区存放 4 B，共有 4 行。因此，32 位主存地址被划分为两个字段：标记位数 $t=30$，行号位数 $c=2$。

块大小设置为一字节会产生以下两个方面的问题。

① 邻近单元很可能被访问，但由于没有跟着该字节调入 cache，因此邻近单元的访问会发生缺失。也就是说，块大小为一字节时，程序访问的空间局部性没有被利用。

② 在 cache 行数不变的情况下，块太小使得映射到同一个 cache 行的主存块数增加，发生冲突的概率增大，引起频繁的信息交换。

例 6.6 假定主存和 cache 之间采用直接映射方式，块大小为 16 B。cache 的数据区容量为 64 KB，主存地址为 32 位，按字节编址。问：主存地址如何划分？说明访存过程，并计算 cache 总容量。

解：cache 数据区容量为 64 KB $=2^{16}$ B $=2^{12}$ 行 $\times 2^4$ B/ 行。

因为主存的每 2^{12} 块和 cache 的 2^{12} 行一一对应，所以可将主存的每 2^{12} 块看成一个块群，因而得到主存地址空间划分为 2^{32} B $=2^{28}$ 块 $\times 2^4$ B/ 块 $=2^{16}$ 块群 $\times 2^{12}$ 块 / 块群 $\times 2^4$ B/ 块。因此，主存地址位数 $n=32$，标记位数 $t=16$，行号位数 $c=12$，块内地址位数 $b=4$。

主存地址的划分以及访存过程实现如图 6.27 所示。其中 Tag 表示标记字段；Index 表示

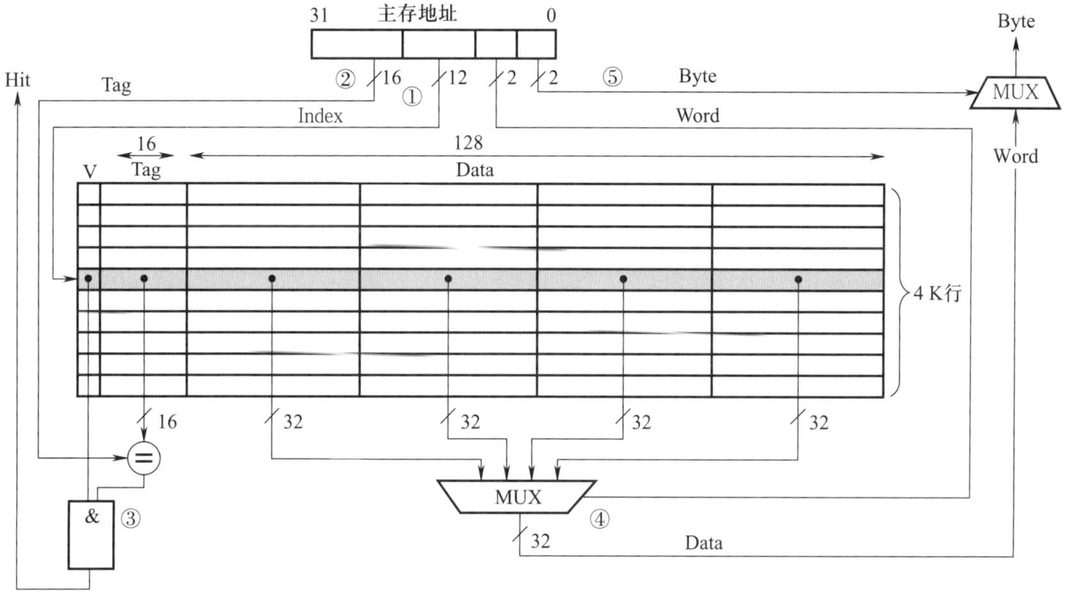

图 6.27　直接映射方式的实现

cache 行索引，即行号；块内地址分为两部分：高 2 位（Word 字段）为字偏移量，低 2 位（Byte 字段）为字节偏移量。Hit 表示命中。

整个访存过程由硬件实现，分为以下 5 个步骤：① 根据 12 位 cache 行索引找到对应行；② 将 16 位标志与对应行中的标记信息比较；③ 比较相等且有效位为 1 时，输出 Hit 为 1；④ 由 2 位字偏移量从 4 个 32 位字中选择一个字输出；⑤ 由 2 位字节偏移量从 1 个 32 位字中选择一个字节输出。

在 Hit 为 1 的情况下，CPU 根据要访问的是字还是字节选择从第④步还是第⑤步得到结果。若 Hit 不为 1，则 CPU 要启动一次“cache 行读”总线事务操作，通过总线到主存读一个主存块到 cache 行中。

从图 6.27 中可以看出，每个 cache 行由一位有效位 V、16 位标记（Tag）和 4 个 32 位的数据（Data）组成，共有 $2^{12}=4$ K 行，因此，cache 的总容量为 $2^{12}\times(4\times32+16+1)$b= 4 K× 145 b= 580 Kb = 72.5 KB。其中，数据占总容量的比例为 64 KB/72.5 KB≈88.3%。

直接映射的优点是容易实现，命中时间短，但由于多个块号“同余”的主存块只能映射到同一个 cache 行，因此当访问集中在“同余”的主存块时，就会频繁地调进调出，即使其他 cache 行都空闲，也毫无帮助。显然，直接映射方式不够灵活，使得 cache 存储空间得不到充分利用，命中率较低。例如，在例 6.4 中，若需要将主存第 0 块与第 16 块同时调入 cache，由于它们都只对应 cache 第 0 行，即使其他行空闲，也总有一个主存块不能调入 cache，因此会频繁地调进调出。

如果一个主存块不是固定映射到某一个 cache 行，而是只要有空闲 cache 行就可存放任意主存块，那么就不会发生多个主存块只能竞争同一个 cache 行的情况，从而避免频繁地调进调出。

2. 全相联映射

全相联映射的基本思想是一个主存块可装入 cache 的任意一行中。在全相联映射 cache 中，每行的标记用于指出该行的信息来自哪一个主存块。因为一个主存块可能在任意一行中，所以需要比较所有 cache 行的标记，因此，主存地址中不需要 cache 行索引，只有标记和块内地址两个字段。在全相联映射方式下，只要有空闲 cache 行就不会发生冲突，因而块冲突概率较低。

例 6.7 假定主存和 cache 之间采用全相联映射，块大小为 512 B，按字节编址。cache 数据区容量为 8 KB，主存地址空间为 1 MB。问：主存地址如何划分？要求用图表示主存块和 cache 行之间的映射关系，并说明 CPU 对主存单元 0240CH 的访问过程。

解： cache 数据区容量为 8 KB = 2^{13} B = 2^4 行 × 512 B/ 行 = 16 行 × 2^9 B/ 行。

主存地址空间为 1 MB = 2^{20} B = 2^{11} 块 × 512 B/ 块。

20 位的主存地址划分为两个字段：标记位数 $t=11$，块内地址位数 $b=9$。

主存地址划分以及主存块和 cache 行之间的对应关系如图 6.28 所示。

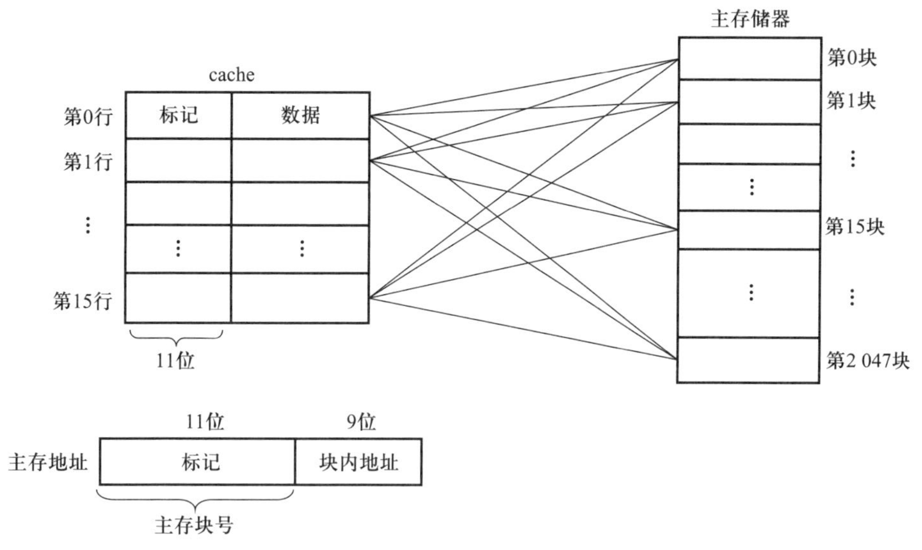

图 6.28　全相联映射方式下主存块和 cache 行的对应关系

主存地址 0240CH 展开成二进制数为 0000 0010 0100 0000 1100，所以主存地址划分如下：

0000 0010 010	0 0000 1100

访问 0240CH 单元的过程如下：首先将高 11 位标记 0000 0010 010 与 cache 中每个行的标记进行比较，若有一个相等并且对应有效位为 1，则命中，此时，CPU 根据块内地址 0 0000 1100 从该行中取出信息；若都不相等，则不命中，此时，需要将 0240CH 单元所在的主存第 0000 0010 010 块（即第 18 块）复制到 cache 的某一个空闲行中，并置有效位为 1，置标记为 0000 0010 010（表示信息取自主存第 18 块）。

为了加快比较的速度，通常每个 cache 行都设置一个比较器，比较器位数等于标记字段的位数。全相联 cache 访存时，根据标记字段的内容来访问 cache 行中的主存块，也即它查找主存块的过程是一种“按内容访问”的存取方式，因此，它是一种“相联存储器”。相联映射方式的时间开销和所用元件开销都较大，实现起来比较困难，不适合容量较大的 cache。

3. 组相联映射

前面介绍了直接映射和全相联映射，它们的优缺点正好相反，二者结合可以取长补短。因此将两种方式结合起来产生了组相联映射方式。

组相联映射的主要思想是，将 cache 所有行分成 2^q 个大小相等的组，每组有 2^s 行。每个主存块被映射到 cache 固定组中的任意一行，也即组间模映射、组内全映射，映射关系如下：

cache 组号 = 主存块号 mod cache 组数

例如，假定 8 K 字的 cache 划分为 2^3 组 $\times 2^1$ 行 / 组 $\times 512$ 字 / 行，则主存第 100 块应映射到 cache 第 4 组的任意一行中，因为 $100 \bmod 2^3 = 4$。

如此设置的 2^q 组 $\times 2^s$ 行 / 组的 cache 映射方式称为 2^s 路组相联映射，即 $s = 1$ 为 2 路组相联，$s = 2$ 为 4 路组相联，以此类推。通过对主存块号取模，使得每 2^q 个主存块与 2^q 个 cache 组一一对应，主存地址空间实际上被分成了若干组群，每个组群中有 2^q 个主存块对应于 cache 的 2^q 个组。假设主存地址有 n 位，块内地址占 b 位，有 2^m 个组群，则 $n = m + q + b$，主存地址被划分为以下三个字段：

← m 位 →	← q 位 →	← b 位 →
标记	cache 组号	块内地址

其中，高 m 位为标记，中间 q 位为 cache 组号（也称组索引），剩下的 b 位低位地址部分为块内地址。标记字段的含义表示当前地址所在的主存块位于主存哪个组群。

例如，假定 cache 数据区容量为 8 KB，每个主存块大小为 32 B，按字节编址，则块内地址的位数 $b = 5$；采用 2 路组相联，即每组有 2 行，则 cache 有 8 KB/(32 B×2) = 128 组，即 $q = 7$，$s = 1$。假定主存地址为 32 位，则 $m = 32 - 7 - 5 = 20$，即主存共有 2^{20} 个组群，每个组群有 $2^7 = 128$ 块，每块有 $2^5 = 32$ B，因而主存地址划分为标记 20 位、组号 7 位、块内地址 5 位。

s 的选取决定了块冲突的概率和相联比较的复杂性。s 越大，则 cache 发生块冲突的概率越低，相联比较电路越复杂。选取适当的 s，可使组相联映射的成本比全相联的低得多，而性能上仍可接近全相联方式。早年间，由于 cache 容量不大，所以通常 $s = 1$ 或 2，即 2 路或 4 路组相联较常用，但随着技术的发展，cache 容量不断增加，s 的值有增大的趋势，目前有许多处理器的 cache 采用 8 路或 16 路组相联方式。

图 6.29 所示的是采用 2 路组相联映射的 cache。整个访存过程如下：① 根据主存地址中的 cache 组号找到对应组；② 将地址中的标记与对应组中每个行的标记 Tag 进行比较；③ 将比较结果和有效位 V 相与；④ 若有一路比较相等且有效位为 1，则输出 Hit 为 1，并选中这一路 cache 行中的主存块；⑤ 在 Hit 为 1 的情况下，根据主存地址中的块内地址，从选中的一块内取出对应单元的信息，若 Hit 不为 1，则 CPU 到主存读一块信息到 cache 行中。

例 6.8 假定主存和 cache 之间采用 2 路组相联映射，块大小为 512 B，按字节编址。cache 数据区容量为 8 KB，主存地址空间为 1 MB。问：主存地址如何划分？要求用图表示主存块和 cache 行之间的映射关系，并说明 CPU 对主存单元 0240CH 的访问过程。

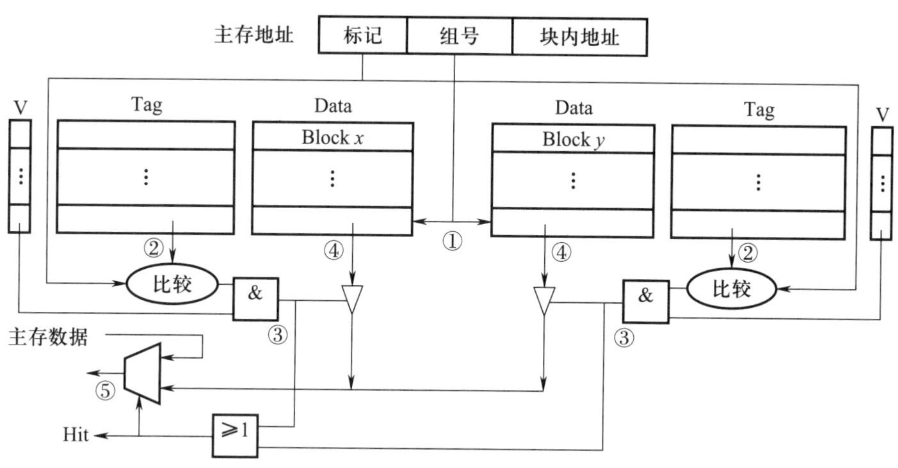

图 6.29　组相联映射方式的硬件实现

解：cache 数据容量为 8 KB = 2^{13} B = 2^3 组 × 2^1 行 / 组 × 512 B/ 行。
主存地址空间为 1 MB = 2^{20} B = 2^{11} 块 × 512 B/ 块 = 2^8 组群 × 2^3 块 / 组群 × 2^9 B/ 块。
因此，主存地址位数 $n = 20$，标记位数 $m = 8$，组号位数 $q = 3$，块内地址位数 $b = 9$。
主存地址划分以及主存块和 cache 行的对应关系如图 6.30 所示。

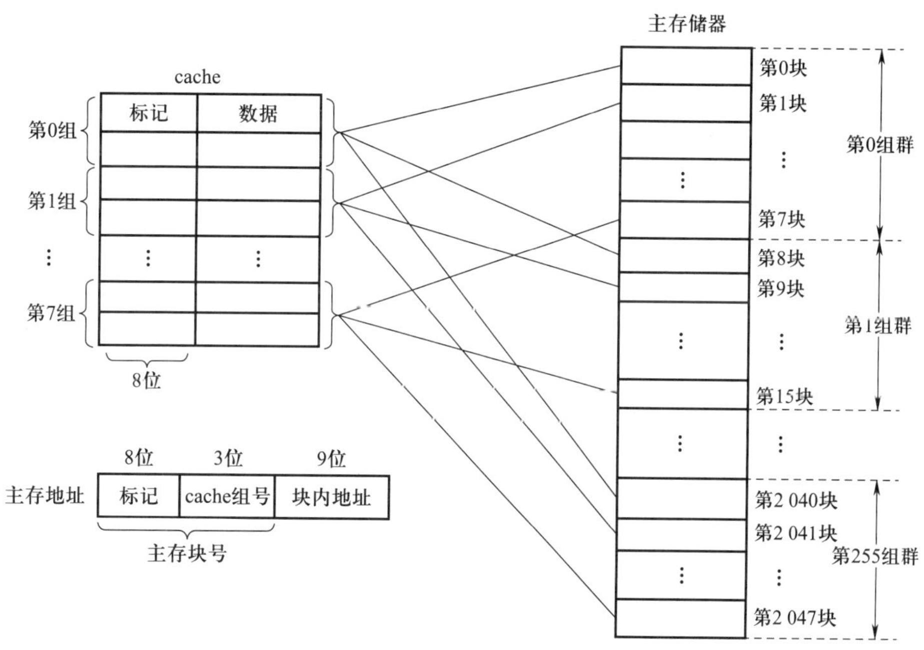

图 6.30　组相联映射方式下主存块和 cache 行的对应关系

主存地址 0240CH 展开成二进制数为 0000 0010 0100 0000 1100，所以主存地址划分如下：

0000 0010	010	0 0000 1100

访问 0240CH 单元的过程如下：首先根据地址中间 3 位 010 找到 cache 第 2 组，将标记 0000 0010 与第 2 组中两个 cache 行的标记同时进行比较，若有一个相等并且有效位是 1，则命中。此时，根据低 9 位块内地址从对应行中取出单元内容送 CPU；若都不相等或有一个相等但有效位为 0，则不命中。此时，将 0240CH 单元所在的主存第 0000 0010 010 块（即第 18 块）复制到 cache 第 010 组（即第 2 组）的任意一个空行中，并置有效位为 1，且置标记为 0000 0010（表示信息取自主存第 2 组群中的对应主存块）。

组相联映射方式结合了直接映射和全相联映射的优点。当 cache 的组数为 1 时，变为全相联映射；当每组只有一个 cache 行时，则变为直接映射。组相联映射的冲突概率比直接映射低，由于只有组内各行采用全相联映射，所以比较器的位数和个数都比全相联映射少，易于实现，查找速度也快得多。

4. 三种映射方式比较

对于一个主存块来说，三种映射方式下对应的 cache 行的数量不同。直接映射是唯一映射，每个主存块只有一个固定行与之对应；全相联映射是任意映射，每个行都可对应；N 路组相联映射有 N 行对应。这种特性可用“关联度”来度量，关联度指一个主存块映射到 cache 中时可能存放的位置个数。因此，直接映射的关联度最低，为 1；全相联映射的关联度最高，为 cache 总行数；N 路组相联映射的关联度居中，为 N。

当 cache 大小、主存块大小一定时，关联度和命中率、命中时间、标记所占额外开销等有如下关系。

① 关联度越低，命中率越低。因此直接映射命中率最低，全相联映射命中率最高。

② 关联度越低，判断是否命中的开销越小，命中时间越短。因此，直接映射的命中时间最短，全相联映射的命中时间最长。

③ 关联度越低，每个 cache 行中的标记所占额外空间越少。因此，直接映射的额外空间最少，全相联映射的额外空间最大。

假定主存地址为 32 位，按字节编址，主存块大小为 16 B，则当关联度为 1（即直接映射）时，每组 1 行，共 4 K 组，标记字段占 $32-4-12=16$ 位，总位数为 $4\text{ K}\times16=64\text{ K}$ 位；当关联度为 2（即 2 路组相联）时，每组 2 行，共 2 K 组，标记字段占 $32-4-11=17$ 位，总位数为 $4\text{ K}\times17=68\text{ K}$ 位；当关联度为 4（即 4 路组相联）时，每组 4 行，共 1 K 组，标记字段占 $32-4-10=18$ 位，总位数为 $4\text{ K}\times18=72\text{ K}$ 位；全相联时，整个为 1 组，每组 4 K 行，标记字段占 $32-4=28$ 位，总位数为 $4\text{ K}\times28=112\text{ K}$ 位。

6.5.4 cache 中主存块的替换算法

cache 行数比主存块数少很多，因此，往往多个主存块会映射到同一个 cache 行中。当一个新主存块复制到 cache 时，cache 中对应行可能已经全部被占满，此时，必须选择淘汰掉一个 cache 行中的主存块，使得该行中能存放新主存块。例如，对于例 6.8 中的 2 路组相联映射 cache，假定第 0 组的两个行分别被主存第 0 块和第 8 块占满，此时若需要调入主存第 16 块，根据映射关系，它只能存放到 cache 第 0 组，因此，必须选择调出已经在 cache 第 0 组的第 0 块和第 8 块两个主存块中的一块。到底调出哪一块呢？这就是淘汰策略问题，也称为替换算法或替换策略。

常用的替换算法有先进先出（first in first out,FIFO）、最近最少使用（least recently used，LRU）、最不经常使用（least frequently used，LFU）和随机替换（random replacement）算法等。可以根据实现的难易程度以及是否能获得较高的命中率两方面来决定采用哪种算法。

1. 先进先出算法

FIFO 算法的基本思想是：总是选择最早进入 cache 的主存块替换掉。这种算法实现起来较方便，但不能正确反映程序的访问局部性，因为最先进入的主存块也可能是目前经常要用的，因此这种算法有可能产生较大的缺失率。

2. 最近最少使用算法

LRU 算法的基本思想是：总是选择近期最少使用的主存块替换掉。这种算法能比较正确地反映程序的访问局部性，因为当前最少使用的块一般来说也是将来最少被访问的。但是，它的实现比 FIFO 算法要复杂一些。

下面用一个例子来说明 LRU 算法的具体实现。假定有 5 个主存块 {1，2，3，4，5} 映射到 cache 的同一组，对于主存块访问地址流 {1，2，3，4，1，2，5，1，2，3，4，5}，在 3 路组相联、4 路组相联和 5 路组相联的情况下，采用 LRU 算法的替换过程如图 6.31 所

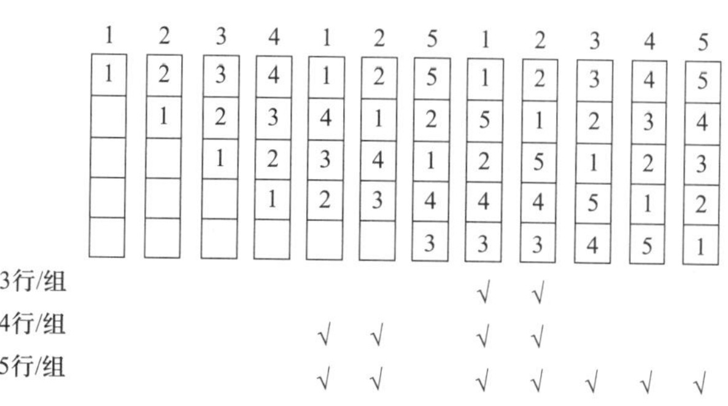

图 6.31 LRU 替换算法示例

示。为简化说明，这里假设了 3 路和 5 路组相联方式，由于 3 和 5 都不是 2 的幂，因此这样的假设与实际不符，但并不影响对 LRU 算法实现原理的解释说明。

从图 6.31 可以看出，在 LRU 算法中，小组中的块集合必然是大组中块集合的子集。因此，在小组中命中时在大组中肯定命中，也即 5 路组相联的命中率一定大于 4 路组相联，4 路组相联的命中率一定大于 3 路组相联。通常把满足这种特性的算法称为栈算法。因此，LRU 算法是栈算法。当然，并不是组越大越好，因为组内采用全相联映射，随着组的增大，算法实现的复杂性也会增加。

当程序中的分块局部化范围（即程序中某段时间集中访问的存储区）超过了 cache 组的大小时，命中率可能变得很低。例如，假设上述例子中的访存地址流是 1，2，3，4，1，2，3，4，1，2，3，4 等，而 cache 每组只有 3 行，那么命中率为 0。这种现象称为颠簸或抖动（thrashing）。

LRU 算法并不像如图 6.31 所示那样通过移动块来实现。实际上，每个 cache 行有一个计数器，用计数值来记录主存块的使用情况，通过硬件修改计数值，并根据计数值选择淘汰某个 cache 行中的主存块。淘汰时，只要将被淘汰行的有效位清 0 即可。这个计数值称为 LRU 位，其位数与 cache 组大小有关。理论上，n 路时 LRU 位为 $\log_2 n$，因此，2 路时 LRU 位为 1，4 路时 LRU 位为 2。

为简化上述 LRU 位计数的硬件实现，通常采用一种近似的 LRU 位计数方式来实现 LRU 算法。近似的 LRU 位计数方法仅区分哪些是新调入的主存块，哪些是较长时间未使用的主存块，在较长时间未使用的主存块中选择一个替换出去。

3. 最不经常使用算法

LFU 算法的基本思想是：替换掉 cache 中引用次数最少的块。LFU 也用与每个行相关的计数器来实现。这种算法与 LRU 算法类似，但不完全相同。

4. 随机替换算法

随机替换算法的基本思想是：从候选行的主存块中随机选取一个淘汰掉，而与主存块的使用情况无关。模拟实验表明，随机替换算法在性能上只稍逊于基于使用情况的算法，而且代价较低。

例 6.9 假定主存空间大小为 32 K×16 位，按字编址，每字 16 位。cache 采用 4 路组相联映射方式，数据区大小为 4 K 字，主存块大小为 64 字。假定 cache 开始时为空，处理器按顺序访问主存单元 0，1，…，4 351，一共重复访问 10 次。假设 cache 比主存快 10 倍，采用 LRU 替换算法。试分析采用 cache 后速度提高了多少。

解： 主存空间大小为 32 K 字=512 块 ×64 字 / 块，cache 采用 4 路组相联方式，其数据区容量为 4 K 字=16 组 ×4 行 / 组 ×64 字 / 行，因此，cache 共有 64 行，分成 16 组，每组 4 行。

因为每块为 64 字，4 352/64 = 68，所以主存单元 0~4 351 应该对应前 68 块（第 0~67 块），即处理器的访问过程是对主存前 68 块连续访问 10 次。

图 6.32 所示为前两次循环的主存块替换情况。图中列方向是 cache 的 16 个组，行方向是每组的 4 个 cache 行。根据组相联映射的特点，cache 行和主存块之间的映射关系如下：主存第 0~15 块分别对应 cache 第 0~15 组，可以放在对应组的任一行中，在此，假定按顺序存放在第 0 行；主存第 16~31 块也分别对应 cache 的第 0~15 组，假定放到第 1 行；同理，主存第 32~47 块分别放到 cache 第 0~15 组的第 2 行；第 48~63 块分别放到 cache 第 0~15 组的第 3 行。这样，第 0~63 块都没有冲突，每块都是第一个字在 cache 中没有找到，调到 cache 对应组的某一行后，其余每个字都能在 cache 中找到。因此每一块只有第一字未命中，其余的 63 个字都命中。

	第0行	第1行	第2行	第3行
第0组	0/64/48	16/0/64	32/16	48/32
第1组	1/65/49	17/1/65	33/17	49/33
第2组	2/66/50	18/2/66	34/18	50/34
第3组	3/67/51	19/3/67	35/19	51/35
第4组	4	20	36	52
…	…	…	…	…
第15组	15	31	47	63

图 6.32　例 6.9 中主存块的替换情况

主存的第 64~67 块分别对应 cache 的第 0~3 组，此时，这 4 组的 4 行都不空闲，因此每一组都要选择一个 cache 行中的主存块淘汰掉。因为采用 LRU 算法，所以分别将最近最少使用的第 0~3 块从第 0~3 组的第 0 行中替换出来。再把第 64~67 块分别放到对应的 cache 行中，每块也都是第一个字在 cache 中没有找到，调入后其余 63 个字都能在 cache 中找到。

综上所述，第一次循环时，所有 68 块都只有第一字未命中，其余 63 字都命中。以后的 9 次循环中，因为 cache 第 4~15 组中的 4 × 12 = 48 个 cache 行内的主存块一直没有被替换，所以只有 68 - 48 = 20 个主存块的第一字未命中，其余都命中。

访问总次数为 4 352 × 10 = 43 520，未命中次数为 68 + 9 × 20 = 248，命中率 p =(43 520 − 248)/ 43 520 ≈ 99.43%。

假定 cache 和主存的访问时间分别为 T_c 和 T_m，根据题意可知 $T_m = 10T_c$。采用 cache 后，cache−主存层次的平均访问时间为 $T_a = T_c + (1-p)\,T_m = T_c + (1-p)\,10T_c$。

因此，采用 cache 后速度提高的倍数为 $T_m/T_a = 10T_c/(T_c+(1-p)10T_c)=10/(1+(1-p)\times 10)\approx 9.5$。

6.5.5 cache 的一致性问题

因为 cache 中的内容是主存块副本，当对 cache 中的内容进行更新时，就存在 cache 和主存如何保持一致的问题。

解决 cache 一致性问题的关键是处理好写操作。写操作通常有两种处理方式。

1. 通写法

通写（write through，又称写直达、写通过）法的基本做法是：写操作时，若写命中，则同时写 cache 和主存；若写不命中，则有以下两种处理方式。

① 写分配法（write allocate）。先在主存块中更新相应的存储单元，然后分配一个 cache 行，将更新后的主存块装入分配的 cache 行中。这种方式可以充分利用空间局部性，但每次写不命中都要从主存读一个块到 cache 中，增加了读主存块的开销。

② 非写分配法（not write allocate）。仅更新主存单元而不装入主存块到 cache 中。这种方式可以减少读入主存块的时间，但没有很好地利用空间局部性。

由此可见，通写法实际上采用的是对主存块信息及其所有副本信息全都直接同步更新的做法，因此该方式通常也被称为全写法或直写法。

显然，采用通写法使 cache 和主存的一致性能得到了充分保证。但是，这种方法会大大增加写操作的开销。例如，假定一次写主存需要 100 个 CPU 时钟周期，那么 10% 的存数指令就使得 CPI 增加了 100 × 10% = 10 个时钟周期。

为了减少写主存的开销，通常在 cache 和主存之间加一个写缓冲（write buffer）。在 CPU 写 cache 的同时，也将信息写入写缓冲，然后由存储控制器将写缓冲中的内容写入主存。写缓冲是一个 FIFO 队列，一般有 4 项，在写操作频率不是很高的情况下，因为 CPU 只需将信息写入快速的写缓冲而无须写慢速的主存，所以效果较好。但是，如果写操作频繁发生，则会使写缓冲饱和而发生阻塞。

2. 回写法

回写（write back，又称写回）法的基本做法是：当 CPU 执行写操作时，若写命中，则信息只写入 cache 而不写入主存；若写不命中，则在 cache 中分配一行，将主存块调入该 cache 行中并更新相应单元的内容。因此，该方式在写不命中时，通常采用写分配法进行写操作。

由此可见，该方式实际上采用的是回头再写或最后一次性写的做法，因此该方式通常被称为回写法或一次性写方式。

在 CPU 执行写操作时，回写法不会更新主存单元，只有当 cache 行中的主存块被替换时，才将该块内容一次性写回主存。这种方式的好处在于减少了写主存的次数，因而大大降低了主存带宽需求。为了减少写回主存块的开销，每个 cache 行设置了一个修改位（dirty bit，有时也称为“脏位”）。若修改位为 1，则说明对应 cache 行中的主存块被修改过，替换时需要写回主存；若修改位为 0，则说明对应主存块未被修改过，替换时无须写回主存。

由于回写法没有同步更新 cache 和主存内容，因此存在 cache 和主存内容不一致而带来的潜在隐患，通常需要其他的同步机制来保证存储信息的一致性。

*6.5.6 cache 设计应考虑的问题

决定系统访存性能的重要因素包括 cache 命中率和缺失损失，它们与 cache 设计的许多方面有关。前面曾讲过，cache 命中率与关联度（即映射方式）和替换策略有关，同时也与 cache 容量有关。显然，cache 容量越大，命中率就越高。此外，cache 命中率还与主存块的大小有一定关系。采用大的交换单位能很好地利用空间局部性，但是，较大的主存块需要花费较多的时间存取，因此缺失损失会变大。由此可见，主存块的大小必须适中，不能太大，也不能太小。当然，缺失损失还与写策略和写分配法有关。

除了上述提到的这些问题外，设计 cache 时还要考虑采用单级还是多级 cache，数据 cache（data cache）和指令 cache（instruction cache）是分开还是合在一起，主存、总线、cache、CPU 之间采用什么连接方式等问题，甚至主存 DRAM 芯片的内部结构、存储器总线的总线事务类型等也都与 cache 设计有关，都会影响系统总体性能。下面对这些问题进行简单分析说明。

1. 单级 / 多级 cache、联合 / 分离 cache 的选择问题

早期采用的是单级片外 cache，近年来，多级片内 cache 系统已成为主流。目前，cache 基本上都在 CPU 芯片内，且使用 L1 cache（一级 cache）和 L2 cache（二级 cache），甚至有 L3 cache（三级 cache）。通常 L1 cache 采用分离 cache 策略，即数据 cache 和指令 cache 分开设置，指令 cache 也称为代码 cache（code cache）。L2 cache 和 L3 cache 通常采用联合 cache 策略，即数据和指令在一个 cache 中。

在一个采用两级 cache 的系统中，CPU 总是先访问 L1 cache，若访问缺失，再从 L2 cache 中查找。若 L2 cache 包含所请求的信息，则缺失损失为访问 L2 cache 的时间，这比访问主存要快得多；若 L2 cache 访问缺失，则须从主存读取信息并同时送 L1 cache 和 L2 cache，此时的缺失损失较大。

2. DRAM 结构、总线事务类型与 cache 的配合问题

指令在执行过程中，若发生 cache 缺失，则需要到主存中取数据或指令，而主存是由 DRAM 芯片实现的，并且每次缺失时，要从 DRAM 中读取一块信息到 cache 中。因此，如

何合理设计 DRAM 结构，如何使存储器总线在一次总线事务中高效地传输一个主存块等，都是需要在 cache 设计中统一考虑的问题。

图 6.33 所示是一台计算机中的内存条在存储器总线上的排列示意，图 6.34 所示是一个内存条中 DRAM 芯片的排列示意。

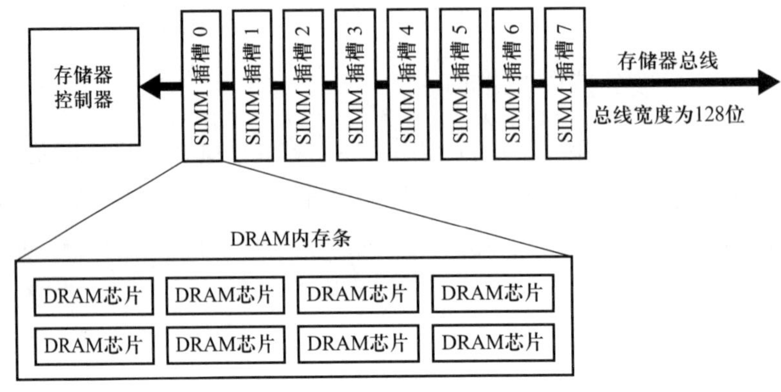

图 6.33　内存条排列示意

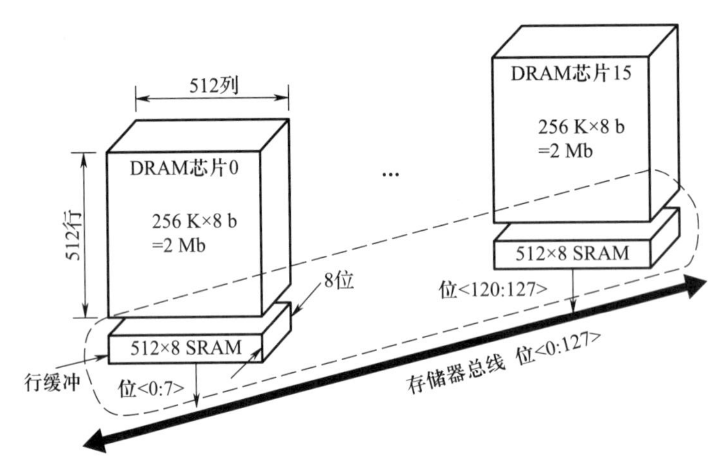

图 6.34　内存条中 DRAM 芯片的排列示意

如图 6.33 所示的存储器总线宽度为 128 位，连接在其上的每个内存条一次最多能读出 128 位数据，每个内存条上排列有多个 DRAM 芯片。如图 6.34 所示，可用 16 个 2 Mb 的 DRAM 芯片配置一个 4 MB 的内存条，每个芯片内有一个 512 × 8 b 的 SRAM 行缓冲，16 个芯片共 8 KB 缓冲。每个芯片内的存储矩阵为 512 行 × 512 列，并有 8 个位平面，每次读写各芯片内同行同列的 8 位，共 16 × 8 = 128 位。当 CPU 访问一块连续的主存区域（即行地址相同的区域）时，可直接从行缓冲读取，行缓冲用 SRAM 实现，速度极快。

当 cache 缺失，要求从主存读一个主存块到 cache 时，只要给定一个首地址，采用突发传输方式就可以在一次总线事务中完成一个主存块的传输。在访问主存块的第一个单元时，所有主存块的信息都被送到行缓冲 SRAM 中，以保证在突发传输过程中可以快速完成一个主存块的传输。特别是当采用 DDR SDRAM、DDR2 SDRAM 或 DDR3 SDRAM 芯片时，在芯片内部采用交叉多数据预取，并在存储器总线上采用时钟上升沿和下降沿各传输一次的方式，使得从主存到 cache 的主存块传输效率更高。

*6.5.7 cache 缺失对总体性能的影响

计算机性能最直接的度量方式就是 CPU 时间。执行一个程序所用的 CPU 时间应该等于 CPU 执行时间和等待主存访问时间之和。当发生 cache 缺失时，需要等待主存访问，此时 CPU 处于阻塞状态。因此，CPU 时间的计算公式如下：

CPU 时间 =（CPU 执行时钟数 + cache 缺失引起阻塞的时钟数）× 时钟周期

cache 缺失引起阻塞的时钟数 = 读操作阻塞时钟数 + 写操作阻塞时钟数

假定写回阻塞和写缓冲阻塞忽略不计，则可将读操作和写操作综合考虑，得到如下公式：

cache 缺失引起阻塞的时钟数 = 程序中访存次数 × 缺失率 × 缺失损失

例 6.10 假设某计算机中只有一级 cache，并将指令和数据分别存放在指令 cache 和数据 cache 中。其指令 cache 和数据 cache 的缺失率分别为 1% 和 4%。假定在没有任何访存阻塞时的 CPI 为 1，缺失损失为 200 个时钟周期。假定访存指令的使用频率为 36%，则使用缺失率为 0 的 cache 时，处理器速度会快多少？

解： 假设程序运行中执行的指令条数为 I，每条指令的取指令操作访存一次，则访问指令缺失时所用时钟数为 $1\% \times 200I = 2.0I$。

已知访存指令的使用频率为 36%，则访问数据缺失时所用时钟数为 $36\% \times 4\% \times 200I = 2.88I$。

因为在一条指令的执行过程中，取指令和访问数据总是串行进行的，所以两者的阻塞时钟数应该相加，即指令缺失和数据缺失时的总阻塞时钟数为 $2.0I + 2.88I = 4.88I$，即平均每条指令有 4.88 个时钟周期处在访存阻塞状态。因此，由于访存阻塞，CPI 从没有访存阻塞时的 1 增大到 $1 + 4.88 = 5.88$。如果 cache 不发生缺失（即缺失率为 0），则处理器速度是原来的 $5.88/1 = 5.88$ 倍。

访存阻塞所用时间占整个执行时间的比例为 $4.88/5.88 \approx 83\%$。

对上述例子进一步进行分析，可以得到处理器的性能与 cache 性能之间的依赖关系。分以下两方面来考虑。

① 假设上例中没有任何访存阻塞时 CPI 为 2，时钟宽度不变，则访存阻塞使得 CPI 从 2 增加到 $2+4.88=6.88$。如果 cache 不发生缺失，则处理器速度是原来的 $6.88/2=3.44$ 倍。访存阻塞所用时间占整个执行时间的比例为 $4.88/6.88\approx 71\%$，小于 83%。

因此，可得出结论：CPI 越小，cache 缺失引起的阻塞对系统总体性能的影响越大。

② 假定上例中时钟频率加倍，CPI 不变，则主存速度不太可能改变，故绝对时间不变，而缺失损失变为 400 个时钟周期。访问指令缺失和数据缺失时引起的总阻塞时钟数为 $(1\%\times 400)+36\%\times(4\%\times 400)=9.76$。

因此，访存阻塞使得 CPI 从 1 增大到 $1+9.76=10.76$，由于时钟频率加倍，因此相对于原时钟频率，CPI 只有原来的一半。由此可知，时钟频率快的机器的性能只是较慢机器的 $5.88/(10.76/2)\approx 1.1$ 倍。如果没有 cache 缺失，则大约是两倍。

由此可得出结论：CPU 时钟频率越高，cache 缺失损失就越大。

上述两个方面的例子说明：处理器性能越高，cache 的性能就越重要。

*6.5.8 鲲鹏三级 cache 结构举例

现代计算机系统中几乎都使用 cache 机制，以下以华为公司鲲鹏 920 处理器片上系统（system on chip, SoC，又称单片系统）中的 cache 为例来说明具体的 cache 结构。

鲲鹏处理器芯片中不仅包含传统的 CPU 处理器核部分，而且还包含其他硬件模块，它是由若干处理器核、DDR 控制器、片上加速器，以及以太网接口控制器等各类 I/O 模块组成的片上系统。如图 6.35 所示，鲲鹏处理器 SoC 主要由若干超级 CPU 集群（SCCL）和超级 I/O 集群（super I/O cluster，SICL）互连而成。多个处理器核（core）组成一个核集群（core cluster，CCL），也称为 CPU 集群（CPU cluster），物理位置接近的多个 CPU 集群及其所共享的其他硬件资源组成一个超级核集群（super core cluster，SCCL）。

如图 6.36 所示，在鲲鹏 920 处理器 SoC 中，每 4 个处理器核组成一个核集群。每个核集群中集成的 TaiShan V110 是华为海思自主研发的、支持 ARMv8.2-A 架构的处理器核。每个处理器核中集成了私有的 64 KB L1 I-cache（指令 cache）、64 KB L1 D-cache（数据 cache）以及 512 KB L2 cache，L1 cache 和 L2 cache 的主存块大小都是 64 B。L3 cache 是系统级片上三级高速缓存，也是系统最末级 cache（last level cache），可以为单个核集群分区共享，如图 6.36（a）所示，也可以为整个超级 CPU 集群共享，如图 6.36（b）所示。

采用如图 6.36（a）所示的 cache 结构具有以下两个方面的优势：① 单个进程所需要的 cache 能保证其基本容量，使核集群的基本性能需求得到保障；② 数据访问延时相对于整个超级 CPU 集群共享的结构更小。但这种方式下 cache 的设计和维护复杂度较高。对应地，采

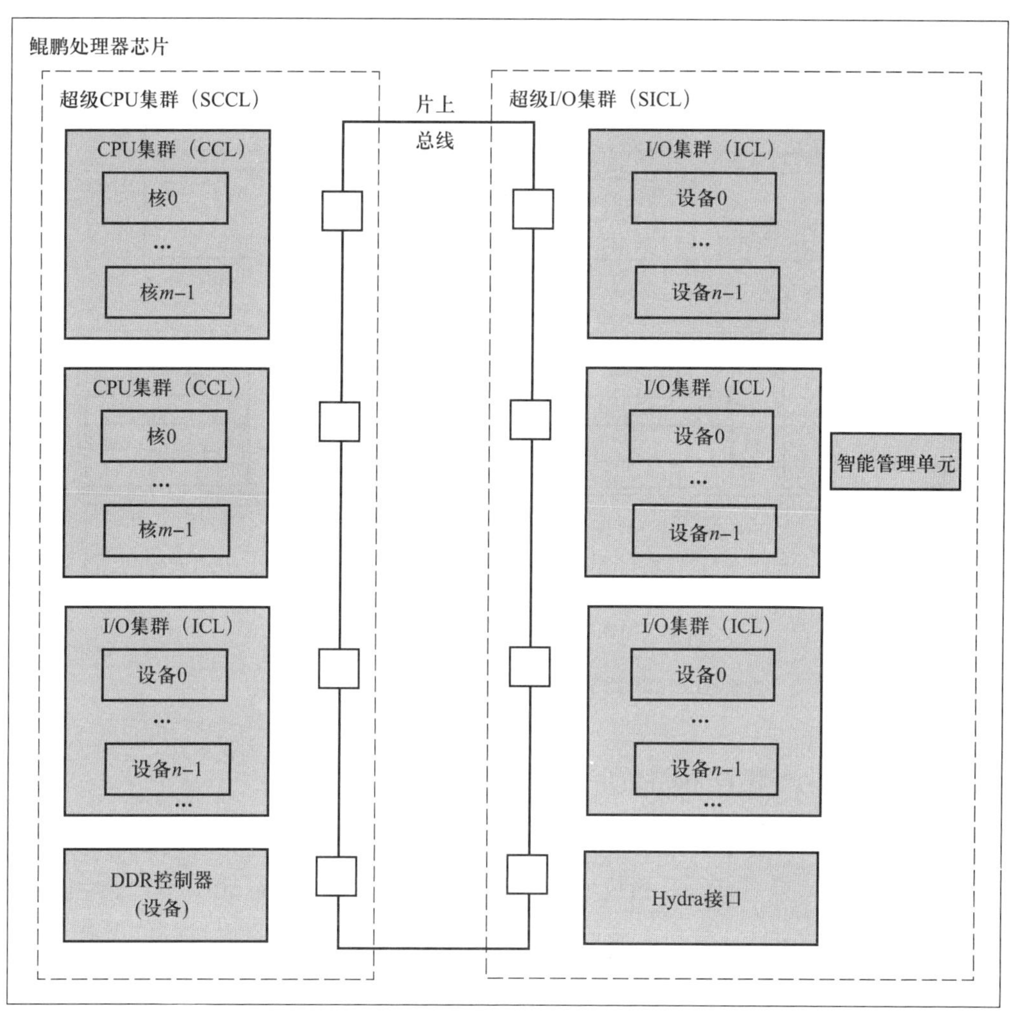

图 6.35 鲲鹏处理器 SoC 芯片组成

用如图 6.36(b) 所示的 cache 结构具有以下两个方面的优势：① 可以动态调整和使用可用的 cache 空间，从而高效地利用 cache 数据区空间；② 易于维护 cache 一致性。但是，这种方式在多核场景下容易造成竞争，从而引发 cache 分配不公平问题，性能隔离能力也比较弱。

6.5.5 节介绍了在单核处理器系统中的 cache 一致性问题。在鲲鹏 920 处理器 SoC 中涉及若干处理器核共享 cache 的情况，例如，L3 cache 是系统级片上三级 cache，被 CCL 中的各个处理器核、各种加速器和 I/O 模块等共用。通常，L3 cache 被划分为多个分区，每个分区与某一个特定的 CCL 距离更近。因此，鲲鹏处理器系统的 cache 一致性问题比 6.5.5 节中介绍的单核处理器系统中的情况更复杂。

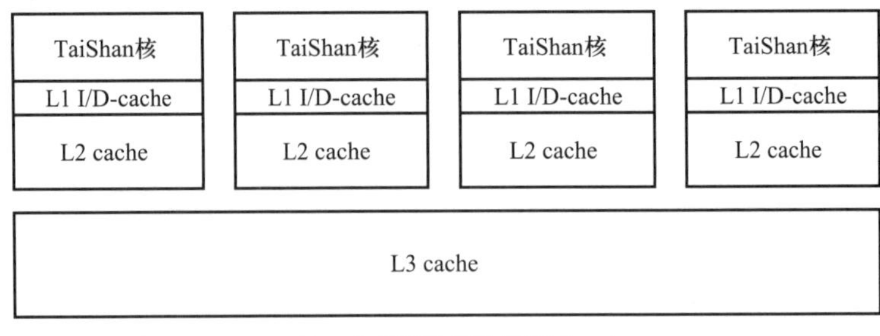

(a) 一个核集群分区共享L3 cache

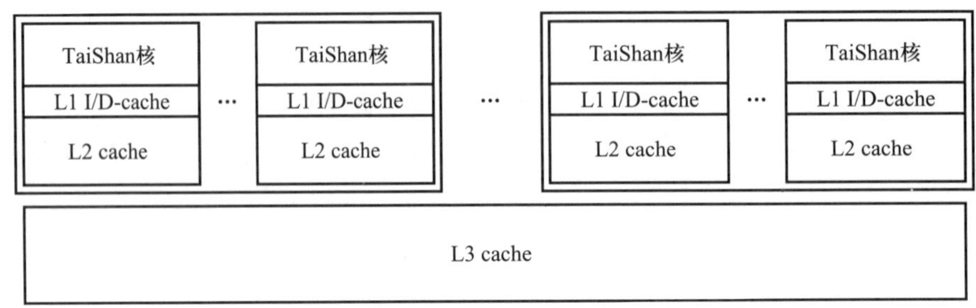

(b) 整个超级CPU集群共享L3 cache

图 6.36　鲲鹏 920 处理器 SoC 中的三级 cache 结构

*6.5.9　cache 和程序性能

程序的性能指执行程序所用的时间。显然，程序的性能与程序执行时访问指令和数据所用的时间有很大关系，而指令和数据的访问时间与相应的 cache 命中率、命中时间和缺失损失有关。对于给定的计算机系统而言，命中时间和缺失损失是确定的，因此，指令和数据的访存时间主要由 cache 命中率决定，而 cache 命中率则主要由程序的空间局部性和时间局部性决定。因此，为了提高程序的性能，程序员须编写出具有良好访问局部性的程序。

程序的访问局部性通常需要从数据的访问局部性角度进行考虑，而数据的访问局部性又主要是指数组、结构等类型数据访问时的局部性，这些数据结构的数据元素访问通常是通过循环语句进行的，因此，如何合理地处理循环，特别是内循环，对于数据访问局部性来说非常重要。

例 6.11　某计算机的主存地址空间大小为 256 MB，按字节编址。指令 cache 和数据 cache 分离，均有 8 个 cache 行，主存与 cache 交换的块大小为 64 B，数据 cache 采用直接映射方式。现有两个功能相同的程序 A 和 B，其伪代码如图 6.37 所示。

假定 i、j、sum 均分配在寄存器中，数组 a 按行优先方式存放，其首地址为 320（十进制数）。回答下列问题，要求说明理由或给出计算过程。

程序 A:	程序 B:

<pre>int a[256][256]:
...
int sum_array1( )
{
    int i, j, sum=0:
    for (i=0; i<256; i++)
        for (j=0; j<256; j++)
            sum+=a[i][j];
    return sum;
}</pre>
	<pre>int a[256][256]:
	...
	int sum_array2()
	{
	    int i, j, sum=0:
	    for (j=0; j<256; j++)
	        for (i=0; i<256; i++)
	            sum+=a[i][j];
	    return sum;
	}</pre>

图 6.37　例 6.11 的伪代码程序

（1）不考虑 cache 一致性维护和替换算法控制位，数据 cache 的总容量为多少？

（2）数组元素 a[0][31] 和 a[1][1] 各自所在主存块对应的 cache 行号分别是多少？

（3）程序 A 和 B 的数据访问命中率各是多少？哪个程序的执行时间更短？

解：（1）cache 中的每一行信息除了用于存放主存块的数据区外，还有有效位、标记信息以及用于 cache 一致性维护的修改位和用于替换算法的使用位（如 LRU 位）等控制位。因为主存地址空间大小为 256 MB，按字节编址，所以主存地址为 28 位；因为主存块大小为 64 B，所以块内地址占 6 位；因为数据 cache 共 8 行，所以 cache 行号（行索引）为 3 位。因此，标记信息有 $28-6-3=19$ 位。在不考虑 cache 一致性维护和替换算法控制位的情况下，数据 cache 的总容量为 $8\times(19+1+64\times8)=4\,256$ b $=532$ B。

（2）因为每个数组元素为一个 32 位 int 型变量，所以占 4 B。因此，a[0][31] 的地址为 $320+4\times31=444$，a[0][31] 对应的主存块号为 $\lfloor 444/64 \rfloor=6$（向下取整）。因为 6 mod 8 = 6，所以对应的 cache 行号为 6。

若将地址转换为 28 位二进制数，再取出其中的行索引（即行号）字段，也可得到对应的行号。444 转换为二进制表示为 0000 0000 0000 0000 000 110 111100，中间 3 位 110 即为行号（行索引）6。

同理，数组元素 a[1][1] 对应的 cache 行号为 $\lfloor (320+4\times(1\times256+1))/64 \rfloor \bmod 8=5$。

（3）编译时 i、j、sum 均分配在寄存器中，因此数据访问命中率仅需要考虑数组 a 的访问情况。

由于程序A中的数组访问顺序与数组存储顺序相同，故依次访问的数组元素位于相邻单元；程序共访问 256×256 次=64 K 次，占 64 K×4 B/64 B=4 K 个主存块；因为首地址正好位于一个主存块的起始处，所以每次将一个主存块装入 cache 时，总是第一个数组元素缺失，其他都命中，共缺失 4 K 次，因此数据访问的命中率为(64 K－4 K)/64 K=93.75%。因为每个主存块的命中情况都一样，所以也可以按每个主存块的命中率计算。主存块大小为 64 B，包含 16 个数组元素，因此共访存 16 次，其中第一次不命中，以后 15 次全命中，因而命中率为 15/16=93.75%。

由于程序B中的数组访问顺序与数组存储顺序不同，依次访问的数组元素分布在相隔 256×4=1 024 的单元处。例如，a[i][0] 和 a[i+1][0] 之间相差 1 024 B，即 16 块，因为 16 mod 8=0，所以它们相继被映射到同一个 cache 行中。访问后面的数组元素时，总是把上一次装入 cache 中的主存块覆盖掉。由此可知，所有访问都不能命中，命中率为 0。

因为程序A的命中率高，所以程序A的执行时间比程序B的执行时间短。

6.6 虚拟存储器

由于技术和成本等原因，主存容量受到限制，而在进行程序设计时，人们不希望受特定计算机物理内存大小的制约，因此，如何处理这两者之间的矛盾是一个需要解决的重要问题。此外，现代操作系统都支持多道程序运行，如何让多个程序有效而安全地共享主存是另一个需要解决的问题。

为了解决上述两个问题，在计算机中采用了虚拟存储技术。程序员在一个不受物理内存空间限制并且比物理内存空间大得多的、虚拟的逻辑地址空间中编写程序，就好像每个程序都独立拥有一个巨大的存储空间一样。在程序执行过程中，把当前执行到的一部分程序和相应的数据调入主存，其他未用到的部分暂时存储在外存中。这种借用外存为程序提供的虚拟存储空间称为虚拟存储器。

6.6.1 虚拟存储器的基本概念

在不采用虚拟存储机制的计算机系统中，CPU 执行指令时，取指令和存取操作数所用的地址都是主存物理地址，无须进行地址转换，因而计算机硬件结构比较简单，指令执行速度较快。对实时性要求较高的嵌入式微控制器大多不采用虚拟存储机制。

目前，在服务器、台式计算机和笔记本计算机等各类通用计算机系统中都采用虚拟存储技术。在采用虚拟存储技术的计算机中，指令执行时，CPU 通过存储管理部件（memory management unit，MMU）将指令中的逻辑地址（也称虚拟地址或虚地址，virtual address，VA）转换为主存的物理地址（也称主存地址或实地址，physical address，PA）。在地址转换过程中，由硬件检查是否发生待访问信息不在主存、地址越界或访问越权等情况。若发现信息不在主存中，则由操作系统将数据从外存读到主存。若发生地址越界或访问越权，则由操作系统进行相应的异常处理。由此可以看出，虚拟存储技术既解决了编程空间受限的问题，又解决了多道程序共享主存带来的安全隐患等问题。

图 6.38 所示是具有虚拟存储机制的 CPU 与主存的连接示意，从中可以看出，CPU 执行指令时给出的是指令或操作数的虚拟地址，需要通过 MMU 将虚拟地址转换为主存物理地址才能访问主存，MMU 包含在 CPU 芯片中。图 6.38 中显示 MMU 将一个虚拟地址 5 600 转换为物理地址 4，从而将第 4、5、6、7 这 4 个单元的数据组成 4 字节数据送到 CPU。图 6.38 仅是一个简单示意，其中并没有考虑 cache 等情况。

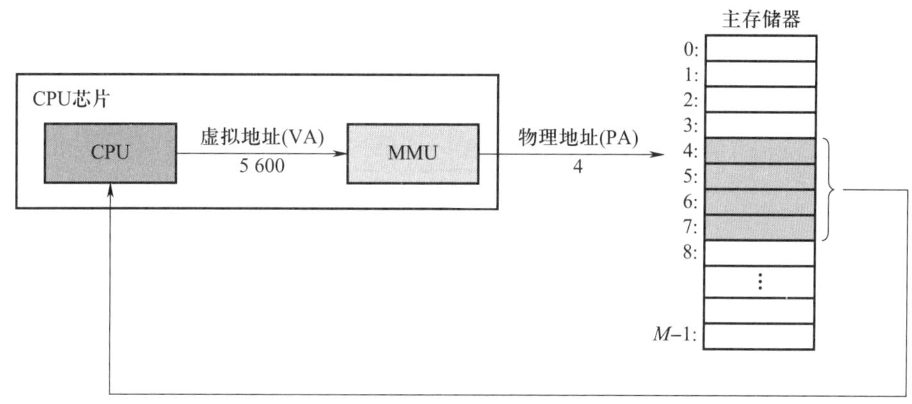

图 6.38　具有虚拟存储机制的 CPU 与主存的连接

虚拟存储机制（简称“虚存机制”）由硬件与操作系统共同协作实现，涉及计算机系统的许多层面，包括操作系统中的许多概念，如进程、存储器管理、虚拟地址空间、缺页处理等。

6.6.2　进程的虚拟地址空间

4.4.5 节中提到，在生成可执行文件的最后一步，对所有可重定位文件进行链接时，需要按照 ABI 规范确定的虚拟地址空间划分（也称存储器映像）进行重定位。图 4.21 给出了 ARMv8-A64 虚拟地址空间划分。

每个高级语言源程序经编译、汇编、链接等处理生成可执行的二进制机器目标代码时，都会被映射到一个统一的虚拟地址空间。所谓“统一”，是指不同的可执行文件所映射的虚拟地址空间大小一样，地址空间中的区域划分结构也相同。进程是操作系统对处理器中运行的程序的一种抽象。简单来说，进程就是一个程序的一次执行过程，因此，一个进程一定与以可执行文件方式存放在外存中的一个用户程序（即应用程序）相对应。可执行文件所映射的虚拟地址空间就是进程的虚拟地址空间。

所有进程的虚拟地址空间大小和结构一致，简化了链接器的设计和实现，也简化了程序的加载过程。虚拟存储机制为每个进程提供了一个极大的虚拟地址空间（也称为逻辑地址空间），它是对主存和辅助存储器的抽象。虚存机制带来了一个假象，使得每个进程好像都独占使用主存，并且主存空间极大。这有三个好处：① 每个进程具有一致的虚拟地址空间，从而可以简化存储管理；② 把主存看成是辅助存储器的一个缓存，在主存中仅保存当前活动的程序段和数据区，并根据需要在外存和主存之间进行信息交换，通过这种方式，使有限的主存空间得到有效利用；③ 每个进程的虚拟地址空间是私有的、独立的，因此可以保护各自进程不被其他进程破坏。

下面以 Intel 架构下的 Linux 操作系统为例，介绍一个进程的虚拟地址空间映像。

1. Linux 中进程的虚拟地址空间

图 6.39 所示为 Intel 架构下 Linux 操作系统中的一个进程对应的虚拟地址空间。

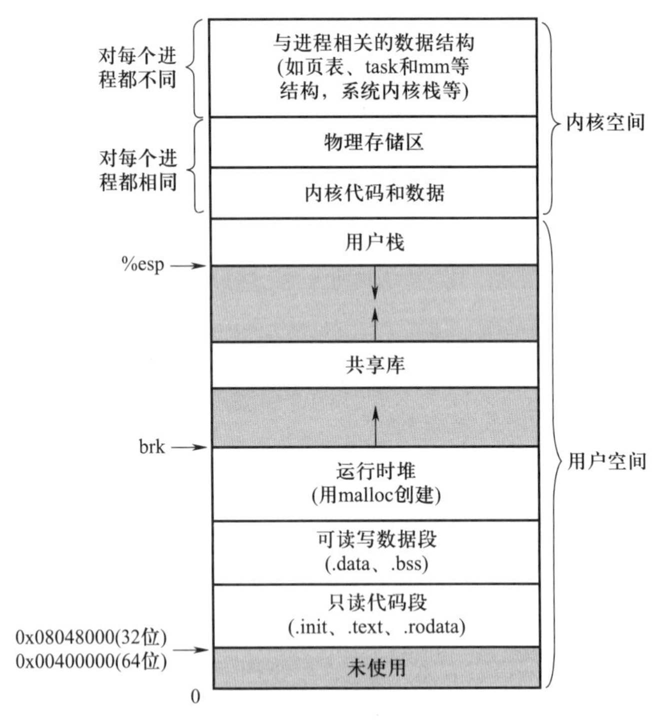

图 6.39　进程对应的虚拟地址空间

整个虚拟地址空间分为两大部分：内核虚拟存储空间（简称“内核空间”）和进程虚拟存储空间（简称“用户空间”）。在采用虚拟存储机制的系统中，每个程序的可执行目标文件都被映射到统一的虚拟地址空间中，即所有进程的虚拟地址空间划分是一致的，只是在相应的只读代码区域和可读写数据区域中映射的信息不同而已。它们分别映射到对应可执行目标文件中的只读代码段（由 .init、.text 和 .rodata 节组成的段）和可读写数据段（由 .data 和 .bss 节组成的段）。其中，.bss 节在可执行目标文件中没有具体内容，因此在运行时由操作系统将该节对应的存储区初始化为 0。

内核空间用来映射到操作系统内核代码和数据、物理存储区，以及与每个进程相关的系统级上下文数据结构（如进程标识信息、进程现场信息、页表等进程控制信息以及内核栈等），其中内核代码和数据区在每个进程的地址空间中都相同。用户程序没有权限访问内核空间。

用户空间用来映射到用户进程的代码、数据、堆和栈等用户级上下文信息。每个区域都有相应的起始位置，堆区和栈区相向生长，其中，栈从高地址向低地址生长。

对于 IA-32，内核虚拟存储空间在 0xc000 0000 以上的高端地址上，用户栈区从起始位置 0xc000 0000 开始向低地址增长，堆栈区中的共享库映射区域从 0x4000 0000 开始向高地址增长，只读代码区域从 0x0804 8000 开始向高地址增长，只读代码区域后面跟着可读写数据区域，其起始地址通常要求按 4 KB 字节对齐。

对于 x86-64，其最开始的只读代码区域从 40 0000H 开始，用户空间的最大地址为 7FFF FFFF FFFFH。通常，共享库映射在 7FFF F000 0000H～7FFF FFFF FFFFH 区域内，从 7FFF F000 0000H 向下是用户运行时栈（run-time stack），一般限定栈大小为 8 MB，整个用户空间大小为 2^{47} B（128 TB）。内核空间在 8000 0000 0000H 以上的高端地址上，最大地址为 FFFF FFFF FFFFH，整个内核空间大小也是 2^{47} B（128 TB）。

2. Linux 虚拟地址空间中的区域

Linux 将进程对应的虚拟地址空间组织成若干“区域”（area）的集合，这些区域是指在虚拟地址空间中的一个有内容的连续区块（即已分配的），例如，图 6.39 中的只读代码段、可读写数据段、运行时堆、用户栈、共享库等区域。

Linux 内核为每个进程维护了一个进程描述符，数据类型为 task_struct 结构。task_struct 中记录了内核运行该进程所需要的所有信息，例如，进程的 PID、指向用户栈的指针、可执行目标文件的文件名等。如图 6.40 所示，task_struct 结构可对进程虚拟地址空间中的区域进行描述。

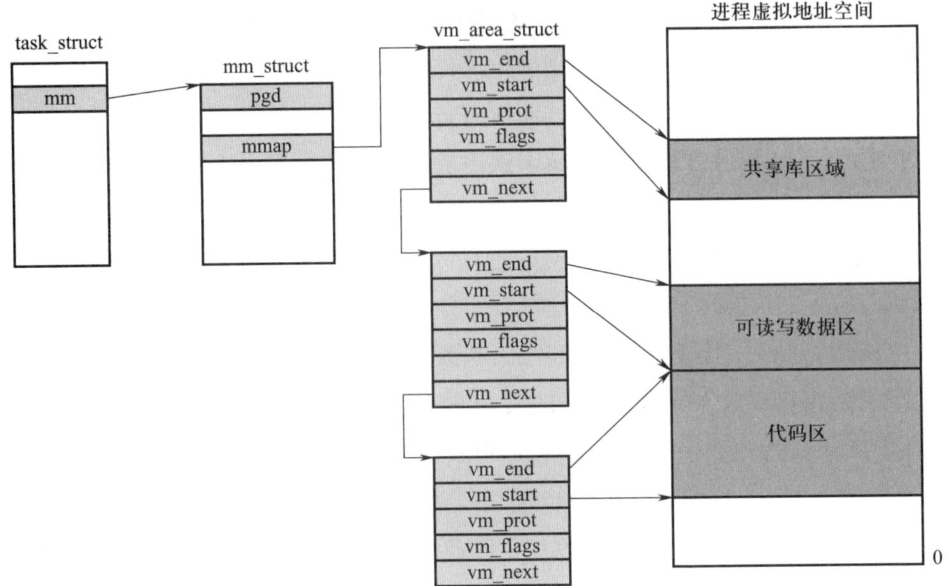

图 6.40　Linux 进程虚拟地址空间中区域的描述

task_struct 结构中有一个指针 mm 指向一个 mm_struct 结构。mm_struct 结构描述了对应进程虚拟存储空间的当前状态，其中有一个字段是 pgd，它指向对应进程的第一级页表（页目录表）的首地址，mm_struct 结构中还有一个字段 mmap，它指向一个由 vm_area_struct 结构构成的链表表头。

每个 vm_area_struct 结构描述了对应进程虚拟存储空间中的一个区域，可通过系统调用函数 mmap () 生成。vm_area_struct 结构中的部分字段如下：

- vm_start：指向区域的开始处；
- vm_end：指向区域的结束处；
- vm_prot：描述区域包含的所有页面的访问权限；
- vm_flags：描述区域包含的页面是否与其他进程共享等；
- vm_next：指向链表的下一个 vm_area_struct。

6.6.3　虚拟存储器的实现

对照前面介绍的 cache 机制（cache 是主存的缓存），可以把 DRAM 构成的主存看成是辅助存储器的缓存。因此，要实现虚拟存储机制，也必须考虑交换块大小问题、映射问题、替换问题、写一致性问题等。根据对这些问题解决方法的不同，虚拟存储器分成三种不同类型：分页式、分段式和段页式。

1. 分页式虚拟存储器

在分页式虚拟存储系统中，虚拟地址空间被划分成大小相等的页面（page），外存和主存之间以页面为单位交换信息。虚拟地址空间中的页称为虚拟页、逻辑页或虚页（virtual page，VP）；主存空间也被划分成同样大小的页框（页帧，page frame，PF），有时也把页框称为物理页或实页（physical page，PP）。

虚拟存储管理采用“请求分页”思想，每次访问指令或数据时，仅将当前需要的页面从硬盘等外存调入主存某页框中，而进程中其他不活跃的页面保留在外存中。当要访问的某个信息所在页不在主存时发生缺页异常，此时，从外存将缺失页面装入主存。

虚拟地址空间中有一些“空洞”的、没有内容的页面。如图 6.39 所示，堆区和栈区都是动态生长的，因而在栈和共享库映射区之间、堆和共享库映射区之间都可能没有内容存在，这些没有和任何内容关联的页称为“未分配页”；对于代码和数据等有内容的区域所关联的页面，称为“已分配页”。已分配页又分为两类：已调入主存而被缓存在 DRAM 中的页面称为“缓存页”，未调入主存而存在外存上的页面称为“未缓存页”。因此，任何时刻一个进程中的所有页面都被划分成三个不相交的页面集合：未分配页集合、缓存页集合和未缓存页集合。

主存和 cache 之间的交换单位为主存块，外存和主存之间的交换单位为一个页面。与主存块大小相比，页面大小要大得多。因为 SRAM 比 DRAM 快 10~100 倍，而 DRAM 比磁盘等外存大约快 100 000 倍，所以进行缺页处理所花的代价要比 cache 缺失损失大得多。例如，根据磁盘的特性，磁盘扇区定位所用时间要比磁盘读写一个数据的时间长大约 100 000 倍，也即对扇区第一个数据的读写比随后数据的读写时间长大约 100 000 倍。考虑缺页导致的巨大代价和磁盘访问第一个数据的开销，通常将主存和磁盘之间交换的页的大小设定得比较大，典型的有 4 KB、64 KB、1 MB 等，而且有越来越大的趋势。

因为缺页处理代价较大，所以提高命中率是关键，因此，在主存页框和虚拟页之间采用全相联映射方式。此外，当进行写操作时，由于外存访问速度很慢，不能每次写操作都同时写 DRAM 和外存，因而，在处理一致性问题时采用回写方式，而不用通写方式。

在虚拟存储机制中采用全相联映射，每个虚拟页可以存放到主存任何一个空闲页框中。因此，与 cache 一样，必须要有一种方法来建立各个虚拟页与所存放的主存页框号或磁盘上存储位置之间的关系，通常用页表（page table）来描述这种对应关系。

（1）页表

进程中的每个虚拟页在页表中都有一个对应的表项，称为页表项。页表项内容包括该虚拟页的存放位置、装入位、修改位、使用位、访问权限位和禁止缓存位等，如图 6.41 所示。

其中，页表项中的存放位置字段用来建立虚拟页和物理页框之间的映射，用于进行虚

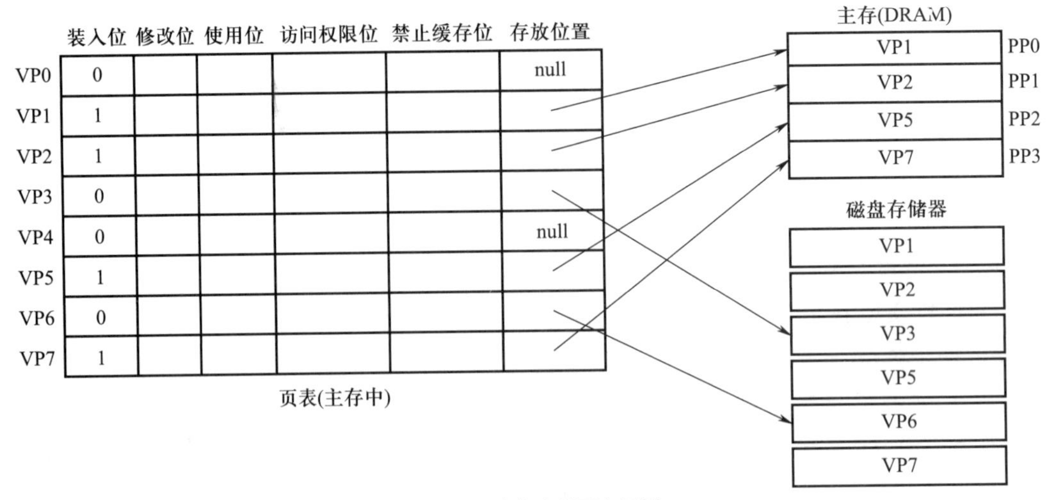

图 6.41 主存中的页表示例

拟地址到物理地址的转换。装入位也称为有效位或存在位，用来表示对应页面是否在主存，若为“1”，表示该虚拟页已从外存调入主存，是一个“缓存页”，此时，存放位置字段指向主存物理页号（即页框号或实页号）；若为“0”，则表示虚拟页没有被调入主存，此时，若存放位置字段为 null，则说明是一个“未分配页”，否则是一个“未缓存页”，其存放位置字段给出该虚拟页在磁盘上的起始地址。修改位（也称脏位）用来说明页面是否被修改过，虚存机制中采用回写策略，利用修改位可判断替换时是否需要写回磁盘。使用位用来说明页面的使用情况，配合替换策略进行设置，因此也称替换控制位。例如，是否最先调入（FIFO 位）、是否最近最少使用（LRU 位）等。访问权限位用来说明页面是可读可写、只读还是只可执行等，用于存储保护。禁止缓存位用来说明页面是否可以装入 cache，通过正确设置该位，可以保证磁盘、主存和 cache 数据的一致性。

如图 6.41 所示的页表示例中，有 4 个缓存页：VP1、VP2、VP5 和 VP7；两个未分配页：VP0 和 VP4；两个未缓存页：VP3 和 VP6。

对于图 6.41 所示的页表，假如 CPU 执行一条指令时要访问某个数据，若该数据正好在虚拟页 VP1 中，则根据页表得知，VP1 对应的装入位为 1，该页的信息存放在物理页 PP0 中，因此可通过地址转换部件将虚拟地址转换为物理地址，然后到 PP0 中访问该数据；若该数据在 VP6 中，则根据页表得知，VP6 对应的装入位为 0，表示页面缺失，发生缺页异常，需要调出操作系统的缺页异常处理程序进行处理。缺页异常处理程序根据页表中 VP6 对应表项的存放位置字段，从磁盘中将所缺失的页面读出，然后找一个空闲的物理页框存放该页信息。若主存中没有空闲的页框，则还要选择一个页面淘汰出来替换到磁盘上。因为采用回写策略，所以在淘汰页面时，需要根据修改位确定是否要写回磁盘。缺页处理过程中需要对页表进行相应的更新，缺页异常处理结束后，程序回到原来发生缺页的指令继续执行。

对于如图 6.41 所示的页表，虚拟页 VP0 和 VP4 是未分配页，但随着进程的动态执行，这些未分配页中可能会有具体的数据。例如，调用 malloc() 函数会使堆区增长，若新增的堆区正好与 VP4 对应，则操作系统内核就在磁盘上分配一个存储空间给 VP4，用于存放新增堆区中的内容；同时，对应 VP4 的页表项中的存放位置字段被填上该磁盘空间的起始地址，VP4 从未分配页转变为未缓存页。

页表属于进程控制信息，位于虚拟地址空间的内核空间。页表在主存的首地址记录在页表基址寄存器中。页表的项数由虚拟地址空间大小决定。前面提到，虚拟地址空间是一个用户编程不受其限制的足够大的地址空间，因此页表项数很多，会带来页表过大的问题。例如，在 Intel x86 系统中，虚拟地址为 32 位，页面大小为 4 KB，因此一个进程有 $2^{32}/2^{12}=2^{20}$ 个页面，即每个进程的页表有 2^{20} 个页表项。若每个页表项占 32 位，则一个页表的大小为 4 MB。显然，这么大的页表全部放在主存中是不合适的。

解决页表过大的方法有很多，可以采用限制大小的一级页表、两级页表或多级页表方式，也可以采用哈希方式的倒置页表等方案。如何实现主要是 ISA 和操作系统考虑的问题，此处不再赘述。

（2）存储管理总体结构

在虚拟存储系统中，生成可执行文件时会通过可执行文件中的程序头表，将可执行文件中具有相同访问属性的代码和数据段各自合并形成特定段，如只读代码段、可读可写数据段，这些不同的段被映射到虚拟地址空间的不同区域中。

每个用户程序都有各自独立的虚拟地址空间，用户程序以可执行文件方式存在磁盘上。假定某一时刻用户程序 1、2 和 k 都已经被加载到系统中运行，那么，在这一时刻主存中就会同时有这些用户程序中的代码和相应的数据。CPU 在执行某个用户程序时，只知道该程序中指令和数据在虚拟地址空间中的地址，如何知道到哪个主存单元去取指令或访问数据呢？可执行文件中的指令代码和数据都在外部的辅助存储器中，如何建立外存（如磁盘）信息与主存物理地址之间的关联呢？

上述问题的答案，可以从如图 6.42 所示的存储管理总体结构中找到。

从图 6.42 可以看出，存储管理需要计算机系统各层次相互协调完成，它与链接器、操作系统和 CPU 硬件等多个系统核心层都有关系。

首先，在生成可执行文件时，链接器会在可执行文件中生成一个程序头表，用于记录可执行文件中的信息如何映射到对应进程的虚拟地址空间中。

然后，当加载可执行文件时，操作系统根据可执行文件中的程序头表，通过调用 mmap()

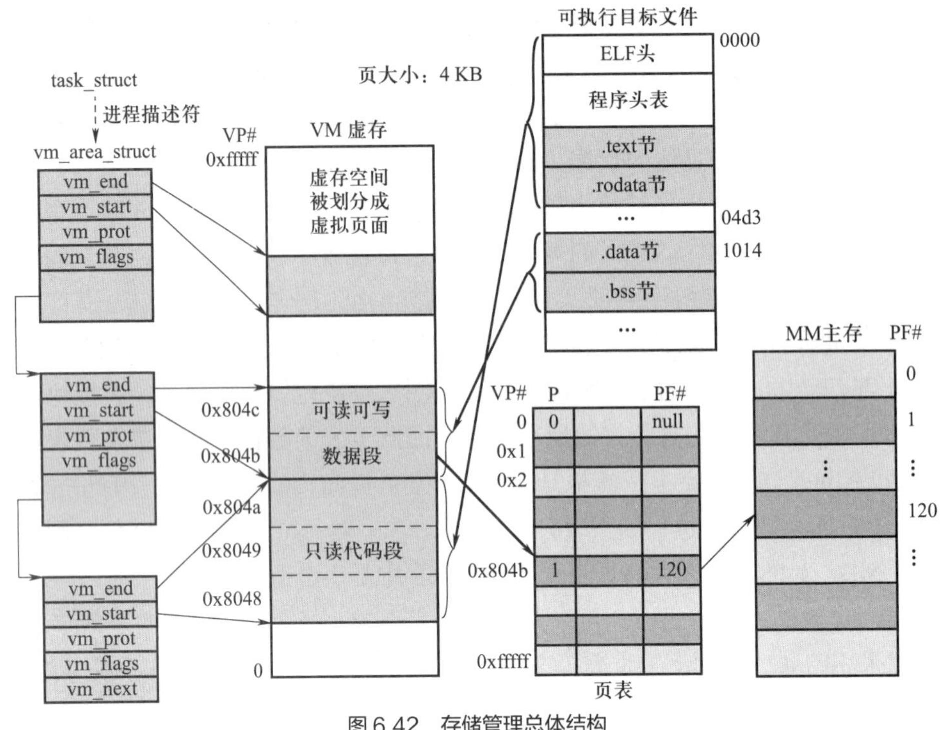

图 6.42　存储管理总体结构

系统调用函数，生成相应进程描述符中关于进程的虚拟地址空间映像（图 6.42 中的 vm_area_struct 链表），以确定每个可分配段（如只读代码段、可读可写数据段）在虚拟地址空间中的区域位置及其读写属性等信息，并生成对应页表项的初始信息，初始页表项中装入位 P 设置为 0，存放位置指向外存中的页面所在处。

在进程执行过程中，CPU 第一次访问进程中的代码和数据时，因为代码和数据不在主存，所以会发生缺页异常；操作系统在处理缺页异常的过程中，将外存中的代码或数据页面装入所分配的主存页框中，并修改相应页表项。例如，在图 6.42 中虚拟页号（即 VP#）为 0x804b 的页所对应的页表项中，将存放位置（即页框号 PF#）改为主存页框号 120，将装入位 P 设置为 1。这样，以后再次访问这些信息时，就可以根据页表将虚拟地址转换为主存的物理地址，然后到主存页框中访问信息。

在分页方式下，每个区域（area）应占一个页大小的整数倍长度，而可执行文件中的只读代码段和可读可写数据段不可能正好是页大小的整数倍，因而，最后一个页面中没有信息的地方将补足 0，以使其正好占用一个主存页框。

（3）地址转换

对于采用虚存机制的系统，指令中给出的地址是虚拟地址，因此，CPU 执行指令时，首先要将虚拟地址转换为主存物理地址，才能到主存取指令和数据。地址转换（address translation）工作由 CPU 中的存储管理部件（MMU）完成。

由于页大小是 2 的幂，因此每一页的起点都落在低位字段为 0 的地址上。虚拟地址分为两个字段：高位字段为虚拟页号（即虚页号或逻辑页号），低位字段为页内偏移地址（简称“页内地址”）。主存物理地址也分为两个字段：高位字段为物理页号，低位字段为页内偏移地址。由于虚拟页和物理页（即内存页框）的大小相同，因此两者的页内偏移地址相等。

在页式虚拟存储管理方式下，地址转换过程如图 6.43 所示。首先，根据页表基址寄存器的内容找到主存中对应的页表起始位置（即页表基地址），然后将虚拟地址高位字段的虚页号作为索引，找到对应的页表项，若装入位为 1，则取出物理页号，和虚拟地址中的页内地址拼接，形成访问主存时实际的物理地址；若装入位为 0，则说明缺页，需要操作系统进行缺页处理。

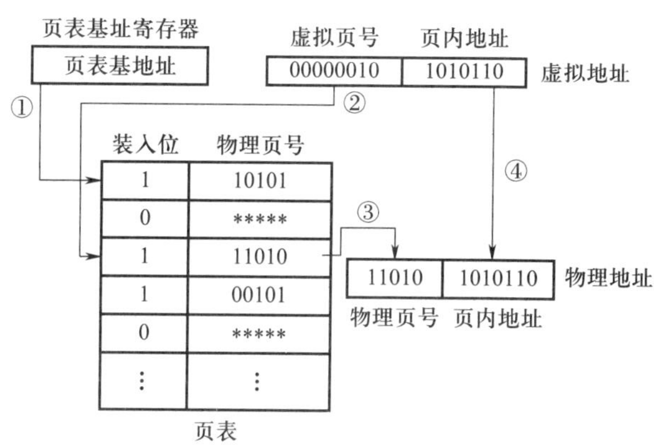

图 6.43　页式虚存的地址转换

（4）快表

从上述地址转换过程可以看出，访存时首先要到主存查页表，然后才能根据转换得到的物理地址再访问主存。如果缺页，则还要进行页面替换、页表修改等，访问主存的次数就更多。因此，采用虚拟存储机制后，访存次数增加了。为了减少访存次数，往往把页表中最活跃的几个页表项复制到高速缓存中，这种在高速缓存中的页表项组成的页表称为变换旁查缓冲器或转换后援缓冲器（translation lookaside buffer，TLB），通常称为快表；相应地，主存中的页表称为慢表。

这样，在进行地址转换时，首先到快表中查页表项，如果命中，则无须访问主存中的页表。因此，快表是减少访存时间开销的有效方法。

快表比页表小得多，为提高命中率，快表通常具有较高的关联度，大多采用全相联或组相联方式。每个表项的内容由页表项内容加上一个 TLB 标记字段组成。TLB 标记字段用来表示该表项取自页表中哪个虚拟页对应的页表项，因此，TLB 标记字段的内容在全相联方式下就是该页表项对应的虚拟页号；在组相联方式下则是对应虚拟页号的高位部分，而虚拟页号的低位部分作为 TLB 组索引用于选择 TLB 组。

如图 6.44 所示是一个具有 TLB 和 cache 的多级层次化存储系统示意，图中的 TLB 和 cache 都采用组相联映射方式。

在图 6.44 中，CPU 给出的是一个 32 位的虚拟地址。首先，由 CPU 中的 MMU 进行虚拟地址到物理地址的转换；然后，由处理 cache 的硬件根据物理地址进行存储访问。

MMU 对 TLB 查表时，20 位的虚拟页号被分成标记（Tag）和组索引两部分，首先由组索引确定在 TLB 的哪一组中进行查找。查找时将虚拟页号的标记部分与 TLB 中该组的每个标记字段同时进行比较，若有某个相等且对应有效位 V 为 1，则 TLB 命中，此时可直接通过 TLB 进行地址转换；否则 TLB 缺失，此时需要访问主存查询慢表。如图 6.44 所示的是两级页表方式，虚拟页号被分成页目录索引和页表索引两部分，根据这两部分可得到对应的页表项，从而进行地址转换，并将对应页表项的内容送入 TLB 形成一个新的 TLB 表项；同时，将虚拟页号的高位部分作为 TLB 标记填入新的 TLB 表项中。若 TLB 已满，还要进行 TLB 替换。为降低替换算法开销，TLB 常采用随机替换策略。

在 MMU 完成地址转换后，cache 硬件根据映射方式将转换得到的主存物理地址划分成多个字段，根据 cache 索引找到对应的 cache 行或 cache 组，将对应各 cache 行中的标记与物理地址中的高位地址进行比较，若相等且对应有效位为 1，则 cache 命中。此时，根据块内地址取出对应的字，需要的话，再根据字节偏移量从字中取出相应字节送 CPU。

目前 TLB 的一些典型指标如下：TLB 大小为 16~512 项，块大小为 1~2 项（每个表项 4~8 B），命中时间为 0.5~1 个时钟周期，缺失损失为 10~100 个时钟周期，命中率为 90%~99%。

（5）CPU 访存过程

在一个具有 cache 和虚拟存储器的系统中，CPU 的一次访存操作可能涉及 TLB、页表、cache、主存和磁盘的访问，其访问过程如图 6.45 所示。

从图 6.45 可以看出，CPU 访存过程中存在以下三种缺失情况。

① TLB 缺失（TLB miss）：要访问的虚拟页对应的页表项不在 TLB 中。

② cache 缺失（cache miss）：要访问的主存块不在 cache 中。

③ 缺页（page miss）：要访问的虚拟页不在主存中。

表 6.3 给出了三种缺失的几种组合情况。

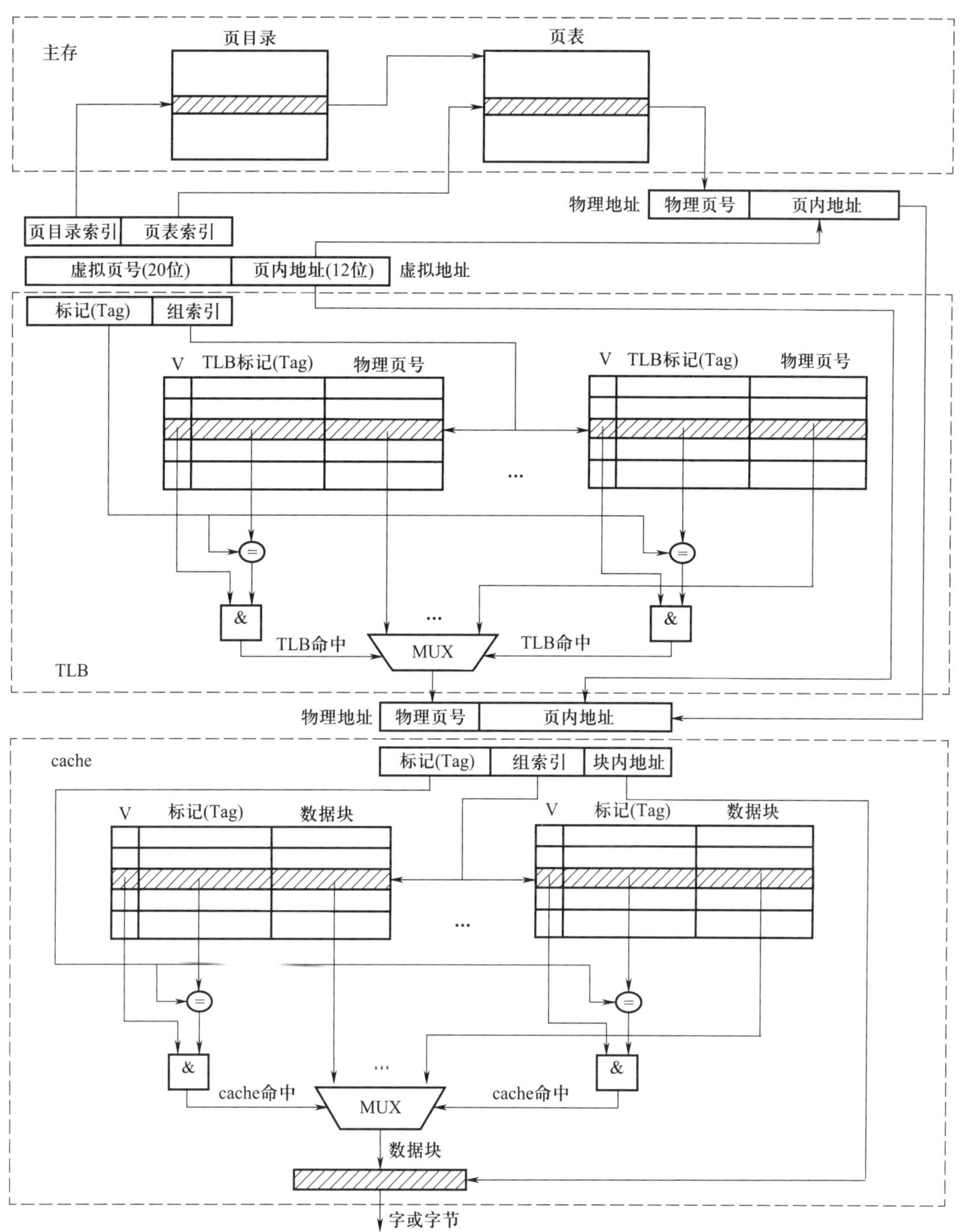

图 6.44　TLB 和 cache 的访问过程

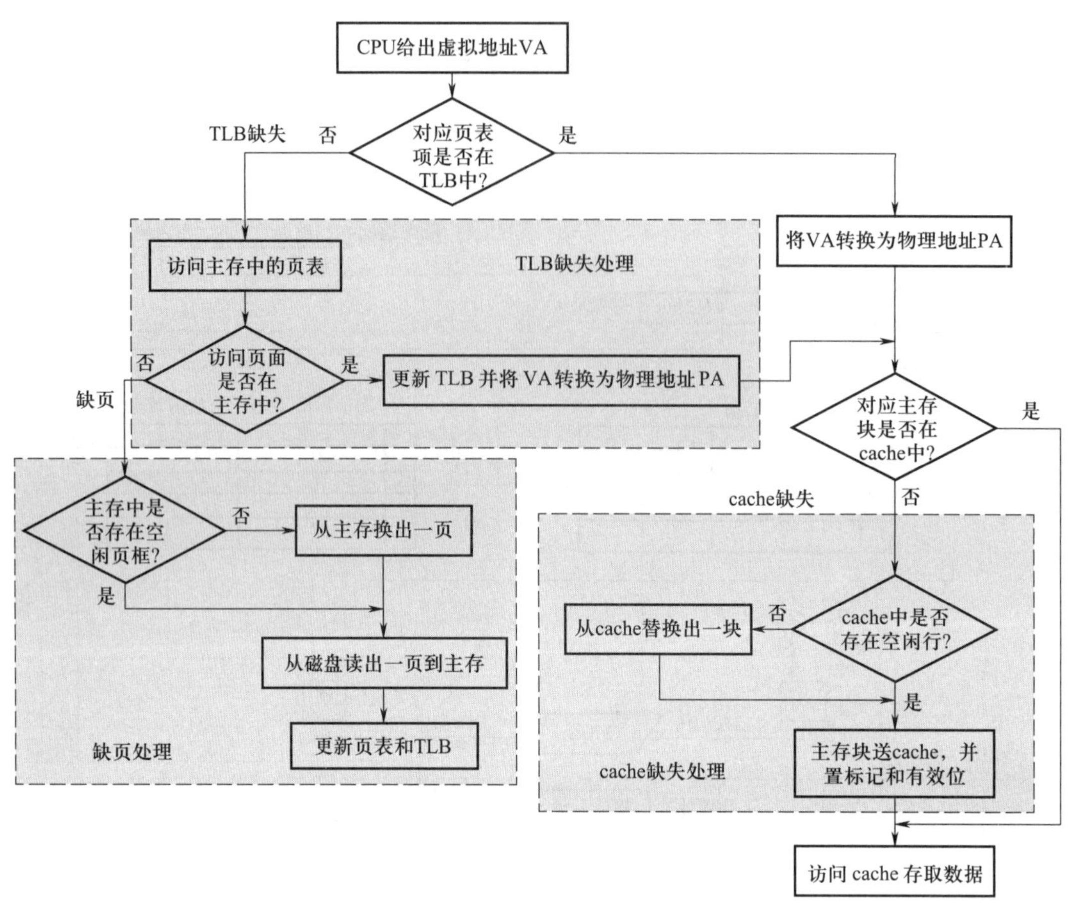

图 6.45　CPU 访存过程

表 6.3　TLB、page、cache 三种缺失的组合情况

序号	TLB	page	cache	说　明
1	命中	命中	命中	可能，TLB 命中则页一定命中，信息在主存，就可能在 cache 中
2	命中	命中	缺失	可能，TLB 命中则页一定命中，信息在主存，但可能不在 cache 中
3	缺失	命中	命中	可能，TLB 缺失但页可能命中，信息在主存，就可能在 cache 中
4	缺失	命中	缺失	可能，TLB 缺失但页可能命中，信息在主存，但可能不在 cache 中
5	缺失	缺失	缺失	可能，TLB 缺失，则页也可能缺失，信息不在主存，一定也不在 cache
6	命中	缺失	缺失	不可能，页缺失，说明信息不在主存，TLB 中一定没有该页表项
7	命中	缺失	命中	不可能，页缺失，说明信息不在主存，TLB 中一定没有该页表项
8	缺失	缺失	命中	不可能，页缺失，说明信息不在主存，cache 中一定也没有该信息

显然，最好的情况是第 1 种组合，此时无须访问主存；第 2、3 两种组合都需要访问一次主存；第 4 种组合要访问两次主存；第 5 种组合会发生“缺页”异常，需要访问外存，并至少访问两次主存。

cache 缺失处理由硬件完成；缺页处理由软件完成，操作系统通过缺页异常处理程序来实现；而对于 TLB 缺失，则既可以用硬件也可以用软件来处理。用软件方式处理时，操作系统通过专门的 TLB 缺失异常处理程序来实现。

对于分页式虚拟存储器，其页面的起点和终点地址固定，因此实现简单，开销少。但是，由于页面不是逻辑上独立的实体，因此对于那些不采用对齐方式存储的计算机来说，可能会出现一个数据或一条指令分跨在不同页面等情况，使处理、管理、保护和共享等都不方便。采用下面介绍的分段式虚拟存储器就可以避免这种情况的发生。

2. 分段式虚拟存储器

根据程序的模块化性质，可将程序按逻辑结构划分成多个相对独立的部分，例如过程、数据表、数据阵列等。这些相对独立的部分称为段，它们作为独立的逻辑单位可以被其他程序段调用，形成段间连接，从而产生规模较大的程序。段通常有段名、段起点、段长等。段名可用用户名、数据结构名或段号标识，以便于程序的编写、编译器的优化、链接和操作系统的调度管理等。

可以把段作为基本信息单位在主存与外存之间传送和定位。在分段方式下，将主存空间按实际程序中的段来划分，每个段在主存中的位置记录在段表中。段的长度可变，因此段表中需要有长度指示，即段长。每个进程有一个段表，每个段在段表中有一个段表项，用来指明对应段在主存中的位置、段长、访问权限、使用和装入情况等。段表本身也是一个可再定位段，可以存在外存中，需要时调入主存，但一般驻留在主存中。

在段式虚拟存储器系统中，虚拟地址由段号和段内地址组成。通过段表把虚拟地址变换成主存物理地址的过程如图 6.46 所示。

每个进程的段表在内存的首地址存放在段表基址寄存器中，根据虚拟地址中的段号可找到对应段表项，以检查是否存在以下三种异常情况。

① 缺段（段不存在）：装入位为 0。

② 地址越界：偏移量超出最大段长。

③ 访问越权：操作方式与指定访问权限不符。

若发生以上三种情况，则调用相应的异常处理程序；否则，将段表项中的段首址与虚拟地址中的段内地址相加，生成访问主存时的物理地址。

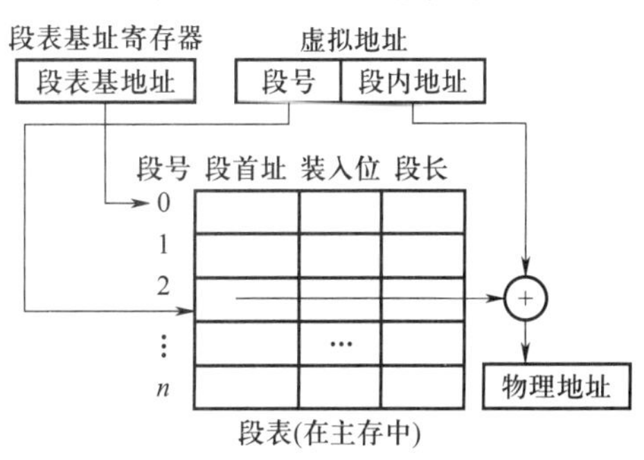

图 6.46　分段式虚存的地址转换

因为段本身是由程序的逻辑结构决定的一些独

立部分，所以分段对程序员（实际上是编译器）来说是不透明的；而分页方式则对编译器透明，即编译器无须知道程序如何分页。

分段式管理系统的优点是段的分界与程序的自然分界相对应；段的逻辑独立性使它易于编译、管理、修改和保护，也便于多道程序共享；某些类型的段（如堆、栈、队列等）具有动态可变长度，允许自由调度，以便有效利用主存空间。但是，由于段的长度各不相同，因此段的起点和终点不固定，这给主存空间分配带来麻烦，而且容易在主存中留下许多空闲的零碎空间，造成浪费。

段式和页式存储管理各有优缺点，因此可采用两者相结合的段页式存储管理方式。

3. 段页式虚拟存储器

在段页式虚拟存储器中，程序按模块分段，段内再分页，用段表和页表（每段一个页表）进行两级定位管理。段表中每个表项对应一个段，每个段表项中包含一个指向该段页表起始位置的指针，以及该段其他的控制和存储保护信息，由页表指明该段各页在主存中的位置以及是否装入、修改等状态信息。

程序的调进调出按页进行，但又可以按段实现共享和保护。因此，它兼有页式和段式的优点，缺点是在地址映像过程中需要多次查表。

*6.6.4 存储保护

为避免主存中多道程序相互干扰，防止某进程出错而影响其他进程的正确性，或某进程非法访问其他进程的代码或数据区，应该对每个进程进行存储保护。

为了对操作系统的存储保护提供支持，硬件必须具有以下三种基本功能。

① 使部分 CPU 状态只能由操作系统内核程序写而用户进程只能读、不能写或者根本不能访问。

例如，对于页表首地址、TLB 内容等，只有操作系统内核程序才能用特殊指令（一般称为管态指令或特权指令）来写。常用的特权指令有刷新 cache、刷新 TLB、退出异常 / 中断处理、停止处理器执行等。

② 支持至少两种特权模式。

操作系统内核程序需要比用户程序具有更多的特权。例如，内核程序可以执行用户程序不能执行的特权指令，内核程序可以访问用户程序不能访问的存储空间等。为此，需要为内核程序和用户程序设置不同的特权级别或运行模式。

执行内核程序时处理器所处的模式称为监管模式（supervisor mode）、内核模式（kernel mode）、超级用户模式或管理程序状态，简称管态、管理态、内核态或核心态；执行用户程序时处理器所处的模式称为用户模式（user mode）、用户状态或目标程序状态，简称为目态或用户态。

例如，在 4.4.6 节中提到，ARMv8 架构定义了 4 种特权模式，在 AArch64 中的特权模式称为异常级别（exception level，EL），如图 6.47 所示，EL0 属于最低特权级，应用程序通常运行在该特权级，也称为用户态。EL1 通常是客户操作系统所在的特权级，也称为内核态。EL2 用于虚拟化场景中，虚拟机监控器（hypervisor 或 virtual machine monitor，VMM）通常运行在该特权级。ARM 的可信区（TrustZone）技术将系统划分为非安全区域和安全区域，安全监控程序运行在 EL3 特权级，负责非安全区域和安全区域之间的切换。EL2~EL0 级运行的程序可以处于安全状态，也可以处于非安全状态，因而一个普通操作系统和一个可信操作系统可以在同一个硬件平台上运行，普通应用程序运行在 EL0 级的非安全状态下，而安全应用程序则运行在 EL0 级的安全状态下。

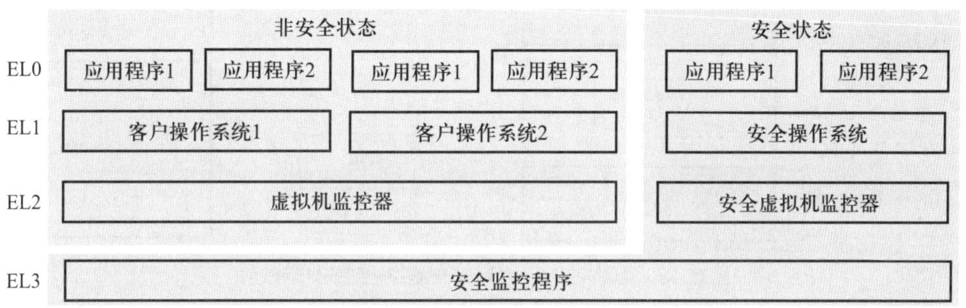

图 6.47　ARMv8 AArch64 架构下 CPU 的 4 种特权级

需要说明的是，这里的特权模式（也称为特权级）与某些架构下工作模式的含义不同。例如，IA-32 处理器的工作模式有实地址模式和保护模式，它们与特权级的含义不同，但是，工作模式和特权级之间具有非常密切的关系：IA-32 处理器工作在实地址模式下时不区分特权级，只有在保护模式下才区分特权级。IA-32 保护模式下支持 4 个特权级，但通常操作系统只使用第 0 级（监管模式，即内核态）和第 3 级（用户模式，即用户态）。

③ 提供让处理器核在不同特权模式之间相互转换的机制。

通常，用户模式下可以通过系统调用（执行自陷指令）转入更高特权级别执行。同样，异常 / 中断的响应过程也可使处理器从用户模式转到更高特权模式执行。异常 / 中断处理程序中最后的返回指令（return from exception）可使处理器从更高特权模式转换到用户模式。

例如，在 ARMv8 中用户程序可通过执行 SVC（supervisor call）指令从 EL0 级切换到 EL1 级，也可以在内核态通过执行 ERET（exception return）指令从 EL1 级返回 EL0 级。

硬件通过提供相应的控制状态寄存器、专门的“自陷”指令以及各种特权指令等，和操作系统一起实现上述三个功能。通过这些功能，并把页表保存在操作系统内核的地址空间中，禁止用户进程访问页表，以确保用户进程只能访问由操作系统分配的存储空间。

在 ARMv8 系统中，如果不进行系统虚拟化，操作系统内核会直接运行在最高特权级 EL1，它有权管理整个物理地址空间，每个用户进程的虚拟地址空间被划分成内核空间和用户空间两部分。如图 6.48 所示，在 EL1 特权级下有两个页表基地址寄存器（translation table base register，TTBR），分别为 TTBR0_EL1 和 TTBR1_EL1，各自作为用户空间对应页表和内核空间对应页表的基地址寄存器。

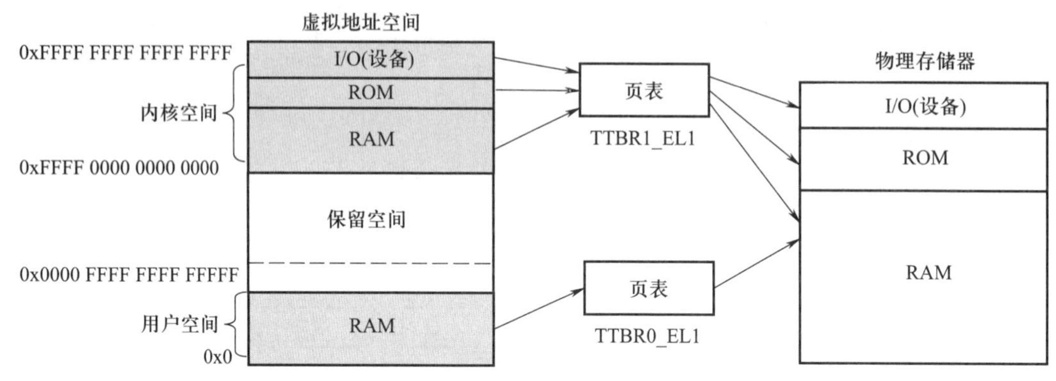

图 6.48　ARMv8 AArch64 未虚拟化时的地址映射

用户空间和内核空间的地址范围由转换控制寄存器（translation control register，TCR）TCR_EL1 设定。例如，可以设定 TTBR0_EL1 负责的地址范围为 $[0, 2^{52})$，TTBR1_EL1 负责的地址范围为 $[2^{52}, 2^{64})$，也可以设定为 TTBR0_EL1 负责的地址范围为 $[0, 2^{48})$，TTBR1_EL1 负责的地址范围为 $[2^{48}, 2^{64})$，如图 6.48 所示的地址映射即为这种设定方案。

操作系统中一种常见的设定方案是：TTBR0_EL1 负责的地址范围为 $[0, 2^{48})$，TTBR1_EL1 负责的地址范围为 $[2^{48}, 2^{64})$。对于这种配置方式，若要实施用户空间的虚实地址转换，则虚拟地址中高 16 位为全 0，低 48 位参与地址转换，假定设定页大小为 4 KB，则可采用 4 级页表方案，所用页表基地址寄存器为 TTBR0_EL1，地址转换过程如图 6.49 所示。

如图 6.49 所示，首先通过 TLB 进行地址转换，若发生 TLB 缺失，CPU 就需要访问主存中的页表（称为慢表）。CPU 中进行地址转换的存储器管理部件（MMU）将 36 位 VPN 分解成 4 个索引字段：VPN0、VPN1、VPN2 和 VPN3，每个字段占 9 位。4 级页表结构分别由全局页目录表（L0）、上层页目录表（L1）、中层页目录表（L2）和最后一级页表（L3）组成。每个页目录项或页表项占 8 B，页目录表和页表的索引值占 9 位，因此，每个页目录表和页表正好占一页，大小为 8 B × 512=4 KB。

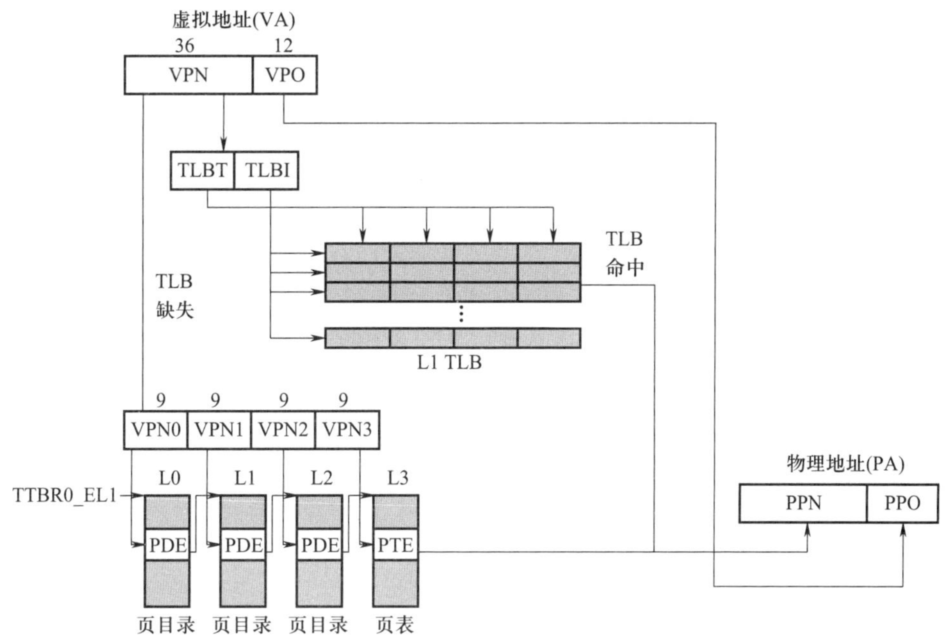

图 6.49　ARMv8 AArch64 未虚拟化时用户空间的虚实地址转换

在地址转换过程中，MMU 会根据页表项的内容进行各种异常情况检查，判断是否发生缺页故障、实际读写操作是否与页表项中指定的操作权限不相符等，通过这种方式系统可进行相应的存储保护。

内核空间的虚拟地址中高 16 位为全 1，其虚实地址转换过程与图 6.49 中所示的用户空间虚实地址转换步骤类似，也是低 48 位参与地址转换，只不过所用的全局页目录表（L0）的起始地址由页表基址寄存器 TTBR1_EL1 指定。

上述是系统未虚拟化时的地址转换过程。如果系统实现 EL2 级下的虚拟机监控器而使系统虚拟化，则一台物理主机上可以同时运行多个虚拟机，如果每个虚拟机上的客户操作系统可以访问任意物理存储空间，它就能读取甚至修改其他虚拟机上运行程序在内存中的数据，从而破坏虚拟机内存隔离特性，严重威胁整个系统的安全。因此，对于实现虚拟化的系统来说，就需要有更复杂的、支持虚拟机存储保护的内存虚拟化机制。

6.7　本章小结

因为每一类单独的存储器都不可能速度又快、容量又大、价格又便宜，为了构建理想的存储器系统，计算机内部采用一种层次化的存储器体系结构。

利用程序访问的局部性特点，通常把主存中的一块数据复制到靠近 CPU 的 cache 中。cache 和主存间的映射有直接映射、全相联映射和组相联映射；替换算法主要有 FIFO 和 LRU；写策略有回写法和通写法。

虚拟存储机制的引入，使得每个进程具有一个一致的、极大的、私有的虚拟地址空间。在指令执行过程中，通过第一次访问时发生缺页异常而将信息从外存文件读入主存，并由 CPU 中的特殊硬件（MMU）和操作系统一起实现存储访问。

虚拟存储器有分页式、分段式、段页式三类。虚拟地址需要转换成主存物理地址。为减少访问内存中页表的次数，通常将活跃页的页表项放到一个特殊的高速缓存 TLB（快表）中。虚拟存储机制能实现存储保护，通常有地址越界、访问越权和越级等内存保护错。

习　题

1. 给出以下概念的解释说明。

静态 RAM（SRAM）	动态 RAM（DRAM）	刷新	易失性存储器
相联存储器	存取时间	存储周期	存储器带宽
片选信号	地址引脚复用	行选通信号（RAS）	列选通信号（CAS）
PROM	EPROM	EEPROM	闪存（闪速存储器）
多模块交叉存储器	双口 RAM	时间局部性	空间局部性
命中率	命中时间	缺失率	缺失损失
虚拟地址	虚拟页号	物理地址	页框（页帧）
物理页号	重定位	页表	页表基址寄存器
有效位（装入位）	修改位	缺页	请求分页
FIFO	LRU	快表（TLB）	管理模式
用户模式	异常返回	存储保护	地址越界
访问越权			

2. 简单回答下列问题。

（1）计算机内部为何要采用层次化存储体系结构？层次化存储体系结构如何构成？

（2）SRAM 芯片和 DRAM 芯片各有哪些特点？各适用于哪些场合？

（3）CPU 和主存之间有哪两种通信定时方式？ SDRAM 芯片采用什么方式和 CPU 交换信息？

（4）为什么在 CPU 和主存之间引入 cache 能提高 CPU 访存效率？

（5）为什么说 cache 对程序员来说是透明的？

（6）什么是 cache 映射的关联度？关联度与命中率、命中时间的关系各是什么？

（7）为什么直接映射方式不需要考虑替换策略？

（8）为什么要考虑 cache 的一致性问题？读操作时是否要考虑 cache 的一致性问题？为什么？

（9）什么是物理地址？什么是逻辑地址？地址转换由硬件还是软件实现？为什么？

（10）什么是页表？什么是快表（TLB）？

（11）在存储器层次化结构中，cache- 主存、主存 - 磁盘这两个层次有哪些不同？

3. 某计算机主存的最大寻址空间为 4 GB，按字节编址，假定用 64 M×8 位的具有 8 个位平面的 DRAM 芯片组成容量为 512 MB、传输宽度为 64 位的内存条（主存模块）。回答下列问题。

（1）每个内存条需要多少个 DRAM 芯片？

（2）构建容量为 2 GB 的主存时，需要几个内存条？

（3）主存地址共有多少位？其中哪几位用作 DRAM 芯片内地址？哪几位为 DRAM 芯片内的行地址？哪几位为 DRAM 芯片内的列地址？哪几位用于选择芯片？

4. 假定用 64 K×1 位的 DRAM 芯片构成 256 K×8 位的存储器，要求回答下列问题。

（1）所需芯片数为多少？

（2）画出该存储器的逻辑框图。

（3）若每一行的刷新周期为 2 ms，则产生刷新信号的间隔时间是多长？

5. 假定用 8 K×8 位的 EPROM 芯片组成 32 K×16 位的只读存储器，要求回答以下问题。

（1）数据寄存器最少应有多少位？

（2）地址寄存器最少应有多少位？

（3）共需要多少个 EPROM 芯片？

6. 某计算机中已配有 0000H～7FFFH 的 ROM 区域，现在再用 8 K×4 位的 RAM 芯片形成 32 K×8 位的存储区域，CPU 地址线为 A_0～A_{15}，数据线为 D_0～D_7，控制信号为 $R/\overline{W}$（读写）、$\overline{MREQ}$（访存）。要求说明地址译码方案，并画出 ROM 芯片、RAM 芯片与 CPU 之间的连接图。假定上述其他条件不变，只是将 CPU 地址线改为 24 根，地址范围 00 0000H～00 7FFFH 为 ROM 区，剩下的所有地址空间都用 8 K×4 位的 RAM 芯片配置，则需要多少个这样的 RAM 芯片？

7. 假定一个程序重复完成将磁盘上一个 4 KB 的数据块读出，进行相应处理后，再写回到磁盘的另外一个数据区。各数据块内信息在磁盘上连续存放，并随机地位于磁盘的一个磁道上。磁盘转速为 7 200 r/min，平均寻道时间为 10 ms，磁盘最大数据传输率为

40 MBps，磁盘控制器的开销为 2 ms，没有其他程序使用磁盘和处理器，并且磁盘读写操作和磁盘数据的处理时间不重叠。若程序对磁盘数据的处理需要 20 000 个时钟周期，处理器时钟频率为 500 MHz，则该程序完成一次数据块“读出 – 处理 – 写回”操作所需的时间为多少？每秒可以完成多少次这样的数据块操作？

8. 已知下列字符编码：A 为 100 0001，a 为 110 0001，0 为 011 0000，求 E、e、f、7、G、Z、5 的 7 位 ASCII 码和在第一位前加入奇校验位后的 8 位编码。

9. 假定某计算机的总线采用奇校验，每 8 位数据有一位校验位，若在 32 位数据线上传输的信息是 8F 3C AB 96H，则对应的 4 个校验位应为什么？若接收方收到的数据信息和校验位分别为 87 3C AB 96H 和 0101B，说明发生了什么情况并给出验证过程。

10. 假定一个 16 位数据 M_{16} M_{15} M_{14} M_{13} M_{12} M_{11} M_{10} M_9 M_8 M_7 M_6 M_5 M_4 M_3 M_2 M_1 为 0101 0001 0100 0110B，要求写出 16 位数据的 SEC 码，并说明 SEC 码如何正确检测数据位 M_5 的错误。

11. 假设要传送的数据信息为 100011，若约定的生成多项式为 $G(x)=x^3+1$，则校验码为多少？假定在接收端接收到的数据信息为 100010，说明如何用循环冗余校验码正确检测其错误，写出检测过程。

12. 假定一个存储器系统支持四体交叉存取，某程序执行过程中的访问地址序列为 3，9，17，2，51，37，13，4，8，41，67，10，则哪些地址访问会发生体冲突？

13. 现代计算机中，SRAM 一般用于实现快速、小容量的 cache，而 DRAM 用于实现慢速、大容量的主存。以前的超级计算机通常不提供 cache，而是用 SRAM 来实现主存（如 Cray 巨型机），试问：如果不考虑成本，还要这样设计高性能计算机吗？为什么？

14. 对于数据访问，分别给出具有下列要求的程序或程序段的示例。

（1）几乎没有时间局部性和空间局部性。

（2）有很好的时间局部性，但几乎没有空间局部性。

（3）有很好的空间局部性，但几乎没有时间局部性。

（4）空间局部性和时间局部性都好。

15. 假定某计算机的主存地址空间大小为 1 GB，按字节编址，cache 的数据区（即不包括标记、有效位等存储区）有 64 KB，块大小为 128 B，采用直接映射和通写方式。试问：

（1）主存地址如何划分？要求说明每个字段的含义、位数和在主存地址中的位置。

（2）cache 的总容量为多少？

16. 假定某计算机的 cache 共 16 行，开始为空，块大小为 1 个字，采用直接映射方式，按字编址。CPU 执行某程序时，依次访问以下地址序列：2，3，11，16，21，13，64，48，19，11，3，22，4，27，6 和 11。要求：

（1）说明每次访问是命中还是缺失，试计算访问上述地址序列的命中率。

（2）若 cache 数据区容量不变，而块大小改为 4 个字，则上述地址序列的命中情况又如何？

17. 假定数组元素在主存中按从左到右的下标顺序存放。试改变下列函数中循环的顺序，使得数组元素的访问与排列顺序一致，并说明为什么修改后的程序比原来的程序执行时间短。

```
int sum_array ( int a[N][N][N])
{
    int i, j, k, sum=0;
    for (i=0; i < N; i++)
        for (j=0; j < N; j++)
            for (k=0; k < N; k++) sum+=a[k][i][j];
    return sum;
}
```

18. 分析比较以下 3 个函数（图 6.50）中数组访问的空间局部性，并指出哪个最好、哪个最差。

# define N 1000 	
typedef struct {
    int vel[3];
    int acc[3];
} point;
point p[N];
void clear1(point *p, int n)
{
    int i, j;
    for (i = 0; i < n; i++) {
        for (j = 0; j<3; j++)
            p[i].vel[j] = 0;
        for (j = 0; j<3; j++)
            p[i].acc[j] = 0;
    }
}
	# define N 1000
	typedef struct {
	    int vel[3];
	    int acc[3];
	} point;
	point p[N];
	void clear2(point *p, int n)
	{
	    int i, j;
	    for (i=0; i<n; i++) {
	        for (j=0; j<3; j++) {
	            p[i].vel[j] = 0;
	            p[i].acc[j] = 0;
	        }
	    }
	}
		# define N 1000
		typedef struct {
		    int vel[3];
		    int acc[3];
		} point;
		point p[N];
		void clear3(point *p, int n)
		{
		    int i, j;
		    for (j=0; j<3; j++) {
		        for (i=0; i<n; i++)
		            p[i].vel[j] = 0;
		        for (i=0; i<n; i++)
		            p[i].acc[j] = 0;
		    }
		}

图 6.50　题 18 图

19. 以下是计算两个向量点积的程序段：

```
float dotproduct (float x[8], float y[8])
{
   float sum=0.0;
```

```
    int i;
    for (i=0; i < 8; i++) sum +=x[i] * y[i];
    return sum;
}
```

要求：

（1）试分析该段代码中访问数组 x 和 y 的时间局部性和空间局部性，并推断命中率的高低。

（2）假定该段程序运行的计算机中数据 cache 采用直接映射方式，其数据区容量为 32 B，每个主存块大小为 16 B。假定编译程序将变量 sum 和 i 分配给寄存器，数组 x 存放在 0000 0040H 开始的 32 B 连续存储区中，数组 y 则紧跟在 x 后进行存放。试计算该程序中数据访问的命中率，要求说明每次访问时 cache 的命中情况。

（3）将上述（2）中的数据 cache 改用 2 路组相联映射方式，块大小改为 8 B，其他条件不变，则该程序数据访问的命中率是多少？

（4）在上述（2）中条件不变的情况下，如果将数组 x 定义为 float x[12]，则数据访问的命中率又是多少？

20. 以下是对矩阵进行转置的程序段：

```
typedef int array[4][4];
void transpose(array dst, array src)
{
    int i, j;
    for (i=0; i < 4; i++)
        for (j=0; j < 4; j++) dst[j][i]=src[i][j];
}
```

假设该段程序运行的计算机中 sizeof(int)=4，且只有 L1 cache，其中 L1 数据 cache 的数据区大小为 32 B，采用直接映射、回写方式，块大小为 16 B，初始为空。数组 dst 从地址 0000 C000H 开始存放，数组 src 从地址 0000 C040H 开始存放。填写表 6.4，说明对数组元素 src[row][col] 和 dst[row][col] 的访问是命中（hit）还是缺失（miss）。若将 L1 数据 cache 的数据区容量改为 128 B，重新填写表中内容。

表 6.4　题 20 表

	src 数组				dst 数组			
	col=0	col=1	col=2	col=3	col=0	col=1	col=2	col=3
row=0	miss				miss			
row=1								
row=2								
row=3								

21. 通过对方格中每个点设置相应的 CMYK 值就可以将方格涂上相应的颜色。以下 3 个程序段（图 6.51）都可实现对一个 8 × 8 的方格涂上黄色的功能。

```
struct pt_color {
    int c;
    int m;
    int y;
    int k;
}
struct pt_color square[8][8];
int i, j;
for (i = 0; i < 8; i++) {
    for (j = 0; j < 8; j++) {
        square[i][j].c = 0;
        square[i][j].m = 0;
        square[i][j].y = 1;
        square[i][j].k = 0;
    }
}
```

程序段 A

```
struct pt_color {
    int c;
    int m;
    int y;
    int k;
}
struct pt_color square[8][8];
int i, j;
for (i = 0; i < 8; i++) {
    for (j = 0; j < 8; j++) {
        square [j] [i].c = 0;
        square [j] [i].m = 0;
        square [j] [i].y = 1;
        square [j] [i].k = 0;
    }
}
```

程序段 B

```
struct pt_color {
    int c;
    int m;
    int y;
    int k;
}
struct pt_color square[8][8];
int i, j;
for (i = 0; i < 8; i++)
    for (j = 0; j < 8; j++)
        square[i][j].y = 1;
for (i = 0; i < 8; i++)
    for (j = 0; j < 8; j++) {
        square[i][j].c = 0;
        square[i][j].m = 0;
        square[i][j].k = 0;
    }
```

程序段 C

图 6.51　题 21 图

假设 cache 的数据区大小为 512 B，采用直接映射，块大小为 32 B，存储器按字节编址，sizeof(int) = 4。编译时变量 i 和 j 分配在寄存器中，数组 square 按行优先方式存放在 0000 08C0H 开始的连续区域中，主存地址为 32 位。要求：

（1）对 3 个程序段 A、B、C 中数组访问的时间局部性和空间局部性进行分析比较。

（2）画出主存中的数组元素和 cache 中行的对应关系图。

（3）分别计算 3 个程序段 A、B、C 中的写操作次数、写不命中次数和写缺失率。

22. 假设某计算机的主存地址空间大小为 64 MB，采用字节编址方式。其 cache 数据区容量为 4 KB，采用 4 路组相联映射方式、LRU 替换算法和回写策略，块大小为 64 B。试问：

（1）主存地址字段如何划分？要求说明每个字段的含义、位数和在主存地址中的位置。

（2）该 cache 的总容量有多少位？

（3）假设 cache 初始为空，CPU 依次从 0 号地址单元顺序访问到 4 344 号单元，重复按此序列共访问 16 次。若 cache 命中时间为 1 个时钟周期，缺失损失为 10 个时钟周期，则

CPU 访存的平均时间为多少个时钟周期？

23. 假定某处理器可通过软件对高速缓存设置不同的写策略，在下列两种情况下，应分别设置成什么写策略？为什么？

（1）处理器主要运行包含大量存储器写操作的数据访问密集型应用。

（2）处理器运行程序的性质与（1）相同，但对安全性要求很高，不允许有任何数据不一致的情况发生。

24. 已知 cache 1 采用直接映射方式，共 16 行，块大小为 1 个字，缺失损失为 8 个时钟周期；cache 2 也采用直接映射方式，共 4 行，块大小为 4 个字，缺失损失为 11 个时钟周期。假定开始时 cache 为空，采用字编址方式。要求找出一个访问地址序列，使得 cache 2 具有更低的缺失率，但总的缺失损失反而比 cache 1 大。

25. 提高关联度通常会降低缺失率，但并不总是这样。试给出一个地址访问序列，使得采用 LRU 替换算法的 2 路组相联映射 cache 比具有同样大小的直接映射 cache 的缺失率更高。

26. 假定有 3 个处理器，分别带有以下不同的 cache：

cache 1：采用直接映射方式，块大小为 1 个字，指令和数据的缺失率分别为 4% 和 6%；

cache 2：采用直接映射方式，块大小为 4 个字，指令和数据的缺失率分别为 2% 和 4%；

cache 3：采用 2 路组相联映射方式，块大小为 4 个字，指令和数据的缺失率分别为 2% 和 3%。

在这些处理器上运行同一个程序，其中有一半是访存指令，在 3 个处理器上测得该程序的 CPI 都为 2.0。已知处理器 1 和处理器 2 的时钟周期都为 420 ps，处理器 3 的时钟周期为 450 ps。若缺失损失为（块大小 +6）个时钟周期，试问：哪个处理器因 cache 缺失而引起的额外开销最大？哪个处理器的执行速度最快？

27. 假定某处理器带有一个数据区容量为 256 B 的 cache，其块大小为 32 B。以下 C 语言程序段运行在该处理器上，设 sizeof(int) = 4，编译器将变量 i、j、c、s 都分配在通用寄存器中，因此，只要考虑数组元素的访存情况。若 cache 采用直接映射方式，则当 s = 64 和 s = 63 时，缺失率分别为多少？若 cache 采用 2 路组相联映射方式，则当 s = 64 和 s = 63 时，缺失率又分别为多少？

```
int i, j, c, s, a[128];
…
for(i = 0; i < 10000; i++ )
    for(j = 0; j < 128; j = j+s )
        c = a[j];
```

28. 假定一个虚拟存储系统的虚拟地址为 40 位，物理地址为 36 位，页大小为 16 KB。

若页表中有有效位、存储保护位、修改位、使用位，共占 4 位，磁盘地址不记录在页表中，则该存储系统中每个进程的页表大小为多少？如果按计算出来的实际大小构建页表，会出现什么问题？

29. 假定一个计算机系统中有一个 TLB 和一个 L1 数据 cache。该系统按字节编址，虚拟地址为 16 位，物理地址为 12 位，页大小为 128 B；TLB 采用 4 路组相联方式，共有 16 个页表项；L1 指令 cache 采用直接映射方式，块大小为 4 B，共 16 行。在系统运行到某一时刻时，TLB、页表和 L1 数据 cache 中的部分内容如图 6.52 所示。

组号	标记	页框号	有效位	标记	页框号	有效位	标记	页框号	有效位	标记	页框号	有效位
0	03	–	0	09	0D	1	00	–	0	07	02	1
1	13	2D	1	02	–	0	04	–	0	0A	–	0
2	02	–	0	08	–	0	06	–	0	03	–	0
3	07	–	0	63	1D	1	0A	34	1	72	–	0

(a) TLB（4 路组相联）：4 组、16 个页表项

虚页号	页框号	有效位
00	08	1
01	03	1
02	14	1
03	02	1
04	–	0
05	16	1
06	–	0
07	07	1
08	13	1
09	17	1
0A	09	1
0B	–	0
0C	19	1
0D	–	0
0E	11	1
0F	0D	1

(b) 部分页表：（开始 16 项）

行索引	标记	有效位	字节 3	字节 2	字节 1	字节 0
0	19	1	12	56	C9	AC
1	–	0	–	–	–	–
2	1B	1	03	45	12	CD
3	–	0	–	–	–	–
4	32	1	23	34	C2	2A
5	0D	1	46	67	23	3D
6	–	0	–	–	–	–
7	16	1	12	54	65	DC
8	24	1	23	62	12	3A
9	–	0		–	–	–
A	2D	1	43	62	23	C3
B	–	0	–	–	–	–
C	12	1	76	83	21	35
D	16	1	A3	F4	23	11
E	33	1	2D	4A	45	55
F	–	0	–	–	–	–

(c) L1 数据 cache：直接映射，共 16 行，块大小为 4 B

图 6.52 题 29 图

试问（假定图 6.52 中数据都为十六进制形式）：

（1）虚拟地址中哪几位表示虚拟页号？哪几位表示页内偏移量？虚拟页号中哪几位表示 TLB 标记？哪几位表示 TLB 索引？

（2）物理地址中哪几位表示物理页号？哪几位表示页内偏移量？

（3）主存物理地址如何划分出标记字段、行索引字段和块内地址字段？

（4）CPU 从地址 067AH 中取出的值为多少？说明 CPU 读取地址 067AH 中内容的过程。

第 7 章　系统互连及 I/O 子系统

输入输出（input/output，I/O）子系统主要用于控制外设与内存、外设与 CPU 之间进行数据交换。它是计算机系统中重要的软硬件结合的子系统。通常把外部设备及其接口线路、I/O 控制部件以及 I/O 软件统称为输入输出子系统。它要解决的问题是，对各种形式的信息进行输入和输出控制，关键是要解决以下一系列问题：如何在 CPU、主存和外设之间建立一个高效的信息传输“通路”，怎样将用户的 I/O 请求转换成对设备的控制命令，如何对外设进行编址，怎样使 CPU 方便地找到要访问的外设，I/O 硬件和 I/O 软件如何协调完成主机和外设之间的数据传输等。

本章将围绕以上问题，重点介绍常用的外部设备、I/O 接口的功能和结构、外部设备的编址和寻址，以及主机和外设间的互连及其数据传输的各种 I/O 控制方式等内容。

第 7 章教学课件

7.1　常用外部设备

外部设备（又称外围设备或输入输出设备，简称“外设”）是计算机系统与人或其他设备之间进行信息交换的装置。外设的输入功能是指把数据、命令、字符、图形、图像、声音或电流、电压等信息，以计算机可以接受和识别的二进制代码形式输入计算机中，供计算机进行处理。外设的输出功能是指把计算机处理的结果变成人可识别的数字、文字、图形、图像或声音等信息，并播放、打印或显示输出。

7.1.1　外设的分类和特点

按信息的传输方向来分，可将外设分成输入设备、输出设备与输入输出设备三类。

① 输入设备。输入设备包括键盘、鼠标、触摸屏、跟踪球、控制杆、数字化仪、扫描仪、手写笔、纸带输入机、卡片输入机、光学字符阅读机等。这类设备又可分成两类：媒体输入设备和交互式输入设备。媒体输入设备有光学字符阅读机、扫描仪等，这些设备把记录在各种媒体上的信息送入计算机，一般采用成批输入方式，一次成批输入一块数据，输入过程不需要操作者干预，因此这类设备属于成块传送设备；交互式设备有键盘、鼠标、触摸屏、手写笔、跟踪球等，这些设备由操作者通过操作直接输入信息。

② 输出设备。输出设备包括显示器、打印机、绘图仪等。将计算机输出的数字信息转

换成模拟信息，送往自动控制系统进行过程控制的数模转换设备也可视为一类输出设备。

③ 输入输出设备。输入输出设备包括显示器终端、网卡之类的通信设备等。这类设备既可以输入信息，又可以输出信息。磁盘驱动器、固态盘和 U 盘、光盘驱动器等外部存储器也可看作输入输出设备。

外设按功能来分，可分成人机交互设备、存储设备和机 – 机通信设备三种。

① 人机交互设备。人机交互设备是用于用户和计算机之间交互通信的设备，如键盘、鼠标、显示器、打印机等。这类设备大多以字符为单位与主机交换信息，因而又称为字符型设备，或面向字符的设备。

② 存储设备。这类设备用于存储大容量数据，作为计算机的外存储器使用，如磁盘驱动器、光盘驱动器、固态盘和 U 盘等。这类设备与主机交换信息时采用成批方式，以几十、几百甚至更多字节组成的信息块为单位，因此属于成块传送设备。

③ 机 – 机通信设备。机 – 机通信设备主要用于计算机和计算机之间的通信，如网卡、调制解调器、D/A 和 A/D 转换设备等。

当然，还可以采用其他方式对外设进行分类。例如，按处理信息的形态来分，可分成处理数字与文字的设备、处理图形与图像的设备，以及处理声音与视频的设备等，这里不再赘述。

外设种类繁多，性能各异，但归纳起来有以下几个特点。

① 异步性。外设与 CPU 的工作方式是完全异步的，两者之间无统一的时钟，且各类外设之间的工作速度相差很大。它们的操作在很大程度上独立于 CPU，但又要在某个时刻接受 CPU 的控制，这就势必造成输入输出操作相对 CPU 时间的任意性与异步性。因此，必须有一定的措施和机制来保证在连续两次 CPU 和外设交互之间，CPU 仍能高速地运行自己的程序，以达到 CPU 与外设之间、外设与外设之间的并行工作。

② 实时性。一个计算机系统可能连接了多种类型的外设，且这些外设中既有慢速设备，也有快速设备，CPU 必须及时按不同的传输速率和不同的传输方式接收来自多个外设的信息，或向多个外设发送信息，否则高速设备可能会丢失信息。

③ 多样性。由于外设的多样性，它们的物理特性差异很大，信息类型与结构格式多种多样，这就造成了主机与外设连接的复杂性。为简化控制，计算机系统中往往提供一些标准接口，以便各类外设通过各自的设备控制器与标准接口相连，而主机无须了解各特定外设的具体要求，可以通过统一的命令控制程序实现对外设的控制。

*7.1.2 键盘

键盘是计算机不可缺少的、最常用的输入设备，用户通过键盘可向计算机输入字母、数字和符号。键盘由外壳、按键和电路板三部分组成。电路板实现键盘控制逻辑，由一些逻辑电路或单片机组成，键盘上每个按键发出的信号由电路板转换为二进制代码，通过键盘接口送入计算机中。

按键的排列是一个 $m \times n$ 的二维阵列，每个按键对应该阵列中的一个位置。键盘采用“按列扫描、接地检查”的方式工作，具体过程如下。键盘电路板内的单片机每隔 3~5 ms 对按键矩阵的各列进行顺序扫描，被扫描列接 0 电平“地”，其他列接高电平。若此时被扫描的列中正好有某个键被按下，则相应的行和列被接通，因而按键所在行的输出变为低电平，其他行的输出为高电平。如图 7.1 所示，当扫描最右边一列时，该列第二行的“A”键被按下，因此第二行的输出为低电平 0。此时，单片机可根据扫描的列号和输出为 0 电平的行号得到按键的位置，位置信息称为按键的“扫描码”或“位置码”。

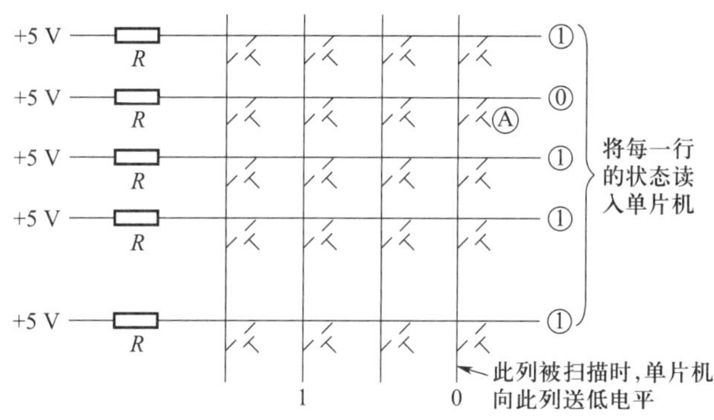

图 7.1　按键矩阵与扫描码的形成

键盘中的单片机除了具有完成按键扫描和生成扫描码的功能之外，还将扫描码转换成串行数据形式发送给主机，并具有消除抖动、扫描码缓冲和自动重复等功能。

键盘所发出的串行数据通过串并转换，形成并行数据送入缓冲寄存器，然后向 CPU 发出键盘中断请求，CPU 响应该中断后，由键盘中断服务程序将扫描码转换成 ASCII 码，送入主存中的键盘数据缓冲区。

通过键盘也可输入如汉字等非西文字符，这由各种汉字输入法自行定义。键盘位置码送入计算机后，经过汉字输入软件的处理，被转换成汉字对应的内码，再进行显示、存储等其他操作。

键盘和主机的接口有 AT 接口（大五芯接口）、PS/2 接口（小五芯接口）和 USB 接口三种。较早的机器采用 AT 接口和 PS/2 接口，USB 接口支持即插即用，使用方便，比较受欢迎。现在大多采用 USB 接口。

*7.1.3 打印机

打印机是计算机系统中最基本的输出设备。目前使用的打印机主要有针式打印机、激光打印机和喷墨打印机三种。针式打印机是一种击打式打印机，而激光打印机和喷墨打印机则是非击打式打印机。

1. 击打式打印机

击打式打印机是最早研制成功的计算机打印设备。它以机械力量击打字锤从而使字模隔着色带在纸上打印出字来。按字锤或字模的构成方式来分，击打式打印设备又可以分成整字形打印设备和点阵式打印设备两类。点阵式打印设备是利用打印头中的多根印针经色带在纸上打印出点阵字符的打印设备，又称针式打印机。目前有 7 针、9 针、24 针或 48 针的印字头。这类打印设备相对于整字形打印设备而言，机械结构简单，印字速度快，噪声低，成本低，目前在银行、证券等行业的票据打印中广泛使用。

2. 非击打式打印机

激光打印机打印速度快，印字质量好，噪声低，分辨率高，打印输出成本低，是目前应用最广泛的一种非击打式打印机。

激光打印机由打印机控制器和打印装置两部分组成。打印机控制器一般由功能较强的处理器、缓冲存储器以及相应的辅助电路构成，负责与主机通信，解释主机送来的打印语言（包括打印机控制命令、页面格式命令、字体处理命令、图形命令等），格式化打印内容（如纸张尺寸、边界设定、字符的大小与位置等），进行光栅化处理（把经过格式化的页面数据转换成点阵数据）等，然后将打印内容送给打印装置进行输出。

喷墨打印机也是一种非击打式打印机，它利用喷墨头喷射出可控的墨滴，从而在打印纸上形成文字或图片。喷墨打印机也是目前应用较多的一种打印输出设备。

过去，打印机与主机的接口主要是 25 芯的并行口，不支持即插即用，带电插拔时，一不小心就可能烧坏主机，很不方便。如今，大多数激光打印机和喷墨打印机都已经采用 USB 接口与主机连接，高速打印机也可以使用 SCSI（small computer system interface，小型计算机系统接口）与主机相连。

3. 打印机与主机的连接

打印机通过打印控制器或打印适配器与主机连接。打印控制器由以下基本部件组成。

① 数据锁存器。数据锁存器用于暂存 CPU 送来的打印数据。打印数据可以送入打印机缓冲器准备打印，也可以回送 CPU 以便进行检测。

② 命令译码器。命令译码器对 CPU 送来的命令进行译码，产生打印控制器内部使用的命令，如数据传输方向、读数据、写数据、读控制、写控制和读状态等。

③ 控制锁存器。控制锁存器锁存 CPU 送来的控制命令，如初始化、选通、自动走纸等。这些命令也可以回送 CPU 以便进行检测。

④ 状态锁存器。状态锁存器保存打印机送来的状态信息，如打印机忙、缺纸、联机、认可和出错等，以供 CPU 随时检测使用。

如图 7.2 所示为打印机与主机的连接示意。打印控制器与 CPU 之间的连接有数据线（发送或接收数据、状态、命令字节）、地址线（选择打印控制器中寄存器的地址）和中断请求信号 INT 等。打印控制器与打印机之间若用 25 芯并口连接，则有 8 位数据线 $D_0 \sim D_7$，打印控制器向打印机发送初始化、选通、自动走纸等命令的命令线，以及打印机向打印控制器回送忙、缺纸、联机、出错、认可等打印机状态的信号线。

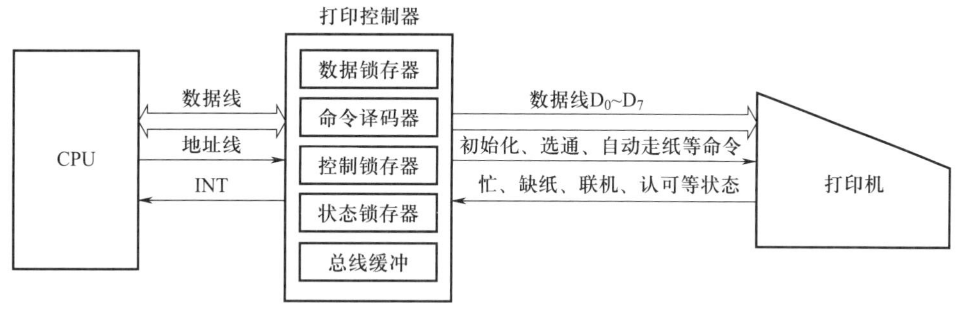

图 7.2　打印机与主机的连接示意

打印机初始化主要是清除打印机缓存和初始化打印机动作（如使打击头回到起始位置等）。CPU 输出一个字符到打印控制器的数据锁存器后，要先判断打印机的状态是否是“忙”。只有当打印机不忙时，CPU 才会发送选通信号，使打印机自动将打印数据从数据锁存器取到自己的数据缓存中。当打印机的缓存中接收满一行数据（以回车或换行字符结束）时，打印机才真正完成打印动作。

*7.1.4　显示器

显示器是用来显示数字、字符、图形和图像的设备，它由显示器（也称监视器）和显示控制器组成，是计算机系统中最常用的输出设备之一。计算机使用的显示器主要分为两种：阴极射线管（CRT）显示器，以及目前流行的 LCD 液晶显示器。

1. CRT 显示器

早期常用的显示器是 CRT 显示器。CRT 显示器由阴极射线管、亮度控制电路（控制栅）以及扫描偏转电路（水平 / 垂直扫描偏转线圈）等部件构成。

CRT 显示器中有 3 个电子枪，射出的电子流必须精确聚集，否则就无法显示清晰的图像。因此，CRT 显示器可能会因聚焦不准而造成图像模糊；此外，它还有体积大、能耗高的缺点。目前，CRT 显示器已经逐步被液晶显示器所取代。

2. LCD 液晶显示器

液晶显示器的基本原理基于液晶如下的物理特性：液晶通电时会改变其排列次序，从而影响光线的通过。

因为每个液晶单元都能独立开和关，不存在聚焦问题，因此 LCD 屏幕上的图像显示非常清晰；同时，LCD 显示器不需要实施 CRT 显示器那样的光栅扫描，因此也没有屏幕闪烁问题。由于具有体积小、耗电少、不闪烁等优点和良好的综合性能，LCD 显示器目前已广泛应用于便携式计算机、数码相机和电视机等设备。

通常，显示器有两种工作模式。一种是字符模式，显示存储器（简称为显存、VRAM，也称为刷新存储器）中存放的是字符的编码（ASCII 码或汉字代码）及其属性（如加亮、闪烁等），其字形信息存放在字符发生器中。另一种模式是图形模式，此时每一字符的点阵信息直接存储在显示存储器中，字符在屏幕上的显示位置可以定位到任意点。

显示彩色或单色多级灰度图像时，每一个像素需要使用多个二进制位来表示，每个像素对应的二进制位数称为颜色深度。例如，若颜色深度为 8 位，则可以有 256 种颜色；若颜色深度为 24 位，则可有 16 M 种颜色（称为真彩色）。在图形显示模式下，显示控制器（CRTC）除了完成前述的两个基本功能外，还能实现画图功能。显示控制器接收并完成 CPU 送来的画图命令，将结果写入显存；同时，显示控制器读出显存的内容，经并串变换和 D/A 转换后，送给显示器 R、G、B 三个不同的颜色控制信号，从而在屏幕上显示出彩色图形。显示控制器的功能越来越强，除了能完成二维画图命令以外，还具有三维图形显示功能。它可以集成在主板上，也可以以图形显示卡（简称“显卡”）的方式插在主板扩充槽中。

显卡的核心是图形处理单元（graphics processing unit，GPU）。早期的绘图功能都由 CPU 在内存中完成，然后将生成的图像位图从内存传送到显存中。这种方案显然加重了 CPU 的负担，并且绘图速度慢。目前，显卡中的 GPU 专门用来进行绘图，它有一组可高速执行的、适用于图像和图形处理的指令，如数据块传送、基本图形绘制、区域填空、图案填空、图形缩放、颜色转换等。由于采用专用处理器实现，因此图形操作速度快，并且大大减轻了 CPU 的负担。

7.2 外设与 CPU 和主存的互连

计算机由 CPU、主存储器和各种 I/O 外部设备组成。计算机的所有功能都是通过 CPU

执行指令实现的。在指令执行过程中,CPU、主存和外设之间要不断地交换信息（包括数据、指令和中断源编号等），因此可以说，计算机所有功能的实现，归根结底是各种信息在计算机内部的各部件之间进行交换的过程。要进行信息交换，就必须在部件之间构建通信线路。通常把连接各部件通路的集合称为互连结构。

7.2.1 总线的基本概念

部件之间的互连方式有两种：一种是各部件之间通过单独的连线互连，这种方式称为分散连接；另一种是将多个部件连接到一组公共信息传输线上，这种方式称为总线连接。总线连接结构的主要优点是灵活和成本低。它的灵活性体现在新部件可以很容易地加到总线上，并且部件可以在使用相同总线的计算机系统之间互换。因为一组单独的连线可被多个部件共享，所以总线的性价比高。总线连接结构的主要缺点是可能产生通信瓶颈。

总线是计算机内数据传输的公共路径，用于实现两个或两个以上部件之间的信息交换。计算机系统中有多种总线，它们在各个层次上提供部件之间的连接和信息交换通路。例如，在处理器核内部各元件之间连接的总线为核内总线，可以连接核内各寄存器、ALU、指令部件等。

系统总线指连接处理器、存储器和各种 I/O 模块等主要部件的总线，通常所说的总线就是指这类在主要模块之间互连的总线。系统总线通常由一组控制线、一组数据线和一组地址线构成。也有些总线没有单独的地址线，地址信息通过数据线来传送，这种情况称为数据线和地址线复用。

数据线用来承载在源部件和目的部件之间传输的信息，这些信息可能是数据、指令、控制命令或地址（如允许数据线和地址线复用）。

地址线用来给出源数据或目的数据所在的主存单元或 I/O 端口的地址。地址线是单向的，地址总是由 CPU 送出到地址线，随后传送给 CPU 要访问的主存储器或外设接口电路。

控制线用来控制对数据线和地址线的访问和使用。控制线用来传输定时信号和命令信息。除地址线和数据线以外的通信线都称为控制线，如时钟线、复位线、操作命令线、总线请求线和总线回答线等。

传统的总线大多是同步总线，它采用公共的时钟信号进行定时。挂接在总线上的所有设备都从时钟线上获得定时信号。同步总线的传输协议非常简单，只要在规定的时钟周期内完成特定的操作即可。例如，对于处理器通过总线访问存储器的操作来说，可以规定以下“存储器读操作”协议：主控设备（即处理器）在第一个时钟周期发送地址和存储器读命令（可利用控制线表明请求的类型为“存储器读”），从设备（即存储器）总是在第 5 个时钟周期将数据放到总线上作为响应，处理器也在第 5 个时钟周期从数据线上取数据。同步通信方式有两个缺点：第一，总线定时以最慢设备所花时间为标准，因此同步总线适合于存取时间相差不大的多个功能部件之间的通信；第二，由于时钟偏移问题，同步总线不能过长，否则将会降低总线传输效率。同步总线通常采用并行传输方式，即总线的数据线宽度为 8 位、16 位、32 位或 64 位等，同时并行传输的这些数据位信号的定时必须相同，因此，在实现具有更快传输速度、更长传输线的总线时，会导致传送到另一端的波形发生变形，从而使所有位中最快和最慢的位信号之间的时间差较大。

由于同步总线的上述问题，现在越来越多的总线采用异步串行方式进行传输。因为串行传输方式每次在一根信号线上传送数据位，因此传输速率可以比并行总线高很多，而且，因为每一位独立传输，因而传输时延的细微变化不会影响其他数据位的传送。通过多个数据通道的组合，串行传输可以实现比传统并行总线高得多的数据传输带宽。

总线的性能指标通常包含以下几个方面。

1. 总线宽度

总线中数据线的条数称为总线宽度，它决定了每次能同时传输的信息的位数。并行传输总线的总线宽度为 16 位、32 位、64 位或 128 位等。

2. 总线工作频率

早期的总线通常一个时钟周期传送一次数据，因此，总线工作频率等于总线时钟频率。现在有些总线一个时钟周期可以传送 2 次或 4 次数据，因此，总线工作频率是总线时钟频率的 2 倍或 4 倍。

3. 总线带宽

总线带宽指总线的最大数据传输率，即总线在进行数据传输时单位时间内最多可传输的数据量，不考虑其他如总线裁决、地址传送等所花的时间。总线带宽的计算公式为

$$B = W \times F/N$$

其中，W 为总线宽度，即总线能同时并行传送的数据位数，通常以字节为单位；F 为总线的时钟频率；N 为完成一次数据传送所用的时钟周期数；F/N 为总线工作频率。

例 7.1 假定某同步总线在一个时钟周期内传送一个 4 B 的数据，总线时钟频率为 33 MHz，求总线带宽是多少？如果总线宽度改为 64 位，一个时钟周期能传送两次数据，总线时钟频率为 66 MHz，则总线带宽为多少？提高了多少倍？

解： 由上述同步总线带宽计算公式可知，总线带宽为 4 B × 33 MHz/1 = 132 MBps；总线性能改进后的总线带宽为 8 B × 66 MHz/0.5 = 1 056 MBps，提高了 7 倍。

4. 总线寻址能力

总线的寻址能力主要指由地址线位数所确定的可寻址地址空间的大小。例如，若地址线有 16 位，不采用分时多次传送地址的话，则可访问的存储单元最多只能有 2^{16} 个。

5. 总线定时方式

按照总线上信息传送的定时方式来分，有同步通信、异步通信和半同步通信三种方式。同步通信总线由时钟信号同步；异步通信总线指前一个信号的结束就是下一个信号的开始，信息的改变是顺序的；半同步通信总线则是同步和异步两种总线定时方式的结合。

6. 总线传送方式

总线上数据传送分非突发方式和突发方式两种。非突发传送方式在每个传送周期内都是先传送地址，再传送数据。在突发传送方式下，总线能够连续、成块传送数据。传送开始时，先给出数据块在存储器中的首地址，然后连续传送数据块中的后续数据，后续数据的地址默认为前面数据的地址加上一个数据所占的内存单元数。突发传送无须在地址线上传送后续数据的地址信息，因而在总线宽度和总线时钟频率相同的情况下，比非突发传送方式的数据传输率高。

7. 总线负载能力

总线的负载能力指总线上所能挂接的、遵循总线电气规范的总线设备的数目。由于总线上只有扩展槽供用户使用，因此总线的负载一般指总线上扩展槽的个数。

7.2.2 基于总线的互连结构

如图 7.3 所示为一个传统的、基于总线互连的计算机系统结构示意。在该互连结构中，除了 CPU、主存储器以及各种接插在主板扩展槽上的 I/O 控制卡（如声卡、视频卡）外，还有北桥芯片和南桥芯片。这两块超大规模集成电路芯片组成一个“芯片组”，是计算机中各个组成部分相互连接和通信的枢纽。主板上所有的存储器控制功能和 I/O 控制功能几乎都集成在芯片组内，它既实现了总线的功能，又提供了各种 I/O 接口及相关的控制功能。其中，北桥是一个主存控制器集线器（memory controller hub，MCH）芯片，它本质上是一个 DMA（direct memory access，直接存储器访问）控制器，因此，可通过 MCH 芯片直接访问主存和显卡中的显存。南桥是一个 I/O 控制器集线器（I/O controller hub，ICH）芯片，其中可以集成 USB 控制器、磁盘控制器、以太网络控制器等各种外设控制器，也可以通过南桥芯片引出若干主板扩展槽，用于接插一些 I/O 控制卡。

如图 7.3 所示，CPU 与主存之间由处理器总线（也称为前端总线）和存储器总线相连，各类 I/O 设备通过相应的设备控制器，如显示适配卡（显卡）、USB 控制器、以太网卡、磁盘控制器等，连接到 I/O 总线上，而 I/O 总线通过芯片组与主存和 CPU 连接。

传统上，总线分为处理器 – 存储器总线和 I/O 总线。处理器 – 存储器总线比较短，通常是高速总线，有的系统将处理器总线和存储器总线分开，中间通过北桥芯片（桥接器）连接，CPU 芯片通过 CPU 插座插在处理器总线上，内存条通过内存条插槽插在存储器总线上。

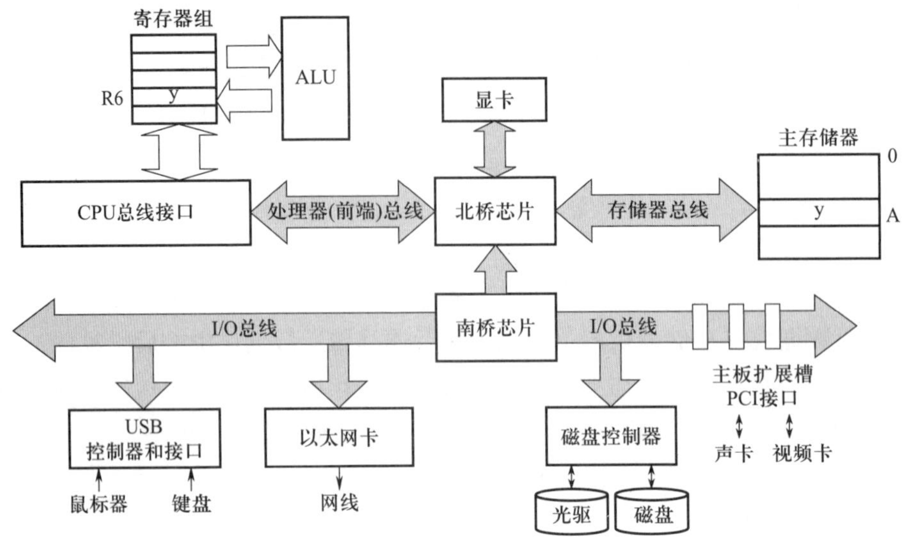

图 7.3　外设、设备控制器和 CPU 及主存的连接

下面对处理器总线、存储器总线和 I/O 总线进行简要说明。

1. 处理器总线

早期的 Intel 微处理器的处理器总线称为前端总线（front side bus，FSB），它是主板上最快的总线，主要用于处理器与北桥芯片之间进行信息交换。

FSB 的传输速率单位实际上是 MTps，即 mega transfer per second（百万次每秒）。通常所说的总线传输速率单位 MHz 是习惯上的称呼，MHz 实际上是时钟频率单位。早期的 FSB 每个时钟传送一次数据，因此时钟频率与传输速率一致。但是，从 Pentium Pro 开始，FSB 采用 4 倍并发（quad pumped）技术，在每个总线时钟周期内传送 4 次数据，也就是说总线的传输速率等于总线时钟频率的 4 倍，若时钟频率为 333 MHz，则传输速率为 1 333 MTps，即 1.333 GTps，但习惯上称 1 333 MHz。若前端总线的工作频率为 1 333 MHz（实际时钟频率为 333 MHz），总线宽度为 64 位，则总线带宽为 10.664 GBps。

Intel 公司推出 Core i7 时，北桥芯片的功能被集成到 CPU 芯片内，CPU 通过存储器总线（即内存条插槽）直接和内存条相连，而在 CPU 芯片内部的核与核之间、CPU 芯片与其他 CPU 芯片之间，以及 CPU 芯片与 IOH（input/output hub）芯片之间，则通过 QPI（quick path interconnect）总线相连。

QPI 总线是一种基于包传输的串行高速点对点连接协议，采用差分信号与专门的时钟信号进行传输。QPI 总线有 20 条数据线，发送方（TX）和接收方（RX）有各自的时钟信号，每个时钟周期传输两次。一个 QPI 数据包包含 80 位，需要两个时钟周期或 4 次传输才能完成整个数据包的传送。在每次传输的 20 位数据中，有 16 位是有效数据，其余 4 位用于循环冗余校验，以提高系统的可靠性。由于 QPI 是双向的，在发送的同时也可以接收另一端传送来的数据，这样，每个 QPI 总线的带宽计算公式如下：

$$每秒传输次数 \times 每次传输的有效数据 \times 2$$

QPI 总线的速度单位通常为 GTps，若 QPI 的时钟频率为 2.4 GHz，则传输速率为 4.8 GTps，表示每秒传输 4.8 G 次数据，并称该 QPI 的工作频率为 4.8 GTps。因此，QPI 工作频率为 4.8 GTps 的总带宽为 4.8 GTps × 2 B × 2 = 19.2 GBps。QPI 工作频率为 6.4 GTps 的总带宽为 6.4 GTps × 2 B × 2 = 25.6 GBps。

如图 7.4 所示为 Intel Core i7 中核与核之间、核与主存控制器之间以及各级 cache 之间的互连结构。

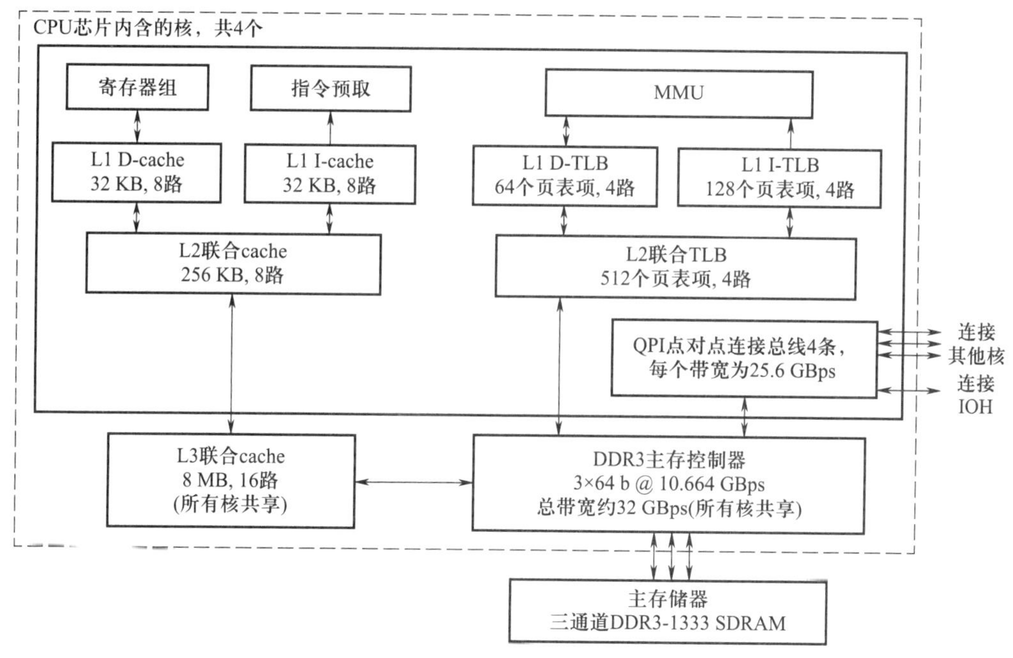

图 7.4　Intel Core i7 中各类存储器以及核之间的互连

从图 7.4 可以看出，一个 Core i7 处理器中有 4 个 CPU 核，每两个核之间都用 QPI 总线互连，并且每个核还有一条 QPI 总线可以与 IOH 芯片互连。处理器支持三通道 DDR3 SDRAM 内存条插槽，因此，处理器中包含三个主存控制器，并有三个并行传输的存储器总线，也意味着一组存储器总线包含三个内存条插槽，组内的内存条以并行方式存取信息。可使用多组存储器总线以扩展内存容量。

2. 存储器总线

早期的存储器总线由北桥芯片控制，处理器通过北桥芯片与主存储器、显卡以及南桥芯片互连。Core i7 以后的处理器芯片中集成了主存控制器，因而存储器总线直接连接到处理器，如图 7.4 所示。

根据芯片组设计时确定的能够处理的主存类型的不同，存储器总线有不同的传输带宽。在如图 7.4 所示的计算机中，存储器总线宽度为 64 位，每秒传输 1 333 M 次，总线带宽为 1 333 M × 64 b/8 = 10.664 GBps，因而三个通道的总带宽约为 32 GBps，与此配套的内存条型号为 DDR3−1333。

3. I/O 总线

I/O 总线用于为系统中的各种 I/O 设备提供输入输出通路，物理上通常是主板上的一些 I/O 扩展槽。早期的第一代 I/O 总线有 XT 总线、ISA 总线、EISA 总线、VESA 总线，这些 I/O 总线早已被淘汰；第二代 I/O 总线包括 PCI、AGP、PCI−X；第三代 I/O 总线是 PCI−e 总线。

与前两代 I/O 总线采用并行传输的同步总线不同，PCI−e 总线采用串行传输方式。两个 PCI−e 设备之间以一个链路（link）相连，每个链路可包含多条通路（lane），可能的通路数为 1、2、4、8、16 或 32。PCI−e × n 表示具有 n 个通路的 PCI−e 链路。

每条通路由发送和接收数据线构成，在发送和接收两个方向上都各有两条差分信号线，可同时发送和接收数据。在发送和接收过程中，每字节数据实际上被转换成 10 位信息进行传输，以保证所有位都含有信号电平的跳变。这是因为在链路上没有专门的时钟信号，接收器使用锁相环（phase-locked loop, PLL）从进入的位流 0−1 和 1−0 跳变中恢复时钟。

PCI−e 1.0 规范支持通路中每个方向的发送或接收速率为 2.5 Gbps。因此，PCI−e 1.0 规范总线的总带宽计算公式（单位为 GBps）如下：

$$2.5\ \text{Gbps} \times 2 \times \text{通路数} / 10$$

根据上述公式可知，在 PCI−e 1.0 规范下，PCI−e × 1 的总带宽为 0.5 GBps；PCI−e × 2 的总带宽为 1 GBps；PCI−e × 16 的总带宽为 8 GBps。

将北桥芯片功能集成到 CPU 芯片后，主板上的芯片组不再是传统的三芯片结构（CPU + 北桥 + 南桥）。根据不同的组合，现在有多种主板芯片组结构，有的是双芯片结构（CPU + PCH），有的是三芯片结构（CPU + IOH + ICH）。其中，双芯片结构中的 PCH（platform controller hub）芯片除了包含原来南桥（ICH）的 I/O 控制器集线器的功能外，以前北桥中的图形显示控制单元、管理引擎（management engine，ME）单元也集成到了 PCH 中，另外还包含非易失性 RAM（non−volatile random access memory，NVRAM）控制单元等。也就是说，PCH 比早期南桥的功能要复杂得多。

如图 7.5 所示为一个基于 Intel Core i7 系列三芯片结构的单处理器计算机系统互连结构。图中 Core i7 处理器芯片直接与三通道 DDR3 SDRAM 主存储器连接，并提供一个带宽为 25.6 GBps 的 QPI 总线，与基于 X58 芯片组的 IOH 芯片相连。图中每个通道的存储器总线带宽为 64 b/8 × 533 MHz × 2 ≈ 8.5 GBps，因此所配内存条速度为 533 MHz × 2 = 1 066 MTps。

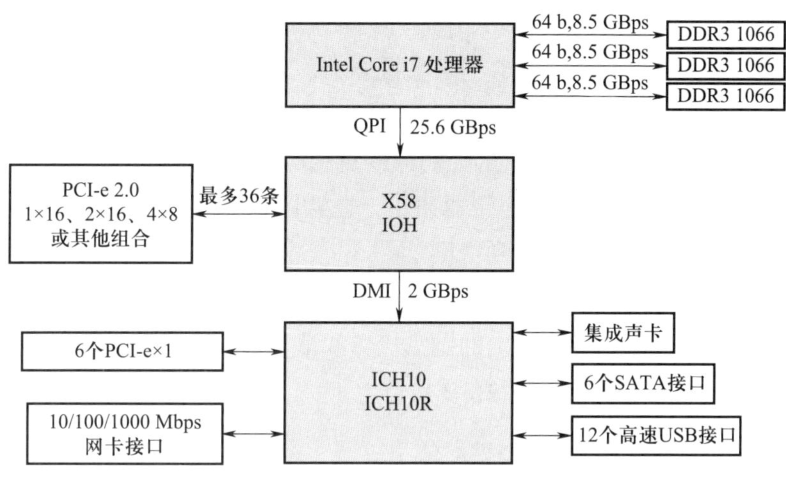

图 7.5　基于 Intel Core i7 系列处理器的计算机互连结构

在图 7.5 中，IOH 的重要功能是提供对 PCI−e 2.0 的支持，最多可支持 36 条 PCI−e 2.0 通路，可以配置为一个或两个 PCI−e 2.0 × 16 的链路，或者 4 个 PCI−e 2.0 × 8 的链路，或者其他的组合，如 8 个 PCI−e 2.0 × 4 的链路等。这些 PCI−e 链路可以支持多个图形显示卡。

IOH 与 ICH 芯片（ICH10 或 ICH10R）通过 DMI（direct media interface，直接媒体接口）总线连接。DMI 采用点对点的连接方式，时钟频率为 100 MHz，因为上行与下行各有 1 GBps 的数据传输率，因此总带宽达到 2 GBps。ICH 芯片中集成了相对慢速的外设 I/O 接口，包括 6 个 PCI−e × 1 接口、10/100/1000 Mbps 网卡接口、集成声卡（HD audio）、6 个 SATA 硬盘控制接口和 12 个支持 USB 2.0 标准的 USB 接口。若采用 ICH10R 芯片，则还支持 RAID 功能，即 ICH10R 芯片中还包含 RAID 控制器。

7.2.3　I/O 接口的功能

外部设备种类繁多，且具有不同的工作特性，因而它们在工作方式、数据格式和工作速度等方面存在很大差异。此外，CPU、内存等计算机主机部件采用高速元器件，它们和外设之间在技术特性上有很大的差异，它们各有自己的时钟和独立的时序控制，两者采用完全异步的工作方式。为此，在各个外设和主机之间必须要有相应的逻辑部件来解决它们之间的同步与协调、工作速度的匹配和数据格式的转换等问题，该逻辑部件就是外设的 I/O 接口。

外设的 I/O 接口又称设备控制器、I/O 控制器或 I/O 控制接口，也称为 I/O 模块。它是外设和 I/O 总线之间的部分，不同的外设往往对应不同的设备控制器。设备控制器通常独立于外部设备，它可以集成在主板（即 ICH 芯片内）上或以插卡的形式插接在 I/O 总线扩展槽上。例如，图 7.3 和图 7.5 中的显卡、磁盘控制器、以太网卡（网络控制器）、USB 控制器、声卡、视频卡等都是外设 I/O 接口。

外设的 I/O 接口根据从 CPU 接收的控制命令对相应外设进行控制。它在主机一侧与 I/O 总线相连，在外设一侧提供相应的连接器插座，在插座上连上相应的连接外设的电缆，就可以将外设通过相应的 I/O 接口连接到主机。

如图 7.6 所示为几种常用的、连接外设的连接器插座。例如，键盘和鼠标器（简称“鼠标”）可以连接在 PS/2 插座（图 7.6 中的键盘接口和鼠标器接口处的插座）上，也可以连在 USB 接口上。目前很多外设都连接在 USB 接口上。

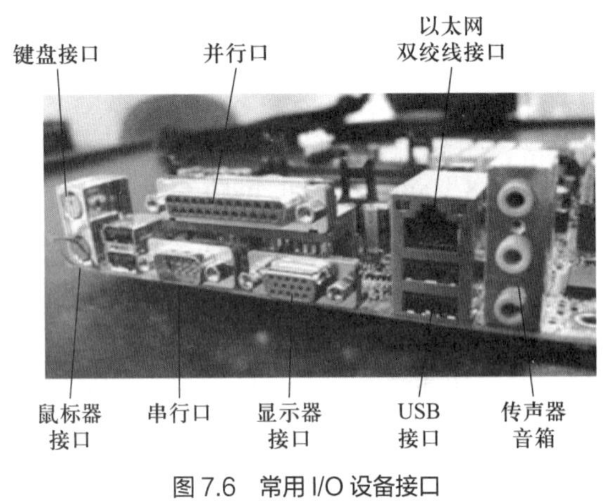

图 7.6　常用 I/O 设备接口

I/O 接口是连接外设和主机的一个“桥梁”，因此它在外设侧和主机侧各有一个接口。通常把它在主机侧的接口称为内部接口，在外设侧的接口称为外部接口。内部接口通过 I/O 总线与内存、CPU 相连，而外部接口则通过各种 I/O 接口电缆（如 USB 线、IEEE 1394 线、串行电缆、并行电缆、网线或 SCSI 电缆等）与外设相连。因此，通过 I/O 接口，可以在 CPU、主存和外设之间建立一个高效的信息传输“通路”。这个通路就是“CPU 和内存—I/O 总线—I/O 接口（带连接器插座的设备控制器）—电缆—外设”。

I/O 接口的功能可概括为以下几个方面。

① 数据缓冲。由于主存和 CPU 寄存器的存取速度非常快，而外设速度较低，因此在 I/O 接口中引入数据缓冲寄存器，以实现主机和外设工作速度的匹配。

② 错误或状态检测。在 I/O 接口中提供状态寄存器，以保存各种状态信息，供 CPU 查询使用，如设备是否完成打印或显示，是否已准备好输入数据以供主机读取，是否发生缺纸等某种出错情况。接口和外设发生错误的情况有两类：一类是设备电路故障或异常情况；另一类是数据传输错误，这种错误可采用数据校验码来检测。

③ 控制和定时。提供控制和定时逻辑，以接收从 I/O 总线来的控制命令（命令字）和定时信号。CPU 根据程序中的 I/O 请求，选择相应的设备进行通信，要求一些内部资源（如主存或寄存器、总线等）参与到 I/O 过程中，这样 I/O 接口就必须提供定时和控制功能，以协调内部资源与外设间动作的先后关系，控制数据通信过程。

④ 数据格式转换。提供数据格式转换部件（如进行串并转换的移位寄存器），使通过外部接口得到的数据转换为内部接口需要的格式，或以相反的方式进行数据格式转换。例如，从磁盘驱动器以二进制位的形式读出或写入后，在磁盘控制器中，应对读出的数据进行串并转换，或对写入的数据进行并串转换。

7.2.4 I/O 接口的通用结构

不同的 I/O 接口在复杂性和控制外设的数量上相差很大，无法一一列举。如图 7.7 所示为 I/O 接口的通用结构。

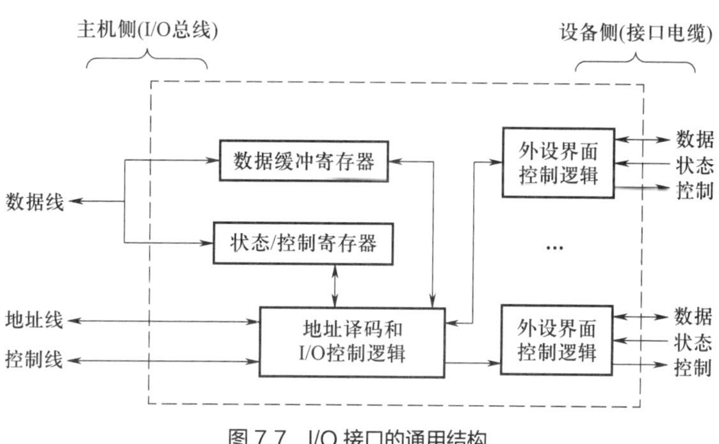

图 7.7 I/O 接口的通用结构

如图 7.7 所示，I/O 接口在主机侧通过 I/O 总线与内存、CPU 相连。通过数据线，在数据缓冲寄存器与内存或 CPU 的寄存器之间进行数据传输。同时，接口和设备的状态信息被记录在状态寄存器中，通过数据线将状态信息送到 CPU，以供查询。CPU 对外设的控制命令也通过数据线传送，一般将其送到 I/O 接口的控制寄存器。从功能上来说，状态寄存器和控制寄存器在传输方向上是相反的，而且 CPU 对它们的访问在时间上一般是错开的，因此有的 I/O 接口将它们合二为一。

I/O 总线的地址线用于给出要访问的 I/O 接口中寄存器的地址，它和读写控制信号一起被送到 I/O 接口的控制逻辑部件中，其中地址信息用于选择与主机交换数据的寄存器。通过控制线传送来的读写控制信号也有可能参与地址译码。例如，可以用读写信号确定是接收寄存器（写信号）还是发送寄存器（读信号）。此外，控制线中还有一些仲裁信号和握手信号等也可被 I/O 接口使用。I/O 接口中的 I/O 控制逻辑还要能对控制寄存器中的命令字进行译码，并将译码得到的控制信号通过外设界面控制逻辑（带连接器插座）送给外设，同时将数据缓冲寄存器的数据发送到外设或从外设接收数据到数据缓冲寄存器。另外，I/O 接口还要具有收集外设状态到状态寄存器的功能。

如果某个 I/O 接口能够作为数据通信的主控设备（例如，DMA 控制器），那么它就可以发起总线事务并控制总线进行数据传输，控制线上的控制信号由它确定，地址线方向是输出。

有了设备控制器这一类的 I/O 接口，底层 I/O 软件就可以通过 I/O 接口来控制外设，因而编写底层 I/O 软件的程序员只需要了解 I/O 接口的工作原理，包括其中用户可访问的寄存器、状态 / 控制寄存器中各位的含义、I/O 接口与外设之间的通信协议等，而关于外设的机械特性，程序员则无须了解。

在底层 I/O 软件中，可以将控制命令送到控制寄存器来启动外设工作；可以读取状态寄存器来了解外设和设备控制器的状态；可以通过直接访问数据缓冲寄存器来进行数据的输入输出。当然，这些对数据缓冲寄存器、状态 / 控制寄存器的访问操作是通过相应的指令完成的，通常把这类指令称为 I/O 指令。因为这些 I/O 指令只能在操作系统内核的底层 I/O 软件中使用，因而它们是一种特权指令。

例如，IA-32 中提供了 4 条专门的 I/O 指令：IN、INS、OUT 和 OUTS，其中的 IN 和 INS 指令用于将设备控制器中某个寄存器的内容取到 CPU 内的通用寄存器中，OUT 和 OUTS 用于将通用寄存器的内容输出到设备控制器的某个寄存器中。

7.2.5 I/O 端口及其编址

系统如何在 I/O 指令中标识要访问 I/O 接口中的哪个寄存器呢？这就是 I/O 端口的编址问题。I/O 端口实际上就是 I/O 接口中的寄存器，例如，数据缓冲寄存器就是数据端口，状态 / 控制寄存器就是状态 / 控制端口。为了便于 CPU 对 I/O 设备的快速选择和对 I/O 端口的方便寻址，必须对所有 I/O 接口中各个可访问的寄存器进行编址。对 I/O 端口的编址有独立编址和统一编址两种方式。

1. 独立编址方式

独立编址方式是指对所有 I/O 端口单独进行编号，使它们成为一个独立的 I/O 地址空间。在这种情况下，指令系统中需要有专门的 I/O 指令来访问 I/O 端口，由 I/O 指令的地址码部分给出 I/O 端口号。因为独立编址方式中的 I/O 地址空间和主存地址空间是两个独立的地址空间，无法从地址码的形式上去区分，因而需要用专门的 I/O 指令来指明访问的是 I/O 地址空间。CPU 执行 I/O 指令时，会产生 I/O 读或 I/O 写总线事务，CPU 通过 I/O 读或 I/O 写总线事务访问 I/O 端口。

通常，I/O 端口数量比存储器单元少得多，选择 I/O 端口时只需少量地址线，因此 I/O 端口的译码简单，寻址速度快。使用专用 I/O 指令，使得程序清晰，便于理解和检查。但 I/O 指令往往只提供简单的传输操作，故程序设计的灵活性较差。

例如，Intel 处理器架构就采用独立编址方式，提供了专门的 I/O 指令：IN（INS）指令和 OUT（OUTS）指令。其 I/O 地址空间由 $2^{16} = 64$ K 个地址编号组成，每个编号可以寻址一个 8 位的 I/O 端口，两个编号连续的 8 位端口可看成一个 16 位端口。

2. 统一编址方式

在统一编址方式下，I/O 地址空间与主存地址空间统一编号，即从主存地址空间中分出一部分地址给 I/O 端口进行编号。因为 I/O 端口和主存单元位于同一个地址空间的不同分段中，根据地址范围就可区分待访问的是 I/O 端口还是主存单元，所以无须设置专门的 I/O 指令，只要用一般的访存指令就可以存取 I/O 端口。因为这种方法是将 I/O 端口映射到主存空间的某个地址段上，所以也称为“存储器映射方式”。

因为统一编址方式下的 I/O 端口访问和主存访问共用同一组指令，所以它的保护机制可由分段或分页存储管理来实现，而不需要设计专门的保护机制。这种存储器映射方式给编程提供了非常大的灵活性。任何对内存存取的指令都可用来访问位于主存空间中的 I/O 端口，并且所有有关主存的寻址方式都可用于 I/O 端口的寻址。例如，可用访存指令实现 CPU 寄存器和 I/O 端口之间的数据传送；可用 AND、OR 或 TEST 等指令直接操作 I/O 接口中的控制寄存器或状态寄存器。

大多数 RISC 架构都采用统一编址方式。例如，ARM、RISC-V 和 MIPS 这几种架构的 I/O 端口都采用存储器统一编址方式，对 I/O 端口中信息的读写是通过 Load/Store 指令实现的，通过识别指令中操作数地址的范围就可区分读写的是主存单元还是 I/O 端口。

7.3 I/O 数据传送控制方式

I/O 数据传送主要有三种不同的控制方式：程序直接控制、中断控制和 DMA 控制。

7.3.1 程序直接控制 I/O 方式

程序直接控制方式直接通过查询程序来控制主机和外设之间的数据交换，通常有以下两种类型。

1. 无条件传送方式

无条件传送方式也称同步传送方式，主要用于对一些简单外设（如开关、继电器、7 段显示器或机械式传感器等）在规定的时间用相应的 I/O 指令对接口中的寄存器进行信息的读写。其实质是通过程序来定时，以实现数据的同步传送，适用于各类巡回采样检测或过程控制。无条件传送的接口比较简单，不需要任何定时信号和状态查询，只需进行相应的读写控制和地址译码即可。

2. 条件传送方式

条件传送方式也称为异步传送方式。一些较复杂的 I/O 接口往往有多个控制、状态和数据寄存器，对设备的控制必须在一定的状态条件下才能进行。此时，可通过在查询程序中安排相应的 I/O 指令，由这些指令直接从 I/O 接口中取得外设和接口的状态，如就绪（ready）、忙（busy）、完成（done）等，根据这些状态来控制外设和主机之间的信息交换。这是一种通过查询接口中的状态来控制数据传送的方式，因此也称为程序查询方式，其接口结构如图 7.8 所示。

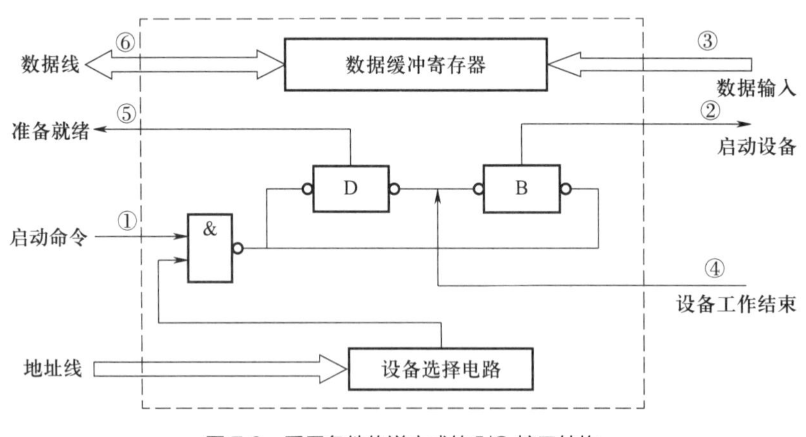

图 7.8　采用条件传送方式的 I/O 接口结构

在如图 7.8 所示的 I/O 接口中，左边是 I/O 总线侧，CPU 执行相应指令，通过 I/O 总线向 I/O 接口送出“启动”命令，读取“就绪”等状态信息，并向（从）数据缓冲寄存器写入（读取）数据。I/O 接口的右边是和设备相连的电缆或接口插座侧，可以送出“启动设备”命令，或接收“设备工作结束”信号，并可通过数据线和设备交换数据信息。CPU 采用条件传送方式通过该 I/O 接口读取外设数据的过程如下：① CPU 执行相应的 I/O 指令，向该接口送出“启动”命令，设备选择电路对 CPU 送出的地址进行译码，选中本 I/O 接口，这样，与非门输出信号使“完成”状态触发器 D 清 0，而使“启动”命令触发器 B 置 1；② I/O 接口通过连接电缆向外设发送“启动设备”命令；③ 外设准备好一个数据，通过电缆向 I/O 接口中的数据缓冲寄存器输入数据；④ 外设向 I/O 接口回送“设备工作结束”状态信号，使状态触发器 D 置 1，使命令触发器 B 清 0；⑤ CPU 通过执行指令不断地读取 I/O 接口的状态，因触发器 D 已经被置 1，所以在某一时刻发现外设“准备就绪”；⑥ CPU 通过执行 I/O 指令从数据缓冲寄存器读取数据。通过以上 6 个步骤，CPU 和外设之间完成一次数据交换过程。

设备是否适合采用条件传送方式，主要取决于 I/O 设备本身的特点以及设备是否能够独立启动 I/O 等。键盘和鼠标等是随机启动的低速 I/O 设备，当用户按下键盘、移动鼠标或单击鼠标按键时，便启动了 I/O 设备的输入操作。对于这类自身能独立启动 I/O 的设备，虽然可以采用定时程序查询方式，但是，由于设备的启动是由用户随机进行的，有可能因用户长时间没有输入而引起查询程序长时间等待，从而降低处理器的使用效率，因此，这类设备大多采用后面介绍的中断方式进行 I/O 操作。对于由操作系统启动的设备，则只有当设备被操作系统激活后才需要查询。对于磁盘、磁带和光盘存储器等成块传送设备，一旦设备被启动，便可连续不断地传送一批数据，处理器无须对每个数据的传送进行启动，而且每个数据之间的传输时间很短，如果用定时查询方式，则会因为频繁查询而使处理器执行 I/O 操作所占的时间比例变得很大，因此不适合采用程序查询方式。像针式打印机等字符类设备，由于每个字符之间的传输时间较长，并且每传送一个字符需要启动一次，因而可以采用程序查询方式。

根据查询被启动的方式的不同，条件式程序查询方式有两种：定时查询和独占查询。可根据外设的特点选择采用定时查询方式或独占查询方式。

定时查询是指周期性地查询接口状态，每次查询总是一直等到条件满足才进行一个数据的传送，传送完成后返回用户程序。定时查询的时间间隔与设备的数据传输率有关。下面举例说明对于具有不同 I/O 数据传输率的设备，CPU 为 I/O 操作所花费的时间开销是不同的。

例 7.2 假定查询程序中所有操作（包括读取并分析状态、传送数据等所有步骤）所用的时钟周期数至少是 400，处理器的主频为 500 MHz，即处理器每秒产生 500×10^6 个时钟周期。假定设备一直持续工作，采用定时查询方式，则对于以下三种情况，CPU 用于 I/O 操作的时间占整个 CPU 时间的百分比各是多少？

（1）鼠标必须每秒至少被查询 30 次，才能保证不错过用户的任何一次移动。

（2）软盘以 16 b 为单位进行数据传送，数据传输率为 0.05 MBps，要求没有任何数据传送被错过。

（3）硬盘以 16 B 为单位进行数据传送，数据传输率为 4 MBps，要求没有任何数据传送被错过。

解： 对于定时查询方式，CPU 花在输入输出上的时间可由查询次数乘以查询操作时间得到。

（1）对于鼠标，每秒内用于查询的时钟周期数至少为 $30\times400=12\ 000$，因此，CPU 用于鼠标 I/O 操作的时间占整个 CPU 时间的百分比至少为 $12\ 000/(500\times10^6)\approx0.002\%$。显然，鼠标的查询操作对 CPU 性能的影响不是很大。

（2）对于软盘，因为每次数据传送的单位为 16 b，占 2 B，因此只有当查询的速率达到每秒 0.05 MB/2 B$=2.5\times10^4$ 次时才能保证没有任何数据传送被丢失。因此，每秒内 CPU 用于查询的时钟周期数为 $2.5\times10^4\times400$，占整个 CPU 时间的百分比为 $2.5\times10^4\times400/(500\times10^6)=2\%$。这个开销非常大，但在只有少量像软盘这样的 I/O 设备的低端系统中，这个开销是可以忍受的。

（3）对于硬盘，要求每次以 16 B 为单位进行查询，因此查询的速率应达到每秒 4 MB/16 B$=2.5\times10^5$ 次，故每秒内 CPU 用于查询的时钟周期数为 $2.5\times10^5\times400$，占整个 CPU 时间的百分比为 $2.5\times10^5\times400/(500\times10^6)=20\%$。也就是说，CPU 有 1/5 的时间用于查询硬盘，显然，对硬盘使用定时查询方式是不可取的。

如果软盘和硬盘仅有 25% 的时间是活动的，则操作系统只要在设备被激活时进行查询即可，因此查询的平均开销将被分别降到 0.5% 和 5%。尽管这样降低了开销，但是一旦操作系统发出一个对设备的启动命令，它就必须接连不断地查询，因为操作系统不知道什么时候设备会响应并准备好一次传送。这种一旦设备被启动，CPU 就一直持续对设备进行查询的方式称为独占查询方式。

在独占查询方式下，CPU 被独占用于某设备的 I/O 操作，由 CPU 控制 I/O 操作的整个过程，即 CPU 花费 100% 的时间在 I/O 操作上。此时，外设和 CPU 完全串行工作。其查询程序的流程如图 7.9 所示。

从图 7.9 可以看出，在任何一个数据传送之前，必须先读接口的状态，判断接口是否“就绪”，只有在接口“就绪”的情况下才继续进行传送；否则，CPU 将一直处于等待状态，直到外设完成任务而使接口满足条件为止。这里“就绪”的含义，对于输入设备而言，意味着设备已将数据送入接口中的数据缓冲寄存器，CPU 可以从接口取数据；对于输出设备而言，意味着数据缓冲寄存器已空，CPU 可以将数据送到接口中。

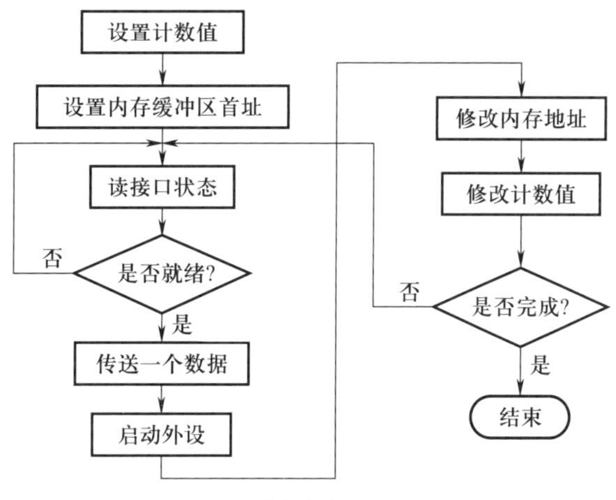

图 7.9　独占查询程序流程图

针式打印机的输出控制方式可采用这种查询方式。假定一个用户进程 P1 中使用了某个 I/O 函数，请求通过打印机打印一个具有 *n* 个字符的字符串。显然，用户进程 P1 可通过“系统调用”指令来陷入操作系统内核，调出相应的系统调用服务例程进行字符串打印。如图 7.10 所示的程序段大致描述了操作系统内核采用查询方式进行打印控制的过程。

如图 7.10 所示，操作系统内核通常将用户进程缓冲区 strbuf 中的字符串首先复制到内核空间中的缓冲区 kernelbuf，然后一直等待打印机就绪状态 READY。一旦打印机就绪，则将内核空间缓冲区中的一个字符 kernelbuf [i] 输出到打印控制器的数据端口 printer_data_port 中，并发出启动打印命令 START 到控制端口 printer_control_port，以控制打印机打印数据端口中的字符。上述过程循环执行，直到字符串中所有字符打印结束。

```
copy_string_to_kernel (strbuf, kernelbuf, n);        // 将字符串复制到内核缓冲区
for (i=0, i<n; i++) {                                // 对于每个打印字符循环执行
    while (printer_status !=READY);                  // 等待直到打印机状态为“就绪”
    *printer_data_port=kernelbuf[i];                 // 向数据端口输出一个字符
    *printer_control_port=START;                     // 发送“启动打印”命令
}
return ( );                                          // 返回
```

图 7.10　程序直接控制 I/O 的一个例子

程序查询 I/O 方式的特点是简单、易控制、外围接口控制逻辑少。但是，CPU 需要从外设接口读取状态，并在外设未就绪时一直处于忙等待。由于外设的速度比处理器慢得多，因此，在 CPU 等待外设完成任务的过程中浪费了许多处理器时间。

7.3.2 中断控制 I/O 方式

在程序查询 I/O 方式中，由于 CPU 和外设采用串行工作方式，处理器时间花在等待慢速外设上，为避免 CPU 长时间等待外设，提出了中断控制 I/O 方式。

中断控制 I/O 方式的基本思想是，当用户进程 P1 需要进行一个 I/O 操作时，它会先启动外设进行第一个数据的 I/O 操作，在等待 I/O 操作完成期间，处理器会将需要 I/O 操作的进程 P1 安排到等待队列，然后从就绪队列中选择另一个进程 P2 执行。此时，外设在执行 P1 要求的 I/O 操作，CPU 在执行用户进程 P2 中的代码，两者并行工作。外设完成 I/O 操作后，向 CPU 发出中断请求。CPU 响应请求后，中止正在执行的用户进程 P2，转入一个中断服务程序，在中断服务程序中再启动随后数据的 I/O 传送任务。中断服务程序执行完后，返回原先被中止的用户进程 P2 的断点处继续执行。此时，外设和 CPU 又开始并行工作。

例如，对于 7.3.1 节中请求打印字符串的用户进程 P1 的例子，如果采用中断控制 I/O 方式，则操作系统处理 I/O 的过程如图 7.11 所示。

```
copy_string_to_kernel (strbuf, kernelbuf, n);   // 将字符串复制到内核缓冲区
enable_interrupts ( );                          // 开中断，允许外设发出中断请求
while (printer_status !=READY);                 // 等待直到打印机状态为“就绪”
*printer_data_port=kernelbuf[i];                // 向数据端口输出一个字符
*printer_control_port=START;                    // 发送“启动打印”命令
scheduler ( );                                  // 阻塞用户进程P1,调度进程P2执行
```

(a) “字符打印”系统调用服务例程

```
if (n==0) {                                     // 若字符串打印完，则
    unblock_user ( );                           // 进程P1解除阻塞并进入就绪队列
} else {
    *printer_data_port=kernelbuf[i];            // 向数据端口输出一个字符
    *printer_control_port=START;                // 发送“启动打印”命令
     n = n−1;                                   // 未打印字符数减1
     i = i+1;                                   // 下一个打印字符指针加1
}
acknowledge_interrupt( );                       // 中断回答（清除中断请求）
return_from_interrupt( );                       // 中断返回
```

(b) “字符打印”中断服务程序

图 7.11　中断控制 I/O 的一个例子

从图 7.11（a）可以看出，在相应的“字符打印”系统调用服务例程中，首先，等待打印机就绪（READY）并向数据端口送出第一个字符，然后将启动命令 START 送到打印机控制端口 printer_control_port，以启动打印机。一旦打印机被启动，就调用处理器调度程序 scheduler 调出进程 P2 执行，而将用户进程 P1 阻塞。在 CPU 执行进程 P2 的同时，打印机在进行打印操作，CPU 和打印机并行工作。若打印机打印一个字符需要 5 ms，则在打印一个字符期间，其他进程可以在 CPU 上执行 5 ms 的时间。对于程序直接控制 I/O 方式，CPU 在这 5 ms 的时间内只是不断地查询打印机状态，因而整个系统的效率很低。

在中断控制 I/O 方式下，一旦外设完成任务，就会向 CPU 发出中断请求。对于图 7.11 中的例子，当打印机完成一个字符的打印后，就会向 CPU 发出中断请求，CPU 会暂停正在执行的进程 P2，调出“字符打印”中断服务程序来执行。如图 7.11（b）所示，中断服务程序首先判断是否已完成字符串中所有字符的打印，若是，则将用户进程 P1 解除阻塞，使其进入就绪队列；否则，就向数据端口送出下一个要打印的字符并启动打印，在将未打印字符数减 1 和下一个打印字符指针加 1 后，执行中断返回，回到被打断的进程 P2 继续执行。

图 7.12 和图 7.13 为中断控制 I/O 的整个过程。

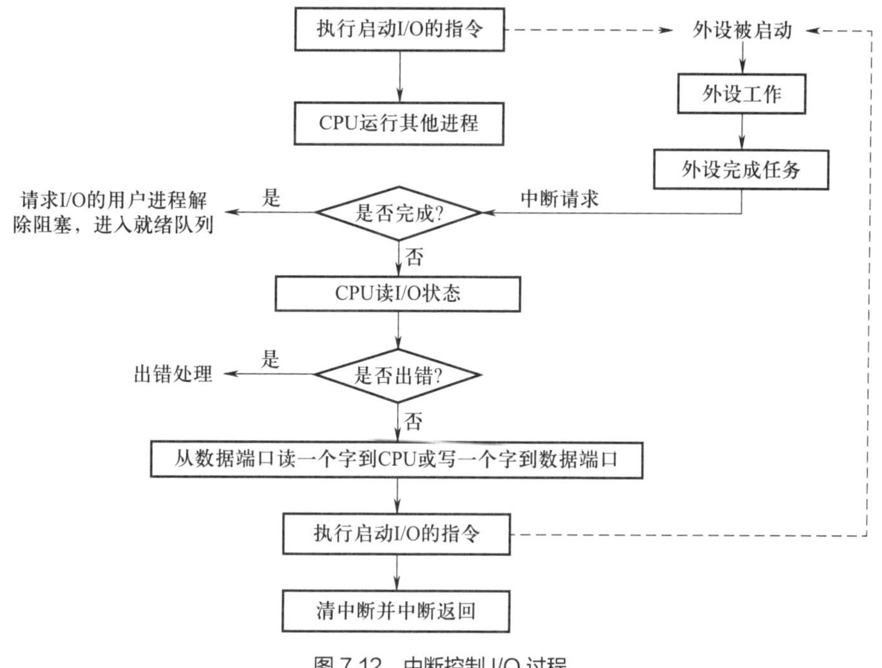

图 7.12　中断控制 I/O 过程

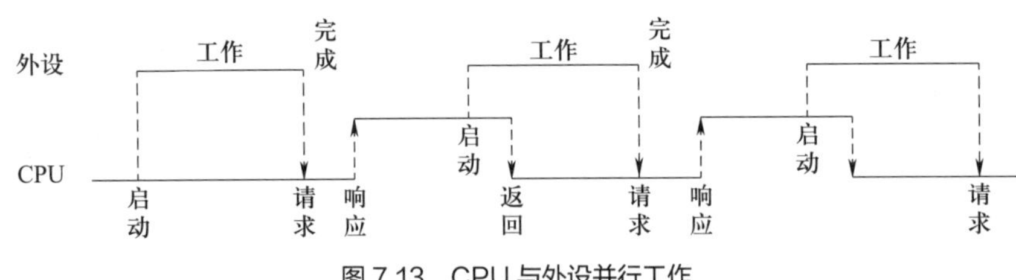

图 7.13　CPU 与外设并行工作

现代计算机系统中都配有完善的异常 / 中断处理系统，CPU 的数据通路中有相应的异常 / 中断检测和响应逻辑，在外设接口中有相应的中断请求和控制逻辑，操作系统中有相应的异常 / 中断处理程序。这些异常 / 中断硬件线路和异常 / 中断处理程序有机结合，共同完成异常 / 中断的处理过程。中断 I/O 方式通过让处理器执行相应的中断服务程序来完成输入输出的任务，因此称为程序中断 I/O 方式。

外部中断主要由外设完成任务或出现特殊情况时引起。例如，外设任务完成、打印机缺纸、磁盘检验错、采样计时到、键盘输入等。它和第 4 章介绍的 CPU 内部发生的异常在本质上是一样的，但是两者相比，它们有两个重要的不同点。

①“缺页”或“非法指令”等异常事件是在执行过程中由特定指令产生的，而中断相对于指令的执行则是异步的。也就是说，中断不和任何指令关联，也不阻止任何指令的完成。因此，CPU 只需要在开始一个新指令之前检测是否有外部发来的中断请求即可。

② 异常的发生和异常事件的类型是由 CPU 发现和识别的，不必通过外部的某个信号通知 CPU；而对于中断，CPU 必须通过对外部中断请求线进行采样，并从总线上获取相应的中断源设备的标识信息，才能获知哪个设备发生了何种中断。因此，与异常相比，中断系统的实现机制更加复杂。

1. 中断系统的基本职能和结构

现代计算机的中断处理功能相当丰富，没有配置中断系统的计算机是令人无法想象的。每个计算机系统的中断功能可能不完全相同，但其基本功能不外乎以下几方面。

① 及时记录各种中断请求信号。通常用一个中断请求寄存器来保存中断请求信号。

② 自动响应中断请求。CPU 在每条指令执行完、下一条指令取出前，会自动检测中断请求引脚，发现有中断请求时，则根据情况决定是否响应和响应哪个中断请求。

③ 自动判优。在有多个中断请求同时产生时，能够判断出哪个中断的优先级高，选择优先级高的中断进行响应。

④ 保护被中断程序的断点和现场。因为中断响应后要转去执行中断服务程序，而执行完中断服务程序后，还要回到原来的程序继续运行，所以原程序被中止处的指令地址（断点）和原程序的程序状态以及寄存器等现场信息必须被保存起来，以便能正确回到原程序被中止处继续执行。

⑤ 中断屏蔽。通过中断屏蔽实现多重中断的嵌套执行，中断屏蔽功能通过一个中断屏蔽字寄存器实现。

现代计算机大多采用中断嵌套技术。也就是说，中断系统允许 CPU 在执行某个中断服务程序时被新的中断请求打断。但是并不是所有的中断处理都可被新的中断打断，一些重要的紧急事件的处理就要设置成不可被其他新中断事件打断，这就是中断屏蔽的概念。中断系统中要有中断屏蔽机制，从而使每个中断可以设置它允许被哪些中断源打断，不允许被哪些中断源打断。这个功能主要通过在中断系统中设置中断屏蔽字来实现。屏蔽字中的每一位对应某一个外设或中断源，称为该外设的中断屏蔽位，例如，用“1”表示允许中断，用“0”表示不允许中断（即屏蔽中断）。CPU 还可以通过在程序中执行相应的指令来修改屏蔽字的内容，从而动态地改变中断处理的先后次序。

中断系统的中断控制器的基本结构如图 7.14 所示。

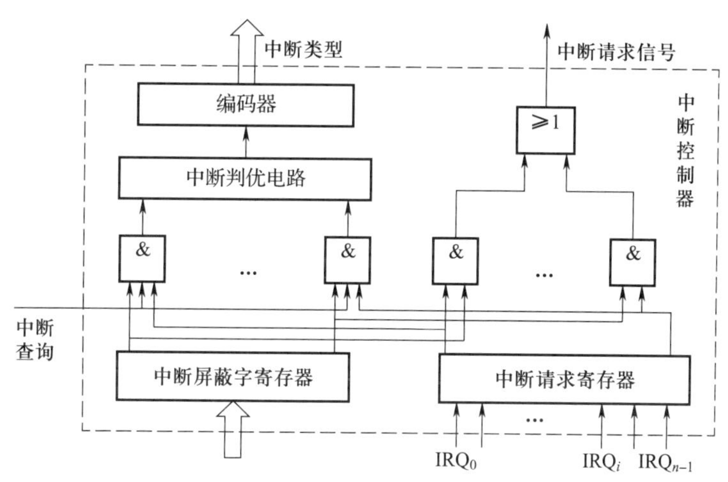

图 7.14 中断控制器的基本结构

如图 7.14 所示，每个能够发出中断请求的外部设备控制器都有一条 IRQ 线，所有外设的 IRQ 线连到对应的 IRQ 引脚：IRQ_0，IRQ_1，…，IRQ_i，…，IRQ_{n-1}，然后被记录在中断请求寄存器中。每个中断源有各自对应的中断屏蔽字，在进行相应的中断处理之前，中断屏蔽字被送到中断屏蔽字寄存器中。在 CPU 运行程序的过程中，如果至少有一个 IRQ 线有请求且未被屏蔽，则每当 CPU 完成当前指令的执行、取出下一条指令之前，就会通过采样中断请求信号引脚（如 Intel 处理器中的 INTR）来自动查看有无中断请求信号。若有，则会发出一个相应的中断回答信号，启动图 7.14 中的“中断查询”线，在该信号线的作用下，所有未被屏蔽的中断请求信号一起被送到中断判优电路中。判优电路根据中断响应优先级选择优先级最高的中断源，用编码器对该中断源进行编码，得到对应的中断源设备类型号（即中断源的标识信息，称为中断类型）。CPU 取得中断源的标识信息后，经过一系列相应的转换，就可得到对应的中断服务程序的首地址，在下一个指令周期开始时，CPU 执行相应的中断服务程序。

在中断处理（即执行中断服务程序）过程中，若又有新的、优先级更高的中断请求发生，那么 CPU 应立即中止正在执行的中断服务程序，转去处理新的中断，这种情况称为多重中断或中断嵌套，如图 7.15 所示。

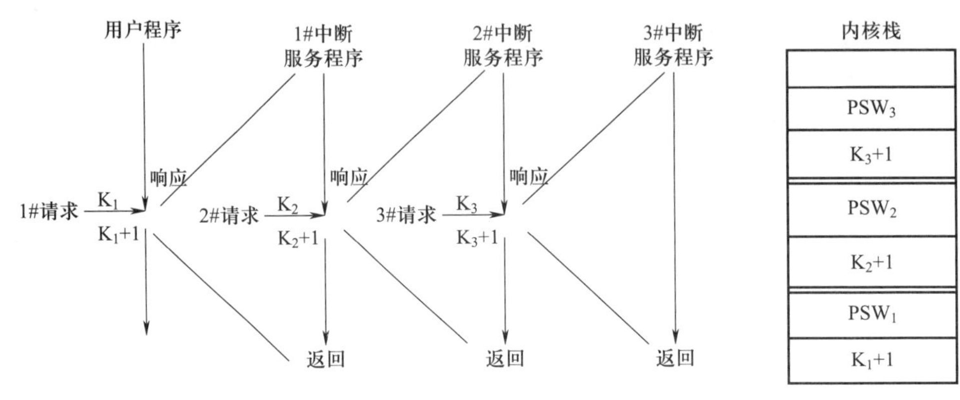

图 7.15　中断嵌套过程

在图 7.15 中，假定在执行用户程序时，发生了 1# 中断请求，因为用户程序不屏蔽任何中断，所以响应 1# 中断，将用户程序的断点保存在内核栈中，然后调出 1# 中断服务程序执行。而在执行 1# 中断服务程序的过程中，又发生了 2# 中断，而 2# 中断的处理优先级比 1# 中断高，即 1# 中断的屏蔽字对 2# 中断是开放的（即不屏蔽），此时，就中止 1# 中断的处理，响应 2# 中断，把 1# 中断的断点信息保存在内核栈中，调出 2# 中断的中断服务程序执行。同样地，3# 中断也可以打断 2# 中断服务程序的执行。当 3# 中断处理完返回时，系统从内核栈顶取出返回的断点信息，这样，从 3# 中断返回后，首先回到 2# 中断服务程序的断点（K_3+1）处，而不是回到 1# 中断服务程序或用户程序执行。由此可见，利用栈和中断屏蔽字能正确地实现中断嵌套。

从上面描述的过程来看，中断系统中存在两种中断优先级。一种是中断响应优先级，另一种是中断处理优先级。中断响应优先级是由查询程序或中断判优电路决定的优先权，它反映的是当多个中断源同时请求时选择哪个先响应。中断处理优先级是由各自的中断屏蔽字动态设定的，反映了当前中断源与其他所有中断源之间的处理优先关系。在多重中断系统中，通常用中断屏蔽字对中断处理优先级进行动态分配。

2. 中断响应过程

中断过程包括两个阶段：中断响应和中断处理。中断响应阶段由硬件实现，而中断处理阶段则由 CPU 通过执行中断服务程序来完成，因此中断处理是由软件实现的。

中断响应是指处理器检测到中断请求信号后，从中止现行程序的执行到调出中断服务程序这一过程。

处理器响应中断的时间越短越好。中断响应时间是中断系统设计时需要考虑的一个重要指标，它反映了计算机系统的灵敏度。显然，中断响应时间与断点保存的时间、中断源识别和判优的速度，以及获得中断服务程序首地址和初始状态的时间都有关系。不同的中断响应处理机制，得到的中断响应时间不同。例如，RISC-V 处理器采用一种简单的响应机制，只要将中断原因、断点以及状态信息（包括禁止中断等信息）保存在一组 CSR 寄存器中，然后将对应中断的处理程序首地址送到 PC 即可完成中断响应过程。因此，RISC-V 处理器的中断响应时间很短。

中断响应要满足以下三个条件。

① 处理器核处于“开中断”状态。

② 至少有一个未被屏蔽的中断请求。

③ 当前指令刚执行完。

当处理器同时满足上述三个条件时，就进入中断响应周期，它是一种特殊的机器执行周期。在中断响应周期中，通过执行一条隐指令完成以下三个操作。

① 关中断。将中断允许标志置为禁止（即“关中断”）状态，这时将屏蔽掉所有可屏蔽中断请求。

② 保护断点和程序状态。将 PC 和状态信息送入栈或特殊寄存器。

③ 识别中断源并转入中断服务程序。通过某种方式，获得优先级最高的中断源所对应的中断服务程序的首地址和初始程序状态，并分别送入 PC 和程序状态寄存器。

中断源的识别和判优方法可分为软件查询和硬件判优两大类。

采用软件查询方式时，中断服务程序开始的一段代码用于查询中断源，按中断响应优先顺序依次查询哪个中断源有中断请求，并转到第一个查询到的、有请求的中断服务程序执行。

硬件判优方式是一种向量中断方式。如图 7.14 所示，在处理器检测到中断控制器发送来的中断请求信号后，处理器会向中断控制器送出“中断查询”信号，中断控制器根据判优电路和编码器得到当前所有未被屏蔽的中断请求中具有最高响应优先级的中断源标识（即中断类型），然后送到处理器。

在向量中断方式下，通常把中断服务程序的首地址 PC 和初始程序状态字（PSW）称为中断向量（interrupt vector, IV）。所有中断向量存放在一个中断向量表（也称中断入口地址表）中，中断向量所在的地址称为向量地址（vector address，VA），如图 7.16 所示。每个中断向量在中断向量表中的位置可以通过对应表项的编号得到，这个编号就是中断类型号。也有一些架构的中断（异常）向量表中存放的是中断（异常）处理程序的引导代码或跳转指令，如 ARM 架构的异常向量表中存放的就是跳转指令 B。

图 7.17 所示是 Intel 8086/8088 架构的中断向量表，位于主存区域 0000H ~ 03FFH，共 256 个表项，每个表项占 4 字节，记录对应中断服务程序的首地址 CS:IP。向量地址由中断类型号乘 4 得到。例如，除法错的中断类型号为 0，故其向量地址为 0；不可屏蔽中断 NMI 的中断类型号为 2，故其向量地址为 8；外部 I/O 中断 IRQ_i 的中断类型号为 $32+i$。需要特别说明的是，因为 Intel 8086/8088 中的所有异常都称为中断，所以中断向量表中包含所有异常和中断的中断向量。

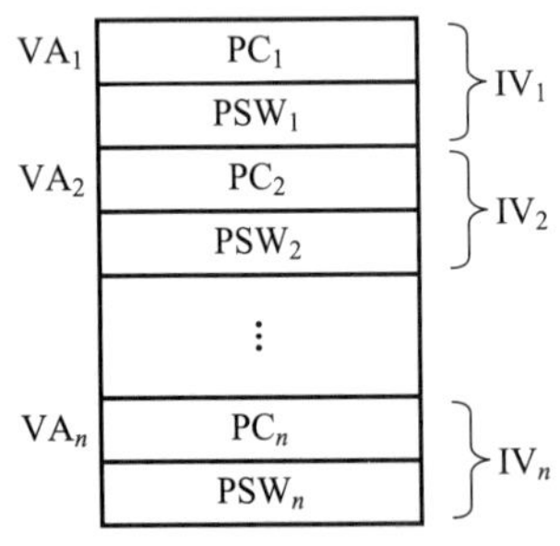

图 7.16　中断向量表

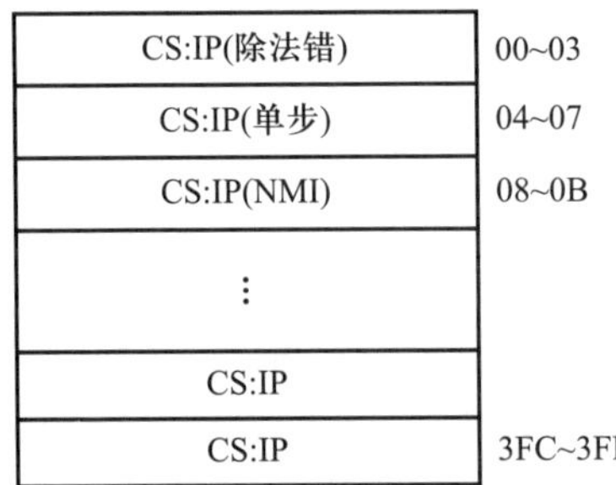

图 7.17　Intel 8086/8088 架构的中断向量表

中断处理的过程就是 CPU 执行相应的中断服务程序的过程，不同中断源对应的中断服务程序不同。

前面给出了在外设和主机之间进行数据交换的两种输入输出方式：程序查询和程序中断方式。这两种方式用在低带宽设备上较好，因为对于低速设备，更关心怎样降低设备控制器和接口的成本，而不关心怎样提高数据传输率。下面的例子说明用中断方式控制硬盘和主机之间的数据交换时 CPU 的开销情况。

例 7.3　假定某计算机的字长为 32 b，CPU 主频为 500 MHz，即 CPU 每秒产生 500×10^6 个时钟周期。硬盘使用中断 I/O 方式进行数据传送，传输速率为 4 MBps，每次中断传送一个 16 B 的数据，要求没有任何数据传送被错过。每次中断的开销（包括用于中断响应和中断处理的时间）是 500 个时钟周期。如果硬盘仅有 5% 的时间进行数据传送，那么，CPU 用于硬盘数据传送的时间占整个 CPU 时间的百分比为多少？

解：若硬盘数据传送采用中断 I/O 方式，则每次中断传送一个 16 B 的数据。为保证没有任何数据传送被错过，CPU 每秒应该至少执行 4 MB/16 B = 2.5×10^5 次中断，因此，每秒用于硬盘数据传送中断处理的时钟周期数为 $2.5 \times 10^5 \times 500 = 1.25 \times 10^8$，故 CPU 用于硬盘数据传送的时间占 $1.25 \times 10^8 / (500 \times 10^6) = 25\%$。

从以下另外一个角度来考虑也可以得出同样的结论。由题意知，CPU 通过中断方式进行硬盘数据的传送，硬盘每准备好一个 16 B 的数据，则发出中断请求。硬盘准备一个数据（16 B）的时间为 16 B/4 MB = 4 μs，CPU 用于一个数据 I/O 的时间（包括中断响应并处理的时间）是 500 个时钟周期，相当于 500/500 M = 1 μs。由此可见，假定硬盘一直在工作，则硬盘每隔 4 μs 申请一次中断，每次中断 CPU 花 1 μs 进行硬盘数据传送，因此，CPU 用于硬盘数据传送的时间占整个 CPU 时间的 1/4，即 25%。

假定硬盘并不是一直在操作，而是仅有 5% 的时间在工作，则 CPU 用于硬盘数据传送的时间占整个 CPU 时间的百分比为 $25\% \times 5\% = 1.25\%$。

对于程序查询方式，在外设准备数据时，由于 CPU 一直在等待外设完成，因此 CPU 是有开销的，对于中断 I/O 方式，在外设准备数据时，CPU 被安排执行其他程序，外设和 CPU 并行工作，因而 CPU 在外设准备数据时没有开销，只有当响应和处理中断来进行数据传送时，CPU 才需要花费时间为 I/O 服务。这就是中断 I/O 方式相对于程序查询方式的优点。

但是，对于硬盘这种高速外设的数据传送，如果采用中断 I/O 方式，则 CPU 用于 I/O 的开销是无法忽视的。高速外设速度快，因而中断请求频率高，导致 CPU 频繁地被打断。而且，由于需要保存断点、程序状态和现场等信息，还要开中断 / 关中断、设置中断屏蔽字等，因而中断响应和中断处理的额外开销很大。因此，在使用高速外设的情况下，采用中断 I/O 方式传送数据是不合适的，通常采用 DMA 方式。

7.3.3 DMA 方式

DMA 即直接存储器访问，该 I/O 方式用专门的 DMA 接口硬件来控制外设与主存之间的直接数据交换，数据不通过 CPU。通常把专门用来控制总线进行 DMA 传送的接口硬件称为 DMA 控制器。在进行 DMA 传送时，CPU 让出总线控制权，由 DMA 控制器控制总线，通过“窃取”一个主存周期完成与主存之间的一次数据交换，或独占若干个主存周期完成一批数据的交换。

DMA 方式主要用于磁盘等高速设备的数据传送。这类高速设备的记录方式多采用数据块组织方式，数据块之间有间隙，因而数据传输时数据块之间的时间间隔较长，而数据块内部数据间的传输时间间隔较短，因此这类设备大多采用成批数据交换方式。

DMA 方式与中断 I/O 方式一样，也是采用“请求 – 响应”方式，只是中断 I/O 方式请求的是处理器的时间，而 DMA 方式请求的是总线控制权。当外设准备好数据后，就会向

DMA 控制器发出选通信号，要求 DMA 控制器开始进行 DMA 传送，随后，DMA 控制器向 CPU 发出 DMA 请求信号，请求 CPU 释放总线，由 DMA 控制器使用总线进行数据传送。

1. 三种 DMA 方式

由于 DMA 控制器和 CPU 共享主存，因此可能出现两者争用主存的现象。为使两者协调使用主存，DMA 通常采用以下三种方式之一进行数据传送。

① CPU 停止法。DMA 传输时，由 DMA 控制器向 CPU 发送一个停止信号，使 CPU 脱离总线，停止访问主存，直到 DMA 传送一块数据结束为止。

② 周期挪用法。DMA 传输时，CPU 让出一个总线事务周期，由 DMA 控制器挪用一个主存周期来访问主存，传送完一个数据后立即释放总线。这是一种单字传送方式。

③ 交替分时访问法。每个存储周期分成两个时间片，一个给 CPU，一个给 DMA，这样在每个存储周期内，CPU 和 DMA 都可访问存储器。

2. DMA 操作步骤

DMA 控制器与设备控制器一样，其中也有若干个寄存器（即 I/O 端口），用于存放 I/O 传送所需的各种参数。这些寄存器包括主存地址寄存器、字计数器、控制寄存器、设备地址寄存器等，此外还有其他的控制逻辑，能够控制设备通过总线与主存直接交换数据。

DMA 方式的 I/O 操作过程由以下几个步骤完成。

第一步：DMA 控制器的预置（初始化）。

在进行数据传送之前，CPU 先执行一段初始化程序，完成对 DMA 控制器中各参数寄存器的初值设置。主要操作包括以下三个方面。

① 准备内存区。若是从外设输入数据，则需要申请内存缓冲区，并对缓冲区进行初始化；若是输出数据到外设，则应在内存中准备好数据。

② 设置传送参数。执行 I/O 指令来测试外设状态，并对 DMA 控制器设置各种参数。例如，将内存首址送地址寄存器，将传送字数送字计数器，将传送方向送控制寄存器，将设备地址送设备地址寄存器等。

③ 发送“启动 DMA 传送”命令，然后调度 CPU 执行其他进程。

第二步：DMA 数据传送（DMA 传送）。

CPU 对 DMA 传送参数进行预置并发送“启动 DMA 传送”命令后，就把数据传送工作交给 DMA 控制器。在整个 DMA 传送过程中，不再需要 CPU 的参与，而完全由 DMA 控制器实现数据的传送。

首先，DMA 控制器在总线的地址线上给出内存地址，并在总线的读写线上发出读或写命令，随后，主存和外设便通过数据线进行数据传送。DMA 控制器每完成一个数据的传送，就将字计数器减 1 并修改主存地址。当字计数器为 0 时，完成所有 I/O 操作。

第三步：DMA 结束处理（后处理）。

当字计数器为 0 时，发出“DMA 结束”中断请求信号给 CPU，转入中断服务程序，完成数据校验等后处理工作。

从上述过程来看，DMA 方式与程序查询和中断方式不同，CPU 不直接执行 I/O 指令来实现数据传送，而只是进行一些辅助工作，包括传送参数的设置、启动命令发送和最后的数据校验等。

DMA 方式的处理过程如图 7.18 所示。

```
copy_string_to_kernel (strbuf, kernelbuf, n);    // 将字符串复制到内核缓冲区
initialize_DMA ( );                              // 初始化DMA控制器（准备传送参数）
*DMA_control_port=START;                         // 发送“启动DMA传送”命令
scheduler ( );                                   // 阻塞用户进程P，调度其他进程执行
```

(a) “字符打印”系统调用处理例程

```
acknowledge_interrupt ( );                       // 中断回答（清除中断请求）
unblock_user ( );                                // 用户进程P解除阻塞，进入就绪队列
return_from_interrupt ( );                       // 中断返回
```

(b) “DMA结束”中断服务程序

图 7.18　DMA 控制 I/O 过程

在 DMA 方式下，CPU 只需要在最初的 DMA 控制器初始化和最后处理“DMA 结束”中断时介入，而不需要参与整个一块数据的传送过程，因而 CPU 用于 I/O 的开销非常小。

下面举例说明使用 DMA 方式进行硬盘和主存之间的数据传送时 CPU 的开销。

例 7.4　假定 CPU 的主频为 500 MHz，即 CPU 每秒产生 500×10^6 个时钟周期。硬盘采用 DMA 方式进行数据传送，数据传输率为 4 MBps，每次 DMA 传输的数据量为 4 KB，要求没有任何数据传输被错过。如果 CPU 在 DMA 初始化设置和启动硬盘操作等方面花了 1 000 个时钟周期，并且在 DMA 传送完成后的中断处理需要 500 个时钟周期，则在硬盘 100% 处于工作状态的情况下，CPU 花在硬盘 I/O 操作上的时间百分比大约是多少？

解： 显然，从硬盘上读写 4 KB 的数据所用时间为 4 KB/4 MBps $= 1.024 \times 10^{-3}$ s $\approx 1.0 \times 10^{-3}$ s，因此，如果硬盘一直处于工作状态，为了没有任何数据传输被错过，CPU 必须每秒进行 $1.0/(1.0 \times 10^{-3}) = 1.0 \times 10^3$ 次 DMA 传送。因此，每秒 CPU 用在硬盘 I/O 操作上的时钟周期数为 $1.0 \times 10^3 \times (1\,000 + 500) = 1\,500 \times 10^3$。由此可知，CPU 花费在硬盘 I/O 上的时间占整个 CPU 时间的百分比为 $1\,500 \times 10^3/(500 \times 10^6) = 3 \times 10^{-3} = 0.3\%$。

DMA 方式被用于硬盘 I/O 时，在数据传送期间将不消耗任何处理器周期，即使硬盘一

直在进行 I/O 操作，CPU 为它服务的时间也仅占 0.3%。事实上，硬盘在大多数时间内并不进行数据传送，因此，CPU 为 I/O 所花费的时间会更少。

如果 CPU 和 DMA 同时竞争总线进行存储器访问，由于硬盘一旦开始读写，就会连续不断地执行，直到一块数据读写结束，因此为了避免硬盘数据丢失，DMA 的总线使用权应高于 CPU 的总线使用权。也就是说，当 CPU 和 DMA 发生访存冲突时,CPU 应该让出总线，由 DMA 控制器使用总线进行存储器访问。通过使用 cache，CPU 可避免大多数访存冲突，存储器带宽的大部分都可让给外设的 DMA 传送使用。

7.4 I/O 子系统中的 I/O 软件

I/O 接口的引入给外设与主机进行信息交换提供了有效“通路”。但是还必须提供一种手段，让 CPU 能方便地找到要进行信息交换的设备，并将用户的 I/O 请求转换成对设备的控制命令。

现代计算机 I/O 系统的复杂性一般都隐藏在操作系统的 I/O 软件中，最终用户或用户程序只需通过一些简单的命令或系统调用就能使用各种外设，而无须了解设备的具体工作细节。

7.4.1 I/O 子系统层次结构

对于最终用户，操作系统通过命令行方式、批命令方式或图形界面方式为最终用户提供了直接使用计算机资源的手段，用户通过输入相应的命令或点击键盘和鼠标将 I/O 请求传递给操作系统。

对于用户程序，所有高级语言的运行时系统都提供了执行 I/O 功能的高级机制。例如，C 语言中提供了 printf ()、scanf () 等标准 I/O 库函数，C++ 语言中提供了如 << (输入)、>> (输出) 等重载 I/O 操作符。从用户在高级语言程序中通过 I/O 函数或 I/O 操作符提出 I/O 请求，到 I/O 设备响应并完成 I/O 请求，整个过程涉及多个层次的 I/O 软件和 I/O 硬件的协调工作。当用户程序需要从某个设备输入信息或将结果送到外设时，只要通过系统调用（以机器级语言方式提供）或库函数调用（以高级语言方式提供），将 I/O 请求提交给操作系统即可。

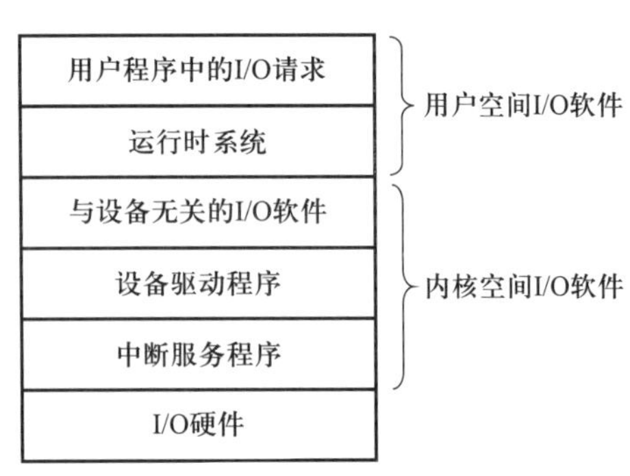

图 7.19 I/O 子系统层次结构

与计算机系统一样，I/O 子系统也采用层次结构。图 7.19 所示是 I/O 子系统层次结构。

I/O 子系统包含 I/O 软件和 I/O 硬件两大部分。

I/O 软件包括最上层提出 I/O 请求的用户空间 I/O 软件（称为用户 I/O 软件）和在底层操作系统中对 I/O 进行具体管理和控制的内核空间 I/O 软件（称为系统 I/O 软件）。系统 I/O 软件又分三个层次，分别是与设备无关的 I/O 软件层、设备驱动程序层和中断服务程序层。I/O 硬件在操作系统内核空间 I/O 软件的控制下完成具体的 I/O 操作。

操作系统在 I/O 子系统中承担着极其重要的作用，这主要是由 I/O 子系统的以下三个特性决定的。

① 共享性。I/O 子系统被多个进程共享，因此必须由操作系统对共享的 I/O 资源进行统一调度管理，以保证用户程序只能访问有权访问的那部分 I/O 设备或文件，并使系统的吞吐量达到最佳。

② 复杂性。I/O 设备控制的细节比较复杂，如果由最上层的用户程序直接控制，则会给应用程序开发者带来麻烦，因而需要操作系统提供专门的驱动程序进行控制，这样可以对应用程序员屏蔽设备控制的细节，简化应用程序开发。

③ 异步性。I/O 子系统的速度较慢，而且不同设备之间的速度也相差较大，因而，I/O 设备与主机之间的信息交换方式通常使用异步的中断 I/O 方式。中断导致系统从用户态（即用户模式）转到内核态（即监管模式）执行，因此 I/O 处理须在内核态完成，通常由操作系统提供驱动程序的中断服务程序来处理 I/O。

用户程序总是通过某种 I/O 函数或 I/O 操作符请求 I/O 操作。例如，当用户程序需要读一个磁盘文件中的记录时，它可以通过调用 C 语言标准 I/O 库函数 fread()，也可以直接调用 read 系统调用的封装函数 read() 来提出 I/O 请求。不管用户程序中调用的是 C 语言库函数还是系统调用封装函数，最终都通过操作系统内核提供的系统调用服务例程来实现 I/O。如图 7.20 所示为用户程序调用 printf() 函数调出内核提供的 write 系统调用的过程。

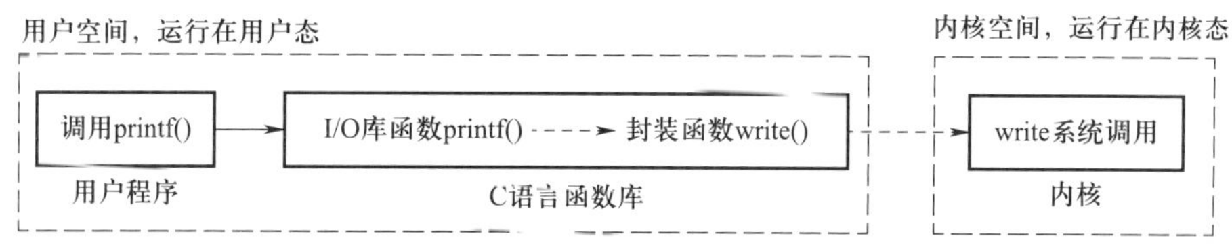

图 7.20　用户程序、C 语言函数库和内核之间的关系

如图 7.20 所示，对于一个 C 语言用户程序，若在某过程（函数）中调用了 printf()，则在执行到调用 printf() 的语句时，便会转到 C 语言函数库中对应的 I/O 标准库函数 printf() 执行，而 printf() 最终又会转到调用函数 write()；在执行到调用 write() 的语句时，便会通过一系列步骤在内核空间中找到 write 对应的系统调用服务例程，从而从用户态转到内核态执行。

每个系统调用的封装函数会被转换为一组与具体机器架构相关的指令序列，这个指令序列中至少有一条陷阱指令，在陷阱指令之前可能还有若干条传送指令，用于将 I/O 操作的参数送入相应的寄存器。

例如，在早期 IA-32 架构中，Linux 系统将 int $0x80 指令用作系统调用，在系统调用指令之前会有一串传送指令，用来将系统调用号等参数传送到相应的寄存器，从而可根据系统调用号选择执行一个系统调用服务例程。用户进程的 I/O 请求通过调出操作系统中相应的系统调用服务例程来实现。

I/O 子系统工作的大致过程如下：首先，CPU 在用户态执行用户进程，当 CPU 执行到系统调用陷阱指令（如 IA-32 中的 int 指令，RISC-V 中的 ecall 指令）时，会从用户态陷入内核态；转到内核态执行后，CPU 根据陷阱指令执行时某个寄存器中的系统调用号，选择执行一个相应的系统调用服务例程；在系统调用服务例程的执行过程中，可能需要调用具体设备的驱动程序；在设备驱动程序执行的过程中，启动外设工作，外设完成 I/O 操作后发出中断请求，CPU 响应中断后，就调出中断服务程序执行，在中断服务程序中控制主机与设备进行下一次数据交换。

图 7.21 所示是 ARM + Linux 系统平台中 write 操作的执行过程示意。

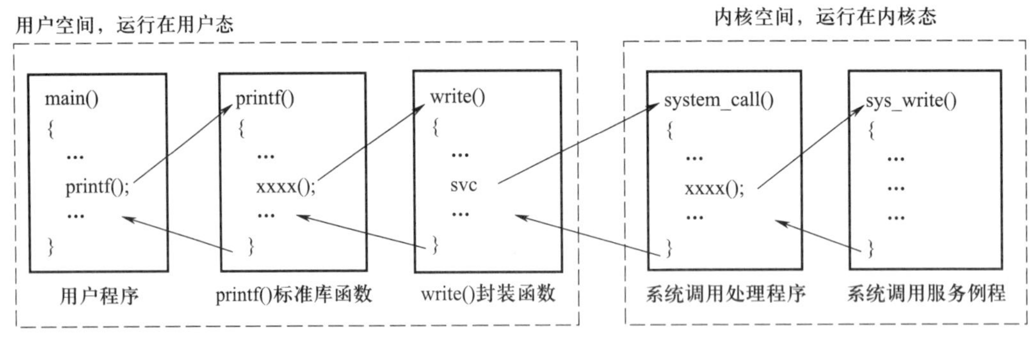

图 7.21　在 ARM+Linux 系统平台中 write 操作的执行过程

如图 7.21 所示，用户程序中有一条语句调用了库函数 printf()，在 printf() 函数中又通过一系列函数调用，最终转到调用 write() 函数。在 write() 函数对应的指令序列中，一定有一条用于系统调用的陷阱指令，在 ARM+Linux 系统中就是 svc（supervisor call）指令。该陷阱指令执行后，引起一次异常处理，该用户进程从用户态（异常级 EL0）陷入内核态（异常级 EL1）执行。Linux 中有一个系统调用的统一入口，即系统调用处理程序 system_call()。CPU 执行陷阱指令后，便转到 system_call() 的第一条指令执行。在 system_call() 中，将根据特定寄存器中的系统调用号跳转到当前系统调用对应的系统调用服务例程 sys_write() 去执行。system_call() 执行结束时，从内核态返回到用户态下的陷阱指令后面一条指令继续执行。

Linux 系统中 write() 函数的用法如下：

```
ssize_t write(int fd, const void * buf, size_t n);
```

这里的类型 size_t 和 ssize_t 分别是 unsigned int 和 int。字节数 n 通常是 unsigned 类型，但是，因为返回值还可能是 -1，所以返回类型只能是带符号整数类型 int。

在 ARM 架构下，write() 封装函数的源代码编译后生成如图 7.22 所示的汇编代码。按照调用约定，在某函数中调用 write() 函数时，参数 fd 存放在 x0 中，参数 buf 存放在 x1 中，参数 n 存放在 x2 中，然后执行调用指令“bl write”。该指令执行时，首先将返回地址保存到 30 号寄存器（x30），然后跳转到图 7.22 所示的 write 过程执行。

```
1        write:
2              mov     x7, #4           //将系统调用号4送寄存器x7
3              svc                      //执行自陷指令，触发系统调用
4              mov     x1, #-125        //x1中内容用于和系统调用返回值比较
5              cmp     x0, x1
6              b.ls    .L1              //若无错误，则跳转至.L1
7              neg     x0, x0           //将返回值取负，送寄存器x0
8              str     x0, [error]      //将x0寄存器中的内容存储到error处
9              mov     x0, #-1          //将write函数返回值置-1
10   .L1:      br      lr               //返回
```

图 7.22　write() 封装函数对应的 ARM 汇编代码

在图 7.22 给出的汇编代码中，第 2 行的 mov 指令用于将系统调用号 4 存放在寄存器 x7 中。第 3 行是陷阱指令 svc，CPU 执行到该指令时，将从用户态切换到内核态，并调出系统调用处理程序 system_call() 执行。

在 system_call() 中，根据系统调用号为 4，再跳转到相应的系统调用服务例程 sys_write() 执行，以完成将一个字符串写入文件的功能。其中，字符串的首地址由 x1 寄存器指定，字符串的长度由 x2 寄存器指出，写入文件的文件描述符由 x0 寄存器指出。system_call() 执行结束时，从内核返回的参数存放在 x0 寄存器中。若返回参数表明在内核中执行系统调用发生错误，则将 x0 寄存器内容取负后得到的错误码存放在 error 中，并将 write() 函数的返回值置 -1；若没有发生错误，则 write() 函数的返回值（在 x0 寄存器中）就是从内核系统调用返回的值，它通常是真正写入文件的字节数。

所有用户程序中提出的 I/O 请求最终都是通过系统调用实现的，通过系统调用封装函数

中的陷阱指令转入内核空间的 I/O 软件执行。内核空间的 I/O 软件分为三个层次，分别是与设备无关的 I/O 软件层、设备驱动程序层和中断服务程序层，其中，后两个层次与 I/O 硬件密切相关。

7.4.2 与设备无关的 I/O 软件

一旦通过陷阱指令调出系统调用处理程序（如 Linux 中的 system_call）执行，就开始执行内核空间的 I/O 软件。首先执行的是与具体设备无关的 I/O 软件，主要完成所有设备公共的 I/O 功能，并向用户层软件提供一个统一的接口。通常，它包括以下几个部分：设备驱动程序统一接口、缓冲区处理、错误报告、打开与关闭文件以及逻辑块大小处理等。

1. 设备驱动程序统一接口

对于某个外设具体的 I/O 操作，通常需要通过执行设备驱动程序来完成。而外设的种类繁多、控制接口不一致，导致不同外设的设备驱动程序千差万别。如果计算机系统中每次出现一种新的外设，都要为添加一种新设备驱动程序而修改操作系统，那么就会给操作系统开发者和系统用户带来很大的麻烦。

为此，操作系统为所有外设的设备驱动程序规定了一个统一的接口，新设备驱动程序只要按照统一的接口规范来编制，就可以在不修改操作系统的情况下，在系统中添加新设备驱动程序并使用新的外设进行 I/O 操作。

因为采用了统一的设备驱动程序接口，因而内核中与设备无关的 I/O 软件包含了所有外设统一的公共接口中的处理部分。例如，在图 7.21 所示的 Linux 系统调用函数执行过程中，刚陷入内核后所执行的 system_call () 函数就是与设备无关的 I/O 软件的一部分。

为了简化对外设的处理，在内核高层 I/O 软件中，将所有外设都抽象成一个文件，设备名和文件名在形式上没有任何差别，因而被统称为设备文件名。内核中与设备无关的 I/O 软件必须将不同的设备名和文件名映射到对应的设备驱动程序。有关文件管理和设备管理的细节可查看操作系统方面的参考资料。

2. 缓冲区处理

用户进程在提出 I/O 请求时，指定的用来存放 I/O 数据的缓冲区在用户空间中。例如，文件读函数 fread (buf, size, num, fp) 中的缓冲区 buf 在用户空间中。通过陷阱指令陷入内核态后，内核通常会在内核空间中再开辟一个或两个缓冲区，这样，在底层 I/O 软件控制设备进行 I/O 操作时，就直接使用内核空间中的缓冲区来存放 I/O 数据。

每个设备的 I/O 都需要使用缓冲区，因而缓冲区的申请和管理等处理是所有设备公共的，可以包含在与设备无关的 I/O 软件部分。

此外，为了充分利用数据访问的局部性特点，操作系统通常在内核空间中开辟高速缓存，将大多数最近从块设备读出或写入的数据保存在作为高速缓存的 RAM 中。与设备无关的 I/O 软件会确定所请求的数据是否已经存在于高速缓存 RAM 中，如果存在，就可能不需要访问磁盘等外部存储器了。

3. 错误报告

在用户进程中，通常要对所调用的 I/O 库函数返回的信息进行处理，有时返回的是错误码。例如，当 fopen() 函数的返回值为 NULL 时，表示无法打开指定文件。

虽然很多错误与特定设备相关，必须由对应的设备驱动程序来处理，但是，所有 I/O 操作在内核态执行时所发生的错误信息，都是通过与设备无关的 I/O 软件返回给用户进程的。也就是说，错误处理的框架是与设备无关的。

有些错误属于编程错误，例如，请求了某个不可能的 I/O 操作，写信息到一个输入设备或从一个输出设备读信息，指定了一个无效的缓冲区地址或者参数，指定了不存在的设备等。这些错误信息由设备无关 I/O 软件检测出来并直接返回给用户进程，无须再进入更底层的 I/O 软件处理。

还有一类是 I/O 操作错误，例如，写一个已被破坏的磁盘扇区，打印机缺纸，读一个已关闭的设备等。这些错误由相应的设备驱动程序检测出来并处理，若驱动程序无法处理，则驱动程序将错误信息返回给设备无关 I/O 软件，再由设备无关 I/O 软件返回给用户进程。

4. 打开与关闭文件

对设备或文件进行打开或关闭等 I/O 函数所对应的系统调用，并不涉及具体的 I/O 操作，只要直接对主存中的一些数据结构进行修改即可，这部分工作也是由设备无关软件完成的。

5. 逻辑块大小处理

为了为所有的块设备和字符设备提供一个统一的抽象视图，以隐藏不同块设备或字符设备之间的差异，与设备无关的 I/O 软件为所有块设备设置了统一的逻辑块大小。例如，对于块设备，不管磁盘扇区和光盘扇区多大，所有逻辑数据块的大小相同，这样一来，高层 I/O 软件就只需处理简化的抽象设备，从而在高层软件中简化了数据定位等处理。

7.4.3 设备驱动程序

设备驱动程序是与设备相关的 I/O 软件部分。每个设备驱动程序只处理一种外设或一类紧密相关的外设。每个外设或每类外设都有一个设备控制器，其中包含各种 I/O 端口。通过执行设备驱动程序，CPU 可以向控制端口发送控制命令来启动外设，可以从状态端口读取状态来了解外设或设备控制器的状态，也可以从数据端口中读取数据或向数据端口发送数据等。显然，设备驱动程序中包含了许多 I/O 指令，通过执行 I/O 指令，CPU 可以访问设备控制器中的 I/O 端口，从而控制外设的 I/O 操作。

根据设备所采用的 I/O 控制方式的不同，设备驱动程序的实现方式也不同。

若采用程序直接控制 I/O 方式，则设备驱动程序将采用如图 7.10 所示的处理过程来控制外设的 I/O 操作，驱动程序的执行与外设的 I/O 操作完全串行，驱动程序一直等到全部完成用户程序的 I/O 请求后才结束。驱动程序执行完成后，返回到与设备无关的 I/O 软件，最后再返回到用户进程。在这种情况下，请求 I/O 的用户进程在 I/O 过程中不会被阻塞，内核空间的 I/O 软件一直代表用户进程在内核态进行 I/O 处理。

若采用中断控制 I/O 方式，则设备驱动程序将采用类似图 7.11（a）所示的处理过程来控制外设的 I/O 操作。驱动程序启动第一次 I/O 操作后，将调度其他进程执行，而请求 I/O 的用户进程被阻塞。在 CPU 执行其他进程的同时，外设进行 I/O 操作，此时，CPU 和外设并行工作。当外设完成 I/O 任务时，再向 CPU 提出中断请求，CPU 检测到中断请求后，会暂停正在执行的其他进程，转到类似图 7.11（b）所示的某个中断服务程序去执行，以启动下一次 I/O 操作。

若采用 DMA 方式，则驱动程序将采用类似如图 7.18 所示的处理过程来控制外设的 I/O 操作。驱动程序对 DMA 控制器进行初始化后，便发送“启动 DMA 传送”命令，使设备控制器控制外设开始 I/O 操作，发送完启动命令后，处理器将转去其他进程执行，而使请求 I/O 的用户进程阻塞。DMA 控制器完成所有 I/O 任务后，向 CPU 发送一个“DMA 完成”中断请求信号。CPU 在中断服务程序中解除用户进程的阻塞状态，然后中断返回。

在中断控制和 DMA 两种 I/O 方式下，在执行设备驱动程序的过程中都会进行处理器调度，以使请求 I/O 的当前用户进程被阻塞；也都会产生中断请求信号，前者由设备在每完成一个数据的 I/O 后产生中断请求，后者由 DMA 控制器在完成整个数据块的 I/O 后产生中断请求。由此可见，中断请求是由于执行了设备驱动程序而产生的，外设完成驱动程序要求的 I/O 操作后，设备控制器或 DMA 控制器会通过中断控制器向 CPU 发出中断请求，从而调出中断服务程序执行。

7.4.4 中断服务程序

中断过程包括两个阶段：中断响应和中断处理。中断响应是通过 CPU 执行中断隐指令来完成的，完全由硬件实现；而中断处理就是 CPU 执行一个中断服务程序的过程，完全由软件实现。虽然不同的中断源对应的中断服务程序不同，但是，所有中断服务程序的结构是相同的。中断服务程序包含三个阶段：准备阶段、处理阶段和恢复阶段。

如图 7.23 所示为多重中断系统下的中断服务程序结构。从图 7.23 可以看出，在保存断点、保护现场及旧屏蔽字、设置新屏蔽字的过程中，CPU 一直处于“中断禁止”（“关中断”）状态。CPU 在响应中断的过程中一定会关中断，即由 CPU 直接将中断允许触发器清 0，在进行具体的中断服务之前，再通过执行“开中断”指令将中断允许触发器置 1。因此，在进行具体中断服务的过程中，若有新的、未被屏蔽的中断请求出现，则 CPU 可以响应新的中断请求。同样地，在恢复阶段也要让 CPU 关中断，并在中断返回前开中断。在中断服务程序中的开中断和关中断功能都是通过 CPU 执行相应的“开中断”和“关中断”指令实现的。

这里要注意的是，断点和程序状态是在处理器响应中断时保存的，而现场和中断屏蔽字等信息是由中断服务程序通过执行指令保存和恢复的。因而，在保存断点和程序状态的过程中肯定不会响应新的中断请求；但在现场和中断屏蔽字等信息的保存或恢复过程中，若 CPU 处于“开中断”状态，则可能会在某指令执行结束时响应新的中断，导致重要信息被破坏，从而不能回到原来的断点继续执行，或者因为现场或屏蔽字被破坏而不能正确执行原来的程序。为此，在进行具体中断的服务之前，CPU 应该一直处于“关中断”状态。

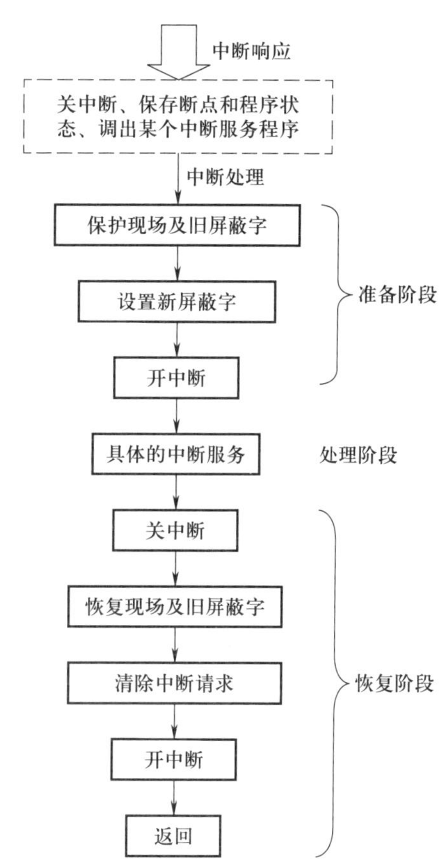

图 7.23　多重中断系统下的中断服务程序结构

图 7.23 中的“保护现场及旧屏蔽字”与“恢复现场及旧屏蔽字”分别通过“压栈”和“出栈”指令实现，“设置新屏蔽字”和“清除中断请求”通过执行 I/O 指令实现，这些 I/O 指令将对可编程中断控制器（PIC）中的中断请求寄存器和中断屏蔽字寄存器进行访问，以使这些寄存器中相应的位清 0 或置 1。

设备驱动程序和中断服务程序中涉及的 I/O 指令、“开中断”和“关中断”等指令都是特权指令，只能在操作系统内核程序中使用。

例 7.5　在 ARM + Linux 系统中，假设某用户程序 P 中有以下一段 C 语言代码：

```
int len, n, buf[BUFSIZ];
FILE *fp;
…
fp = fopen("bin_file.txt","r");
n = fread(buf, sizeof(int), BUFSIZ, fp);
```

```
6  …
```

假设文件 bin_file.txt 已经存在磁盘中且保存有足够多的数据，以前未被读取过。回答下列问题或完成下列任务。

（1）执行第 4 行语句时，从用户程序的执行到调出内核中的 I/O 软件执行的过程是怎样的？要求画出函数之间的调用关系，并用自然语言描述执行过程。

（2）执行第 5 行语句时，从用户程序的执行到调出内核中的 I/O 软件执行的过程是怎样的？要求画出函数之间的调用关系。

（3）执行第 5 行语句时，通过陷阱指令陷入内核后，底层的内核 I/O 软件的大致处理过程是怎样的？

解：（1）执行第 4 行语句时，从用户程序的执行到调出内核中的 I/O 软件执行的过程如图 7.24 所示。

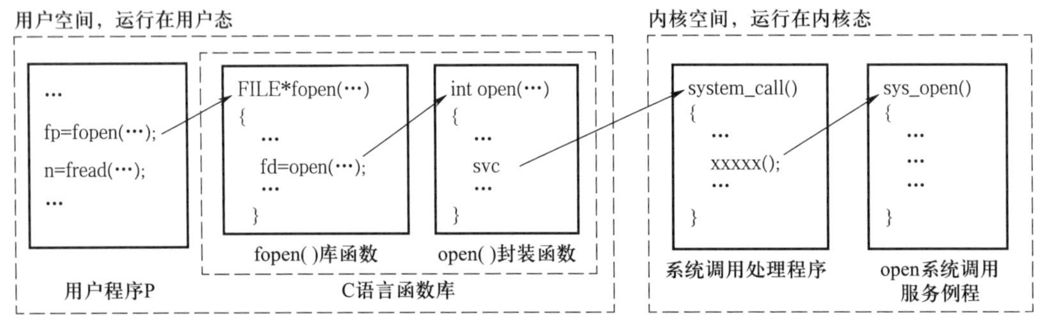

图 7.24　用户程序调用 fopen () 函数转到内核 I/O 软件执行的过程

如图 7.24 所示，当执行到用户程序 P 中第 4 行语句时，将转入 C 语言标准库函数 fopen () 执行，fopen () 调用系统调用函数 open ()，而 open 系统调用对应的指令序列中有一条陷阱指令 svc。当执行到该陷阱指令时，将从用户态陷入内核态执行，在内核态首先执行的是 system_call 程序，该程序中再根据系统调用号转到对应的 open 系统调用服务例程 sys_open () 执行，文件打开的具体工作由 sys_open () 完成。因为将要打开的文件 bin_file.txt 已经存在，所以 fopen () 函数能成功执行。

（2）执行第 5 行语句时，从用户程序 P 的执行到调出内核中的 I/O 软件执行的过程如图 7.25 所示。

（3）因为用户进程使用 fread () 函数读取的是一个普通的磁盘文件，所以应采用 DMA 控制 I/O 方式进行磁盘读操作。通过系统调用陷入内核后，底层的内核 I/O 软件的大致处理过程如下。

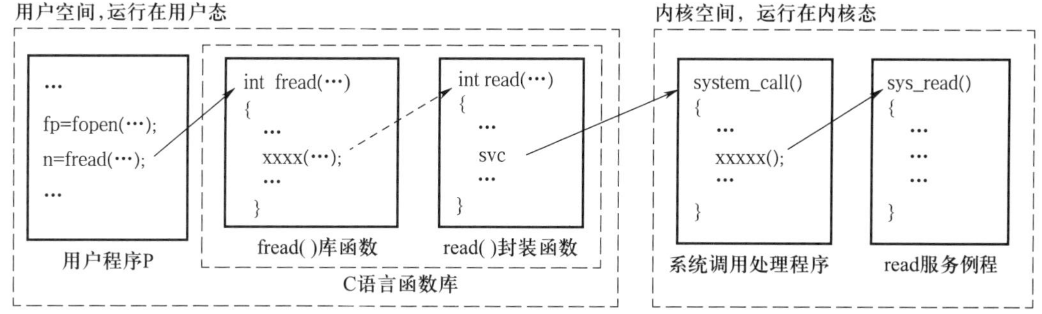

图 7.25 用户程序调用 fread() 函数转到内核 I/O 软件执行的过程

① 由内核空间中与设备无关的 I/O 软件完成以下相关操作：根据文件 bin_file.txt 的文件描述符 fd（执行 fopen() 函数后得到一个指向结构 FILE 的指针 fp，在 fp 所指向的结构中包含打开文件的文件描述符 fd），找到对应的文件描述信息，根据相应的文件描述信息可确定相应的磁盘设备驱动程序；根据文件的当前指针确定所读数据在抽象的块设备中的逻辑块号；检查用户所需数据是否在高速缓存 RAM 中，以判断是否需要读磁盘。因为文件 bin_file.txt 未曾被读取过，所以肯定不会在高速缓存 RAM 中，同时也不会在用户缓冲区中，因而需要调用相应的磁盘驱动程序执行读磁盘操作。

② 在磁盘驱动程序中将会完成以下操作：首先，检查磁盘驱动器的电机是否运转正常，将逻辑块号转换为磁盘物理地址（柱面号、磁头号、扇区号），对将要接受磁盘数据的主存空间进行初始化，对 DMA 控制器中的各个 I/O 端口进行初始化；其次，发送“启动 DMA 传送”命令以启动具体的 I/O 操作；最后，调用处理器调度程序以挂起当前用户进程 P，并使 CPU 转而执行其他用户进程。

③ 当 DMA 控制器完成 I/O 操作后，向 CPU 发送一个“DMA 完成”中断请求信号，CPU 调出相应的中断服务程序执行。在中断服务程序中，CPU 解除用户进程 P 的阻塞状态而使其进入就绪队列，然后中断返回，再回到被打断的进程继续执行。下次 CPU 进行调度时，用户进程 P 有可能会被调度到 CPU 上继续执行。

7.5 本章小结

I/O 接口指各类外设控制器（包括适配器或适配卡）或 DMA 控制器、中断控制器等，也称为 I/O 控制器或 I/O 模块。通常，I/O 接口中包含数据缓冲寄存器（数据端口）、状态寄存器（状态端口）和控制寄存器（控制端口或命令端口），它们统称为 I/O 端口。I/O 端口的编址方式有两种：独立编址和统一编址（存储器映射）。在独立编址方式下，对 I/O 端口单独编号，使它们成为一个独立的 I/O 地址空间；在统一编址方式下，I/O 端口与主存单元统一编号。可以通过 I/O 指令访问 I/O 端口。

常用的 I/O 控制方式有三种：程序直接控制方式、中断控制方式和 DMA 方式。

程序直接控制方式分无条件传送和条件传送两种。在无条件传送方式下，利用程序定时来传送数据，无须检测接口或设备的状态，适合于各类巡回检测或过程控制；在条件传送（程序查询）方式下，CPU 通过查询外设接口中的就绪（ready）、忙（busy）和完成（done）等状态来控制数据的传送，有定时查询和独占查询两种。

在中断控制方式中，当外设准备好数据或准备好接收新数据或发生了特殊事件时，外设通过向 CPU 发送中断请求来使 CPU 转到相应的中断服务程序执行，在中断服务程序中完成数据交换或特殊事件处理。

DMA 方式适合磁盘一类的高速设备以成批方式与主存直接交换数据。首先要对 DMA 控制器进行初始化；其次由 DMA 控制器控制总线在主存与高速设备之间直接进行数据交换；最后，DMA 控制器向外设接口发出“DMA 传送结束”信号，由外设接口发送中断请求给 CPU，CPU 进行 DMA 结束处理。

I/O 子系统包含 I/O 软件和 I/O 硬件两大部分。I/O 软件包括最上层提出 I/O 请求的用户空间 I/O 软件（称为用户 I/O 软件）和在底层操作系统中对 I/O 进行具体管理和控制的内核空间 I/O 软件。内核空间 I/O 软件又分为三个层次，分别是与设备无关的 I/O 软件层、设备驱动程序层和中断服务程序层。I/O 硬件在操作系统内核空间 I/O 软件的控制下完成具体的 I/O 操作。

习　题

1. 给出以下概念的解释说明。

键盘扫描码	分辨率	颜色深度	终端设备
数据传输率	系统总线	同步通信	异步通信
半同步通信	并行总线	串行总线	总线宽度
总线带宽	总线时钟频率	总线工作频率	处理器总线
存储器总线	I/O 总线	I/O 接口	I/O 控制器
I/O 端口	命令（控制）端口	数据端口	状态端口
I/O 地址空间	独立编址	统一编址	存储器映射

I/O 指令	程序查询 I/O 方式	就绪状态	中断 I/O 方式
可屏蔽中断	不可屏蔽中断	中断屏蔽字	中断响应优先级
中断处理优先级	DMA 方式	周期挪用	DMA 控制器

2. 简单回答下列问题。

（1）什么是 I/O 接口？ I/O 接口的基本功能有哪些？

（2）串行接口和并行接口的特点各是什么？

（3）CPU 如何进行设备的寻址？ I/O 端口的编址方式有哪两种？各有何特点？

（4）什么是程序查询 I/O 方式？说明其工作原理。

（5）什么是中断 I/O 方式？说明其工作原理。

（6）什么叫向量中断？说明在向量中断方式下形成中断向量的基本方法。

（7）对于向量中断，为什么中断控制器把中断请求设备标识信息放在总线的数据线上而不是地址线上？

（8）为什么在多周期处理器中并不是每个时钟周期后都允许响应中断？如果在一条指令执行过程中，CPU 为了响应中断而停止继续执行当前指令，会产生什么问题？

（9）什么是可屏蔽中断？什么是不可屏蔽中断？

（10）为什么在保护现场和恢复现场的过程中，CPU 必须关中断？

（11）DMA 方式能够提高成批数据输入输出效率的主要原因何在？

（12）CPU 响应 DMA 请求和响应中断请求的过程有什么区别？为什么 DMA 请求的总线使用权高于 CPU 的总线使用权？

（13）在 DMA 接口（DMA 控制器）中，什么时候给出“DMA 请求”（或“总线请求”）信号？什么时候给出“中断请求”信号？ CPU 在什么时候响应 DMA 请求？在什么时候响应中断请求？

3. 假定主存和磁盘存储器之间连接的同步总线具有以下特性：支持 4 字块和 16 字块两种长度（字长 32 位）的突发传送，总线时钟频率为 200 MHz，总线宽度为 64 位，每个 64 位数据的传送需要 1 个时钟周期，向主存发送一个地址需要 1 个时钟周期，每个总线事务之间有 2 个空闲时钟周期。若访问主存时最初 4 个字的存取时间为 200 ns，随后每存取一个 4 字的时间是 20 ns，磁盘的数据传输率为 5 MBps，则在 4 字块和 16 字块两种传输方式下，该总线上分别最多可有多少个磁盘同时进行传输？

4. 假定采用独立编址方式对 I/O 端口进行编号，则必须为处理器设计哪些指令以专门用于进行 I/O 端口的访问？连接处理器的总线必须提供哪些控制信号来表明访问的是 I/O 空间？

5. 假设一个磁盘每面有 200 个磁道，盘面总存储容量为 1.6 MB，磁盘旋转一周的时间为 25 ms，每个磁道有 4 个区，每两个区之间有一个间隙，磁头通过每个间隙需要 1.25 ms。问：从该磁盘上读取数据时的最大数据传输率是多少？假如有人为该磁盘设计了一个与计算机之间的接口，如图 7.26 所示，磁盘每读出一位，将该位串行送入一个移位寄存器，每当移满 16 位时向处理器发出一个请求交换数据的信号。在处理器响应该请求信号并读取移位寄存器内容的同时，磁盘继续一位一位读出数据并串行送入移位寄存器。已知处理器在接到请求交换的信号以后，最长响应时间是 3 μs，则这样设计的接口能否正确工作？若不能，应如何改进？

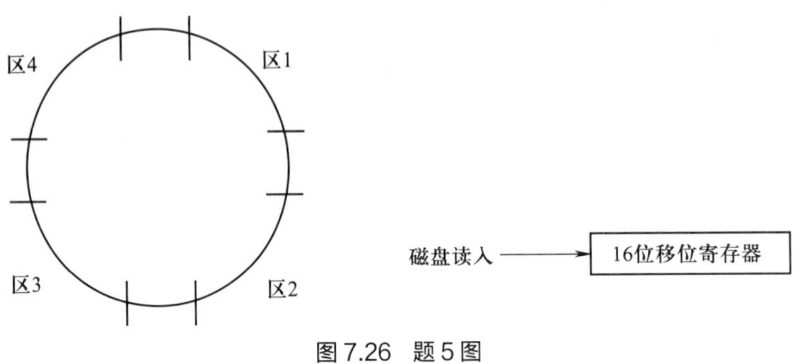

图 7.26　题 5 图

6. 假设某计算机带有 20 个终端同时工作，在运行用户程序的同时，能接收来自任意一个终端输入的字符信息，并将字符回送显示（或打印）。每一个终端的键盘输入部分有一个数码缓冲寄存器 $RDBR_i$（$i=1\sim20$），当在键盘上按下某一个键时，相应的字符代码即进入 $RDBR_i$，并使它的“完成”状态标志 $Done_i$（$i=1\sim20$）置 1，等处理器把该字符代码取走后，$Done_i$ 标志才置 0。每个终端显示（或打印）输出部分也有一个数码缓冲寄存器 $TDBR_i$（$i=1\sim20$），并有一个 $Ready_i$（$i=1\sim20$）状态标志，该状态标志为 1 时，表示相应的 $TDBR_i$ 是空着的，准备接收新的输出字符代码。当 $TDBR_i$ 接收了一个字符代码后，$Ready_i$ 标志才置 0，并将字符代码送到终端显示（或打印）。为了接收终端的输入信息，处理器为每个终端设计了一个指针 PTR_i（$i=1\sim20$）指向为该终端保留的主存输入缓冲区。处理器采用下列两种方案输入键盘代码，同时回送显示（或打印）。

（1）每隔一个固定时间 T 转入一个状态检查程序 DEVCHC，顺序检查全部终端是否有任何键盘信息要输入，如果有，则按顺序完成。

（2）允许任何有键盘信息输入的终端向处理器发出中断请求。全部终端采用共同的向量地址，利用它使处理器在响应中断后转入一个中断服务程序 DEVINT，由后者查询各终端的状态标志，并为最先遇到的请求中断的终端服务，服务完成后返回用户程序。

要求画出 DEVCHC 和 DEVINT 两个程序的流程图。

7. 假定某计算机的 CPU 主频为 500 MHz，所连接的某个外设的最大数据传输率为 20 KBps，该外设接口中有一个 16 位的数据缓冲存储器，相应的中断服务程序的执行时间为 500 个时钟周期，则是否可以用中断方式进行该外设的输入输出？假定该外设的最大数据传输率为 2 MBps，则是否可以用中断方式进行该外设的输入输出？

8. 假定某计算机字长 16 位，没有 cache，运算器完成一次定点加法的时间为 100 ns，配置的磁盘旋转速度为 3 000 r/min，每个磁道上记录两个数据块，每一块有 8 000 B，两个数据块之间间隙的越过时间为 2 ms，主存周期为 500 ns，存储器总线宽度为 16 位，总线带宽为 4 MBps。回答下列问题。

（1）磁盘读写数据时的最大数据传输率是多少？

（2）当磁盘按最大数据传输率与主机交换数据时，主存周期空闲百分比是多少？

（3）直接寻址的“存储器 - 存储器”SS 型加法指令在无磁盘 I/O 操作打扰时的执行时间为多少？当磁盘 I/O 操作与一连串这种 SS 型加法指令的执行同时进行时，这种 SS 型加法指令的最快和最慢执行时间各是多少？（假定采用多周期处理器方式，CPU 时钟周期等于主存周期。）

9. 假定某计算机的所有指令都可用两个总线周期完成，一个总线周期用来取指令，另一个总线周期用来存取数据。总线周期为 250 ns，因而，每条指令的执行时间为 500 ns。若该计算机中配置的磁盘上每个磁道有 16 个 512 B 的扇区，磁盘旋转一圈的时间是 8.192 ms，则采用周期挪用法进行 DMA 传送时，在总线宽度为 8 位和 16 位的情况下，该计算机指令的执行速度分别降低的百分比是多少？

10. 假定采用中断控制 I/O 方式，则以下各项工作分别是在 4 个 I/O 软件层的哪一层完成的？

（1）根据逻辑块号计算磁盘物理地址（柱面号、磁头号、扇区号）。

（2）检查用户是否有权读写文件。

（3）将二进制整数转换为 ASCII 码以便打印输出。

（4）CPU 向设备控制器写入控制命令（如“启动工作”命令）。

（5）CPU 从设备控制器的数据端口读取数据。

第 8 章　并行处理系统

随着信息技术的飞速发展，人们对计算机系统处理能力的要求越来越高。气象、生物、医药、地质、天文等领域的高性能计算，互联网以及移动通信应用领域的海量“大数据”处理，银行、保险、证券等大型数据库系统开发，游戏、航空模拟等各种媒体处理软件方面的开发，都需要计算机系统具有极其快速的处理能力。采用传统单处理器系统中的串行计算方式，远远不能满足现代社会实际应用问题对计算能力的需求。

为了追求更高的计算性能，出现了各种不同的并行处理系统。通过将多个功能部件、多个处理核、多个 CPU 或多台计算机互连，使一个系统可同时进行多条指令、多个数据、多个线程或多个任务的处理，从而实现计算速度和计算能力的大幅提升。本章主要介绍几类典型并行处理计算系统的基本结构。

第 8 章教学课件

8.1　并行处理系统概述

为了获得更高的计算速度，通常采用大规模并行处理技术。与单处理器计算系统相比，采用并行技术的计算系统要复杂得多。它涉及互连、数据一致性、同步控制、计算任务划分、并行程序设计和容错等很多问题。

8.1.1　并行处理的主要技术问题

根据所采用的硬件体系结构的不同，每种并行处理计算系统所涉及的主要技术问题也有所不同。概括起来，主要包括以下几个方面。

1. 互连

并行处理最主要的特点就是将多个计算模块和多个存储模块进行互连，通过控制这些模块的并行工作来提高处理速度。因此，如何实现这些模块的互连是非常重要的问题。互连技术包括芯片内模块互连、芯片间模块互连和节点间机 – 机互连等。典型的互连结构包括共享总线连接、交叉开关矩阵、交换网络、环形结构、星形结构、网格（mesh）、立方体（cube）和超立方体（hypercube）等。

2. 数据一致性

在并行处理系统中，为了加快数据处理的速度，通常利用程序访问的局部性特性，在不同的计算模块中设置高速缓存。而且，这些不同的计算模块还可能设置共享的高速缓存和共享的主存储器。因此，在并行处理系统中存在复杂的数据一致性问题。

3. 同步控制

在并行处理系统中，或者多个计算模块共享一个存储模块，或者每个计算模块拥有自己的存储模块。前者为共享存储器结构，后者为分布式存储器结构。在共享存储器结构系统中，由于多个计算模块可能同时访问同一块数据，因而需要解决数据的互斥访问等同步控制问题。在分布式存储器结构系统中，一个计算任务可能分解为若干子任务，被分配到多个计算模块完成，而每个计算模块的速度和每个子任务的计算量可能不同，从而导致子任务的完成时间有先有后，因此需要对各个计算模块进行同步控制。

4. 任务划分

引入并行处理系统的目的，就是把一个大的计算任务分解成小的子任务，使若干个子任务在系统中并行执行，从而加快处理速度。因此，如何对任务进行合理划分是并行处理中的一个重要问题。通常，可以从算法分解和数据划分两个方面来考虑。

5. 并行程序设计

需要计算机完成的所有任务都必须编写成程序才能交给计算机执行。为了充分利用并行处理计算系统中的计算资源和存储资源，需要对系统中运行的程序进行并行化处理描述，以说明哪些处理逻辑程序段可以并行执行，哪些处理逻辑程序段之间有先后顺序关系，以及如何划分处理数据等。

不同硬件体系结构的并行处理系统所采用的并行程序设计方法并不相同，目前主要包括共享内存式（多线程并行）、消息传递式以及映射－化简（MapReduce）等并行处理模式，所采用的并行程序设计方式包括在编程语言中增加编译指导语句（如 OpenMP 提供了 C、C++、FORTRAN 语言中的编译指导语句或命令，用以指示哪个程序段可以并行执行），提供并行计算库函数和编程接口（如 Pthread、MPI 和 CUDA 等）以及提供自动化处理能力的并行计算软件框架（如 Hadoop MapReduce、Apache Spark 等分布式并行计算框架）等。

6. 资源调度和管理

不管采用哪种并行处理模式和哪种并行程序设计方式，最终都要将反映处理逻辑的机器代码调度到不同的计算模块中执行，将处理逻辑所操作的数据部署到存储模块中，这就涉及并行处理系统中计算资源的调度和存储资源的管理问题，这将比串行处理系统复杂得多。

7. 容错性和安全性

大规模并行处理系统依靠大量的计算节点互连而成，因而可能经常发生节点出错或失效，因此，需要预防由于单个节点失效可能带来的数据丢失、程序出错或系统崩溃等问题。

这就要求系统必须考虑良好的可靠性设计、失效检测和恢复机制。

8. 性能分析与评估

并行处理性能通常用加速比来度量。加速比可以是一个作业在串行系统中的执行时间与并行处理系统中的执行时间的比值，也可以是并行处理系统的作业吞吐量与串行系统的作业吞吐量的比值。当然，评价一个并行处理系统的好坏可以有多个指标，包括可用性、可扩展性、负载均衡、可靠性等。

由于并行处理系统在硬件架构、软件架构以及所处理的应用问题等各方面的多样性和复杂性，并行处理各个技术问题的解决都面临着很大的挑战。

8.1.2 并行处理系统的分类

并行处理系统面临各种技术问题的挑战，为此，人们提出了各种并行处理解决方案，针对这些解决方案，又有不同的并行处理技术分类，包括按指令和数据的处理方式划分、按地址空间访问方式划分、按存储访问时间是否均匀划分、按处理单元的位置及其互连方式划分等不同的分类。

1. Flynn 分类

1966 年，斯坦福大学的迈克尔 · J. 弗林（Michael J. Flynn）教授提出了按照指令和数据的处理方式进行划分的 Flynn 分类法，将计算机体系结构分成以下 4 种。

（1）单指令流单数据流结构

单指令流单数据流（single-instruction stream single-data stream，SISD）是传统的串行计算机处理方式，这种计算机通常仅包含一个处理器和一个存储器，处理器在一段时间内仅执行一条指令流，按指令流规定的顺序串行完成指令流中若干条指令的执行，并且每条指令最多仅对两个数据（双目运算）或一个数据（单目运算）进行处理。为了提高程序执行速度，有些 SISD 计算机采用各种指令流水线或运算操作流水线方式执行指令，因此，SISD 计算机的处理器中有时会设置多个功能部件，而且采用多模块交叉方式组织存储器。本书前 7 章介绍的内容多属于 SISD 计算机结构。

（2）单指令流多数据流结构

单指令流多数据流（single-instruction stream multiple-data stream，SIMD）指一个指令流同时对多个数据流进行处理，这种结构的计算机通常由一个指令控制部件、多个处理单元和多个存储器组成。各处理单元和各存储器之间通过系统内部的互连网络进行通信。在程序执行过程中，指令控制部件执行的还是一个串行的指令流，所有处于执行状态的处理单元同时执行相同的指令，所需的数据从连接在各个处理单元上专用的局部存储器中取得，因此，不同处理单元执行的同一条指令所处理的数据是不同的。

（3）多指令流单数据流结构

多指令流单数据流（multiple-instruction stream single-data stream，MISD）指在同一时刻有多个指令在执行，并且处理的是同一个数据。这种方式实际上很少出现，仅作为一种理论模型提出，现实中使用这种工作方式的计算机根本不存在。

（4）多指令流多数据流结构

多指令流多数据流（multiple-instruction stream multiple-data stream，MIMD）指同时有多个指令分别处理多个不同的数据。这种系统中一定包含多个计算机或多个处理器。MIMD方式是目前大多数并行处理计算系统的处理方式。

根据 Flynn 分类法，并行处理计算系统有 SIMD 和 MIMD 两种并行计算模式，其中，SIMD 是一种数据级并行模式，而 MIMD 是一种并行程度更高的线程级或以上的并行计算模式。

2. 按地址空间的访问方式划分

采用 MIMD 计算模式的系统中一定包含多个计算机或多个处理器。为了区分不同的并行处理计算结构，有人提出从主存地址空间的访问方式上来区分多计算机（multicomputer）系统和多处理器（multiprocessor）系统。

（1）多计算机系统

多计算机系统指具有多个私有地址空间的并行处理系统。多计算机系统中每个计算节点都具有各自私有的存储器，并具有各自独立的主存地址空间，因此，这种并行处理系统采用的是一种分布式存储器访问方式。显然，在这种多计算机系统中，某一个计算节点无法通过执行 Load 指令和 Store 指令来访问另一个节点的私有存储器，而是通过消息传递方式进行数据传送。因此，多计算机系统也称为消息传递系统。

（2）多处理器系统

多处理器系统是共享存储多处理器（shared memory multiprocessor）系统的简称，它是一种具有共享的单一地址空间的并行处理系统。因此，在多处理器系统中，每个处理器都可以通过 Load 指令和 Store 指令访问系统中的存储器，不管这些存储器是连接在一条总线上的共享存储器，还是连接在某个处理器上的本地存储器。这类系统也被称为共享存储系统。

3. 按存储访问时间是否均匀划分

对于多处理器系统，可以按照存储访问时间是否均匀分为均匀存储器访问（uniform memory access，UMA）和非均匀存储器访问（non-uniform memory access，NUMA）两类。

（1）均匀存储器访问结构

均匀存储器访问结构指每个处理器对所有存储单元的访问时间是均匀的。如果所有处理器都共享一个存储器，那么，每个处理器通过 Load 指令和 Store 指令访问任何一个存储单元，其访问时间是相同的，和处理器与存储单元的具体位置无关。这是一种普遍使用的并行处理计算机结构。

（2）非均匀存储器访问结构

非均匀存储器访问结构指处理器对不同的存储单元的访问时间可能不均匀，访问时间与存储单元的位置有关。若是本地存储器，则访问时间短；若是其他处理器所连接的存储器，则访问时间长。如果在非均匀存储器访问结构中引入高速缓存一致性确认机制，则称为高速缓存一致非均匀存储器访问（cache coherent NUMA，CC-NUMA）。

4. 按处理单元的位置及其互连方式划分

按处理单元的位置及其互连方式来分，可以分为多核（multi-core）芯片、众核（many-core）芯片、对称多处理器（symmetric multiprocessor，SMP）、大规模并行处理（massively parallel processing，MPP）系统、集群、网格等。

（1）多核芯片

在一个 CPU 芯片中包含多个处理单元，每个处理单元称为一个核，所有核可能共享一个 LLC（last-level cache），并共享主存储器。通常将多核芯片称为片级多处理器（chip-level multiprocessor，CMP）。通常多核 CPU 芯片的核数为 2、4、8、16 等。

（2）众核芯片

一个面向三维图形、视频和可视化处理的图形处理单元（GPU）芯片中包含多达几百甚至上千个简单核，众核 GPU 芯片的设计着力于在众多的简单核上有效地执行众多的并行线程，并在线程组之间对数据并行处理进行优化。

（3）对称多处理器

所谓对称多处理器，是指将多个相同类型的 CPU 通过总线互连，并以等同地位来共享系统所有资源，即多个 CPU 对称工作，无主次或从属关系。因为各 CPU 共享相同的物理内存，每个 CPU 访问内存中的任何地址所需时间是相同的，因此，对称多处理器就是一种 UMA 结构多处理器。多核处理器系统、高档微机、工作站或服务器多用 SMP 结构。

（4）大规模并行处理系统

大规模并行处理（MPP）系统是指以专用内联网络连接数量众多处理单元而构成的一种并行计算系统。例如，可以通过专用互连网络（如 Mesh、交叉开关）将数量达几百甚至几千个的对称多处理器（SMP）连接成大规模并行处理机，众多 SMP 服务器协同工作，完成相同的任务。因此从用户的角度来看，MPP 是一个服务器系统，每个 SMP 服务器称为节点，每个节点只能直接访问自己的本地资源（内存、磁盘等）。大多数 MPP 是消息传递系统，共享存储 MPP 系统的典型代表是 20 世纪 90 年代风靡全球的 SGI Origin 2000，但与同期的消息传递 MPP 系统相比，由于硬件复杂性，其可伸缩性相对有限。

（5）集群

集群（cluster）指通过高性能网卡将若干个普通 PC 或 SMP 服务器或工作站连接而成的并行处理系统。集群中的每个计算节点（PC、SMP 或工作站）都有各自的本地存储器和磁盘，主存地址空间都是各计算节点私有的，因此，集群是一种典型的、紧密耦合的同构多计算机系统。显然，集群属于消息传递系统。

（6）网格

网格（grid）是指用因特网等广域网络连接起来的、远距离分布的一组异构计算机系统构成的分布式并行处理系统。它是一种松散耦合的异构多计算机系统。云计算（cloud computing）服务器就是由网格发展而来的。

8.2 多处理器系统

多处理器系统是共享存储多处理器系统的简称，它是一种具有共享单一地址空间的并行处理系统。因此，在多处理器系统中，每个处理器都访问一个全局的主存储器，因而每个处理器在执行指令时所产生的物理地址都属于同一个物理地址空间。

采用单地址空间的多处理机系统中，每个处理器可以通过 Load 和 Store 指令访问共享存储器，处理器之间通过共享内存变量进行通信，因而，可能会同时有多个处理器访问同一个共享变量，需要处理器之间进行相互协调，也即需要进行同步控制。如果没有同步控制机制，很可能一个处理器还没有完成对一个共享内存变量的修改就被另一个处理器打断而修改了该共享变量的值。常用的同步机制是通过对共享变量加锁来控制处理器对共享变量的互斥访问。

多处理器系统的硬件结构有以下三种：均匀存储器访问（UMA）、非均匀存储器访问（NUMA）和高速缓存一致的非均匀存储器访问（CC-NUMA）。

*8.2.1 UMA 多处理器结构

在 UMA 多处理器系统中，每个处理器对所有存储单元的访问时间是均匀的，也即当每个处理器通过 Load 和 Store 指令访问共享存储器时，其访问时间与处理器和存储器的相对位置没有关系。因此，UMA 多处理机就是对称多处理机（SMP）。根据处理器与共享存储器之间的连接方式，UMA 多处理器系统分为基于总线、基于交叉开关网络和基于多级交换网络等几种。

1. 基于总线的 UMA 多处理器系统

基于总线的 UMA 多处理器系统通过总线将多个相同类型的处理器互连，多个处理器共享同一个存储器，其互连结构如图 8.1 所示。

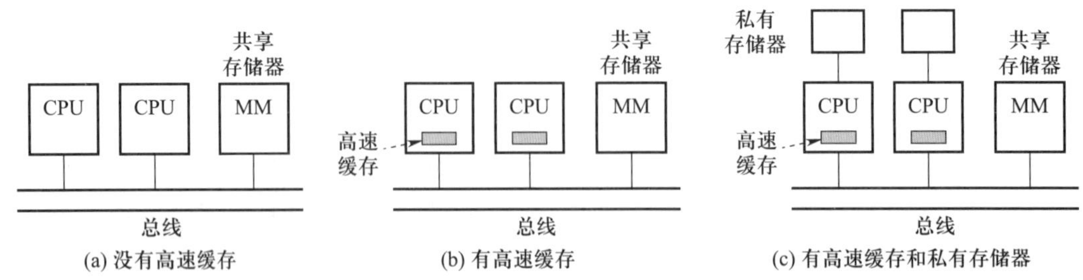

图 8.1　基于总线的 UMA 多处理器系统

如图 8.1（a）所示是 CPU 中不带高速缓存（cache）的 UMA 多处理器系统，多个 CPU 模块通过总线与一个共享存储器相连。当某个 CPU 需要访问主存时，它首先检查总线是否忙。如果检测到总线忙，则等待，直到总线空闲；否则，该 CPU 通过总线与主存进行一次数据交换。显然，在这种方式下，当只有少数几个 CPU 时问题不是很大，但是其扩展性较差，因为当 CPU 个数较多时，就会经常发生多个 CPU 访问主存冲突的问题，使得在很多时间内，大多数 CPU 都会因为总线忙而处于等待状态，导致 CPU 利用率极其低下。

图 8.1（a）中的 CPU 利用率低下问题的解决方案是在 CPU 中加入高速缓存，其硬件结构如图 8.1（b）所示。在每个 CPU 模块中添加高速缓存后，由于程序访问的局部性特点，CPU 需要的信息大多可以在内部的高速缓存中访问到，因此总线就不会太繁忙，可以在总线上连接更多的 CPU 模块。

在 CPU 中添加高速缓存，在解决 CPU 利用率低下的同时，也会带来新的问题，那就是高速缓存一致性问题。因为每个 CPU 内的高速缓存中存放的是共享主存中信息的副本，主存中的一个主存块有可能同时保存在多个 CPU 的高速缓存中，如果某个 CPU 修改了存放在本地高速缓存中的一个副本中的内容，那么就会发生与其他 CPU 中的副本以及主存中的副本不一致的情况，从而导致程序执行结果出错，这种现象称为高速缓存一致性（cache coherence）问题。

为了解决高速缓存一致性问题，需要有专门的高速缓存一致性协议（cache coherence protocol）。最流行的协议称为监听一致性（snooping coherence），其基本思想是：所有的高速缓存控制器都会监视或侦听总线，以便确认本地是否存在其他 CPU 内高速缓存中的相同副本。对于读操作来说，多个相同副本不会发生问题；对于写操作来说，则必须互斥访问，并更新其他副本。因此，在写操作发生时，监听一致性必须能对其他所有副本设置为无效，或者用刚写入的数据对所有其他副本进行更新，前者称为写无效（write invalidate，也称写使无效）方式，后者称为写更新（write update）方式。在 Pentium 4 和其他 Intel 公司的许多处理器中都用到一个称为 MESI 的协议，它采用的就是写无效方式。

还有一种总线连接共享存储器的 UMA 多处理机采用如图 8.1（c）所示的方式，每个 CPU 模块除了有高速缓存外，还连接了一个本地的私有存储器，它通过专门的私有总线和 CPU 相连。在这种结构的多处理器系统中，共享的主存储器只用来存放可写的共享变量，而将所有程序的代码、各种非共享的常量和变量、只读数据以及栈内信息等都存入本地私有存储器中。在大多数情况下，这种设计方式会使总线的繁忙程度比如图 8.1（b）所示的设计方式更低，从而具有更好的扩展性，可以在总线上连接更多的 CPU 模块。不过，在这种方式下，因为涉及可执行文件生成时如何分配程序代码和数据的存储地址空间，所以需要对编译器、链接器和操作系统等各种系统软件的功能进行相应的调整。

2. 基于交叉开关网络的 UMA 多处理器系统

在基于总线连接的方式中，因为所有 CPU 都通过单一的总线访问共享存储器，很容易造成总线繁忙，即使使用高速缓存和私有存储器，也会限制所连接的 CPU 模块的数量，最多只能连接 16~32 个 CPU，可扩展性不高。要连接更多的 CPU，应使用其他互连方式。连接 m 个 CPU 模块到 n 个存储模块的最简单电路是交叉开关连接网络，它允许任何连接在一组进线上的任意 CPU 模块通过网络上的交叉开关连接到任何出线上的任意存储模块。图 8.2 所示是一个 8×8 的交叉开关连接方式。

在如图 8.2 所示的交叉开关网络多处理器系统中，水平线（进线）和垂直线（出线）的每个交叉点是一个电子开关，其开闭状态取决于进线和出线是否需要相连。每个 CPU 模块可以根据需要选择和哪个存储模块连接。如图 8.2 所示的连接状态是 CPU 模块 1 连接到存储模块 2，CPU 模块 2 连接到存储模块 1，CPU 模块 4 连接到存储模块 4，CPU 模块 5 连接到存储模块 6，CPU 模块 7 连接到存储模块 7。CPU 和存储器的相连状态可以根据需要改变。

3. 基于多级交换网络的 UMA 多处理器系统

为了减少连接网络的硬件，可以采用一种基于 2×2 交叉开关的多级交换网络连接方式。Omega 网络是一种简单经济的多级交换网络。如图 8.3 所示是 Omega 交换网络的连接示意。

如图 8.3（a）所示是一个 2×2 交叉开关，A、B 是两个输入端，X、Y 是两个输出端，任一输入端可以被交换至任一输出端。如图 8.3（b）所示是通过交换网络传递的消息的格式，它由 4 个字段组成，M 字段表示存储模块号，A 字段表示模块内的地址，R/W 字段表示读写操作，V 字段表示写操作时的写入值。对于 8 个 CPU 及 8 个存储模块的连接，如图 8.3（c）所示的 Omega 交换网络仅用了 12 个 2×2 交叉开关，即 48 个交换器，而对于交叉开关网络则需要 64 个交换开关。

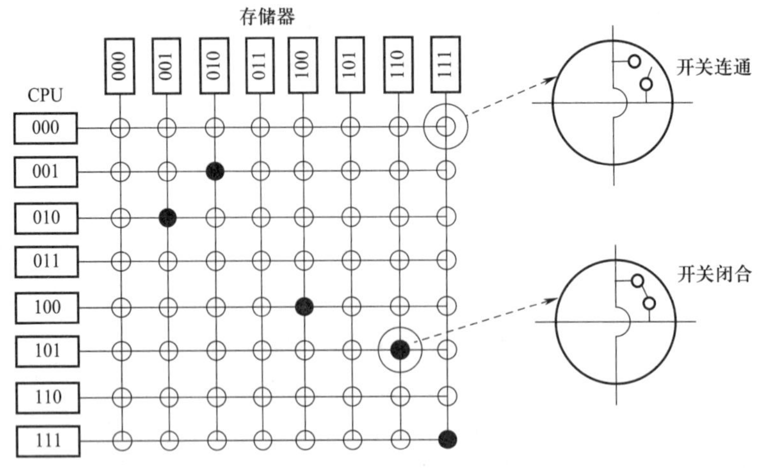

图 8.2　8×8 的交叉开关连接方式

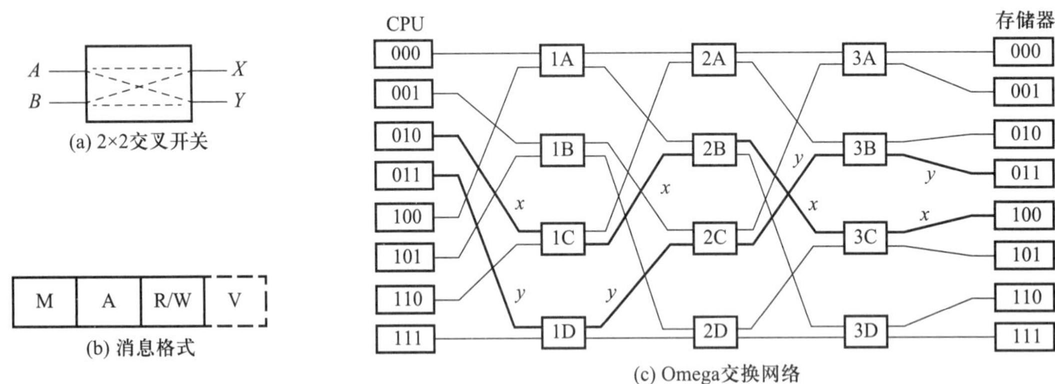

(a) 2×2交叉开关

(b) 消息格式

(c) Omega交换网络

图 8.3　Omega 交换网络连接方式

*8.2.2　NUMA 多处理器结构

因为 UMA 多处理器系统要保证每个处理器的访存时间与处理器和存储模块之间的相对位置无关，所以能够连接的处理器规模受到一定的限制。基于总线的 UMA 多处理机会因为总线冲突而无法连接很多 CPU，交叉开关和多级交换网络也因为需要额外的交换器硬件而限制了网络的规模。如果要构建规模更大的多处理器系统，必须打破访存时间均匀的限制，在保证单一地址空间的前提下允许访存时间不均匀，因此出现了非均匀存储器访问（NUMA）多处理机。

在 NUMA 多处理器系统中，每个处理器都带有一个本地存储模块，与 UMA 一样，所有共享存储模块统一编址，以形成具有单一地址空间的一个逻辑存储器。只不过在 UMA 中，必须保证访存时间均匀，而在 NUMA 中，处理器访问本地存储模块要快于对非本地存储模块的访问。因为所有本地存储模块和非本地存储模块都在同一个地址空间中，所以非本地存储模块也可通过 Load 和 Store 指令来访问。由此可见，NUMA 计算机上运行的所有 UMA 程序无须做任何改变，但在相同的主频下，其性能不如 UMA 计算机。

1. 采用“乐高”架构的华为鲲鹏处理器

华为公司自研的鲲鹏 920 处理器片上系统采用的就是 NUMA 多处理器结构。鲲鹏 920 处理器是业界首款基于 7 nm 工艺的数据中心 ARM 处理器，采用业界领先的 CoWoS（chip on wafer on substrate，晶圆基底芯片）封装技术，实现多晶片合封，不仅可以提升器件生产制造的良率，有效控制每个晶片的面积，降低整体成本，而且采用的“乐高”架构组合方式使其结构更加灵活。

如图 8.4 所示为鲲鹏 920 处理器采用的 NUMA 架构，其处理器部件和 I/O 部件可以独立分布在不同的晶片上，当处理器单独升级时可以保留上一代的 I/O 部件。其中，超级 I/O

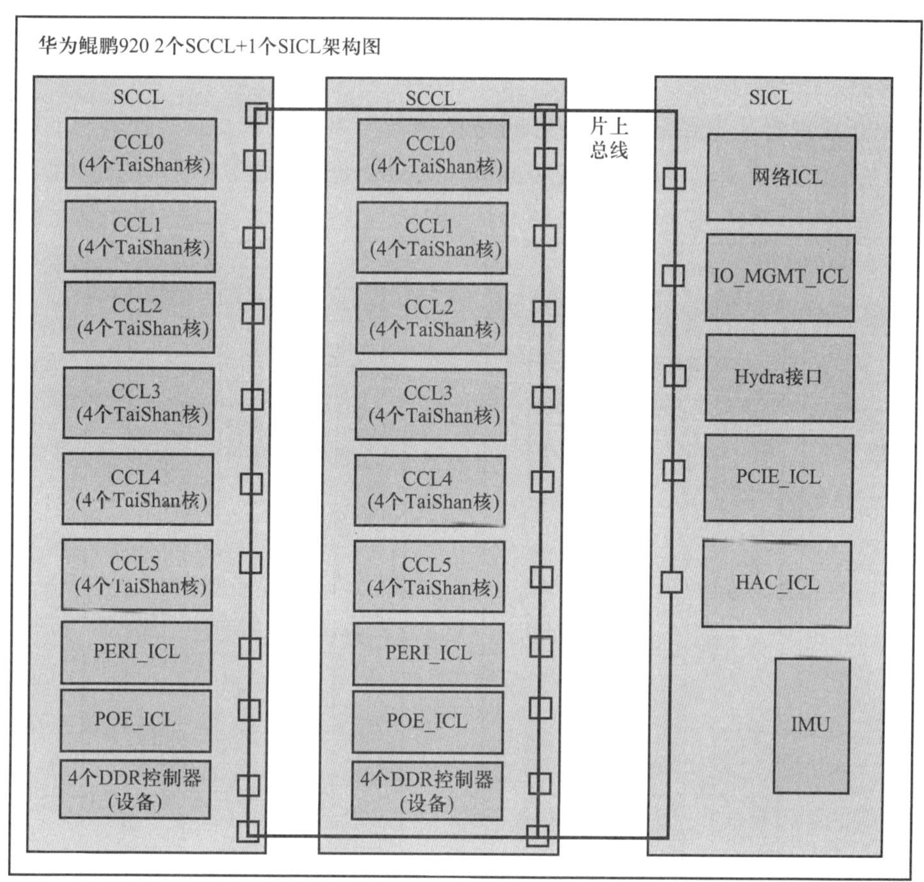

图 8.4　鲲鹏 920 处理器“乐高”架构示意图

集群（SICL）由物理位置接近的若干个 I/O 集群（I/O cluster，ICL）和一个跨片互连部件（Hydra 接口）组成，可提供 I/O 接口，并支持加速及智能管理功能。每个 CPU 集群（CCL）包含 4 个 TaiShan 处理器核，一个超级 CPU 集群（SCCL）中包含多个 CPU 集群，SCCL 和 SICL 统称为超级集群（super cluster，SCL），并由 SCL ID 标识，每个 SCL 做在一个晶片上。鲲鹏 920 处理器芯片上可以包含一个或多个 SCCL，以及一个或多个 SICL。

如图 8.4 所示，4 个处理器核组合为一个节点（node），每个 CCL 节点相当于一个对称多处理器（SMP）。一个鲲鹏 920 处理器芯片内部的各个节点之间通过片上总线实现互连通信，不同的鲲鹏处理器芯片之间则通过 Hydra 接口实现高带宽、低时延的片间互连通信，单一地址空间的主存储器在物理上是分布式的，每个处理器核的访存时延取决于所访问的物理存储器相对于处理器的位置，访问本地节点内的本地存储器会更快。因而，鲲鹏处理器是典型的 NUMA 结构多处理器。

鲲鹏 920 处理器的这种“乐高”NUMA 架构既能够实现对本地存储器的大概率高速访问，又能够解决 SMP 架构下总线瓶颈问题对处理器核数的制约，从而提供了更强的多核扩展能力以及更灵活的计算能力。

鲲鹏 920 处理器片上系统具有很好的可扩展性。多个鲲鹏 920 处理器 SoC 可以通过 Hydra 接口进行互连，组成多芯片系统（multi-chip system）。图 8.5 给出的是由两个鲲鹏处

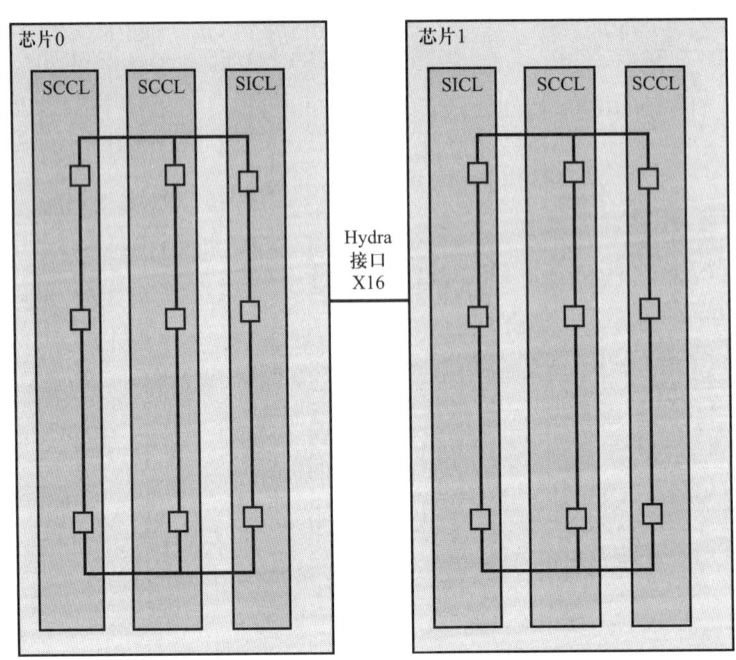

图 8.5　具有 4 个 NUMA 节点的多芯片系统结构示意图

理器芯片组成的标准 2P（两个 CPU 槽位）服务器多芯片系统结构，每个芯片由 3 个晶片组成。该结构中有 4 个 NUMA 节点，一个 SCCL 相当于由多个 SMP 构成的一个 NUMA 节点。

2. 带有一致性 cache 的 NUMA 多处理器

因为 NUMA 多处理器系统中共享的存储空间分布在不同的处理器节点上，所以，在节点互连、并行编程、高速缓存一致性方面所遇到的问题与 UMA 多处理机不同。处理器中不带高速缓存时，系统被称为 NC-NUMA（no-cache NUMA）；处理器中带有一致性高速缓存时，系统被称为 CC-NUMA。CC-NUMA 多处理器系统必须考虑如何维持处理器高速缓存的一致性。在 CC-NUMA 中，最常见的是基于目录的高速缓存一致性机制。如图 8.6 所示为基于目录的 CC-NUMA 多处理机结构。

从图 8.6 可以看出，在 CC-NUMA 多处理器系统中，每个 CPU 都通过局部总线与本地存储器相连形成一个节点，每个 CPU 中有高速缓存，每个存储器中都有一个存放目录信息的存储区。所有节点通过某种互连网络进行互连。

基于目录的 CC-NUMA 多处理器结构的基本思想是，每个处理器采用一个目录来记录本地存储器中每个主存块与高速缓存中 cache 行的对应情况。每个主存块对应一个目录项，目录项中有专门的一位有效位，表示对应的主存块是否在某个 cache 行中，若该位为 1，则表示主存块在高速缓存中，目录项中记录对应的 cache 行所在的节点号；若该位为 0，则说明主存块不在高速缓存中。

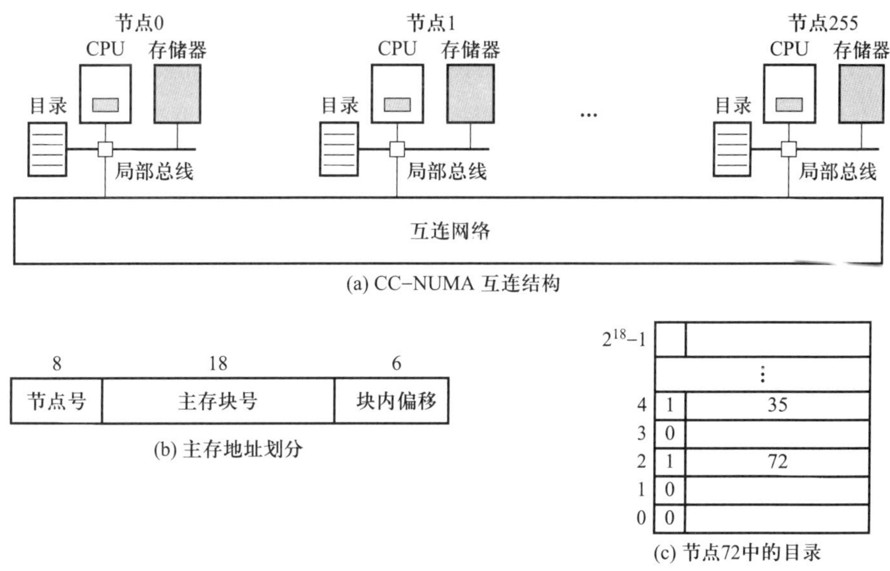

图 8.6　基于目录的 CC-NUMA 多处理机结构

如图 8.6 所示的系统中共有 256 个节点，每个节点内的存储器大小为 16 MB，并且连续编址，因此，该系统总的主存空间大小为 256×16 MB＝4 GB。通用计算机的存储器都采用字节编址，因此，该系统的主存地址为 32 位，其中高 8 位为存储器号，即节点号，低 24 位为存储器内地址。根据图 8.4（b）中的主存地址划分，低 6 位为块内偏移，这里的“块”指主存与高速缓存交换的主存块，因此主存块大小为 64 B，每个存储器有 16 MB/64 B＝2^{18} 个主存块。因此，每个节点对应的目录中有 2^{18} 个目录项。同时，如图 8.4（b）所示主存地址的低 24 位被分为两个字段，其中高 18 位为主存块号，它可以作为目录项的索引。

为了理解上述系统如何工作，现举例说明。例如，假定在节点 18 中的 CPU 执行了一条 Load 指令。首先，在节点 18 中的 MMU 将 Load 指令指出的虚拟地址转换为物理地址，假设该物理地址为 480000C8H，其高 8 位值为 72，低 24 位值为 200，说明该 Load 指令将读取节点 72 的存储器中 200 号单元开始的数据。因此，节点 18 中的 MMU 将不会到本地存储器中取数，而是把请求消息通过互连网络发送到节点 72。节点 72 接收到请求消息后，先查看目录。因为主存地址中的主存块号为 3，所以查看目录项 3，发现有效位为 0，说明对应主存块不在任何高速缓存行中，因此，节点 72 中的主存控制器将存储器中的 3 号主存块读出并传送到节点 18，同时将目录项 3 的有效位置 1，节点号置 18，以表示对应主存块被高速缓存在节点 18 中。

如果 Load 指令访问的物理地址为 48000108H，则请求消息中的主存块号为 4，因此查看目录项 4，发现有效位为 1，节点号为 35，说明对应主存块已被高速缓存在节点 35。此时，节点 72 中的主存控制器将目录项 4 中的节点号改为 18，并向节点 35 发送一个消息，指示节点 35 将高速缓存中的该主存块送到节点 18 并且使其自身高速缓存中对应的 cache 行无效。

由上面的例子可以看出，CC-NUMA 虽然是一种共享存储器多处理器，但是，由于物理存储器分布在不同节点上，因此，在 Load 和 Store 指令进行存储访问过程中还需要很多消息传递。

上述介绍的基于目录的 CC-NUMA 多处理机是一种简单处理方式，每个主存块只能被高速缓存在一个节点中，显然这种方式会带来更多的网络通信开销。目前大多数多核处理器采用总线监听（bus snooping）协议解决高速缓存一致性问题，每个高速缓存分别管理自身每个 cache 行的状态，并通过广播操作实现不同高速缓存之间的状态同步。

*8.2.3 多处理器系统中的互连网络

除了上述介绍的用于 UMA 多处理机的单总线、交叉开关和多级交换网络互连方式以外，在 CC-NUMA 多处理机中，每个 CPU－存储器节点之间还可以有其他的网络互连方式。图 8.7 所示为几种常用的互连网络结构。图中用方块表示一个 CPU－存储器节点，用黑圆点表示交换器。

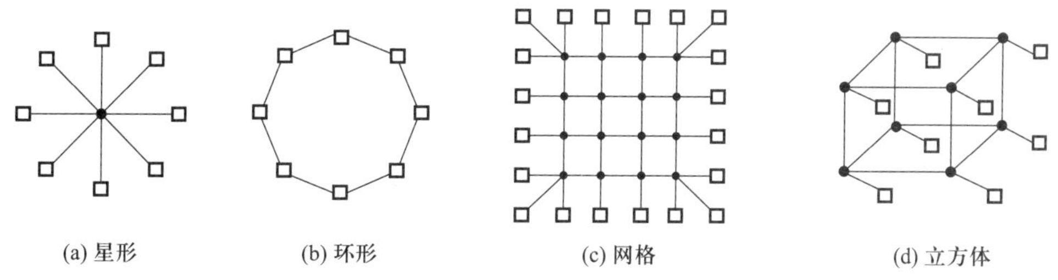

图 8.7　常用的互连网络结构

在小型系统中，可以采用单一交换器的星形结构或不需要交换器的环形结构，如图 8.7（a）和图 8.7（b）所示。若要构建大规模系统，则可以采用如图 8.7（c）所示的网格结构或其变种（如双凸面结构），也可以采用如图 8.7（d）所示的立方体结构或其扩展结构（如超立方体结构）。

如图 8.8 所示，在鲲鹏 920 处理器系统中，一个超级集群（SCL）内各子系统通过环总线互连，多个 SCL 之间由 SCL 链路层连接器（SCL link layer connector，SLLC）提供互连专用通道，在多片 SoC 之间则通过 Hydra 接口实现互连。Hydra 协议是华为海思定义的、支持在多芯片之间保持 cache 一致性的规范。

如图 8.8 所示，SCL 链路层连接器（SLLC）负责连接多个 SCL 的环总线通路，将一个 SCL 的环总线数据按照约定的路由传输至另一个 SCL 的环总线中。由于 SCL 内部的数据交互流量要大于 SCL 环之间的流量，故 SLLC 的最高带宽一般小于环总线能够提供的最高带宽，而且 SCL 内部的环总线的数据线位数往往更多，因而 SLLC 还需要将数据进行分组打包并压缩后才进行传输。

华为鲲鹏处理器属于 CC-NUMA 架构，其中需要维护以下三个层次的高速缓存一致性：

① 维护 CCL 内 L2 cache 之间的高速缓存一致性；

② 维护各个设备和各个 L3 cache 分区之间的高速缓存一致性；

③ 维护芯片之间的高速缓存一致性，处理 Hydra 接口的一致性请求，完成 Hydra 协议的一致性维护。

在鲲鹏处理器系统中，由主存系统负责芯片内和芯片之间数据一致性的管理维护，以此实现高效的对称多处理器系统。Hydra 根代理（Hydra home agent，HHA）是基于华为自定义的维护多集群之间数据一致性协议标准 HCCS（HUAWEI cache coherency system，华为

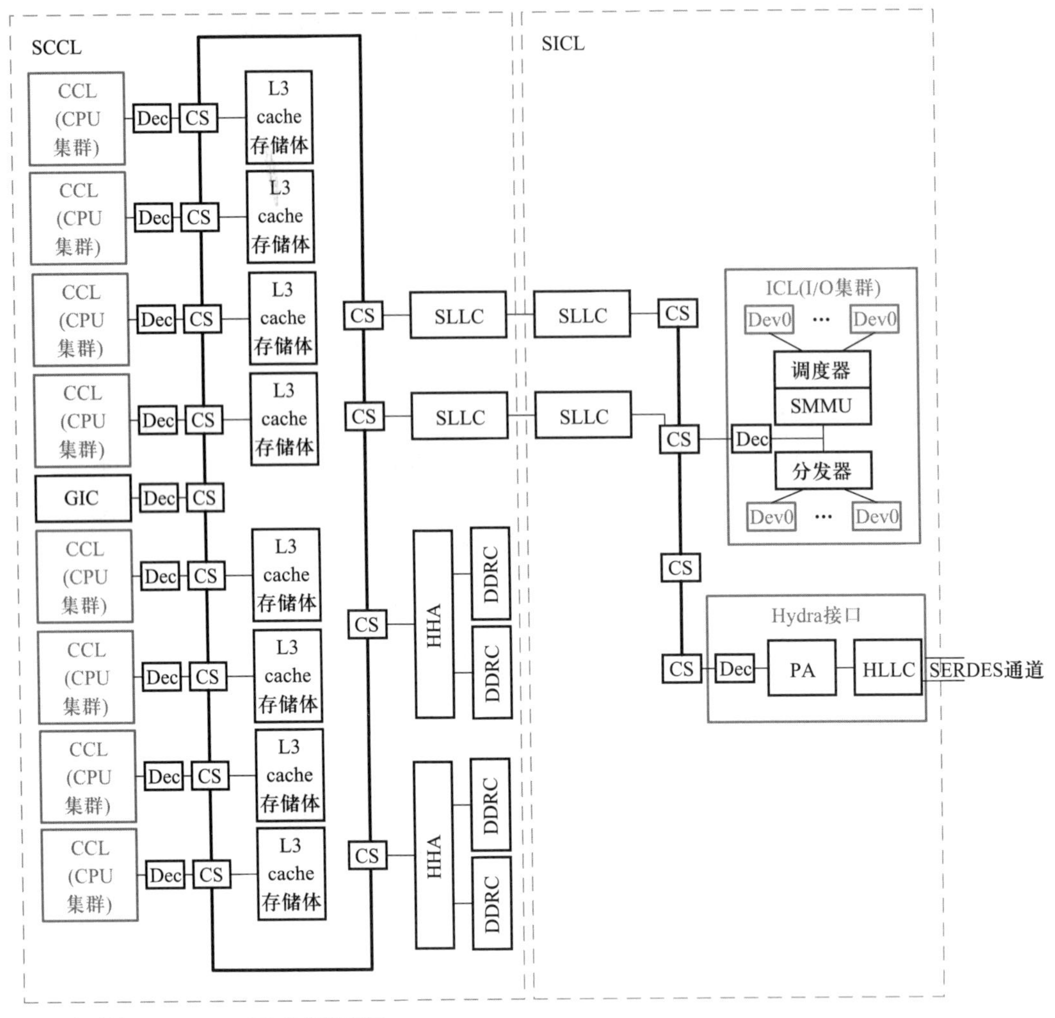

图 8.8　鲲鹏处理器的互连结构

缓存一致性系统）来维护晶片之间以及芯片之间数据一致性的模块。Hydra 协议可实现多个 L3 cache 之间或设备与 L3 cache 之间的 MESI 协议一致性。HHA 位于 DDR 控制器与片上总线的环总线之间，为系统提供 DDR 访问通路，支持高带宽、低延迟的 DDR 读写访问。

在鲲鹏处理器多级架构中，多个 SCCL/SICL 互连组成一个 SoC 芯片，HHA 作为基于 Hydra 协议的多个 SCCL/SICL 的根代理，维护同一芯片内的多个 SCCL/SICL 之间的数据一致性。

多个 SoC 芯片还可互连组成一个更大的数据一致性系统。HHA 作为多芯片数据一致性系统的根代理维护多芯片系统内所有 SCCL/SICL 的数据一致性。HHA 最多支持 4 个芯片的数据一致性互连，组成高性能的支持数据一致性的 CC-NUMA 计算节点。如图 8.9 所示为由 4 个鲲鹏 920 处理器 SoC 组成的多芯片系统结构。

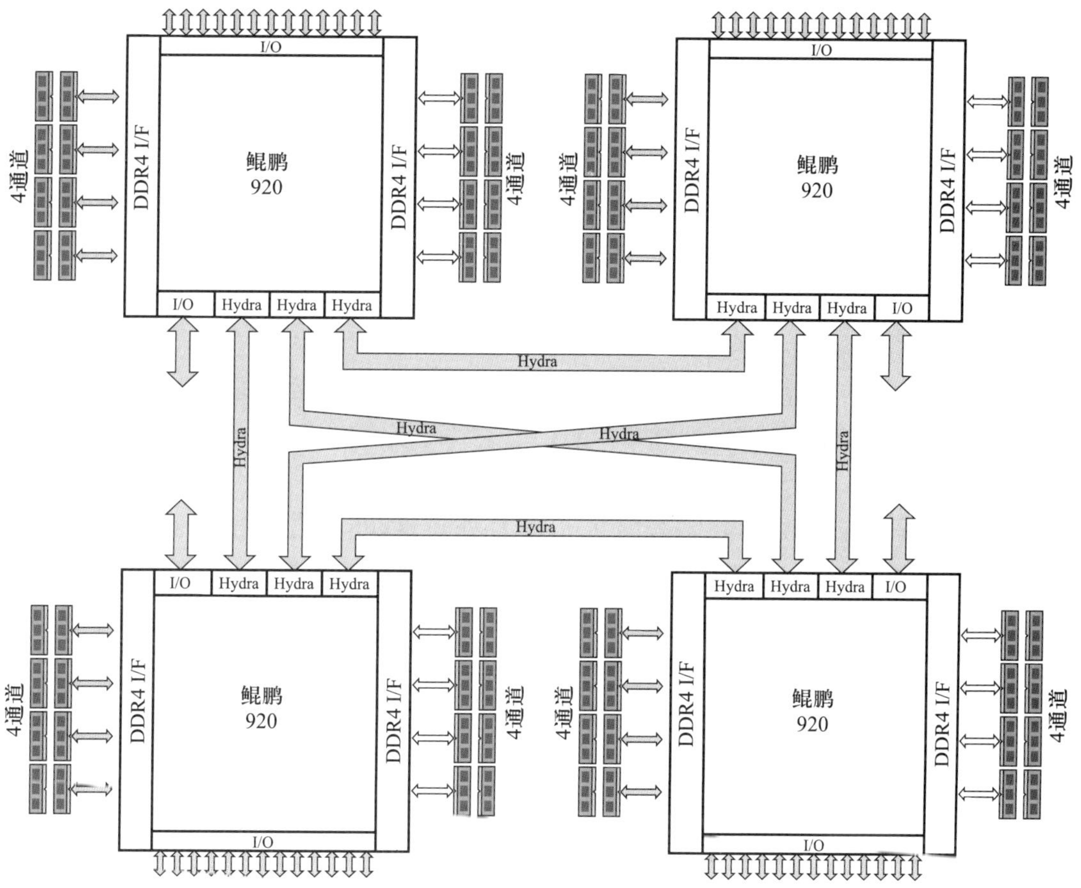

图 8.9　由 4 个鲲鹏 920 处理器 SoC 组成的多芯片系统结构

8.2.4　多核处理器和硬件多线程技术

纵观计算机的发展历史，日益提升计算性能是计算技术不断追求的目标和计算技术发展的主要特征之一。为了提升单处理器计算机系统的性能，人们采用了多种技术手段，从扩展字长、提高集成度、提升主频，到改进微架构、采用多种指令级并行技术等。

2004 年以前，上述这些技术手段和改进措施都能极大地提高微处理器的计算性能。但是，此后处理器的性能便不再像人们预期的那样继续提高。人们发现，随着集成度的不断提高和处理器主频的不断提升，单核处理器的性能提升开始接近极限。首先，芯片集成度会受到半导体器件制造工艺的限制。目前集成电路已经达到 7 nm 甚至更小的极小尺度，因此，芯片集成度不可能无限制提高。与此同时，根据芯片的功耗公式 $P=CV^2f$（其中，P 是功耗；C 是时钟跳变时门电路电容，与集成度成正比；V 是电压；f 是主频），芯片的功耗与集成度和主频成正比。集成度和主频的大幅度提升导致了功耗的快速增大，进一步导致了难以克服的处理器散热问题。而指令级并行技术也已经发展到了极限。2004 年 5 月，Intel 公司的处理器 Tejas 和 Jayhawk（4 GHz）因无法解决散热问题而最终被放弃，标志着升频技术时代的终结。

2005 年，Intel 公司宣布了处理器技术的重大战略调整，即从 2005 年开始，放弃过去不断追求单处理器性能提升的战略，转向以多核处理器架构实现性能提升的思路。自此，Intel 公司和其他处理器制造商推出了许多多核架构，处理器全面转入多核计算和硬件多线程技术时代。

1. 多核处理器系统

多核计算的基本思路是：在一个 CPU 芯片中设计多个简单的处理器核，通过多个核的并行计算来提高计算性能。因此，基于一个 CPU 芯片可以实现一个多处理器系统。基于多核芯片的处理器被称为片级多处理器（CMP）。

自 Intel 公司在 2006 年推出双核的 Pentium D 处理器以来，已经出现了很多 4～12 核的多核处理器产品，如 2007 年 Intel 公司推出的、主要用于个人计算机的 4 核 Core 2 Quad 系列以及 2008—2010 年推出的 Core i5 和 i7 系列。Intel 公司在服务器市场也陆续推出了 Xeon E5 系列 4～12 核处理器，以及 Xeon E7 系列 6～10 核处理器。

第 7 章图 7.4 给出了型号为 Core i7-965/975 Extreme Edition 的多核处理器的连接结构。从图中可以看出，Intel Core i7 芯片内含 4 核，每个核是一个简单的处理器，包含寄存器组、高速缓存（L1 cache 和 L2 cache）、TLB、MMU、指令预取部件和相应的指令执行功能部件，能够独立执行指令序列。核与核之间通过 QPI 总线高速互连，并且所有核共享一个芯片内的 L3 联合 cache 和一个存储控制器，该存储控制器通过存储器总线与主存储器相连，所有核共享主存储器。可见，从连接结构和软件角度来看，它与 UMA 多处理器系统没有什么差别。

2. 硬件多线程

硬件多线程（hardware multithreading）技术是一种共享单个处理器核内功能部件的技术。每个线程相当于一个指令序列，用于指令执行的功能部件和高速缓存在每个核内仅有一套。为了支持多线程并发执行，必须为每个线程提供单独的通用寄存器组和程序计数器等现场上下文资源，并提供快速的线程切换机制。多线程实现方式有三种：细粒度多线程、粗粒度多线程和同时多线程（simultaneous multi-threading，SMT）。

细粒度多线程通过在多个线程之间轮流交叉执行指令的方式实现多线程。在这种方式下，处理器核能在每个时钟周期切换线程。例如，在时钟周期 i，将线程 1 中的多条指令发射到多个发射槽中执行；在时钟周期 $i+1$，将线程 2 中的多条指令发射到多个发射槽中执行。

粗粒度多线程方式则仅在某个线程出现了较大开销的阻塞时才切换线程。例如，发生 L2 cache 不命中的情况。在这种方式下，当发生流水线阻塞时，必须将被阻塞的流水线冻结或清空，新线程的指令开始执行前需要重填流水线，因此，线程切换的开销比细粒度多线程大。

同时多线程是上述两种多线程技术的变种，它利用多发射动态调度处理器核中更多的功能部件，在实现指令级并行的同时，实现线程级并行。也即，它能在同一个时钟周期中，在不同的发射槽中发射不同线程中的指令。Intel 处理器中的超线程（hyper-threading）即为同时多线程。

显然，多线程技术可以提高处理器核中功能部件的利用率。例如，在一个超标量处理器核中，如果不支持多线程而只有单个指令流的话，在很多时候同时发射的指令条数不能填满多个发射槽，导致发射槽中功能部件空闲。而且，在指令执行过程中，当因为指令 cache 缺失等而发生阻塞时，整个处理器核都处于空转状态。

不过，使用多核处理器或者硬件多线程也可能会带来新的性能干扰问题。对多核处理器来说，不同的处理器核之间会共享 LLC、内存带宽、I/O 带宽等资源；而对于硬件多线程，同一个核心上的多个硬件线程之间还会共享超标量处理器中的发射队列、ROB、访存队列、分支预测器和 L1 cache 等资源。当处理器核或线程的负载较高时，就会在这些资源上产生竞争现象，竞争不到资源的处理器核或线程将会被阻塞而受到干扰，从而造成性能下降。在一些对性能稳定性要求较高的场合，可能会限制使用甚至关闭多核和硬件多线程技术。例如，近年来的“双 11”购物节，相关在线购物数据中心每年都会面临巨大的交易负载，为了保证用户的交易体验，系统管理员会提前制定严格的任务调度策略，避免将多个交易线程调度到同一个处理器核上从而带来干扰；而在航空航天领域，计算机系统对实时性的要求极高，美国联邦航空管理局曾在发布的白皮书中建议关闭机载计算机中的多核功能，以保障系统的实时性。如何在提高资源利用率的情况下保障程序的性能不受干扰，是当代体系结构发展的一个新的挑战。

*8.2.5 共享存储器的同步控制

早期处理器都是单核的，对于存储器访问指令来说，如果多条访存指令访问的是不同地址中的数据，则可通过编译器的静态调度或在处理器执行指令时进行动态调度来改变访存指令的顺序，以优化程序执行的性能。在这种情况下，程序执行的结果不会发生错误。

但是，在多核处理器系统中，每个处理器核有一个或多个指令流（硬件多线程情况下）在执行，由于不同处理器核共享同一个主存储器，因此情况就会发生变化。如果同一段时间内多个核都要访问共享存储器，那么，由于处理器核在执行程序时存在流水线阻塞、功能部件冲突、指令顺序调度等各种随机情况，因而多个核的程序之间的访存顺序就存在不确定性，进而导致执行结果的不确定性。这种不确定性给软件开发造成困扰，给运行多核程序的系统带来不稳定性，因此，在多核处理器系统中，必须有相应的同步控制机制。

为了能够使上层软件在多核程序访问共享存储器时得到确切结果，指令集体系结构（ISA）必须规定架构所用的存储器一致性模型（memory consistency model），并提供和该模型相匹配的一套同步指令。而且，不管是使用高级语言编程的程序员，还是设计操作系统和编译器的系统程序员，或是硬件设计者，都必须了解底层 ISA 架构中使用的存储器一致性模型。

存储器一致性模型简称为存储器模型（memory model）。下面简单介绍三种具有代表性的存储器模型：顺序一致性模型（sequential consistency model）、宽松一致性模型（relaxed consistency model）和释放一致性模型（release consistency model）。

1. 顺序一致性模型

顺序一致性模型要求每个处理器核完全按照程序指定的顺序（program order）执行，即使多条访存指令访问的地址不同，也不可以改变访存指令的执行顺序。从全局来看，每一条 Store 指令写入存储器的结果应该被系统中的所有处理器核同时观测到，也即存储器每次只会和一个处理器核连接，因此，对存储器的访问都应该是串行的。

假设系统中有两个处理器核，其中，核 0 上的程序包含顺序为 A1 → A2 → A3 的三条访存指令，核 1 上的程序包含顺序为 B1 → B2 → B3 的三条访存指令，那么，若该系统采用顺序一致性模型，其指令执行顺序就一定符合核 0 和核 1 各自程序指定的顺序，即可能的执行顺序为 A1 → A2 → A3 → B1 → B2 → B3，或 A1 → B1 → A2 → B2 → A3 → B3，或 A1 → A2 → B1 → A3 → B2 → B3 等。

顺序一致性模型比较简单和直观，但是，它严格限制了一个处理器核的访存指令执行顺序，即使访问的不是同一个主存地址，也不允许改变访存指令的顺序，因而限制了处理器性能优化措施的实施，从而影响整个系统的性能。在实际系统中，顺序一致性模型很少使用，因为强行使程序在一个处理器核上按程序指定的顺序执行在大多数情况下是没有必要的。

2. 宽松一致性模型

宽松一致性模型比顺序一致性模型的要求宽松，它允许改变一个处理器核内程序中对于不同存储器地址的访存指令的执行顺序，因而程序运行性能更高。不过，因为多核处理器中不同核上运行着程序共享存储器，在某些情况下，若不按照顺序执行访存指令，则程序执行结果会发生错误。为了在某些必要的情况下保证访存指令的执行顺序，采用宽松一致性模型的 ISA 需要提供特殊的存储器屏障（memory FENCE）指令，用于设置一个同步点，以保证在 FENCE 指令之前的访存指令执行的结果，一定比 FENCE 指令之后的访存指令执行的结果先被观测到。也就是说，在 FENCE 指令之前的访存指令一定要先执行完，才能执行 FENCE 指令之后的访存指令。

宽松一致性模型与存储器屏障指令的结合，使多核处理器系统实现了性能和功能之间的平衡。如果对访存顺序没有要求，利用宽松一致性模型可以达到较高的性能；而在对访存顺序有要求的场合，只要加一条存储器屏障指令就可以约束指令执行顺序。

3. 释放一致性模型

上述宽松一致性模型系统中的存储器屏障指令在两个方向上都有限制，即要求 FENCE 指令之前的访存指令不能推迟到 FENCE 指令之后，而 FENCE 指令之后的访存指令不能提前到 FENCE 指令之前，前后都不能越过屏障。如果再放松要求，只限定一个方向的访存指令执行顺序，就是更加宽松的释放一致性模型。

释放一致性模型采用获取 – 释放（acquire–release）机制来实现存储器访问的一致性，其主要思想是：提供一种获取指令（acquire）指令，用于拦截它之后的所有访存指令，即要求在它之后的所有访存指令都在它之后才能执行；同时，还提供一种释放指令（release）指令，用于拦截它之前的所有访存指令，即要求在它之前的所有访存指令都必须在它之前执行完。

下面通过一个例子来说明上述存储器一致性模型的使用方法。考虑以下场景：核 0 将一块数据写入存储器中某个区域，然后通知核 1 读取此数据块。为此，程序员开发了一个多核应用程序，主要实现思想如下：① 核 0 和核 1 约定一个共享的全局变量作为同步标志，全局变量在主存中分配一个存储单元，两个核都可以访问该存储单元，以设置或读取其值；② 核 0 完成写数据块的操作后，就将一个“特殊的值”写入共享变量单元中作为旗语；③ 核 1 不断监测此共享变量的值，一旦检测到“特殊的值”，则认为可以安全地读取数据块。

因此，两个核上的程序可以各自抽象为以下操作序列。

核 0：写入数据块→设置旗语。

核 1：监测旗语→检测到“特殊的值”→读取数据块。

显然，两个核上的上述操作功能都需要通过访存指令完成。为了能够准确实现所要求的功能，核 0 的“写入数据块”和“设置旗语”的操作一定不能改变顺序；核 1 的“监测旗语”和“读取数据块”的操作也一定不能改变顺序。

若程序在采用顺序一致性模型的多核系统中执行，显然没有任何问题，结果一定满足程序员的要求。

若程序在采用宽松一致性模型的多核系统中执行，由于数据块所在存储区和共享变量所在存储地址不同，若不用屏障指令，则编译器或处理器可能会进行指令顺序调度的优化操作，使程序最终执行的结果无法满足程序员的预期。为此，需要在程序中插入屏障指令 FENCE。

在采用宽松一致性模型的多核系统中，两个核上的程序可以各自抽象为以下操作序列。

核 0：写入数据块→ FENCE 指令→设置旗语。

核 1：监测旗语→检测到“特殊的值”→ FENCE 指令→读取数据块。

由于 FENCE 指令能完全屏障其前后访存指令的执行，因而上述两个程序的执行结果能够满足程序员的预期。

如果将“FENCE 指令”和“设置旗语”两个功能合起来变成一条“释放旗语”指令，该指令能保证它前面的访存指令一定先执行完；然后将“监测旗语”和“FENCE 指令”合起来变成一条“获取旗语”指令，该指令能保证它后面的访存指令一定在它后面执行，那么就可以使用释放一致性模型中的获取 - 释放机制，使上述两个核上的程序变成以下操作序列。

核 0：写入数据块→释放旗语。

核 1：获取旗语→发现“特殊的值”→读取数据块。

显然，在上述方式下，程序的执行结果也能满足程序员的预期，而且，由于“释放旗语”和“获取旗语”指令比 FENCE 指令的限制更加宽松，因而程序性能更好。

以上介绍存储器一致性模型时，主要是针对多核处理器系统进行阐述的。实际上在共享存储器的多处理器系统中也存在同样的问题。存储器一致性模型并非仅有上述提到的三种，感兴趣的读者可以参看其他相关资料。

同样，在硬件多线程处理器中，针对不同处理器核中的多个线程共享主存储器的情况也是一样的。例如，RISC-V 架构文档中专门给出了硬件线程 hart 的定义。RISC-V 架构明确在不同 hart 之间使用宽松一致性模型，并在基础指令集 RV32I 中提供了 FENCE 屏障指令，用于约束数据访问指令的执行顺序。此外，RISC-V 架构也针对事务处理和操作原子性需要，提供了扩展的 32 位架构原子操作指令集 RV32A，以及 64 位架构原子操作指令集（+RV64A），从而可以进一步支持释放一致性模型。

在多核处理器系统的程序中，针对事务处理和操作原子性需求，经常需要对一个共享区域“上锁”，以保证多个不同的处理器核能够互斥访问该共享区域。例如，假定有三个处理器核 C0、C1 和 C2 需要共享一个数据块，并且要求某一时刻只能有一个核独占访问此共享数据块，要实现该功能可以采用以下同步策略。

① 定义一个共享的全局变量作为“锁”，该共享变量在存储器中分配一个存储单元，三个核都可以访问该存储单元，并约定：若锁值为 0，表示当前共享数据块空闲，即没有被任何核独占；若锁值为 1，则表示当前共享数据块正在被某个核独占访问。

② 当某个核独占共享数据块完成相关操作后，便通过向锁中写入 0 来立即释放数据块。

③ 当某个核独占共享数据块时，其他两个核都会不断地读取锁值，并判断锁值是否为 0。

一旦发现锁值为 0，则立即向锁中写入 1 进行上锁，试图独占共享数据块。

如果采用普通的装入（Load）、存储（Store）指令来实现上述同步策略，那么，在执行 Load 指令读到锁值为 0，与执行下一条 Store 指令将锁值改写为 1 这两条指令之间，可能被插入了其他核的 Load 指令读锁的操作，结果两个核读到的锁值都为 0，于是都认为自己可以独占数据块，并都将锁值设置为 1。显然，这与要求实现的功能不相符。

可以通过两种方式解决上述“上锁”问题：一种是通过原子操作方式，另一种是通过互斥操作方式。

（1）原子操作方式

针对上述用普通的 Load/Store 指令会引起一个完整的“读锁 - 写锁”过程被打断的问题，有些指令集体系结构引入了原子操作指令。

例如，ARM 指令集架构定义了原子交换（SWP）指令，该指令将存储单元中的值读出送至结果寄存器，并将源寄存器的值写入同样的存储单元中，这样便实现了通用寄存器中值和存储单元中值的交换。并且，在第一次读操作后，硬件便将该存储单元或对应的共享末级 cache 行锁定，直到将另一个通用寄存器的值写入存储单元或 cache 行后才解锁。这样，在 SWP 指令的执行过程中，若其他核访问该存储单元或 cache 行，则在解锁之前就会被阻塞，从而保证“读锁 - 写锁”过程不被打断。正是由于 SWP 指令的锁定要求，总线需要提供一个控制信号来向 cache 或存储器传递这一需求。例如，在 AHB 总线和 AXI 总线中都有 Lock 信号线以支持锁定功能传递需求。

RISC-V 架构标准扩展指令集 RV32A 中提供了 9 条原子操作指令，其中有一条原子交换指令 amoswap，利用它可以实现“上锁”功能。下列 RISC-V 程序段给出了利用原子操作指令实现加锁功能的部分代码。

```
0:   00100293   li              t0, 1           # 初始化锁值
4:   0c55232f   amoswap.w.aq    t1, t0, (a0)    # 尝试获取锁
8:   fe031ee3   bnez            t1, 4           # 若没有成功，则继续尝试
     ……操作共享的数据块（临界区代码）……
20:  0a05202f   amoswap.w.rl    x0, x0, (a0)    # 释放锁
```

上述代码中，锁值存放在寄存器 a0 所指出的存储单元中，指令“amoswap.w.aq t1，t0，(a0)”的功能是：将锁值 M[R[a0]] 送到结果寄存器 t1 中，同时将源寄存器 t0 中的内容写入 M[R[a0]]，该指令具有“获取”属性（aq 字段为 1），能够拦截其后的所有访存指令，因此，临界区中对共享数据块进行操作的所有访问指令都不会提前到该指令之前执行。指令“bnez t1，4”表示，如果读到的锁值不等于 0，则转到地址为 4 的指令继续执行；否则执行后面的指令。

显然，实现上述加锁功能的核 C0、C1 和 C2 中的代码都是一样的。如果 C0 独占数

据块，则 C1 和 C2 可能同时正好执行到指令“amoswap.w.aq t1，t0，(a0)”，因为该指令会将目标存储单元或高速缓存行加锁，因而能够保证某一段时间内仅 C1 或者 C2 执行该指令，并且在该指令的执行过程中，能保证读锁和写锁是一个完整的原子操作，从而保证了一旦 C0 释放了锁，C1 和 C2 中至多只有一方能够获得锁，而不会发生 C1 和 C2 同时都获得锁的情况。某个核一旦获得了锁，就可以进入临界区进行相关操作，结束后通过指令“amoswap.w.rl x0，x0，(a0)”释放锁。该指令将 0（x0 的值）写入锁中，并设置“释放”屏障属性（rl 字段为 1），以保证该指令之前的所有访存指令一定在它之前执行完。

原子操作除了解决上述“加锁”问题之外，还可以解决很多其他同步问题，感兴趣的读者可以参看其他相关资料。

（2）互斥操作方式

有些指令集架构采用另一种互斥操作指令来解决上锁问题。互斥操作指令有一对：互斥读（Load–Exclusive）指令和互斥写（Store–Exclusive）指令。

互斥读指令的功能与普通的主存读（Load）指令类似，都是从主存单元中取出数据送寄存器；而互斥写指令的功能与普通的主存写（Store）指令不同，它的写操作不一定能成功执行，结果寄存器中会存放是否成功的标志信息。

为了能够判断互斥写指令是否成功执行了写主存的操作，需要在系统中实现一个“监测器”，它会监测同一个核的一条互斥读和一条互斥写指令是否成对地先后访问同一个主存地址，并且在此期间是否没有来自任何核（或线程）的主存写操作访问过该地址，且无任何异常和中断发生。如果是，则说明互斥写指令的写主存操作执行成功。

为了让监测器知道是否是互斥读和互斥写指令的访存操作，总线中需要有将这两条指令的访存与普通 Load/Store 指令的访存区别开来的信号线。例如，AHB 总线和 AXI 总线可以使用上文提到的 Lock 信号线来进行区分，监测器可以从中得知处理器是否执行了互斥操作指令。

RISC–V 架构标准扩展指令集 RV32A 中提供了两条互斥操作指令：Load–Reserved（lr.w）和 Store–Conditional（sc.w）。下列 RISC–V 程序段给出了利用互斥操作指令实现加锁操作的部分代码。

```
0:    li          t0, 1                # 初始化锁值
4:    lr.w        a3, (a0)             # 读出锁值到 a3 寄存器
8:    bne         a3, x0, 4            # 若读出的锁值不等于 0，则继续读
c:    sc.w.aq     a3, t0, (a0)         # 尝试将 1 写入锁中，以获取锁
10:   bnez        a3, 4                # 若没有成功，则继续从读锁值开始
      ……操作共享的数据块（临界区代码）……
28:   lr.w.rl     a3, (a0)             # 读出锁值
2c:   sc.w.aq     a3, x0, (a0)         # 尝试将 0 写入锁中，以释放锁
30:   bnez        a3, 28               # 若没有成功，则继续尝试
```

上述代码中，锁值存放在寄存器 a0 所指出的存储单元中，指令“sc.w.aq a3，t0，(a0)”的功能是：尝试将源寄存器 t0 中的内容写入 M[R[a0]]，若成功执行写操作，则将 0 存入结果寄存器 a3 中，同时，由于该指令具有“获取”屏障属性（aq 字段为 1），因而能够拦截其后的所有访存指令。

指令“bnez a3，4”表示，如果 a3 寄存器内容不等于 0，说明 t0 中的 1 没有成功写入 M[R[a0]]，因而转到地址为 4 的指令继续执行；否则执行后面的指令。

显然，实现上述加锁功能的核 C0、C1 和 C2 中的代码都是一样的。如果 C0 独占数据块，则 C1 和 C2 可能正好都执行前 5 条指令进行“读锁 – 写锁”操作。但 C1 和 C2 可能会交错执行这些指令，导致 C1 和 C2 刚好都要执行“sc.w.aq a3，t0，(a0)”指令，以尝试获取锁。不过，多线程硬件能保证总是有一条指令先被执行，系统中的“监测器”能保证先执行该指令的核（或线程）获得锁，而另一个则不能成功写锁，从而保证了一旦 C0 释放了锁，则 C1 和 C2 中至多只有一方能够获得锁，而不会发生 C1 和 C2 同时都获得锁的情况。临界区操作结束后，通过将 0（x0 的值）成功写入锁中来释放锁，并在 lr 指令中设置“释放”屏障属性（rl 字段为 1），以保证 lr 指令之前的所有访存指令一定在它之前执行完。

在 ARM 架构中，数据存储屏障（data memory barrier）指令 DMB 相当于具有“释放”屏障属性的指令，该指令之前的存储器访问操作都必须在它之前执行完。数据同步屏障（data synchronization barrier）指令 DSB 则能拦截其后的所有访存指令，并保证它之前所有的访存指令和 cache 维护（cache maintenance）及 TLB 维护（maintenance）指令执行完，才可以执行其后的访存指令。指令同步屏障（instruction synchronization barrier）指令 ISB 将会保证它之前的所有指令都执行完成，并将其之后的指令从流水线中冲刷（flush）掉，使这些指令重新从 cache 或主存中取指令并执行。

8.3 多计算机系统

多处理器系统由于共享同一个主存地址空间，所以其通信方式简单，一个进程或线程向存储器中写的信息，可以被其他进程或线程读取。但是，其连接的处理器规模不可能很大，因此出现了不共享存储空间的多计算机系统。在多计算机系统中，每台计算机有各自独立的存储地址空间和存储器，根据所连接的计算机之间的耦合程度，多计算机系统可分成集群和网格两种。前者为采用局域网络连接的、通过消息传递进行通信的紧密耦合多计算机系统，后者是采用广域网络连接的、通过互联网协议进行通信的、松散耦合的多计算机系统。

8.3.1 集群多计算机系统

集群是采用局域网络连接的、通过消息传递进行通信的紧密耦合多计算机系统。许多大型的应用，如数据库系统、文件服务器、Web 服务器等，都适合采用集群系统。它具有更高的可用性、更好的可靠性和容错性。

集群是将现成的普通计算机用高性能网卡连接而成的。因此，相对于多处理器系统中的互连网络，集群的互连网络速度要慢得多。多处理器系统可以在纳秒数量级访问存储器，而集群只能在微秒数量级发送消息。从体积上来说，多处理器比集群小得多。多处理器通常在一个机箱中，而集群计算机通常在一个或多个房间中，因此，管理一个多处理器系统相当于管理一台计算机，而管理一个具有 N 个节点的集群相当于管理 N 个独立的节点，其管理开销相差很多。

1. 集群的互连与网卡

集群中每个计算机节点内都有一块网卡，通过网卡将节点和交换机相连。如图 8.10 所示是多个节点之间通过网卡和交换机互相连接的示意。

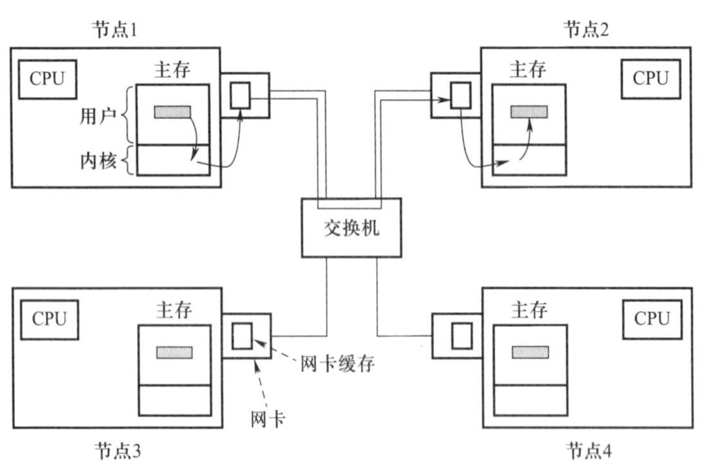

图 8.10　集群中节点之间的连接

通常在互连网络中采用同步传输方式，一旦开始在网络中传输一个信息块，就会以恒定的传输速率传输比特流，为此，在每个网卡中都设有一个网卡缓存，如图 8.10 所示。对于发送消息的节点来说，将消息缓存在其网卡中，使得在网线上传输的比特流不受发送节点中系统总线上其他信息流（如 cache 行读、磁盘 DMA）的影响，以保证能连续将比特流传输到网络传输线上。对于接收消息的节点来说，将消息缓存在其网卡中，使得在网线上传输的比特流不受接收节点中系统总线上其他信息流的影响，以保证传输到节点中的信息块不会因为来不及接收而丢失。

网卡中通常包含多个 DMA 通道或专门的 I/O 处理器，主要用于提供可靠的比特流传送、将信息块发送到多个目的地、压缩和解压缩、加密和解密等功能。其中每个 DMA 通道相当于一个 DMA 控制器，能够控制在网卡缓冲区与主存之间的 DMA 传送。

2. 集群的交换机制

集群中的节点之间需要交换消息（message），消息有时也称为报文。一个消息可以是一个字符串、一个图像文件、一封电子邮件等。如图 8.10 所示，在节点之间传输的消息从一个节点内的用户空间通过内核中的缓存送到网卡缓存，再经过网络连线和交换机传送到另一个节点的网卡缓存，最后通过目的节点的内核缓存被送到用户空间中。

交换机主要有路由器和链路层交换机两类。每个交换机有若干个端口，每个端口都是双向的，包括输入和输出两个方向。例如，对于一个 4 端口交换机，它有 4 个输入端口和 4 个输出端口。

交换机可以采用存储转发包交换（store and forward packet switching）和电路交换（circuit switching）两种交换机制。有时将 packet 翻译成“分组”，因此前者也被简称为分组交换。

集群中多采用分组交换机制。虽然分组交换方式存在转发时延和排队时延，但是，由于它将大的消息分解成小的分组进行传输，使得传输带宽可以被许多消息共享，因而更加灵活、简单和有效，实现成本低。

*8.3.2 网格多计算机系统

网格多计算机系统是利用互联网把分散在不同地理位置的、多个异构的计算机组成一台逻辑上的“虚拟超级计算机”。这种网格计算机把每一台计算机都作为自己的一个节点，成千上万个节点组合起来，就形成了一个具有超级计算能力的多计算机系统，以向用户提供一系列的服务。

要让这些物理上独立的、位于不同管理系统中的异构计算机联合起来完成一个任务，需要在不同的管理系统上运行相应的中间件，以使用户和程序可以通过方便的、一致的方式访问所有资源。其基本原理是，在网格的每个计算机中运行一个特殊的程序，这个程序可以用来管理计算机并使计算机加入网格。因此，这个程序通常需要处理用户认证及远程登录、资源发布与发现、作业调度与分配等。当网格中的某个用户需要计算机完成某个任务时，网格软件决定何处有空闲的硬件、软件和数据资源，然后将作业迁移到有资源的计算机上执行，并收集处理结果返回给用户。

提出网格计算的初始动机是共享 CPU 的时钟周期。当时的想法是，当一个组织或机构在某个时间段不需要使用计算机时，可以将空闲的计算能力提供给其他需要计算资源的组织或机构以完成相应的计算任务。

虽然网格计算是一种可靠的、具有较高容错性和容灾性的系统，并且可以节省资源，实现资源共享，但是，因为存在很多不易解决的问题，网格计算无法广泛应用。

8.4 向量处理和 SIMD 技术

在空气动力学、原子物理学、核物理学、气象学和化学等科学计算中，涉及线性规划、傅里叶变换、滤波计算以及矩阵、线性代数、偏微分方程、积分等数学问题的求解，这些问题大都要求能对大量结构相同的数据进行高精度的浮点运算。此外，在图形、图像和音视频等多媒体处理中也存在大量结构相同的数据处理，不过，多媒体处理中多是整数类型数据的处理。这些科学计算和多媒体处理的一个共同的特点就是针对一组同类型的数据（在高级语言程序中通常用数组表示）进行完全相同的运算。针对这种计算，可以用专门的向量处理机或向量处理指令集、SIMD 指令集，以及使用 GPU 芯片技术进行高效处理。

*8.4.1 向量处理机及向量处理指令

为了解决一些科学计算问题，历史上曾有一些公司研制出了一些超级（巨型）计算机，借助向量计算结构的数据并行技术，它们可以完成每秒上亿次的运算。德州仪器（TI）公司的 ASC（1972 年）和 CDC 公司的 STAR−100（1973 年）是世界上第一批向量巨型计算机。到 1982 年底，世界上约有 60 台巨型机，其中大多数是向量处理机（vector computer）。中国于 1983 年研制成功的、每秒千万次计算的 757 机和每秒亿次计算的“银河”机也都是向量处理机。Cray 公司制造的超级计算机多属于这一类向量结构计算机。

向量处理机是面向向量型数据的并行计算机，在向量各分量上执行的运算操作一般都是彼此无关、各自独立的，因而可以按多种方式并行执行。并行执行方式有流水线方式和阵列方式两种，大多以流水线结构为主。主存储器容量的大小限定了机器的解题规模。向量处理机主要用于求解大型问题，必须具有大容量的主存，而且应该是集中式的公共存储器。当高速运算流水线运行时，需要源源不断地供给操作数和取走运算结果，还要求主存具有很高的数据传输率，否则便不能维持高速运算，因此，多采用多个端口同时读取的交叉多模块存储器。

向量处理机主要采用先行控制和重叠操作技术、运算流水线、多模块交叉访问的并行存储器等并行处理结构，从而提高运算速度。向量型数据并行计算与流水线结构相结合，能在很大程度上克服通常流水线计算机中指令处理量太大、存储访问不均匀、相关阻塞严重、流水不畅等缺点，并可充分发挥并行处理结构的潜力，显著提高运算速度。

下面通过一个简单例子来说明向量处理与标量处理的差别。先考察一个 C 语言循环程序：

```
for (i = 0; i<64; i++) c[i] = a[i]+b[i];
```

对于该循环语句，在普通的标量处理计算机中，需要用一段循环执行的指令序列来实现。例如，在 RISC-V 机器上对应的指令序列如下，其中，假定 i 被分配在 s0，数组 a、b、c 的首地址分别在 s1、s2、s3 中，数组元素为 int 类型。

```
loop:   slti   t0, s0, 64      # if i<64, t0 = 1; if i> = 64, t0 = 0
        beq    t0, x0, exit    # if t0 = 0, jump to exit
        sll    t0, s0, 2       # i × 4
        add    s1, s1, t0      # 计算 a[i] 的地址
        lw     t1, 0(s1)       # 将 a[i] 取到 t1 中
        add    s2, s2, t0      # 计算 b[i] 的地址
        lw     t2, 0(s2)       # 将 b[i] 取到 t2 中
        add    t3, t1, t2      # 计算 a[i]+b[i]
        add    s3, s3, t0      # 计算 c[i] 的地址
        sw     t3, 0(s3)       # 将 a[i]+b[i] 的值存入 c[i]
        addi   s0, s0, 1       # i = i+1
        j      loop
exit:   …
```

显然，上述程序在一般的标量计算机中执行时，大约需要执行 768 条指令。如果一个向量处理机支持 32 个向量寄存器（假定向量寄存器名称前加 v 表示），每个向量寄存器能够存放 64 个 32 位宽的数据字，一条向量装入 / 向量存储指令（假定分别为 v_lw 和 v_sw）可以从内存连续 256 个单元装入数据到一个向量寄存器或将向量寄存器内容存到内存连续单元中，一条向量运算指令（加法指令假定为 v_add）可以同时对两个向量寄存器中的 64 个 32 位字进行并行计算，并将结果存到另一个向量寄存器，则上述 C 语言循环程序段对应的指令序列如下：

```
v_lw    v_t1, 0(s1)          # 将 a[0] 到 a[63] 取到 v_t1 中
v_lw    v_t2, 0(s2)          # 将 b[0] 到 b[63] 取到 v_t2 中
v_add   v_t3, v_t1, v_t2     # 计算 a[i]+b[i]，存到 v_t3 中
v_sw    v_t3, 0(s3)          # 将 a[i]+b[i] 的值存到 c[i] 中
```

对于同样的 C 语言循环程序段，在向量处理机上对应的指令只有 4 条。显然，对于循环中的数组操作，向量处理机比标量处理机的执行效率要高得多。一方面，标量处理机中的 700 多条指令，每一条都有取指令和译码，而向量处理机中只有 4 条指令要取指令和译码；另一方面，标量处理机中加法指令的执行是串行的，而向量处理机中加法指令的执行是并行的。此外，标量处理机中的数据相关（如 Load-use 冒险等）会影响流水线的执行，而向量处理机的流水线只可能在每个向量数据的开始处发生阻塞，而随后的所有数据都不会

发生流水线阻塞。即使标量处理机采用循环展开技术来降低阻塞次数，也比向量处理机中的阻塞现象要严重。

上述例子给出的是整数运算，同样，向量处理机还可以进行浮点数运算。对于浮点数的向量运算，其原理和整数向量运算是一样的。

RISC–V 架构虽然不是一种传统意义上的向量处理机，但是，为了支持数据级并行，RISC–V 提供了扩展的向量处理指令集 RV32V 和 RV64V，它采用传统的向量处理机所用的基于向量寄存器的向量处理指令方式，而不是采用 SIMD 方式支持数据级并行。RISC–V 将处理数据的类型和长度显式地记录在向量寄存器中，而不是像 SIMD 那样将处理数据的类型和长度隐含在指令操作码中，这样可以增加汇编语言程序的可读性，也可以降低编译器生成目标代码的难度。

8.4.2 SIMD 指令集技术

SIMD 技术在 for 循环处理数组之类的数据时非常有效，因此，为了提高 SIMD 技术的并行性，需要有大量结构相同的数据被同一种处理逻辑处理。SIMD 数据级并行技术主要通过 SIMD 指令处理向量。早期的阵列处理机就是一种 SIMD 计算机。执行 SIMD 指令时能够同时在很多执行单元同步执行同一个操作。例如，一条分别对 16 对数据进行加操作的 SIMD 指令，可以在 16 个 ALU 中同时执行加运算。如果一个加运算在一个时钟周期中完成，则一个时钟周期内可以完成 16 对不同数据的加操作。

虽然一条 SIMD 指令可以对几组或几十组甚至几百组不同的操作数同时进行相同的操作，但是它还是一条指令，不同执行单元中执行的指令都是由同一个 PC 指向的，只是每个执行单元所取的操作数不同。因而，在 SIMD 计算机中，每个执行单元都有各自的寄存器组或局部存储器，包括自己的地址寄存器，这样，每个执行单元都有不同的数据地址。

一个按顺序执行的串行应用程序被编译后，可能按 SISD 方式组织并运行于串行硬件系统中，也可能按 SIMD 方式组织并运行于并行硬件系统中。

在多媒体应用中，对图形、图像、视频和音频等的处理存在大量具有共同特征的操作。例如，8 位图像像素、16 位音频信号等都可以同时进行某种操作，这些都涉及短整数类型的并行操作；在有限冲激响应（FIR）滤波和矩阵运算中需要进行频繁的乘法累加操作；快速傅里叶变换（FFT）和离散余弦变换（DCT）中涉及短数据的高度循环运算；三维图形和视频压缩中涉及计算密集型的算法等。

1. Intel 架构中的 SIMD 指令

为提高上述这些共性操作的运算能力，Intel 公司在 IA–32 指令系统基础上设计了一套新增指令集，并对 CPU 内部结构进行了扩充与改进，称为 MMX（multimedia extension）技术。

MMX 技术于 1997 年首次运用于 P54C Pentium 处理器 (称为多能奔腾) 中，共有 57 条指令。

MMX 技术中引入了新的数据类型和通用寄存器，主要数据类型为定点紧缩（packed）整数，有以下 4 种新的 64 位数据类型：8 个字节、4 个字（每字 16 位）、两个双字和一个 64 位的四字。为便于 MMX 指令对上述数据类型进行操作，CPU 中新增了 8 个 64 位通用寄存器 MX0~MX7。这些寄存器可用来实现数据运算，但不能用于存储器寻址。单条指令同时并行处理多个数据元素，如 8 个字节、4 个字、两个双字或一个 64 位的四字，这对提高运算速度非常有利。例如，一条指令可以同时完成图像中 8 个像素的并行操作。

随着网络、通信、语音、图形、图像、动画和音视频等多媒体处理软件对处理器性能的要求越来越高，Intel 公司在多能奔腾以后的处理器中加入了更多流式 SIMD 扩展（streaming SIMD extension，SSE）指令集，包括 SSE、SSE2、SSE3、SSSE3、SSE4 等，这些都是典型的数据级并行处理技术。

SSE 指令集最早是由 Intel 公司于 1999 年在 Pentium Ⅲ处理器中推出的，包含 70 条指令，其中包含提高 3D 图形运算效率的 50 条 SIMD 浮点运算指令、12 条 MMX 整数运算增强指令和 8 条优化内存中连续数据块传输指令。理论上，这些指令能够对图像处理、浮点运算、3D 运算、视频处理、音频处理等诸多多媒体应用起到全面强化的作用。SSE 兼容 MMX 指令，它可以通过 SIMD 技术在单时钟周期内并行处理 4 个单精度浮点数据来有效地提高浮点运算速度。

2001 年，Intel 公司在 Pentium 4 中发布了一套包含 144 条新指令的 SSE2 指令集，提供了浮点 SIMD 指令、整数 SIMD 指令、浮点数和整数之间转换等指令。SSE2 增加了能处理 128 位整数和同时并行处理两个 64 位双精度浮点数的指令。为了更好地利用高速缓存，SSE2 还新增了几条缓存指令，允许程序员控制已经缓存的数据。

2004 年初，Intel 公司在新款 Pentium 4（P4E，Prescott 核心）处理器中发布了 SSE3。2005 年 4 月，AMD 公司也发布了具备部分 SSE3 功效的处理器 Athlon 64，此后的 x86 处理器几乎都具备 SSE3 的新指令集功能。SSE3 新增了 13 条指令，其中一条用于视频解码，两条用于线程同步，其余用于复杂的数学运算、浮点数与整数之间的转换以及 SIMD 浮点运算，使处理器对 DSP 及 3D 的处理性能大为提升。此外，SSE3 针对多线程应用进行优化，进一步扩展了处理器的超线程功能。

2005 年，作为 SSE3 指令集的补充版本，SSSE3 出现在酷睿微架构处理器中。SSSE3 新增了 16 条指令，进一步增强了 CPU 在多媒体、图形图像和网络等方面的处理能力。

2008 年 SSE4 指令集发布，它被视为最重要的多媒体扩展指令集架构改进，将延续了多年的 32 位架构升级至 64 位。SSE4 增加了 54 条指令，其中 SSE4.1 指令子集包含 47 条指令，SSE4.2 指令子集包含 7 条指令。SSE4.1 指令集主要实现向量绘图运算、3D 游戏加速、视频编码加速及协同处理加速等方面，此外，还加入了 6 条浮点运算增强指令，这使得图形渲染处理性能和 3D 游戏效果等得到极大提升。除此之外，SSE4.1 指令集还加入了串流式负载指令，可提高图形帧缓冲区的数据读取频宽，理论上可获取完整的缓存行，即单次读取 64 位而非原来的 8 位。SSE4.2 主要针对字符串和文本处理进行改善，例如，对 XML 应用进行高速查找及对比，在 Web 服务器应用等方面有显著的性能改善。

下面用一个简单的例子来比较普通指令与数据级并行指令的执行速度。为了使比较结果尽量不受访存操作的影响，以下例子中的运算操作数主要是寄存器操作数。此外，为了使比较结果尽量准确，例子中设置了较大的循环次数值，为 $0x4000000 = 2^{26}$。例子只是为了说明指令执行速度的快慢，并没有考虑结果是否溢出。

图 8.11 给出了采用普通指令的累加函数 dummy_add 对应的汇编代码，其中粗体字部分为循环体。循环控制指令 loop 执行时，先检测寄存器 ECX 的内容，若为 0 则退出循环，否则 ECX 的内容减 1，并再次进入循环体的第一条指令开始执行。循环体的第一条指令地址由 loop 指令指出。

图 8.12 给出了采用 SSE 数据级并行指令的累加函数 dummy_add_sse 对应的汇编代码，其中粗体字部分为循环体。

从图 8.11 可以看出，在 dummy_add () 函数中，每次循环只完成一个字节的累加，而在图 8.12 所示的 dummy_add_sse() 函数中，每次循环执行的指令为“paddb %xmm0，%xmm1”，也即每次循环并行完成两个 XMM 寄存器中的 16 个 1 B 数据的累加。对于与 dummy_add() 函数同样的工作量，循环次数应为其 1/16，即（$0x4000000 >> 4$）$= 0x400000 = 2^{22}$，因而，可以预期它所用的时间大约只有 dummy_add () 的 1/16。

在某相同环境下测试两个函数的执行时间，dummy_add() 函数所用时间约为 22.643 816 s，而 dummy_add_sse () 函数所用时间约为 1.411 588 s，前者大约是后者的 16.041 378 倍。这与预期的结果一致。

```
080484f0 <dummy_add>:
  80484f0:    55                  push   %ebp
  80484f1:    89 e5               mov    %esp, %ebp
  80484f3:    b9 00 00 00 04      mov    $0x4000000, %ecx
  80484f8:    b0 01               mov    $0x1, %al
  80484fa:    b3 00               mov    $0x1, %bl
  80484fc:    00 c3               add    %a0, %bl
  80484fe:    e2 fc               loop   80484fc <dummy_add+0xc>
  8048500:    5d                  pop    %ebp
  8048501:    c3                  ret
```

图 8.11　采用普通指令的累加函数

```
08048510 <dummy_add_sse>:
 8048510:    55                  push    %ebp
 8048511:    b8 00 9d 04 10      mov     $0x10049d00, %eax
 8048513:    89 e5               mov     %esp, %ebp
 8048516:    53                  push    %ebx
 8048519:    bb 20 9d 04 14      mov     $0x14049d20, %ebx
 804851e:    b9 00 00 40 00      mov     $0x400000, %ecx
 8048523:    66 0f 6f 00         movdqa  (%eax), %xmm0
 8048527:    66 0f 6f 0b         movdqa  (%eax), %xmm1
 804852b:    66 0f fc c8         paddb   %xmm0, %xmm1
 804852f:    e2 fa               loop    804852b <dummy_add_sse+0x1b>
 8048531:    5b                  pop     %ebx
 8048532:    5d                  pop     %ebp
 8048533:    c3                  ret
```

图 8.12　采用 SSE 指令的累加函数

dummy_add_sse () 函数中用到的 SSE 指令有两种，除了 paddb 以外，还有一种是 movdqa 指令，它的功能是将双四字（128 位）从源操作数处移到目标操作数处。该指令可用于在 XMM 寄存器与 128 位存储单元之间移入 / 移出双四字，或在两个 XMM 寄存器之间移动。当该指令的源操作数或目标操作数是存储器操作数时，操作数必须按 16 字节边界对齐，否则将发生一般保护性异常（#GP）。若需要在未对齐的存储单元中移入 / 移出双四字，可以使用 movdqu 指令。更多有关 SSE 指令集的内容可参看 Intel 公司的相关资料。

Intel 公司在 SSE 指令集基础上又推出了全新的指令扩展集 AVX，它是在之前 SSE 指令的 128 位基础上扩展到 256 位的 SIMD 技术，同时对数据传输率也相应进行了提升，因此从理论上看，CPU 内核的浮点运算性能提升为原来的两倍。

2. 鲲鹏处理器中的 NEON 和 SVE 指令集

NEON 是一种基于 SIMD 思想的技术，能够基于单条指令对多个数据同时进行操作。NEON 指令类似于 Intel 架构的 MMX/SSE/AVX 指令，通过向量化的计算方式优化应用程序性能，通常应用于图像处理、音视频处理、数据并行处理等需要大量计算的场景。

NEON 指令依赖于 128 位 NEON 寄存器的硬件支持，一个 128 位 NEON 寄存器可以分割成两个 64 位双精度型，或者 4 个 32 位浮点型或整型，或者 8 个 16 位浮点数或短整型，或 16 个字符型数据。同一个 NEON 寄存器中划分出的数据可以并行计算，也可以对一个 NEON 寄存器中的各个数据分别处理。

SVE（scalable vector extension，可伸缩向量扩展）指令是 ARMv8-A 指令集的下一代 SIMD 扩展，它不是 NEON 指令集的简单扩展，而是针对高性能计算（HPC）和机器学习等领域开发的、一套全新的向量指令集。SVE 指令集中有很多概念与 NEON 指令集类似，例如，向量、通道、数据元素等。SVE 指令集引入一个全新的概念——可变向量长度 (vector length agnostic，VLA) 编程模型。

SVE 指令集的向量寄存器的长度最小支持 128 位，最大可以支持 2 048 位，以 128 位为增量。SVE 架构的设计能确保同一个应用程序可以在支持不同向量长度的 SVE 指令机器上运行，而不需要重新编译代码，这就是 VLA 编程模型的精髓。

*8.4.3 GPU 架构

Intel 公司微处理器中的 MMX、SSE 以及 AVX 等采用 SIMD 技术的指令集主要是为了增强向量绘图运算、3D 游戏加速、视频编码加速及协同处理加速等图形处理能力而提出的。但是，CPU 并不是专用于进行图形处理的，这些 SIMD 指令也是在现有的 x86 指令系统中增加实现的，因此，随着计算机游戏产业的不断发展，原来主要由 CPU 进行图形处理的方式不能满足相关需求，需要有一个功能强大的部件专门进行图形处理，这个部件就是 GPU（图形处理单元）芯片。

GPU 可以和 CPU 配合使用，这就是 CPU + GPU 的异构系统，其中 CPU 用于通用处理，而 GPU 专门用于图形处理，例如 3D 图形的绘制、着色和渲染等。描述图形的基本数据主要是顶点或像素，顶点由（x，y，z，w）坐标值来表示，像素则由（red，green，blue，alpha）颜色值来表示。坐标值通常用单精度浮点数表示，而颜色值可用整数表示，因此，GPU 需要有针对整数和浮点数的运算部件，而且对于图形处理任务来说，存在大量的数据级并行。在 Intel 架构的早期计算机系统中，CPU 与 GPU 一般经北桥芯片通过 AGP 总线或 PCI-e 总线连接，各自有独立的存储器，分别是主存和显示内存（简称“显存”）。有些芯片组中使用的集成 GPU 没有独立的显存芯片，而是直接从主存中分出一块区域作为显存。AMD 和 Intel 公司都提出了 CPU 和 GPU 的融合技术，直接将 CPU 和 GPU 通过 QPI 或 HT 总线连接并集成在一个芯片内。

自从 1999 年 NVIDIA 公司发布第一款 GPU 以来，GPU 得到了快速发展。为了实时生成逼真的 3D 图形，GPU 不仅采用了最先进的半导体制造工艺，而且在设计上也不断创新。早期 GPU 主要用于 3D 图形渲染等图形处理，但是，随着以 CUDA（计算统一设备体系结构）为代表的 GPU 通用计算 API 的普及，GPU 的应用领域得到了极大的拓展，广泛应用于石油勘测、天文计算、流体力学模拟、分子动力学仿真、生物计算等科学计算领域，并在很多应用中获得了几十倍乃至上百倍的加速比。因此，GPU 的含义也从原来专门的图形处理单元转变为通用图形处理器（general purpose GPU，GPGPU）。GPGPU 通常采用 CPU + GPU 的异构模式，由 CPU 负责执行复杂逻辑处理和事务管理等不适合数据并行的计算，而 GPU 负责完成密集型的大规模数据并行计算。

下面以 NVIDIA 公司的 Tesla 架构为例来说明 GPU 的大致结构。Tesla 架构的 GPU 由两部分组成，分别是流处理器阵列（streaming processor array，SPA）和存储控制系统。两部分通过一个片上互连网络连接。流处理器阵列和存储控制系统都可以独立扩展，其规格可以根据市场定位进行裁剪。例如，在基于 GT200b 芯片的产品中，GTX285 的 SPA 中包含 10 个线程处理器集群（thread processor cluster，TPC）和 8 个存储控制器，而价格较低的 GTX260+ 则只有 9 个 TPC 和 7 个存储控制器。

GPU 中的存储控制系统包括存储控制器、光栅操作处理器（raster operation processor，ROP）和二级纹理缓存。存储控制器用于控制片外的 DRAM 显存，ROP 则对存储器内数据的颜色和深度值进行操作，通过片上互连总线，SPA 可以将计算得到的深度和颜色信息发送给 ROP，也可以直接读写 DRAM 显存，或者通过纹理 cache 以只读方式访问 DRAM 显存。

图 8.13 所示是 NVIDIA 公司的 Tesla 架构 GT200 的系统结构。一个 TPC 包含三个流式多处理器（SM），每个 TPC 共享 L1 纹理 cache 和 L2 指令及常量 cache。存储控制系统中包含 256 KB 的 L2 纹理 cache 以及 8 个 GDDR3 存储控制器和一个 PCI-e 2.0×16 总线接口。每个 GDDR3 存储控制器可以连接 64 位（8 B）速度为 2.2 GTps 的 GDDR3 显示存储器。

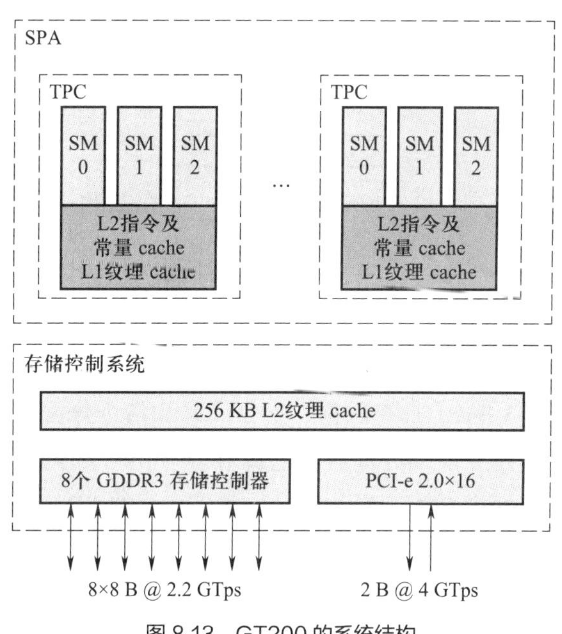

图 8.13　GT200 的系统结构

每个 SM 就是一个计算核心，图 8.14 给出了 NVIDIA GT200 SM 的内部结构。如图 8.14 所示，一个 SM 包含 8 个标量流处理器（stream processor，SP）以及其他计算单元，如特殊功能部件（special function unit，SFU）和双精度单元（double precision unit，DPU），SFU 用于执行一些特殊的指令，包括超越函数、插值、倒数、平方根倒数、正弦、余弦以及其他特殊运算；DPU 用于实现 64 位双精度浮点数和 64 位整数的乘加运算。

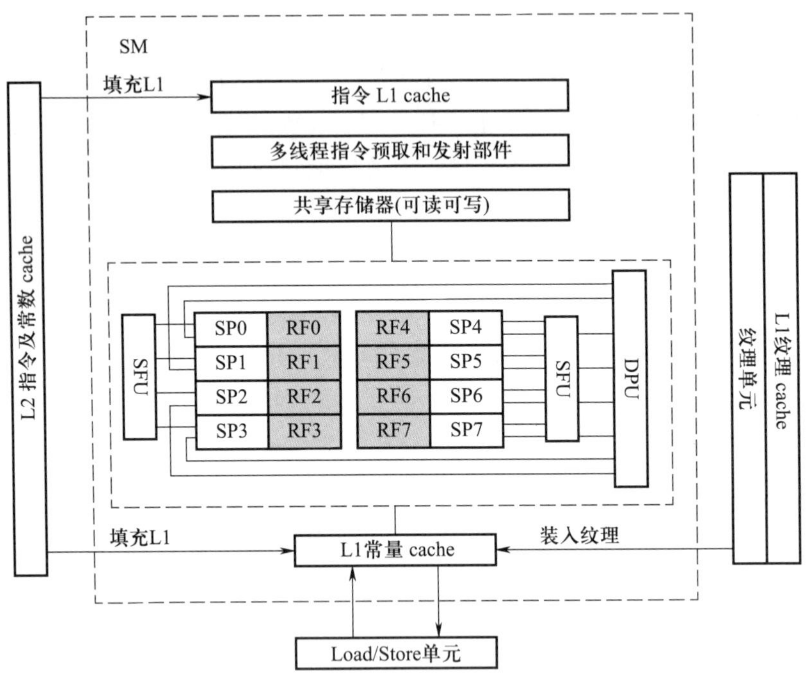

图 8.14　NVIDIA GT200 的 SM 内部结构

通常将 GPU 称为众核处理器，因为在通常的商业宣传中，GPU 被称为拥有上百个“核”，这里的“核”是指标量流处理器（SP）。例如，GTX285 的核心数为 10 × 3 × 8 = 240。实际上 SP 仅是执行单元，它不是一个能完整进行取指、译码、指令分派和处理的真正的处理核心，而流式多处理器（SM）具有取指、指令译码和指令分派等处理功能，属于同一个 SM 的所有 SP 共用同一套指令前端处理器，也共用同一个共享存储器。

从图 8.14 可以看出，每个 SM 相当于具有 8 条流水线的 SIMD 处理器核心，所有 SP 共享 SM 中的一个指令前端处理器，一个 SP 类似于多线程 CPU 中的一条流水线，因此 SP 也称为线程处理器（thread processor，TP）。每个 SP 核包含标量单精度浮点数处理单元和整数处理单元，这些单元可以实现大部分运算指令。每个 SP 核支持硬件多线程，最多可并发执行 64 个线程，都有各自私有的通用寄存器堆（register file，RF，也称寄存器文件）。每个 SP 有 1 024 个 32 位通用寄存器，根据 SP 分配的线程数来分配寄存器。程序会声明其寄存器需求，通常编译器会为每个线程分配 16~64 个寄存器。例如，对于像素渲染程序，通常使用 16 个或更少的寄存器，这样每个 SP 可以运行高达 64 个像素渲染线程。

SM 的执行模型实际上与传统的 SIMD 有很大区别，NVIDIA 公司称其为单指令多线程（single-instruction multiple-thread，SIMT）。在传统的 SIMD 架构上编程时，每条指令能够处理的数据宽度是确定的，即向量的宽度是显式的，而在基于 NVIDIA GPU 的 CUDA 编程中，线程的数量是可变的，因为每个 SM 包含 8 个 SP，每个 SP 最多有 64 个线程，所以一个 SM 上最多可以有 512 个线程，即线程数可以在 1~512 之间取值，因而提高了灵活性。此外，在传统的 SIMD 中，各个向量共享寄存器资源，并且在一条 SIMD 指令中无须考虑同步问题，因为数据之间是相互独立的；而使用 SIMT 方式编程时，必须引入共享存储器和同步机制以实现线程之间的通信。

8.5 本章小结

根据 Flynn 分类法，并行处理计算系统有 SIMD 和 MIMD 两种并行计算模式，其中，SIMD 是一种数据级并行模式，而 MIMD 是一种并行程度更高的线程级或以上的并行计算模式。

多处理器系统有 UMA、NUMA 和 CC-NUMA 三类。在 UMA 多处理器系统中，每个处理器对所有存储单元的访问时间是均匀的，因此，UMA 多处理机就是对称多处理器（SMP）。NUMA 多处理器系统中共享的存储空间分布在不同的处理器节点上；处理器中带有一致性高速缓存时称为 CC-NUMA。多核处理器系统中每个处理器核共享一个统一编址的主存空间，并且访问时间与核的位置无关，因此也属于 UMA 多处理器系统。

多计算机系统的典型代表是集群和网格。集群是采用局域网络连接的、通过消息传递进行通信的紧密耦合多计算机系统。数据库系统、文件服务器、Web 服务器等大型系统都适合采用集群系统。网格多计算机系统是利用互联网把分散在不同地理位置的、多个异构的计算机组成一台逻辑上的“虚拟超级计算机”。

SIMD 称为数据级并行技术，主要通过 SIMD 指令处理向量。向量处理机面向向量型数据进行并行计算，在向量各分量上处理彼此无关、各自独立的数据。图形处理单元（GPU）采用了类似 SIMD 的指令执行模式 SIMT，即单指令多线程模式。

习　题

1. 给出以下概念的解释说明。

均匀存储器访问 (UMA)	非均匀存储器访问 (NUMA)	对称多处理器 (SMP)
片级多处理器 (CMP)	大规模并行处理（MPP）	硬件多线程
同时多线程 (SMT)	存储器一致性模型	顺序一致性模型
宽松一致性模型	释放一致性模型	集群系统
向量处理机	图形处理单元（GPU）	单指令多线程（SIMT）

2. 简单回答下列问题。

（1）并行处理计算系统中主要涉及哪些技术问题？

（2）并行处理计算系统有哪几种分类方式？

（3）UMA、NUMA 和 CC-NUMA 三者之间的区别是什么？

（4）基于目录协议的高速缓存一致性技术的主要思想是什么？

（5）硬件多线程技术的核心思想是什么？

（6）为何在多核处理器系统中存在共享存储器的同步控制问题？

（7）在多核处理器系统的程序中，可以采用哪些方式来对共享存储区“上锁”，以支持事务处理的原子性需求？

（8）集群计算机系统中的普通计算机是如何互连成为一个并行处理计算系统的？

（9）向量处理和标量处理之间的差别是什么？

（10）CPU 和 GPU 之间的差别是什么？

3. 为什么华为鲲鹏 920 处理器中的每个 CCL 节点相当于一个对称多处理器（SMP）？为什么说鲲鹏 920 处理器采用的是一种“乐高”NUMA 架构？为何这种“乐高”架构既能实现对本地存储器的高速访问，又能解决 SMP 架构下总线瓶颈问题对处理器核数的制约，从而具有更强的多核扩展能力和更灵活的计算能力？

4. 假定 a、b、c、d 都是 int 型数组，对于 C 语言程序中的语句“for (i=0; i<64; i++) d[i]=a[i]*b[i]+c[i];”，可以通过将以下标量指令序列执行 64 次来实现其功能：

```
Load  R1, a[i]              //R[R1] ← a[i]
Load  R2, b[i]              //R[R2] ← b[i]
Multi R3, R1, R2            //R[R3] ← a[i]*b[i]
Load  R1, c[i]              //R[R1] ← c[i]
Add   R2, R3, R1            //R[R2] ← a[i]*b[i]+c[i]
Store d[i], R2              //d[i] ← a[i]*b[i]+c[i]
```

请回答下列问题。

（1）假定在采用多周期处理器的 SISD 计算机上 Load、Store、Multi、Add 指令的 CPI 分别为 5、4、10、2，在不考虑其他如比较跳转等指令和所有额外开销的情况下，上述指令序列重复执行 64 次所需的时钟周期数是多少？

（2）假定在采用 10 级流水线的 SISD 计算机上重复执行上述指令序列 64 次，在不考虑其他如比较跳转等指令和流水线阻塞等所有额外开销的情况下，上述指令序列重复执行 64 次所需的时钟周期数是多少？

（3）假定在一台支持向量处理并具有 32 个宽度为 64 × 4 B 向量寄存器的 SIMD 计算机上执行下列向量指令序列，向量指令 V_Load、V_Store、V_Multi、V_Add 的 CPI 分别为 10、10、10、2，在不考虑 cache 缺失等所有额外开销的情况下，所需的时钟周期数是多少？

```
V_Load  V_R1, a                   //R[V_R1] ← a 的所有元素
V_Load  V_R2, b                   //R[V_R2] ← b 的所有元素
V_Multi V_R3, V_R1, V_R2          //R[V_R3] ← a[i]*b[i] 的所有结果
V_Load  V_R1, c                   //R[V_R1] ← c 的所有元素
V_Add   V_R2, V_R3, V_R1          //R[V_R2] ← a[i]*b[i]+c[i] 的所有结果
V_Store d, V_R2                   //d 的存储区← a[i]*b[i]+c[i] 的所有结果
```

（4）假定在一台支持向量处理并具有 32 个宽度为 64 × 4 B 向量寄存器的 SIMD 计算机上执行（3）中给出的向量指令序列，向量指令 V_Load、V_Store、V_Multi、V_Add 等都在一个 10 级流水线中执行，在不考虑 cache 缺失等所有额外开销的情况下，所需的时钟周期数是多少？

（5）SIMD 计算机与 SISD 计算机相比，理想情况下的加速比是多少？

参 考 文 献

[1] 袁春风，余子濠. 计算机组成与设计：基于 RISC-V 架构 [M]. 北京：高等教育出版社，2020.

[2] 戴志涛，刘键培. 鲲鹏处理器架构与编程 [M]. 北京：清华大学出版社，2020.

[3] BRYANT R E，O'HALLARON D R. 深入理解计算机系统 [M]. 龚奕利，贺莲，译. 北京：机械工业出版社，2016.

[4] 袁春风. 计算机组成与系统结构 [M]. 2 版. 北京：清华大学出版社，2015.

[5] 袁春风，余子濠. 计算机系统基础 [M]. 2 版. 北京：机械工业出版社，2018.

[6] WATERMAN A, ASANOVIĆ K. The RISC-V Instruction Set Manual Volume Ⅰ: Unprivileged ISA [EB/OL]. 2018.

[7] WATERMAN A, ASANOVIĆ K. The RISC-V Instruction Set Manual Volume Ⅱ: Privileged Architecture [EB/OL]. 2018.

[8] 胡振波. 手把手教你设计 CPU：RISC-V 处理器篇 [M]. 北京：人民邮电出版社，2018.

[9] STALLINGS W. 计算机组成与体系结构性能设计 [M]. 彭蔓蔓，吴强，任小西，等译. 北京：机械工业出版社，2011.

[10] TANENBAUM A S. 现代操作系统 [M]. 陈向群，马洪兵，等译. 北京：机械工业出版社，2009.

[11] PATT Y N，PATEL S J. 计算机系统概论 [M]. 梁阿磊，蒋兴昌，林凌，译. 北京：机械工业出版社，2007.

[12] 黄宜华. 深入理解大数据：大数据处理与编程实践 [M]. 北京：机械工业出版社，2014.

[13] 张舒，褚艳利. GPU 高性能运算之 CUDA [M]. 北京：中国水利水电出版社，2009.

[14] 陈海波，夏虞斌，等. 现代操作系统：原理与实现 [M]. 北京：机械工业出版社，2020.

郑重声明